Heinz Sahner (Hrsg.)

Fünfzig Jahre nach Weinheim

Empirische Markt- und Sozialforschung
gestern, heute, morgen

Wissenschaftliche Jahrestagung
der Arbeitsgemeinschaft
Sozialwissenschaftlicher Institute e.V. (ASI)
vom 25. – 26. Oktober 2001, Weinheim

in Kooperation mit

Arbeitskreis Deutscher Markt- und
Sozialforschungsinstitute e.V. (ADM)

Berufsverband Deutscher Markt- und
Sozialforscher e.V. (BVM)

Nomos Verlagsgesellschaft
Baden-Baden

Die Deutsche Bibliothek – CIP-Einheitsaufnahme

Ein Titeldatensatz für diese Publikation ist bei
Der Deutschen Bibliothek erhältlich. (http://www.ddb.de)

ISBN 3-7890-8184-1

1. Auflage 2002
© Nomos Verlagsgesellschaft, Baden-Baden 2002. Printed in Germany. Alle Rechte, auch die des Nachdrucks von Auszügen, der photomechanischen Wiedergabe und der Übersetzung, vorbehalten. Gedruckt auf alterungsbeständigem Papier.

Inhalt

Begrüßung
Fünfzig Jahre nach Weinheim, eine symbolträchtige Tagung!
Heinz Sahner — 7

Grußwort des Oberbürgermeisters der Stadt Weinheim
Uwe Kleefoot — 9

Grußwort
Leo P. Crespi — 11

Zur gegenwärtigen Stellung der empirischen Sozialforschung in Deutschland
Einleitungsvortrag der Arbeitstagung „Empirische Sozialforschung,
Weinheim, 14. bis 16. Dezember 1951
Theodor W. Adorno — 13

Wie war das damals?
Zur Erinnerung an die erste Arbeitstagung über empirische Sozialforschung
in der Bundesrepublik
Ludwig von Friedeburg — 23

Der Einfluss der USA
Uta Gerhardt — 29

Der Aufstieg der empirischen Sozialforschung aus dem Geist des New Deal
Erwin K. Scheuch — 51

Lebensverhältnisse 1951 - 2001
Ein Rückblick mit Daten des Allensbacher Archivs
Renate Köcher — 59

Die privatwirtschaftlich organisierte Marktforschung -
Entwicklungen und Optionen
Rudolf Sommer — 75

Die Infrastruktur der akademisch organisierten Sozialforschung
Entwicklung und Probleme
Ekkehard Mochmann — 81

Immer noch angewandte Aufklärung
Entwicklungstendenzen der empirischen Markt- und Sozialforschung
Heiner Meulemann 89

Added Value durch Umfrageforschung
Klaus L. Wübbenhorst 103

Rechtliche und ethische Rahmenbedingungen der Umfrageforschung
Robert Schweizer 113

Qualitätsmanagement des Forschungsprozesses
Erich Wiegand 135

Probleme und Entwicklungstrends der Umfrageforschung
Stichprobenverfahren in der Umfrageforschung
Christian von der Heyde 141

Computerisierung der Datenerhebung
Ein problemorientierter Überblick und Rückblick über die verschiedenen
Möglichkeiten der Technisierung und Computerisierung der Datenerhebung
Hartmut Scheffler 149

Probleme und Entwicklungstrends in der Umfrageforschung
Online-Forschung
Hella Glagow, Thomas Lanninger 157

Das Berufsbild des Markt- und Sozialforschers
Status und Dynamik.
Ergebnisse einer empirischen Untersuchung.
Walter Lulay 169

Empirische Markt- und Sozialforschung: Antworten und Fragen
Schlusswort
Gerhard Breunig 183

Autorenverzeichnis 185

Begrüßung
Fünfzig Jahre nach Weinheim, eine symbolträchtige Tagung!

Heinz Sahner

Ich begrüße Sie ganz herzlich zur gemeinsamen wissenschaftlichen Tagung der Arbeitsgemeinschaft Sozialwissenschaftlicher Institute e.V. (ASI), des Arbeitskreises Deutscher Markt- und Sozialforschungsinstitute e.V (ADM) und des Bundesverbandes Deutscher Markt- und Sozialforscher e.V. (BVM).
Besonders herzlich begrüße ich den Oberbürgermeister der Stadt Weinheim, Herrn Kleefoot, der auch ein kurzes Grußwort zu uns sprechen wird.

Eine große Freude ist es mir selbstverständlich, dass Herr Ludwig von Friedeburg nicht nur an dieser Tagung teilnimmt, sondern auch zu uns sprechen wird. Herr von Friedeburg war nicht nur Teilnehmer der berühmten Weinheimer Tagung, sondern er hat auf dieser auch referiert – ganz praxisnah, nämlich zum Thema: „Verweigerung bei Umfragen mit Quotenstichproben".

Neben Herrn von Friedeburg, begrüße ich noch zwei weitere Teilnehmer der Weinheimer Tagung, nämlich Frau Liselotte Aschpurwis und Herrn Günther Benad. Frau Aschpurwis referierte 1951 über einen Anwendungsbereich empirischer Sozialforschung, nämlich über „Anzeigenbeobachtung".

Leider war es wegen plötzlicher Erkrankung Herrn Wolfgang Schäfer, Hamburg, nicht möglich, zu uns nach Weinheim zu kommen. Herr Schäfer war Teilnehmer der Weinheimer Tagung, damals noch Mitglied des „Reactions Analysis Staff", der High Commission of Germany (HICOG) und Anreger dieser Tagung heute. Es ist sicher in Ihrem Sinne, ihm von hier aus alles Gute zu wünschen.

Mit Vergnügen kündige ich ein Grußwort von Professor Crespi an, einem der Initiatoren der damaligen Tagung. Das Grußwort wird meine verehrte Kollegin Gerhardt verlesen, die mit Professor Crespi im Austausch steht.

Meine sehr geehrten Damen und Herren, wir haben uns hier versammelt, um Bilanz zu ziehen. Es erwarten uns Referate zu interessanten Themen, denen ich auch nicht durch ein langes Grußwort im Wege stehen möchte. Wir werden uns genau an den Zeitplan halten müssen. Kontinuität, aber vor allen Dingen Wandel werden wir konstatieren können. Nicht alles hat sich verändert, manches ist geblieben – und das ist gut so. Dazu zähle ich den engen Kontakt zwischen der akademisch und der privatwirtschaftlich verfassten Sozialforschung. Dass ADM, ASI und BVM diese Tagung gemeinsam durchführen ist lebendiger Ausdruck dieser jahrzehntelangen Kooperation.

Und noch etwas ist geblieben, die Begeisterung für die empirische Sozialforschung. Aber kaum jemand kann heute ungebrochen die empirische Sozialforschung so loben, wie ein prominenter Teilnehmer der Tagung im Jahre 1951. Ich erlaube mir einige kurze Zitate – man kann sie nicht häufig genug in Erinnerung rufen:

„Anstatt sich erst mit Hilfe ideologischer Begriffe ein versöhnliches Bild der sozialen Wirklichkeit zurechtzustilisieren und sich dann mit den Verhältnissen, wie sie sind, getröstet abzufinden, muss Wissenschaft die Härte dessen, was ist, zum Bewusstsein erheben" (30). Denn, „wann immer man ... sich anstrengt, Theorie in 'research' Fragestellungen zu verarbeiten, gewinnen die Daten selber einen veränderten Stellenwert. Sie beginnen zu sprechen" (34), und eine „Theorie der Gesellschaft, der die Veränderung keine Sonntagsphrase bedeutet, muss die ganze Gewalt der widerstrebenden Faktizität in sich aufnehmen" (39). Vor allem aber erkennt unser Gewährsmann in der empirischen Sozialforschung ein „demokratisches Potential" (28), das darin seine Begründung habe, dass gerade bei der Meinungsforschung jede Stimme gleich viel gelte. Nicht zuletzt aus diesem Grunde sei sie während der Hitlerdiktatur unerwünscht gewesen (27) - und nicht nur dort, ist man heute versucht hinzuzufügen.

Kein geringerer als Theodor W. Adorno[1] war es, der seinerzeit so ein hohes Lied auf die empirische Sozialforschung sang. Recht hat er.

Meine Damen und Herren, ich wünsche Ihnen zwei interessante Tage.

---

1 Theodor W. Adorno, 1952: Zur gegenwärtigen Stellung der empirischen Sozialforschung in Deutschland. In: Empirische Sozialforschung, hersg. vom Institut zur Förderung der öffentlichen Angelegenheiten. Frankfurt, 27-39: Berichtsband der Arbeitstagung über „empirische Sozialforschung", die vom 14. Bis 16. Dezember 1951 in Weinheim an der Bergstraße stattfand.
Wiederabdruck dieses Beitrages in dem vorliegenden Band S. 13ff.

Grußwort des Oberbürgermeisters der Stadt Weinheim

Uwe Kleefoot

Sehr geehrter Herr Professor Sahner,
meine Damen und Herren,

„50 Jahre nach Weinheim", dieser Titel Ihrer Veranstaltung weist die Kenner der Geschichte der deutschen Sozialforschung auf einen bedeutenden Meilenstein in der Geschichte Ihrer Disziplin hin. Es jährt sich inzwischen zum 50. Mal eine Tagung, die im Jahr 1951 unter dem Vorsitz von Professor Leopold von Wiese (fast) alles, was in der Empirischen Sozialforschung Rang und Namen hatte oder noch gewinnen sollte, in Weinheim zusammenführte. Die Teilnehmerliste dieser Veranstaltung vor 50 Jahren liest sich wie ein who is who der empirischen Sozialforschung in den 50-er Jahren, aber auch in den folgenden Jahrzehnten. Das Tagungsprogramm zeigt die erhebliche Bandbreite dieser in Deutschland noch jungen Wissenschaft und weist in die Richtung, die in der Zukunft beschritten werden sollte. Insofern kann man davon ausgehen, dass wesentliche Impulse für die Entwicklung von Marktforschung und Meinungsforschung in Deutschland von der Weinheimer Tagung ausgingen.

50 Jahre später wissen wir, welche Bedeutung die empirische Sozialforschung in der Zwischenzeit für unser Leben gewonnen hat, in der Politik, in der Wirtschaft, im gesamten öffentlichen Leben. Die neuerliche Tagung in Weinheim dient nicht nur dem historischen Rückblick, sondern behandelt auch aktuelle Probleme und Entwicklungen der privatwirtschaftlichen und akademischen Marktforschung, sie spricht aber auch die veränderten und oft deutlich verfeinerten Methoden an.

Ich gratuliere den Veranstaltern zu einem interessanten Programm und zu einer respektablen Referenten- und Teilnehmerliste. Sie alle, meine Damen und Herren, heiße ich recht herzlich in Weinheim willkommen und wünsche Ihnen einen guten und anregenden Aufenthalt in unserer schönen Stadt. Ich würde mich freuen, wenn auch von dieser Jahrestagung wichtige Impulse für Ihre Arbeit ausgingen, und hoffe, dass neben dem fachlichen Programm und interessanten Gesprächen mit Kolleginnen und Kollegen noch etwas Gelegenheit bleibt, Weinheim kennen zu lernen. Ihrer Tagung wünsche ich einen vollen Erfolg.

Grußwort for Weinheim Conference

Leo P. Crespi

I am delighted to congratulate German social scientists on their fifty-year celebration of the Weinheim Conference. At that memorable event I was privileged to plant a seed that has flowered so impressively in the past half century.

I and my staff, among the Americans sent to help rebuild Germany after the war, were inspired to establish what we conceived of as the Ear of America to complement the Voice of America to address Germany's postwar problems. Through survey research listening to what German citizens had to say about their cares and worries made America's presence less of an occupation and more of a cooperation. With an ear as well as a voice, America could close the communication loop and transform the information program into a dialogue rather than a monologue vulnerable to charges of one-sided propaganda.

And how did the German people react to our efforts to ascertain their views of the US and its policies? Our findings were that they appreciated the opportunity to give their views rather than be given their views in matters politic.

We viewed our public opinion surveying as an embodiment of democracy and sought to foster its presence in Germany not least with convening the Weinheim Conference with its impressive assemblage of German social scientists.

May I take this opportunity to commend the German members of our staff and the body of field interviewers that contributed so much to the pioneer application of public opinion surveying in Germany's postwar years. Among the many talented and dedicated people names like Peter Schmidt and Wolfgang Schaefer come to mind. I salute them as well as my dedicated American staff.

It is also most fitting here to applaud the University of Cologne Survey Research Archive for their efforts to preserve the many significant findings of the early applications of public opinion research to the German scene. Without such preservation, trends over the past half century of German public thinking could never have been charted.

Finally, may I also applaud here the World Association of Public Opinion Research and its American counterpart for their devotion to America's Jeffersonian commitment to pay a decent respect to the opinions of mankind. Both were part of the inspiration for German survey research and for the Weinheim Conference.

Again, I congratulate this assemblage of illustrious German scholars for their giant strides over the past half century.

Zur gegenwärtigen Stellung der empirischen Sozialforschung in Deutschland
Einleitungsvortrag der Arbeitstagung „Empirische Sozialforschung, Weinheim, 14. bis 16. Dezember 1951[1]

Theodor W. Adorno

Es ist mir die Aufgabe zugefallen, Ihnen einiges über die Stellung der empirischen Soziologie in Deutschland zu sagen. Soweit es sich um den Stand der Forschung selber, die mit ihr befassten Institutionen, die wissenschaftlichen Methoden und Probleme und auch die Organisationsfragen handelt, soll Ihnen diese Arbeitstagung eine konkrete Vorstellung verschaffen. Ich möchte darum nicht in allgemeinen Wendungen etwas von dem vorwegnehmen, was Sie aus spezifischen Beiträgen besser erfahren. Vielmehr möchte ich von der Stellung der empirischen Sozialforschung im öffentlichen Bewusstsein, ihrem Verhältnis zu Tendenzen der Gegenwart und von kritischen Einwänden reden, denen sie immer wieder begegnet. Worum es mir geht, könnte ich mit dem Ausdruck «geistige Situation der empirischen Sozialforschung» bezeichnen, wäre nicht der Ausdruck «geistige Situation» allzu gründlich kompromittiert, und ließe er es nicht so erscheinen, als handelte es sich dort um einen Kampf der Geister, um rein wissenschaftliche Auseinandersetzungen, wo höchst reale gesellschaftliche und ökonomische Mächte im Spiel sind.

Der Typus Wissenschaft, den diese Tagung vertritt und für den es an einem Namen fehlt, während das Gemeinsame unverkennbar ist, dieser Typus Wissenschaft ist in Deutschland erst in den letzten Jahren stärker hervorgetreten. Vor dem Ersten Weltkrieg und während der Weimarer Republik gehörten ihm nur Einzelqueten an, ohne dass er als solcher, als Disziplin eigener Art konstituiert gewesen wäre. Während der Hitlerdiktatur war er, nach dem damals üblichen Jargon, unerwünscht. Insbesondere im «Public Opinion Research», in dem Bereich, für den sich mittlerweile das unglückliche Wort «Meinungsforschung» eingebürgert hat, sahen die Nazis mit gutem Instinkt ein demokratisches Potential. Dass der statistischen Auswertung jede Stimme gleich viel gilt, dass der bei der Bildung von Querschnitten so wichtige Begriff des Repräsentativen kein Privileg kennt, erinnerte allzu sehr an die freie und geheime Wahl, mit der denn auch die einschlägigen Erhebungen den Namen «Poll» teilen. Der amerikanische Einfluss seit 1945, das starke, wenngleich unartikulierte Bedürfnis der Menschen, ihre Urteile, Wünsche und Bedürfnisse nicht bloß auf dem Stimmzettel geltend zu machen, kam den Methoden des «Social Research» im Nachkriegsdeutschland entgegen. Dahinter steht in dem zerstörten und ökonomisch desorganisierten Land das administrative Bedürfnis nach einer Kenntnis der Verhältnisse, die anders als durch kontrollierte empirische Methoden nicht zu gewinnen wäre: etwa der sozialen Lage der Flüchtlinge und der gesellschaftlichen Konsequenzen der Bombenzerstörungen. Entscheidend mitgespielt hat die Tendenz der Wirtschaft, Risiken

---

1   Wiederabdruck mit freundlicher Genehmigung des Suhrkamp Verlags. Zuerst erschienen im Tagungsband: Empirische Sozialforschung, hersg. vom Institut zur Förderung öffentlicher Angelegenheiten. Frankfurt 1952, S. 27-39; enthalten in den „Gesammelten Schriften", Bd. 8, Frankfurt/M., S. 478-493

so weit wie möglich herabzusetzen. Anstatt die eigenen Dispositionen nachträglich dem Verdikt des Marktes zu unterwerfen, will man vorher mit hoher Wahrscheinlichkeit ermitteln, wie Angebot und Nachfrage sich zueinander verhalten, und danach disponieren; eine Tendenz, die übrigens mit dem Funktionswechsel des Marktes selbst im Wirkungsbereich der großen Konzerne unmittelbar zusammenhängt.

Das demokratische Potential, das ich erwähnte, bedeutet angesichts der vielfältigen Verwendbarkeit der empirischen Sozialforschung für partielle Zwecke unsere oberste Verpflichtung. Wir haben uns davor zu hüten, die Menschen, mit denen wir uns befassen, als bloße Quanten zu sehen, deren Denken und Verhalten blinden Gesetzen unterliegt. Wir wissen, dass sie auch dann Menschen mit der Möglichkeit freier Selbstbestimmung und Spontaneität bleiben, wenn sie in ihnen selber undurchsichtige Zusammenhänge eingespannt sind, und dass an diesem Element des Spontanen und Bewussten das Gesetz der großen Zahl seine Grenze hat. Daher vermögen wir zwar, innerhalb des weithin determinierten Mechanismus der heutigen Gesellschaft begründete Voraussagen über das Wahrscheinliche zu machen, aber nicht etwa politische Ereignisse zu prophezeien wie Sonnenfinsternisse. Wer das von uns erwartet, verfälscht unsere Intention und macht uns zu Agenten der Unfreiheit, während unsere Frage nach dem, was Menschen denken und wollen, einzig ihrer Freiheit dienen soll. Wir sind keine Verbündeten des so genannten Trends; wir können und sollen nicht so sprechen, als wären wir die Stimme des Schicksals.

Das Vordringen der empirischen Tendenzen in der deutschen Soziologie entspringt nicht dem Kultus der übermächtigen Tatsächlichkeit. Jene Tendenzen folgen aus der immanent wissenschaftlichen Entwicklung. In der idealistischen Periode waren gesellschaftliches Denken und philosophische Besinnung auf die Totalität das gleiche. Das konkret entfaltete philosophische Denken verfügte über das gesamte damals zugängliche Tatsachenmaterial. Mit den großen philosophischen Systemen ist dann, aus zwingenden Gründen, die Einheit von theoretischem Gedanken und spezifischem Erfahrungsinhalt zergangen. Die theoretischen Begriffe lösten sich aus dem System, dessen Wahrheitsanspruch vor der Kritik sich nicht behaupten konnte. Ihr Erbe fiel abgespaltenen Sondergebieten zu. So ist die Hegelsche metaphysische Idee des Geistes, welche einmal die dynamische Totalität des Seins meinte, zu der Sondersphäre Geist, der der Kultur geronnen. Diese bildet dann den Gegenstand der Diltheyschen Geisteswissenschaft, deren Idee und Methode auf die deutsche Soziologie von solchem Einfluss war, dass diese sich schlechterdings als Geisteswissenschaft verstand. Als aber Begriffe wie die des Geistes aus ihrem Zusammenhang und aus der Beziehung zum Material herausgesprengt waren, wurden sie erst isoliert, dann absolut gesetzt, schließlich zu Fetischen, zu Werkzeugen des Obskurantismus. Lassen Sie mich Ihnen das an einem drastischen Fall erläutern. In der Zeit der großen spekulativen Systeme spielten die Begriffe der Unmittelbarkeit menschlicher Beziehungen und ihres Gegensatzes, der Entfremdung oder Verdinglichung eine entscheidende Rolle. Sie waren ursprünglich gedacht als notwendige Momente des sich mit sich selbst entzweienden und wiederum versöhnenden Geistes. Diese Konzeption zerging mit den idealistischen Schulen. Die Begriffe des Unmittelbaren und Vermittelten in der Gesellschaft aber blieben übrig. Ferdinand Tönnies, dem die neuere deutsche Soziologie gewiss viel verdankt, hat diese Begriffspolarität, unter Abstraktion von dem philosophischen Zusammenhang, der ihr Sinn und Begrenzung verlieh, als alleiniges Ordnungsprinzip der gesellschaftlichen Erkenntnis zugrunde gelegt. Seine Absicht dabei ist die lauterste gewesen: die Soziologie in den Dienst der Herstellung menschlicher Verhältnisse zu stellen. Indem er aber die Begriffe der Gemeinschaft und Gesellschaft zu ausschließlichen Klassifizierungsprinzipien machte, hat er sie nicht nur vergröbert, nicht nur ein partielles Moment zum alleinherrschenden erhoben, sondern dem Unfug Tür und Tor geöffnet. Die zwei dünnen Begriffe erlaubten es der deutschen Soziologie in ihrer vorfaschistischen Verfallszeit, die gesellschaftliche Welt nach Schafen und Böcken aufzuteilen. Gemeinschaft galt für gut, Gesellschaft für schlecht. Von dort war nur noch ein Schritt bis zum Kultus naturwüchsiger Verhältnisse, von Blut und Boden, von der Rasse - Konsequenzen, von denen Tönnies, der selber von den Nazis diffamiert wurde, niemals sich hätte träumen lassen. Noch heute trägt die deutsche Soziologie Spuren dieser Denkweise. So kann man in der Agrarsoziologie immer noch auf Ausdrücke wie Bodenverbundenheit, den bäuerlichen Menschen und ähnliche Klischees herabgesunkener Romantik stoßen, die einzig dazu taugen, den Menschen die bestimmte Tendenz der Technifizierung und Rationalisierung sei's zu verschleiern, sei's zu versüßen.

Es ist dieser Zustand der Überreste der deutschen geisteswissenschaftlichen Soziologie, der als seines Korrektivs dringend der empirischen Methoden bedarf. Deren echter Sinn ist der kritische Impuls. Ihn darf die empirische Sozialforschung sich nicht verkümmern und in der Erkenntnis der gesellschaftlichen Zusammenhänge sich nichts vormachen lassen. Anstatt sich erst mit Hilfe ideologischer Begriffe ein versöhnliches Bild der sozialen Wirklichkeit zurecht zu stilisieren und sich dann mit den Verhältnissen, wie sie sind, getröstet abzufinden, muss Wissenschaft die Härte dessen, was ist, zum Bewusstsein erheben. So, nur so vermag ich wenigstens das zu verstehen, was man neuerdings so gern mit dem Namen Realsoziologie bedenkt. Soziologie ist keine Geisteswissenschaft. Die Fragen, mit denen sie sich zu beschäftigen hat, sind nicht wesentlich und primär solche des Bewusstseins oder auch selbst Unbewusstseins der Menschen, aus denen die Gesellschaft sich zusammensetzt. Sie beziehen sich vorab auf die Auseinandersetzung zwischen Menschen und Natur und auf objektive Formen der Vergesellschaftung, die sich auf den Geist im Sinne einer inwendigen Verfassung der Menschen keineswegs zurückführen lassen. Die empirische Sozialforschung in Deutschland hat die dem Einzelmenschen und selbst dem kollektiven Bewusstsein weithin entzogene Objektivität dessen, was gesellschaftlich der Fall ist, streng und ohne Verklärung herauszustellen. Begegnet uns etwa, unter Berufung auf irgendwelche vorgeblichen Autoritäten geisteswissenschaftlicher Soziologie, die Aussage, dass der sogenannte bäuerliche Mensch sich auf Grund seines wesenhaft konservativen Geistes oder seiner «Haltung» gegen Neuerungen technischer und gesellschaftlicher Art sträube, so werden wir bei solchen Erklärungen uns nicht beruhigen. Wir werden den bündigen Ausweis verlangen, dass sie wahr sind. Wir werden also etwa mit den Bauern vertraute Interviewer aufs Land schicken und dazu anhalten, weiter zu fragen, wenn die Bauern ihnen erklären, sie blieben auf ihrem Hof aus Liebe zur Heimat und Treue zu den Sitten der Väter. Wir werden den Konservativismus mit wirtschaftlichen Fakten konfrontieren und dem nachgehen, ob etwa technische Neuerungen in Betriebseinheiten unter einer gewissen Größe unrentabel sind und so hohe Investitionskosten verursachen, dass die technische Rationalisierung in einem solchen Betrieb unrationell würde. Wir werden uns weiter darum bekümmern, ob nicht das Festhalten an Grundbesitz, auch wenn er nach den Prinzipien gewerblicher Buchführung nur wenig abwirft, sich deshalb für die befragten Bauern rechtfertigt, weil sie durch die billigen Arbeitskräfte der eigenen Familie einen höheren Realertrag erzielen, als es ihnen in der Stadt möglich wäre. Ich sage nicht, dass damit alles verstanden sei, und unterschätze gewiss nicht die Bedeutung irrationaler Momente im gesellschaftlichen Zusammenhang, aber wir können uns nicht, wie es in Deutschland immer noch oft der Brauch ist, mit allgemeinen Deklamationen abspeisen lassen. Es ist selbstverständlich, dass nicht alle empirisch-soziologischen Erhebungen kritische Funktionen erfüllen. Aber ich glaube freilich, dass selbst Marktanalysen mit genau umgrenzter Thematik etwas von diesem aufklärerischen, unideologischen Geist in sich tragen müssen, wenn sie wirklich leisten wollen, was sie versprechen. Diese objektive, in der Sache gelegene Beziehung zur Aufklärung, zur Auflösung blinder, dogmatischer und willkürlicher Thesen ist es, die mich als Philosophen der empirischen Sozialforschung verbindet.

Dass soziale Phänomene durch den Geist, durch das Bewusstsein der Menschen vermittelt sind, darf nicht dazu verleiten, sie selber umstandslos aus einem geistigen Prinzip abzuleiten. In einer Welt, die weithin beherrscht wird von ökonomischen Gesetzen, die sich über den Köpfen der Menschen durchsetzen, wäre es illusionär, die sozialen Phänomene prinzipiell als «sinnhaft» verstehen zu wollen. Was bloßes Faktum ist, wird angemessen durch «fact-finding methods» getroffen. Wenn gegen die Übertragung naturwissenschaftlicher Methoden auf das vorgebliche Gebiet des Geistes geeifert wird, so übersieht man dabei, dass die Gegenstände der Gesellschaftswissenschaft selber in großem Maße blind-naturhaft, alles eher als geistbestimmt sind. Dass in ihnen die menschliche Zweckrationalität ein Moment abgibt, macht sie weder selber rational noch menschlich. Wer sie behandeln wollte, als wären sie es, trüge dazu bei, zu glorifizieren, was den Menschen bloß angetan wird. Der übliche Einwand, die empirische Sozialforschung sei zu mechanisch, zu grob und ungeistig, verschiebt die Verantwortung vom Gegenstand der Wissenschaft auf diese. Die vielgescholtene Inhumanität der empirischen Methoden ist immer noch humaner als die Humanisierung des Unmenschlichen. Das ist nicht wörtlich und nicht stur zu nehmen. Verantwortliche empirische Sozialforschung muss sich Rechenschaft ablegen von ihren möglichen Gegenständen und nicht dort sich tummeln, wo sie nichts zu suchen hat. Wollte man etwa, um einen grotesken, aber keineswegs bloß ausgedachten Fall anzuführen, statistische Methoden auf Dichtungen anwenden und, indem man Worte oder Gedanken darin zählt, hoffen, etwas streng Wissenschaftliches und gar objektive Kriterien zu gewinnen, so käme dabei nicht ein höheres Maß an Wahrheit, sondern banausischer Unsinn heraus. Aber selbst hier, also im Bereich der so genannten «Content Analysis», die ja im übrigen auf dieser Arbeitstagung nicht behandelt wird, liegen die Dinge nicht so, wie der traditionelle geisteswissenschaftliche Hochmut es sich vorstellt. Heutzutage sind längst nicht alle so genannten Kulturprodukte autonome geistige Gebilde, sondern zahllose sind kalkuliert, selber in Marktkategorien entworfen. Man wird die Erzeugnisse der Kulturindustrie eher mit Begriffen der Marktforschung durchdringen als mit ästhetischen Kriterien. Denken Sie etwa an die Reden politischer Hetzapostel. Sie enthalten kaum etwas wie einen Sinn- oder Strukturzusammenhang und sind einzig darauf aus, durch psychologische Tricks die Zuhörer wie Kunden einzufangen. Das Herauspräparieren solcher Tricks, die quantitative Feststellung ihrer Häufigkeit und Intensität und ähnliche, mit den Mitteln statistischer Meinungsforschung zu gewinnende Ergebnisse werden vermutlich für die Analysen und Abwehr mehr bedeuten als Betrachtungen über den Geist solcher Produkte oder gar über die psychologische Verfassung ihrer Urheber. Immer noch zeigt sich in Deutschland die Neigung, Phänomene, die der grob-materiellen Praxis angehören, mit prätentiösen und pompösen Kategorien zu verkleiden. Unter den aufklärerischen Aufgaben der empirischen Sozialforschung ist nicht die letzte, dem abzuhelfen. In der Tradition der westlichen Länder ist die gesellschaftliche Erkenntnis untrennbar von dem Willen, das Aufgespreizte auf sein menschliches Maß zu bringen. Aber solcher Wille war bis vor kurzem suspekt in einem Land, in dem Gebildete ungern von Aufklärung sprachen, ohne das Wort „platt" hinzuzufügen. Wir alle sollten die Gefahr uns vergegenwärtigen, die ein selbst aus der philosophischen Tradition hervorgegangener Gesellschaftsdenker einmal „Verflachung durch Tiefe" genannt hat.

Ich glaube, damit dem gerade in Deutschland häufigsten Einwand gegen die empirische Sozialforschung begegnet zu sein. Dass ich nicht selber der Oberflächlichkeit, also der Verwandlung der Sozialwissenschaft in eine bloße Hilfsdisziplin von Wirtschaft und Verwaltung, mit Ideologien zu Hilfe kommen möchte, brauche ich nicht hervorzuheben. Lassen Sie mich statt dessen einige Punkte bezeichnen, an denen die empirische Sozialforschung von der Karikatur sich unterscheidet, die vieler orten an ihrer Stelle unterschoben wird. Es könnte ja der Forderung, die Kategorien müssten ihrem Gegenstand angemessen sein, und deshalb sei es in der Welt der Massenproduktion und Massenkultur mit geisteswissenschaftlichen Methoden nicht mehr getan, Triftiges entgegengehalten werden. Es sei nicht die Aufgabe der Wissenschaft, die Fakten zu ordnen, zu klassifizieren und dabei als das hinzunehmen, als was sie sich geben. Vielmehr gelte es, sie zu deuten. Ihr gesellschaftliches Wesen werde oft genug durch das, als was die Phänomene auftreten, bloß verdeckt. Ich bin der letzte, das abzustreiten. Wenn ich Ihnen vorhin sagte, wir sollten uns etwa bei der Aussage eines Bauern, er bliebe auf seinem Hof aus Heimatliebe, nicht bescheiden, sondern den Tatbeständen nachforschen, die hinter einer solchen Aussage stehen, so wollte ich damit an einem simplen Fall die Verpflichtung anmelden, von der Erscheinung zum Wesen fortzuschreiten. Aber es kommt alles darauf an, dass der Schritt zum Wesen nicht in Willkür und auf Grund fixierter, von außen an die Phänomene herangetragener Vorstellungen vollzogen wird, sondern aus den Phänomenen selbst heraus. So, wie ohne Theorie nichts sich feststellen lässt, so terminiert alles Feststellen in Theorie. Untersuchungen, in denen der Forscher an die Realität glaubt herangehen zu dürfen, als hätte er weder eine Vorstellung von ihr, noch wäre er überhaupt an spezifischen Antworten interessiert, sondern wünsche schlechterdings alles zu erfahren, was in seinem Sektor der Fall ist, sind eben so subaltern wie solche, die beim bloßen Befund sich bescheiden. Dass selbst der asketisch objektiven Forschung Auswahlprinzipien zugrunde liegen; dass diesen implizit theoretische Bedeutung innewohnt; dass jede fruchtbare Untersuchung eines Brennpunktes bedarf, wird nachgerade selbst von administrativ gebundenen Sozialforschern zugestanden.

Wer etwas von der Askese erfahren hat, die jede empirische Untersuchung auf wenige entscheidbare Fragen einschränkt, die oftmals gegenüber dem Problem sich wie ein Tropfen auf einen heißen Stein ausnehmen, der wird geneigt sein, als Regel zu formulieren, bei keiner Untersuchung komme mehr an Ergebnissen, die irgendeinen Sinn haben, heraus, als der Forscher an Gedanken hineingesteckt habe. Obwohl das Material diese Regel so häufig bestätigt, sollte man vor übereilter Skepsis gegen die Produktivität des empirischen Befundes ebenso sich hüten wie vor übereiligem Vertrauen. Es können dem Forscher in einer vernünftig angelegten Erhebung unerwartete Resultate zufallen, die selber theoretische Konsequenzen haben, einigermaßen ähnlich wie in den Naturwissenschaften. Das ist keine bloß ausgedachte Möglichkeit. In einer amerikanischen Studie über Vorurteil bei Kindern, an der das Institut für Sozialforschung wesentlich beteiligt war, zeigte sich, dass die so genannten «braven» Kinder, also die, welche der Schule wenig Widerstand entgegensetzten, die vorurteilsfreien sind. Die Daten über Erwachsene jedoch, die bei Beginn der Untersuchung zur Verfügung standen, hatten gerade eine hohe Korrelation zwischen Konventionalismus und Vorurteil und, umgekehrt, zwischen Non-Konformismus und Vorurteilsfreiheit ergeben. Etwas Ähnliches hatten wir auch bei Kindern erwartet. Nun wurden wir dazu getrieben, die Theorie zu modifizieren. Eben die Kinder, denen es gelungen ist, die Autorität zu verinnerlichen, sind dadurch befähigt, später als Erwachsene selbständig zu denken und zu handeln, auch im Widerspruch zu geltender Autorität, während jene, denen es in der Kindheit nicht gelang, auch nicht zur psychischen Selbständigkeit sich entwickeln und eine Neigung haben, als Erwachsene äußerlich gesetzte Standards ungeprüft zu akzeptieren. Ohne empirische Untersuchung wäre dieser theoretische Schritt kaum zwingend vollzogen worden. Sie können entgegnen, die Erklärung, die ich Ihnen für den überraschenden Befund biete, sei genau so plausibel wie die Hypothese, von der wir ausgingen und die widerlegt wurde. Nachträglich sieht es fast immer so aus: nur wenige Resultate sind denkbar, die sich nicht «einleuchtend» interpretieren lassen, und dieser Sachverhalt steckt wohl eigentlich hinter der Regel, es komme nicht mehr bei einer Studie heraus, als man an Gedanken hineingesteckt habe. Aber die Entscheidung zwischen theoretisch gleichermaßen «Einleuchtendem» hat selber theoretisches Gewicht.

Alles kommt darauf an, ob die Theorie dogmatisch, unvermittelt, gewissermaßen von oben her den Fakten oktroyiert, oder ob zwischen ihr und den Erhebungsbefunden eine zwingende wechselfältige Beziehung hergestellt wird. Hier liegt in der Tat die crux der empirischen Sozialforschung. Darüber möchte ich nicht mit der Beteuerung jetzt oder später einmal möglicher Synthesen hinweggleiten. In den Gesellschaftswissenschaften gehen Theorie und Fakten nicht in der gleichen Weise ineinander auf wie in den Naturwissenschaften. Nur ein Bruchteil des theoretisch Gedachten lässt sich in «research»-Fragestellungen umsetzen. Was sich dieser Umsetzung entzieht, verliert darum seinen Erkenntniswert um so weniger, als die Spannungen zwischen Theorie und Tatsache selber etwas mit der Beschaffenheit unserer Gesellschaft zu tun haben. Die Totalität, die alles Einzelne prägt, lässt sich an jedem Einzelnen diagnostizieren, aber aus keinem beweisen. Ich kann darauf jetzt nicht näher eingehen. Wer immer von Ihnen jedoch in seiner eigenen Arbeit sich um die Vereinigung quantitativer Befunde mit qualitativen, erst durch Theorie zu erschließenden bemüht, weiß von prinzipiellen Schwierigkeiten, die nicht durch den Hinweis auf die Jugend der empirischen Sozialforschung sich erledigen. Durch die Empirie wird keineswegs die allgemeine, zugrundeliegende Theorie verifiziert. Wann immer man jedoch sich anstrengt, Theorien in «research»-Fragestellungen zu verarbeiten, gewinnen die Daten selber einen veränderten Stellenwert. Sie beginnen zu sprechen.

Ich brauche Sie hier nur an die Rolle zu erinnern, die heute in den amerikanischen Sozialwissenschaften der Psychoanalyse zukommt. Die Freudsche Theorie ist an Einzelfällen ohne jede statistische Breite entwickelt worden und hat sich deshalb von Seiten der orthodoxen Psychologie und Sozialwissenschaft jahrzehntelang den Vorwurf der ungerechtfertigten Generalisierung gefallen lassen müssen. Heute, da man Erhebungen auf Grund des psychoanalytischen Bezugssystems durchführt, strukturiert sich das Erhebungsmaterial im Sinne der Theorie und zugleich mit zureichender statistischer Trennschärfe (discriminatory power). Einen Beleg dafür bietet die aus unseren eigenen Untersuchungen hervorgegangene Unterscheidung der zum Vorurteil tendierenden Menschen von den vorurteilsfreien. Freud wollte bekanntlich seine Theorie naturwissenschaftlich verstanden wissen. Es ist nicht unmöglich, dass sie durch die modernen Forschungsmethoden und deren fortschreitende Verfeinerung auch quantitativ verifiziert wird. Dennoch wäre die Freudsche Konzeption nie möglich gewesen, wenn man die Theorienbildung von Anbeginn mit der Forderung solcher Verifizierung an die Kandare genommen hätte. Sie mögen daran etwas von der komplexen Beziehung zwischen der empirischen Sozialforschung und der Theorie erkennen.

Die empirische Sozialforschung hat längst selbst, gerade auch unter der Einwirkung der Tiefenpsychologie, Methoden entwickelt, durch die sie der Oberflächlichkeit entgegenwirken, krude Feststellungen korrigieren kann. Die in Deutschland weit verbreitete Ansicht, empirische Sozialforschung erschöpfe sich in der Auszählung der bewussten Meinung von Individuen und übersehe dabei ungezählte Probleme, wie die Vagheit und Unverbindlichkeit solcher Meinung, aber auch ihre Differenzierungen, und die dynamischen Aspekte, denen sie individuell und gruppenweise unterliegt - diese Ansicht ist irrig. Während die «Poll»-Methoden der Sozialforschung viele Impulse haben zukommen lassen, und während insbesondere die immer feineren Auswahlverfahren des statistischen Querschnitts ohne die «Poll»-Technik wohl kaum sich auskristallisiert hätten, machen derlei Untersuchungen nur einen Bruchteil der empirischen Sozialforschung aus. Man kann zwar mit den «Poll»-Techniken über Tatsachen, wie zum Beispiel die Beziehungen einer Bevölkerung zu den Behörden, auch den präsumtiven Ausgang einer Wahl vieles erfahren. Wo aber die spezifische Beschaffenheit der Individuen wirklich involviert ist, reichen die «Poll»-Techniken nicht aus. Man hat gelernt, sei's durch indirekte Befragung, sei's durch Tests, sei's durch ergänzende detaillierte Tiefeninterviews, die quantitativen Ergebnisse zu eben jenen Momenten in Beziehung zu setzen, die handfesten Alternativfragen und Ähnlichem sich entziehen. Man verwendet weiterhin Techniken wie Gruppendiskussionen und Gruppeninterviews, die es erlauben, Meinungsbildung und Verhaltensweisen unter experimentellen Bedingungen zu studieren, die denen in der Realität nahe kommen, und die Reaktionen der Versuchspersonen in der Gruppensituation mit denen in der individuellen Situation zu vergleichen. Man hat auch Mittel und Wege gefunden, qualitative und theoretisch präformierte Befunde ihrerseits zu quantifizieren. Während die empirische Sozialforschung fortschreitend sich differenzierte, hat es sich ihr zugleich bestätigt, dass in der Welt, in der wir leben, die Menschen keineswegs so differenziert sind, wie der individualistische Glaube es sich wünscht. Gerade in den so genannten Tiefenschichten der Persönlichkeit lässt sich eine Gleichförmigkeit beobachten, die mit Freuds Lehre von der archaisch-primitiven Beschaffenheit des Unbewussten übereinstimmt, von außen her aber durch die Standardisierung der Menschen in der zeitgenössischen technischen Zivilisation sich verstärkt. Es scheint hier eine prästabilierte Harmonie zwischen der Methode und ihrem Gegenstand sich abzuzeichnen.

Vorwürfen ist aber die empirische Sozialforschung auch von der entgegengesetzten Seite exponiert. Es wird ihr nicht nur die Tiefe, sondern auch die faktische Verlässlichkeit abgesprochen. Soweit nun die empirische Sozialforschung in der Tat mit Voraussagen über das Verhalten großer Zahlen sich beschäftigt - und ich wiederhole, dass das nur ein begrenzter Teil ihrer Aufgaben ist -, wird sie diesen Aufgaben im allgemeinen gerecht. In den paar Fällen, in denen sie versagte, und aus denen man Sensationen gemacht hat, also vor allem bei der Wahl Trumans zum Präsidenten im Jahre 1948, hätte man die Prognose nicht als verbindliche Behauptung auffassen dürfen. Die Schuld liegt, außer an gewissen technischen Mängeln, an der Öffentlichkeit und ihrer Reaktionsweise auf die «Polls». Ein irrationales Moment lässt sich dabei nicht übersehen. Von allem, was «streamlined», modern im Sinne von Vereinfachung und Arbeitsersparnis erscheint, geht magische Anziehung aus. Wird die irrationale Identifikation mit statistischen Voraussagen, die überwertige, affektiv besetzte Erwartung enttäuscht, so schlägt sie in Hass und blinde Ablehnung um. Für den Fortschritt der empirischen Sozialwissenschaft in Deutschland ist es daher recht wichtig, dass ihre Beziehung zur Öffentlichkeit verantwortungsbewusst, unsentimental und frei von Suggestivwirkungen gestaltet wird, soweit das in der Massenkultur überhaupt möglich ist. Wir können nicht nachdrücklich genug hervorheben, dass die empirische Sozialforschung kein Zauberspiegel ist, um die Zukunft zu erraten, keine wissenschaftlich solidere Astrologie. Dass unsere Arbeitstagung sich nicht nur an die Fachgelehrten wendet, soll dazu beitragen, ein sachliches Verhältnis zur Öffentlichkeit herzustellen und zu verhindern, dass die Sozialforschung überfordert und dann verdammt wird. Außer Frage steht die Gefahr des Missbrauchs von «Polls». Die undemokratische, doch populäre Tendenz, es mit denjenigen zu halten, die als die sicheren Sieger erscheinen, lässt sich durch eine als Wissenschaft maskierte Propaganda ausnutzen. Auch die Marktforschung hat ihre Klippen; sie steht selbst auf dem Markt, muss konkurrieren; und die Forderung, das Verfahren zu verbilligen, verträgt sich nicht reibungslos mit der nach Zuverlässigkeit zumal des «sampling». Wenn wir daher auf dieser Tagung neben den eigentlich wissenschaftlichen auch Organisationsfragen behandeln, so leiten uns nicht zünftlerische Sonderinteressen und gewiss nicht die Liebe zu Organisationen als solchen. Sondern wir möchten im Geiste freundschaftlicher Zusammenarbeit versuchen, den Missbrauch auszuschließen. Unsere Satzungen sollen dafür sorgen, dass kein Quacksalbertum der öffentlichen Meinung sich installiert und die verhängnisvolle Neigung der Menschen ausbeutet, bei anderen Aufschluss über das zu suchen, was in Wahrheit bei ihrer eigenen Entscheidung liegt. Die empirische Sozialforschung selber liefert uns zureichende Kriterien. Die Technik des »sampling«, der Herstellung zuverlässiger statistischer Querschnitte ist heute so hoch entwickelt, dass derjenige, der sich an die wissenschaftlich erarbeiteten Maßstäbe hält, dadurch bereits einige Gewähr bietet, nicht solche Querschnitte als verbindlich auszugeben, die es nicht sind. Natürlich besteht immer die Möglichkeit, dass auch die strengsten Methoden zu falschen Ergebnissen führen, wenn sie auf Probleme angewandt werden, für die sie nicht ausreichen. Aber dieser Gefahr ist keine Wissenschaft entzogen. Ein Allheilmittel gibt es nicht, sondern einzig die Verpflichtung zur insistenten, unnachgiebigen Selbstkritik. So muss der empirische Sozialforscher dessen eingedenk sein, dass wesentliche gesellschaftliche Tendenzen, etwa politische Entwicklungen, sich oftmals nicht nach dem statistischen Querschnitt der Gesamtbevölkerung, sondern nach den stärksten Interessen und nach denen richten, die die öffentliche Meinung machen. Er muss seine Erhebungen, so weit es nur möglich ist, an den konkreten Differenzen ausrichten, anstatt in allen Fällen am statistischen Mittel sich zu orientieren. Wenn ich sagte, dass es einer Theorie der Gesellschaft bedürfe, um auch nur die empirische Zuverlässigkeit von Befunden zu gewährleisten, so habe ich genau an solche Probleme gedacht. Was etwa eine Schlüsselgruppe sei, darüber kann die Statistik als solche nicht belehren, sondern nur die Reflexion auf die tatsächliche Machtverteilung innerhalb der Gesellschaft. Sie können daran sehen, wie aktuell das Verhältnis quantitativer und qualitativer Analyse für unsere Wissenschaft ist. Denn die Einsichten, die zwischen der statistischen Methode und ihrer adäquaten Anwendbarkeit auf bestimmte Inhalte vermitteln, sind in weitem Maße qualitativer Art. Gerade in Amerika, wo die quantitativen Methoden auf ihre gegenwärtige Höhe getrieben wurden, wird die Notwendigkeit der qualitativen Arbeit nicht nur als einer Ergänzung, sondern als eines konstitutiven Elements der empirischen Sozialforschung heute eingesehen.

Die eigentümliche Situation der empirischen Sozialforschung, des «social research» im engeren Sinne, hängt damit zusammen, dass er nicht eigentlich in der alten universitas literarum wurzelt. Er steht dem amerikanischen Pragmatismus näher als jede andere Wissenschaft. Dass er aus der Marktforschung hervorging, dass seine Techniken weithin auf kommerzielle und administrative Zwecke zugeschnitten sind, ist ihm nicht äußerlich. Er erwirbt, wenn ich mich abkürzend einmal der Ausdrücke von Max Scheler bedienen darf, Herrschaftswissen, nicht Bildungswissen. Bei den Naturwissenschaften wird eine solche Erkenntnisstruktur, außer in wenigen Gebieten, für selbstverständlich gehalten. In den Wissenschaften von den menschlichen Dingen scheint sie befremdlich und mit Begriffen wie Würde und Innerlichkeit unvereinbar. Dabei ist die Abtrennung der theoretischen Einsicht von der Praxis auch im Gesellschaftsbereich selber erst das Ergebnis eines langwierigen historischen Prozesses. Wenn Aristoteles seine Politik und die Wendung gegen den Platonischen Idealstaat auf eine vergleichende Studie zahlreicher Verfassungen griechischer Stadtstaaten stützte, so war das im Grunde «social research», der Prototyp der Anwendung von Erhebungsverfahren auf das, was man heute politische Wissenschaft nennt. Es lohnte, darüber nachzudenken, warum man gegen die Erinnerung daran sich so leidenschaftlich sperrt. Vielleicht schämt man sich, dass derlei praktische Bemühungen der gesellschaftlichen Erkenntnis seit der Antike real unvergleichlich viel weniger nützten als die wissenschaftlichen Anstrengungen zur Beherrschung außermenschlicher Natur. Der Überlegenheitsanspruch der reinen Kontemplation ist nicht frei von der Geringschätzung der Trauben, die zu hoch hängen. Trotz allen Erfahrungsmaterials haben die Menschen bis heute ihre eigenen Angelegenheiten nicht mit der gleichen Rationalität ordnen können, mit der sie Produktions-, Konsum- und Vernichtungsgüter herstellen, sondern sehen sich bedroht von dem Rückfall in die Barbarei. So wäre es denn auch naiv, von der empirischen Sozialwissenschaft ähnliche Triumphe zu erwarten wie von den empirisch kontrollierten Naturwissenschaften. Die praktische Anwendbarkeit der Wissenschaft auf die Gesellschaft hängt wesentlich von deren eigenem Zustand ab. Es gibt kein gesellschaftliches Gesamtsubjekt, das etwa wissenschaftliche Heilmethoden - wenn überhaupt davon sinnvoll sich reden lässt - ebenso universal durchsetzen könnte, wie es in der Medizin mit einer neuen Droge von selbst sich versteht. Gerade dort, wo es nicht um die Behebung von Missständen, sondern um die Struktur geht, sind die Interessen gespalten. Das ist der wahre Grund dafür, dass die Methoden der empirischen Sozialwissenschaft so leicht partiellen Zielen zugute kommen. Man resigniert, wo man doch keine Macht hat gegenüber den Zielen, und beschränkt sich umso lieber darauf, herauszubekommen, wie man vorgegebene Aufgaben, den Verkauf einer Ware, die Beeinflussung einer Menschengruppe, am wirkungsvollsten und ökonomischsten lösen kann, als in der gegenwärtigen Phase derlei Tätigkeiten recht begehrt sind. Hinter der Beschränkung auf genau definierte und überblickbare Sektoren, die man so leicht dem streng wissenschaftlichen Verantwortungsbewusstsein gutschreibt, steht zugleich immer auch die Hilflosigkeit gegenüber dem Eigentlichen. Die Gefahr der Technifizierung unserer Wissenschaft, der Abspaltung der Methoden von ihrem Gegenstand rührt aber nicht her von einer innerwissenschaftlichen Fehlentwicklung, sondern gerade von der Beschaffenheit ihres Gegenstandes und der Stellung, die ihr in der heutigen Gesellschaft angewiesen wird. Man hat daher den Begriff des «administrative social research» im weitesten Sinne dem des «critical research» kontrastiert. Beide Begriffe stehen einander jedoch nicht unvermittelt gegenüber. Die Reproduktion des Lebens unter den heutigen Bedingungen erscheint überhaupt nicht möglich, ohne dass zentralen Planungsstellen jene präzisen Angaben über die mannigfachsten sozialen Verhältnisse zugeleitet werden, die nur durch die Techniken der empirischen Sozialforschung zu erwerben sind. Zugleich obliegt es der eigentlichen Theorie der Gesellschaft, ihre Konzeption unermüdlich an den tatsächlichen Verhältnissen zu messen, heute wie in aristotelischen Zeiten. Gerade eine Theorie der Gesellschaft, der die Veränderung keine Sonntagsphrase bedeutet, muss die ganze Gewalt der widerstrebenden Faktizität in sich aufnehmen, wenn sie nicht ohnmächtiger Traum bleiben will, dessen Ohnmacht wiederum bloß der Macht des Bestehenden zugute kommt. Die Affinität unserer Disziplin zur Praxis, deren negative Momente gewiss keiner von uns leichtfertig einschätzt, schließt in sich das Potential, gleichermaßen den Selbstbetrug auszuschalten und präzis, wirksam in die Realität einzugreifen. Die Legitimation dessen, was wir versuchen, liegt in einer Einheit von Theorie und Praxis, die weder an den freischwebenden Gedanken sich verliert, noch in die befangene Betriebsamkeit abgleitet. Technisches Spezialistentum lässt sich nicht durch gewissermaßen ergänzend hinzutretende, abstrakte und unverbindliche humanistische Forderungen überwinden. Der Weg des realen Humanismus führt mitten durch die spezialistischen und technischen Probleme hindurch, wofern es gelingt, ihres Sinnes im gesellschaftlichen Ganzen inne zu werden. Vielleicht tragen die nun folgenden Diskussionen auch dazu etwas bei.

Wie war das damals?
Zur Erinnerung an die erste Arbeitstagung über empirische Sozialforschung in der Bundesrepublik

Ludwig von Friedeburg

Im Dezember 1951 stand die junge Bundesrepublik noch am Anfang des Wiederaufbaus. In den zerbombten Großstädten reihten sich die Ruinen. Millionen Heimatvertriebene und Flüchtlinge waren zu integrieren. Es herrschte Massenarbeitslosigkeit. Nach der Währungsreform, die wieder für ein breites Warenangebot sorgte, stiegen die Lebenshaltungskosten. Die Wirtschaft stagnierte. Erst der Koreakrieg gab ihr durch die Auslandsnachfrage Auftrieb. Die Bevölkerung sah in den wirtschaftlichen Problemen mit großem Abstand gegenüber den politischen, wie der Wiederherstellung der Einheit Deutschlands und der Lösung des Ost-West-Konflikts, die wichtigste Frage, mit der man sich in Westdeutschland beschäftigen sollte (Neumann, Noelle, S. 119). Das politische Interesse war überwiegend sehr gering, die Demokratie noch ungesichert. In der Erinnerung der Bevölkerung war es Deutschland im „Dritten" und im Kaiserreich am besten gegangen und nach Bismarck hatte Hitler für Deutschland am meisten geleistet (a.a.O., S. 43 f.)

In diesem Umfeld hatte seit einigen Jahren empirische Sozialforschung in einheimischer Regie begonnen, sei es in privaten Einrichtungen wie dem Institut für Demoskopie in Allensbach oder dem EMNID-Institut in Bielefeld, sei es in universitätsnahen Forschungsstätten wie der Sozialforschungsstelle Dortmund oder dem Institut für Sozialforschung in Frankfurt, um als Beispiele Institute zu nennen, die noch heute tätig sind. Schon seit Kriegsende betrieben die Besatzungsmächte Meinungsforschung, vor allem die amerikanische Hohe Kommission (HICOG) mit ihrem Reactions Analysis Staff in Mehlem. Hier auch wurde der Plan geboren, eine Zusammenkunft von Vertretern der damals in Westdeutschland Sozialforschung betreibenden Einrichtungen zustande zu bringen. Denn es sei, wie Professor Crespi als Vertreter der HICOG auf der Tagung ausführte, von Anfang an ein wichtiges Ziel ihrer Mission gewesen, einheimische Personen und Institutionen zu ermutigen, mit Hilfe des Umfrageverfahrens die sozialen, politischen und wirtschaftlichen Probleme der deutschen Gesellschaft zu erhellen, da die Erforschung der Öffentlichen Meinung so viel zum demokratischen Funktionieren sozialer Institutionen beisteuern könne (Tagungsband, S. 215).

Die Intention der vom Institut zur Förderung öffentlicher Angelegenheiten in Frankfurt organisierten Tagung war es zu klären, was Umfrageforschung zu den deutschen Sozialwissenschaften einerseits und andererseits zum politischen und wirtschaftlichen Leben in Deutschland beitragen und umgekehrt welche Hilfe sie von der akademischen Welt und der Wirtschaft erhalten könne. Weiterhin gelte es, Standards für annehmbare Erhebungsmethoden in Deutschland aufzustellen und ein Organ zu gründen, das in der Öffentlichkeit autoritativ für die Umfrageforschung sprechen könne. Endlich sollten die Teilnehmer der Arbeitstagung Gelegenheit haben, ihre Zweifel über die Anwendung dieser Methoden in Deutschland zu äußern und sachverständige Antworten zu erhalten. Aus dem vorbereitenden Ausschuss, dem Professoren wie Meinungsforscher angehörten, berichtete Hans Sittenfeld: „Die Vertreter der Universitäten wünschten vor allem, die Theorie der Meinungsforschung zu diskutieren, insbesondere die soziologische, ökonomische, statistische, politische und psychologische Problematik. Sie sahen ihre Aufgabe hauptsächlich in einer kritischen Wertung der Ergebnisse der Meinungsforschung. Die Meinungsforscher legten ihrerseits besonderen Wert auf eine Diskussion der Methoden sowie der praktischen Bedeutung ihrer Untersuchungen und erhofften neben einer wissenschaftlichen Kritik auch Anregungen und Förderung von seiten der Universitäten." (Tagungsband, S. 17)

So trafen sich dann vom 14.-16. Dezember 1951 130 in der empirischen Sozialforschung Tätige oder an ihr Interessierte (zumeist Männer im Alter zwischen 25 und 75 Jahren) in Weinheim, um unter der Leitung des damaligen Doyen der Soziologen in der Bundesrepublik, dem Präsidenten der Deutschen Gesellschaft für Soziologie, Professor Leopold von Wiese und nach einem Einleitungsvortrag zur gegenwärtigen Stellung der empirischen Sozialforschung in Deutschland von Professor Theodor W. Adorno über die Methoden und Probleme hiesiger Meinungs- und Marktforschung vorzutragen und zu diskutieren. Man kannte sich häufig innerhalb aber kaum zwischen den Gruppen, also den Meinungsforschern aus den Privatinstituten, deren wichtigste vertreten waren, den Teilnehmern aus Universitätsinstituten von Kiel bis Freiburg, besonders viele aus Köln und Frankfurt, den beamteten Statistikern in großer Zahl, und last but not least den Amerikanern und den in ihrem Dienst Tätigen.

Das Interesse war allseits groß. Es war immerhin die erste Tagung dieser Art und sollte es Jahrzehnte bleiben. Den Reden der Professoren folgte ein Kaleidoskop von Anwendungsbereichen empirischer Sozialforschung, denn ging es um „Sampling und Normen" und schließlich um die Erhebungs- und Auswertungsverfahren. Das gemeinsame Interesse an den hehren Intentionen und den vielfältigen Referaten der Tagung war allerdings gebrochen durch die verschiedensten Frontstellungen, in denen die Teilnehmer sich je nach der eigenen Position befanden. Am wenigsten spielten bei dieser Gelegenheit die universitären Auseinandersetzungen eine Rolle, wie die überkommene Dominanz geisteswissenschaftlicher Orientierung in den akademischen Sozialwissenschaften oder der damals so genannte „Bürgerkrieg in der Soziologie" zwischen den heimgekehrten vertriebenen und den hier tätig gebliebenen Fachvertretern. Merkbarer war schon die akademische Distanz zur kommerziellen Meinungsforschung, die am deutlichsten der Tagungspräsident von Wiese in seiner Eröffnungsrede zum Ausdruck brachte, auch wenn er sich am Ende der Tagung von den Darstellungen der Markt- und Meinungsforschung beeindruckt zeigte. Es ging und geht dabei, abgesehen von der Solidität des Instituts, um verschiedene Problemkreise: das Verhältnis von Meinungen, Einstellungen, Motiven und Verhaltensweisen, die Beziehung von gesellschaftswissenschaftlicher Theorie und empirischer Forschung, die Angemessenheit des Instruments an seinen Gegenstand, also die Gefahr der Verselbständigung der Instrument mit einer Monopolisierungstendenz der Umfrageforschung.

Wenig war bei dieser Zusammenkunft von den Spannungen zwischen den auf dem Markt konkurrierenden kommerziellen Forschungsinstituten zu spüren. Sie wurden in der Diskussion über die Berufsnormen von einem Konsumenten, dem Intendanten des Süddeutschen Rundfunks, Fritz Eberhard, pointiert angesprochen. Es gäbe eine tiefe Vertrauenskrise gegenüber der Meinungsforschung. Man höre immer wieder von einzelnen Organisationen und wichtigen Persönlichkeiten, dass sie gegen das eine oder das andere Institut große Bedenken haben. Alle Institute befänden sich in einer Solidarhaftung und würden für grob unzutreffende Ergebnisse, die von einem Institut veröffentlicht werden, verantwortlich gemacht (Tagungsband, S. 142 f.).

Die deutlichste Kontroverse der Tagung betraf die Auswahl der zu Befragenden. Die angereisten Statistiker bestanden gegenüber der bewussten Quotenauswahl streng auf der Zufallsauswahl, die allein als Stichprobenverfahren bezeichnet werden dürfe, weil sich nur so die Größe des Auswahlfehlers einwandfrei berechnen lasse. Dagegen wiesen Umfrageforscher, abgesehen von der Kostenfrage, auf den komplexen Prozeß einer repräsentativen Erhebung bei großen Bevölkerungsgruppen hin, deren Genauigkeit von vielen Faktoren abhänge und die Voraussetzungen des mathematischen Modells nicht hinreichend erfülle, um ohne Rückgriff auf Annahmen anderer Art, wie vor allem die Ausschöpfung der Stichprobe, die Schätzintervalle mit gutem Wissen als gültig unterstellen zu können. Bei einer professionellen Quotenauswahl bestätigte der Vergleich nichtquotierter Merkmale, wie Familienstand, Konfessionszugehörigkeit oder Haushaltszusammensetzung, mit den Daten der amtlichen Statistik die Validität des Verfahrens. Dagegen wurde von den Statistikern eingewandt, dass allein die Korrelation mit den Quotenmerkmalen diesen Sachverhalt erkläre, was wiederum von der anderen Seite begründet bestritten wurde. Um den Stellenwert dieser Kontroverse zu verstehen, muß an die Schwierigkeiten der Anfangsjahre erinnert werden, für die repräsentative Meinungsforschung Vertrauen zu gewinnen, weshalb auch in der Tagung diese Diskussion mit der über die Berufsnormen in einer Fachsitzung zusammen behandelt wurde. Bestand schon Ungewissheit, was man mit den schwankenden Meinungen der Menschen anfangen könne, so war der Öffentlichkeit ganz rätselhaft, wie zuverlässige Informationen über eine Millionenbevölkerung durch die Befragung einiger Tausend Personen zu gewinnen seien.

Im Kontrast zu den inhaltlichen und methodischen Diskrepanzen stand die einhellige Überzeugung der Tagungsteilnehmer, dass die empirische Sozialforschung soziale, politische und wirtschaftliche Probleme der deutschen Gesellschaft zu erhellen und damit die Entwicklung der Demokratie zu unterstützen vermöge. Es ging also nicht nur um das erkenntniskritische Gewicht empirischer Befunde gegenüber spekulativen Ansichten, nicht nur um das Bedürfnis von Produktion und Administration nach verlässlicher Kenntnis der Absatz- und Verwaltungsgegebenheiten. Es ging um das was Adorno in seiner Einleitung das demokratische Potential der empirischen Sozialforschung nannte, das angesichts ihrer vielfältigen Verwendbarkeit für partielle Zwecke „unsere oberste Verpflichtung" bedeute (Tagungsband, S. 28). „Die Legitimation dessen, was wir versuchen", schloss Adorno seinen Vortrag, „liegt in einer Einheit von Theorie und Praxis, die weder an den freischwebenden Gedanken sich verliert, noch in die befangene Betriebsamkeit abgleitet. Technisches Spezialistentum läßt sich nicht durch gewissermaßen ergänzend hinzutretende abstrakte und unverbindliche humanistische Forderungen überwinden. Der Weg des realen Humanismus führt mitten durch die spezialistischen und technischen Probleme hindurch, wofern es gelingt, ihres Sinnes im gesellschaftlichen Ganzen inne zu werden" (Tagungsband, S. 39).

Die gesellschaftlichen Verhältnisse Ende 1951 boten allen Anlass, über die Stabilität der Demokratie in der Bundesrepublik besorgt nachzudenken. Noch war nicht vom Wunder der Wirtschaft die Rede, sondern von deren Problemen, vom Kalten Krieg und der Remilitarisierung. In seinem Vortrag über die politische und soziale Meinungsforschung in Deutschland stellte Erich Peter Neumann die Frage, wie es in Zukunft gelingen soll, dieses Land der Demokratie zu erhalten, derer sich im Grund nur eine sehr kleine Minderheit bewusst erfreue, während die große Mehrheit sich nicht gehalten fühle, die Freiheit zu erkennen (Tagungsband, S. 47). Denn das Gebäude unserer staatlichen Existenz, die von der Mehrheit noch immer als Provisorium empfunden werde, sei vielleicht einem Windstoß, kaum aber einem Sturm gewachsen: „Wir beobachten, wie sehr die Distanzierung der Öffentlichkeit von den Elementen der Demokratie, den Parteien, zunimmt, wie das Gefühl der politischen Vereinsamung immer neue Gruppen erfasst ... Gruppen, die noch vor zwei Jahren, noch vor einem Jahr bestrebt waren, sich mit den herrschenden Verhältnissen zu arrangieren, setzen sich ab, ziehen sich zurück – vorerst in ein Nichts aus Angst und Unglauben. Wer sie aktivieren wird, ist vielleicht noch ungewiss; aber dass sie zu aktivieren sind, ist sicher. Und je mehr Zeit vergeht, um so fleckenloser projiziert sich in der Erinnerung das Bild der nationalsozialistischen Ära, die, vom Kriege abgesehen, den man ja vergessen will, abschütteln will und verdrängen will, nun eben doch als Ära von Ruhe und Ordnung und sozialer Sicherheit erscheint." (Tagungsband, S. 49 f.) Neumann schloss sein Referat mit dem Hinweis, dass es veröffentlichte Ergebnisse der politischen Meinungsforschung nicht geben würde, wenn nur mit der offiziellen, amtlichen Welt zu rechnen gewesen wäre. Es gäbe dann nur die Umfragen der Besatzungsmächte, deren Inhalt immer noch als „top secret" behandelt werde. Dass Deutschland auf diesem Arbeitsgebiet seinen Beitrag zu leisten begonnen habe, sei auf andere Initiativen zurückzuführen, indem sich an den verschiedensten Plätzen, sei es in privaten, sei es in einzelnen Universitätsinstituten Menschen zusammengetan haben, um mit dem Blick auf die Zukunft die Vergangenheit zu erschließen und die Gegenwart zu analysieren. (Tagungsband, S. 51)

Damit berührte Neumann einen Sachverhalt, der in jenen Jahren von großer Bedeutung war, das Engagement, ja der Enthusiasmus insbesondere der jüngeren Mitarbeiter in der Teamarbeit empirischer Sozialforschung. Für sie gab es keine Berufsausbildung. Man befand sich unter lauter Autodidakten. Ihr Interesse war bestimmt durch den Willen, endlich etwas über die Wirklichkeit dieser Gesellschaft zu erfahren, jenseits der überlieferten Vorstellungen, den Mutmaßungen und Spekulationen. Diese Gesellschaft, um deren Gegenwart und Zukunft es ging, kam unmittelbar aus einer schrecklichen Vergangenheit, von der damals an den Universitäten ebenso wenig zu erfahren war wie von der Gegenwart. Das Interesse an der Empirie verband sich nicht nur in der Sozialforschung mit dem Willen, die werdende Demokratie zu unterstützen. In Frankfurt wurde um diese Zeit die Hochschule für Internationale Pädagogische Forschung gegründet, um der empirischen Forschung in der Erziehungswissenschaft einen Weg zu öffnen. Dort allerdings dauerte es noch bis in die sechziger Jahre, bis sie sich durchsetzte. Anders in der Soziologie, für deren Wiederbeginn im Sinne angewandter Aufklärung die empirische Sozialforschung eine entscheidende Rolle spielte. Dabei ist an den Einfluß der aus dem Exil zurückgekehrten Soziologen zu denken wie vor allem an die folgende Generation, die in den Nachkriegsjahren das Fach nicht an den Universitäten studieren konnte, sondern in der empirischen Sozialforschung, in der sie sich als Autodidakten engagierten zu Soziologen wurden. Sie trafen sich überregional nicht auf akademischen Veranstaltungen oder während der Altherrentagungen der Deutschen Gesellschaft für Soziologie, sondern in Frankfurt in einem informellen Kreis, den wir den Industriesoziologenclub nannten. Denn den Anfang bestimmten drei Forschergruppen, die aus den elfenbeinernen Türmen der Universitäten ins Ruhrgebiet gezogen waren, um mitten in einer der zentralen innenpolitischen Auseinandersetzungen jener Jahre um die Mitbestimmung in der Montanindustrie und das Betriebsverfassungsgesetz zu erkunden, wie die Arbeitsbedingungen und das Arbeiterbewusstsein vor Ort tatsächlich beschaffen waren. Aus dem Club wurde dann die erste Sektion der Deutschen Gesellschaft für Soziologie, bezeichnend für den damaligen Stellenwert der Industriesoziologie wie für die Rolle der Mitglieder in der sich entwickelnden Soziologie in der Bundesrepublik.

Literatur

Friedeburg, Ludwig von 1992: Empirische Sozialforschung am Anfang der Bundesrepublik und die Verkehrung ihres demokratischen Potentials, in: Dieter Jaufmann u.a. (Hg.), Empirische Sozialforschung im vereinten Deutschland, Frankfurt am Main, S. 37-46

Friedeburg, Ludwig von 1997: Kooperation und Konkurrenz. Industriesoziologische Forschung in der westdeutschen Nachkriegszeit, in: Soziologisches Forschungsinstitut Göttingen (Hg.), Mitteilungen, Nr. 25

Friedeburg, Ludwig von 1999: Anfänge und Wiederbeginn der Soziologie in Frankfurt am Main, in: Wolfgang Glatzer (Hg.), Ansichten der Gesellschaft. Frankfurter Beiträge aus Soziologie und Politikwissenschaft, Opladen

Friedeburg, Ludwig von 2000: Soziologie als angewandte Aufklärung. Zum Wiederbeginn in den fünfziger Jahren, in: Heinz Sahner (Hg.), Soziologie als angewandte Aufklärung, Baden-Baden

Neumann, Erich Peter und Elisabeth Noelle 1954: Antworten. Politik im Kraftfeld der Öffentlichen Meinung, Allensbach am Bodensee

Sahner, Heinz (Hg.) 2000: Soziologie als angewandte Aufklärung, Baden-Baden

Tagungsband: Institut zur Förderung öffentlicher Angelegenheiten 1952: Empirische Sozialforschung, Frankfurt am Main

Der Einfluss der USA

Uta Gerhardt[1]

Die Tagung „Fünfzig Jahre nach Weinheim" erlaubt im Rückblick zu rekonstruieren, welche Einflüsse 1951 anlässlich der Tagung „Empirische Sozialforschung" wirkten. „Das Institut zur Förderung öffentlicher Angelegenheiten – Abteilung für Wirtschafts- und Sozialfragen – leistete Geburtshelferdienste mit der organisatorischen Vorbereitung und Durchführung der Tagung", hieß es im Vorwort des Tagungsbandes.[2] Damit wurde auf die federführende Rolle der Hohen Kommission der Vereinigten Staaten in Deutschland – High Commission of the United States in Germany (HICOG), Repräsentant der Besatzungsmacht USA – für die Ausrichtung und Finanzierung der Weinheimer Tagung hingewiesen.[3]

Die Besatzungsmacht USA hatte maßgeblichen Anteil am Zustandekommen der Tagung 1951. Mein Anliegen ist, die Hintergründe dieses Engagements der Besatzungsmacht und auch darüber hinaus die Einflüsse der USA auf die wissenschaftlichen Entwicklungen in der Bundesrepublik, die anlässlich der Weinheimer Tagung zu erkennen waren, näher zu klären.

Mein Thema in einem einleitenden kurzen Überblick ist die Kulturpolitik der USA zur (Re)Demokratisierung Deutschlands nach dem Zweiten Weltkrieg. Bis Juli 1947 unter dem Stichwort „Re-education" und danach „Re-orientation" bezweckten Maßnahmen und Programme der ersten Nachkriegszeit, dass die Deutschen den Stand der internationalen Diskussion auch in den Sozialwissenschaften einholen sollten.

Vor dem Hintergrund der Bedeutung der Sozialforschung für die (Re)Demokratisierung (West)Deutschlands unterscheide ich im Hauptteil meines Beitrags drei Einflusswege der USA auf die Sozialforschung der frühen Bundesrepublik; sie bestanden zu Beginn der fünfziger Jahre nebeneinander.

Die folgenden drei Strömungen wurden anlässlich der Weinheimer Tagung offenkundig:

Erstens war das Institut für Sozialforschung an der Universität Frankfurt geprägt vom Exil an der Columbia University and University of California; die Forschungsprojekte des 1949 neu gegründeten Instituts und Theodor W. Adornos Einschätzung der Bedeutung der empirischen Sozialforschung stützten sich auf Erfahrungen aus den USA.

---

1   Für Materialien und Beratung danke ich Wolfgang Schaefer. Den Teilnehmern der Weinheimer Tagung im Oktober 2001 danke ich für anregende Diskussionen. Sie haben mir zumal bewusst gemacht, wie viel Zündstoff der Interpretation noch nach fünfzig Jahren in den Ereignissen der Nachkriegszeit liegt.
2   Theodor Seltzer, Vorwort, in: *Empirische Sozialforschung: Meinungs- und Sozialforschung Methoden und Probleme.* Wissenschaftliche Schriftenreihe des Instituts zur Förderung öffentlicher Angelegenheiten e.V., Band 13, Frankfurt am Main 1952, p. 9 (im folgenden zitiert als: *Empirische Sozialforschung*).
3   Die Zahl der Teilnehmer, die sämtlich auf Kosten der HICOG eingeladen waren, betrug entsprechend dem Verzeichnis, das der Tagungsband enthielt, über einhundertdreißig. Allerdings wurden einige Teilnehmer dort versehentlich nicht aufgeführt, unter ihnen etwa Karl Martin Bolte, der seinerzeit Assistent an der Universität Kiel war.

Zweitens führte ein Einflussweg von den Forschungsabteilungen regierungsnaher Behörden der USA während des Zweiten Weltkriegs zu den Meinungsforschungsabteilungen der Militärregierung und der Hohen Kommission bis in die ersten Jahre der Bundesrepublik; dies betraf die Surveyforschung.

Drittens übernahm das Institut für Demoskopie in Allensbach am Bodensee vor allem Methoden, die in den dreißiger Jahren in den USA gängig gewesen waren; Elisabeth Noelle-Neumann hatte den Erhebungs- und Auswertungsansatz, den das Institut nach dem Krieg anwandte, 1940 in ihrer Dissertation beschrieben, die aus Recherchen in den USA hervorging.

Die drei Stömungen waren Stränge der Diskussion anlässlich der Weinheimer Tagung 1951. Sie zeigten die verschiedenen Zusammenhänge an, in denen Einflüsse der USA für die Sozialforschung in der Bundesrepublik Deutschland damals zentral wichtig waren.

Meine Ausführungen enthalten zwei Thesen, die ich näher belege. Die erste These lautet: Der Einfluß der USA zu Beginn der fünfziger Jahre war weniger einheitlich, als manche bis heute meinen. Der Einfluß kam aus drei Phasen der Entwicklung der Sozialforschung in den USA; entsprechend unterschiedlich waren die Ansätze der frühen fünfziger Jahre, die in Weinheim vorgestellt wurden. Die zweite These lautet: Die Weinheim-Tagung bildete das Panorama des Diskussionsstandes zur damaligen Zeit ab. Sie war indessen weniger Meilenstein der Entwicklung der Umfrageforschung der frühen Bundesrepublik, als manche bis heute denken. Die große Bedeutung der Weinheimer Tagung, die die damaligen Teilnehmer empfanden, bestand darin, dass alle Richtungen der seinerzeitigen Forschungspraxis dort vertreten waren – obwohl aus heutiger Sicht zu bemerken ist, dass wichtige Teilnehmer sich nicht in die Diskussionen, die der Tagungsband abbildete, einschalteten: Gerade diejenigen, die die letztlich zukunftsweisende Surveyforschung vertraten und dabei insbesondere das Randomverfahren der Befragtenauswahl hätten hervorheben können, meldeten sich kaum zu Wort.

Das Tagungsprogramm bestimmten vor allem Beiträge aus dem Frankfurter Institut für Sozialforschung und dem Allensbacher Institut für Demoskopie.[4] Die Praxis der Surveyforschung, die bereits seit sechs Jahren in Deutschland existierte und dem Entwicklungsstand der empirischen Sozialforschung der USA entsprach, wurde nur andeutungsweise diskutiert. Die Fortschritte der Sozialforschung, die ein Stück Re-education verkörperten, waren also bis 1951 bei einigen, jedoch keineswegs allen Richtungen der Meinungsforschung in der Bundesrepublik angekommen. So war Weinheim ein Abbild der Sozialforschung der damaligen Zeit und dabei zugleich ein Anfang für den Aufschwung der fünfziger Jahre. Im Jahrzehnt nach Weinheim wurden das Randomverfahren der Stichprobengewinnung und stochastisch gesicherte Auswertungsverfahren der Meinungsforschung zum Vorbild und Leitbild der Praxis in Westdeutschland. Unter dieser Perspektive schildere ich die Tagung in Weinheim, mit Blickpunkt auf amerikanische Einflüsse.

Mein Beitrag verweist abschließend auf die Theorie der „Public Opinion." Sie war Grundlage für den methodologischen Vorsprung repräsentativer Umfrageforschung vor anderen Ansätzen. Sie lag in den USA zur damaligen Zeit ausgearbeitet vor, war aller-

---

4 Zwar wurden unter anderem auch die folgenden Vorträge gehalten: Wolfgang Ernst „Zweck und Aufgaben der Hörerforschung", Hellmut Sopp „Ergänzung von Querschnittsbefragungen durch die Tiefenpsychologie", Liselotte Aschpurwis, „Ein Gebiet empirischer Marktforschung: Anzeigenbeobachtung", Ludwig Neundörfer, „Das soziographische Erhebungsverfahren" und Werner Hildebrandt „Die Anlage einer Zeitungsleseranalyse". Aber diese Vorträge prägten das Gesamtbild der Tagung weniger als die Beiträge aus Frankfurt und Allensbach am Bodensee.

dings nur bei wenigen Praktikern der Meinungs- und Marktforschung in der damaligen Bundesrepublik bekannt.

Surveyforschung und Re-education.

Den Fortschritt, der nicht allenthalben begrüßt wurde, spiegelte eine kleine Episode anlässlich der Diskussion der Zweiten Fachsitzung in Weinheim wider. Der Münchner Statistik-Professor Oskar Anderson beklagte sich über „zu häufige Verwendung von englischen Bezeichnungen."[5] Er kleidete seine Vorbehalte in die Frage: „Im Mittelalter hielt man Jerusalem für den Nabel der Welt. Soll USA jetzt bei uns diese Stelle einnehmen?"[6] Ihm antwortete Wolfgang Schaefer, Senior Research Analyst der Forschungsabteilung der HICOG. Schaefer hielt Anderson entgegen, es gebe praktische Schwierigkeiten bei der Verdeutschung englischer Fachausdrücke. Im Tagungsbericht, der Schaefer nicht wörtlich zitierte, hieß es dazu: „*Schaefer* kam auf die praktischen Schwierigkeiten zu sprechen, die eine Verdeutschung vieler englischer Fachausdrücke bereitet."[7] Diese Schwierigkeiten, auf die Schaefer indirekt hinwies, indem er Abweichungen in den Resultaten bei Quotenverfahren im Unterschied zu Stichprobenverfahren schilderte, entstanden daraus, dass die Surveyforschung damals in Deutschland noch kaum eingebürgert war: Deutsche Ausdrücke konnten also nicht verwendet werden, weil die Praxis, die damit bezeichnet wurde, in der Bundesrepublik noch fast unbekannt war. Die durch die USA geförderte repräsentative Umfrageforschung (Surveyforschung) war etwas vollständig Neues gegenüber der bis 1945 in Deutschland üblichen Sozialstatistik.[8]

Den Hintergrund der Arbeit der Reactions Analysis Branch der HICOG und ihres Vorläufers, der Survey Analysis Branch der Information Control Division (ICD) des Office of Military Government in Germany (OMGUS), bildete eine Konzeption von Demokratie im Zusammenhang mit Re-education für Deutschland.

Diese Demokratiekonzeption wurde in den USA in den frühen vierziger Jahren sozialwissenschaftlich erarbeitet. Sie diente damals zunächst dazu, im eigenen Land sicherzustellen, dass der Krieg gegen die Achsenmächte Japan – Deutschland – Italien, sämtlich Diktaturen, nicht zu Erosion demokratischer Lebensführung und Politik in den USA führte.

Der Politikwissenschaftler Carl J. Friedrich thematisierte 1943 das Konzept, das die Bevölkerung zu verantwortlichen Bürgern auch im Krieg machte, unter Benutzung der Formel „Strategy of Truth". Diese Formel lag der Arbeit des *Office of War Information* (OWI) zugrunde; dessen Aufgabe war, zum einen die amerikanische Bevölkerung über kriegswichtige Maßnahmen zu informieren und zum anderen die Meinungen und Überzeugungen der Bürger zu ermitteln, sodass ihre Zustimmung zu den Notwendigkeiten des Krieges nicht – wie in Nazideutschland – erzwungen werden mußte, sondern bei der Poli-

---

5 Oskar Anderson, Diskussionsbeitrag, *Empirische Sozialforschung,* p. 127
6 Ibid., p. 128
7 Ibid., p. 135
8 Zur Praxis der Sozialstatistik im Dritten Reich, die beschreibend durch Häufigkeitstabellen an die Sachverhalte heranging, wird einiges berichtet in: Otthein Rammstedt, *Deutsche Soziologie 1933-1945.* Frankfurt: Suhrkamp 1986. Eine Geschichte der Sozialforschung im Nationalsozialismus unter dem Gesichtspunkt des Dilettantismus der damaligen Sozialstatistik, der die bereits in den frühen dreißiger Jahren entwickelte schließende Statistik unbekannt und die Stochastik fremd war, steht bis heute noch aus. Vgl. auch: Uta Gerhardt, Gab es Soziologie im Dritten Reich? *Soziologie (Mitteilungsblatt der Deutschen Gesellschaft für Soziologie),* 1/1998, pp. 5-8

tikplanung bereits berücksichtigt werden konnte. Friedrich schrieb über diese „Informational Strategy" des OWI:

> „Informational strategy will call for more research and less guess work – it is based, in short, on the limited belief in the common man which is indispensable in a democratic system which avoids rosy optimism and cynicism alike."[9]

Das OWI führte Meinungsforschung mit repräsentativen Bevölkerungsstichproben durch.[10] Als etwa der amerikanische Vizepräsident Henry Wallace am 29. Dezember 1942 eine Rundfunkrede hielt, die für die Zeit nach dem Kriegsende zwei Politikperspektiven ankündigte, nämlich Arbeitsmarktpolitik in den USA und Re-education in den Ländern Deutschland und Japan, ermittelte ein Survey, der im Intelligence Report Nr. 60 des OWI Bureau of Intelligence veröffentlicht wurde, wie die amerikanischen Bürger zu dieser Politikperspektive standen.[11] Bis Kriegsende wurde die Umfrageforschung des OWI fortgesetzt.

Die Re-education für Deutschland wurde in den Jahren 1942 – 1945/6 ausführlich in zahlreichen Gremien diskutiert. Sie erarbeiteten schließlich eine Konzeption, die weit über das Bildungswesen als Träger der gesellschaftlichen Demokratisierung hinausreichte.[12]

Das im Jahr 1946 als Direktive Nr. 269/5 und 269/6 des interministeriellen Koordinationsausschusses des Außen-, Kriegs- und Marineministeriums (SWNCC) zur Veröffentlichung vorbereitete *Long-Range Policy Statement for German Re-Education* sah vor, dass Wirtschaft, Politik und Kultur gleichermaßen in die Re-education einzubeziehen waren.[13] Unter Punkt 4 der Direktive war nunmehr zu lesen:

---

9   Carl J. Friedrich, Issues of Informational Strategy, *Public Opinion Quarterly*, vol. 7, 1943, p. 89
10 Dazu insbesondere Kap. 4 – 7 in: Jean M. Converse, *Survey Research in the United States. Roots and Emergence 1890-1960*. Berkeley: University of California Press, 1987, pp.131-236
11 Das Ergebnis war, daß fast die Hälfte der Bevölkerung der USA bereit war, eine Re-education, die seinerzeit als Aufgabe des Erziehungswesens erschien, zu befürworten. Der Wortlaut der Frage war: „Some people say that in order to change people's way of thinking in the enemy countries we will have to take charge of their education. Do you think we ought to do this?" Die Antworten waren: 49 % „ja", 36 % „nein" und 15 % „weiß nicht". Der Intelligence Report fügte eine längere Erläuterung hinzu, um die Gründe derer, die „Nein" oder „Weiß nicht" geantwortet hatten, zu verdeutlichen: „The objections to such an undertaking were chiefly on the ground that it would be an unwarranted and undemocratic violation of human rights. These people, apparently, felt on principle that the United States should not interfere in the internal affairs of any other country. A smaller group argued that this sort of psychological disarmament was impractical. They felt that a system of education cannot be imposed by outsiders and that the surveillance involved would prove too formidable." Intelligence Report 60, 1 – 29 – 43, Office of War Information Bureau of Intelligence, p. 10 (ursprünglich „Confidential", heute zugänglich in der Harvard College Library).
12 Siehe auch: Uta Gerhardt, Re-Education als Demokratisierung der Gesellschaft Deutschlands durch das amerikanische Besatzungsregime, *Leviathan*, Bd. 27, 1999, pp. 355-385
13 Tatsächlich wurde das *Long-Range Policy Statement for German Re-education* nicht veröffentlicht, obwohl sowohl im Juni als auch August 1946 fast endgültige Fassungen ausgearbeitet vorlagen. Die Veröffentlichung kam nicht zustande, da der Wortlaut nicht nur zwischen dem Außen-, Kriegs- und Marineministerium abgestimmt werden mußte, sondern darüber hinaus auch das Finanzministerium, das Weiße Haus und die Militärregierung der USA in Deutschland einbezogen waren. Der Wortlaut sollte erst veröffentlicht werden, wenn vollständige Einmütigkeit zwischen diesen Instanzen bestand. Unter den zehn Varianten der immer wieder umgearbeiteten Direktive war auch das Grundlagendokument für den Kulturaustausch, der als Fulbright-Programm ab 1948/1949 erfolgreich war (SWNCC 269/9 und 269/10). Die Bedeutung des *Long-Range Policy Statement for German Re-education* für die Deutschlandpolitik der kulturellen Transformation ist kaum zu überschätzen.

Der Einfluss der USA 33

„4. These universally valid principles of justice which the United States holds to be its educational program in Germany are:
  a. That all men and all nations owe obligations to each other; and that these responsibilities are not, as National Socialism maintained, limited to a single race, nation or group.
  b. That the dignity and integrity of the individual must be respected by society and by other individuals and that the individual is not merely a tool of the state.
  c. That the citizen bears a direct responsibility for public policy and that he has the right and duty to participate in government resting on the consent of the governed.
  d. That the untrammeled pursuit of truth is a prerequisite for the maintenance of justice and that free communication between individuals and nations is a necessary condition for national and international understanding. National Socialism proves what evil consequences flow from the suppression and corruption of the truth.
  e. That toleration between diverse cultural and racial groups is the basis of national and international tranquility; and that coerced unity of culture, after the manner of Nazism, is the source of both tyranny and anarchy."[14]

Das allgemeine Ziel des Re-education-Programms wurde unter Punkt 5 des *Long-Range Policy Statement* formuliert, wo es hieß: „It is the intention of the United States Government that the program of re-education shall make maximum use of those native resources of Germany which offer promise of developing ideals and institutions in harmony with those universally valid principles of justice."[15] Diese Kulturpolitik, die für das unter dem Nationalsozialismus totalitäre Deutschland nunmehr demokratische Umgestaltung der Prinzipien des Zusammenlebens vorsah, entsprach einer allgemeineren Perspektive der Politik der USA in der Mitte der vierziger Jahre. Auf Anregung Archibald McLeishs, zwischen Dezember 1944 und August 1945 Staatssekretär im Außenministerium für internationale Angelegenheiten (wozu die Re-education-Politik für Deutschland gehörte)[16], entstand Ende 1946 ein Buch mit dem Titel *The Cultural Approach: Another Way in International Relations.*[17] Dort wurde die Politik der USA, die unter anderem nunmehr in Deutschland den demokratischen Neuanfang setzte, in den Zusammenhang der 1945 gegründeten Vereinten Nationen gestellt: Die Vereinten Nationen gründeten die UNESCO als eine Institution, die sich der Förderung der Wissenschaften auch in den durch den Krieg kulturell verwüsteten Ländern Europas widmete. Unter anderem wurden Institute für Forschung in zahlreichen westeuropäischen Ländern unter dem Dach der UNESCO eingerichtet. In Deutschland entstanden gegen Ende der vierziger und zu Beginn der fünfziger Jahre UNESCO-Institute für Sozialforschung, unter anderem in Verbindung mit der Universität zu Köln (Gründungsdatum 1952). Die 1948 bzw. 1949 beginnenden Austauschprogramme, die den Namen Fulbright-Programm erhielten, wurden durch Anbindung an das *Long-Range Policy Statement for German Re-education* legitimiert. Die Di-

---

14 Proposed Press Release on Long-Range Policy Statement for German Re-education. Memorandum by the Acting Navy Member, SWNCC. SWNCC 269/6, p. 9. National Archives Washington D.C. / College Park, Record Group 353, SWNCC Documents 1944-1949, Box 44, folder 269.
15 Ibid., p. 9-10
16 McLeish leitete seinerzeit im Department of State das Office of International Information and Cultural Affairs. Dieses wirkte u.a. an einem Dokument zum Problem der kulturellen Transformation Deutschlands durch Re-education mit, das anlässlich der Potsdamer Konferenz (17. 7. – 2. 8. 1945) zu den für Präsident Truman angefertigten Arbeitspapieren gehörte. Siehe: Foreign Relations of the United States Diplomatic Papers, *The Conference of Berlin (The Potsdam Conference) 1945*, Vol. I, Washington: United States Government Printing Office 1960, Dokument No. 343, pp. 482ff.
17 Ruth Emily McMurry and Muna Lee, *The Cultural Approach: Another Way in International Relations*. Chapen Hill: The University of North Carolina Press, 1947

rektiven SWNCC 269/9 und 269/10 waren Grundlage des Wissenschaftlertransfers in die USA, der unmittelbar aus dem Re-education-Programm hervorging und an dem Mitglieder des Reactions Analysis Staff der HICOG bereits 1950 im Vorfeld der Weinheimer Konferenz teilnehmen konnten.

Im November 1945 richtete die Militärregierung eine eigene Meinungsforschungsabteilung ein; sie setzte die Arbeit des OWI fort: Der Direktor des OWI, Elmer Davis, erreichte beim (Stellvertretenden) Militärgouverneur General Lucius D. Clay, dass die Information Control, wozu die Survey Analysis Branch gehörte, den Status einer *Division* der Militärregierung erhielt. Clay berichtete in seinen 1950 erschienenen Memoiren über seine Tätigkeit in der Zeit 1945 – 1949, dass die Surveyforschung zu den Besatzungsaufgaben gehörte, die zur Wandlung der Deutschen im Sinne des demokratischen Geistes beitrugen – neben Amerikahäusern, den Zeitungen und Zeitschriften mit auf Demokratie zielendem Inhalt (u.a. „Neue Zeitung", „Der Monat" und „Neue Auslese"), Gewerkschaftsgründungen und vielen anderen Initiativen.

Direktor der Reactions Analysis Branch der HICOG, die 1949 anlässlich der Gründung der Bundesrepublik entstand, war Leo P. Crespi. Er war sich bewusst, dass nur die Surveyforschung geeignet war, Resultate der Sozialforschung zu erbringen, die die Gegebenheiten der Bevölkerung methodisch nachprüfbar widerspiegelten. Crespi war zunächst besorgt, dass bei den Befragungen störend wirken mochte, wenn die Interviewer im Auftrag der Militärregierung auftraten. Zu Beginn seiner Arbeit als Direktor der Reactions Analysis Branch regte er deshalb eine Untersuchung an, die die Frage beantwortete, ob ein Bias der Aussagen der Befragten nachweisbar war, da die Umfragen durch die Militärregierung durchgeführt wurden.[18] Dabei wurde dieselbe Befragung, wenn die Interviewer den Bürgern der drei Westzonen Berlins schriftlich angekündigt wurden, einmal als Projekt der Militärregierung und einmal deutscher Stellen angegeben.[19] Die Antworten zeigten signifikante Unterschiede zwischen den beiden Bezugskontexten bei einem Drittel der Fragen. So wurde etwa die Frage, in welchem Land der Welt die besten Lebensbedingungen herrschten, anders beantwortet, wenn sie als Teil einer Befragung im Auftrag der Militärregierung oder deutscher Stellen beantwortet wurde. Unter den zwei Dritteln Fragen, die keine signifikanten Unterschiede zeigten, waren etwa die Themen der deutschen Kriegsschuld, des Nationalsozialismus, der Präferenzen für andere Nationalitäten und der Wahrscheinlichkeit eines neuen Weltkrieges in den nächsten zehn Jahren. Crespi unterstrich, dass die Ergebnisse der Umfragen der Reactions Analysis Branch somit nachweislich verlässlich waren. Dies sehe man auch daran, so schloss er, dass gegenüber den Interviewern, die sich den Befragten als Angestellte der Militärregierung vorstellten, offenbar vielfach wenig Hemmungen bestanden, den Nationalsozialismus positiv zu bewerten:

> „The Surveys Branch has regularly obtained free admission of former Nazi party membership from a correct proportion of its sample, and has never failed to obtain a technically reassuring proportion – if democratically depressing – who refuse to characterize National Socialism as a ‚bad idea' but insist that it was a ‚good idea – badly carried out.'"[20]

---

18 Leo P. Crespi, The Influence of Military Government Sponsorship in German Opinion Polling, *International Journal of Opinion and Attitude Research*, vol. 4, 1950, 151-178. Ich danke Anne Schuetz Zanes für den Hinweis auf diese Arbeit.

19 Die Interviewer waren jeweils für ihre Arbeit sorgfältig geschulte Deutsche, und zwar das Personal, das die Umfragen der Militärregierung im Rahmen der ICD bzw. der Reactions Analysis Branch durchführte.

20 Crespi, The Influence ... , p. 171

Der Einfluss der USA 35

Die HICOG, deren Reactions Analysis Branch mittels Surveyforschung aussagekräftige Daten über Einstellungen und Auffassungen der Deutschen lieferte, veranstaltete die Tagung in Weinheim, um die repräsentative Umfrageforschung in Westdeutschland zu fördern. HICOG beauftragte das Institut für Öffentliche Angelegenheiten in Frankfurt mit den Vorbereitungen und übernahm alle Kosten für die weit über hundert Teilnehmer. Die Tagung in Weinheim sollte einen Impuls zur Surveyforschung in Deutschland geben. Als HICOG–Repräsentant hielt Leo Crespi zu Beginn der Schlusssitzung einen kurzen Vortrag, der eben so gut an den Anfang der Tagung gepasst hätte.[21] Crespis Thema: „American Interests in German Survey Research."

Surveyforschung, so führte er aus, war die modernste empirische Sozialforschung der damaligen Zeit. Das amerikanische Interesse war nun, so betonte er einleitend, dass eine deutsche Surveyforschung sich entwickeln sollte. Das Ziel der Besatzungsherrschaft, wie er unterstrich, war Demokratie. Die Surveyforschung, die durch deutsche Institute unter amerikanischer Mithilfe zu verwirklichen war, sollte die für eine Demokratie unerlässliche Gesellschaftsforschung sein. Er sagte:

> „From the very outset we have counted it an important part of our mission to offer aid and encouragement to German individuals and institutes who were trying to use survey techniques to shed light on the social, political and economic problems of German society."[22]

Die drei Positionen des Wissenschaftsverständnisses in Weinheim:

I Die Position des Instituts für Sozialforschung an der Universität Frankfurt

Unter den deutschen Forschungsinstituten kam die zahlenmäßig stärkste Gruppe aus dem Institut für Sozialforschung – zehn Teilnehmer. Theodor W. Adorno, der als Lehrstuhlvertreter für Max Horkheimer bereits seit 1950 nach siebzehn Jahren Exil wieder in Deutschland lebte, war der prominenteste Redner der Tagung überhaupt. Sein Einleitungsreferat „Zur gegenwärtigen Stellung der empirischen Sozialforschung in Deutschland" nahm den Anlass für ein Bekenntnis zur Demokratie wahr. Die Rede Adornos war ein Meilenstein der Wissenschaftsgeschichte der Soziologie Nachkriegsdeutschlands.

Adorno unterstrich den genuin demokratischen Auftrag empirischer Sozialforschung. Er wollte zeigen, dass diese Forschung, die in den USA entwickelt worden war, sich zur Überwindung des askriptiven Partikularismus des Nationalsozialismus optimal eignete. Er betonte, dass das Prinzip der Sozialforschung, wo die Bürger als Gleiche behandelt wurden, dem autokratischen Rassismus widersprach – weshalb die Sozialforschung in Nazideutschland keine Resonanz gehabt hatte:

> „Insbesondere im ‚Public Opinion Research' ... sahen die Nazis mit gutem Instinkt ein demokratisches Potential. Dass der statistischen Auswertung jede Stimme gleich viel gilt, dass der bei der Bildung von Querschnitten so wichtige Begriff des Repräsentativen kein Privileg kennt, erinnerte allzu sehr an die freie und geheime Wahl..."[23]

Das Demokratische der empirischen Sozialforschung, das der Demokratie der Nachkriegsgesellschaft in Deutschland entsprach, bestand ferner darin, dass die Wünsche und

---

21 Im englischsprachigen Programm der Tagung, das mir Prof. Crespi freundlicherweise zur Verfügung stellte, war sein Vortrag nicht aufgeführt.
22 Leo P. Crespi, America's Interest in German Survey Research, in: *Empirische Sozialforschung*, p. 215
23 Theodor W. Adorno, Zur gegenwärtigen Stellung der empirischen Sozialforschung in Deutschland, in *Empirische Sozialforschung,* p. 27

Bedürfnisse des einzelnen erfragt wurden und in der Auswertung der Daten eine Rolle spielten:

> „Der amerikanische Einfluß seit 1945, das ... Bedürfnis der Menschen, ihre Urteile, Wünsche und Bedürfnisse ... geltend zu machen, kam den Methoden des ‚Social Research' im Nachkriegsdeutschland entgegen."[24]

Adornos Bekenntnis zur freiheitlichen Demokratie enthielt zwei methodologische Aussagen. Sie waren wichtig, weil darin die Brücke zur Kritischen Theorie der Gesellschaft lag, die Horkheimer und Adorno seit den dreißiger Jahren ausgearbeitet hatten. Adorno mußte begründen, dass der „Public Opionion Research" – er sah darin ein männliches Sujet – theoretisch valide war, und er mußte zugleich bekunden, dass die Forschung, die sich statistisch gesicherter Auswertungsverfahren bediente, einen empirischen Aussagewert hatte. So konnte er insgesamt unterstreichen, dass hier ein wichtiger Zweig der Sozialwissenschaft aus den USA übernommen wurde, der der Demokratie im nach-nationalsozialistischen Deutschland diente.

Er behandelte erstens die Rolle der Theorie, die für den „Social Research" hervorzuheben war. Er ließ den Einwand nicht gelten, durch empirische Sozialforschung werde das Menschliche negiert. Statt dessen betonte er, dass hier eine Humanitas unwillkürlich wirkte, die denjenigen Kritikern unrecht gab, die offensichtlich dem sozialstatistischen Dilettantismus der Nazizeit das Wort redeten. Er bekannte sich zur empirischen Sozialforschung mit der Aussage: „Die vielgescholtene Inhumanisierung der empirischen Methoden ist immer noch humaner als die Humanisierung des Unmenschlichen".[25]

Zweitens klärte Adorno, dass eine Theorie, der die empirischen Daten nicht entsprachen, notfalls neu gefasst werden mußte. Er stellte sich also auf die Seite der Befunde, die die Sozialforschung ermittelte, und verlangte, dass die Theorie – auch die Kritische Theorie – sich an den Forschungsergebnissen empirischer Untersuchungen messen lassen mußte. Die Daten veranlassten also zur Korrektur einer Theorie – nicht etwa umgekehrt. Er berichtete: „Wann immer man ... sich anstrengt, Theorien in ‚research'-Fragestellungen zu verarbeiten, gewinnen die Daten selbst einen veränderten Stellenwert. Sie beginnen zu sprechen."[26]

Adorno knüpfte an die Forschungserfahrungen der „Studies in Prejudice" an. In den Jahren 1944/1945 bis 1950 hatte eine Gruppe aus kaum zwanzig Psychologen und Soziologen unter dem organisatorischen Dach des American Jewish Committee ein Forschungsprogramm bewältigt, das fünf gleichzeitig veröffentlichte Monographien hervorbrachte. Sie waren in den USA im Vorjahr der Weinheimer Tagung erschienen. Die berühmteste dieser Forschungsmonographien war *The Authoritarian Personality*, zu deren vier Hauptautoren Adorno zählte.[27]

Die Forschungsgruppe, die ab Sommer 1944 am Public Opinion Research Center der University of California Berkeley arbeitete, entwickelte Skalen der Einstellungsmessung, die aus Items bestanden, die als indirekte Indices für die Einstellungen Antisemitismus, Ethnozentrismus, politisch-ökonomischem Konservatismus und latentem Faschismus entwickelt wurden. Adorno, der 1944 dieses Konzept der Einstellungsmessung kennenlernte und sich an seiner Verwendung im Forschungsprogramm über autoritäre Persönlichkeitsstruktur beteiligte, sah in dem methodischen Vorgehen einen epochalen Fort-

---

24 Ibid., pp. 27-28
25 Ibid., p. 31
26 Ibid., p. 34

schritt. Am 26. Oktober 1944 legte er Max Horkheimer in einem langen Brief dar, wie groß dieser Fortschritt war. Bei der Bestimmung antisemitischer und latent faschistischer Charakterstrukturen durch derartige Einstellungsmessung konnte auf die Erwähnung der diskriminierten Bevölkerungsgruppen verzichtet und somit ein notorischer Bias ausgeschaltet werden. Er schrieb an Horkheimer, den er von den Vorteilen des Verfahrens überzeugen konnte:

> „Wie Sie sich vielleicht erinnern werden, sagte ich Ihnen von einer neuen Idee, über der ich brütete. Es handelt sich dabei um die Ermittlung von potentiellen und aktuellen Antisemiten lediglich durch i n d i r e k t e Indices, also ohne dass Fragen über Juden oder über Gegenstände, die in einem unmittelbar einsichtigen Zusammenhang mit Antisemitismus stehen, wie Negerfeindschaft, politischer Faschismus usw. vorkommen. ... Die Vorteile brauche ich Ihnen nicht auszuführen."[28]

Die im Jahr 1950 erfolgreich abgeschlossenen „Studies in Prejudice" waren der Hintergrund für Adornos Plädoyer für empirische Sozialforschung.

Das Institut für Sozialforschung war 1949 an der Universität Frankfurt wieder gegründet und im November 1951 feierlich eröffnet worden. Seine Forschungsabteilung war ausdrücklich auf Projekte, auch Auftragsforschung, eingerichtet. Diese sollten die Demokratie als Lebensform der humane(re)n Moderne und auch die Gefahren der latent faschistischen Strukturen analysieren. Adorno war überzeugt, dass die empirische Sozialforschung in Deutschland dem Ziel zu dienen hatte, die Wissenschaft zur Grundlage und Quelle einer Politik des „realen Humanismus" zu machen. Er verdeutlichte diese Aufgabe folgendermaßen:

> „Die Reproduktion des Lebens unter den heutigen Bedingungen erscheint überhaupt nicht möglich, ohne dass zentralen Planungsstellen jene präzisen Angaben über die mannigfachsten sozialen Verhältnisse zugeleitet werden, die nur durch die Techniken der empirischen Sozialforschung zu erwerben sind. Zugleich obliegt es der eigentlichen Theorie der Gesellschaft, ihre Konzeption unermüdlich an den tatsächlichen Verhältnissen zu messen, heute wie in aristotelischen Zeiten. Gerade eine Theorie der Gesellschaft, der die Veränderung keine Sonntagsphrase bedeutet, muß die ganze Gewalt der widerstrebenden Faktizität in sich aufnehmen, wenn sie nicht ohnmächtiger Traum bleiben will, dessen Ohnmacht wiederum bloß der Macht des Bestehenden zugute kommt."[29]

Er postulierte also, dass empirische Forschung den philosophischen Einsichten entsprach, die die Werke *Dialektik der Aufklärung* und *Minima Moralia* dargelegt hatten.[30] Die Werke waren im kalifornischen Exil entstanden; das erstere war in Erstfassung 1944, das letztere – eine Ehrung Horkheimers zu dessen fünfzigstem Geburtstag – 1945 abgeschlossen

---

27 Theodor W. Adorno, Else Brunswik-Frenkel, Daniel J. Levinson und R. Nevitt Sanford, in collabortion with Betty Aron, Maria Hertz Levinson und William Morrow, *The Authoritarian Personality*. New York: Harper and Brothers 1950 (Studies in Prejudice, edited by Max Horkheimer und Samuel H. Flowerman). Die anderen Arbeiten der „Studies in Prejudice," die ebenfalls 1950 erschienen, waren: Nathan Ackerman und Marie Jahoda, *Anti-Semitism and Emotional Disorder: A Psychoanalytic Interpretation*; Bruno Bettelheim und Morris Janowitz, *Dynamics of Prejudice: A Psychoanalytic and Sociological Study of Veterans*; Leo Lowenthal und Norbert Guterman, *Prophets of Deceit: A Study of the Technique of the American Agitator*; und Paul W. Massing, *Rehearsal for Destruction: A Study of Political Anti-Semitism in Imperial Germany*: alle Bände erschienen bei Harper and Brothers in New York 1950.
28 Brief Adorno an Horkheimer, 26. Oktober 1944, Max Horkheimer Archiv der Stadt- und Universitätsbibliothek Frankfurt am Main, Signatur VI 1 B, 207-214 (cit. p. 5).
29 Adorno, Zur gegenwärtigen Stellung ..., *Empirische Sozialforschung*, p. 39

worden. Beide Werke stammten also aus derselben Zeit, in der Adorno sich mit den neuesten Entwicklungen der Einstellungsmessung vertraut machte, die der Studie *The Authoritarian Personality* zugrundelagen. Adornos Plädoyer für empirische Sozialforschung, die sich mit der Theorie der Gesellschaft verband, schloss mit den Worten:

> „Technisches Spezialistentum läßt sich nicht durch gewissermaßen ergänzend hinzutretende, abstrakte und unverbindliche humanistische Forderungen überwinden. Der Weg des realen Humanismus führt mitten durch die spezialistischen und technischen Probleme hindurch, wofern es gelingt, ihres Sinnes im gesellschaftlichen Ganzen inne zu werden. Vielleicht tragen die nun folgenden Diskussionen auch dazu etwas bei."[31]

In Weinheim kamen aus dem Institut für Sozialforschung noch drei weitere Beiträge, davon zwei von Hans Sittenfeld. Er eröffnete die Tagung mit einem Bericht über die Arbeit des vorbereitenden Ausschusses, der im Frankfurter Institut für öffentliche Angelegenheiten getagt hatte und dem u.a. Adorno und Noelle-Neumann angehört hatten; Sittenfeld unterstrich, wie wichtig Austausch von Erkenntnissen war, auch interkulturell durch Studienaufenthalte in den USA, die durch das Fulbright-Programm möglich wurden. Sein eigenes Referat handelte über „Punktgruppenanalyse", ein Verfahren, das der Reactions Analysis Staff entwickelt hatte, um aussagekräftige Ergebnisse über spezielle Kriteriengruppen zu gewinnen. Diedrich Osmer, ein weiterer Teilnehmer aus Frankfurt, erläuterte das Gruppenexperiment, ein Verfahren der Analyse affektbesetzter Themenkomplexe, das einem laufenden Projekt im Institut für Sozialforschung zugrunde lag.[32]

Acht der zehn Teilnehmer aus Frankfurt beteiligten sich nicht an den Diskussionen; der Tagungsband enthielt nur Diskussionsbeiträge von Osmer und Adorno. Osmer beantwortete im wesentlichen Rückfragen zu seinem Referat, und Adorno griff auch bei anderen Themen in die Diskussion ein. Im Zusammenhang von Psychologie und Marktforschung warnte er davor, dass die Psychoanalyse verwässert werde durch „gesellschaftliche Ethnologie", die nicht geeignet sei, die Widerstände angemessen zu berücksichtigen, die „gegenüber den wirklich eigentlichen beschriebenen Tatbeständen beim Individuum vorliegen."[33] An anderer Stelle mußte er sich gegen eine Frage über Beweggründe antisemitischer Ausschreitungen 1938 wehren, indem er auf die „große Berkeley-Studie" hinwies.[34].

---

30 Siehe Max Horkheimer und Theodor W. Adorno, *Dialektik der Aufklärung*. Amsterdam: Querido-Verlag 1947 und Adorno, *Minima Moralia: Notizen aus dem beschädigten Leben*. Frankfurt und Berlin: Xxxx 1951.

31 Adorno, Zur gegenwärtigen Stellung ..., p. 39

32 Dabei wurden Diskussionsrunden über zeitgeschichtliche Themen, u.a. Nationalsozialismus, gebildet, deren Äußerungen protokolliert wurde. Annahme, dass die Gruppensituation für die Teilnehmer erleichterte, ihre Widerstände gegen das Aussprechen problematischer ideologischer Standpunkte zu überwinden, sodass auch antisemitische etc. Einstellungen geäußert wurden. Das Verfahren wurde schließlich dargestellt in: Wener Mangold, *Gegenstand und Methode des Gruppendiskussions-Verfahrens: Aus den Arbeiten des Instituts für Sozialforschung*. Frankfurter Beiträge zur Soziologie, Bd. 9, Frankfurt: Europäische Verlagsanstalt 1960

33 Adorno, Diskussionsbeitrag, *Empirische Sozialforschung*, p. 79

34 Im Tagungsband stand dazu: „*E.P.Neumann* interessierte die Frage, ob diejenigen Leute, die 1938 an den antisemitischen Streifzügen in Berlin und anderen Großstädten teilgenommen und auch Steine in Schaufenster geworfen hätten, dies aus einer Oberflächenmeinung heraus oder aus einer tiefer sitzenden Schicht getan hätten. *Adorno* erklärte, hierüber wisse man noch nicht viel aus deutschen Erhebungen; man wisse aber eine ganze Menge aus amerikanischen Untersuchungen. ... Die Menschen, die da mitgemacht hätten, besässen im allgemeinen ein nicht sehr stark entwickeltes Ich, ein sehr weitgehend veräußerlichtes Überich usw. In der großen Berkeley-Studie habe man gefunden, dass im allgemeinen

Zusammenfassend: Der Einfluß der USA auf die Forschung im Institut für Sozialforschung stammte aus den Erfahrungen Adornos im Forschungsteam der „Studies in Prejudice".[35] Die Vorurteils- und Persönlichkeitsforschung, an der er mitgewirkt hatte, bestimmte Adornos positives Votum über empirische Sozialforschung. Ihr attestierte er sowohl Affinität zur Humanität als auch Nähe zur gesellschaftlichen Theorie. Das prägende Motiv für Adornos Plädoyer für den „Social Research" war, dass die Polling-Prinzipien, die in der Roosevelt-Ära entstanden waren, dem Humanum der Demokratie entsprachen.

II   Die Position der Befürworter der Surveyforschung

Unter den Referenten der drei Fachsitzungen der Weinheimer Tagung waren zwei Befürworter der repräsentativen Umfrageforschung aus der Sicht der Praxis. Jürgen Weisker[36], einer der Direktoren des DIVO-Instituts, erläuterte die Fragebogenkonstruktion, verbunden mit Interviewerschulung, als eine wichtige Errungenschaft der Surveyforschung. Eine zweite Errungenschaft, nämlich systematische Vercodung anhand Verschlüsselungslisten, erläuterte Gerhard Zarn, der ebenfalls zeitweise dem Reactions Analysis Staff angehört hatte.[37] Schließlich behandelte Hans Kellerer, Privatdozent und Leiter des Bayrischen Statistischen Landesamts, die dritte Errungenschaft, nämlich das Randomverfahren der Stichprobenerstellung.

Die Sozialforscher, die in der Reactions Analysis Branch der HICOG tätig waren, hielten keine Referate in Weinheim (mit Ausnahme von Crespi). Mit acht Teilnehmern war die HICOG-Forschungsgruppe zahlenmäßig stark vertreten. Ihre Forschungspraxis, nämlich Surveys, bildete entsprechend den Intentionen der HICOG, worauf Crespi hinwies, das eigentliche Thema der Tagung. Die Arbeit des Reactions Analysis Staff verkörperte den Einfluß der USA in Gestalt der seinerzeit neuesten Forschungsmethoden, die nun in der Meinungs- und Marktforschung der Bundesrepublik übernommen werden sollten. Die drei Errungenschaften der vierziger Jahre, die für Deutschland empfohlen wurden, waren (1) Befragtenauswahl per Zufallsstichprobe, (2) Fragebogenkonstruktion in Verbindung mit Interviewerschulung und (3) Datenaufbereitung zur stochastisch angemessenen Datenanalyse.

Die Praxis der Reactions Analysis Branch hatte eine Vorgeschichte in den USA. Erstmals zu Beginn der vierziger Jahre waren Surveys durch die regierungsnahen Forschungsstellen gebildet worden, die die Reaktionen und Einstellungen der Bevölkerung zu den Politikperspektiven des Zweiten Weltkriegs ermittelten. Ein frühes Randomsample entstand im Office of Facts and Figures (OFF), einer in New York ansässigen regierungsnahen Forschungsstelle unter dem Dach des Office of the Coordinator of Information (COI). Repräsentative Umfragen zu kriegswichtigen Themen wurden dort erstmals im Winter

---

gerade eine höhere Korrelation zwischen Antisemitismus und charakterologischen Momenten herrsche als etwa zwischen so genannten reaktionären und politischen Ideologien und Antisemitismus." *Empirische Sozialforschung*, p. 210

35   Die Forschungsprojekte des Instituts für Sozialforschung in den dreißiger Jahren, deren Ergebnisse die 1936 im Exil erschienene Sammlung *Studien über Autorität und Familie* enthielt, waren methodisch auf einem weniger entwickelten Stand gewesen – wiewohl bis heute höchst beachtenswert. Der Neuanfang, der aufgrund der „Studies in Prejudice" im Institut für Sozialforschung gesetzt wurde, ging einen großen Schritt über die früheren Studien hinaus.

36   Weisker hatte 1950 am Studienaufenthalt des Reactions Analysis Staff am Institute for Social Research der University of Michigan Ann Arbor teilgenommen.

37   Zarn war im Teilnehmerverzeichnis nicht aufgeführt; ich danke Wolfgang Schaefer für den Hinweis über Zarn.

1941/1942 unter Leitung des Sozialpsychologen Rensis Likert durchgeführt. Nachfolgeinstitution des OFF war das Office of War Information (OWI), das ab Juni 1942 begleitend zur aktuellen Lage der USA Surveys in kurzen Abständen durchführte. Bereits im Januar 1943 konnte OWI-Survey No. 60 ermitteln, dass neunundvierzig Prozent der Bevölkerung eine Re-education der Kriegsgegner Nazideutschland und Japan nach dem Ende des Zweiten Weltkrieges befürworteten.[38]

Aus der International Branch des OWI entstand 1945 die Information Control Division (ICD) im Rahmen der amerikanischen Militärregierung. Die Opinion Surveys Branch der ICD nahm ihre Arbeit als Forschungsstelle im Oktober 1945 auf und konnte dabei auf das bereits im September 1945 nach dem Zufallsverfahren gebildete Sample der Bevölkerung der US-Besatzungszone und des amerikanischen Sektors Berlins zurückgreifen.[39] In den Jahren bis zur Gründung der Bundesrepublik führte die Opinion Surveys Branch der ICD insgesamt zweiundachtzig repräsentative Umfragen durch, zusätzlich zu zahlreichen weiteren Befragungen in den einzelnen Ländern der Besatzungszone. Daraus entstanden bis zum September 1949 insgesamt einhunderteinundneunzig Berichte zur politischen, wirtschaftlichen und gesellschaftlichen Lage und Entwicklung Nachkriegsdeutschlands.[40] Die Forschungsberichte der Opinion Surveys Branch machten die Umfragedaten zu einer Quelle des Verständnisses der Gesellschaft (West)Deutschlands[41], wie Crespi in Weinheim den Deutschen ins Gedächtnis rief, als er sie anregte, „to use survey techniques to shed light on the social, political, and economic problems of German society."[42]

Die Reactions Analysis Branch der HICOG setzte die Arbeit der ICD fort. Bis 1955 erschienen über zweihundert weitere Forschungsberichte, die die weitere Nachkriegsentwicklung, gestützt auf methodisch getreue Surveyforschung, mittels Umfrageergebnissen dokumentierten. Das Reservoir der Daten über die frühe Bundesrepublik, das diese Berichte darstellen, ist bis heute sekundäranalytisch in der Sozialstrukturliteratur bei weitem nicht ausreichend ausgeschöpft.

Der methodische Standard, der dabei eingehalten wurde, entsprach höchsten Ansprüchen. Sogar zeitgenössische Darstellungen mochten den Fortschritt, der darin lag, zuweilen nicht angemessen würdigen. So lobte Militärgouverneur Clay in seinen Memoiren zwar die Verdienste der ICD im Rahmen der Demokratisierung des „German mind"; aber er unterlag einem Irrtum, als er unterschätzte, wie fortschrittlich die ICD war. Er schrieb:

„In October 1945 a public opinion survey unit was created. We had much faith in these polls, although it was shattered somewhat by the election at home in November 1948."[43]

---

38   Zum Stellenwert derartiger Surveys im Rahmen der Vorbereitung der Re-education – vor allem mit Bezug auf Deutschland – vgl. auch Uta Gerhardt, Medizin, Soziologie und Re-Education, in *Gesellschaft und Gesundheit*. Begründung der Medizinsoziologie. Frankfurt: Suhrkamp 1991, pp. 261-300
39   Grundlage waren die Namens- bzw. Haushaltslisten, die für die Zuteilung von Lebensmittelkarten in den Gemeindeverwaltungen geführt wurden. Sie waren zuverlässiger als die Einwohnermeldekarteien in jener Zeit erheblicher Bevölkerungsfluktuation.
40   Einige dieser Berichte sind das Material für: Uta Gerhardt, Wandlungen der Sozialstruktur in Westdeutschland 1945-1949, in: Wolfgang Glatzer und Ilona Ostner, *Deutschland im Wandel*. Sozialstrukturelle Analysen, gewidmet Bernhard Schäfers zum 60. Geburtstag, Opladen: Leske und Budrich 1999, pp. 49-64
41   Siehe die Darstellung in: Helge Carstens, Gesellschaftliche Aspekte der Re-education Deutschlands durch das amerikanische Besatzungsregime. Ergebnisse der Meinungsforschung der Information Control Division zu den Bereichen Wirtschaft und Jugend bis zur Gründung der Bundesrepublik 1945-1949 (187pp., Heidelberg: im Manuskript).
42   Siehe dazu oben, Fn 22

Clay wusste offenbar nicht, dass die Surveys der ICD methodisch fortschrittlicher waren als die Wahlanalysen der amerikanischen Markt- und Meinungsforschung. Anlässlich der Wiederwahl Präsident Harry Trumans 1948 hatten die Polling-Institute (Gallup, Roper, Crossley) eine falsche Wahlprognose anhand einer Befragtenauswahl nach dem Quotenverfahren ermittelt. Darauf bezog sich Clays Bemerkung, dass sein Vertrauen in die Meinungsforschung etwas erschüttert worden sei. Aber die Survey Analysis Branch der ICD verwendete Random-Sampling, nicht etwa Quotenauswahl; zudem führte sie eine gewissenhafte Interviewerschulung und -kontrolle durch. Sie gestaltete also ihre Sozialforschung nach den Grundsätzen für Repräsentativität, die aus der Stochastik hervorgingen und seinerzeit die verlässlichsten Garanten aussagekräftiger Forschungsergebnisse waren.

Forschung im Rahmen von OMGUS und HICOG hieß also Surveys nach der Praxis in den USA, den neuesten Erkenntnissen entsprechend. Viele Teilnehmer in Weinheim waren sich dessen indessen nicht bewusst. Sie verteidigten überzeugt die weniger aufwendigen Verfahren der Befragtenauswahl und Datenanalyse. Die Kontroverse zwischen Anhängern der Quotenauswahl und Befürwortern des Random-Sampling beherrschte die zweite und dritte Fachsitzung der Weinheimer Tagung.

So standen sich anlässlich der zweiten Fachsitzung – Thema „Sampling und Normen" – Kellerer und Ulrich Jetter, ein Mitarbeiter des Instituts für Demoskopie, gegenüber. Kellerer erläuterte die Stichprobenauswahl, die einzige statistisch gesicherte Grundlage für die Repräsentativität empirisch gewonnener Aussagen. Jetter hielt ihm entgegen, das Quotenverfahren ermögliche, schneller zu Untersuchungsergebnissen zu gelangen, und zudem sei es erheblich kostengünstiger einsetzbar.

In der dritten Fachsitzung – Thema „Erhebungs- und Auswertungsmethoden" – plädierten Weisker, Zarn und der Chef des EMNID-Instituts, Karl von Stackelberg, für die Methoden und Standards der Surveyforschung. Ihre Gegenspieler kamen aus dem Allensbacher Institut. Beispielsweise glaubte Friedrich Tennstädt, dass nachträgliche Häufigkeitsberechnung für Merkmale, die nicht zu den Quotenkriterien gehörten, Repräsentativität gewährleiste. Er meinte dazu:

> „(D)emographische Merkmale, die nicht in der Quote vorgegeben sind, ... liegen ... nahe an den amtlichen statistischen Zahlen, wie sie uns durch die Volkszählungen zur Verfügung gestellt werden."[44]

Die Diskussion anlässlich der zweiten und dritten Fachsitzung erbrachte zwar kritische Einwände gegen die Ausführungen, die das Quotenverfahren verteidigten, entwickelte sich aber nicht zu einer Grundsatzdebatte. Diejenigen Teilnehmer, die die Surveyforschung aus eigener Erfahrung oder durch amerikanische Literatur kannten, hielten sich in den Diskussionen offensichtlich zurück. Unter den Mitarbeitern der HICOG meldete sich nur Schaefer zu Wort; er verwies auf amerikanische Arbeiten, die bei der Lösung der Probleme helfen konnten.[45]

Unter denjenigen Teilnehmern, die sich hätten zu Wort melden können, waren die Mitarbeiter der durch die UNESCO bereits 1946 eingerichteten Forschungsgruppe aus

---

43 Lucius D. Clay, *Decision in Germany*, p. 283; die deutsche Übersetzung, die im gleichen Jahr 1950 erschien, entsprach wohl dem Zeitgeist. Sie lautete: „Im Oktober 1945 wurde eine Arbeitsgruppe zur Erforschung der öffentlichen Meinung gebildet. Wir setzten allerhand Zutrauen in diese Umfragen, ein Zutrauen, das dann später bei der Präsidenten-Wahl in USA im November 1948 etwas ins Wanken geriet." Clay, *Entscheidung in Deutschland*. Frankfurt: Verlag Frankfurter Hefte 1950, p. 317
44 Friedrich Tennstädt, Kontrollen des repräsentativen Charakters der Stichproben bei Bevölkerungsumfragen, in: *Empirische Sozialforschung*, p. 203

Darmstadt. In den Jahren 1945 bis 1950 wurde Darmstadt in einer Gemeindestudie, der auch ein Random-Sample zugrunde lag, untersucht. Der *Darmstadt Community Survey* führte zu sieben Monographien, die in der Zeit bis 1954 erschienen.[46] Ihr analytischer Ansatz – aus heutiger Sicht wirkt er eher deskriptiv – wurde 1949 in einem dreißigseitigen Memorandum im Rahmen der Visiting Expert Series des OMGUS durch zwei Sozialwissenschaftler der New York University evaluiert.[47] In Weinheim hätten sich Gerhard Baumert und Herbert Kötter, Leiter von Teilprojekten der Darmstadt- Studie[48], zu Wort melden können, um ihre Forschung zu erläutern; der Tagungsband erwähnte ihre Namen nur im Verzeichnis der Teilnehmer.

Andere, die ebenfalls in der Diskussion zugunsten der Surveyforschung im Sinne der Reactions Analysis Branch hätten sprechen können, kamen aus Markt- und Meinungsforschungsinstituten, die sich um methodisch vorbildliche Arbeit bemühten.[49] Unter ihnen waren Erich Lippoldt und Peter Schmitt, die dem Reactions Analysis Staff angehört hatten und nun das DIVO-Institut leiteten, das in den fünfziger Jahren zur Hochburg methodisch exakter kommerzieller Meinungsforschung werden sollte.

Zusammenfassend: Die Forschungsabteilung der Militärregierung und Hohen Kommission verwirklichte seit 1945 jene Surveyforschung, die nun in Deutschland allgemein werden sollte. Crespi legte den Deutschen insbesondere ans Herz, dass sie Surveyforschung betreiben sollten, als er ihnen empfahl

---

45   Insbesondere verwies Schaefer auf den Statistiker Alfred Politz, der durch sein hervorragendes Verständnis der Methodenfragen der empirischen Sozialforschung bereits 1938 nachgewiesen hatte, dass das Quotenverfahren, das seinerzeit allenthalben angewandt wurde, keine verlässlichen Ergebnisse erzielen konnte. *Empirische Sozialforschung*, p. 236. In Hugh S. Hardy, *The Politz Papers. Science and Truth in Marketing Research*. American Marketing Association, einem Buch, das Herr Schaefer mir auszugsweise zugänglich machte, wird p. 288 ein Artikel aus dem *International Journal of Opinion and Attitude Research* des Jahrgangs 1948/1949 abgedruckt, wo es unter dem Titel „Why The Pollsters Failed" hieß: „Alfred Politz ... unceasingly warned that the day of reckoning would come sooner or later. He attributed the pollsters' unerring accuracy to sheer good luck, which, he warned, could not last forever. Most of us tolerated Mr. Politz' rantings mainly because we know he's a genius." Ich danke Herrn Schaefer für diesen Hinweis.

46   Theodor W. Adorno war Berater der Darmstadt-Studie. Zu sämtlichen sieben Monographien, die aus der Darmstadt-Studie hervorgingen, schrieb Theodor W. Adorno er ein Vorwort. Diese Vorwort-Essays sind im Band 20 der *Gesammelten Schriften* Adornos enthalten. Sie Adorno, Einführungen in die Darmstädter Gemeindestudie, *Gesammelte Schriften* (Hrsg. Rolf Tiedemann), Bd. 20/I: *Vermischte Schriften I*, Frankfurt: Surhkamp 1986, pp. 605-639.

47   Henry J. Meyer und H. Ashley Weeks, Darmstadt Community Survey. Development of Local Community Research in Germany. Office of Militry Government for Germany (U. S.) Manpower Division APO 757 Frankfurt, Germany. Visiting Expert Series No. 13, October 1949 (vervielfältigt)

48   Außer Baumert nahmen zwei weitere Mitglieder des Darmstädter Instituts für Sozialwissenschaftliche Forschung in Weinheim teil. Kötter war zwischenzeitlich an das Institut für landwirtschaftliche Betriebslehre Giessen gewechselt, von wo ebenfalls zwei weitere Teilnehmer der Weinheimer Tagung kamen. Insgesamt waren also sechs Forscher in Weinheim, die über die Darmstadt-Studie in den Fachsitzungen in Weinheim hätten berichten können.

49   Zu diesen Instituten gehörten das DIVO-Institut mit Sitz in Frankfurt, das DISMA-Institut Hamburg und (1951 in Gründung) das UNESCO-Forschungsinstitut an der Universität zu Köln. Zur Entwicklung an der Universität zu Köln, die durch das UNESCO-Institut angestoßen wurde und unter dem Einfluß René Königs in den fünfziger Jahren das Ausbildungs- und Forschungsprogramm in Köln zum Vorreiter methodisch fortschrittlicher Praxis machte, siehe: Erwin K. Scheuch, Soziologie in Köln. Überarbeitetes Manuskript der Rede auf dem Deutschen Soziologentag in Köln, 27. September 2000 (69pp., im Manuskript).

„the most auspicious blueprint for the continued sound development in Germany of the new empirical social discipline – survey research."[50]

Surveyforschung gehörte zum Standardrepertoire der Reactions Analysis Branch der HICOG bzw. bereits seit den frühen vierziger Jahren jener regierungsnahen Forschungsstellen, die sich während des Zweiten Weltkriegs in den USA und ab 1945 unter dem Besatzungsregime in Deutschland entwickelten. Diese Forschung entsprach dem neuesten Stand der Wissenschaft; sie wurde allerdings in Weinheim nicht offensiv proklamiert, sondern eher im Hintergrund nachhaltig empfohlen. Die Mitarbeiter der HICOG-Branch griffen bei der Weinheimer Tagung kaum in die Diskussion ein, obwohl sie gute Argumente gegen die in Deutschland noch weithin übliche Befragungspraxis hatten. Diese jungen Sozialforscher, die zumeist eine Weiterbildung in Ann Arbor[51] erhalten hatten und also mit den methodologischen Grundlagen ihrer Arbeit vertraut gemacht waren, hielten sich in Weinheim eher zurück.

Das Interesse der USA an Surveys in Deutschland wurde in Weinheim nicht aufoktroyiert. Der Einfluß der USA, der eindeutig auf Surveyforschung hinauslief, war anlässlich der Tagung allenfalls indirekt zu spüren.

Dennoch hatte die Zukunft bereits begonnen. Lothar Herberger, der bis kurz vor dem Tagungstermin noch zum Reactions Analysis Staff gehört hatte[52] und in den fünfziger Jahren die Einführung des Mikrozensus verantworten sollte, gehörte zu den Teilnehmern in Weinheim. Die Berichterstattung des Statistischen Bundesamtes auf der Grundlage von Zufallsstichproben, die den Mikrozensus ausmach(t)en, war also bereits in Weinheim abzusehen. Die großen Fortschritte der Surveyforschung, die in den fünfziger Jahren möglich wurden, ließen sich in Weinheim ahnen: Allerdings nahmen die Forscher, die die vorbildliche Surveyforschung der fünfziger Jahren verkörpern sollten, sämtlich zwar in Weinheim teil, meldeten sich in den Diskussionen allerdings selten zu Wort.

III Die Position des Instituts für Demoskopie

Der dritte Einflussweg der USA reichte in die dreißiger Jahre zurück. 1936 hatte der Gallup-Poll mittels Quotaverfahren eine Prognose erstellt, die das Ergebnis der ersten Wiederwahl Franklin D. Roosevelts entgegen dem „Literary Digest Poll" richtig voraussagte. Dies durfte als die Geburtsstunde der Markt- und Meinungsforschung gelten, die von nun an kommerziell erfolgreich war – auch als Wahlforschung (wobei 1948 eine Zäsur bedeutete, die ein erneutes Überdenken des methodischen Zugangs notwendig machte).

Das im November 1946 gegründete Institut für Demoskopie mit Sitz in Allensbach am Bodensee setzte die in den dreißiger Jahren gängige Praxis der Quotenauswahl und Ad-hoc Befragung fort, die in den dreißiger Jahren in den USA spektakulär erfolgreich (gewesen) war. Grundlage der Arbeit des Instituts nach dem Zweiten Weltkrieg war, dass die Gründerin und erste Ko-Direktorin des Instituts für Demoskopie, Elisabeth Noelle-Neumann, im Jahr 1937-1938 zu einem einjährigen Studienaufenthalt in die USA hatte reisen können, um dort die Materialien für ihre Dissertation „Amerikanische Massenbefragun-

---

50 Crespi, America's Interest in German Survey Research, in *Empirische Sozialforschung*, p. 217
51 Direktor dieses Institute for Social Research an der University of Michigan Ann Arbor war zu dieser Zeit Rensis Likert, Direktor der Abteilung „Survey Research Center" Angus Campbell.
52 In dem englischsprachigen Teilnehmerverzeichnis, das mir Prof. Crespi freundlicherweise zur Verfügung stellte, wurde Herberger noch als Mitarbeiter der HICOG in Mehlem bei Bonn aufgeführt, im Tagungsband war vermerkt, dass er aus dem Institut für Sozialforschung in Frankfurt kam.

gen über Politik und Presse" zusammenzutragen.⁵³ Noelle-Neumann hatte in den USA den Fragebogenaufbau und die Frageconstruktion bei Umfragen mit großen Befragtenzahlen („Massenbefragungen") kennen gelernt, und sie hatte die in der Mitte der dreißiger Jahre in den USA übliche Praxis genau beschrieben. In ihrem Buch referierte sie die Ergebnisse, die die amerikanische Forschung erzielte. Dabei beschrieb sie die Häufigkeitsverteilungen entsprechend den Antwortkategorien, die für die Fragen in den Fragebogen vorgesehen waren. Entsprechend der Praxis der dreißiger Jahre interpretierte sie diese Ergebnisse als repräsentativ für die Meinungen und Einstellungen der Bevölkerung der USA.

Im Frühjahr 1940 wurde Elisabeth Noelle an der Philosophischen Fakultät der Friedrich-Wilhelms-Universität zu Berlin mit dieser Arbeit promoviert. Danach war sie in der Zeit bis zum Ende des Dritten Reiches in verschiedenen journalistischen Stellungen tätig, etwa als Redakteurin der Zeitung „Das Reich" und freie Mitarbeiterin der „Frankfurter Zeitung".⁵⁴ Eine Tätigkeit, die mit Meinungsumfragen oder Sozialforschung in weitestem Sinne zu tun gehabt hätte, übte Noelle offenbar während der nationalsozialistischen Herrschaft nicht aus.⁵⁵ Eine verlässliche Quelle für die mancherorts geäußerte Vermutung, dass sie an Meinungserhebungen beteiligt war, die dem bis 1944 erscheinenden parteiinternen Mitteilungsmagazin „Meldungen aus dem Reich" zugrunde lagen, ist nicht aufzufinden.⁵⁶

Im November 1946 konnte Noelle-Neumann bei der Französischen Militärregierung erwirken, dass das Institut für Demoskopie mit Sitz in der Französischen Zone gegründet wurde. Mit einem Stab Mitarbeiter, die sämtlich wenig Forschungserfahrung mitbrachten, zumal viele der in Allensbach Tätigen während der letzten Jahre des Nationalsozialismus im Kriegseinsatz gewesen waren, gründete Noelle-Neumann – zusammen mit Erich Peter

---

53 Elisabeth Noelle, *Amerikanische Massenbefragungen über Politik und Presse*. Inaugural-Dissertation zur Erlangung des Doktorgrades der Philosophischen Fakultät der Friedrich-Wilhelms-Universität zu Berlin. Limburg an der Lahn: Limburger Verlagsdruckerei 1940
54 Die durch das Propagandaministerium geführte Zeitung „Das Reich" entließ Noelle-Neumann Ende 1941; die „Frankfurter Zeitung", wo sie danach arbeitete, wurde im August 1943 verboten. Schließlich schrieb sie Artikel für eine durch das Amt Auslandspropaganda des Außenministeriums geführte, in Schwedisch erscheinende Zeitschrift „Tele", die insgesamt eher regimekritische Stimmen zu Wort kommen ließ. Über diese Zeitschrift liegt eine 1989 erschienene Dissertation vor, die unter der Betreuung Noelle-Neumanns entstand.
55 Siehe zur Frage der Tätigkeit Noelle-Neumanns vor 1945: Christian Domnitz, Nazi oder Karrierist? Über die wissenschaftliche und publizistische Tätigkeit Elisabeth Noelle-Neumanns im Dritten Reich. *Der Tagesspiegel*, 15. Mai 2001, on-line-Version unter. Domnitz kommt auf der Grundlage der deutschen und amerikanischen Arbeiten zum Thema der Tätigkeit Noelle-Neumanns während des Nationalsozialismus zu der Schlussfolgerung, dass sie in den USA und danach nationalsozialistische Überlegungen publizistisch darlegte und dass mindestens ein Angebot des Propagandaministeriums an sie gemacht wurde. Allerdings habe sie dieses Angebot umgangen, indem sie wochenlang wegen Krankheit unerreichbar war. Domnitz stellt für die journalistische Tätigkeit fest, es müsse „auch gesagt werden, dass die Quellenlage eine Bewertung der Tätigkeit Noelles ab Ende 1942 nicht zulässt. Mit einigen Ausnahmen sind die Artikel Noelles aus dieser Zeit nicht auffindbar. Erscheinungsorte und -zeiten sind an keiner Stelle aufgelistet." (p. 9). Die Angaben verdanke ich Mathias Bös.
56 Die „Meldungen aus dem Reich" entstanden im Amt III des Reichssicherheitshauptamtes. Der Personalaufbau der Dienststelle, die die „Meldungen aus dem Reich" erstellte, wird in der einschlägigen historischen Literatur nicht angegeben; dennoch ist unwahrscheinlich, dass Noelle seinerzeit für die „Forschung" dieser Dienststelle arbeitete. Siehe dazu auch: Heinz Boberach, *Meldungen aus dem Reich. Auswahl aus dem geheimen Lageberichten des Sicherheitsdienstes der SS 1939-1944*. Neuwied und Berlin: Luchterhand 1965

Neumann – ein kommerzielles Markt- und Meinungsforschungsinstitut.[57] Bis zum Jahr 1951 war dieses Institut, das die Wahlprognosen anlässlich der ersten Bundestagswahl 1949 erstellt hatte, bereits erfolgreich im Markt der Auftragsforschung platziert.

Das Institut für Demoskopie widmete sich der Meinungs- und Marktforschung mittels Quotenauswahl. Die Methoden der Befragtenauswahl und Datenerhebung in Allensbach entsprachen im großen und ganzen denjenigen, die in den dreißiger Jahren in den USA üblich gewesen waren – in der Zeit *vor* der Surveyforschung. Die Standardpraxis war: Die für das Allensbacher Institut tätigen Interviewer sprachen die Befragten zumeist auf der Straße an, und sie begannen unmittelbar darauf mit dem Interview per Fragebogen. Die Auswertung erfolgte durch Häufigkeitsauszählungen; sie wurden aufgeschlüsselt nach Sozialmerkmalen der Befragten und Antwortgruppierungen.[58]

Noelle-Neumann sah auch späterhin keinen Mangel dieses Vorgehens, das für die Anfangszeit des Instituts für Demoskopie stand.[59] Noch fünfzig Jahre später schrieb sie in einer autobiographischen Skizze 1997 rückblickend über die erste Jugendumfrage des Allensbacher Instituts:

„Am 8. Mai 1947 führten wir die erste Jugendumfrage in der Volksschule von Ludwigshafen/Bodensee auf der Grundlage einer repräsentativen Stichprobe und eines strukturierten Fragebogens durch."[60]

Anlässlich der Weinheimer Tagung war das Institut für Demoskopie mit sieben Mitarbeitern vertreten; vier der Referenten kamen aus Allensbach. Erich Peter Neumann führte aus, die Meinungsforschung sei „ein Informationsmittel von höchstem Rang"[61]; er forderte, sie solle den Regierungen, gerade den parlamentarischen, einen Spiegel vorhalten. Jetter verteidigte das Quotenverfahren; es sei eine repräsentative Auswahlmethode, wenn-

---

57 Anlässlich der Weinheimer Tagung im Oktober 2001, dem fünfzigjährigen Jubiläum der Tagung von 1951, schrieb Noelle-Neumann in der *Frankturter Allgemeinen Zeitung* vom 23. Oktober 2001 (wobei sie allerdings das Datum verwechselte): „Das fünfzigjährige Jubiläum des Weinheimer Kongresses wird nun mit gutem Grund gefeiert werden. Aber die Begründung, Weinheim sei der Geburtsort der deutschen Markt- und Meinungsforschung, trifft nicht zu. Zur Zeit des Weinheimer Kongresses arbeitete Allensbach schon fünf Jahre." (FAZ Nr. 246, 23. Okt. 2001, p. 16)

58 Bei Jean M. Converse, *Survey Research in den United States. Roots and Emergence, 1890-1960*, p. 126 findet sich eine anschauliche Beschreibung desselben Verfahrens, das in den USA in den dreißiger Jahren üblich war, von Paul Sheatsley, später Direktor des National Opinion Research Center. Er erinnerte das Vorgehen als „simple" und dass er bzgl. dessen, was damals zu tun war, wie Converse dazu schreibt, „was very much on his own."

59 Das Kapitel „Die Entwicklung der Random-Stichprobe für Bevölkerungserhebungen in Deutschland nach dem II. Weltkrieg" in: *Muster-Stichproben-Pläne – Für Bevölkerungs-Stichproben in der Bundesrepublik Deutschland und West-Berlin*, Hrg.: ADM – Arbeitskreis Deutscher Marktforschungsinstitute, bearbeitet von Felix Schaefer, o.O., mi verlag moderne industrie (o. J., ca. Ende der siebziger Jahre) enthält den Hinweis, dass das Institut für Demoskopie erstmals im Jahr 1957 eine nach dem neu entwickelten Flächenstichproben-Verfahren gebildete repräsentative Befragtenauswahl verwendete (in einer Werbefunk-Analyse) und dass sich das Institut etwa ab Mitte der fünfziger Jahre an gemeinsamen Initiativen der Marktforschungsinstitute zur Erarbeitung repräsentativer Datengrundlagen beteiligte. Den Hinweis verdanke ich Wolfgang Schaefer.

60 Elisabeth Noelle-Neumann, Über den Fortschritt der Publizistikwissenschaft durch Anwendung empirischer Forschungsmethoden. Eine autobiographische Aufzeichnung. In: Arnulf Kutsch, Horst Pöttker (Hrsg.), *Kommunikationswissenschaft – autobiographisch*. Publizistik, Sonderheft 1/1997. Opladen: Westdeutscher Verlag 1997, pp. 43-44. Unklar bleibt, wie diese repräsentative Stichprobe gebildet wurde, von der Noelle-Neumann hier spricht.

61 Neumann, Politische und soziale Meinungsforschung in Deutschland, in: *Empirische Sozialforschung*, p. 46

gleich praktischer und kostengünstiger als eine Random-Stichprobe. v. Friedeburg zeigte, dass die Rate der Interview-Verweigerungen, 15 Prozent der angesprochenen Personen, durchaus annehmbar war, zumal davon keine Beeinträchtigung der Repräsentativität der Umfragen ausgehe, wie er mit einem Hinweis auf Hadley Cantril unterstrich.[62] Tennstädt legte dar, dass kein gravierender Unterschied zwischen Umfragen anhand Quoten- oder Randomauswahl bestehe und daher beide Verfahren gleichwertig anzusehen seien.

Die Teilnehmer aus dem Institut für Demoskopie beteiligten sich lebhaft an allen Diskussionen. Sie verteidigten das Programm ihres Instituts, das aus Quotierung, Fragebogen mit Meinungs- und Wissensfragen, Auswertung durch numerische Vercodung und Verwendung deskriptiver Statistik bestand. Sie wehrten sich gegen direkte und indirekte Kritik, die an der Praxis des Allensbacher Instituts geübt wurde.

Noelle-Neumann war überzeugt, dass die Meinungsforschung in Allensbach den Ansätzen anderer Institute ebenbürtig wäre. Zur Einführung der dritten Fachsitzung, die sie leitete, hielt sie eine kurze Ansprache, in der sie betonte, dass jeweils die Praxis vor Ort entscheidend sei, nicht etwa die Theorie oder Prinzipien, die geltend gemacht werden mochten. Sie sah in den Aufgaben der Praxis, die zu lösen waren, jenes Kriterium, das über die Wahl der Methoden entschied:

> „Es können so viele praktische Probleme von verschiedenen Seiten her aufgeworfen werden, dass wir glauben, dass es Ihnen, den Teilnehmern dieser Tagung, am meisten Einblick geben und vielleicht am meisten auch Ihr Interesse an diesem Gebiet befriedigen wird, wenn wir die Arbeit, wie sie in den verschiedenen Instituten angefasst wird, in möglichst praktischer Form von den Menschen beschreiben lassen, die mit diesen Arbeitsgebieten zu tun haben."[63]

Zusammenfassend: Der Einfluß der USA auf die Meinungsforschung des Instituts für Demoskopie entsprach dem Entwicklungsstand der dreißiger Jahre. Die Grundsätze und Methoden der Sozialforschung waren zwar in den vierziger Jahren zur Surveyforschung weiterentwickelt worden, aber diese Fortschritte wurden im Allensbacher Institut nicht nachvollzogen. Verbindungen zur Information Control Division, die die modernsten Entwicklungen der amerikanischen Sozialforschung berücksichtigte, gab es nicht. Von den methodologischen Begründungen der neuen Richtung war im Institut für Demoskopie in den frühen Jahren der Bundesrepublik wenig bekannt. Die Meinungsforschung in Allensbach bestand vornehmlich aus Fragekatalogen, die in regelmäßigen Zeitabständen seit Ende der vierziger bzw. Beginn der fünfziger Jahre den Befragten vorgelegt wurden, die nach Quoten ausgewählt waren.[64] Gegenstand derartiger Meinungsforschung waren Probleme der aktuellen Politik, Zukunfts- und Gegenwartseinschätzungen und ähnliche Themen. Noelle-Neumann und Neumann, die das Institut für Demoskopie gründeten, hatten während des Nationalsozialismus in Bereichen außerhalb der Sozialforschung gearbeitet: Noelle-

---

62 v. Friedeburg bezog sich dabei auf die 1947 erschienene Neuauflage des Lehrbuchs *Gauging Public Opinion*, eine praktische Anleitung zur Meinungsforschung mittels Fragebogen, die vor allem technische Hinweise zur Durchführung solcher Befragungen unter dem Gesichtspunkt der Qualitätssicherung der Daten und Ergebnisse enthielt. Cantril berichtete dort von einer Studie, die zeige, dass Verweigerungsraten der Größenordnung von ca. 15 Prozent keinen Einfluß auf die Befragungsergebnisse hätten.
63 Noelle-Neumann, *Empirische Sozialforschung*, p. 156
64 Dazu liegen die zahlreichen Ausgaben des *Jahrbuchs der öffentlichen Meinung* vor, die diese Fragen und die darauf zu verschiedenen Zeitpunkten gegebenen Antworten im Zeitauffriss durch Häufigkeitstabellen dokumentieren.

Neumann war Journalistin und Neumann Offizier einer Propaganda-Kompanie der Wehrmacht gewesen.

Schlussbetrachtung

Der Einfluß der USA, anlässlich der Weinheimer Tagung offenkundig, hatte drei Stränge. Aus den dreißiger Jahren stammte das Programm der Meinungsforschung, dem sich das Institut für Demoskopie widmete. In die Roosevelt-Ära gehörte das Bild der Demokratie, das Adornos Plädoyer für empirische Sozialforschung prägte. Nur die Surveyforschung war auf der Höhe der Zeit.

Die Surveyforschung hatte sich in den frühen vierziger Jahren in den amerikanischen Universitäten u.a. am National Opinion Research Center der Universität Chicago und am Office of Public Opionion Research der Princeton University entwickelt. In den regierungsnahen Forschungsstätten OFF und OWI wurden Zufallsstichproben zur Erforschung der kriegsbezogenen öffentlichen Meinung gebildet. In der Research Branch der Information and Education Division des War Department wurde der Ansatz weiter verfeinert. Dabei wurde die Surveyforschung – mit den Hauptpunkten Zufallsstichprobe, systematische Fragebogenkonstruktion und Signifikanztests – mit der Einstellungsmessung mittels Skalenbildung verbunden. Daraus entstand die Großstudie des War Department, die 1949 in vier Bänden unter dem Titel *Studies in Social Psychology in World War II* erschien; sie wurde bekannt unter dem Titel der ersten zwei Bände, *The American Soldier*.[65]

Dieser neuen Tradition der Sozialforschung in den USA sollte die Weinheimer Tagung zum Durchbruch in Deutschland verhelfen. Die HICOG hoffte, dass die erfolgreiche Arbeit der Forschungsabteilung der Militärregierung und Hohen Kommission durch deutsche Institute weitergeführt würde. Anlässlich der Tagung 1951 der World Association of Public Opinion Research (WAPOR) war Crespi Leiter einer Sitzung über „The Present Status of Survey Research in Germany", die er mit den Worten einleitete:

> „It has ... been a definite part of our assigned mission, and the mission of other HICOG branches concerned with the media of public communication, to promote and encourage the development of democratic practices and institutions in one's particular area of operation – in our case that of public opinion surveying."[66]

Meine zwei Thesen hinsichtlich der Weinheimer Tagung, die ich dieser Darstellung zugrundegelegt habe, seien noch einmal genannt: (1) Der Einfluß der USA war in drei Stränge aufgespalten. (2) In Weinheim war die Surveyforschung, die fortschrittlichste Richtung, kein Hauptgegenstand des Tagungsgeschehens.

Abschließend stellt sich die Frage, warum die Diskussionen in Weinheim zu keiner Lösung kamen, obwohl doch zu dieser Zeit zweifelsfrei nachgewiesen war, dass nur die Sur-

---

65 *Studies in Social Psychology in World War II. Vol. I: The American Soldier: Adjustment During Army Life*, Hrsg. Samuel A. Stouffer, Edward A. Suchman, Leland C. DeVinney, Shirley A. Star und Robin M. Williams Jr.; *Vol. II: The American Soldier: Combat and Its Aftermath*, Hrsg, Stouffer, Arthur A. Lumsdaine, Marion Harper Lumsdaine, Williams, M Brewster Smith, Irving L. Janis, Star und Leonard S. Cottrell Jr.; *Vol. III: Experiments on Mass Communication*, Hrsg. Carl I. Hovland, Arthur Lumsdaine und Fred D. Sheffield. Alle Bände: Princeton: Princeton University Press 1949; geplant war ferner: Vol. IV, *Measurement and Prediction*.
66 Leo P. Crespi, America's Efforts to Foster the Development of German Survey Research – A Progress Report. Chairman's remarks at WAPOR session on „The Present Status of Survey Research in Germany," p. 1 (o.J., 1951, im Manuskript). Den Text stellte mir Prof. Crespi freundlicherweise zur Verfügung.

veyforschung den Ansprüchen repräsentativer Meinungsumfragen entsprach. Eine dritte These kann helfen, diese Situation zu verstehen. Diese These lautet: (3) Die Theorie der „Public Opinion", der die amerikanische Surveyforschung entsprach, war in Deutschland 1951 noch weitgehend unbekannt.

Crespis Empfehlung war, wie oben zitiert, „to use survey techniques to shed light on the social, political and economic problems of German society." Crespi empfahl also die „Public Opinion Surveys", da dadurch verlässliche Aussagen über gesellschaftliche, politische und wirtschaftliche Probleme in Deutschland möglich wurden, wie sie den amerikanischen Besatzungsstellen zur Verfügung standen.

Crespi legte unwillkürlich weitreichende methodologische Annahmen zugrunde. Die methodologischen Grundlagen der repräsentativen Umfrageforschung waren in den USA seit den zwanziger Jahren erarbeitet worden. Dort wurde die Problematik „Public Opinion" in der Politikwissenschaft, Psychologie und Soziologie als Institution eigener Art diskutiert. „Public Opinion" war nur in Demokratien möglich.[67] Sie hatte dort gesamtgesellschaftliche Geltungskraft, durfte aber nicht als Dokumentation der Meinung des einzelnen Bürgers angesehen werden. 1937 war die Zeitschrift *Public Opinion Quarterly* (POQ) gegründet worden, die ein Forum für die empirische Forschungspraxis bildete, die den Vorgaben der gesamtgesellschaftlichen Wirkungssphäre der „Public Opinion" entsprach.

„Public Opinion" erfasste also eine doppelte Wirklichkeit, die nun im Rahmen der Markt- und Meinungsforschung nicht zu einer eindimensionalen Betrachtung zusammengezogen werden durfte. Die Meinungen des einzelnen Staatsbürgers waren individuell; dies mußte im Zusammenhang der Demokratie unverbrüchlich gelten. Zugleich waren erwartbare Regelmäßigkeiten bei ganzen Gruppen oder Gesellschaften zu beobachten, die sich in den Anteilen ausdrückten, die die „Ja"- im Unterschied zu den „Nein"- und „Weiß-nicht"-Antworten an der Gesamtheit der Befragten (bzw. der Bevölkerung) erreichten. Es gab also eine doppelte Präsenz von Meinungen und Einstellungen, nämlich erstens individuell und zweitens als Teil von „Public Opinion". Erst wenn dies beachtet wurde, konnte die Validität und Reliabilität der Ergebnisse der Meinungsforschung als gesichert gelten. Die Aussagen des einzelnen Befragten waren mithin in der Sozialforschung inhaltlich nicht auszuwerten. Sondern sie waren nur als Daten bei der Ermittlung des Gesamtbildes der „Public Opinion" verwendbar. Die Anteile der Meinungsgruppen in einer Stichprobe, hochgerechnet auf die Grundgesamtheit, waren entscheidend. Per Ergebnisanalyse waren deshalb nur die Relationen, die zwischen den Kollektiven herrschten, systematisch zu interpretieren. Dieser Zusammenhang war in den USA seit den zwanziger Jahren erarbeitet worden, und er gab der Surveyforschung jenes Gewicht, das für Crespi den Ausschlag gab, den Deutschen einzig „public opinion surveying" zu empfehlen.

Crespi wusste, dass die Demokratie durch derartige Sozialforschung wissenschaftlich kompetent unterstützt werden konnte. In einer Rede anlässlich des fünfundzwanzigsten Gründungsjubiläums des Zentralarchivs für empirische Sozialforschung an der Universität zu Köln erinnerte er im Jahr 1985 an die ersten Surveys der Nachkriegszeit. Mit Stolz und Anerkennung hob er zu diesem feierlichen Anlass den Wert der repräsentativen Umfrageforschung für die Demokratie noch einmal hervor:

> „The ideal of democracy is that all the citizens participate in its decisions. Surveys based upon representative samples are designed to give proper weight to all sectors of public opi-

---

67 Siehe dazu: Hans Speier, Historical Development of Public Opinion, *American Journal of Sociology*, Vol. 53, 1949/50 (Januar 1950), pp. 376-388

nion. ... I look back with modest pride at the OMGUS and HICOG surveys ... The early surveys in Germany ... contributed in a fundamental way to the furthering of a democratic philosophy. They are a concrete illustration of democracy in action and the value of every individual's views that was not lost on a people more used to being told than being asked in matters politic."[68]

Manche Teilnehmer der Weinheimer Tagung waren sich indessen des Begründungszusammenhang, den Crespi voraussetzte, offenbar wenig bewusst. Sie sahen in „Public Opinion" nur eine öffentliche Meinung, die per Mehrheitsvotum galt. Wie sonst soll denn die Diskussionsäußerung von Erich Peter Neumann zu verstehen sein, der in Weinheim zu diesem Thema sagte:

„Ich glaube ..., dass wir heute in Deutschland über sehr viel mehr Erkenntnisse schon verfügen, als wir sie praktizieren können. Dass wir sie aber nicht praktizieren können, hängt wohl etwas damit zusammen, dass die Erkenntnisse, die Resultate der Meinungsforschung im Grunde noch keine öffentliche Meinung für sich haben, dass sie noch keine Macht darstellen"?[69]

---

68 Crespi, Some Reflecions on U.S. Public Opinion Surveys in Post-war Germany, Paper prepared to the quarter-century celebration of the University of Cologne survey research archive – Zentralarchiv Für Empirische Sozialforschung. October 1, 1985., pp. 3-4 (im Manuskript). Den Text stellte mir Prof. Crespi freundlicherweise zur Verfügung.
69 Neumann (Diskussion der ersten Fachsitzung), *Empirische Sozialforschung*, p. 83

Der Aufstieg der empirischen Sozialforschung aus dem Geist des New Deal

Erwin K. Scheuch

I

Eine „demokratische Methode" nannte Erich Peter Neumann in seinem Referat auf der Weinheimer Tagung im Dezember 1951 die Meinungsforschung und fuhr fort: „In den Vereinigten Staaten, in England, in Australien und in Kanada übt die regelmäßige Publikation von repräsentativen Umfrageergebnissen gleichsam eine Funktion des öffentlichen Lebens aus". Wiederholt bezog sich Erich Peter Neumann auf die Situation in der Weimarer Republik im Frühjahr 1930. Hätte es damals schon Meinungsforschung gegeben, so hätte man dem Reichskanzler Brüning mitteilen können, dass ohne Gegensteuern die obskure NSdAP von sechs auf ca. hundert Mandate springen werde[1].

Auf der gleichen Tagung erklärte auch Leo Crespi, der sich als eine Art Hebamme für diese Tagung und für den Import amerikanischer Sozialtechniken der Meinungsforschung nach Deutschland bezeichnete, „public opinion research has so much to contribute to the really democratic functioning of social institutions"[2].

Heute dürfte es nicht mehr so fraglos sein, dass Meinungsforschung und Demokratie zusammengehören, andere Regierungsformen jedoch nicht. Allerdings stimmt das von den Festrednern damals vorgetragene Zusammenfallen von Demokratie und empirischer Sozialforschung weitestgehend als historische Beschreibung - sofern sich Sozialwissenschaftler ihre Themen aussuchen und die Art der Verbreitung von Ergebnissen selbst bestimmen können.

Die sich in Deutschland nach 1945 zögerlich verbreitende empirische Sozialforschung wurde insbesondere von der amerikanischen Besatzungsmacht als Teil ihrer Demokratisierungskampagne verstanden. Noch während des Zweiten Weltkrieges wurden Sozialforscher im Auftrag der amerikanischen Regierung tätig, um mit dem Vorrücken der Truppen die Eignung der Deutschen für ein Programm der „reeducation" zu bestimmen. Bereits 1944 ermittelte im Raum Aachen - also während noch weiter militärisch gekämpft wurde - die Arbeitsgruppe „Strategic Bombing Survey" mit einem raffinierten Instrumentarium, welcher Prozentsatz der dortigen Bevölkerung als „ideologische Nazis" anzusehen waren: wahrscheinlich etwas mehr als zehn, vielleicht 15 Prozent. Der Anteil der überzeugten Antinazis bewegte sich ebenfalls in diesen Größenordnungen. Für weit mehr als zwei Drittel der Deutschen würde damit das Umpolen hin zu demokratischen Überzeugungen keine ideologische Auseinandersetzung in einem anspruchsvolleren Verständnis von Ideologie erfordern.

---

1   Erich Peter Neumann: „Politische und soziale Meinungsforschung in Deutschland". In: Institut zur Förderung öffentlicher Angelegenheiten e. V. (Hg.): Empirische Sozialforschung. Meinungs- und Marktforschung - Methoden und Probleme". Frankfurt am Main 1952, S. 44-51, hier S. 44
2   Leo Crespi: „America's Interest in German Survey Research". In: Empirische Sozialforschung, 1952, op. cit., S. 215

Dann richtete die amerikanische Militärregierung 1945 die Opinion Survey Section von OMGUS ein, aus der dann später der Reactions Analysis Staff von HICOG unter Leitung von Leo Crespi wurde. Diese Forscher führten weit über hundert Umfragen insbesondere zu dem Thema durch, inwieweit die Demokratisierungsbemühungen der US-Militärregierung von Erfolg begleitet wurden. Parallel hierzu, aber im kleineren Umfang, wurden auch englische Sozialforscher im Auftrag ihrer Regierung in Deutschland tätig.

Im Rahmen eines Austauschprogramms für amerikanische Spezialisten besuchte von August bis November 1952 Mungo Miller - ein „American Specialist on Survey Interviewing in Germany" - insgesamt 30 deutsche Institutionen mit Interesse an Sozialforschung. Elf von ihnen verfügten damals bereits über eine eigene Feldorganisation, wobei diese Charakterisierung durch Miller allerdings sehr großzügig geschah[3]. Auch Miller schrieb: „It is felt that the survey method as used in public opinion research, employee studies, market surveys, and other applications embodies the very essence of democratic ideology with its emphasis on the flow of ideas up from the public to their representatives who must make political, social, or economic decisions"[4].

Von größter Bedeutung wurden diese Initiativen der Militärregierungen für die Ausbildung der Personen, die dann im folgenden Jahrzehnt die akademische und kommerzielle Forschung in der Bundesrepublik als regelmäßiges Unternehmen entwickelten. Sie übernahmen Techniken und Einstellungen, die dem neuesten Stand der Diskussion auch in den USA entsprachen[5].

Sozialforschungen hatte es auch gegen Ende der Weimarer Republik als akademische Forschung bereits gegeben, und sie entsprachen in der technischen Qualität durchaus dem, was zeitgleich in anderen Ländern zu beobachten war. Aber nicht hieran wurde nach 1945 angeknüpft, und erst recht nicht an verschiedenen Entwicklungen während des NS-Staates, sondern ganz überwiegend an der Entwicklung in den USA. Das hat Nachwirkungen bis heute.

II

In den USA, und zunächst auch in England, entwickelte sich die empirische Sozialforschung, insbesondere die quantitativer Art, im Selbstverständnis der sie tragenden Personen als Instrument der Sozialreform. Ein eindrucksvolles Beispiel aus England sind die monumentalen Faktensammlungen von Charles Booth über Lebensbedingungen in Ost-London. Durch Schilderung der Zustände in diesem Armutsgebiet wollte er „der einen Hälfte von London zeigen, wie die andere Hälfte lebt". Es war seine Absicht, „... above all to bring facts before Parliament and to help social reformers to find remedies for the evils which exist..."[6]. Dieser Ansatz in England wurde dort aber nie dominant für die Sozialwissenschaften.

Anders in den USA, wo sozialreformerischer Protestantismus und Sozialwissenschaften sich gegenseitig bestärkten[7]. Die Gruppe mit dem größten Einfluss auf die sich entwi-

---

3   Mungo Miller: „Exchange of Persons Project, Program Area" No. IS-5211, August -November 1952. 15. Dezember 1952 (unveröffentlichtes Manuskript)
4   ibid., S. 1
5   Viggo G. Blücher: „Empirische Befunde und Impulse - einige Reminiszenen aus 35 Jahren Sozialforschung" . (Unveröffentlichtes Manuskript o. J.)
6   Charles Booth: Life and Labour of the People of London, London 1892, Bd. I, S. 6
7   Nennenswert viele der bekannteren Sozialwissenschaftler kamen aus evangelischen Pfarrhäusern oder waren selbst Pfarrer

ckelnde Sozialforschung wurde die Chicago-Schule, die in der Erwartung gefördert wurde, eine Stadt wie Chicago sei ein Labor, in dem all die Probleme der sich weiter modernisierenden Industriegesellschaft deutlich würden[8]. Diese Chicago-Schule wirkte von der vorigen Jahrhundertwende bis in die dreißiger Jahre hinein allgemein prägend für das Selbstverständnis von amerikanischen Sozialforschern im Dienste der sozialen Reformen[9]. Träger dieser Entwicklung waren vor allem William I. Thomas, Robert E. Park, Ernest W. Burgess und deren Schüler - wie Nels Anderson, F. M. Thrasher, Walter C. Reckless, Harvey Zorbaugh, Paul Cressey und Louis Wirth.

Um die Wende zum 20. Jahrhundert waren auch in Deutschland Sozialwissenschaftler engagiert, systematisch die Folgen der sozialen Probleme der Industrialisierung zu untersuchen. In Deutschland war Träger dieses Engagements von Forschern der Verein für Socialpolitik. Er hatte als Ansprechpartner auch die staatliche Verwaltung und die politische Führung. Demgegenüber waren in den Vereinigten Staaten Träger einzelne Forscher oder Forschergruppen, die sich mit ihren Ergebnissen an die allgemeine Öffentlichkeit wandten und hofften, durch Aufzeigen von problematischen Zuständen über die öffentliche Meinung politische Initiativen zur Korrektur auszulösen. Stellvertretend für viele andere seien hier die Untersuchungen des Ehepaars Robert und Helen Lynd erwähnt, vor allem ihre wiederholten Untersuchungen in der Kleinstadt Muncie/Indiana[10]. Teilweise wurde bewusst ein Reportagestil gewählt, und gelegentlich wurden dann solche Berichte Bestseller[11].

Mit der großen Weltwirtschaftskrise begann der Social Science Research Council, in etwa vergleichbar mit dem Hauptausschuss der DFG, ein Programm, das zu 13 Monographien führte. Besonders wichtig wurden hierbei die Arbeiten des „Committee on Studies in Social Aspects of the Depression"[12]. Dies war begleitet von einer Weiterentwicklung und Systematisierung der Methoden, wobei wiederum der Social Science Research Council durch Beauftragung eines „Committes on Scientic Methods in the Social Science" eine besondere Bedeutung hatte[13]. Die Methoden wurden hier zur wirksameren Ermittlung sozialer Problemsituationen lehrfähig gemacht.

Mit der großen Krise, die einen ersten Höhepunkt 1929 hatte, berief Präsident Herbert Hoover ein „President's Research Committee on Social Trends". Im Jahre 1934 veröffentlichte dann das Komitee einen Bericht von ca. 1.500 Seiten als Überblick über die amerikanische Gesellschaft insgesamt - bestimmt durch Überlegungen, wie sie unserem heutigen sozialen Indikatorenansatz entsprechen. Das wichtigste an dieser Entwicklung, ausgerechnet auch unter einem sehr konservativen Präsidenten, war die Integration dieser Art von Sozialforschung in das Regierungshandeln.

Kennzeichnend für die Entwicklung bis hierhin ist die weitgehende Abwesenheit einer konsistenten weltanschaulichen Ausrichtung bei übereinstimmendem Selbstverständnis,

---

8 E. S. Bogardus: „A Sociological Laboratory". In: Sociology and Social Research, Jg. 33 (1948), S. 133-135
9 Pauline V. Young: Scientific Social Surveys and Research. 1. Aufl. New York 1938. Dies war eine Auftragsarbeit für die Russel Sage Foundation, die sich für die Umsetzung sozialwissenschaftlicher Erkenntnisse in Sozialarbeit einsetzt
10 Robert S. und Helen M. Lynd: Middletown: A Study in Contemporary Culture. New York 1929 und Middletown in Transition. New York 1937
11 Ein herausragendes Beispiel ist William Foote Whyte: Street Corner Society. Chicago 1943
12 Young, op. cit., 2. Aufl. New York 1949, S. 45
13 Der Bericht über die Arbeiten ist Stuart S. Rice (Hg.): Methods in Social Science - A Case Book. Chicago 1931

durch Aufzeigen von Problemen zu einer Art Selbstheilungsprozess der Gesellschaft beitragen zu können. Die Feststellung von Zuständen war weitestgehend frei von einer theoretischen Orientierung. Als Kriterium für den Erfolg solcher Untersuchungen von Zuständen galt die Voraussage. Das Credo war: Vorauszusagen, um zu kontrollieren. Ein herausragender Forscher in dieser Tradition war Ernest W. Burgess, der zunächst auf der Basis der Akten von 300 Strafgefangenen, gegründet auf der statistischen Manipulation von 22 Faktoren, das Verhalten eines Strafgefangenen voraussagen wollte, dessen Strafe zur Bewährung erlassen wurde[14]. Später wandte er den gleichen Ansatz bei verlobten Paaren an, um Erfolg oder Fehlschlag der späteren Ehe vorauszusagen[15]. Auf der Grundlage blasser Korrelationen wurden aus diesen Untersuchungen deskriptive Aussagen über Eheerfolg abgeleitet.

Bereits die ökologischen Modelle (i. S. v. social ecology) der Stadtentwicklung als Abfolge von Nutzungsarten waren formuliert worden wie die Gesetzmäßigkeiten in der Physik[16]. Dieser Trend verstärkte sich später noch und führte schließlich zur Wiedergabe von Befunden in Formeln. Ein Beispiel ist die Art, wie Clifford Shaw seine Beobachtungen mitteilt, dass die Rückfallrate bei Strafgefangenen um so höher ist, je höher in einem Bezirk der Anteil der Rückfälligen unter den Strafgefangenen ist[17]. Wenn y = Anteil der Rückfälligen unter den Verurteilten eines Bezirks und x = Anteil der Delinquenten in einem Distrikt, dann gilt: $y = 22.232 + .943\,x$[18].

Samuel Stouffer fasst seine Beobachtung, dass Wanderungshäufigkeit nicht nur mit der Größe der zurückzulegenden Entfernung zu erklären ist, sondern auch durch die Anziehungskraft von Zwischenzielen - „intervening opportunities" - in folgende Formulierung für den Zusammenhang zwischen Wanderungshäufigkeit und Entfernung: „the number of persons going a given distance is directly proportional to the number of opportunities at that distance and inversely proportional to the number of intervening opportunities"[19].

y = n Zahl der wandernden Personen
x = Anzahl der Opportunitäten
$y : x = a\,x : x\,s$ s = Entfernung der Gebietseinheiten voneinander.

Es gibt eine ganze Reihe weiterer Beispiele für solche Formulierungen von Gesetzmäßigkeiten, die auf der Grundlage oft einmaliger Beobachtungen behauptet wurden[20]. Sie waren offensichtlich orientiert an der Art, wie die Behavioristen in der Psychologie der Richtung „stimulus response theory" um Clark Hull ihre Beobachtungen wiedergaben. Das wird verständlich aus dem Wunsch amerikanischer Sozialwissenschaftler, dass ihre Wissenschaft zu den anerkannten Disziplinen gezählt würde. „Science" ist im englischen Sprachbereich ziemlich gleichbedeutend mit Naturwissenschaften, und ein direktes Pendant als „Geisteswissenschaften" gibt es nicht. Selbstverständlich gibt es in den USA

---

14 ibid., S. 102
15 ibid., S. 103
16 Robert E. Park und Ernst W. Burgess (Hg.): The City. Chicago 1925. Die Theorie der konzentrischen Kreise geht zurück auf E. W. Burgess
17 Clifford R. Shaw und Henry D. McKay: Juvenile Delinquency in Urban Areas. Chicago 1941
18 ibid., S. 183 et passim
19 Samuel Stouffer: „Intervening Opportunities - A Theory Relating Mobility and Distance". In: American Sociological Review, Jg. 5 (1940), S. 845-867
20 Stellvertretend für eine ganze Moderichtung seien noch aufgezählt George Kingsley Zipf: „The P1 x P2 : D Hypothesis on Intercity Movement of Persons". In: American Sociological Review. Jg. 11 (1946), S. 677-685; John Q. Stewart: „An Inverse Distance Variation for Certain Social Influences". In: Science, Jg. 93 (1941), S. 89-90

Geisteswissenschaften, aber diese werden im Sinne unserer mittelalterlichen Universitäten als Artisten-Fakultäten angesehen. Demgemäß wird von „Arts and Sciences" gesprochen. Wir brauchen diese Verkleidung als Sozialphysiker nicht, und entsprechend blieb diese Entwicklung in den USA für den deutschen Sprachbereich folgenlos.

III

Anders verlief die Weiterführung der problem- und reformorientierten Forschung nach 1932 in einem gewandelten politischen Kontext. Vorläufer hatte das allerdings schon bei dem erzkonservativen Präsidenten Herbert Hoover. Immer noch auf dem Höhepunkt der Weltwirtschaftskrise in den USA löste dann 1932 Franklin D. Roosevelt Hoover ab. Roosevelt ließ sich für die beabsichtigten Maßnahmen zur Bekämpfung von Elend auf dem Land und Niedergang der Wirtschaft allgemein von Beratern ein Etikett empfehlen, das den Eindruck eines geschlossenen Programms erweckte: New Deal. Solche Etikettierungen sind Teil des politischen Systems der USA wie das „Square Deal" von Präsident Theodor Roosevelt, das „New Freedom" von Präsident Woodrow Wilson, das „Fair Deal" von Präsident Harry Truman oder die spätere „Great Society" von Präsident Lyndon B. Johnson. Viel stärker als die anderen Schlagworte verselbständigte sich in der Behandlung durch die Presse dieses Etikett gegenüber den tatsächlichen Maßnahmen, mit denen Roosevelt gegensteuern wollte.

In den legendären ersten hundert Tagen nach dem Amtsantritt Roosevelts überstürzten sich gesetzgeberische Aktionen und die Gründungen immer neuer Bundesbehörden. Besonders umstritten war der National Industrial Recovery Act, welcher der amerikanischen Bundesregierung das Recht zu Eingriffen in das Geschehen einzelner Betriebe gab. Ein erheblicher Teil der Gesetze wurde dann im Mai 1935 für verfassungswidrig erklärt. Das war das Ende des ersten Teils des New Deal. Damals ging es weniger um eine Umgestaltung der Gesellschaft, sondern um die Behebung von konkreter Not durch die Initiativen, die jeweils punktuell begründet wurden. Die Zusammenfassung verschiedener Regulierungsbehörden zur „Tennessee Valley Authority" (TVA) 1933 als einem Staat im Staate zur Reorganisation eines Notstandsgebietes in den USA trug Roosevelt den Vorwurf ein, er sei Sozialist, obwohl er für die TVA eher das Etikett „Staatsbürokrat" verdient hätte. Für die Wirtschaftspolitik kennzeichnend war das „Deficit Spending", das John Maynard Keynes Roosevelt und dessen Beratern noch vor dem Erscheinen seiner bahnbrechenden „General Theory of Employment, Interest and Money" 1936 erklärt hatte. Dieses Deficit Spending war wohl das intellektuelle Kernstück des New Deal.

Mit der zweiten Phase des New Deal nach der Wiederwahl Roosevelts 1936 ist ein allgemeiner Aufschwung der problemorientierten Sozialforschung verbunden und ein Verständnis des New Deal als Programm für Gesellschaftsveränderung. In systematischer Weise hat so etwas allerdings nie wirklich existiert, wohl aber in einer allgemeinen Vorstellung unter Intellektuellen[21]. Hiernach sollten durch Regierungshandeln die Kollektivkräfte in der Gesellschaft gestärkt werden oder in den Vorstellungen einiger sogar bestimmen. Die Regierung glaubt an das Recht zur gestaltenden Intervention in Wirtschaftsabläufe und entwickelte mehr als ein halbes Dutzend neuer Bundesbehörden - die Alphabet Agencies wie CCC, AAA, NIR oder PWA - zur Abwicklung von Regierungsprogrammen auf Dauer. Zur Ergänzung individueller Vorsorge in Not und Alter wurde ein staatliches

---

21 Siehe hierzu Erwin K. und Ute Scheuch: „USA - ein maroder Gigant?" Freiburg i. Br. 1992, S. 82 ff.

System begonnen, das „Social Security System", was den stärksten Bruch des New Deal mit amerikanischen Traditionen bedeutete.

Teil der Regierung Roosevelt waren staatliche Programme zur Unterstützung von Kultur - was eine völlige Neuerung in den USA war. In der Art unserer ABM-Programme wurden durch die „Public Works Administration" Schriftsteller unterstützt, Theateraufführungen bezuschusst und nicht zuletzt auch Sozialforschung gefördert. Unter den Teilnehmern an solch öffentlichen Programmen war eine Einstellung verbreitet, die wir mit heutigen Begriffen „linksliberal" nennen würden. Ihre Grundlage war ein Menschenbild, das ihnen die Bezeichnung „Gutmenschentum" einbrachte - in Amerika als „Do Gooders" verspottet[22].

In der Rückschau erscheint die Selbstauswahl und selektive Rekrutierung des Personals, das sich bei dieser öffentlichen Förderung von Sozialforschung engagierte, zu einer weitgehenden Übereinstimmung in den Mentalitäten geführt zu haben. Wenngleich auch nie genauer auszumachen war, wie die „gute Gesellschaft" als Folge des sozialreformerischen Engagements ausschauen sollte, so war doch vorherrschend, dass die gegenwärtige Gesellschaft - ausgehend von offensichtlich zu beanstandenden Sachverhalten - umzugestalten sei. Die Regierungsstellen gaben Bestandsaufnahmen in Auftrag, und Sozialforscher wurden feste Ratgeber.

IV

Zusätzlich zum Ausbau von Forschungsmethoden und des Wissens um diese durch öffentliche Förderung ereignete sich 1936 eine Methoden-Entwicklung, die für die weitere Entwicklung der Sozialforschung international von größter Bedeutung war. Seit 1916 hatte die Zeitschrift „Literary Digest" postalische Befragungen veranstaltet, mit denen der Ausgang von Wahlen vorausgesagt wurde. So auch 1936, als Roosevelt in der veröffentlichten Meinung gegenüber dem Mitbewerber Landon für die Präsidentschaft weit zurückzuliegen schien. Der Sozialpsychologe George Gallup hatte entgegen diesem Eindruck durch Befragung von unter 2.000 Personen, die aber nach für Volksbefragungen neuen Quotenverfahren für Stichproben systematisch ausgewählt worden waren, einen großen Wahlsieg von Roosevelt prognostiziert. Die überraschende Prognose erwies sich als zutreffend. Die Zeitschrift „Literary Digest" wurde eingestellt, und seither war die Kombination von systematischen Stichproben mit standardisierten Befragungsbögen als „Repräsentativumfrage" in den USA ein zentrales Mittel der Auskunft über aktuelle Zustände in der Gesellschaft[23].

Erhebungen auf der Grundlage von Fragebögen gab es damals in einer ganzen Reihe von Ländern - auch in Deutschland. Die Gesellschaft für Konsumforschung versuchte auch eine Systematik bei der Auswahl von Befragten, das Korrespondentensystem, wo die spiegelbildliche Zusammensetzung nach der Verteilung von Merkmalen in der Gesamtgesellschaft den Schluss vom Teil aufs Ganze - wie bei einer wirklichen Stichprobe - ermöglichen sollte. In England gab es den Ansatz von „mass observation", mit dem die Verfah-

---

22 Damit sind Menschen gemeint, die auf der Suche nach Zielen für die Demonstration von Edelmut sind und sich auch durch Nachweise, dass wieder einmal gilt „gute Absichten - böse Folgen", von ihrem Engagement nicht abbringen lassen

23 Es ist übrigens nicht gerechtfertigt, den Sieg von Befragungen auf der Basis systematisch begründeter Stichproben über andere Verfahren nur mit dem Namen George H. Gallup zu verbinden. Auch zwei andere Meinungsforscher hatten mit ähnlichen Verfahren die gleiche Wahl richtig vorausgesagt.

renweise in ethnologischen Feldstudien auf moderne Gesellschaften übertragen werden sollte. Das Bedürfnis nach verlässlicher Auskunft drückte sich also in verschiedenen Ländern damals in der Forschung aus[24]. Aber nur in den Vereinigten Staaten wurde dieses Instrument der Umfrage (Interviews mittels Fragebögen plus Stichprobenverfahren) Entwickelt, und erwies sich dann - standardisiert eingesetzt - als zentral für die Auskunft der Gesellschaft über sich selbst.

Die Eingliederung der empirischen Forschung in staatliche Instanzen wurde mit Kriegseintritt der USA entscheidend verstärkt. Spitzenbehörden und vor allem jetzt auch die Streitkräfte beriefen Sozialforscher. Samuel Stouffer konnte seine Sozialforschungseinheit für die Armee personell so exzellent zusammensetzen, weil die Mitgliedschaft in dieser Forschungseinheit Freistellung vom Kampfeinsatz bedeutete. Ähnlich konnte sich der Forscherkreis zur Ermittlung der Folgen von Bombardierung - der Strategic Bombing Survey - als Sammlung hervorragender Sozialpsychologen entwickeln. Die Rationierung von Lebensmitteln war begleitet vom Aufbau einer Einheit für Konsumforschung durch die entsprechende Behörde, aus der nach Kriegsende das „Institute for Social Research" der University of Michigan wurde. Eingliederung in das Behördensystem bedeutete eine Kontinuität der Finanzierung, die in Amerika bis dahin unüblich war, und zugleich eine Freisetzung von finanzieller Beengung. So brachten dann die Kriegsjahre einen weiteren Schub in der Verfeinerung der Techniken quantitativer Sozialforschung. Auf diesem Niveau der Entwicklung von empirischen Methoden diffundierte dann Sozialforschung insbesondere nach Deutschland. Das „insbesondere" für Deutschland war die Verbindung mit der unter diesen amerikanischen Forschern vorherrschenden „New-Deal-Orientierung". Unter den damaligen Umständen wurde eine Leitlinie für politische und soziale Veränderung von den „Exporteuren" erwartet. So wurden empirische Sozialforschung und vor allem auch Umfrageforschung als Instrumente der Demokratisierung erhofft - so wie dies bereits im weiteren Verlaufe des New Deal geglaubt worden war.

V

Es ist auffällig, dass im Zuge der Förderung von Sozialwissenschaften als Instrument der Demokratisierung die Theorie der amerikanischen Sozialwissenschaft nur höchst selektiv beachtet wurde. Hier war es in erster Linie der struktur-funktionale Ansatz aus dem Umkreis von Talcott Parsons, den zu verbinden mit empirischer Forschung sich allerdings als sperrig erwies. So wurde die Umfrageforschung als Messung auf der Individualebene weithin theorielos gedeutet, wogegen Makrosoziologie im Gefolge von Parsons mit der vorhandenen Empirie schwierig zu verbinden war. Die in Amerika noch in den dreißiger Jahren dominante Richtung der Theorie, in der das subjektive Element bei der Reaktion auf Strukturen und Handeln im Vordergrund stand, ist in Deutschland eigentlich erst im Gefolge der negativen 68er-Reaktion auf Struktur-Funktionalismus bedeutsam geworden. Dabei hatten sowohl die verschiedenen Versionen „interpretativer Soziologie" und von „rational choice" eine in der amerikanischen Sozialwissenschaft Jahrzehnte zurückreichende Tradition.

---

24 Stichprobenverfahren wurden zuerst in Europa entwickelt, und auch ihre Anwendung auf menschliche Bevölkerung wurde erprobt, aber dieses Wissen unter Statistikern wurde von Sozialwissenschaftlern nicht wahrgenommen. Zur Geschichte dieser Konzeption siehe Erwin K. Scheuch: Die Anwendung von Auswahlverfahren bei Repräsentativbefragungen. WISO-Dissertation. Köln 1956

"Die empirische Sozialforschung nach 1945 wurde von der Generation der Jahrgänge 1927 bis 1930 als ein Akt der Aufklärung in einem Wust von Unwissen über die eigene Gesellschaft begonnen. Hinzu kam insbesondere bei mir ein völliges Unverständnis für die deutsche Version von Geistigkeit und eine Geringschätzung des deutschen Tiefsinns. Die Soziologie erschien mir als Instrument zur Klärung dieses Gedankennebels; und für die meisten unserer Generation war die empirisch begründete Soziologie ein Teil westlicher Kultur" [25]. Das erschien den bereits in Amt und Würden befindlichen Professoren und den maßgeblichen Figuren im deutschen Kulturleben auch durchaus so: In seiner Weinheimer Ansprache verwies dann auch Erich Peter Neumann auf Bedenken, „dass Meinungsforschung die Entfaltung des Individuums gefährde" und „einem undeutschen Schematismus Tür und Tor öffne"[26].

Obwohl auch quantitative Forschung in Deutschland durchaus auf eine Tradition bis weit ins 19. Jahrhundert zurückverweisen kann, galt vorherrschend alles wesentliche „als etwas, was sich der Quantifizierung entzieht". Insbesondere gab es hier eine Tradition zu überwinden, nach der ein Ausgehen von Fakten eine nicht hinzunehmende Fesselung des Geistes bedeutet. Aus dieser deutschen Tradition heraus war beispielsweise Adorno gegenüber empirischer Forschung ambivalent. Als Auskunft über das Bewusstsein von Menschen erklärte er sich bereits in Weinheim auch an Umfrageforschung interessiert. Aber über Gesellschaft insgesamt, insbesondere über Möglichkeiten eines durch Utopien geleiteten Programms der Veränderungen erschien ihm doch ein Ausgehen von Fakten eine nicht hinzunehmende Bindung an eine aktuelle Wirklichkeit.

Es soll hier nicht über die Angemessenheit einer solchen Schauweise gerechtet werden. Es sei aber doch wenigstens erwähnt, dass selbst für sich „wörtlich genommen" triviale Daten wie bevorzugte Themen in der Tageszeitung oder Lieblingsgetränke als Indikatoren für Vorgänge gedeutet werden können, die keineswegs trivial sind. Ein Beispiel ist die Art der Daten, die Gerhard Schulze für seine Lebensstilforschung verwendet[27]. Es ist aber dringlicher, auf diese Art von Vergeistigung zu verweisen, um die Widerstände gegen eine als zugleich westlich und ungeistig empfundene Sozialwissenschaft nachvollziehen zu können. Gegenüber dieser Art des Widerstandes konnten sich dann bis 1968 die Förderer einer solchen Forschung durchaus als Nachfolger der Demokratievorstellungen des New Deal fühlen.

---

25 Erwin K. Scheuch: „Soziologie als angewandte Aufklärung". In: Heinz Sahner (Hg.): „Soziologie als angewandte Aufklärung". Baden-Baden 2000, S. 59-72, hier S. 61
26 Neumann, op. cit., S. 49
27 Gerhard Schulze: „Die Erlebnisgesellschaft. Kultursoziologie der Gegenwart". Frankfurt 1992

Lebensverhältnisse 1951 – 2001
Ein Rückblick mit Daten des Allensbacher Archivs

Renate Köcher

Sehr fern, fast unvorstellbar fremd wirkt heute im Rückblick die Lebenssituation der Bevölkerung im Jahr 1951. Die Lektüre der alten Codepläne von Allensbacher Umfragen aus dem Jahr 1951 versetzt in eine Zeit, die in einem Maße von individueller und kollektiver Verunsicherung geprägt war, dass sich im Blick zurück manche Deutung der heutigen Zeit relativiert. Wenn wir heute über die großen Gefahren unserer Zeit diskutieren, als seien wir in einem Maße bedroht wie keine Generation zuvor, wenn wir die unsichere Zukunft der jungen Generation beklagen, wenn wir erschrecken, wenn Wachstumsprognosen unter einem Prozent liegen, müsste ein Blick zurück die Erregung dämpfen, ja fast frivol erscheinen lassen.

Als die Sozialforscher der Universitäten und Institute 1951 in Weinheim zusammenkamen, diskutierten sie in einem Umfeld, das durch Kriegserlebnisse und Vertreibung, durch menschliche und materielle Verluste, durch Versorgungsmängel und Zukunftsängste und durch den völligen Umbruch des politischen und ökonomischen Systems getroffen und zutiefst verunsichert war.

Zwei Drittel der Männer gaben 1951 bei Befragungen zu Protokoll, dass sie den zweiten Weltkrieg als Soldat erlebt hatten. Schon die nach Dienstgraden trennende Fragestellung spricht noch von der zeitlichen Nähe des Krieges, mit seinen viele ein Leben lang begleitenden traumatischen Erfahrungen:

„Waren Sie im letzten Krieg Soldat?"

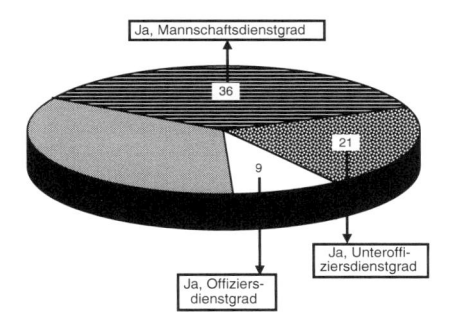

Ja, Mannschaftsdienstgrad 36
Ja, Unteroffiziersdienstgrad 21
Ja, Offiziersdienstgrad 9

Basis: Westdeutschland; Männer ab 18 Jahre
Quelle: Allensbacher Archiv, IfD-Umfrage 044

1951: Zwei Drittel der Männer waren im letzten Krieg Soldaten

Die Kriegserfahrung hat die Bevölkerung auf Jahrzehnte geprägt. Sieben Jahre nach dem Krieg, 1952, waren 58 Prozent der Bevölkerung überzeugt, dass persönliche Kriegserlebnisse einen Menschen zeichnen und dauerhaft verändern. Wenn heute oft Oberflächlichkeit und mangelnder Ernst beklagt werden, wenn gerade die Politik oft bar jeder Leidenschaft in der Sache erscheint, stellt sich die Frage, ob dies nicht auch mit einem Generationenwechsel zusammenhängt. Zur Zeit verlassen die letzten die politische Bühne, die noch von Kriegserfahrungen traumatisiert und geprägt wurden, die leibhaftig erlebten, dass Macht in den falschen Händen in die Katastrophe führt.

Der Krieg und seine Folgen waren Anfang der fünfziger Jahre noch allgegenwärtig und prägten den Verlauf der gesellschaftlichen Kontroversen. Die Diskussion um die Wiederbewaffnung spaltete zu dieser Zeit die Nation: 1951 sprachen sich 44 Prozent der Bevölkerung für den Aufbau einer neuen deutschen Armee aus, 39 Prozent dagegen; knapp ein Fünftel der Bevölkerung war in dieser Frage unentschieden. Die Mehrheit war sich jedoch einig, dass im Falle einer Wiederbewaffnung die deutschen Truppeneinheiten nur aus Freiwilligen bestehen könnten: 56 Prozent plädierten für ein Freiwilligenheer, nur 28 Prozent für die Einführung der allgemeinen Wehrpflicht.[1] Die Bereitschaft, noch einmal Kriegsdienst zu leisten, war sechs Jahre nach dem Krieg gering. Nur ein Drittel der unter-50jährigen Männer waren sich sicher, dass sie den Kriegsdienst – sollte er ihnen noch einmal abgefordert werden – nicht verweigern würden.[2]

Die Kriegsfolgen betrafen die Mehrheit der Familien unmittelbar. 13 Prozent der Bevölkerung waren zu diesem Zeitpunkt verwitwet, die Mehrheit beklagte Opfer in der eigenen Familie oder im näheren Freundeskreis. Knapp ein Fünftel der zu Beginn der fünfziger Jahre in Westdeutschland lebenden Menschen war aus ihrer Heimatregion geflohen. Die frühen fünfziger Jahre waren eine Phase der Entwurzelung, zugleich jedoch auch der raschen und eindrucksvollen Integration von Millionen Flüchtlingen. Am Jahresbeginn 1950 hatte die Mehrheit der deutschen Bevölkerung noch den Eindruck, dass das Einleben und die Integration der Flüchtlinge große Probleme bereiten. Ende 1953 zogen bereits knapp zwei Drittel die Bilanz, dass sich die meisten Flüchtlinge gut eingelebt und integriert hatten.[3]

Auch die Wohnsituation von 1951 spiegelt die erzwungene Mobilität von Millionen Menschen. 38 Prozent der westdeutschen Bevölkerung wohnten erst ein bis drei Jahre in ihrer damaligen Wohnung.

Über den Kreis der Flüchtlinge hinaus gaben weitere 18 Prozent der Bevölkerung zu Protokoll, dass die Wohnung, die sie vor oder während des Krieges bewohnten, durch Kriegseinwirkung weitgehend oder völlig zerstört wurde. Ein weiteres Fünftel berichtete von leichteren Schäden durch Kriegseinwirkung. Die Wohnsituation war 1951 noch bei vielen beklagenswert. 29 Prozent der westdeutschen Bevölkerung waren mit ihrer Wohnsituation unzufrieden. Bis 1960 sank dieser Anteil auf 18 Prozent, heute liegt er bei 6 Prozent (Tabelle 1).

---

1 Quelle: Allensbacher Archiv, IFD-Umfrage 043, 1951
2 Quelle: Allensbacher Archiv, IFD-Umfrage 044, 1951
3 Vergleiche: Jahrbuch der öffentlichen Meinung 1947-1955, hg. v. Elisabeth Noelle u. Erich Peter Neumann. 3. Aufl. Allenbach : Verlag für Demoskopie 1975 (Erstauflage 1956), S. 3, 199

Lebensverhältnisse 1951 – 2001

Es wohnen in ihrer derzeitigen Wohnung

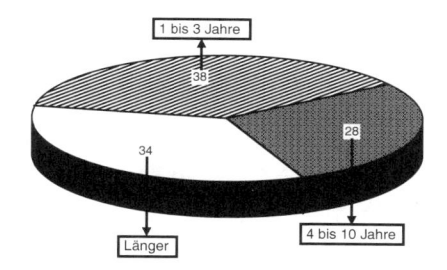

- 1 bis 3 Jahre: 38
- 4 bis 10 Jahre: 28
- Länger: 34

Basis: Westdeutschland; Bevölkerung ab 18 Jahre
Quelle: Allensbacher Archiv, IfD-Umfrage 045

Lebensverhältnisse 1951

Tabelle 1: Zufriedenheit mit der eigenen Wohnung (BRD, Bevölkerung ab 16 Jahre)

Frage: „Sind Sie im großen und ganzen mit Ihrer Wohnung zufrieden, oder würden Sie gern Ihre Wohnung wechseln?"

	Westdeutschland			Ostdeutschland
	1951 (%)	1960 (%)	2001 (%)	2001 (%)
Zufrieden, will nicht wechseln	56	69	82	81
An sich zufrieden, möchte aber wechseln	15	13	11	10
unzufrieden	29	18	6	9
keine Angaben	-	-	1	-
	100	100	100	100

Quelle: Allensbacher Archiv, IfD-Umfragen 039, 1047/I, 7010

Die Wohnsituation beunruhigte die meisten jedoch weitaus weniger als die generelle wirtschaftliche Lage, die Güterversorgung und die Entwicklung von Einkommen und Kaufkraft. Ein Gymnasiast, heute befragt, wäre gewiss überzeugt, dass es nach 1950 kontinuierlich aufwärts ging und dass die Anfänge des Wirtschaftswunders bereits zu diesem Zeitpunkt das Bewusstsein der Bevölkerung bestimmten. Tatsächlich zogen jedoch 1951 44 Prozent der Bevölkerung die Bilanz, dass es ihnen schlechter ginge als ein Jahr zuvor, lediglich 16 Prozent konstatierten eine Besserung.

„Wenn Sie Ihre Lage jetzt mit der vom vorherigen Jahr vergleichen: Geht es Ihnen heute besser als vor einem Jahr oder schlechter, oder würden Sie sagen: kein Unterschied?"

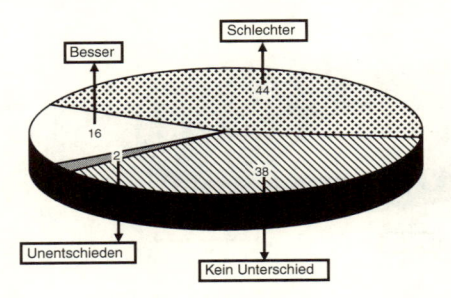

Besser 16
Schlechter 44
Unentschieden 2
Kein Unterschied 38

Basis: Westdeutschland; Bevölkerung ab 18 Jahre
Quelle: Allensbacher Archiv, IfD-Umfrage 045

1951: Instabile wirtschaftliche Verhältnisse

Die Zukunft war mehr Anlass für Besorgnis als Hoffnung. 52 Prozent der Bevölkerung waren zu diesem Zeitpunkt überzeugt, dass die Situation und ihr persönliches Leben künftig schwieriger werden würden, nicht einfacher. Zwar gestand 1952 die überwältigende Mehrheit der Bevölkerung zu, dass seit und durch die Währungsreform ein wirtschaftlicher Aufschwung in Gang gekommen war; die Entwicklung der persönlichen Lage wurde jedoch am Beginn der fünfziger Jahre noch überwiegend negativ bilanziert. Anrührend und fremd lesen sich Fragen wie Antworten zur Versorgungssituation im Herbst 1951: 'Haben Sie schon Ihre Kohlen für den nächsten Winter?'. 11 Prozent antworteten: 'Ja, ausreichend', 37 Prozent: 'Ja, aber noch nicht genug', 44 Prozent mit 'nein', 8 Prozent brauchten keine Kohlen, sondern verwendeten Torf oder Holz. Von denjenigen, die noch keine oder noch nicht genug Kohlevorräte angesammelt hatten, machte sich die überwältigende Mehrheit Sorgen, dass die Kohleversorgung wieder nicht klappen könnte. Insgesamt 61 Prozent der gesamten westdeutschen Bevölkerung befürchteten im Herbst 1951 in diesem Bereich Versorgungsengpässe.

Die Versorgung mit Waren war nur eine der zahlreichen ökonomischen Sorgen der Bevölkerung. Die traumatischen Erlebnisse von materiellem Verlust und insbesondere auch Geldentwertung sensibilisierten die deutsche Bevölkerung auf Jahrzehnte in besonderem Maße gegenüber Inflation. Schon der zeitliche Horizont der damaligen Fragestellung zeigt, wie anders, wie instabil die Situation 1951 war. So wurde in einer Repräsentativumfrage die Frage gestellt: 'Haben Sie den Eindruck, dass die Preise in den letzten acht Wochen im großen und ganzen gleichgeblieben, gestiegen oder gefallen sind?'. 66 Prozent der Bevölkerung zogen die Bilanz, dass die Preise in den letzten acht Wochen merklich gestiegen waren.

Lebensverhältnisse 1951 – 2001

„Haben Sie den Eindruck, dass die Preise in den letzten acht Wochen im großen und ganzen gleichgeblieben, gestiegen oder gefallen sind?"

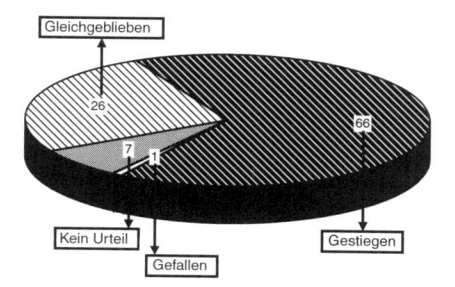

Gleichgeblieben 26
Gestiegen 66
Kein Urteil 7
Gefallen 0

Basis: Westdeutschland; Männer ab 18 Jahre
Quelle: Allensbacher Archiv, IfD-Umfrage 045

1951: Die Inflation ist allgegenwärtig

Die Stimmung der Bevölkerung stand auf Protest. Dies zeigen auch die Antworten auf eine Frage, die an einem damals gerade aktuellen Ereignis festmachte: 'In Bonn haben kürzlich Frauen versucht, in den Bundestag einzudringen, um gegen die Preise zu protestieren. Sollte man viel öfter als bisher in Bonn demonstrieren und Krach machen, oder halten Sie nichts davon?'. 49 Prozent der gesamten Bevölkerung befanden 'öfter wäre gut', 40 Prozent sprachen sich gegen solche Aktionen aus.

Die Bevölkerung misstraute zu diesem Zeitpunkt zutiefst dem freien Spiel der Marktkräfte und sah in Ludwig Erhard einen Hasardeur, der ohne Not die Preisregulierung einschränkte, zum Beispiel die Eierpreise freigab und die Bevölkerung damit weiteren Unwägbarkeiten aussetzte. Weder das politische noch das wirtschaftliche System wurden mit breiter Unterstützung der Bevölkerung etabliert, sondern in vielen Einzelentscheidungen sogar gegen den Widerstand der Bevölkerungsmehrheit. Die soziale Marktwirtschaft, eine der Ursachen des raschen ökonomischen Wiederaufstiegs, wurde gegen erheblichen Widerstand errichtet und machte Ludwig Erhard zunächst zu einem der unpopulärsten Politiker der Republik. Nur 14 Prozent der Bevölkerung hatten Anfang der fünfziger Jahre von Erhard eine gute Meinung.

1951, drei Jahre nach dem Bezugsscheinsystem, sprachen sich 47 Prozent der Bevölkerung für von der Regierung festgesetzte Preise und die Wiedereinführung von Bezugsscheinen und Lebensmittelkarten aus. Noch 1955 zählten 31 Prozent der Bevölkerung zu den Befürwortern einer staatlich gelenkten Wirtschaft, 1961 27 Prozent. Erst der offensichtliche Erfolg machte die deutsche Bevölkerung allmählich zu Anhängern der sozialen Marktwirtschaft, auch zu Anhängern Ludwig Erhards: 1963 hatten 81 Prozent der Bevölkerung von Erhard eine gute Meinung. Erst der ökonomische Erfolg hatte überzeugt, nicht die Idee, das Konzept der sozialen Marktwirtschaft.[4] Der Rückblick auf diesen langen Weg, auf die zunächst gravierenden Zweifel der westdeutschen Bevölkerung an der sozialen Marktwirtschaft ist hilfreich, wenn man die nach wie vor große Distanz der ostdeutschen Bevölkerung zu diesem Wirtschaftssystem bewerten will.

---

4 Vergleiche: Elisabeth Noelle-Neumann: Der vergessene Auftrag. In: Ludwig Erhard. Beiträge zu seiner politischen Biographie. Festschrift zum 75. Geburtstag. Berlin: Propyläen Verlag 1972, S. 166-172

Die Wohlfahrtsentwicklung der letzten Jahrzehnte ist in vielen Arbeiten dokumentiert, so in den Arbeiten von Wolfgang Zapf. Daher sollen nur einige anschauliche Beispiele zeigen, wie anders die materielle Situation der Haushalte, ihre Ausstattung und ihre Vorstellungen von einer befriedigenden Ausstattung 1951 waren. Einen PKW besaßen zu diesem Zeitpunkt lediglich 5 Prozent der Bevölkerung, heute über 80 Prozent; 27 Prozent waren im Besitz einer Badewanne, 10 Prozent besaßen ein Telefon, 5 Prozent einen Kühlschrank.

„Besitzen Sie oder jemand aus Ihrem Haushalt ... ?"

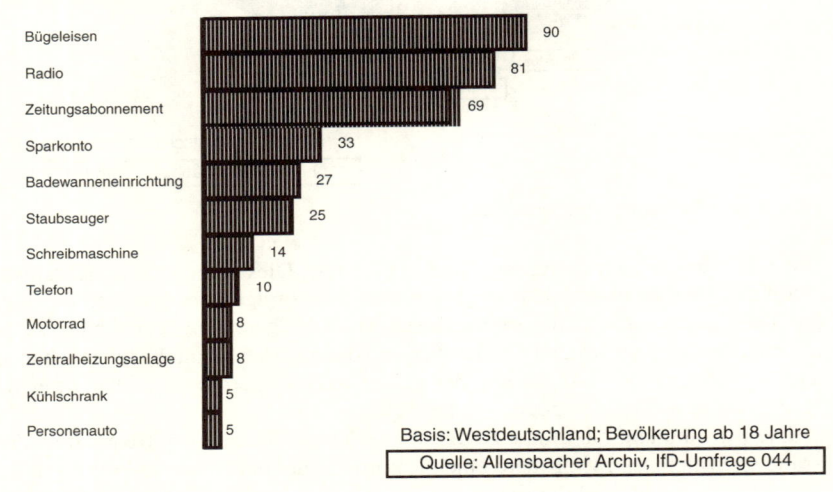

	%
Bügeleisen	90
Radio	81
Zeitungsabonnement	69
Sparkonto	33
Badewanneneinrichtung	27
Staubsauger	25
Schreibmaschine	14
Telefon	10
Motorrad	8
Zentralheizungsanlage	8
Kühlschrank	5
Personenauto	5

Basis: Westdeutschland; Bevölkerung ab 18 Jahre
Quelle: Allensbacher Archiv, IfD-Umfrage 044

Haushaltsausstattung 1951

Die Vorstellungen vom Existenzminimum einer vierköpfigen Familie wurden noch Mitte der fünfziger Jahre von der Bevölkerung mit etwa 440,- DM beziffert, knapp zwanzig Jahre später mit 1.300,- DM, im Jahr 2001 mit 3.600,- DM.

Angesichts der von vielen Mängeln und Unsicherheiten geprägten wirtschaftlichen Lage schwankte die Bevölkerung 1951 bei der Frage, wann es im zwanzigsten Jahrhundert der deutschen Bevölkerung am besten gegangen sei, zwischen Kaiserreich und Nazizeit: 43 Prozent hielten 1951 das Kaiserreich für die beste Zeit, 44 Prozent die Nazizeit, lediglich 7 Prozent die Weimarer Republik. Es gab zu dieser Zeit noch weit verbreitet eine Sehnsucht nach dem Kaiserreich: 29 Prozent der gesamten westdeutschen Bevölkerung sehnten sich Anfang der fünfziger Jahre in diese Ära zurück. Schon 1959 hatten sich die Einstellungen erheblich verschoben: 39 Prozent stuften die als die beste Zeit Deutschlands ein, immerhin noch 28 Prozent das Kaiserreich und 22 Prozent die Nazizeit. Erst am Beginn der sechziger Jahre war die große Mehrheit der Bevölkerung überzeugt, dass die Bundesrepublik auch für die Masse der Bevölkerung die beste Phase des Jahrhunderts darstellte (Tabelle 2).

Lebensverhältnisse 1951 – 2001

Tabelle 2: Die beste Zeit (BRD, Bevölkerung ab 16 Jahre)

Frage: „Was meinen Sie: Wann im 20. Jahrhundert ist es nach Ihrem Gefühl Deutschland am besten gegangen? - Ich meine möglichst genau: mit Jahreszahl."

	Westdeutschland				
	1951 (%)	1959 (%)	1963 (%)	1995 (%)	2001 (%)
Kaiserreich	43	28	16	2	x
Weimarer Republik (1918-1933)	7	5	5	3	1
Nazizeit (1933-1945)	44	22	11	2	1
BRD geteilt (1945-1990)	2	39	62	69	77
BRD vereinigt (1990 bis heute)	-	-	-	10	20
Weiß nicht, keine Angabe	4	6	6	21	5
	100	100	100	107	104

Quelle: Allensbacher Archiv, IfD-Umfragen 044, 1032, 1081/I, 6013, 7012

In diesen Jahren löste auch Adenauer Bismarck als die im Bewusstsein der Bevölkerung wichtigste politische Figur ab.

„Welcher große Deutsche hat Ihrer Ansicht nach am meisten für Deutschland geleistet?"

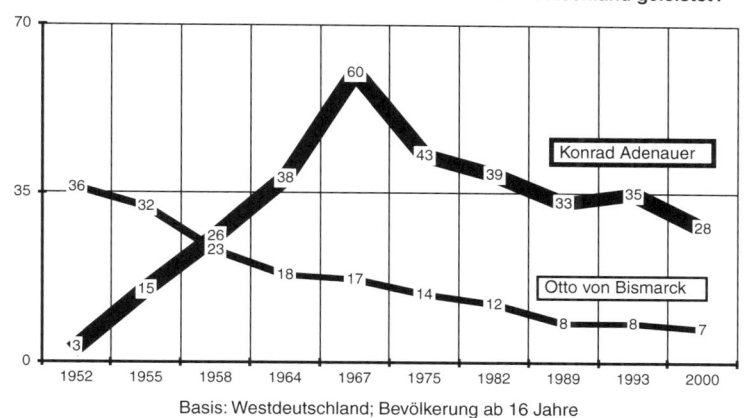

Basis: Westdeutschland; Bevölkerung ab 16 Jahre
Quelle: Allensbacher Archiv, IfD-Umfragn 053, 087, 1023, 1088, 2028, 3015, 4019, 5022, 5076, 6099

Aufstieg und Verfall politischen Ruhms

Einverständnis mit der Politik Adenauers war 1951 noch äußerst gering: nur 23 Prozent der Bevölkerung unterstützten zu diesem Zeitpunkt seinen politischen Kurs, 38 Prozent standen seiner Politik kritisch gegenüber, ein auffallend hoher Anteil, 39 Prozent der gesamten Bevölkerung, hatte keine Meinung, traute sich über den Kurs des Kanzlers kein Urteil zu – ein Indiz für das im Vergleich zu heute sehr geringe politische Interesse. 53 Prozent stuften Adenauer am Beginn der fünfziger Jahre als zu nachgiebig gegenüber der amerikanischen Besatzungsmacht ein, 48 Prozent kritisierten seine Position zur Wiederbewaffnung, 53 Prozent warfen ihm mangelndes Verständnis für die Probleme der Bevölkerung vor. Gleichzeitig war allerdings die Hälfte der Bevölkerung überzeugt, dass es zu Adenauer keine ernsthafte Alternative gab.

Adenauer hatte während seiner Regierungszeit die öffentliche Meinung fast kontinuierlich gegen sich. Er war über weite Strecken seiner Regierungszeit ein unbeliebter Kanzler und wurde erst später, nach dem Abschied von der Macht, zum Idol.[5] Die Frühgeschichte dieser Republik, die in einen weltweit beachteten Erfolg mündete, ist eine Geschichte des Muts zur Durchsetzung unpopulärer Maßnahmen, des Muts politischer Entscheidungsträger, unpopulär zu sein.

Die große Mehrheit der Bevölkerung war zu diesem Zeitpunkt unpolitisch. Lediglich 27 Prozent interessierten sich für Politik. Erich Peter Neumann, der Mitbegründer des Instituts für Demoskopie Allensbach klagte 1951 in seinem Vortrag in Weinheim: „Ist es nicht beklemmend, wenn wir davon ausgehen müssen, dass die Mehrzahl aller politischen Probleme, die in Deutschland zur Debatte stehen, von zwei bis drei Fünfteln der Bevölkerung einfach nicht begriffen werden? Und wie soll es in Zukunft gelingen, dieses Land und dieses Volk der Demokratie zu erhalten, wenn sich nur eine kleine Minderheit bewusst an der Freiheit freut?".[6]

Das politische Interesse stieg erst in den sechziger Jahren steil an, parallel zur Ausbreitung des Fernsehens.

Es interessieren sich für Politik

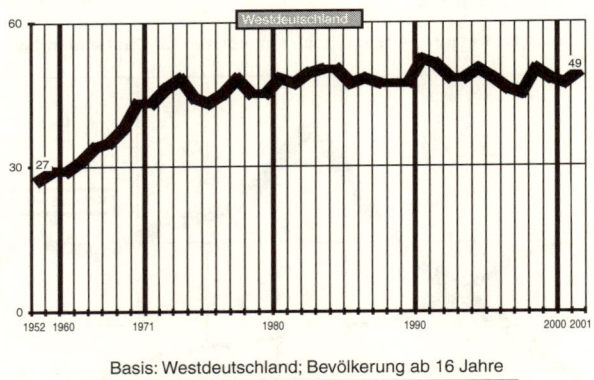

Basis: Westdeutschland; Bevölkerung ab 16 Jahre
Quelle: Allensbacher Archiv, IfD-Umfragen

Allmählich nahm auch die Identifikation mit dem politischen System zu, wie die Identifikation mit den nationalen Symbolen. Nur beispielhaft ein Langzeittrend zur Reaktion auf die deutsche Flagge.

---

5   Vergleiche: Elisabeth Noelle-Neumann: Die Verklärung. Adenauer und die öffentliche Meinung 1949-1976. In: Konrad Adenauer und seine Zeit. Band 2. Stuttgart: Deutsche Verlags-Anstalt 1976, S. 523-545
6   Vergleiche: Erich Peter Neumann: Politische und soziale Meinungsforschung in Deutschland. Vortrag, gehalten auf der Arbeitstagung zur Empirischen Sozialforschung in Weinheim am 14. Dezember 1951

Lebensverhältnisse 1951 – 2001   67

„Freuen Sie sich, wenn Sie irgendwo die schwarz-rot-goldene Bundesflagge sehen?"

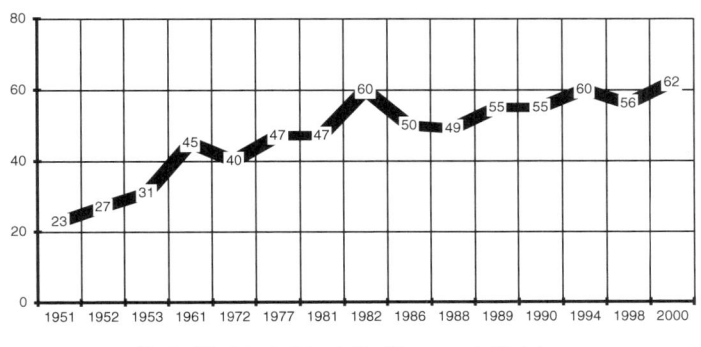

[Diagramm: Werte für die Jahre 1951: 23; 1952: 27; 1953: 31; 1961: 45; 1972: 40; 1977: 47; 1981: 47; 1982: 60; 1986: 50; 1988: 49; 1989: 55; 1990: 55; 1994: 60; 1998: 56; 2000: 62]

Basis: Westdeutschland; Bevölkerung ab 16 Jahre
Quelle: Allensbacher Archiv, IfD-Umfragen

Freude über die Flagge

Die Meinungsforschung des freien Teils Deutschlands setzte erst 1947 ein, zu spät, um zur Klärung der Entwicklung der nationalsozialistischen Partei wesentliche Erkenntnisse beitragen zu können, doch rechtzeitig genug, um die Ausgangssituation vor der Gründung der Bundesrepublik und den langen zähen Prozess ihrer inneren Befestigung aufzuzeichnen. Vor zwanzig Jahren, zum 30. Jahrestag des Inkrafttretens des Grundgesetzes schrieb Arnulf Baring: „Den 23. Mai 1949 als Staatsgründungstag zu feiern ist oberflächlich. Denn es vereinfacht die Zusammenhänge. In Wahrheit zog sich die Entstehung der Bonner Republik über Jahrzehnte hin. Erst allmählich gewann dieser Raum unseres politischen Handelns im Innern und nach außen seine unverwechselbaren Konturen." [7] Die demoskopischen Zeitreihen dokumentieren, wie zäh die Ablösung von der Ära des Nationalsozialismus vonstatten ging, wie langsam die Identifikation mit dem neuen Staatswesen wuchs.

Wir sind fast daran gewöhnt, die deutsche Geschichte in streng geschiedenen Epochen zu denken, die wenig miteinander gemein haben. Die demoskopischen Zeitreihen zeigen dagegen die Ablösung der NS-Zeit durch die Bundesrepublik als einen Jahrzehnte umfassenden Entwicklungsprozess. Noch Mitte der fünfziger Jahre vertrat knapp die Hälfte der Bevölkerung die These, Hitler wäre ohne den Krieg einer der größten deutschen Staatsmänner gewesen. Ende der fünfziger Jahre waren noch 41 Prozent der deutschen Bevölkerung dieser Ansicht, Mitte der sechziger Jahre 29 Prozent. Nur 54 Prozent der deutschen Bevölkerung waren Mitte der sechziger Jahre bereit, den nationalsozialistischen Staat als Unrechtsstaat und Verbrecherregime zu bezeichnen. Erst in den siebziger Jahren stieg dieser Anteil zunächst auf 60, dann auf 70 Prozent.

Können wir uns heute überhaupt noch vorstellen, dass wenige Jahre nach dem Krieg nur eine Minderheit der Deutschen überzeugt war, dass den Deutschen in der Welt Ressentiments entgegenschlagen? Dieser Anteil war 1952 nicht größer als im Jahr 2001: 1952 gingen 34 Prozent der Westdeutschen davon aus, dass die Deutschen in der Welt unbeliebt sind, heute 33 Prozent (Tabelle 3).

---

7   Vergleiche: Arnulf Baring: Gründungsstufen, Gründungsväter. Der lange Weg der Bundesrepublik Deutschland zu sich selbst. In: Merkur 5/1979, S. 424

Tabelle 3: Beliebte Deutsche (BRD, Bevölkerung ab 16 Jahre)

Frage: „Glauben Sie, dass die Deutschen in der Welt beliebt oder unbeliebt sind"	
	Westdeutschland
	1952 (%) 2001 (%)
beliebt	38 45
unbeliebt	34 33
weiß nicht	28 22
	100 100

Quelle: Allensbacher Archiv, IfD-Umfragen 052,, 7008

Die Auseinandersetzung mit den Verbrechen an Juden begann erst spät. Eine der historisch besonders wichtigen demoskopischen Untersuchungen wurde 1949 von dem Allensbacher Institut durchgeführt. Nur vier Jahre nach dem Ende des nationalsozialistischen Regimes wurde in einer repräsentativen Befragung im Bundesgebiet der Versuch unternommen, Aufschluss über die Stärke antijüdischer Ressentiments und das Wissen über die erst wenige Jahre zurückliegenden Verbrechen an Juden zu gewinnen. Vier Jahre nach Kriegsende war bei der großen Mehrheit der Bevölkerung nur wenig konkretes Wissen über die Zahl getöteter und aus Deutschland vertriebener Juden festzustellen.

Gebeten, die eigene Haltung zu Juden zu beschreiben, mussten 1949 23 Prozent der Befragten als antisemitisch, weitere 15 Prozent als zumindest reserviert eingestuft werden, mit erkenntlichen Vorbehalten gegen Juden. In den wörtlich erhaltenen Kommentaren überrascht aus heutiger Sicht die Unbefangenheit, mit der 1949 antisemitisch eingestellte Personen ihre Überzeugung äußerten. Wenige Jahre nach dem Ende des Naziregimes war noch wenig von einer breiten rückhaltlosen Auseinandersetzung mit der Ära des Nationalsozialismus zu spüren, wenig von sozialer Ächtung antisemitischer Haltungen.

Während die Strukturen und auch Denkweisen der Nazizeit noch vertraut waren, waren der Bevölkerung 1951 die politischen Strukturen und Institutionen der neuen Republik noch weitgehend fremd. Dem Grundgesetz stand die überwältigende Mehrheit distanziert gegenüber. Das Wissen über die politische Ordnung war gering: Nur 37 Prozent der Bevölkerung gingen 1951 davon aus, dass im Parlament ein Abgeordneter für ihren Wahlkreis sitzt; 78 Prozent hatten zu diesem Zeitpunkt keine Vorstellung von der Größe des Parlaments, 64 Prozent keinerlei Vorstellungen von den Aufgaben des Bundesrates, nur 8 Prozent eine annähernd zutreffende. Heute liegt der Anteil der zumindest grob Informierten bei über 70 Prozent.

Die Mehrheit hätte 1951 das Parteienspektrum am liebsten eng begrenzt: 22 Prozent hielten es für wünschenswert, dass das politische Leben allein von einer einzigen Partei bestimmt würde, 34 Prozent zogen ein Zwei-, maximal Drei-Parteien-System vor; 5 Prozent vertraten die Überzeugung, am besten sei ein System, in dem es überhaupt keine politischen Parteien gäbe. Nur 27 Prozent der gesamten Bevölkerung bejahten ohne Einschränkung den Wettbewerb verschiedener Parteien. Nur langsam wuchs das Vertrauen in das parlamentarische System und seine Repräsentanten. Die bereits 1951 ausgeprägten Zweifel, ob die Abgeordneten primär die Belange der Bevölkerung vertreten, sind allerdings auch heute weit verbreitet (Tabelle 4).

Tabelle 4: Wessen Interessenvertreter? (BRD, Bevölkerung ab 16 Jahre)

Frage: „Glauben Sie, dass die Abgeordneten in Bonn/Berlin in erster Linie die Interessen der Bevölkerung vertreten, oder haben sie andere Interessen, die ihnen wichtiger sind?" - Falls „andere Interessen": „Welche anderen?"

	Westdeutschland	
	1951 (%)	2001 (%)
Vertreten Interessen der Bevölkerung	25	27
Vertreten persönliche Interessen	32	35
Vertreten Interessen der Partei	14	4
Vertreten andere Interessen	11	5
Weiß nicht, keine Angabe	23	31
	100	100

Quelle: Allensbacher Archiv, IfD-Umfragen 040, 7010

Insgesamt zeigen die zahlreichen Untersuchungen zur heutigen Akzeptanz des politischen Systems eine weitgehend gefestigte Demokratie, mit der Einschränkung, dass die ostdeutsche Bevölkerung diesem politischen und ökonomischen System in hohem Maße distanziert gegenübersteht und es nach wie vor nicht als ihr Staatswesen und ihre Wirtschaftsordnung empfindet. Die westdeutsche Erfolgsgeschichte der fünfziger und sechziger Jahre trug entscheidend zur Legitimierung insbesondere des ökonomischen Systems bei. In Ostdeutschland ist bei allen Fortschritten die Bilanz wesentlich gebrochener. Die große Mehrheit erkennt an, dass sich die Güterversorgung seit der Einheit deutlich verbessert hat, genauso die Infrastruktur oder das Informationsangebot; der überwältigenden Mehrheit ist auch der Zugewinn an Freiheit in all seinen Facetten bewusst, seien es die Möglichkeiten der freien Berufsentscheidung, der grenzüberschreitenden Bewegungsfreiheit, Meinungsfreiheit oder die Möglichkeiten einer eigenen Existenzgründung. Gleichzeitig führen jedoch die anhaltend hohe Arbeitslosigkeit in den neuen Ländern und die Unsicherheiten einer freien Wirtschaftsordnung zu großer Verunsicherung und Zweifeln an diesem Wirtschaftssystem. Die Mehrheit der ostdeutschen Bevölkerung glaubt mittlerweile nicht mehr, dass Ostdeutschland in absehbarer Zeit erheblich an Wirtschaftskraft gewinnt und mit den alten Bundesländern gleichzieht. Die überwältigende Mehrheit der Unter-45jährigen ist überzeugt, dass ihre beruflichen Chancen in den alten Bundesländern ungleich besser wären als in Ostdeutschland. Entsprechend haben rund 60 Prozent der Unter-30jährigen bereits erwogen, in die alten Bundesländer abzuwandern. Die Entwicklung in den neuen Bundesländern seit der Einheit unterscheidet sich in vielem von der Westdeutschlands in den fünfziger Jahren, und entsprechend entwickelt sich auch die Identifikation mit der Wirtschaftsordnung und dem politischen System unterschiedlich. Die kontinuierlich wachsende Unterstützung für das politische und wirtschaftliche System, die den Verlauf der fünfziger und sechziger Jahre in Westdeutschland prägten, wird in den neuen Ländern bisher nur begrenzt nachvollzogen.

Am Beginn der fünfziger Jahre waren Lage und Stimmungslage in Westdeutschland jedoch noch außerordentlich kritisch. Wer die psychologische Ausgangssituation in der Entstehungszeit und den ersten Jahren der Bundesrepublik ignoriert, muss die Leistung unterschätzen, die die Stabilisierung dieses Staates bedeutet. Die frühen fünfziger Jahre, die heute häufig idealisiert werden, sind in den Trendreihen als eine Phase sozialen Misstrauens, der Verunsicherung und wenig gefestigter demokratischer Überzeugung zu erkennen. Das Misstrauen betraf nicht nur die politischen und gesellschaftlichen Institutionen, nicht nur die neue Wirtschaftsordnung, sondern war umfassend auf die gesamte Gesellschaft gerichtet. Die Frage: 'Glauben Sie, dass es mehr böswillige als gutwillige Menschen gibt?' wurde 1951 noch weit überwiegend mit 'mehr böswillige' beantwortet. Allmählich änderte sich in den fünfziger Jahren diese Einschätzung, und am Beginn der sechziger Jahre überwog bei weitem das Zutrauen, dass den meisten Menschen gute Absichten unterstellt werden können.

Glauben Sie, dass es mehr böswillige als gutwillige Menschen gibt?

Basis: Westdeutschland; Bevölkerung ab 16 Jahre
Quelle: Allensbacher Archiv, IfD-Umfragen

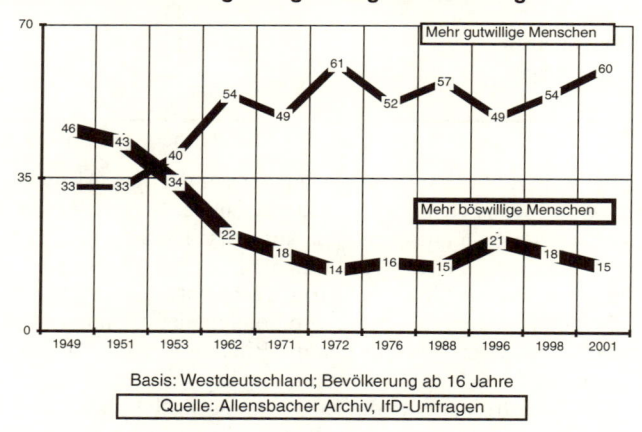

Parallel stieg die Überzeugung an, dass man den meisten Menschen vertrauen könne. Die fünfziger Jahre sind die Geschichte einer Befestigung im Innern dieser Republik wie in ihren äußeren Beziehungen. Sie sind gleichzeitig eine Phase der zunehmenden Verankerung in sozialen Kontakten, im Bereich der Familie wie außerhalb dieses engen privaten Kreises. Helmut Schelsky konstatierte in seiner 1953 erschienenen Analyse der 'Wandlungen der deutschen Familie in der Gegenwart' eine Stärkung der Bedeutung und des Zusammenhalts der Familie als Folge der Kriegsjahre und Kriegsfolgen.[8]

In dieser Analyse wird die Aufwertung der Familie auf ihre Funktion als Schicksals- und Notgemeinschaft zurückgeführt und damit letztlich implizit eine eher skeptische Prognose für die Entwicklung der Familie bei einer Besserung der ökonomischen und gesellschaftlichen Verhältnisse gestellt. Die Familienforschung hat den Weg der deutschen Familie seither intensiv begleitet und die Entwicklung hin zu immer kleineren Haushalten detailliert dokumentiert, wie die Entwicklung zu fragileren Beziehungen, die sich unter anderem in den wachsenden Scheidungsquoten niederschlagen und der wachsenden Zahl der Patchworkfamilien; sie hat die Relativierung der Ehe durch den wachsenden Anteil nicht-ehelicher Lebensgemeinschaften dokumentiert, wie generell die pluralen Formen des Zusammenlebens.

---

8   Vergleiche: Helmut Schlesky: Wandlungen der deutschen Familie in der Gegenwart. Darstellung und Deutung einer empirisch-soziologischen Tatbestandsaufnahme. 2. Auflage Stuttgart: Ferdinand Enke-Verlag, 1954

Lebensverhältnisse 1951 – 2001

Halten Sie die Einrichtung der Ehe grundsätzlich für notwendig oder für überlebt?

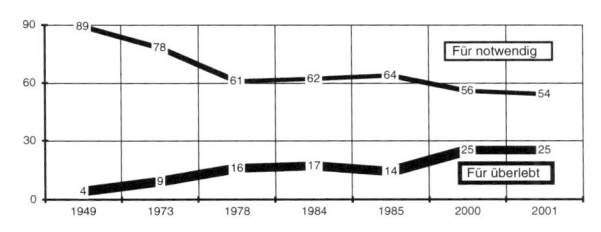

Jahr	Für notwendig	Für überlebt
1949	89	4
1973	78	9
1978	61	16
1984	62	17
1985	64	14
2000	56	25
2001	54	25

Basis: Westdeutschland; Bevölkerung ab 16 Jahre (1949: ab 20 Jahren)
Quelle: Allensbacher Archiv, IfD-Umfragen 222, 2098, 3059, 4048, 4053, 6086, 7006

Der Stellenwert der Familie hat jedoch durch alle diese Entwicklungen nicht gelitten – nicht als emotionale Heimat und nicht als Solidargemeinschaft –, im Gegenteil: der Anteil der Bevölkerung, der 1951 Hilfe durch andere Menschen bezogen hatte, entspricht weitgehend dem Anteil von 2001. Deutlich verschoben hat sich jedoch die Struktur der Helfer – hin zu Familie und Freundeskreis, weg von Bekannten, Behörden, Kollegenkreis und Fremden (Tabelle 5). Noch deutlicher zeigt sich diese Entwicklung in der Überzeugung der Bevölkerung, in schwierigen Situationen auf Hilfe rekurrieren zu können. Der Anteil der Bevölkerung, der fest darauf vertraut, in schwierigen Situationen von anderen Menschen Hilfe erwarten zu können, ist heute deutlich größer als 1951, und dies geht primär auf die wachsende Überzeugung zurück, dass insbesondere die Familie als Rückhalt, als soziales, materielles und emotionales Netz bereitsteht (Tabelle 6).

Tabelle 5: Hilfe in schwierigen Situationen (BRD, Bevölkerung ab 16 Jahre)

Frage: „Gibt es irgendeinen Menschen, der Ihnen in den letzten Jahren in einer schwierigen Lage wirklich geholfen hat?"

	Westdeutschland		Ostdeutschland
	1951(%)	2001(%)	2001(%)
Ja, gab jemanden	54	56	62
· Familie	22	35	47
· Freunde	7	17	11
· Bekannte, Nachbarn	10	4	3
· Arzt	2	2	1
· Behörden	3	1	x
· Kollegen	4	x	1
· Fremde, Unbekannte	4	x	x
· Pfarrer	1	x	x
Keine konkrete Antwort	3	2	3

Quelle: Allensbacher Archiv, IfD-Umfragen 045, 7012

Tabelle 6: Wachsender Rückhalt (BRD, Bevölkerung ab 16 Jahre)

Frage: „Wenn Sie in eine schwierige Lage kommen würden: Gibt es für Sie einen Menschen, der Ihnen dann helfen würde?"

	Westdeutschland		Ostdeutschland
	1951 (%)	2001 (%)	2001 (%)
Ja, es gäbe jemanden	63	91	89
· Familie	48	74	76
· Freunde	9	30	21
· Bekannte, Nachbarn	6	4	3
· Kollegen	2	x	1
· Behörden	2	x	x
· Fremde, Unbekannte	1	x	x
· Pfarrer	1	x	x
· Arzt	x	x	x
Keine konkrete Angabe	2	2	1

Quelle: Allensbacher Archiv, IfD-Umfragen 045, 7012

Der Familienbegriff der Bevölkerung ist heute interessanterweise weiter als am Beginn der fünfziger Jahre. Damals konzentrierte sich die Definition der Bevölkerung, wer zu ihrer Familie gehört, primär auf Kinder und Ehepartner. Heute werden nicht nur Eltern und Geschwister, sondern auch Enkel und andere Verwandte weitaus mehr in den subjektiven Familienbegriff einbezogen (Tabelle 7). Während die Kleinfamilie die vorherrschende Familienform geworden ist, die Familiengröße deutlich abgenommen hat, hat sich der Familienbegriff der Bevölkerung erweitert.

Gleichzeitig hat die Kommunikation in den Familien zugenommen; die Bevölkerung berichtet heute weitaus mehr als am Beginn der fünfziger Jahre von Gesprächen mit dem Partner, der Partnerin, wie von Gesprächen zwischen den Generationen in der Familie. Generell hat die Kommunikation zugenommen, bedingt durch die Veränderungen der Bildungsstruktur und des Medienkonsums und veränderte Lebensstile.

Wenn man die frühen fünfziger Jahre mit Hilfe von empirischen Daten auferstehen lässt, wird deutlich, welch weiter Weg zurückgelegt wurde. Teilweise werden individuelle und kollektive Erinnerungen wach, teilweise jedoch auch liebgewordene Überzeugungen von dem, was war und wie es sich entwickelte, in Frage gestellt. Paul Lazarsfeld hat einmal von der Verantwortung des Meinungsforschers gegenüber dem Historiker gesprochen. Die Meinungsforschung eröffnet der Geschichtsschreibung eine neue Dimension, die Geschichte auf besondere Weise anschaulich und lebendig werden lässt.

Tabelle 7: Erweiterter Familienbegriff (BRD, Bevölkerung ab 16 Jahre)

Frage: „Wenn wir von Familie sprechen: An wen denken Sie dabei? Wen rechnen Sie zu Ihrer Familie?"

	Westdeutschland		
	1953[*] (%)	1979[*] (%)	2001 (%)
Kinder (Sohn, Tochter)	70	69	68
Ehepartner	70	67	58
Eltern (Vater, Mutter)	28	39	54
Geschwister	19	30	43
Enkel	5	12	17
Großeltern	1	6	15
Onkel, Tante, Neffe usw.	2	7	14
Schwiegersohn, -tochter	4	7	6
Schwiegereltern	3	7	5
Schwager, Schwägerin	2	4	5
Habe keine Familie, bin allein	3	1	x

[*] 1953 / 1979: ab 18 Jahre

Quelle: Allensbacher Archiv, IfD-Umfragen 225, 1287, 6086

Die privatwirtschaftlich organisierte Marktforschung - Entwicklungen und Optionen

Rudolf Sommer

Stellen Sie sich vor, Sie verfügen über keinen Taschenrechner schon gar nicht über einen Computer, es gibt kein Fax und auch keinen Kopierer. Das Telefon ist von einer nahezu 100%-igen Haushaltsabdeckung noch ein ganzes Stück entfernt. Die Marktforschung ist weitgehend auf das jeweilige Land beschränkt und wird von nationalen Instituten betrieben. Unter solchen Bedingungen Marktforschung zu betreiben, können wir uns heute kaum vorstellen. Es beschreibt jedoch sehr genau die Situation vor einigen Jahrzehnten.

Betrachten wir die andere Seite. Die Abfrage des Medianutzungsverhaltens ist seit den 70iger Jahren weitgehend unverändert geblieben, ähnliches gilt für eine Vielzahl an anderen Fragestellungen, denken Sie beispielsweise an die Fragestellungen in der Werbe- oder Produktforschung, unser Stichprobensystem im Face-to-face Bereich hat gleichfalls unbeschadet die Jahrzehnte überdauert. Explorationen und Gruppengespräche folgen weitgehend den selben Regeln seit vielen Jahren. Fast könnte man meinen, dass in dem rasanten Wandel unserer Zeit die Marktforschung einem ruhenden Pol gleicht und nur die technologischen Möglichkeiten nutzt, jedoch nur wenige entscheidende eigene Fortschritte gemacht hat. Hierbei wäre selbstverständlich zuerst die Frage zu stellen, welches müßten denn die Fortschritte sein? Welche Problemstellungen wurden noch vor einigen Jahrzehnten unzureichend beantwortet?

Aus der Sicht unserer Auftraggeber heißt dies ganz simplifiziert:: genauere Daten qualitativ als auch quantitativ über den Verbraucher und bessere Prognosen seines Verhaltens. Die bessere Erfüllung dieser Anforderung kann nur begrenzt bejaht werden, nicht weil die Marktforschung nicht besser geworden wäre, sondern weil die zunehmende Komplexität unseres Forschungsgegenstandes das heißt, der Markt als auch der Verbraucher uns vor immer neue Herausforderungen stellt. Nur wenige Branchen müssen sich einem derart schnellen Wandel der Gegebenheiten als auch der Anforderungen stellen.

Dieser teilweise dramatische Wandel des Informationsbedarfes hat zu einem strukturellen und inhaltlichen Wandel der Marktforschung selbst geführt. Dieser Wandel ist Verursacher einer Vielzahl von Veränderungen und bietet gleichzeitig der Marktforschung eine große Zahl an Optionen. Lassen Sie mich deshalb das Thema: Entwicklung und Optionen anhand einer Reihe von Thesen und Überlegungen darstellen.

These 1:
Eine globalisierte Wirtschaft benötigt eine globalisierte Marktforschung.

Wir erleben die Globalisierung unserer Welt derzeit täglich in den Medien. Entsprechendes gilt auch für die Marktforschung. Die Entwicklung der letzten Jahre zeigt, dass zunehmend der Markt von global agierenden Institutsketten, die einheitliche Forschungstools mit hohem Standardisierungsgrad anbieten, bestimmt wird. Die Gründe für diese Entwicklung liegen zu einem großen Teil in der Forschungsökonomie. Standardisierung heißt im wesentlichen auch Kostenersparnis und dies ist bei steigendem Forschungsbedarf und nicht gleichermaßen steigendem Personal ein entscheidender Faktor geworden. Dies gilt für beide Seiten: das Institut und den Auftraggeber. Ferner ist die Marktforschung wesentlich kapitalintensiver geworden. Sowohl die zunehmende Nutzung unterschiedlichster Technologien, die Entwicklung und Validierung von Produkten als auch der Aufbau von Access-Panels erfordert erhebliche Investitionen. Die Globalisierung der Marktforschung ist somit ähnlich wie in vielen anderen Bereichen eher ökonomisch und weniger inhaltlich bestimmt. Dieser Prozeß ist noch lange nicht abgeschlossen. Die interessante Frage in diesem Zusammenhang ist: Werden Institute als solche überleben oder aber in komplexen Unternehmen für Marketingservices oder globalen Informationsanbietern aufgehen bzw. in diese integriert? Die großen Player sind heute bereits WPP, Interpublic und VNU. Dies führt zu meiner zweiten These.

These 2:
Die Institutionalisierung der Marktforschung verliert an Bedeutung. Der Wettbewerb durch Unternehmen außerhalb der klassischen Marktforschung nimmt zu.

Marktforschung wird heute nicht nur durch die Institute und die betriebliche Marktforschung betrieben, sondern findet in unterschiedlichster Form in unterschiedlichsten Institutionen statt. Marktforschung wird so zu einem Teil eines Management Informationssystems welches sehr unterschiedliche Daten, gleichgültig ob sie aus der Marktforschung oder aus anderen Quellen stammen, miteinander verknüpfen. Unternehmensinterne Daten, Kundendaten basierend auf der Erfassung des Kauf- und Informationsverhaltens – Beispiel Kundenkarte – als auch Ergebnisse von Meinungsportalen und mikrogeografischen Analysen werden miteinander in Beziehung gesetzt. Data Mining und Data Warehouse wurden hier zu Schlagworten einer komplexen Datenanalyse. Dies bedeutet gleichzeitig, dass der neue Wettbewerb der Institute durch Softwarehäuser, Internet-Unternehmen unterschiedlichster Art und Beratungsunternehmen gekennzeichnet ist. Dieser neue Wettbewerb ist die Folge eines Paradigmenwechsel in der Erfassung und Nutzung von Informationen. Während die klassische Marktforschung die Erfassung von Daten immer mit einem eindeutig Erkenntnisziel verbunden hat, stehen wir heute vor der Situation, dass wir über eine Unmenge an Daten verfügen, und wir uns die Frage stellen, welche Erkenntnisse können wir aus diesen Daten ableiten, welche Fragen lassen sich mit diesen Daten beantworten.

These 3:
Zeit und Kosten treten in einen neuen Wettbewerb zur Datengenauigkeit. Dies führt zu einer akzeptierten Unschärfe.

Niemand zweifelt an der Aussage, dass gute Marktforschung teuer ist und Zeit benötigt. Andererseits nimmt die Anzahl an Entscheidungen, die durch Marktforschung abgesichert werden sollen oder Marktforschungsinformationen einbeziehen zu. Die Planungsprozesse und Entwicklungszyklen werden immer kürzer. Der Vorsprung eines Unternehmens ist zeitlich zunehmend begrenzt. Der Wettbewerb kann in immer kürzerer Zeit eine Neueinführung nachahmen oder sich auf eine neue Kommunikations- bzw. Vermarktungsstrategie einstellen. Die Kosten für die einzelne Maßnahme sinken. Das Ausprobieren am Markt selbst wird zur Alternative zur Forschung. Dies führt zu der Forderung nach einer schnelleren und preiswerteren Forschung. Der Zeitbedarf ist gegen die Forschungsgenauigkeit abzuwägen. Anders ausgedrückt, ist die Entscheidung getroffen, wird die genaueste Information wertlos. Wie von jedem anderen Zulieferer wird Just-in-time gefordert. Moderne Erhebungstechniken und Analysemethoden müssen dem Rechnung tragen. Marktforschung tritt in den Wettbewerb zur Entscheidung aus Erfahrung, dem Experiment am Markt und der Nutzung sekundärer Informationen.

These 4:
Die Beschaffung von Informationen und die Nutzung von Informationen werden zunehmend getrennt.

In der Vergangenheit bestand eine weitgehende Einheit zwischen Erhebung und Interpretation. Dieser Zusammenhang löst sich zunehmend auf. Dies ist bereits formal in der Trennung von Beratung und Produktion in den meisten Instituten zu erkennen, die zunehmend die Erhebung und Auswertung in eigene Unternehmen auslagern. Berufe verändern sich beispielsweise ist der Marktforscher in den Werbeagenturen zumeist zum Strategic Planner mutiert. Die Marktforschung in den Unternehmen wird zur Business Intelligence. Dies verändert das Berufsbild des Marktforschers signifikant. Der Generalist wird durch den Spezialisten einerseits in der Datenerhebung und –analyse andererseits in der Beratung der Kunden abgelöst. Während in dem ersten Bereich die Institute über einen enormen Vorsprung verfügen, müssen sie sich in der Beratung, das heißt, der Umsetzung von Informationen in Empfehlung und Beratung einem zunehmenden Wettbewerb stellen. Die Unternehmensberatungen haben insbesondere diesen Markt entdeckt und versuchen zunehmend die Institute in die Rolle der Datenerfasser zu drängen.

These 5:
Der Einzelne wird zum Forschungsobjekt. Die Zersplitterung der Märkte wird durch die Individualisierung der Kundenansprache abgelöst.

Zunehmend gilt es nicht mehr eine Zielgruppe sondern das einzelne Individuum direkt sowohl mit spezifischen Produktangeboten als auch mit individuell zugeschnittener Kommunikation anzusprechen. CRM versucht bereits Marktpotenziale personenbezogen zu erfassen und hiervon ausgehend, die Marketinginvestitionen bezogen auf die einzelne Person zu steuern. Ein heute 20ig jähriger wird in seinem Leben zwischen DM 200.000,- und DM 1 Mio. für den Kauf von Pkw's ausgeben, wie kann ich genau diese Person für meine Marke gewinnen? Dies stellt die Marktforschung in zweifacher Hinsicht vor eine neue Herausforderung: Welche Forschungsmethoden müssen entwickelt werden, um solche Fragen zu beantworten und mindestens von gleich großer Bedeutung: wie läßt sich die zunehmende Anforderung an individuellen Informationen mit dem Verständnis von Forschung verbinden, wo hört die Forschung auf und beginnt das reine Sammeln und Archivieren von Daten? Wie stellen wir uns der Diskussion über den „gläsernen Konsumenten"? Die Herausforderung des Internets liegt genau in diesem Bereich. Es ermöglicht erstmals eine preiswerte one-to-one Beziehung, die nicht einkanalig erfolgen muß. Die Rolle der Marktforschung in diesem Prozeß des direkten Austausches von Wünschen, Informationen und Angeboten zwischen Verbraucher und Anbieter ist noch nicht beantwortet.

These 6:
Die Integration wissenschaftlicher und technologischer Fortschritte wird immer schwieriger.

Es ist bereits deutlich geworden, dass die Komplexität der Anforderungen an die Marktforschung zugenommen hat. Dies bedeutet gleichzeitig, dass es ihr gelingen muß, aus den unterschiedlichsten Bereichen die neuesten Erkenntnisse zu integrieren und in den angebotenen Produkten umzusetzen. Dies bezieht sich nicht nur auf die Sozialwissenschaften als auch die Marketingwissenschaften sondern gleichermaßen auf Datenbankensysteme und Analysetools. Data Mining ist nicht mehr mit der Anwendung einfacher statistischer Grundkenntnisse zu meistern. Die Globalisierung erfordert die Berücksichtigung linguistischer als auch anthropologischer Erkenntnisse. Die Unterschiede im Antwortverhalten verschiedener Kulturen werden sich nicht allein durch ein geschicktes Benchmarking lösen lassen, sondern erfordern eine differenzierte Analyse des Einflusses der Kulturen auf das Antwortverhalten. Das Handling von mit PC's ausgestatteten Interviewerstäben, Telefonstudios mit 100 Plätzen und mehr als auch die Verwaltung von Online-Accesspanels mit zehntausenden oder hunderttausenden Teilnehmern stellt eine ganz neue Dimension dar. Gewissermaßen hat eine Hochtechnologie den klassischen paper-pencil-Interviewer abgelöst.

Die Fortschritte in der Psychologie als auch in der Mikroökonomie – die letztem Nobelpreise beweisen es – sind erheblich und von substantieller Auswirkung auf die Marktforschung. Simple Annahmen über das Verbraucherverhalten werden durch komplexe Modelle abgelöst. Diese in die eigene Arbeit zu integrieren als auch erfolgreich gegenüber den Auftraggebern zu vermarkten, wird entscheidend für den weiteren Erfolg der Marktforschung sein.

These 7:
Die rechtliche Problematik der Marktforschung muß neu interpretiert werden.

Bisher hat die Diskussion über den Datenschutz im wesentlichen die rechtliche Problematik bestimmt. Diese Problematik ist heute als wesentlich komplexer anzusehen und wird zunehmend durch das Thema Privacy ergänzt. Ein wesentlicher Aspekt ist in diesem Zusammenhang die Abgrenzung von Marktforschung gegenüber anderen Formen der Datenerhebung beispielsweise durch das Direktmarketing oder indirekte Ansätze im Zusammenhang mit Kundenkarten oder der Nutzung im Internet. Manche dieser Erhebungsformen nutzt die Marktforschung bereits oder wird diese zunehmend in Zukunft nutzen. Dies bedeutet, dass der Begriff Forschung unter Umständen neu interpretiert werden, auf jeden Fall eine klare Abgrenzung der Marktforschung gegenüber Marketingmaßnahmen erfolgen muß. Ein zweiter Aspekt ist in der Sicherstellung von Qualität zu sehen. Die Differenzierung der Erhebungsformen als auch des Wettbewerbs macht es zunehmend notwendig, zu verdeutlichen, was „good practice" ist. Dies muß nicht nur in der Formulierung von Standards sondern auch in der Durchsetzung einerseits über eine Schiedsstelle und andererseits als allgemein gültige Regeln erfolgen.

These 8:
Marktforschung muß nicht nur Erkenntnis sondern messbaren Mehrwert schaffen.

Der entscheidende Punkt für die Zukunft der Marktforschung ist der permanente Nachweis, dass Marktforschung Mehrwert schafft. Dies gilt sowohl bezogen auf den Auftraggeber als auch den Befragten, der uns seine Zeit als auch sein Wissen zur Verfügung stellt. Hierbei ist inzwischen unzweifelhaft, dass Marktforschung generell Unternehmen vor Fehlentscheidungen bewahrt und andererseits auch wesentlich beiträgt, erfolgreiche Produkt- und Werbekonzepte zu entwickeln. Der Verbraucher profitiert von der Marktforschung durch ein seinen Bedürfnissen entsprechendem Angebot an Produkten. Der wesentliche Unterschied zu früher besteht im wesentlichen in der Forderung, diesen Mehrwert auch bezogen auf einzelne Methoden nachweisen zu können und zu müssen. Anders ausgedrückt: Führt das Pretesting von Werbung zu effektiverer Werbung und nicht wie manche Agenturen behaupten, verhindert es Kreativität und Innovation. Marktforschung wird sich somit nicht nur dem wachsenden Informationsbedarf stellen, sondern auch die Validität und Prognosegenauigkeit nachweisen müssen. Dies muss selbstverständlich in einer Abwägung des Kosten-Nutzen-Verhältnisses erfolgen. Die Beschaffung von spezifischen primären Informationen verliert an Bedeutung gegenüber der Bewertung, Verknüpfung und Interpretation von verschiedenen Informationen im Rahmen konkreter Entscheidungen.

Wenn man auch manchmal den Eindruck haben kann, dass sich das Instrumentarium der Marktforschung in den letzten Jahren nur kaum verändert hat, stehen wir in Wirklichkeit vor der größten Herausforderung unserer Branche. Wir müssen unsere Identität als Forscher wahren und uns gleichzeitig den neuen Anforderungen unserer Auftraggeber als auch den vielfältigen Möglichkeiten der Datenerhebung stellen. Hierbei besteht die Veränderung aus meiner Sicht in der Verlagerung von der Erhebung valider Daten hin zur Interpretation und Nutzung der erhobenen Daten. Intelligentes Umgehen mit Verbraucher- und Marktdaten stellt die Herausforderung für die Marktforschung der Zukunft dar.

Die Infrastruktur der akademisch organisierten Sozialforschung

Entwicklung und Probleme

Ekkehard Mochmann

Abstract

Bereits im Buch zur Weinheimer Tagung von 1951 finden sich erste Hinweise auf den Infrastrukturbedarf der Empirischen Sozialforschung. Im Jahr 1960 wurde mit dem Zentralarchiv in Köln ein Datenservicezentrum für die Empirische Sozialforschung gegründet. Die Gesellschaft Sozialwissenschaftlicher Infrastruktureinrichtungen (GESIS e.V.) stellt der deutschen Sozialforschung seit 1986 eine leistungsfähige Infrastruktur für Methodenberatung und gesellschaftliche Dauerbeobachtung, Literatur-, Projekt- und Institutsdokumentation, Datenarchivierung und internationalen Datenservice, sowie für den Informations- und Datentransfer mit den entstehenden Demokratien in Mittel- und Osteuropa.

Zunehmend öffnet sich die amtliche Statistik für die Kooperation mit der Wissenschaft. Die Vorschläge der Kommission zur Verbesserung der informationellen Infrastruktur (KVI) sollen den Zugang zu den amtlichen Mikrodaten, prozessproduzierten Daten und Daten der Empirischen Wirtschaftforschung weiter erschließen. Dazu sollen verstärkt „Scientific Use Files" erstellt werden, sensible Daten sollen in „Forschungsdatenzentren" der Ämter ausgewertet werden können. Servicedatenzentren sollen die Datenversorgung mit Mikrodaten und Wirtschaftsdaten verbessern.

Die bewährte Kooperation zwischen ASI, ADM und dem Statistischen Bundesamt, die Ihren Ausdruck in den Wiesbadener Jahrestreffen findet, leistet einen wichtigen Beitrag zur gegenseitigen Information und koordinierten Entwicklung von „Best Practice" in der empirischen Forschung.

Darüber hinaus hat die Deutsche Sozialforschung wichtige Impulse für die Entwicklung der Infrastruktur für die internationale komparative Sozialforschung gegeben. Die European Science Foundation, die Europäische Union und auch die OECD haben die Wichtigkeit der Infrastruktur zur Verbesserung der gesellschaftlichen Orientierung erkannt. Seit 2000 sind die Sozial- und Humanwissenschaften explizit in die Infrastrukturförderung der Wissenschaften durch die EU aufgenommen. Es gilt national wie international die jetzt entstehenden Voraussetzungen der Wissenschaftspolitik auch im Geist von Pierpaolo Luzatto Fegiz (Weinheim 1951) als wichtigen Beitrag über die Schaffung eines europäischen Forschungsraumes hinaus zur internationalen Verständigung zu nutzen.

Bereits im Buch zur Weinheimer Tagung von 1951 finden sich erste Hinweise auf den Infrastrukturbedarf der Empirischen Sozialforschung. „Bornemann fragte ob es immer unbedingt eine Zeitschrift sein müsse oder ob es vielleicht genüge, gelegentlich eine hektographierte Übersicht über empirische Untersuchungen dieser Art herauszugeben, z. B. eine Zusammenstellung aller Erhebungen, die von den verschiedenen Instituten für die einzelnen Fragenkreise vorgenommen worden seien, eine Übersicht, die allgemein zugänglich wäre". Osmer erinnerte an eine Clearingstelle, die Prof. Katona ins Leben gerufen habe. „Bornemann forderte wenigstens einmal eine Zusammenstellung, in welcher Richtung überhaupt Erhebungen angestellt worden seien, die das empirische Wissen der Sozialforschung angereichert hätten, und wo man das Material darüber bekommen könne"[1].

Schließlich wird mit Bezug auf Berufsordnung und wissenschaftliche Probleme an europäisch verbindliche Normen erinnert, die von ESOMAR aufgestellt worden seien, damit die Öffentlichkeit beurteilen könne, ob die Forschungsinstitute personell und materiell den an sie zu stellenden Anforderungen entsprechen[2].

1 Bestandsaufnahme: Infrastruktur der Akademischen Sozialforschung

Mit dem Zentralarchiv für Empirische Sozialforschung (ZA) der Universität zu Köln, dem Informationszentrum für Sozialwissenschaften (IZ) der Arbeitsgemeinschaft Sozialwissenschaftlicher Institute e.V. (ASI) und dem Zentrum für Umfragen, Methoden und Analysen (ZUMA) entwickelten sich in den 60er und 70er Jahren in Selbstorganisation der Wissenschaft Forschungs- und Serviceinstitute, die 1986 in der Gesellschaft sozialwissenschaftlicher Infrastruktureinrichtungen (GESIS) mit einem abgestimmten Serviceangebot zusammengefasst wurden[3]. Das umfassende Serviceangebot wird ergänzt durch den internationalen Daten- und Informationstransfer.

Als besondere Errungenschaft der deutschen Sozialforschung ist die Kooperation von privatwirtschaftlich verfasster Sozialforschung, akademischer Sozialforschung und der amtlichen Statistik zu betrachten, die sich auch in der heutigen Tagung – wie in der ersten Weinheimer Tagung manifestiert. Sie trägt zur Abstimmung von Verfahren, Klärung methodischer Issues und der Vereinbarungen von „Codes of Best Practice" bei.

1.1 Sozialwissenschaftliches Literaturinformationssystem SOLIS

Das Informationszentrum Sozialwissenschaften erschließt, z. T. in Kooperation mit anderen Forschungseinrichtungen, deutschsprachige fachwissenschaftliche Literatur, das sind Aufsätze in Zeitschriften, Beiträge in Sammelwerken, Monographien und Graue Literatur. Seit 1990 gehören dazu auch unveröffentlichte DDR-Forschungsberichte. Bisher werden über eine Viertel Million sozialwissenschaftlicher Veröffentlichungen in SOLIS mit einer kurzen Inhaltsangabe vorgestellt. Jährlich kommen 10.000 bis 12.000 neue Nachweise hinzu.

---

1 Diskussion über organisatorische Fragen, Institut zur Förderung öffentlicher Angelegenheiten e. V. (Hrsg.): Empirische Sozialforschung: Meinungs- und Marktforschung – Methoden und Probleme, Frankfurt am Main 1952, S. 230 f.
2 a.a.O. S.231f
3 Ekkehard Mochmann, Erwin K. Scheuch (Hrsg.): Infrastruktur für die Sozialforschung. Köln: Zentralarchiv für empirische Sozialforschung 1987, Friedhelm Neidhardt: Unwahrscheinlich - aber nicht Zufall: Zur Realisierung von GESIS, in: Ekkehard Mochmann, Erwin K. Scheuch (Hrsg.): Infrastruktur für die Sozialforschung. Köln: Zentralarchiv für empirische Sozialforschung 1987, S. 21 ff.
Erwin K. Scheuch: From a data archive to an infrastructure for the social sciences. In: International Social Science Journal, Vol. 42, 1990, Nr. 1, S. 93-112,
Peter Ph. Mohler, Wolfgang Zapf: „GESIS. Gesellschaft sozialwissenschaftlicher Infrastruktureinrichtungen e.V.". In: Schäfers, B. (Hrsg.): Soziologie in Deutschland. Leske + Budrich, Opladen 1995, S. 249 ff.

Aufbereitet in Informationssystemen werden Sie über das Internet, auf speziellen Hosts oder auch auf CD ROM zur Recherche angeboten.

1.2 Forschungsinformationssystem Sozialwissenschaften

Der von Bornemann 1951 geforderte Austausch über Forschungsarbeiten wurde in den 60iger Jahren von Hagen Stegemann und Thomas A. Herz in Form einer schriftlichen Dokumentation realisiert. Im Jahr 1967 wurde unter der Aufsicht von Erwin K. Scheuch eine Forschungskoordinierungsstelle am ZA eingerichtet, aus der später das Informationszentrum Sozialwissenschaften hervorging. Seit 1962 als hektographierter Informationsaustausch organisiert, erschien die Forschungsdokumentation „Empirische Sozialforschung 1968" erstmals 1969 als Buch[4].

Das IZ erhebt jährlich in einer schriftlichen Befragung in Deutschland, Österreich und der Schweiz Informationen zu rund 6000 sozialwissenschaftlichen Forschungsprojekten. Heute ist die Forschungsdokumentation mit einem Bestand von rund 40.000 Projektnachweisen ebenso wie die sozialwissenschaftliche Literaturdokumentation weltweit in den Datenbanken des Informationszentrums Sozialwissenschaften recherchierbar.

Die Forschungsdokumentation hilft Doppelarbeit zu vermeiden, Experten für bestimmte Themen zu finden und dient u.a. als Basis zur Auswahl wichtiger empirischer Datenbestände, die für weitere Analysen über das Zentralarchiv aufbereitet und zur Verfügung gestellt werden sollen. Zugleich bieten die aufbereiteten Informationen zu empirischen Arbeiten ein Instrument für die Beobachtung der Entwicklung sozialwissenschaftlicher Methoden.

1.3 Sozialwissenschaftliche Forschungseinrichtungen

Inzwischen wurde beim IZ auch eine Datenbank über Forschungsinstitute aufgebaut, in denen nach Experten und Hauptarbeitsgebieten recherchiert werden kann. SOFO informiert über universitäre und außeruniversitäre Forschungseinrichtungen.

Für eine Suche in der Datenbank SOFO stehen Beschreibungen zu rd. 2.700 Forschungsinstituten zur Verfügung, die laufend aktualisiert und ergänzt werden. Diese Forschungseinrichtungen haben in den letzten fünf Jahren im Rahmen der Erhebung des IZ auch Projekte zur Präsentation in der Datenbank FORIS gemeldet.

1.4 Methodenberatung und Gesellschaftliche Dauerbeobachtung

Forschungsprojekte der empirischen Sozialforschung haben in der Regel eine auf 2 bis 3 Jahre begrenzte Dauer. Diese Zeit reicht meist nicht aus, um die benötigte Expertise für alle relevanten Fragen der Datenerhebung und Analyse zu entwickeln. Um diese für die akademische Forschung bereitzustellen wurde das Zentrum für Umfragen, Methoden und Analysen (ZUMA) in Mannheim gegründet.

ZUMA berät die Sozialforschung bei der Anlage, Durchführung und Auswertung sozialwissenschaftlicher Untersuchungen, führt eigene Untersuchungen durch, erleichtert den Zugang zu amtlichen Daten und beobachtet und analysiert die gesellschaftliche Entwicklung mit sozialen Indikatoren. ZUMA führt auch eigene Forschungen mit dem Ziel

---

4 Universität zu Köln – Zentralarchiv für Empirische Sozialforschung: Empirische Sozialforschung 1968. Eine Dokumentation von Thomas A. Herz und Hagen Stegemann, Verlag Dokumentation, München-Pullach 1969

durch, die methodischen und technischen Grundlagen der sozialwissenschaftlichen Forschung zu verbessern.

Mit der Allgemeinen Bevölkerungsumfrage für die Sozialwissenschaften (ALLBUS) und dem International Social Survey Programme (ISSP), beides Kooperationsprojekte mit dem ZA, betreut ZUMA Erhebungsprogramme die für die Wissenschaft eine kontinuierliche Datenbasis zur Erforschung des sozialen Wandels schaffen. Die Daten werden im ZA aufbereitet und weltweit vertrieben. ZUMA nutzt sie auch für die gesellschaftliche Dauerbeobachtung, und in Kooperation mit dem statistschen Bundesamt zur Erstellung des Datenhandbuchs für die Bundesrepublik Deutschland.

1.5 Datenservice für die Sozialforschung

Das Zentralarchiv für Empirische Sozialforschung hat in seinen Beständen Daten der empirischen Sozialforschung seit 1945 (Umfragen, Konjunkturdaten, Antworten auf offene Fragen, Parteiprogramme etc.) und für die historische Sozialforschung digital aufbereitete Daten, die in vergangene Jahrhunderte zurückreichen (Preisindices, Innovationsindikatoren, Datenbanken über parlamentarische Eliten etc.). Diese Bestände werden ergänzt um international komparative Studien, und wichtige Studien aus dem Ausland (z.B Weltwertestudien, Wahlstudien zu den Nationalparlamenten, Eurobarometer der Europäischen Kommission etc.).

Als wichtig hat sich die Vermittlung der Kunst des Datenlesens und Verstehens in Form von Seminaren zu fortgeschrittenen Verfahren der sozialwissenschaftlichen Datenanalyse in der empirischen und historischen Sozialforschung herausgestellt. Seit 1972 wurden mehrere hundert Postgraduierte durch führende internationale Experten mit neuen Verfahren der Datenanalyse und der Nutzung bereits vorliegender Daten vertraut gemacht. Dies wird durch Beratung der Nutzer und die Spezialbibliothek Empirische Sozialforschung unterstützt.

Im Jahr 1996 wurde mit Anerkennung des ZA durch die EU als Large Scale Facility für die europäische Sozialforschung ein Europadatenlabor eingerichtet, das Forschern aus Europa die Möglichkeit gibt, mit Stipendien aus dem Access to Research Infrastructures Programm der EU in Köln Daten der wichtigsten komparativen Umfragen zu analysieren.

1.6 Internationaler Datenservice

Das ZA unterstützt den Zugang zu Daten der ausländischen Archive und ist nationaler Repräsentant des Interuniversity Consortium for Social and Political Research.

Im Rahmen des europäischen Archivverbundes wird durch den Council of European Social Science Data Archives (CESSDA) der Datentransfer in Europa organisiert und der Datenzugang entsprechend der Praxis der nationalen Umsetzung der Europäischen Rahmenrichtlinien unterstützt. Die gezielte Suche nach relevanten Daten ist weltweit durch den Integrierten virtuellen Datenbestandskatalog (IDC) der angeschlossenen Archive im Internet möglich. In Kooperation der europäischen Archive werden moderne Zugriffssysteme für sozialwissenschaftliche Daten im Internet entwickelt.

Weltweit wird der Datentransfer durch die International Federation of Data Organisations for the Social Sciences (IFDO) organisiert. Damit wird Forschern in Deutschland der Zugang zu Daten aus z. B. Amerika, Australien, Japan, Südafrika und auch aus Russland eröffnet.

1.7 Informations- und Datenvermittlung zwischen Ost- und Westeuropa

Mit der Entstehung demokratischer System in Osteuropa wurde die Notwendigkeit erkannt, ähnlich wie für Westeuropa geschehen auch mit Osteuropa Kooperationen für den Daten- und Informationsaustausch aufzubauen. Dazu muss in vielen Fällen in den osteuropäischen Ländern Unterstützung beim Aufbau entsprechender Infrastruktur für Datenerhebung, Information und Dokumentation geleistet werden.

Dafür wurde 1992 in Berlin die GESIS Außenstelle mit einer Abteilung Informationstransfer und einer Abteilung Datentransfer gegründet. In den ersten Jahren ging es darum, Informations- und Datenbestände aus der Sozialforschung der DDR zu sichern. Nach Abschluss dieser Arbeiten wurden zentrale Aufgaben der GESIS-Außenstelle die sozialwissenschaftliche Informations- und Datenvermittlung zwischen Ost- und Westeuropa sowie die Förderung von Ost-West-Kooperationen und die Unterstützung der komparativen Forschung. Die Serviceleistungen und Kooperationsbeziehungen beziehen sich derzeit insbesondere auf folgende Länder: Bulgarien, Estland, Lettland, Litauen, Polen, Rumänien, Russland, Slowakei, Tschechien, Ukraine, Ungarn, Weißrussland.

1.8 Kontinuierliche Datenerhebungsprogramme

Heute verfügt die Sozialforschung über z. T. seit Jahrzehnten laufende Datenerhebungsprogramme. Sie sind danach zu unterscheiden, ob sie nach der Erhebung unmittelbar der „Scientific Community" für Auswertungen zur Verfügung stehen (wie z. B. das International Social Survey Programm (ISSP), die Haushaltspanel Studien (wie das Sozio-Ökonomische Panel (SOEP)), oder die Comparative Study of Electoral Systems (CSES)) oder ob sie für spezielle Zwecke erhoben wurden und die Primärforscher sich ein Erstauswertungsprivileg vorbehalten (Eurobarometer, Welt – Wertestudien (WVS) und Europäische Wertestudien (EVS)).

Einen besonderen Beitrag zur Bereitstellung methodisch kontrollierter und theoretisch fundierter Daten über die europäischen Gesellschaften soll der für 2002 geplante European Social Survey (ESS) leisten[5]. Er wird von der European Science Foundation und der Europäischen Union unterstützt. ZUMA wirkt an der Vorbereitung und Durchführung des ESS mit.

Seit einiger Zeit werden in Reaktion auf Forderungen aus der Wissenschaft zunehmend auch harmonisierte Daten von Eurostat und den Nationalen Statistischen Ämtern bereitgestellt.

2 Infrastrukturbedarf

Die Bestandsaufnahme zeigt, dass wesentliche Fortschritte der empirischen Sozialforschung und ihrer Infrastruktur zu verzeichnen sind. Auf europäischer Ebene wird der Infrastrukturbedarf nun im Kreis der „Sciences" anerkannt. Dennoch sind im Alltag der Forschung viele Zugangshemmnisse, Mangel an Vergleichbarkeit der Daten, ungenügende Kontextualisierung der Daten und häufig auch Qualitätsprobleme zu überwinden. Für regionale Daten und geographische Informationssysteme gibt es leistungsfähige Software,

---

5 Blueprint for a European Social Survey (ESS). An ESF Scientific Programme. European Science Foundation, Strasbourg, March 1998

aber die Datenbasis mit regionalem Bezug ist noch zu wenig entwickelt[6].

Während es für die Sozialforschung in Deutschland und Europa bereits eine weithin akzeptierte Kultur des Data Sharing gibt, ist für die empirische Wirtschaftforschung in diesem Bereich ein Nachholbedarf zu konstatieren. Aber gerade aus der Verbindung von Daten der empirischen Wirtschafts- und Sozialforschung und der amtlichen Statistik sind weiterreichende Erkenntnisse zu erwarten.

Anders als in Amerika gibt es in Europa bisher noch keine Vereinigung der Nutzer dieser Daten, die an der Definition des Datenbedarfs und der Kumulation des Wissens durch kompetente Auswertungen mitwirken könnte. Warum sollte es einen Europäischen Computer Führerschein geben, die Auswertung empirischer Daten aber ohne Nachweis entsprechender Qualifikation unterschiedlichsten Interpretationen Raum geben?

Zunehmend wird auch mehr Gewicht auf die Sicherung der Qualität sozial-wissenschaftlicher Erhebungen gelegt. Die Deutsche Forschungsgemeinschaft leistete erst kürzlich mit der Unterstützung einer Arbeitsgruppe zur Erarbeitung von Qualitätsstandards für die Umfrageforschung (Hrsg. M. Kaase) einen weiteren Beitrag[7]. An der Arbeitsgruppe wirkten Experten, die auch in ASI, ADM und dem Statistischem Bundesamt vertreten sind mit.

Während die Infrastruktur für die quantitative Forschung relativ gut entwickelt scheint, artikuliert sich zunehmend Bedarf für eine Unterstützung der qualitativen Forschung. Nicht zuletzt wirkt auch hier die Forderung nach Replikationsmöglichkeit und Validierung veröffentlichter Ergebnisse.

3 Verbesserung des Zugangs zu Mikrodaten der amtlichen Statistik

Die Kommission zur Verbesserung der Informationellen Infrastruktur zwischen Wissenschaft und amtlicher Statistik hat im September 2001 ihren Bericht veröffentlicht[8]. Die Empfehlungen zielen auf einen verbesserten Zugang zu Mikrodaten der amtlichen Statistik, prozessproduzierten Daten der Verwaltung und empirischen Wirtschaftsdaten.

Dies soll vorrangig durch vermehrte Bereitstellung von „scientific use files" und „public use files" erreicht werden. Soweit es sich um sensible Daten im Sinne der „statistical confidentiality" oder des Datenschutz handelt, soll der Zugang unter Aufsicht der Ämter in „Forschungsdatenzentren" ermöglicht werden. Derzeit wird das erste Forschungsdatenzentrum beim Statistischen Bundesamt eingerichtet, weitere sind vorgesehen.

Datenservicezentren sollen die Aufbereitung, Dokumentation und den Vertrieb zugänglicher Daten übernehmen. Die Aus- und Fortbildung in Methoden und Analysen der empirischen Wirtschafts- und Sozialforschung sollen durch internationale Summer Schools forciert werden.

Die weitere Entwicklung soll durch einen Rat für Empirische Wirtschafts- und Sozialforschung gestaltet werden. Insbesondere für statistische Mikrodaten und Wirtschaftsda-

---

6 Ekkehard Mochmann: Infrastructure needs for European socio-economic research, in: The European Socio-Economic Research Conference, Brussels 28 – 30 April 1999.
7 Max Kaase (Hrsg): Qualitätskriterien der Umfrageforschung, Denkschrift, Deutsche Forschungsgemeinschaft, Akademie Verlag, Berlin 1999
   ADM, ASI, BVM (Hrsg.): Standards zur Qualitätssicherung in der Markt- und Sozialforschung, Frankfurt 1999
8 Kommission zur Verbesserung der informationellen Infrastruktur zwischen Wissenschaft und Statistik (Hrsg.): Wege zu einer besseren informationellen Infrastruktur, Nomos Verlagsgesellschaft, Baden-Baden 2001

ten ist die Archivierung sicherzustellen. Dabei kann sicher auf Erfahrungen der empirischen Sozialforschung aufgebaut werden. Dies gilt auch für die Empfehlung, den internationalen Datentransfer unter Anwendung des „safe harbour principle" zu organisieren.

4 Internationale Perspektiven der Infrastrukturentwicklung

Die Entwicklung der Infrastruktur für die Sozialforschung war jahrzehntelang ein Stiefkind der Forschungsförderung. Ihr Aufbau ist den Visionen und dem Beharrungsvermögen einzelner Forscher zu verdanken, die sich auch international auf gemeinsame Entwicklungsziele verständigen konnten. Gerade dieses gemeinsame Auftreten hat in europäischen und internationalen Wissenschaftsgremien die Vertreter der „hard sciences" beeindruckt und schließlich zur Aufnahme in die Förderungsprogramme der EU geführt. Diese Entwicklungsprozesse wurden nachhaltig vom European Consortium for Political Research (ECPR), der European Science Foundation (ESF), der Unesco Social Science Division und von dem International Social Science Council (ISSC) unterstützt. Mit einer Konferenz über sozialwissenschaftliche Infrastruktur hat auch die OECD 1999 in Ottawa dieses Thema aufgegriffen. Derzeit bemühen sich die kanadischen Wissenschaftler, die mit ihrer Data Liberation Initiative weltweit Beachtung fanden und erfolgreich auf die Einrichtung von Forschungsdatenzentren hinwirkten um die Einrichtung eines sozialwissenschaftlichen Datenarchivs für Kanada. Frankreich hat 2001 einen Rat für Datenbasen in den Human- und Sozialwissenschaften berufen, um die Versorgung mit sozialwissenschaftlichen Daten nachhaltig zu verbessern[9].

War Infrastruktur zu Beginn der 90er Jahre noch ein Unwort in Brüssel, so nimmt sie im 6. Rahmenprogramm einen prominenten Platz ein. Bereits aus Mitteln des 5. Rahmenprogramms wird ein Netzwerk für sozio-ökonomische Infrastruktur in Europa gefördert. Organisiert durch die Leiter der Large Scale Facilities sollen europäische Experten unter Einbeziehung internationaler Spezialisten Entwicklungsdesiderata der Infrastruktur identifizieren und Möglichkeiten der Realisierung vorschlagen, um die Europäische Sozio-Ökonomische Forschung nachhaltig zu unterstützen.

Es ist mit Freude festzustellen, dass vieles über die Forderungen der Weinheimer Tagung von 1951 hinaus im Laufe der vergangenen 50 Jahre realisiert werden konnte und wichtige Voraussetzungen für eine effiziente Sozialforschung bereits implementiert sind oder als zeitgemäßer Bedarf erkannt sind. Die deutsche Sozialforschung hat in vielen dieser Felder zweifellos von amerikanischen Arbeiten profitiert, aber auch selbst vielfach modellbildend gewirkt. Mit begründetem Optimismus ist zu erwarten, dass die erkannten Entwicklungsdesiderate in Kooperation aller beteiligten Instanzen zügig umgesetzt werden, um die Entwicklung der modernen Gesellschaften mit bestmöglichem Orientierungswissen auf empirisch fundierter Basis zu unterstützen.

---

9 Décret no 2001-139 du 12 février 2001 portant création du comité de concertation pour les données en sciences humaines et sociales, in: Journal Officiel de la République Francaise, 15 fevrier 2001, S. 2545 und 13 novembre 2001, S. 18062

Immer noch angewandte Aufklärung
Entwicklungstendenzen der empirischen Markt- und Sozialforschung

Heiner Meulemann

1 Konstanz der Grundprobleme der Erhebung – und ihre wachsende empirische Erkundung

Auf der Weinheimer Tagung zur empirischen Sozialforschung 1951, deren 50. Jahrestag der Anlass für die Bestandsaufnahmen der heutigen Tagung ist, spekulierte Stackelberg (1952: 175), dass die Frage „Wie beurteilen Sie die Maßnahmen der Bundesregierung Dr. Adenauers?" aufgrund des hohen Prestiges der Person Adenauers mehr positive Stellungnahmen hervorrufen würde als die Frage „Wie beurteilen Sie die Maßnahmen der Bundesregierung?" In der 2000 herausgekommenen letzten Auflage ihres Lehrbuchs zur Demoskopie berichten Noelle-Neumann und Petersen (2000: 194) Folgendes. Die Frage „Wenn Sie an die Bundestagswahl im Herbst (1994) denken: Wäre es gut, wenn die Regierung in Bonn wechseln würde, oder wäre es nicht gut" ruft eine Mehrheit für den Wechsel hervor – mit einer Nennung der zur Wahl stehenden Parteienkoalitionen aber ruft die gleiche Frage eine Mehrheit für die regierende Koalition von CDU/CSU und FDP hervor. Was 1951 Spekulation war, ist heute vielfach untersucht. Die Probleme der standardisierten Umfrage sind die gleichen geblieben, aber 50 Jahre Markt- und Sozialforschung haben zu ihrer Lösung viel Wissen beigetragen.

Blättert man durch den Tagungsband von 1951, so bestätigt sich dieser Eindruck. Kein Problem der Erhebung, das nicht dort schon angesprochen wäre. Die Konstanz der Probleme zeigt sich am deutlichsten bei der *Stichprobenziehung*. Schon 1951 wurde die Wahl zwischen der „bewussten oder Quotenauswahl und der reinen Zufallsauswahl" kontrovers mit dem bis heute bestehenden Patt diskutiert: Die Zufallsauswahl ist zwar theoretisch der einzige Weg zur Chancengleichheit der Untersuchungseinheiten, in die Stichprobe zu gelangen (Kellerer 1952), aber bei einer befriedigenden Ausschöpfung teuer, so dass die Quotenauswahl praktische Vorteile gewinnt (Jetter 1952). Noch heute rechtfertigen Noelle-Neumann und Petersen (2000: 258) die Quotenauswahl aus praktischen Gründen. Sie ignorieren das Problem, dass der Interviewer bei einer „Quote" die Befragten aus seinem persönlichen Netzwerk auswählen kann, und behaupten, dass „die Quote" weniger eine Grundgesamtheit nachbilde als den Interviewer zu einer „zufälligen" Auswahl zwinge, und, so dass „Repräsentativität" zum gemeinsamen Nenner beider Verfahren wird.[1]

Die Konstanz der Probleme zeigt sich ebenso bei der *Fragebogenkonstruktion und der Feldarbeit* – von der Frageformulierung über den Interviewer bis zum Befragten.[2] Alle

---

1 Im Kontext der Stichprobenziehung werden zudem bereits 1951 die Probleme der Erreichbarkeit und der Verweigerung des Befragten und der Substitution von Zielpersonen durch den Interviewer diskutiert, die Schnell 1997 in einer Monographie über „Nonresponse" empirisch behandelt hat.
2 Zur Frageformulierung: Suggestivfragen (Stackelberg 1952: 174, Weisker 1952: 183), heiklen Fragen (Weisker 1952: 183), offene Fragen und nachträgliche Verschlüsselung (Stackelberg 1952: 175, Zarn 1952: 195, Fragenfolge (Stackelberg 1952: 175); zum Interviewer: (Kontaktaufnahme, bewusste und unbewusste Einflussnahme, Schulung (Weisker 1952: 182, 185, 187); zum Befragten: Verweigerung

diese Probleme sind heute in zahllosen empirischen Untersuchungen behandelt worden und die - nicht immer eindeutigen - Ergebnisse sind in den Kanon der empirischen Sozialforschung eingegangen. Noelle-Neumann (1963: 85-88) war die erste, die zu ihnen in einem Lehrbuch systematisch experimentelle Ergebnisse berichtete; und heute gehören „Fehler" im Interview und ihre Systematisierung – Meinungslosigkeit, soziale Erwünschtheit, Zustimmungstendenz - zum Kanon der Lehrbücher (Diekmann 1995: 382-403; Schnell /Hill / Esser 1999: 330-335).

Eine *erste* Tendenz der empirischen Sozialforschung der letzten 50 Jahre ist also die Konstanz der Grundfragen der Erhebung. Die Standardisierung der Befragung – der Zuweisung von vorformulierten Fragen an einen ausschließlich fragenden und von vorformulierten Antworten an einen ausschließlich antwortenden Gesprächspartner – wirft eine Reihe von Problemen auf, die sich nicht geändert haben. Aber auf der Folie dieser Probleme ist das empirische Detailwissen über die Dynamik der Befragungssituation gewaltig angestiegen. Auf eines dieser Probleme, das praktisch sehr bedeutsam ist, will ich genauer eingehen: die Verweigerung des Befragten.

Auf der Tagung 1951 werden beruhigend niedrige Verweigerungsquoten von 15% (Friedeburg 1952: 190) berichtet. Heute wird das Problem von Anhängern der Quotenstichprobe dramatisiert: Wenn in Zufallsstichproben nur 42% der Bevölkerung erreicht werden und sich diese Zahl trotz mehrfacher Kontakte nur auf 54% steigern lässt, dann kann man doch gleich Personen nach „Quoten" suchen, die sich ja immer voll ausschöpfen lassen (Noelle-Neumann / Petersen 2000: 267-268, 274). In dieser Situation bringt die Untersuchung Schnells (1997: 130-132, 181-187, 213-216) über die Ausschöpfung in Zufallsstichproben einige Klärungen. *Erstens* ist die Ausschöpfung zwischen 1953 und 1994 tatsächlich auf im Durchschnitt 70% zurückgegangen, aber der stärkste Rückgang hat nicht in jüngster Zeit, sondern vor 1970 stattgefunden. *Zweitens* ist die Ausschöpfung aufgrund schwindender Erreichbarkeit mindestens ebenso stark zurückgegangen wie aufgrund schwindender Antwortbereitschaft; sie lässt sich also mit erneuten Kontakten, Anreizen oder mit einem Wechsel von persönlichen zu Telefoninterviews steigern. *Drittens* ergeben sich die Ausfälle überwiegend nicht aus Persönlichkeitseigenschaften des Befragten, sondern aus situativen Bedingungen des Interviews. Der harte Kern von Verweigerern ist also klein; Zielpersonen lassen sich befragen, wenn die Gelegenheit günstig und das Thema interessant ist.

Die Bevölkerung wird zwar immer mehr von Befragungen in Anspruch genommen,[3] weshalb sie sich immer mehr zurückhält. Aber der Normalbürger strebt immer mehr nach Teilhabe und Mitsprache (Meulemann 1996: 94-106), wozu die Befragung eine Chance bietet. Das kann erklären, warum die Ausschöpfung nicht noch stärker zurückgegangen ist.

(Friedeburg 1952: 190) und Meinungslosigkeit (Kellerer 1952: 108).
3   1979 sagten 24% (Noelle-Neumann / Piel 1983: 222), 1991 schon 35%, sie seien einmal oder mehrfach von einem Interviewer bei einer Bevölkerungs-Umfrage befragt worden (Noelle-Neumann / Petersen 2000: 59).

2 Verbreitung multivariater statistischer Analyseverfahren – aber selektive Rezeption

Wenn die Erhebung von Meinungen im Interview die empirische Sozialforschung gegen andere Sozialwissenschaften abgrenzt, so sind statistische Analyseverfahren Instrument für alle Wissenschaften. Aber die mathematischen Modelle der Analyse sind in den letzten fünf Jahrzehnten stark weiter entwickelt worden (Meulemann 2000). Meinungen und Einstellungen müssen nicht mehr in Likertskalen einfach zusammengezählt werden; sie können mit der Rasch-Skalierung auf einer Dimension in eine Rangfolge gebracht und mit Faktoranalyse, multidimensionaler Skalierung oder Korrespondenzanalyse in ihrer Struktur dargestellt werden (Borg / Staufenbiel 1997, Blasius 2001). Die simultane Betrachtung vieler Einflüsse auf eine Zielvariable muss nicht mehr schon bei dreidimensionalen Tabellen an der geringen Zellenbesetzung scheitern; sie kann in einer multiplen Regression mit beliebig vielen unabhängigen Variablen zusammengefasst werden (Andreß / Hagenaars / Kühnel 1997). Das nominale oder ordinale Messniveau der Zielvariablen verbietet nicht mehr eine multivariate Analyse; es kann durch logistische Transformation metrisiert und auf vielfältige Weise – als Verzweigungsbaum oder Sequenz von Dichotomien - dargestellt werden (Maier / Weiss 1990). Mehrere Regressionen müssen nicht mehr unabhängig voneinander betrachtet, sondern können als kausale Hierarchie oder Pfadanalyse (Li 1975) hintereinander geschaltet werden. Schließlich können Faktorenanalyse und Pfadanalyse durch die Kovarianzstrukturanalyse (Faulbaum / Bentler 1994) zu einem Gesamtbild zusammengefasst werden.

Die Verbreitung multivariater Analyseverfahren ist also eine zweite Tendenz der empirischen Sozialforschung der letzten 50 Jahre. Aber sie werden selektiv rezipiert: weit mehr in der akademischen als in der privatwirtschaftlichen Forschung. Das aber kann sich nicht aus einer Abneigung der Auftraggeber oder der Auftragnehmer gegen multivariate Verfahren ergeben haben. Denn auch die privatwirtschaftlichen Institute arbeiten - wie Mitarbeiter einiger Institute auf der jüngsten ASI-Tagung in Bremen schätzten – in rund 10% der Analysen und Berichte mit multivariaten Verfahren. Aber sie nutzen hier überwiegend *datenreduzierende und kaum erklärende Techniken*: Faktoranalyse ja, Regression nein. Wenn aber die Verbreitung multivariater Analyseverfahren die Deskription auf Kosten der Erklärung stärkt, werden auch die praktischen Interessen der Auftraggeber schlechter bedient – wie ein kurzer Rückblick auf die Standardform der Analyse in der empirischen Sozialforschung zeigt, die Aufdeckung von Scheinkorrelationen.

Wenn zwei Variablen miteinander positiv korrelieren und eine dritte die erste und die zweite positiv beeinflusst, dann kann eine Scheinkorrelation vorliegen. Höherer Fernsehkonsum führt vielleicht deshalb zum Tragen einer Brille, weil alte Leute häufiger fernsehen und häufiger Brillen tragen. Hält man das Alter konstant, so *kann* die Beziehung zwischen Fernsehkonsum und Brillentragen verschwinden – aber sie *muss* es nicht. In der Tat taucht die Beziehung in altersgruppenspezifischen Kreuztabellen zwischen Fernsehkonsum und Brillentragen nicht mehr auf (Noelle-Neumann / Petersen 2000: 418-423). Das Gegenstück zur Scheinkorrelation ist die scheinbare Nichtkorrelation. Die Intensität des Fernsehkonsums beeinflusst die Beliebtheit des Kanzlers Kohl nicht. Aber mit dem Alter steigen der Fernsehkonsum und die Beliebtheit Kohls. Hält man das Alter konstant, so kann ein negativer Einfluss des Fernsehkonsums auf die Beliebtheit Kohls auftauchen, der in der Gesamtgruppe gleichsam weggewischt wurde – aber er muss es nicht. In der Tat taucht die negative Beziehung zwischen Fernsehkonsum und der Beliebtheit Kohls in altersgruppenspezifischen Kreuztabellen auf (Noelle-Neumann / Petersen 2000: 416-418).

In beiden Fällen zeigt erst die Dreivariablenanalyse die wahren Zusammenhänge. Sie erklärt, warum der Fernsehkonsum das Brillentragen nicht wirklich steigert und die Beliebtheit Kohls in Wirklichkeit doch senkt. In beiden Fällen geht es nicht nur um eine theoretische Erklärung. Denn in beiden Fällen würden die Auftraggeber auch praktisch falsche Schlüsse ziehen: Die Brillenindustrie würde ihre Werbung auf die Vielseher konzentrieren – statt auf die Alten. Und die CDU würde im Wahlkampf auf das Fernsehen kein Auge werfen – statt die Darstellungen Kohls unter die Lupe zu nehmen. Die Dreivariablenanalyse ist also für theoretische Erklärungen wie für praktische Empfehlungen unverzichtbar.

Aber sie setzt voraus, dass bivariate Beziehungen der Drittvariablen mit beiden Ausgangsvariablen bestehen. Wenn diese Bedingung nicht erfüllt ist, kann man nicht behaupten, dass die Dreivariablenanalyse einen Zusammenhang auf Scheinbarkeit überprüft. Nehmen wir folgendes fiktive Beispiel. Hohes Alter senkt die Lebenszufriedenheit. Zugleich sind Männer zufriedener als Frauen, aber Geschlecht und Alter korrelieren im Bevölkerungsquerschnitt nicht. Wenn nun der negative Einfluss des Alters auf die Zufriedenheit sich auch in beiden Geschlechtern findet, so kann man nicht behaupten, er habe sich „auch bei Kontrolle" des Geschlechts „bewährt"; denn er war ja gar keiner „Bewährung" unterworfen. Alter und weibliches Geschlecht senken Lebenszufriedenheit, ohne sich den Einfluss streitig zu machen. Das läßt sich in zwei bivariaten Tabellen darstellen; eine multivariate Analyse prüft nichts, sondern faßt nur die Wirkungen der einzelnen Variablen zusammen.

Diese Bedingungen gelten natürlich auch, wenn man nicht nur zwei, sondern mehrere unabhängige Variablen betrachtet. Aber eine Mehrvariablenanalyse kann in Tabellen nicht mehr übersichtlich dargestellt werden, sondern nur noch in Form einer multiplen Regression. Warum sich mit der multiplen Regressionen die Zusammenhänge unter mehreren Variablen *kompakter und verständlicher* darstellen lassen als mit Tabellen, will ich kurz erläutern.

Jedem Laien läßt sich mit entsprechenden pfadanalytischen Darstellungen erklären, dass ein Bruttoeinfluss durch intervenierende Drittvariablen auf einen Nettoeinfluss reduziert wird und dass der Regressionskoeffizient den Nettoeinfluss einer Variable nach Herausrechnung aller übrigen Einflüsse erfasst. Von dem Pfad vom Fernsehkonsum zum Brillentragen bleibt – je nach Datenlage – wenig oder nichts übrig, wenn wir vom Alter einen Pfad auf beide Variablen zeichnen. Pfadanalytische Kausalschemata sind nicht nur kompakte Darstellungen für multiple Regressionen; sie sind das Mittel, mit dem sich Fachleute wie Laien die Struktur eines Problemfelds vergegenwärtigen. Sie können daher auch die Ergebnisse multivariater Regressionen für Auftraggeber veranschaulichen.

Ein aktuelles Beispiel, in dem die Regression hätte weiterführen können: „Interesse", das demoskopische Publikationsorgan des Bundesverbands der Deutschen Banken, zeigt in Ausgabe 7/2001, dass die Aussage „In der DDR war alles gar nicht so schlimm, wie das immer behauptet wird" von 60% der Ostdeutschen, aber nur 21% der Westdeutschen bejaht wird: Eine massive „Mauer in den Köpfen"! Aber die Ostdeutschen wählen häufig PDS und PDS-Wähler bejahen diese Aussage zu 78%. Eine Regression der Zustimmung auf Landesteil und PDS-Präferenz könnte bündig zeigen, wie stark sich die Prozentsatzdifferenz von fast 40 Prozentpunkten bei Kontrolle der Parteipräferenz reduziert: auf 20, 10 oder 0 Prozentpunkte. Um ein solches Ergebnis „herüberzubringen", muss der Sozialforscher keine Tabellen konstruieren; und der Abnehmer braucht keine Statistikkenntnisse, um es zu verstehen.

Ein aktuelles Bespiel, in dem die Regression weitergeführt hat: Geld- und Sachtransfers alter Menschen an ihre Kinder steigen mit dem Einkommen und mit der Bildung der Eltern, aber Einkommen und Bildung korrelieren positiv. Wenn man beide Einflüsse gleichzeitig betrachtet, bleibt der Einfluss des Einkommens bestehen und der Einfluss der Bildung verschwindet. Die Ressourcen der Eltern und nicht ihre Mentalitäten bestimmen die elterlichen Transfers an die Kinder. Weiterhin steigern die Häufigkeit der Kontakte zwischen Eltern und Kindern und die emotionale Enge der Beziehung die Geld- und Sachtransfers, aber Kontakthäufigkeit und emotionale Enge korrelieren positiv. Wenn man beide Einflüsse gleichzeitig betrachtet, bleibt der Einfluss der Kontakthäufigkeit bestehen und der Einfluss der emotionalen Enge verschwindet. Die soziale und nicht die psychische Realität der Beziehung bestimmt die elterlichen Transfers (Kohli u.a. 2000: 198).

3   Wachstum der infrastrukturellen und technischen Basis

In Deutschland wurde das Wachstum der sozialwissenschaftlichen Analyse gefördert durch den Aufbau infrastruktureller Einrichtungen. Seit 1961 bereitet das Zentralarchiv Daten für die Sekundäranalyse auf und fördert internationale Vergleiche und die Entwicklung von Zeitreihen (Jagodzinski 2001); seit 1974 berät ZUMA die Sozialforschung und bei Planung und Analyse von Projekten (Borg / Mohler 1994). Beide Einrichtungen koordinieren große Befragungsprojekte – vom ALLBUS über den ESS bis zum ISSP – und damit indirekt die gesamte sozialwissenschaftliche Forschungspraxis.

In Deutschland wie überall wurde weiterhin das Wachstum sozialwissenschaftlicher Erhebungen und Analysen möglich durch neue Techniken der Information und Kommunikation. Der Computer hat die Befragungsqualität durch das Dreigestirn der Computerunterstützung (Computer-Assisted) - CATI, CAPI, CASQ (Telefon Interview, Personal Interview, Self-administered Questionnaire) (Fuchs 1994) – verbessert und die statistische Analyse mit Programmpaketen wie SPSS sowie die Durchforstung riesiger Textmengen mit Programmen wie MAX (Kuckartz 1994) sehr erleichtert. Das Internet hat die Online-Befragung ermöglicht.

Das Wachstum der Infrastruktur und der technischen Basis bilden also eine dritte Entwicklungstendenz der empirischen Sozialforschung. Aber während das Wachstum der Infrastruktur mit Sicherheit eine Fragmentierung der Forschungslandschaft verhindert hat, hat das Wachstum der technischen Basis auch bedenkliche Folgen. Problematisch ist hier vor allem die Online-Befragung. Im Jahr 2000 sind nicht einmal 25% der Bevölkerung ab 14 Jahren an das Internet angeschlossen (Noelle-Neumann / Petersen 2000: 3),[4] so dass das Wachstum von Online-Befragungen und -Panels durch die Hintertür die „bewusste" Auswahl wieder einführt und den Begriff der repräsentativen Stichprobe überhaupt ins Schwimmen bringt (ADM 2001).

---

4   Andere Zahlen sind etwas günstiger, aber nicht hoch genug, um das Internet als Mittel der Bevölkerungsbefragung zu rechtfertigen. Laut Befragungen der Forschungsgruppe Wahlen ist der Anteil der Internet-Nutzer zwischen dem 3. Quartal 2000 und dem zweiten Quartal 2001 von 28% auf 40% angestiegen (Inter/esse, Heft 9, 2001, S, 6; die gleichen Daten wohl auch in der Süddeutschen Zeitung vom 13./14. 10. 2001, Seite VI/22). Der rasante Anstieg von 12 Prozentpunkten innerhalb eines Jahres läßt natürlich ein baldige volle Ausbreitung erwarten.

4 Wandel der gesellschaftspolitischen Rolle: Von der Re-Etablierung der Demokratie zur sozialwissenschaftlichen Dauerbeobachtung

Soweit habe ich die innere Gliederung der empirischen Sozialforschung in Erhebung und Analyse betrachtet: Der gemeinsame Nenner aller Tendenzen war hier ein Wachstum auf einer konstanten Basis von Grundproblemen. Statt des quantitativen Wachstums rückt aber der qualitative Wandel in den Blickpunkt, wenn ich die Einbettung der empirischen Sozialforschung in die Gesellschaft in den letzten Jahrzehnten verfolge.

Im Jahre 1951 war die empirische Sozialforschung – wie die Tagungsbeiträge von Adorno und Neumann zeigen – aufgerufen, zur Re-Etablierung der Demokratie in Deutschland beizutragen. Adorno (1952: 27-28) sieht das „demokratische Potenzial" der empirischen Sozialforschung darin, dass die Erkundung der Bevölkerungsmeinung nach dem Prinzip „Ein Mann – eine Stimme" Ideologien und anmaßende Orientierungsvorgaben geisteswissenschaftlicher Eliten relativieren könne. Neumann (1952: 46-48) sieht den „pädagogischen Auftrag der Meinungsforschung" darin, dass ihr „unpersönlicher Realismus" die politische Führung „respektlos" und ohne Verstellungen durch Meinungsführer und Massenmedien über die Bevölkerung aufkläre und die Bevölkerung sich selbst in einem „Gruppenbild erkennen" lasse. Beide Autoren sehen also die methodisch kontrollierte Erhebung der Bevölkerungsmeinung als Aufklärung - nicht als Verbreitung dieser oder jener „aufklärerischen" Gedanken, sondern als objektive, gegen Vorurteile gewendete Ermittlung sozialer Realität; die Bevölkerung soll erkennen, was sie kollektiv will, und die Politik in die Lage versetzt werden, mit Rücksicht auf die Bevölkerungsmeinung zu entscheiden. Und beide Autoren konkretisieren diese für alle Demokratien gültigen Überlegungen so, dass die empirische Sozialforschung nach dem Ende der nationalsozialistischen Diktatur dazu beitragen soll, in der Bevölkerung eine Basis von Einstellungen und Verhaltensweisen für die Demokratie zu schaffen.

Dieser Impetus hat die empirische Sozialforschung bis gegen Ende der 60er Jahre bewegt. Zeitreihen politischer Einstellungen zeigen, dass zu Beginn der 60er Jahre undemokratische Einstellungen ihren Rückhalt verloren hatten und seitdem das politische Interesse und die Wertansprüche an die Politik in der Bevölkerung angestiegen sind (Meulemann 1996: 94-120). In Reaktion auf die Diagnose einer „Untertanenkultur" für das Jahr 1959 durch die Begründer der Forschungen zur „Politischen Kultur", Almond und Verba (1965), gaben die amerikanischen Politikwissenschaftler Baker, Dalton und Hildebrandt (1981) ihren Untersuchungen über die politische Entwicklung der alten Bundesrepublik bis 1975 den Titel „Germany Transformed".

Zu Beginn der 70er Jahre war die Demokratie in der alten Bundesrepublik etabliert. Die Politik musste auf das gestiegene Interesse und die gesteigerten Ansprüche der Bevölkerung reagieren; sie brauchte Informationen für eine aktive Gesellschaftspolitik, die über die Daten der amtlichen Statistik zu Bevölkerung und Wirtschaft hinausgingen. Die Entwicklung aller sozialer Lebensbereiche und das Befinden der Menschen in ihnen sollte daher „beobachtet" und diese Beobachtung auf Dauer gestellt werden. Innerhalb der Sozialwissenschaften war das die Geburtsstunde der „Sozialindikatorenbewegung" (Noll / Zapf 1994, Noll 1997), die seitdem unter dem Leitbegriff der Lebensqualität die objektiven und subjektiven Lebensbedingungen der Bevölkerung in kontinuierlichen Erhebungen wie dem „Wohlfahrts-Survey" oder dem „Sozioökonomischen Panel" erhebt und in regelmäßigen breitenwirksamen Publikationen wie dem „Datenreport" darstellt. Die akademische Sozialwissenschaft begann auf breiter Basis mit der amtlichen Statistik und mit den privatwirtschaftlichen Forschungsinstituten zu kooperieren. Die Kooperation von akademischer, amtlicher und privatwirtschaftlicher Sozialforschung ist das handfeste Indiz für den Wandel der gesellschaftspolitischen Rolle der empirischen Sozialforschung von der Re-Etablierung der Demokratie zur gesellschaftlichen Dauerbeobachtung, die ich als vierte Entwicklungstendenz betrachte.

Der Wandel der gesellschaftspolitischen Rolle hat aber den Kern der empirischen Sozialforschung nicht verändert. Nach wie vor geht es um die methodisch kontrollierte Erhebung sozialer Realitäten unabhängig von Interessen und Vorurteilen, nach wie vor geht es um *angewandte* Aufklärung – sei es zur Etablierung der Demokratie, sei es zur Selbstvergewisserung und Selbststeuerung der etablierten Demokratie.

5 Konstanz der Klientenorientierung

Die Anwendung der Aufklärung ist aber nicht auf die Gesellschaftspolitik beschränkt. Nicht nur die Politik verlangt Aufklärung über die Gesellschaft, die sich immer weiter differenziert und immer mehr Anforderungen der Steuerung stellt.[5] Auch die Organe in der Gesellschaft – Parteien und Verbände, Wirtschafts- und Kulturbetriebe, Kirchen und Gesinnungsgemeinschaften – verlangen Auskunft über ihre Umwelt, also über ihre Klienten. Auch hier soll die Beziehung zwischen Sozialsystem und Umwelt ermittelt und das Risiko ihrer Anpassung vermindert werden. Diese zweite Ebene ihrer gesellschaftlichen Einbettung aber hat die empirische Sozialforschung von Beginn an gesehen – wie die Beiträge der Weinheimer Tagung belegen. Wie die Grundproblematik der Erhebung ist auch die Klientenorientierung konstant geblieben, und das ist die fünfte Entwicklungstendenz der empirischen Sozialforschung

Die Klientenorientierung der frühen empirischen Sozialforschung springt schon in die Augen, wenn man die Titel der Vorträge betrachtet. Da ist nicht nur von der politischen Meinungsforschung, sondern auch von der Markt- und der Hörerforschung, von der Konjunkturbeobachtung, Absatzforschung, Anzeigenbeobachtung und der Zeitungsleseranalyse die Rede. Die Klientenorientierung wird aber auch in den allgemeinen Referaten deutlich. Selbst Adorno (1952: 28, 33, 37-38) erkennt an, dass die Verantwortlichen in Verbänden und Betrieben sich nicht „nachträglich dem Verdikt des Marktes unterwerfen" können, sondern vorher wissen wollen, wie „Angebot und Nachfrage sich zueinander verhalten", auch wenn er die „vielfältige Verwendbarkeit der empirischen Sozialforschung für partielle Zwecke" ihrer „Verpflichtung" auf das „demokratische Potential" unterordnet. Er stellt fest, dass die Sozialforschung aus der Marktforschung hervorgegangen ist, befürchtet allerdings, dass dem „administrativ gebundenen" „social research" die Gefahr eines Vorrangs des „Herrschaftswissens" vor dem „Bildungswissen" weiterhin innewohne. Weniger Scheu vor der Klientenorientierung zeigt Neumann (1952: 44). Er spekuliert, dass die Reichsregierung 1930 vielleicht hätte klüger reagieren können, hätte sie eine sozialwissenschaftliche Prognose über die Entwicklungschancen der Nationalsozialisten gehabt.

Einigen akademischen Vorbehalten zum Trotz war die Klientenorientierung also von Anfang an eine Selbstverständlichkeit der empirischen Sozialforschung in Deutschland. Man wusste, dass die empirische Sozialforschung Klienten bedient und sah, dass diese Be-

---
5 Der Gedanke, dass die zunehmende Komplexität der Gesellschaft immer mehr Steuerungsleistungen erfordert und die Kommunikation „zwischen oben und unten" erschwert, so dass die empirische Sozialforschung gleichsam einspringen muss, wird schon von Neumann (1952: 46, 48, 50) herausgearbeitet.

ziehung geregelt werden muss. Schon 1951 wurde deshalb über „Berufsnormen in der Marktforschung" (Kapferer 1952: 142) nachgedacht und ein „Ehrengericht" vorgeschlagen – das erst im letzten Jahr als Schiedsstelle von ADM, ASI und BVM Realität geworden ist. Das ist sicher das deutlichste Indiz für die Klientenorientierung der empirischen Sozialforschung von ihren Anfängen bis heute.

6 Gestiegene Ansprüche der Theorie

Soweit ist die Entwicklung der empirischen Sozialforschung in den letzten 50 Jahren eine Erfolgsgeschichte. Bei Konstanz der Grundprobleme der Erhebung und der Klientenorientierung sind die Detailkenntnisse über die Erhebungsverfahren und das Angebot an Analyseverfahren sowie die infrastrukturelle und technische Basis enorm angewachsen. Die empirische Sozialforschung ist heute als Instrument der Dauerbeobachtung des sozialen Wandels in der Gesamtgesellschaft wie in Betrieben und Verbänden fest etabliert. Dennoch ist sie in den letzten Jahren innerhalb des akademischen Faches unter Druck geraten. In der soziologischen Theorie weicht die herkömmliche „Multiparadigmatik" heute mehr und mehr Versuchen, das Fach auf eine einheitliche theoretische Grundlage einer „Sozialtheorie" zu stellen, die zugleich eine Grundlage aller Sozialwissenschaften – von der Psychologie bis zur Ökonomie - ist (Coleman 1990, Esser 1993). Der Anstieg der Ansprüche der Theorie an die empirische Sozialforschung ist die sechste und letzte Entwicklungstendenz, die ich betrachten möchte.

Die Sozialtheorie fußt auf einer „Metatheorie", die die Anforderungen einer „sozialen Erklärung" festlegt. Eine soziale Erklärung umfasst drei Schritte: die Wahrnehmung eines makrosozialen Tatbestands als mikrosoziale Handlungssituation durch den Akteur, die Entscheidung des Akteurs auf der Mikroebene und die Aggregation vieler mikrosozialer Entscheidungen zu einem neuen makrosozialen Tatbestand – kurz Orientierung, Selektion und Aggregation. Sie führt von einem makrosozialen Tatbestand zu einem zweiten – nicht direkt, aber über Wahrnehmung und Entscheidung des Akteurs auf der Mikroebene.

Die empirische Sozialforschung hat nun in der Regel nur den Einfluss eines makrosozialen Tatbestands auf die Situationswahrnehmung oder die Entscheidung des Akteurs untersucht. Zum Beispiel wurde in der Bildungsforschung der Einfluss der Schichtzugehörigkeit darauf untersucht, wie Eltern die Erfolgschancen ihres Kindes einschätzen und die Alternativen der Schullaufbahnen bewerten – also auf die Wahrnehmung von Kosten und Nutzen der Abschlüsse; oder es wurde der Einfluss der Schichtzugehörigkeit direkt auf die Schullaufbahnentscheidung der Eltern untersucht. Aber der Einfluss der Situationswahrnehmung des Akteurs auf die Entscheidung und die Aggregation von Entscheidungen zu einem neuen sozialen Tatbestand sind kein Thema. Gemessen an den Anforderungen einer sozialen Erklärung liefert die empirische Sozialforschung also zu wenig Information: Selektion und Aggregation bleiben unterbelichtet.

Die *Selektion* lässt sich nun mit einer Theorie der rationalen Wahl und entsprechenden Erhebungen erklären. Die Wert-Erwartungstheorie z.B. nimmt an, dass der Akteur den erwarteten Nutzen der Handlungskonsequenzen verschiedener Handlungsalternativen berechnet und die Alternative mit dem höchsten erwarteten Nutzen wählt (Ajzen 1988). Die Handlungsalternativen und Handlungskonsequenzen ergeben sich aus der Situationswahrnehmung des Akteurs. Wenn sie empirisch erhoben sind, kann die Selektion erklärt werden.

Immer noch angewandte Aufklärung

Sozialforschung

```
Makro   Sozialer Tatbestand                      Sozialer Tatbestand
                                                         ▲
            Orientierung                            Aggregation
                   ▲
Mikro       Wahrnehmung          ▶    Entscheidung
                        Selektion
```

Erhebungsformen der empirischen Sozialforschung

```
Makro   Sozialer Tatbestand



                   ▲                       ▲
Mikro       Wahrnehmung              Entscheidung
```

Beispiel: Bildungsforschung

```
Makro   Schichtzugehörigkeit



                   ▲                       ▲
Mikro     Kosten und Nutzung         Schullaufbahn-
           eines Abschlusses          entscheidung
```

Schema 1: Die Metatheorien einer soziologischen Erklärung und die empirische Sozialforschung

Schwieriger ist die Untersuchung der *Aggregation*. Die Aggregation ist ein sozialer Prozess, in dem die Mitglieder einer Gruppe ihre Entscheidungen an den schon getroffenen Entscheidungen anderer Mitglieder orientieren; sie beruht auf Interdependenzen zwischen den Mitgliedern und ist Gegenstand der Theorie des kollektiven Handelns (Olson 1965; Schelling 1978; Coleman 1990). Der empirische Sozialforschung fällt es nun schwer, diesen Prozess nachzuzeichnen. Sie erhebt in der Regel Querschnitte zu einem Zeitpunkt und setzt deshalb die Summierung an die Stelle der Aggregation.

Nun gibt es gewiss soziale Tatbestände, die als punktuelle Summierung individueller Entscheidungen entstehen: Die Einschaltquoten beim Fernsehen sind hier ein Beispiel; selbst wenn manche das Fußballspiel anschauen, um im Betrieb mitreden zu können – die meisten entscheiden sich zur gleichen Zeit allein vor ihrem Gerät nach Laune, Interesse und Gewohnheit. Ebenso verlangt bei der politischen Wahl die Norm der Gleichheit – ein

Mann, eine Stimme – die Summierung der Stimmen. Aber oft reagieren die Individuen mit ihren Entscheidungen auf die Entscheidungen anderer. Bei der politischen Wahl ist die Fünf-Prozent-Klausel Ansatzpunkt für interdependentes Handeln: Wer außer Gesinnungsmissionaren wählt schon eine Partei, die mit Sicherheit an der Fünf-Prozent-Hürde scheitert? Noch deutlicher wird die Interdependenz bei Entscheidungen, die langfristig heranreifen, wie der Schullaufbahnentscheidung der Eltern für ihre Kinder. Vom ersten Schuljahr bis zur Entscheidung über eine weiterführende Schule orientieren die Eltern sich aneinander, so dass die sozialen Netzwerke und das Prestigegefälle unter ihnen die Entscheidung mitbestimmen. Oder sie sagen sich: Unser Kind braucht nur Abitur, wenn fast alle Klassenkameraden Abitur haben, machen also ihre Entscheidung von einem vorgegebenen Schwellenwert abhängig, der wiederum den Schwellenwert für die Entscheidung anderer Eltern bestimmt.

Die Aggregation wird also von sozialen Netzwerken gesteuert. Aber auch diese Netzwerke nachzuzeichnen, fällt der empirischen Sozialforschung schwer. Wie die Summierung an die Stelle der Aggregation, so setzt sie den distributiven an die Stelle des relationalen Begriffs der Sozialstruktur. Der distributive Strukturbegriff erfasst die Verteilung individueller Eigenschaften in Gruppen mit statistischen Kennziffern - etwa der Arbeiteranteil an den Erwerbstätigen; der relationale Strukturbegriff erfasst das Netzwerk einer spezifischen Beziehungsform zwischen Mitgliedern einer Gruppe – etwa die Einladungen unter den Mitgliedern einer Gemeinde. Die empirische Sozialforschung untersucht nun viel häufiger Eigenschaften, die ein Individuum hat, als Relationen, in denen es mit anderen Individuen steht. Wenn sie Netzwerke erhebt, dann meistens „egozentrierte Netzwerke", die von einer Befragungsperson ausgehen und keine Verbindung mit anderen Befragungspersonen herstellen – und nur selten „Gesamtnetzwerke", die die Struktur einer Gruppe als die Summe der Beziehungen unter den Mitgliedern erfassen (Jansen 1999: 63-73). Sie sammelt „Ein-Personen-Daten", aber sie schafft keine „Mehr-Personen-Dateien".

Wenn die empirische Sozialforschung allerdings versucht, Prozesse der Aggregation nachzuzeichnen, kann sie zur Erklärung *der Genese* sozialer Strukturen und Mentalitäten beitragen. Auch das ist nicht allein ein akademisches, sondern ein praktisches Ziel. Wie eine Dreivariablenanalyse für richtige Handlungsanweisungen zur Manipulation des Zusammenhangs zwischen zwei Variablen erforderlich ist, so ist auch eine vollständige Erklärung notwendig, wenn man soziale Entwicklungen wie den Anstieg der Bildungsbeteiligung nicht nur beschreiben, sondern auch – wie Weber sagte – verstehen und dadurch kausal erklären will. Und was für die Bildungsbeteiligung gilt, gilt auch für Entwicklungen in anderen Lebensbereichen – sei es der Mitgliederschwund der Gewerkschaften, die wachsende Partei der Nichtwähler, die Ausbreitung nichtehelicher Lebensgemeinschaften oder das zunehmende Interesse für Risikosportarten.

7 Aussicht: Der lange Schatten der Theorie und der notwendige Fortschritt der Routine

Die Anforderungen der Theorie werfen einen langen Schatten in die Zukunft der empirischen Sozialforschung. Dennoch ergeben sich aus ihnen auch Vorgaben für die Entwicklung der empirischen Sozialforschung, von denen ich drei erwähnen will.

Erstens bietet die Theorie der rationalen Wahl ein allgemeines Prinzip, die bunte Vielfalt sozialer Entscheidungen - in Bildung und Beruf, Konsum und Politik, Partnerschaft und Freundschaft - zu erklären und als individuelles Handlungskalkül in großen Bevölkerungsquerschnitten zu erfragen (Blossfeld / Prein 1998). So wird zwar die Selektion auf der Mikroebene nachgezeichnet, aber die Aggregation wird nach wie vor als Summierung gedacht. *Zweitens* erlaubt das statistische Verfahren der hierarchischen Regression (Bryk / Raudenbush 1992) eine Mehrebenenanalyse von Personen und Sozialsystemen. Zuerst werden Gesetze für Personen in mehreren Sozialsystemen berechnet und dann werden die Parameter dieser Gesetze durch andere Systemmerkmale erklärt. Die Zahl freiwilliger Mitgliedschaften in Organisationen z.B. wird durch Bildung, Alter, Familienstand und Religionszugehörigkeit von Individuen erklärt – und zwar innerhalb einer Vielzahl von Ländern. Die um die individuellen Einflüsse bereinigte durchschnittliche Mitgliedschaft in jedem Land wird dann durch Ländermerkmale, wie ökonomischer Fortschritt, religiöse Tradition und Kontinuität der Demokratie erklärt (Curtis u.a. 2001). Aber auch hier wird die Aggregation als Summierung gedacht. Entscheidend ist es also, die relationalen Strukturen zu erfassen, so dass man die Prozesse nachzeichnen kann, die von ihnen gesteuert werden. Dann aber muss man *drittens* Gesamtnetzwerke über eine oder mehrere Beziehungsformen – etwa Freundschaften oder Mitgliedschaften – erheben, also „Mehr-Personen-Dateien" konstruieren, und zeigen, wie sie die individuellen Entscheidungen zu einem neuen sozialen Tatbestand zusammenfügen.

Die Anforderungen der Theorie bilden ein langfristiges Programm. Sie führen über die zuerst erwähnten fünf Entwicklungslinien hinaus; aber sie setzen voraus, dass die bisherige Erfolgsgeschichte der empirischen Sozialforschung weitergeführt wird. Wenn die empirische Sozialforschung Informationen zur Selbstvergewisserung und Selbststeuerung der Gesellschaft liefert, muss sie auch weiterhin Meinungen, Einstellungen und Entscheidungen summieren und mit dem distributiven Strukturbegriff arbeiten. Wie verhalten sich die Häufigkeiten von nichtehelichen Lebensgemeinschaften, Ehen und Scheidungen zu einander? Warum gehen die Leute immer seltener in die Kirche? Wächst die Partei der Nichtwähler? Wer geht ins Stadttheater? Warum wechseln Mercedes und BMW sich als führende Marke der PKW-Oberklasse ab? Solche Fragen können nicht ohne die bisherigen Routinen der empirischen Sozialforschung geklärt werden. Die Routinen müssen sich entlang der skizzierten Entwicklungslinien verfeinern. Die empirische Sozialforschung sollte ihre Erhebungstechniken ausbauen und das Angebot multivariater Analyseverfahren nicht nur für die Reduktion von Variablenmengen, sondern auch für die Erklärung von sozialen Tatbeständen anwenden. Denn die wachsende Differenzierung der Gesellschaft insgesamt und ihrer Lebensbereiche erfordert nicht nur genauere Informationen, sondern auch Erklärungen, wie soziale Tatbestände zustande kommen und wie sie sich wandeln. Mit diesem Ziel wird die empirische Sozialforschung auch weiterhin angewandte Aufklärung bleiben.

Literatur

Adorno, Theodor W., 1952. Zur gegenwärtigen Situation der empirischen Sozialforschung in Deutschland. 27-40 in: Institut zur Förderung der öffentlichen Angelegenheiten (Hg.), a.a.O.

Ajzen, Icek, 1988. Understanding Attitudes and Predicting Social Behavior. Englewood Cliffs, NJ: Prentice Hall

Almond, Gabriel A. / Verba, Sidney, 1965. The Civic Culture. Boston: Little, Brown and Company

Andreß, Hans-Jürgen / Hagenaars, Jacques A. / Kühnel, Steffen-M., 1997. Analyse von Tabellen und kategorialen Daten. Log-lineare Modellen, latente Klassenanalyse, logistische Regression und GSK-Ansatz. Berlin usw.: Springer

Arbeitskreis Deutscher Markt- und Sozialforschungsinstitute e.V.(ADM), 2001. Standards zur Qualitätssicherung für Online-Befragungen. Frankfurt

Baker, Kendall L. / Dalton, Russell J. / Hildebrandt, Kai, 1981. Germany Transformed. Cambridge: Harvard University Press

Blasius. Jörg, 2001. Korrespondenzanalyse. Opladen: Leske + Budrich

Blossfeld, Peter / Prein, Gerald (Hg.), 1998. Rational Choice Theory and Large-Scale Data Analysis. Boulder, Colorado: Westview Press

Borg, Ingwer / Mohler, Peter Ph. (Hg.), 1994. Trends and Perspectives in Empirical Social Research. Berlin: de Gruyter

Borg, Ingwer / Staufenbiel, Thomas, 1997. Theorien und Methoden der Skalierung. Eine Einführung. Dritte, überarbeitete Auflage. Bern: Huber

Bryk, Anthony S. / Raudenbush, Stephen W., 1992. Hierarchical Linear Models. Applications and Data Analysis Method. Newbury Park etc.: Sage

Coleman, James S., 1990. Foundations of Social Theory. Cambridge: Harvard University Press

Curtis, James E. / Baer, Douglas E. / Grabb, Edward G., 2001. Nations of Joiners: Explaining Voluntary Association Membership in Democratic Societies. *American Sociological Review* 66: 783-805

Diekmann, Andreas, 1995. Empirische Sozialforschung. Grundlagen, Methoden, Anwendungen. Reinbek bei Hamburg: Rowohlt

Esser, Hartmut, 1993. Soziologie: Allgemeine Grundlagen. Frankfurt: Campus

Faulbaum, Frank / Bentler, Peter M., 1994. Causal Modeling: Some trends and Perspectives. 224-249 in Borg / Mohler (Hg.), a.a.O.

Friedeburg, Ludwig von, 1952. Zur Frage der Verweigerungen bei Umfragen mit Quoten-Stichproben. 190-194 in: Institut zur Förderung der öffentlichen Angelegenheiten (Hg.), a.a.O.

Fuchs, Marek, 1994. Umfrageforschung mit Telefon und Computer. Weinheim:Beltz. Psychologie Verlags Union

Institut zur Förderung der öffentlichen Angelegenheiten (Hg.), 1952. Empirische Sozialforschung. Frankfurt: Selbstverlag

Jansen, Dorothea, 1999. Einführung in die Netzwerkanalyse. Opladen: Leske + Budrich

Jagodzinski, Wolfgang, 2001. Der Beitrag des Zentralarchivs zu einer guten empirischen Sozialforschung. *ZA-Informationen* 48: 6-13

Jetter, Ulrich, 1952. Einige zusätzliche Bemerkungen über Wert und Grenzen repräsentativer Auswahlmethoden. 117-126 in: Institut zur Förderung der öffentlichen Angelegenheiten (Hg.), a.a.O.

Kapferer, Chlodwig, 1952. Berufsnormen in der Marktforschung. 138-141 in: Institut zur Förderung der öffentlichen Angelegenheiten (Hg.), a.a.O.

Kellerer, Hans, 1952. Wesen, Wert und Grenzen des Stichprobenverfahrens in der empirischen Sozialforschung. 103-116 in: Institut zur Förderung der öffentlichen Angelegenheiten (Hg.), a.a.O.

Kohli, Martin u.a., 2000. Generationsbeziehungen. 176-211 in: Kohli, Martin / Kühnemund, Harald (Hg.). Die zweite Lebenshälfte. Opladen: Leske + Budrich

Kuckartz, Udo, 1994. Textanalysesysteme für die Sozialwissenschaften. Stuttgart: Fischer
Kühnel, Steffen-M. / Krebs, Dagmar, 2001. Statistik für die Sozialwissenschaften. Reinbek bei Hamburg. Rowohlt
Li, Ching Chun, 1975. Path Analysis – a primer. Pacific Grove, Cal.: Boxwood
Maier, Gunther / Weiss, Peter, 1990. Modelle diskreter Entscheidungen. Theorie und Anwendungen in den Sozial- und Wirtschaftswissenschaften. Wien: Springer
Meulemann, Heiner, 1996. Werte und Wertewandel. Zur Identität einer geteilten und wieder vereinten Nation. Weinheim: Beltz
Meulemann, Heiner, 2000. Quantitative Methoden: Von der standardisierten Befragung zur kausalen Erklärung. 217-230 in: Münch, Richard / Jauß, Claudia / Stark, Carsten (Hg.). Soziologie 2000. Sonderheft 5 der Soziologischen Revue. München: Oldenbourg
Neumann, Erich Peter, 1952. Politische und soziale Meinungsforschung in Deutschland. 44-51 in: Institut zur Förderung der öffentlichen Angelegenheiten (Hg.), a.a.O.
Noelle-Neumann, Elisabeth, 1963. Umfragen in der Massengesellschaft. Reinbek bei Hamburg. Rowohlt
Noelle-Neumann, Elisabeth / Piel, Edgar (Hg.), 1983. Eine Generation später – Bundesrepublik Deutschland 1953-1979. München: Saur
Noelle-Neumann, Elisabeth / Petersen, Thomas, 2000. Alle, nicht jeder. Einführung in die Methoden der Demoskopie. Dritte Auflage. Berlin: Springer
Noll, Heinz-Herbert, 1997. Sozialberichterstattung in Deutschland, Weinheim: Beltz
Noll, Heinz-Herbert / Zapf, Wolfgang, 1994. Social Indicators Research. 1-16 in Borg / Mohler (Hg.), a.a.O.
Olson, Mancur, 1965. The Logic of collective Action. Cambridge: Cambridge University Press
Schelling, Thomas C., 1978. Micromotives and Macrobehavior. New York – London: Norton
Schnell, Rainer, 1997. Nonresponse in Bevölkerungsbefragungen. Opladen: Leske + Budrich
Schnell, Rainer / Hill, Paul B. / Esser, Elke, 1999. Methoden der empirischen Sozialforschung, 6.Auflage München: Oldenbourg
Stackelberg, Karl von, 1952. Die Frage und ihre Formulierung. 172-177 in: Institut zur Förderung der öffentlichen Angelegenheiten (Hg.), a.a.O.
Weisker, Jürgen, 1952. Der Interviewer und das Interview in Repräsentativerhebungen. 181-190 in: Institut zur Förderung der öffentlichen Angelegenheiten (Hg.), a.a.O.
Zarn, Gerhard, 1952. Über die Aufstellung von Verschlüsselungslisten. 195-197 in: Institut zur Förderung der öffentlichen Angelegenheiten (Hg.), a.a.O.

Added Value durch Umfrageforschung

Klaus L. Wübbenhorst

50 Jahre nach Weinheim ist die Marktforschung erwachsen geworden und sozusagen im besten Alter. In ihrem bisherigen Leben hat sich die Marktforschung wandlungs- und entwicklungsfähig gezeigt und eine deutliche Transformation vom Datenlieferanten zum Unterstützer von marktorientierten Entscheidungsprozessen durchgeführt. Added Value durch Marktforschung ist keine Frage, sondern eine selbstbewusste Aussage mit Ausrufezeichen.

Der nachfolgende Beitrag soll zeigen, dass die Umfrageforschung als ein Teil der privatwirtschaftlich organisierten Marktforschung eine „Must Have" Information für die Entscheider ist, ohne deren Inanspruchnahme es zu Fehlallokationen zeitlicher, personeller und monetärer Natur kommen kann.

Aus Sicht der GfK Gruppe werden dabei zunächst die Wurzel und die Entwicklung des Unternehmens und die Schwerpunkt des Angebotes beschrieben und ein Beispiel zur Untermauerung des Anspruches gegeben.

1 Wurzeln und Entwicklung der GfK

Im Jahre 2001 blickt die GfK Gruppe auf eine Jahrzehnte lange Tradition zurück. Als Vorläufer des heutigen Unternehmens wurde bereits im Jahr 1925 an der Hindenburg-Handelshochschule Nürnberg, der Vorläuferin der Wirtschafts- und Sozialwissenschaftlichen Fakultät an der Friedrich-Alexander-Universität Erlangen-Nürnberg, von Prof. Dr. Wilhelm Vershofen das „Institut für Wirtschafsbeobachtung der deutschen Fertigware" gegründet.

Schnell wurde klar, dass die Zielsetzung – nämlich die Erforschung des Verbraucherverhaltens – mittels sekundärstatistischer Analysen allein nicht zufriedenstellend zu beantworten war. Der Verbraucher war damit schon damals nicht nur Erkenntnisobjekt, sondern eben auch Erkenntnissubjekt. Einfach gesagt: um zu wissen oder zu prognostizieren, was der Verbraucher will, muß man ihn befragen.

Dennoch dauerte es weitere zehn Jahre, bis das Start Up Unternehmen „GfK" aus der Taufe gehoben wurde. Es ist das große Verdienst von Prof. Vershofen, genügend „Seed Capital" beschafft zu haben, um 1935 die „GfK" zu gründen.

Neben Prof. Vershofen war die Industrie – und hier ist vor allem das damalige Vorstandsmitglied der IG Farben, Konsul Wilhelm R. Mann, zu nennen – die treibende Kraft für diese Neugründung. Vor allem die Großindustrie hatte den direkten Kontakt zum Verbraucher verloren. Spätestens die Krise der zwanziger Jahre des vorigen Jahrhunderts machte deutlich, dass es nicht mehr genügte, zu produzieren und der Markt die Produkte schon abnehmen werde. Die einzigen Informationen über den Verbraucher damals waren Berichte der Reisenden. Und die waren natürlich gefärbt. Neutrale, objektive, schlicht: bessere Informationen waren für die Unternehmensleitung erforderlich, um das Geschäft erfolgreich zu steuern. Der Wunsch nach qualitativ hochwertigen Business Information stand also am Anfang der Marktforschung und ist seitdem der Kern- und Angelpunkt geblieben.

Mit Unterstützung der Industrie wurde also ein Institut aus der Taufe gehoben, das die Aufgabe hatte, mittels eines Außendienstes - eines so genannten Korrespondentennetzes - Primärdaten zu erheben.

Diese Korrespondenten führten schon damals Umfragen durch, jedoch in völlig anderer Form als heute: noch nicht repräsentativ, nicht strukturiert. Es wurden mehr oder wenig zufällig eingesammelte Verbraucherstimmen ausgewertet. Die Berichte lesen sich wie Aufsätze. Zahlen sind nur wenige enthalten.

Aus diesen Wurzeln hat sich das Start Up-Unternehmen zu einem globalen Marktforschungskonzern entwickelt, das im Jahre 2001 als ein im M-DAX notiertes Unternehmen knapp 5000 fest angestellte Marktforscher beschäftigt und mit einem Umsatz von mehr als 530 Millionen EUR in über 50 Ländern der Erde erfolgreich tätig ist.

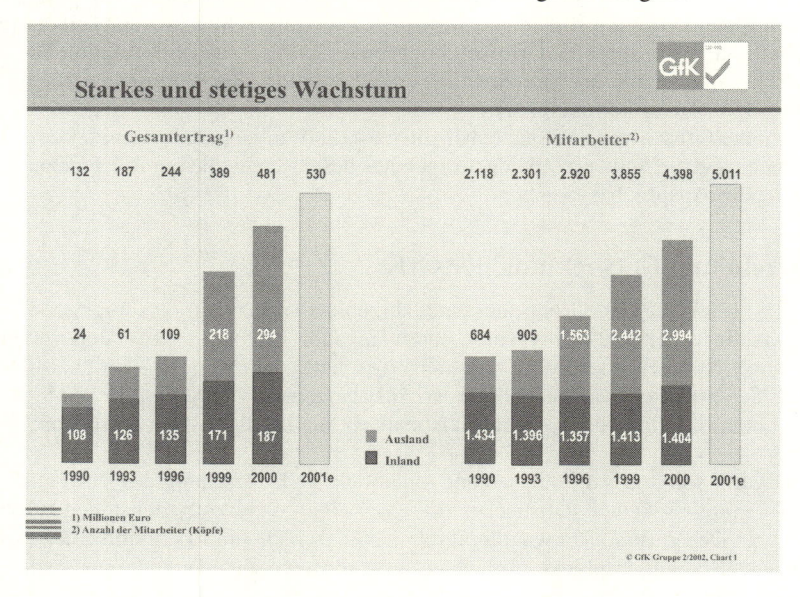

Abb. 1: Starkes und kontinuierliches Wachstum 1990-2001

Der Slogan „GfK. Growth from Knowledge" soll verdeutlichen, dass die Marktforschung „added value" liefert in einem Netzwerk aus Kunden, Mitarbeitern, Aktionären und der allgemeinen Öffentlichkeit.

Marktforschung bzw. Business Information Services liefern dabei das grundlegende Wissen, das Industrie, Handel, Dienstleistungen und Medien der „Alten" und der „Neuen" Ökonomie benötigen, um ihre Marktentscheidungen zu treffen.

2 Schwerpunkte des Angebotes

Als Marktführer in Deutschland, Europas Nummer vier und weltweit auf Platz 7 der Anbieter von Marktforschungsdienstleistungen will die GfK Gruppe attraktive Renditen er-

Added Value durch Umfrageforschung 105

zielen, dynamisch und global wachsen und im Konzert der Anbieter von Business Information Services eine noch bedeutendere Rolle spielen.

Die dazu notwendigen strategischen Bausteine sind eine konsequente internationale Expansion, die Umwandlung von Minderheits- in Mehrheitsbeteiligungen, die Entwicklung neuer Produkte und den Eintritt in neue Märkte, sowie die Nutzung der Chancen von Internet und e-commerce.

Die GfK Gruppe bietet ihre Dienstleistungen in vier einander ergänzenden Geschäftsfeldern an.

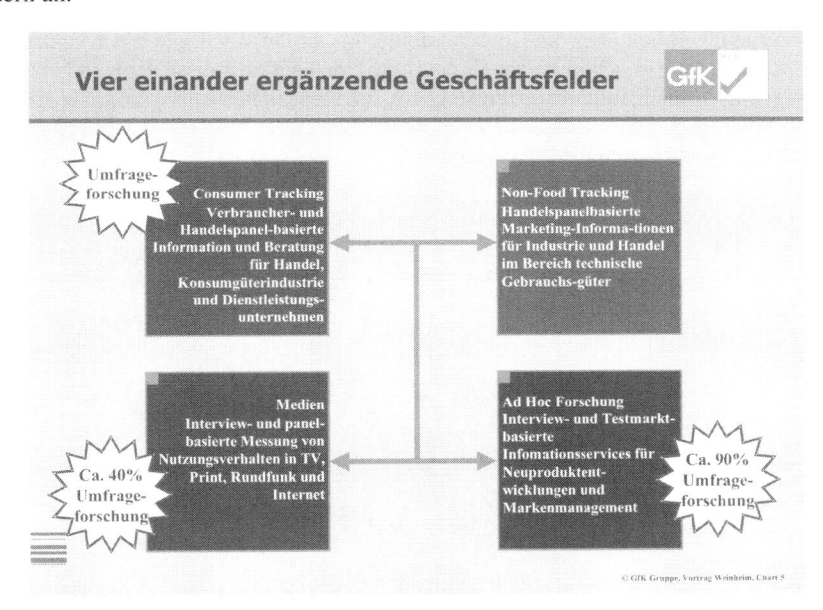

Abb. 2: Geschäftsfelder

- *Consumer Tracking*
  bietet regelmäßig wiederholte Befragungen von Verbraucherhaushalten und Einzelpersonen für nahezu alle Güter des täglichen Bedarfs. Zum Einsatz kommen heute in den meisten Ländern sogenannte Electronic Diaries, die die klassische Methode der Tagebücher abgelöst haben. Produkte ohne Artikelcodes (EAN) werden schriftlich oder über das Internet erhoben. Im Kern handelt es sich damit also um eine Art Umfrageforschung bei einem fest definierten und möglichst konstanten Personenkreis.
- *Non-Food Tracking*
  beschreibt regelmäßig wiederholte Erhebungen des Absatzes von technischen Gebrauchsgütern am Point of Sale, d.h. in den Verkaufsstätten. Non-Food Tracking bedient sich (mit der Ausnahme von Handelsumfragen) keiner Umfrageforschung.
- *Medien*
  beinhaltet die interview- und panelbasierte Messung des Nutzungsverhaltens bei TV, Print, Rundfunk und Internet. So wird z.B. im Fernsehpanel das Fernsehnutzungsverhalten eines nach statistischen Methoden ausgewählten repräsentativen Kreises von

Haushalten ermittelt. Ca. 40 % der Aktivitäten dieses Geschäftsfeldes ist als Umfrageforschung zu charakterisieren.
- *Ad Hoc Forschung*
ist die systematische, empirische Untersuchungstätigkeit bei Personen oder Personengruppen mittels CATI (computer aided telephone interviewing), CAPI (computer aided personal interviewing), CAWI (computer aided web interviewing) sowie mit deutlich abnehmender Tendenz klassische Umfragen mit Papier und Bleistift. In diesem Geschäftsfeld sind ca. 90 % der Aktivitäten als Umfrageforschung gekennzeichnet.

Dieser kurze Überblick über die Geschäftsfelder macht die Wichtigkeit der Umfrageforschung für die Marktforschung mehr als deutlich. Um die Bedürfnisse der Kunden optimal befriedigen zu können, müssen die entsprechenden Kapazitäten international vorgehalten werden. Beispielsweise verfügte die GfK Gruppe europaweit über etwa 14250 Interviewer und 120 Moderatoren für Fokusgruppen.

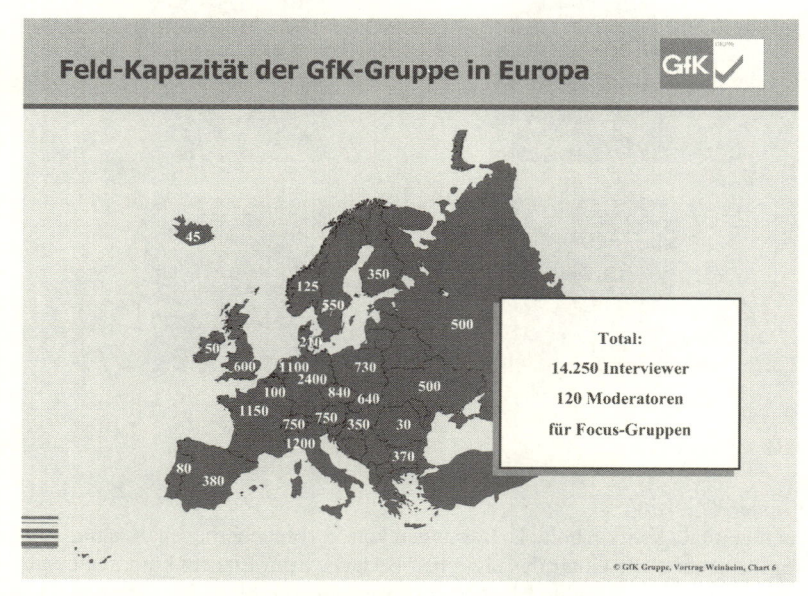

Abb. 3: Feldkapazität der GfK Gruppe in Europa

Der technologische Fortschritt hat die Einsatzmöglichkeiten der Umfrageforschung deutlich erweitert. So ermöglicht die CAPI-Technik (Interviews mit Hilfe von Laptop- Computern) den Einsatz von Abbildungen und Sound. CATI mit Autodialing überlässt das Anwählen des / der Interviewten einem Computer. Ist die Leitung besetzt oder wird nicht abgehoben, so wird das Anwählen automatisch bis zu 99 mal wiederholt. Erst wenn abgehoben wird, wird das Gespräch automatisch zum Interviewer oder zur Interviewerin durchgestellt. In beiden Formen führt die Computerunterstützung darüber hinaus dazu, dass Filterfehler zuverlässig ausgeschlossen werden. Die Interviews können schneller durchgeführt und ausgewertet werden und haben eine höhere Qualität. Die dazu notwendige Investition in Technologie und Software hat die Anforderungen in der Branche deutlich geändert. Durch die gestiegene Kapitalintensität ergeben sich die Notwendigkeit einer Auslastungsplanung und z.b. auch die institutsübergreifende Nutzung der Kapazität.

Die Erfüllung der Kundenwünsche ist nur durch immer komplexere Auswertungsformen möglich. Modelle und Datenfusion sind nur zwei Stichpunkte für komplexe Auswertungsverfahren, die eingesetzt werden, um Fragen von Kunden nach der Wirksamkeit ihres Marketingmix oder einzelner Teile zu beantworten. Auch solche methodischen Entwicklungen machen aufgrund ihrer Komplexität zum Teil erhebliche Investments erforderlich.

3 Beispiel Odol med 3

Die Fallstudie Odol med 3 zeigt, wie durch ein am Verbrauchernutzen orientiertes Positioning und einer konsequenter Markenführung aus einer unbedeutenden Zahncreme eine erfolgreiche Marke entsteht.

Die Rolle der GfK Gruppe bestand in der Unterstützung des Projektes in der Anfangsphase des Produktlebenszyklus sowie beim Relaunch und hier konkret in der Hilfe bei der Abschätzung des Markterfolgs vor der Markteinführung und in der Abwägung der Wirksamkeit unterschiedlicher Werbekonzepte.

Bekanntlich sind ja nur 50 Prozent der Werbeausgaben richtig allokiert. Die Kunst besteht darin, diese richtigen 50 Prozent zu bestimmen.

In dem aus dem Jahr 1987 stammenden Beispiel wurde der Zahncreme-Markt mit knapp 45 Millionen EUR beworben, davon z.B. mehr als 7 Millionen EUR für Blend-a-med und mehr als 6 Millionen EUR für Signal. Dies waren für die damalige Zeit ganz erhebliche Etats.

In der Ausgangssituation war Odol zwar im Mundwasser-Markt souveräner Marktführer mit einem Marktanteil von 65 %, hatte aber mit einem Marktanteil von weniger als einem Prozent nahezu keine Bedeutung im Zahncreme-Markt. Dieser Markt gliederte sich in die medizinischen und ein kleines Segment der kosmetischen Zahncremes. Die medizinischen Zahncremes wiederum traten als Spezialisten auf, die gegen Zahnstein oder Parodontose oder Karies vorgingen. Keine Zahncreme bot sich als Lösung für alle drei Probleme an. Die Analysen ergaben als Positionierungsempfehlung die glaubwürdige und hochwertige All-in-one-Zahncreme.

Zur Produkteinführung sollte u.a. ein geeigneter Fernsehspot Verwendung finden. Das zu entscheidende Problem bestand konkret in der Auswahl zwischen zwei Werbefilmen, die in einer „Rough-Version" konzipiert waren. Durch den Test von Rough-Spots ist es möglich, Zeit und Geld in erheblichem Maße zu sparen, die für die Erstellung der endgültigen Version benötigt werden.

Beide Entwürfe zeigten im Grunde die gleiche Geschichte. Der wesentliche Unterschied lag vor allem in der Produktpräsentation. Der Film „Mund" zeigt das Produkt eher in einer traditionellen Form. Der alternative Film „Laser" unterscheidet sich vor allem dadurch, dass der Markenname mit einer Art Laser geschrieben wird. Dadurch bleibt er besser im Gedächtnis (höhere Durchsetzungsfähigkeit), während die motivationale Schubkraft (Relevanz der Story) gleich ist.

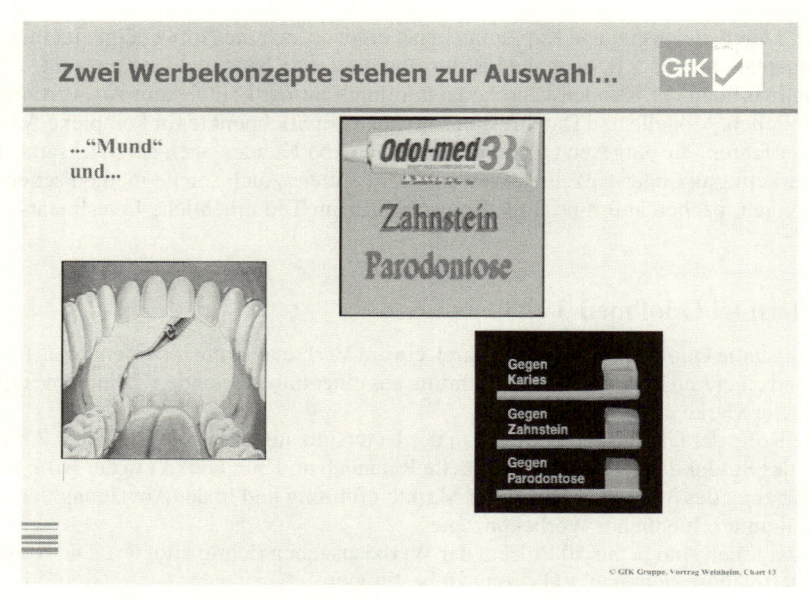

Abb. 4: Werbekonzept „Mund"

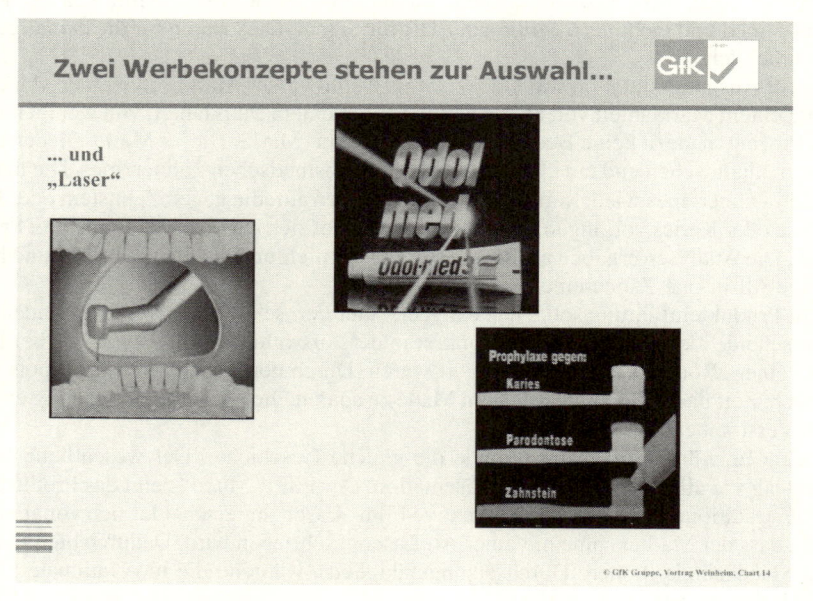

Abb. 5: Werbekonzept „Laser"

Die Bewertung der beiden Werbekonzepte erfolgte mit dem GfK-Instrument AD*VANTAGE/ACT. Bei AD*VANTAGE/ACT handelt es sich um einen standardisier-

Added Value durch Umfrageforschung 109

ten Studiotest. Der Testzweck wird insofern verschleiert, als offiziell zum Test des Vorabendprogramms und nicht zum Test der Werbespots eingeladen wird. Dies geschieht, damit die Testsituation möglichst der natürlichen Situation entspricht.

Welches Werbekonzept verspricht den größten Erfolg? Test mit AD*VANTAGE / ACT

Studiotest mit mindestens 125 Testpersonen
Einladung: Es geht um Vorabendprogramm im TV

1. Eingangsinterview (u.a. bevorzugte Marke)
2. Vorabendprogramm
   Kurzfilm
   Werbung (T-K-T-K-T-K-T)
   Kurzfilm
3. Fragen zum Programm
4. Memoryspiel ← Durchsetzungsvermögen   Motivationale Schubkraft
5. Vorabendprogramm
   Kurzfilm
   Werbung (T- T - T - T)
6. Lotteriespiel: Welche Marken sollen in den Gewinnkorb?
7. Diagnostische Fragen

T = Testspot
K = Kontrollspot

© GfK Gruppe, Vortrag Weinheim, Chart 15

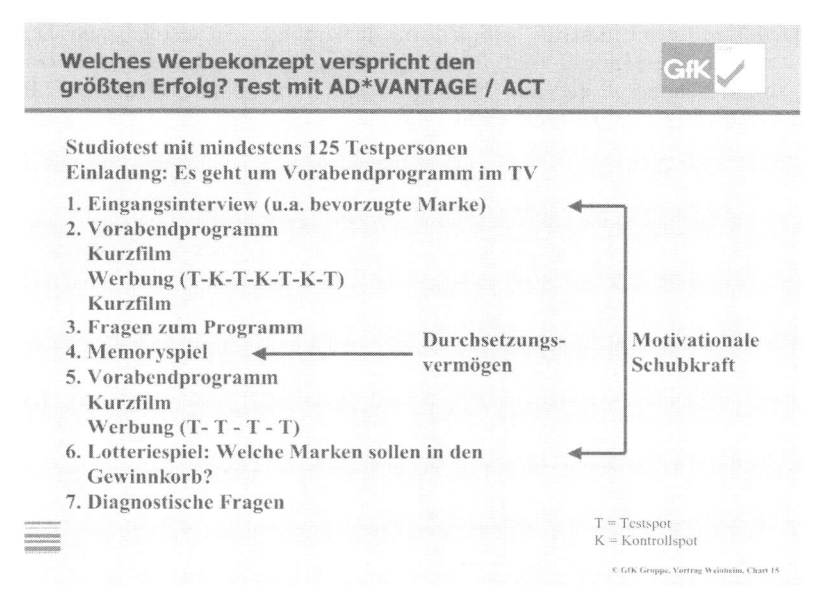

Abb. 6: Ablauf Test mit AD*VANTAGE

Im ersten Werbeblock des Programms läuft jeweils nach einem Testspot ein Kontrollspot mit einem durchschnittlichen Durchsetzungsvermögen (siehe Schritt 2). Dadurch wird durch einen sehr starken Testspot zuvor oder danach der zu testende Testspot nicht benachteiligt, da die Aufmerksamkeit durch den Kontrollspot wieder auf ein übliches Maß zurück geht.

Nach dem ersten Werbeblock wird ein Kurzfilm gezeigt. Anschließend erfolgen Fragen zum Programm. Beide Teile haben eine Dauer von insgesamt etwa zwanzig Minuten. Neben der Verschleierung des Testzwecks dienen sie auch dem Ziel, das absolute Kurzzeitgedächtnis auszuwischen (siehe Schritt 3). Erst danach wird gefragt, welcher Werbefilm noch in Erinnerung ist. Dieser Anteil ergibt die erste quantitative Messgröße, das sogenannte Durchsetzungsvermögen.

Die zweite quantitative Größe, die motivationale Schubkraft ergibt sich als Anteil derjenigen, die bei der Eingangsfrage das beworbene Produkt nicht bevorzugen, jedoch bei dem sich anschließenden Lotteriespiel (siehe Schritt 4).

Weil der Test standardisiert ist, können die Ergebnisse in einer Datenbank abgelegt werden. Dadurch besteht die Möglichkeit, einen speziellen Zahncremespot mit Dutzenden von anderen, bereits früher getesteten Spots in der gleichen Warengruppe zu vergleichen.

Unterstützt durch diagnostische Fragen (siehe Schritt 7) wurden folgende Schlüsse gezogen:

Beide Werbefilme sind bezüglich der motivationalen Schubkraft gleich. Da sie die gleiche Story haben, ist dies auch nicht verwunderlich. Im Vergleich zur Datenbank zeigt sich auch, dass der absolute Wert sehr hoch ist. Die Story vermag den Verbraucher zu überzeugen. Der Spot „Mund" wurde im Endeffekt aber nur unterdurchschnittlich mit der Marke Odol med 3 in Erinnerung gebracht, hat demzufolge kein ausreichendes Durchsetzungsvermögen. Der Spot „Laser" überzeugte demgegenüber sowohl durch eine hohe motivationale Schubkraft als auch durch ein hohes Durchsetzungsvermögen, stellt also zudem das Produkt eindrucksvoll heraus.

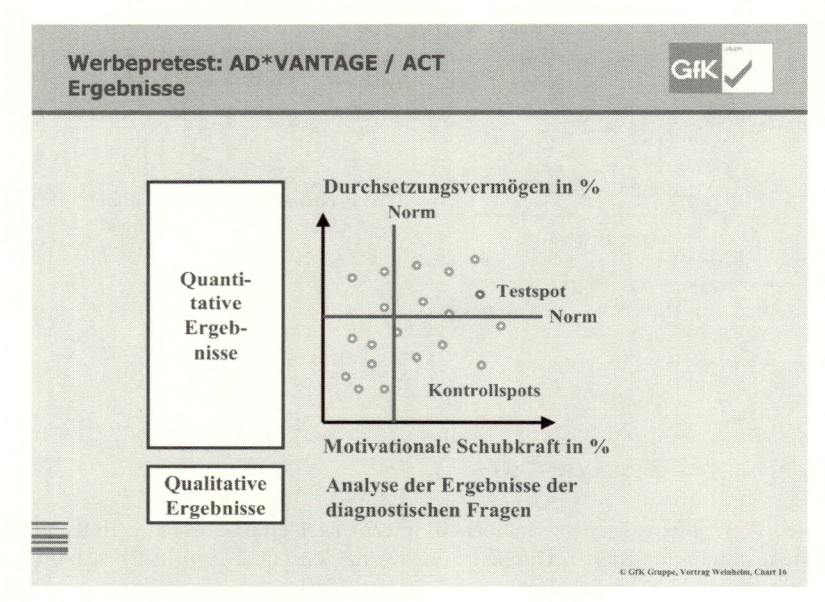

Abb. 7: Ergebnisse AD*VANTAGE

Das Ergebnis war somit eindeutig. „Laser" ist ein hervorragend geeigneter Werbefilm.

Die Erfolgsgeschichte von Odol med 3 konnte beginnen. Nach weiteren Tests im Mikrotestmarkt GfK BehaviorScan wurde das Produkt mit einem Preis, der um 20 Prozent über dem Preis der marktanteilsstärksten Marken lag, eingeführt. Bereits drei Jahre nach der Einführung konnte Odol med 3 einen Marktanteil von 6,9 Prozent erreichen. Das gesetzte Ziel eines Marktanteiles von 5 Prozent wurde deutlich übertroffen.

Die Erfolgsstory wird „rund" und der Beitrag der Merkforschung deutlich, wenn man die Kosten betrachtet. Mit einem Aufwand von ca. 15 000 EUR für das Testen der Spots wurde eine Werbekampagne von 5 Millionen EUR optimiert, eben „added value".

Dieses erste Kapitel der Geschichte von Odol med 3 dauerte bis ungefähr 1995. Dann nahmen die Zuwächse für Odol med 3 deutlich ab. Doch die Erfolgsstory konnte wiederholt werden: Der Zusatznutzen „weiße Zähne" war bislang den kosmetischen Zahncremes vorbehalten. „Odol med 3 samtweiß" integrierte auch diesen Nutzen, indem es als Benefit „gesunde und weiße Zähne" herausstellte. Aus Zeitgründen wurde dieses Neuprodukt im Testmarktsimulationsinstrument „TeSi" getestet. Testmarktsimulation ist im Grunde nichts anderes als eine hoch standardisierte Befragung, die es erlaubt, aus den Aussagen von 300 Warengruppenverwendern den zu erreichenden Marktanteil eines Neuprodukts mit hoher Präzision vorher zu sagen.

4 Zusammenfassung

Es lassen sich leicht weitere Beispiele zur Unterstützung der Aussage finden, dass Umfrageforschung einen added value liefert. So dienen die täglichen Zahlen der GfK Fernsehforschung dazu, einen Kuchen von ca. 5 Mrd. EUR der werbetreibenden Industrie auf die Fernsehanstalten zu verteilen. Im Verhältnis zu den Einnahmen der GfK Fernsehforschung ist dies ein Faktor von fast 1:300. Wenn der Begriff „leverage effect" nicht schon erfunden wäre, müßte dies die Marktforschung tun. Auf jeden Fall kann sie diesen Begriff für sich in Anspruch nehmen.

Den Abschluss bilden daher folgende Thesen:
- Marktforschung ist in hohem Maße empirische Sozialforschung, die sich auf die Unterstützung von Business Entscheidungen konzentriert. Ihr Added Value sind bessere Business Entscheidungen.
- Dabei stellt die Marktforschung ihre Informationen frühzeitig und mit einem hohen, durch sie selbst und durch die Kunden kontrollierten Qualitätsstandard zur Verfügung.
- Die Sozialforschung arbeitet für bessere Entscheidungen im sozialen und politischen Bereich.
- Beide Bereiche erarbeiten Lösungen für ähnliche Probleme. Somit erfolgt ein nachhaltiger und konstruktiver Informationsaustausch zu beidseitigem Nutzen.

50 Jahre nach Weinheim sind beide Disziplinen erwachsen geworden. Die institutionelle Marktforschung wünscht der deutschen Sozialforschung alles gute zum Geburtstag, eine gesunde Zukunft und eine gute und noch bessere Zusammenarbeit mit der Marktforschung.

Rechtliche und ethische Rahmenbedingungen der Umfrageforschung

Robert Schweizer

1 Themenauswahl

Noch vor zwei, drei Jahren hätte ich zu den rechtlichen Rahmenbedingungen der Umfrageforschung auf die einzelnen, schon weitgehend bekannten Gebiete des Rechts der Markt- und Sozialforschung eingehen dürfen und müssen. Für alle diese Gebiete gibt es viele, teilweise hochaktuelle Einzelheiten, für die Sie sich bestimmt interessieren würden. Ein Überblick wäre vor allem auch deshalb nützlich, weil immer noch kein Buch zur Ethik und zum Recht der Empirischen Markt- und Sozialforschung angeboten wird. „Fünfzig Jahre nach Weinheim" böte auch den idealen Anlass und Rahmen für eine Gesamtdarstellung.

Ich muss mich jedoch auf ein Grundsatzproblem von unter Umständen existentieller Bedeutung konzentrieren und mich an dieser Stelle darauf beschränken, Ihnen die Bereiche zu nennen, mit denen wir uns ständig zu befassen haben:

- Die rechtliche Zulässigkeit der Markt- und Sozialforschung im Allgemeinen
- Die Berufsethik
- Das Datenschutzrecht
- Das Sozialversicherungsrecht einschließlich der Probleme um die Scheinselbständigkeit und die Einordnung der Institute in die Klassen der Berufsgenossenschaft
- Das spezielle Recht der Interviewer
- Der urheberrechtliche Schutz von Forschungsdaten
- Die Schließung von Lücken im Urheberrecht der Empirischen Markt- und Sozialforschung durch das Wettbewerbsrecht und das Arbeitsrecht
- Die Rechtsprobleme im Verhältnis Auftraggeber/Auftragnehmer
- Die Werbung mit Marktforschungsdaten
- Die Verhinderungsstrategien des Marktes gegen die Durchführung von Studien
- Die speziellen rechtlichen Rahmenbedingungen zu speziellen Forschungsthemen wie: Online-Forschung, telefonische Marktforschung, Gruppendiskussionen, Mystery Shopping, Wahlforschung, mikrogeographische Datenbanken, Adressen und Adressdateien, pharmazeutische Marktforschung, Befragungen Minderjähriger
- Das Straßen- und Wegerecht der Markt- und Sozialforschung
- Die Nomenklatur weiterer Rechtsfragen der Markt- und Sozialforschung, die sich in nahezu jedem Rechtsgebiet stellen: Im Gesellschaftsrecht, im Steuerrecht, im individuellen und kollektiven Arbeitsrecht, im allgemeinen Zivilrecht, im Strafrecht, im Verwaltungsrecht, im Kartellrecht
- Die Qualitätsstandards
- Der Einfluss des EU-Gemeinschaftsrechts und der in Europa vorherrschenden ethischen Normen auf die einzelnen Gebiete
- Das internationale Recht und das Internationale Privatrecht.

Die Privilegien, die sich die Markt- und Sozialforschung vor allem in den vergangenen dreißig Jahren - man muss teilweise schon sagen - „erstritten" hat, kommen noch zu einem guten Teil zur Sprache. Ich werde nämlich in anderem Zusammenhang noch auf die Privilegien eingehen müssen; nämlich bei der Frage, ob Privilegien gefährdet sind.

2 Richtungweisende Entscheidung zur Übermittlung von Daten in personenbezogener Form

„Fünfzig Jahre nach Weinheim" steht eine Entscheidung derart stark im Vordergrund, dass die gesamte weitere zur Verfügung stehende Zeit auf diese existenzielle Entscheidung verwandt werden sollte. Sie betrifft die Übermittlung von Daten in personenbezogener Form und eine mit dieser Übermittlung verbundene Neudefinition der Marktforschung. Diskutiert wird dieses Thema unter dem Schlagwort: „Standortbestimmung". Es wird geltend gemacht, dass die Märkte weitgehend individualisiert sind und die Marktforschung als wissenschaftlich beratende Dienstleistung ihrer Aufgabe nur gerecht werden kann, wenn sie die Forschungsergebnisse auch als individuelle Informationen dem Markt zur Verfügung stellt.

Die Zeit und die Verhältnisse haben sich - eine Binsenweisheit - geändert. Sie haben sich unter anderem
- aufgrund eines Urteils des deutschen Bundesgerichtshofes,
- aufgrund der Entwicklungen im Bereich der virtuellen privaten Netzwerke,
- aufgrund der neuen Technologien insgesamt,
- aufgrund der immer weiter wachsenden Pluralität der Wirklichkeit,
- aufgrund der weiteren Globalisierung,
- aufgrund veränderter Anforderungen der Auftraggeber,
- aufgrund der Änderungen in den Eigentümerverhältnissen bei den Instituten,
- aufgrund veränderter Anforderungen an das Management,

so verändert, dass eventuell ethische, methodische und rechtliche Grundlagen anachronistisch geworden sind.

Meine Aufgabe ist heute nur, das Problem darzustellen. „Fünfzig Jahre nach Weinheim" stehen wir an einem Scheideweg. An Bedeutung und Schwierigkeiten übertrifft dieses Problem alles, was uns in den vergangenen Jahrzehnten im Recht sowie in der Ethik der Empirischen Markt- und Sozialforschung beschäftigt hat.

Das Problem erscheint allerdings nicht wie Phönix aus der Asche. Es hat seine Vorläufer. Aus der Sicht derer, die ändern wollen, hat sich schon Vieles aufgestaut. Aus dieser Sicht muss endlich gehandelt werden. Andere argwöhnen, ein Teil der Forschung habe sich womöglich bereits längst korrumpieren lassen. Aus der Sicht dieser Gruppe muss Korruption abgeschafft und nicht etwa die Ethik geändert werden. Eine dritte Gruppe meint, die Profession der Markt- und Sozialforscher habe sich zu einer anderen Profession entwickelt, sie müsse sich eben umbenennen und neue Berufsregeln entwickeln.

ADM, ASI und BVM befassten sich schon seit Jahren immer wieder mit Forderungen, die Ethik anders zu formulieren. Spätestens seit einem Urteil des Bundesgerichtshofes vom 13. Juli 2000 muss entschieden werden.

Im Mittelpunkt steht gegenwärtig, wie schon erwähnt, die Übermittlung von Forschungsdaten in personenbezogener Form an Auftraggeber.

Die gemeinsame Erklärung von ASI und BVM für das Gebiet der Bundesrepublik Deutschland zum IHK/ESOMAR Internationaler Kodex für die Praxis der Markt- und Sozialforschung formuliert zu diesem Thema als berufsethisches Gesetz (vgl. zum Beispiel www.adm-ev.de/pdf/KODEX.PDF):

2.2 Übermittlung

Daten, die über natürliche oder juristische Personen erhoben werden, dürfen nur in einer Form übermittelt werden, die die befragten oder beobachteten Personen nicht erkennen lässt (Anonymisierung). Dementsprechend dürfen Markt- und Sozialforschungsinstitute sowie in gleicher Weise tätige universitäre und betriebliche Forschungsinstitutionen Daten nur in einer Form an ihre Auftraggeber bzw. an andere interne Stellen weitergeben, die die befragten oder beobachteten Personen nicht identifizierbar macht

Diese Regelung betrifft nicht die Zusammenarbeit von Forschungsinstituten am selben Forschungsprojekt, soweit sie zur Erreichung des Forschungsziels erforderlich ist. Auftraggeber und Befragte müssen über die Anwendung dieser Regel informiert werden.

2.3 Nutzung

Darüber hinaus muss auch sonst die Vertraulichkeit der Information streng gewahrt werden. Dementsprechend dürfen Daten aus der Markt- und Sozialforschung stets nur in anonymisierter Form genutzt werden

2.4 Anonymisierungs-Vorrang

Nummer 2.2 und 2.3 können nicht dadurch aufgehoben werden, dass die Befragungs- oder Beobachtungsperson in die personenbezogene Übermittlung oder Nutzung einwilligt. Demzufolge darf eine solche Einwilligung auch nicht eingeholt werden.

2.5 Abgrenzung gegenüber forschungsfremden Tätigkeiten

Unter der Bezeichnung Markt- und Sozialforschung werden nur Tätigkeiten ausgeübt, für die nachgewiesen werden kann, dass sie unter den Begriff der Markt- und Sozialforschung fallen. Insbesondere Ermittlungen, die Aussagen über Einzelfälle zum Ziel haben, werden demnach nicht unter der Bezeichnung Markt- und Sozialforschung betrieben.

Kontaktaufnahmen und Ermittlungen, die nicht der Forschung dienen, dürfen weder in einer Gesellschaft, die Empirische Markt- und Sozialforschung betreibt, noch in deren Räumlichkeiten durchgeführt werden. Dazu zählen insbesondere alle verkaufsfördernden Tätigkeiten und solche, die darauf gerichtet sind, individuelle Kontakte zwischen Auskunftspersonen und Auftraggebern herzustellen oder zu vermitteln.

2.6 Vertrauen der Öffentlichkeit

Zur Vermeidung eines Misstrauens in die Markt- und Sozialforschung muss generell auch der Anschein vermieden werden, dass die Verpflichtungen zur Anonymisierung und zur Geheimhaltung verletzt werden könnten. Das gilt insbesondere für eine Vermengung mit anderen Tätigkeiten, z.B. Werbung und Verkaufsförderung.

...

8. Allgemeine Geltung

Die in dieser Erklärung festgehaltenen Prinzipien und die sich daraus für das Gebiet der Bundesrepublik Deutschland ergebenden Richtlinien sind tätigkeitsbezogen und Teil des Standesrechts der deutschen Markt- und Sozialforschung, gelten also unabhängig von Mitgliedschaften und Berufsvereinigungen.

Diese Prinzipien gelten auch, wenn die Forschung im ausländischen Auftrag oder vom Ausland aus betrieben wird. Die in den Nummern 2 und 3 beschriebenen Grundsätze stellen sittlich-rechtliche Gebote im Sinne der deutschen Rechtsprechung zur Lauterkeit beruflichen Verhaltens dar.

Daten - insbesondere Antworten - befragter oder beobachteter Personen dürfen demnach nur in anonymisierter Form genutzt werden.

3 Die Entscheidung des Bundesgerichtshofes vom 13. Juli 2000 als erste Grundlage

Hier drei Zitate aus dem schon erwähnten Urteil des Bundesgerichtshofes vom 13. Juli 2000[1] :

> „Einem wirtschaftlich orientierten Unternehmen kommt es aber vor allem auf die Betreibung von Markt- und Absatzforschung an, zu der auch die Werbeforschung gehört (vgl. Wöhe). In diesem Sinne wird die Absatzchancenanalyse für einen Einzelbetrieb ebenfalls als Forschung bezeichnet."

Das heißt in der weitreichendsten Interpretation: Der Verkäufer, der überlegt, wie er einer bestimmten Apotheke mehr verkaufen kann, forscht. Die zitierten Sätze beziehen sich auf den gezielten Verkauf an einzelne Apotheken mit speziellen Daten eben dieser Apotheken. Niemand in diesem Saal wird bislang auf die Idee gekommen sein, die Zusammenstellung der individuellen Daten zum Verkauf an diese Apotheken als Forschung zu bezeichnen.

> „Für die potentiellen Kunden der Beklagten ist die Werbeforschung nur von Interesse, wenn die übermittelten Daten nicht anonymisiert sind. Ein Verwendungsverbot für die von dem Kläger beanstandeten 'Forschungsbegriffe' kann daraus nicht hergeleitet werden."

Diese Aussage des Bundesgerichtshofes lässt sich so auffassen: Wenn „Umfragedaten" für den gezielten Verkauf erhoben werden und für den Verkauf nur in personenbezogener Form nützlich sind, dann dürfen die Daten in personenbezogener Form übermittelt werden. Auch wenn so verfahren wird, darf von Forschung, zum Beispiel von Gesundheitsforschung, gesprochen werden. Auch diese Aussage wird für Sie alle neu sein.

> „Den Begriffen 'Gesundheitsforschung', 'Erfolgsforschung' und 'Auftragsforschung' kommt keine vergleichbar festgefügte Qualitätsvorstellung wie den Bezeichnungen 'Markenware' oder 'Markenqualität' zu."

Die Richter wollten damit sagen:

> „Gesundheitsforschung" ist nicht so angesehen wie „Markenware". Der Abstand ist so groß, dass die Rechtsprechung zum Schutz der Bezeichnung „Markenware" nicht entsprechend zum Schutz des Begriffes „Gesundheitsforschung" herangezogen werden darf.
> In einem Protokoll zu diesem Referat stünde jetzt sicher: „Allgemein ungläubiges Staunen".

Dieses Urteil unterstützt diejenigen, die sich für eine Übermittlung von Daten in personenbezogener Form einsetzen.

Ich gehe nun näher auf dieses Urteil ein. Ihm liegt ein Sachverhalt zugrunde, den jedenfalls die Markt- und Sozialforscher bislang wohl als Direktmarketing, aber nicht als Forschung verstehen. Ein Unternehmen, das Informationen beschafft, verschickte an Apotheken diesen „Fragebogen" :

---

[1] NJW-RR 2001, 32 ff.; www.kanzlei-prof-schweizer.de/bibliothek/urteile/wettbewerbsrecht

Medilog Gesundheitsforschung
Carl-Zeiss-Ring 3, 85737 Ismaning bei München

Fragebogen

Wie häufig verkaufen Sie folgende Präparate im Handverkauf durchschnittlich pro Woche
- alle Applikationsformen, ohne Rezept?

Abführmittel

	\multicolumn{6}{c}{Abverkäufe ohne Rezept pro Woche}
	0	-3	-5	-10	-20	>20
Agiolax	□	□	□	□	□	□ 31
Bad Heilbrunner Abführtee extra	□	□	□	□	□	□ 32
Bekunis	□	□	□	□	□	□ 33
Depuran	□	□	□	□	□	□ 34
Dulcolax	□	□	□	□	□	□ 35
Kräuterlax	□	□	□	□	□	□ 36
Laxoberal	□	□	□	□	□	□ 37
Leinsamenschrot	□	□	□	□	□	□ 38
Midro-Tee/Tabletten	□	□	□	□	□	□ 39
Neda Früchtewürfel	□	□	□	□	□	□ 40
Perenterol	□	□	□	□	□	□ 41
_____	□	□	□	□	□	□ 42
_____	□	□	□	□	□	□ 43
_____	□	□	□	□	□	□ 44

Antacida und Magenmittel

	0	-3	-5	-10	-20	>20
Gelusil	□	□	□	□	□	□ 46
Kompensan	□	□	□	□	□	□ 47
Maaloxan	□	□	□	□	□	□ 48
Rennie	□	□	□	□	□	□ 49
Spasmo-Nervogastrol	□	□	□	□	□	□ 50
Talcid	□	□	□	□	□	□ 51
_____	□	□	□	□	□	□ 52
_____	□	□	□	□	□	□ 53
_____	□	□	□	□	□	□ 54
_____	□	□	□	□	□	□ 55

Antirheumatika und Sportverletzungen

	0	-3	-5	-10	-20	>20
ABC Wärme-Pflaster N	□	□	□	□	□	□ 57
ABC Wärme-Salbe	□	□	□	□	□	□ 58
Allg. Latschen Franzbranntwein	□	□	□	□	□	□ 59
Dolgit Creme	□	□	□	□	□	□ 61
Etrat	□	□	□	□	□	□ 62
Finalgon	□	□	□	□	□	□ 63
Forapin	□	□	□	□	□	□ 64
Heparin-rat.-Sport-Gel	□	□	□	□	□	□ 65
Ibutop	□	□	□	□	□	□ 66
Menthoneurin	□	□	□	□	□	□ 67
Mc... olo Mobilat	□	□	□	□	□	□ 69
Ph... or N	□	□	□	□	□	□ 80
Reparil-Gel N/-Sportgel	□	□	□	□	□	□ 81
Trauma-Dolgit Gel	□	□	□	□	□	□ 82
_____	□	□	□	□	□	□ 83
_____	□	□	□	□	□	□ 84
_____	□	□	□	□	□	□ 85

Dermatika

	0	-3	-5	-10	-20	>20
Aknederm	□	□	□	□	□	□ 87
Aknefug-oxid	□	□	□	□	□	□ 88
Aknefug-simplex	□	□	□	□	□	□ 89
Baineum thermal	□	□	□	□	□	□ 90
Bepanthen	□	□	□	□	□	□ 91
Cutano	□	□	□	□	□	□ 92
DDD Produkte	□	□	□	□	□	□ 93
Dermatol	□	□	□	□	□	□ 94
Eubos	□	□	□	□	□	□ 95
Enlacet N	□	□	□	□	□	□ 96
Hametum	□	□	□	□	□	□ 97
Linillosan	□	□	□	□	□	□ 98
Linola-Fett N	□	□	□	□	□	□ 99
Iormaderm	□	□	□	□	□	□ 100
pH5-Eucerin	□	□	□	□	□	□ 101
Sebamed	□	□	□	□	□	□ 102
Slepin	□	□	□	□	□	□ 103
Tyrosur	□	□	□	□	□	□ 104
_____	□	□	□	□	□	□ 105
_____	□	□	□	□	□	□ 106
_____	□	□	□	□	□	□ 107

Geriatrika

	0	-3	-5	-10	-20	>20
Ameu	□	□	□	□	□	□ 31
Craton	□	□	□	□	□	□ 32
Geriatric Pharmaton	□	□	□	□	□	□ 33
Ilja Rogoff	□	□	□	□	□	□ 34
K7 Knoblauch	□	□	□	□	□	□ 35
Kwai	□	□	□	□	□	□ 36
Manns Knoblauchpillen plus	□	□	□	□	□	□ 37
Ravalgen	□	□	□	□	□	□ 38
Sanhelios Knoblauch	□	□	□	□	□	□ 39
_____	□	□	□	□	□	□ 40
_____	□	□	□	□	□	□ 41
_____	□	□	□	□	□	□ 42

Immunstimulantien/ Enzyme

	0	-3	-5	-10	-20	>20
Echinacin	□	□	□	□	□	□ 45
Eleu-Kokk/-M	□	□	□	□	□	□ 46
Influex	□	□	□	□	□	□ 48
Nedasan N	□	□	□	□	□	□ 49
Wobenzym N	□	□	□	□	□	□ 51
_____	□	□	□	□	□	□ 52
_____	□	□	□	□	□	□ 53
_____	□	□	□	□	□	□ 54

Kreislaufmittel und Cardiotonika

	0	-3	-5	-10	-20	>20
Antisklerosin	□	□	□	□	□	□ 70
Born	□	□	□	□	□	□ 71
Carnigen	□	□	□	□	□	□ 72
Crataegutt	□	□	□	□	□	□ 73
Diacard N	□	□	□	□	□	□ 74
Effortil	□	□	□	□	□	□ 75
Katovit	□	□	□	□	□	□ 76
Korodin	□	□	□	□	□	□ 77
Miroton	□	□	□	□	□	□ 78
Novadral	□	□	□	□	□	□ 79
Tromcardin	□	□	□	□	□	□ 80
_____	□	□	□	□	□	□ 81
_____	□	□	□	□	□	□ 82
_____	□	□	□	□	□	□ 83

Leber- und Gallenmittel

	0	-3	-5	-10	-20	>20
Aristochol	□	□	□	□	□	□ 84
Chol-Kugeletten Neu	□	□	□	□	□	□ 85
Cholagogum N Nattermann	□	□	□	□	□	□ 86
gallo sanol N	□	□	□	□	□	□ 87
Hepaticum-Medice N	□	□	□	□	□	□ 88
Panchelidon	□	□	□	□	□	□ 89
_____	□	□	□	□	□	□ 90
_____	□	□	□	□	□	□ 91
_____	□	□	□	□	□	□ 92

Mund- und Rachentherapeutika

	0	-3	-5	-10	-20	>20
Chlorhexamed	□	□	□	□	□	□ 56
Dobendan	□	□	□	□	□	□ 57
Doreperol N	□	□	□	□	□	□ 58
Dorithricin	□	□	□	□	□	□ 59
Frubienzym S	□	□	□	□	□	□ 60
Hexoral	□	□	□	□	□	□ 61
Lemocin	□	□	□	□	□	□ 62
Mallebrin	□	□	□	□	□	□ 63
Meditonsin H	□	□	□	□	□	□ 64
neo-angin	□	□	□	□	□	□ 65
Salviathymol	□	□	□	□	□	□ 66
_____	□	□	□	□	□	□ 67
_____	□	□	□	□	□	□ 67

Ophtalmika

	Abverkäufe ohne Rezept pro Woche					
	0	-3	-5	-10	-20	>20
Bepanthen Roche Augensalbe	☐	☐	☐	☐	☐	☐ 35
Berberil	☐	☐	☐	☐	☐	☐ 36
Ophtalmin	☐	☐	☐	☐	☐	☐ 37
Solan-V	☐	☐	☐	☐	☐	☐ 38
Yxin	☐	☐	☐	☐	☐	☐ 39
_____	☐	☐	☐	☐	☐	☐ 40
_____	☐	☐	☐	☐	☐	☐ 41
_____	☐	☐	☐	☐	☐	☐ 42

Otologika

	Abverkäufe ohne Rezept pro Woche					
	0	-3	-5	-10	-20	>20
Cerumenex N	☐	☐	☐	☐	☐	☐ 44
Otalgan	☐	☐	☐	☐	☐	☐ 45
Otolitan N	☐	☐	☐	☐	☐	☐ 46
Otowaxol	☐	☐	☐	☐	☐	☐ 47
_____	☐	☐	☐	☐	☐	☐ 48
_____	☐	☐	☐	☐	☐	☐ 49
_____	☐	☐	☐	☐	☐	☐ 50

Reduktionsdiät/Ballaststoffe

	Abverkäufe ohne Rezepte pro Woche					
	0	-3	-5	-10	-20	>20
Bionorm	☐	☐	☐	☐	☐	☐ 51
Fugoa N	☐	☐	☐	☐	☐	☐ 52
Helianthus tuberosus	☐	☐	☐	☐	☐	☐ 53
Mirapront N	☐	☐	☐	☐	☐	☐ 54
Modifast	☐	☐	☐	☐	☐	☐ 55
Recatol N	☐	☐	☐	☐	☐	☐ 56
S-Drink	☐	☐	☐	☐	☐	☐ 57
Slim-Fast	☐	☐	☐	☐	☐	☐ 58
To...der	☐	☐	☐	☐	☐	☐ 59
Zo...	☐	☐	☐	☐	☐	☐ 60
_____	☐	☐	☐	☐	☐	☐ 61
_____	☐	☐	☐	☐	☐	☐ 62
_____	☐	☐	☐	☐	☐	☐ 63

Sedativa

	Abverkäufe ohne Rezept pro Woche					
	0	-3	-5	-10	-20	>20
Baldrian-Dispert	☐	☐	☐	☐	☐	☐ 95
Baldrianparan	☐	☐	☐	☐	☐	☐ 96
Moradorm	☐	☐	☐	☐	☐	☐ 97
Psychotonin M	☐	☐	☐	☐	☐	☐ 98
Sedariston	☐	☐	☐	☐	☐	☐ 99
Vivinox-Beruhigungsdragees	☐	☐	☐	☐	☐	☐ 100
_____	☐	☐	☐	☐	☐	☐ 39
_____	☐	☐	☐	☐	☐	☐ 39
_____	☐	☐	☐	☐	☐	☐ 39

Schlafmittel

	Abverkäufe ohne Rezept pro Woche					
	0	-3	-5	-10	-20	>20
Betadorm-A	☐	☐	☐	☐	☐	☐ 68
Gittalun	☐	☐	☐	☐	☐	☐ 70
Hoggar N	☐	☐	☐	☐	☐	☐ 71
Vivinox-Schlafdragees	☐	☐	☐	☐	☐	☐ 74
_____	☐	☐	☐	☐	☐	☐ 75
_____	☐	☐	☐	☐	☐	☐ 76
_____	☐	☐	☐	☐	☐	☐ 77

Sch...rz-/Migränemittel

	Abverkäufe ohne Rezepte pro Woche					
	0	-3	-5	-10	-20	>20
Alka Seltzer	☐	☐	☐	☐	☐	☐ 78
Aspirin	☐	☐	☐	☐	☐	☐ 79
Aspirin plus C	☐	☐	☐	☐	☐	☐ 60
ben-u-ron	☐	☐	☐	☐	☐	☐ 81
Boxazin plus C	☐	☐	☐	☐	☐	☐ 82
Buscopan plus	☐	☐	☐	☐	☐	☐ 83
Eneffa	☐	☐	☐	☐	☐	☐ 84
Migränin	☐	☐	☐	☐	☐	☐ 85
Paracetamol-rat. L	☐	☐	☐	☐	☐	☐ 86
Spalt N	☐	☐	☐	☐	☐	☐ 87
Thomapyrin/C	☐	☐	☐	☐	☐	☐ 88
Togal	☐	☐	☐	☐	☐	☐ 89
Vivimed	☐	☐	☐	☐	☐	☐ 90
_____	☐	☐	☐	☐	☐	☐ 91
_____	☐	☐	☐	☐	☐	☐ 92
_____	☐	☐	☐	☐	☐	☐ 93

Schwangerschaftstest

	Abverkäufe ohne Rezepte pro Woche					
	0	-3	-5	-10	-20	>20
I-Test Compact	☐	☐	☐	☐	☐	☐ 97
I-Test-Colorplus	☐	☐	☐	☐	☐	☐ 100
Clearblue Test	☐	☐	☐	☐	☐	☐ 96
ovatest	☐	☐	☐	☐	☐	☐ 96
remtest	☐	☐	☐	☐	☐	☐ 95
illary	☐	☐	☐	☐	☐	☐ 100
Schwanger-Test-rat.	☐	☐	☐	☐	☐	☐ 59
_____	☐	☐	☐	☐	☐	☐ 39
_____	☐	☐	☐	☐	☐	☐ 39

Mittel bei Reisekrankheiten

	Abverkäufe ohne Rezept pro Woche					
	0	-3	-5	-10	-20	>20
_____	☐	☐	☐	☐	☐	☐ 65
_____	☐	☐	☐	☐	☐	☐ 66
_____	☐	☐	☐	☐	☐	☐ 67

Tonika und Roborantia

	Abverkäufe ohne Rezept pro Woche					
	0	-3	-5	-10	-20	>20
Aktivanad-N	☐	☐	☐	☐	☐	☐ 31
Bilatin/Gold	☐	☐	☐	☐	☐	☐ 32
Biovital	☐	☐	☐	☐	☐	☐ 33
Bonalat	☐	☐	☐	☐	☐	☐ 34
Buerlecithin	☐	☐	☐	☐	☐	☐ 35
Dilsana	☐	☐	☐	☐	☐	☐ 36
regazell energen	☐	☐	☐	☐	☐	☐ 37
Vitasprint	☐	☐	☐	☐	☐	☐ 38
_____	☐	☐	☐	☐	☐	☐ 39
_____	☐	☐	☐	☐	☐	☐ 40
_____	☐	☐	☐	☐	☐	☐ 41

Syst. Venenmittel (Tropfen, Dragees)

	Abverkäufe ohne Rezept pro Woche					
	0	-3	-5	-10	-20	>20
Antistax	☐	☐	☐	☐	☐	☐ 43
Clemenzil	☐	☐	☐	☐	☐	☐ 44
Essaven ultra/N Kapseln	☐	☐	☐	☐	☐	☐ 45
Reparil	☐	☐	☐	☐	☐	☐ 46
Venoruton	☐	☐	☐	☐	☐	☐ 48
Venostasin N-forte Drg., -Tropfen	☐	☐	☐	☐	☐	☐ 49
_____	☐	☐	☐	☐	☐	☐ 50
_____	☐	☐	☐	☐	☐	☐ 51
_____	☐	☐	☐	☐	☐	☐ 52

Top. Venenmittel

	Abverkäufe ohne Rezept pro Woche					
	0	-3	-5	-10	-20	>20
Arnica-Kneipp-Salbe	☐	☐	☐	☐	☐	☐ 54
Essaven/Gel	☐	☐	☐	☐	☐	☐ 55
Exhirud	☐	☐	☐	☐	☐	☐ 56
Heparin ratiopharm	☐	☐	☐	☐	☐	☐ 57
Hepathrombin	☐	☐	☐	☐	☐	☐ 58
Perivar N forte	☐	☐	☐	☐	☐	☐ 59
Sanaven	☐	☐	☐	☐	☐	☐ 60
Thrombareduct	☐	☐	☐	☐	☐	☐ 61
Venalitan	☐	☐	☐	☐	☐	☐ 62
Venostasin N-Salbe/-Gel	☐	☐	☐	☐	☐	☐ 63
Vetren	☐	☐	☐	☐	☐	☐ 64
_____	☐	☐	☐	☐	☐	☐ 65
_____	☐	☐	☐	☐	☐	☐ 66
_____	☐	☐	☐	☐	☐	☐ 67

Vitamine/Mineralstoffe/Spurenelemente

	Abverkäufe ohne Rezept pro Woche					
	0	-3	-5	-10	-20	>20
Acerola plus	☐	☐	☐	☐	☐	☐ 80
Basica	☐	☐	☐	☐	☐	☐ 81
Biolectra	☐	☐	☐	☐	☐	☐ 82
Biolectra Eisen	☐	☐	☐	☐	☐	☐ 83
Biomagnesin	☐	☐	☐	☐	☐	☐ 84
Calcium Grandel	☐	☐	☐	☐	☐	☐ 85
Calcium-Sandoz	☐	☐	☐	☐	☐	☐ 86
Eryfer	☐	☐	☐	☐	☐	☐ 87
Eunova	☐	☐	☐	☐	☐	☐ 88
Grandelat	☐	☐	☐	☐	☐	☐ 89
Lösferron	☐	☐	☐	☐	☐	☐ 90
Lösnesium	☐	☐	☐	☐	☐	☐ 91
Magnerot	☐	☐	☐	☐	☐	☐ 92
Magnesium Verla	☐	☐	☐	☐	☐	☐ 93
Magnesium-Diasporal	☐	☐	☐	☐	☐	☐ 94
Mg-nor	☐	☐	☐	☐	☐	☐ 95
Minalka	☐	☐	☐	☐	☐	☐ 96
Multibionta	☐	☐	☐	☐	☐	☐ 97
Vitamin-C Taler	☐	☐	☐	☐	☐	☐ 98
_____	☐	☐	☐	☐	☐	☐ 99
_____	☐	☐	☐	☐	☐	☐ 100
_____	☐	☐	☐	☐	☐	☐ 101

Verdauungshilfen

	Abverkäufe ohne Rezept pro Woche					
	0	-3	-5	-10	-20	>20
Carminativum-Hetterich N	☐	☐	☐	☐	☐	☐ 69
Carvomin	☐	☐	☐	☐	☐	☐ 70
Iberogast	☐	☐	☐	☐	☐	☐ 71
Lefax/Enzym-Lefax	☐	☐	☐	☐	☐	☐ 72
Meteosan	☐	☐	☐	☐	☐	☐ 73
Meteozym	☐	☐	☐	☐	☐	☐ 74
Solu-Vetan	☐	☐	☐	☐	☐	☐ 75
_____	☐	☐	☐	☐	☐	☐ 76
_____	☐	☐	☐	☐	☐	☐ 77
_____	☐	☐	☐	☐	☐	☐ 78

Rechtliche und ethische Rahmenbedingungen der Umfrageforschung

Sonstige Produkte/ Ergänzungssortiment — Abverkäufe ohne Rezept pro Woche: 0, -3, -5, -10, -20, >20 (103, 104, 105)

Niere/Blase/ Urogenitalbereich — Abverkäufe ohne Rezept pro Woche: 0, -3, -5, -10, -20, >20 (31, 32, 33)

Wie häufig verkaufen Sie folgende Präparate im Handverkauf durchschnittlich pro Saison-Woche?

Grippemittel — Abverkäufe ohne Rp. pro Saison-Woche: 0, -3, -5, -10, -20, >20
- Babix-Inhalat N (31)
- Contramutan (32)
- Doregrippin (33)
- Esberitox N (34)
- Grippostad/C (35)
- JHP-Rödler (36)
- Pinimenthol (37)
- Sinupret (38)
- Stas (39)
- tetesept (40)
- Wick MediNait (41)
- Wick VapoRub (42)
- ___ (43)
- ___ (44)
- ___ (45)

Hustenmittel und -Heißgetränke — Abverkäufe ohne Rp. pro Saison-Woche: 0, -3, -5, -10, -20, >20
- Aspecton (47)
- Bisolvon/-Linctus (48)
- Bronchicum (49)
- Cito-Guakalin (50)
- Wick Formel 44 (51)
- Larylin (52)
- Mucosolvan (53)
- Optipect (54)
- Rhinotussal (55)
- Silomat (56)
- ___ (57)
- ___ (58)
- ___ (59)

Schnupfenmittel — Abverkäufe ohne Rp. pro Saison-Woche: 0, -3, -5, -10, -20, >20
- Balkis (31)
- Coldastop (32)
- Contac 700 (33)
- Er. (34)
- Eup... ium comp. (35)
- Nasen Spray E/K-rat. (36)
- Nasen Tropfen E/K-rat. (37)
- Nasivin (38)
- Olynth (39)
- Otriven (40)
- Rhinopront (41)
- Rhinospray (42)
- Sinfrontal 200 (43)
- Wick-Schnupfenspray (45)
- ___ (46)
- ___ (47)
- ___ (48)

Heuschnupfenmittel — Abverkäufe ohne Rp. pro Saison-Woche: 0, -3, -5, -10, -20, >20
- Heuschnupfenmittel DHU (52)
- Lomupren (53)
- Visuphrine N (54)
- Vividrin (55)
- Wick ContrAllerg (56)
- ___ (57)
- ___ (58)
- ___ (59)

Sonnenschutzmittel — Abverkäufe ohne Rezept pro Woche: 0, -3, -5, -10, -20, >20
- ilrido (97)
- Ladival (100)
- Vichy-Sonnenschutz (96)
- Solabar (96)
- Sebamed-Sonnenschutz (95)
- ___ (65)
- ___ (66)
- ___ (67)

---

1. **Sind Sie** 31
   - Apothekenleiter ☐ 1
   - Approbierter Mitarbeiter ☐ 2
   - PTA ☐ 3
   - Helferin ☐ 4

2. _eburtsjahr des Apothekenleiters? (_ _ _ _) 33

3. **Wieviele Personen sind insgesamt in der Apotheke beschäftigt?** 35
   - Personen in Vollzeit ___ 1   Personen in Teilzeit ___ 2

4. **Wieviele Firmenvertreter (OTC) empfangen Sie durchschnittlich pro Woche?** 37
   - praktisch keine ☐ 1   bis 3 ☐ 2   4-6 ☐ 3
   - 6-10 ☐ 4   11-15 ☐ 5   über 15 ☐ 6

5. **Wie wird sich nach Ihrer Einschätzung der SM-Markt in Ihrer Apotheke in den nächsten 12 Monaten entwickeln?** 39
   - eher zunehmen ☐ 1   eher konstant bleiben ☐ 2   eher sinken ☐ 3

6. **Welchen Anteil zum Gesamtumsatz Ihrer Apotheke erbrachten 1993**
   - Rezepte ___ % 41/42
   - SM-Verkauf ___ % 43/44
   - Ergänzungssortiment ___ % 45/46

7. **Wieviele Rezepte/Privatrezepte nehmen Sie pro Monat entgegen?** 46
   - Rezepte ___ 1   Privatrezepte ___ 2

8. **In welchen Produktgruppen des Ergänzungssortimentes sehen Sie für Ihre Apotheke zukünftig Entwicklungsmöglichkeiten? (Mehrfachnennungen möglich)** 50
   - Babynahrung/Babypflege ☐ 1   Hygiene/Körperpflege/Kosmetik ☐ 2
   - Diät- und Sportnahrung ☐ 3   Diagnostikgeräte ☐ 4
   - Homecare ☐ 5   Kompressionsstrümpfe ☐ 6
   - Analgetik ☐ 7   ☐ 8

9. **Welche Geschäftslage hat Ihre Apotheke?** 52
   - Zentrum, City, Fußgängerzone ☐ 1   Hauptstraße außerhalb City ☐ 2
   - Nebenstraße außerhalb City ☐ 3   Stadt-/Ortsrand/Vorort ☐ 4
   - Land-/Dorflage ☐ 5   ___ ☐ 6

10. Ortsgröße? 54

bis 19.999 Einwohner	☐ 1
20.000 bis 99.999 Einwohner	☐ 2
100.000 bis 499.999 Einwohner	☐ 3
500.000 Einwohner und mehr	☐ 4

11. Wie ist Ihr Anteil Stammkunden zu Laufkunden? 56

_____ % 1 zu _____ % 2

12. Zu welchen Anlässen erhalten Ihre Kunden (erlaubte) Zugaben? 58

bei jedem Einkauf	☐ 1	hin und wieder	☐ 2
nur zu Festtagen/Jubiläen	☐ 3	nie	☐ 4
keine Antwort	☐ 5		

13. Wieviele lfd. Meter Sichtwahl/Schaufenster hat Ihre Apotheke? 60

lfd. Meter Sichtwahl _____ 1   lfd. Meter Schaufenster _____ 2

Ist eine Erweiterung der Sichtwahl in den nächsten 12 Monaten geplant?
ja ☐ 3   nein ☐ 4

14. Wird die Schaufensterdekoration der Apotheke 31

überwiegend selbst gestaltet	☐ 1
in der Regel durch eine Dekorationsfirma gestaltet	☐ 2

15. Wie wichtig sind für Sie folgende Aussagen, um sich für ein neues OTC-Medikament einzusetzten und es auf Lager zu nehmen?

	wichtig		unwichtig
Hersteller/Außendienst informieren mich umfassend	☐ 1	☐ 2	☐ 3 33
es wird vom Kunden verlangt	☐	☐	☐ 34
die Pharmakologie stimmt	☐	☐	☐ 35
der Naturalrabatt stimmt	☐	☐	☐ 36
das Preis-Leistungsverhältnis stimmt	☐	☐	☐ 37
es wird intensive Werbung betrieben	☐	☐	☐ 38
sonstiges _____			39

16. Wie wichtig sind für Ihre berufliche Tätigkeit folgende Informationsquellen?

	wichtig		unwichtig
überregionale Kongresse	☐ 1	☐ 2	☐ 3 41
regionale/lokale FB-Veranstaltungen	☐	☐	☐ 42
Video-Fortbildungsfilme	☐	☐	☐ 43
Tonbandkassetten	☐	☐	☐ 44
ABDA-Datenbank	☐	☐	☐ 45
Fachbücher	☐	☐	☐ 46
pharm./med. Fachzeitungen	☐	☐	☐ 47
wiss. Informationen der Industrie	☐	☐	☐ 48
Gespräche mit Firmenvertretern	☐	☐	☐ 49
Gespräche mit Kollegen	☐	☐	☐ 50

17. Welche Unterstützung wünschen Sie sich für den Handverkauf in Ihrer Apotheke 52

durch Hersteller

Produktinformationen für Apotheker	☐ 1
Schulung, Beratung, Kommunikation	☐ 2
Tagesberater für den Verkauf	☐ 3
Marketing/Verkaufsförderung	☐ 4
in Form von _____	

_____

keine Unterstützung	☐ 5

durch Standesorganisationen

fachliche Information	☐ 6
Schulung, Beratung, Kommunikation	☐ 7
Marketing/Verkaufsförderung	☐ 8
in Form von _____	

_____

keine Unterstützung	☐ 9

Herzlichen Dank für Ihre Mitarbeit

Die Speicherung meiner in diesem Fragebogen gemachten Angaben einschließlich meiner Adresse zur Weitergabe und Nutzung für Informationszwecke an pharmazeutische Firmen stimme ich zu.

_____
Stempel und Unterschrift

Gefragt wurde also nach Einzelheiten aller Art, die pharmazeutische Firmen für den Verkauf von Pharmaprodukten interessieren. Die Daten beziehen sich nicht nur auf die Produkte selbst, sondern auch darauf, wie der Apotheker am besten als Kunde gewonnen werden kann. Diese Daten wurden dann nicht anonymisiert, sondern mit dem Namen und der Anschrift der Apotheke an pharmazeutische Firmen verkauft. Die Erwerber der Daten konnten somit anhand der einzelnen Fragebogen genau alle Einzelheiten zu jeder einzelnen, ihnen namentlich bekannten Apotheke feststellen, und sie konnten diese Daten entsprechend für den Verkauf nutzen. Am Ende des Fragebogens hatte sich jeweils eine Person für die Apotheke mit der Übermittlung der Daten in personenbezogener Form einverstanden erklärt.

Alle anderen Details gewinnen hier keine entscheidende Bedeutung.

Für die Markt- und Sozialforschung ist entscheidend:
– Der Bundesgerichtshof wendet bislang nichts dagegen ein, dass diese Art von Informationsbeschaffung und -verwertung als Forschung bezeichnet wird.
– Der Bundesgerichtshof hat darüber hinaus bis jetzt keine Bedenken, dass „Forschungsdaten" in personenbezogener Form zu Verkaufszwecken an Auftraggeber übermittelt werden.

Obwohl der Bundesgerichtshof die Bedenken des ADM im Tatbestand seines Urteils im wesentlichen zutreffend und verhältnismäßig genau wiedergegeben hat, ist nicht sicher, ob der BGH die Problematik zum Begriff der Forschung und zu den Konsequenzen seines Urteils voll erkannt hat. In der mündlichen Verhandlung am 27. April 2000 hatten die anwesenden Marktforschungsvertreter noch den Eindruck gewonnen, der BGH entscheide nicht nur zur sog. Aktivlegitimation - wie geschehen - zugunsten des ADM, sondern auch zum Begriff der Forschung.

Wer über das BGH-Urteil nachdenkt, muss wissen, dass die rechtliche Grundlage doch sehr schmal ist. Es existiert kein Gesetz für das Recht der Markt- und Sozialforschung. Gestritten wird in Fällen dieser Art um die Anwendbarkeit des Gesetzes gegen unlauteren Wettbewerb (UWG). Das Rechtsgebiet, um das es hier geht, nennt sich auch „Gewerblicher Rechtsschutz". Es lässt sich sehr darüber streiten, ob nicht sogar eine Lücke in der Rechtsordnung klafft.

Eingehend befasst hat sich im juristischen Fachschrifttum mit diesem Urteil bereits Ulrich Schäfer-Newiger in WRP 2001, 782 ff., besser zugänglich in www.kanzlei- profschweizer.de/bibliothek/content/Wettbewerbs- und Markenrecht. Ganz im Sinne des marktforscherischen Sprachgebrauchs überschreibt Schäfer-Newiger seine Abhandlung: „Die strikte Trennung von Direktmarketing und Marktforschung".

4 Das BGH-Urteil als weitreichendste Position

Die Diskussionen um die „Standortbestimmung" der Markt- und Sozialforschung wird man dadurch vereinfachen können, dass festgestellt wird:

Noch weiter als der BGH möchte niemand gehen. Ich habe bislang bei ADM, ASI und BVM noch nicht einmal jemanden gehört, der diese BGH-Entscheidung befürwortet hätte. Es ist auch fraglich, wenn ich mich wiederholen darf, ob sich der BGH wirklich so verstanden wissen will, wie es in seiner Entscheidung ganz konkret für den Einzelfall Medilog zum Ausdruck gelangt.

Wie weit die Wünsche reichen, die diskutiert werden sollen, ist noch nicht festgelegt. Insbesondere steht noch nicht fest, dass Daten der befragten oder beobachteten Personen ausdrücklich und ausschließlich lediglich zu wissenschaftlichen Zwecken in personenbezogener Form übermittelt werden sollen. Ich muss deshalb in meinem Referat auch an Wünsche denken, nach denen Befragungsdaten zu nicht-wissenschaftlichen Zwecken in personenbezogener Form übermittelt werden sollen. Ob solche Wünsche von Forschern verfolgt werden, weiß ich nicht sicher. Es kann gut sein, dass Forscher insoweit offen sind und erst die Diskussion würdigen wollen.

Was sind die erheblichen Fakten für eine Entscheidung? Was ist zu beachten, wenn zu entscheiden ist, was die Markt- und Sozialforscher anstreben sollen? Die Grundpositionen lassen sich so beschreiben:
– Zum einen ist das BGH-Urteil in der Welt.
– Zum anderen gibt es die von ADM, ASI und BVM gemeinsam verabschiedete, bereits zitierte Erklärung.
– Dazwischen wird diskutiert, ob das in der zitierten Erklärung festgehaltene Verbot, Daten in personenbezogener Form zu nutzen, gelockert werden soll.

5 Die berufsethischen Grundfragen

Jeder hier im Saale weiß, dass die Rechtsnormen grundsätzlich nur das ethische Minimum bieten. Es fragt sich deshalb, wie bereits angesprochen, zunächst: Belassen es die Forscher bei den gegenwärtig geltenden ethischen Normen, oder lockern sie die ethischen Bestimmungen im Hinblick auf das BGH-Urteil und all' die anderen Gründe, die ich schon zu Beginn des Referats erwähnt habe?

In Frage steht an erster Stelle:

a) Der Begriff Forschung im Selbstverständnis der Markt- und Sozialforscher

Akzeptieren die Markt- und Sozialforscher für sich ethisch, soweit begrifflich überhaupt möglich, das weite Verständnis des Bundesgerichtshofes zum Begriff der „Forschung", also auch konkret für den vom BGH entschiedenen Fall? Bislang verstehen die Forscher den Begriff „Forschung" - so wie Artikel 5 des Grundgesetzes - als Unterbegriff des Hauptbegriffes „Wissenschaft". Ulrich Schäfer-Newiger hat dieses Begriffsverständnis und die jahrzehntelange Argumentation mit diesem Begriffsverständnis auf allen Rechtsgebieten bis hin zum Steuerrecht in der erwähnten Abhandlung ausführlich dargestellt. Wer Daten einer Apotheke ermittelt, diese Daten in personenbezogener Form an einen Hersteller übermittelt, damit dieser Hersteller dann mit Hilfe dieser Daten an eben diese Apotheke Produkte besser verkaufen kann, forscht nicht. Er forscht jedenfalls dann nicht, wenn der Begriff „Forschung" als Unterbegriff des Hauptbegriffes „Wissenschaft" verstanden wird. Er wirkt auch nicht in der Forschung mit.

Soweit die Markt- und Sozialforscher den Begriff anders verstehen möchten als der BGH nach den Kriterien des gewerblichen Rechtsschutzes: Wie wird der Begriff „Forschung" definiert, und wie wird das Verständnis der Markt- und Sozialforscher vom Begriff der „Forschung" realisiert? Soll es beim bisherigen Begriffsverständnis bleiben?

Rechtliche und ethische Rahmenbedingungen der Umfrageforschung

b) Übermittlung von Befragungsdaten in personenbezogener Form?

Akzeptieren die Markt- und Sozialforscher den Grundgedanken des BGH-Urteils, dass die ermittelten Daten in personenbezogener Form übermittelt werden dürfen, wenn dies für den Datenempfänger „von Interesse ist"? Bislang erklären die Markt- und Sozialforscher unnachgiebig und klar, wie ich schon zitiert habe:

> „Daten, die über natürliche oder juristische Personen erhoben werden, dürfen nur in einer Form übermittelt werden, die die befragten oder beobachteten Personen nicht erkennen lässt (Anonymisierung) .... Darüber hinaus muss auch sonst die Vertraulichkeit der Information streng gewahrt werden. Dementsprechend dürfen Daten aus der Markt- und Sozialforschung stets nur in anonymisierter Form genutzt werden. Nr. 2 und Nr. 3 (das sind die voranstehend zitierten Bestimmungen) können nicht dadurch aufgehoben werden, dass die Befragungs- oder Beobachtungsperson in die personenbezogene Übermittlung oder Nutzung einwilligt." (Nrn. 2.2 bis 2.4 der Erklärung für das Gebiet der Bundesrepublik Deutschland zum IHK/ESOMAR Internationaler Kodex für die Praxis der Markt- und Sozialforschung.)

6 Konkretisierung zur Ethik:
Personenbezogene Daten zur Kundenzufriedenheitsforschung, zum Data-Mining, zum Mystery Shopping und zu mikrogeographischen Datenbanken als gegenwärtig im Vordergrund stehende Wunschvorstellungen der Auftraggeber

Dass sich jeder in der Markt- und Sozialforschung gegenüber dem Direktmarketing und ähnlichen Verkaufsaktivitäten vollständig oder teilweise abgrenzen möchte, ist bislang, soweit bekannt, unfraglich. Allerdings fragt sich, ob Änderungswünsche de facto nicht doch in das Direktmarketing hineinreichen. Ausdrücklich gewünscht werden - weit überwiegend von den Auftraggebern ausgehend - Änderungen der Berufsethik vor allem in vier Hauptbereichen:

a) Kundenzufriedenheit

Die Auftraggeber sollen in personenbezogener Form die Auskünfte einzelner Befragter erhalten und mit den Befragten unmittelbar in Verbindung treten können. Vom Auftraggeber sollen, dies haben Rückfragen ergeben, nicht nur betriebliche Marktforscher mit den Befragten in Verbindung treten, sondern auch der Verkauf.

Beschrieben habe ich hier nur den Rahmen, wie Sie wissen. Dieser Rahmen lässt viele und ganz unterschiedliche Einzelregelungen zu. Bestimmte Wünsche und Grenzen haben sich noch nicht verfestigt. Was sich die eine oder andere Verkaufsabteilung aus verständlichen Gründen wünscht, lässt sich gut ausdenken.

b) Data-Mining

Data-Mining ist nicht nur ein Beispiel dafür, dass der Markt eine Lockerung der markt- und sozialforscherischen Berufsethik wünscht, sondern auch ein Beispiel dafür, dass im Fluss ist, wie weit die Wünsche reichen, und wie sich die Wünsche nach und nach erweitern können.

So steht nicht nur an, dass die Markt- und Sozialforschung personenbezogene Daten ausschließlich durch markt- und sozialforscherische Methoden und Techniken vertiefen soll. Vielmehr kommt auch in Betracht, dass zu einzelnen Personen personenbezogen weitere Daten ermittelt und in personenbezogener Form verwertet werden. So zum Beispiel Kündigungsmotive.

c) Mystery Shopping

Wenn verdeckt geforscht wird, sollen die Daten in personenbezogener Form weitergegeben werden können, also beispielsweise:

Es werden nicht nur wie bisher Einstellung und Verhalten der Verkäufer eines Unternehmens erforscht; und zwar in der Weise, dass die Namen der beobachteten Personen nicht registriert und auch sonst die Bestimmungen eingehalten werden, die im Einzelnen in der von ADM, ASI und BVM herausgegebenen "Richtlinie für Beobachtungen bei demoskopischen Untersuchungen" dokumentiert sind. Veröffentlicht ist diese Richtlinie u.a. bei www.adm-ev.de/homepage.html/Richtlinien.

Vielmehr soll die „Forschung" auch in personenbezogener Form festgehalten und übermittelt werden dürfen; - also etwa wie sich ein bestimmter beobachteter Verkäufer verhalten hat.

d) Mikrogeographische Datenbanken

Bei den mikrogeographischen Datenbanken stellen sich, soweit es hier interessiert, einzelne Auftraggeberwünsche in etwa so dar, wie beim Data-Mining.

Selbstverständlich können sich Auftraggeberwünsche und die Vorstellungen von Forschern schon morgen ändern. Es ist auch durchaus denkbar, dass ich nicht alle Wünsche und Vorstellungen hier erfasst habe. Nicht unterstellen kann ich bis jetzt, wie schon erwähnt, dass die Befragungsdaten von den Auftraggebern ausschließlich zu wissenschaftlichen Zwecken in personenbezogener Form genutzt werden sollen. Eine solche Einschränkung ist denkbar. Der Stand der Diskussion lässt diese Einschränkung jedoch (noch) nicht zu.

7 Forscherische Notwendigkeiten und methodische Möglichkeiten als Basis der ethischen (und schließlich auch der rechtlichen) Beurteilung

Ethisch (und rechtlich) stellt sich zunächst die Frage, inwieweit die erwähnten Kundenwünsche heute überhaupt methodisch anerkannt werden können.

Ein Beispiel:

Die gegenwärtig zugunsten der Markt- und Sozialforschung im Datenschutz geltenden Ausnahmen sind beim Gesetzgeber bzw. bei den Obersten Landesbehörden für den Datenschutz auch damit begründet worden, dass sich sowohl die vom Gesetz als Grundsatz festgelegte Schriftform der Einwilligung als auch die vom Gesetz vorgesehene „informierte Einwilligung" in Bezug auf die Befragten **methodisch** nicht rechtfertigen ließen. Prof. Scheuch, der schon im Jahre 1979 für die ASI in den Gesprächen mit den Obersten Landesbehörden in diesem Sinne argumentierte, hat 1995 die, soweit ich sehe, noch heute wichtigste Abhandlung zu den Folgen und Formen der Einwilligung des Befragten in einer juristischen Fachzeitschrift publiziert; vgl. Zeitschrift für Rechtspolitik (ZRP) 1995, 422 ff. Erwin K. Scheuch schließt a.a.O.:

> „Die in den Untersuchungen von ZUMA ermittelten Raten der Nichtteilnahme im Gefolge von längeren Erklärungen und schriftlicher Zustimmung führen zu Stichproben, die keine

Repräsentativschlüsse mehr erlauben. Sie sind als Modell der Verteilung von Merkmalen in der Bevölkerung unbrauchbar ....

Die Verweigerungen verteilen sich nicht repräsentativ. Es gibt keine Verfahren, insbesondere keine mathematischen Möglichkeiten, mit denen man doch noch eine Repräsentativität nachträglich herstellen könnte. Solche Verfahren kann es deshalb nicht geben, weil für die Einzelfälle unbekannt ist, wie sich die Verweigerungen verteilen. Dieses Problem, dass die Daten nicht mehr repräsentativ sind, besteht nicht nur bei den Random-, sondern auch bei den Quotenverfahren; bei letzteren bleiben Nichtteilnehmer lediglich unsichtbar.

Diese Mängel an Repräsentativität wiegen so schwer, dass die repräsentative Sozial- und Marktforschung nicht mehr ihren Zweck erfüllen könnte, wenn man eine schriftliche Einwilligung des Befragten verlangte."

Ich verstehe diese Abhandlung so, dass der Anonymisierungsgrundsatz zumindest in wichtigen Bereichen als methodisch notwendig erwiesen ist. Jedenfalls insofern wird der Beweis geführt worden sein, dass aus wissenschaftlichen Gründen anonymisiert werden muss.

Erwähnen muss ich noch wegen der Fundstellen: Für den ADM habe ich über die Probleme um die Schriftform und die Information sowie über die Gespräche mit dem Gesetzgeber und den Obersten Landesbehörden für den Datenschutz vielfach berichtet. So in Planung und Analyse 1985, 475; 1986, 31; 1988, 256, 349, 408, 456 und 1989, 23 und in der Zeitschrift „Der Betrieb" (DB) 1977, 289 ff., 337 ff. (337 f.); 1979, 1733 ff. (1733 f.),1781 ff. In mehreren weiteren Schriften zu den Fehlerquellen bei Befragungen habe ich versucht darzulegen, dass außer den von Prof. Scheuch aufgeführten Gründen noch weitere methodische Aspekte die Anonymisierung verlangen. Zurück zur Veröffentlichung DB 1977, 337:

Dort habe ich aus der WELT zitiert, was wir auch im Gesetzgebungsverfahren und bei anderen Gelegenheiten immer wieder betonten: „Echte Meinungsforscher verlangen nie eine Unterschrift. Wenn ein 'Interviewer' eine Unterschrift verlangt, ist mit Sicherheit etwas faul."

Dieses Zitat erinnert auch an eine Prämisse, die für viele sogar im Vordergrund stehen wird: Das Vertrauen der Öffentlichkeit in die Markt- und Sozialforschung.

Wenn wir nun vor der Aufgabe stehen, die Markt- und Sozialforschung zeitgerecht zu entwickeln, muss dargelegt werden, warum sich diese methodischen Grundlagen geändert haben, oder warum vorrangige Gründe diese methodischen Grundlagen verdrängen. Vielleicht sind neue methodische Erkenntnisse gewonnen worden. Die ausländischen Erfahrungen sind einzubeziehen. Der Verhältnismäßigkeitsgrundsatz könnte zudem verlangen umzudenken. Es versteht sich von selbst, dass auch hergebrachte Grundsätze in Frage gestellt werden müssen. Ich erwähne diese Binsenweisheit, weil wir doch fragen müssen, ob die von mir beschriebenen Gründe als Stenosen forscherischen Denkens verhindern, kreativ bessere Lösungen zu finden.

Ethisch kann im Interesse der erwähnten Auftraggeberwünsche gefragt werden:

Ist vorstellbar oder sogar zwingend, dass der einzelne Befragte auch in der Markt- und Sozialforschung als Forschungsgegenstand die Basis bildet? Ich meine: Der einzelne Mitarbeiter? Der einzelne Kunde? Die einzelne Apotheke?

Ist vorstellbar, dass Forschungsgegenstand gleichzeitig der Einzelne, viele Einzelne und die Gruppen sind? Also beispielsweise: Erforscht werden gleichzeitig repräsentativ das Verhalten und die Einstellung aller Kunden eines Unternehmens in ihrer Gesamtheit,

dann aber auch jeder einzelne Kunde. Also, ich ändere den Titel des von Elisabeth Noelle-Neumann/Thomas Petersen verfassten Buches ab:
„Alle und jeder" (statt: „Alle, nicht jeder").

Wenn in diesem Sinne der einzelne Kunde, der einzelne Mitarbeiter, die einzelne Unternehmenseinheit den Forschungsgegenstand bilden und die Daten über den Einzelnen an den Auftraggeber in personenbezogener Form übermittelt werden:

Wie dürfen dann diese personenbezogenen Daten verwertet werden? Ist es in dem BGH-Fall ethisch gerechtfertigt, dass sich der Verkauf der pharmazeutischen Unternehmen der ermittelten Daten bedient und versucht, mit Hilfe dieser Daten besser zu verkaufen?

Wie zu Beginn dieses Referats bereits betont, ist meine Aufgabe hier nur, die Problematik darzustellen. Zu dieser Darstellung wird gerade noch gehören klarzustellen, dass die methodischen Grundlagen, wenn geändert wird, Einzelheit für Einzelheit überprüft werden müssen. Ich habe die methodischen Grundlagen zuvor auch deshalb nicht eingehender beschrieben, damit das Referat nicht einseitig erscheint. Umso mehr bin ich verpflichtet, darauf hinzuweisen:

Es muss, meine ich, minutiös jedes methodische Argument überprüft werden. Erst auf der Grundlage einer genauen Überprüfung aller methodischen Anforderungen kann sachgerecht entschieden werden.

8 Rechtliche Konsequenzen

Ich muss noch auf die rechtlichen Konsequenzen eingehen. Die rechtlichen Konsequenzen überschneiden sich, ich bin darauf schon eingegangen, mit den methodischen Anforderungen und mit den ethischen Grundsätzen. Rechtliche Konsequenzen können zu dem Schluss führen, dass von mehreren ethisch und methodisch vertretbaren Lösungen eine bestimmte den Vorzug verdient.

Wenn nun zu diskutieren ist, ob Änderungsbemühungen Privilegien gefährden, muss mitbedacht werden, meine ich, dass gerade auch Änderungswillige die Privilegien mit erarbeitet haben.

Noch einmal erwähnen muss ich die soziologische Selbstverständlichkeit: Rechtsnormen einzuhalten, ist nicht das ethische Maximum, sondern, soweit es hier interessiert, das ethische Minimum. Neben den Rechtsnormen bestehen eben auch soziale Normen. Mitunter könnte vielleicht - vor allem wenn ein Jurist referiert - der Eindruck entstehen, es gehe nur darum, was juristisch machbar ist.

Erwähnen muss ich weiter vorab: Gelegentlich äußert sich eine Stelle, die für ein bestimmtes Rechtsgebiet zuständig ist, zum Beispiel eine Aufsichtsbehörde für das Datenschutzrecht. Wenn eine solche Stelle nun erklärt, sie erhebe keine Bedenken, dann ist nicht schlechthin der rechtliche Weg frei.

Die nachfolgenden Ausführungen gehen davon aus, dass Wünsche einzubeziehen sind, nach denen sich einzelne neue Tätigkeiten nicht als wissenschaftliche Tätigkeit darstellen.

a) Schriftliche Einwilligung des Befragten?

Was bei einem Überblick zu den Auswirkungen und zu den methodischen Grundlagen auszuführen ist, habe ich schon weitgehend ausdrücklich oder incidenter erwähnt. Zu dem ausdrücklich Erwähnten gehören die methodischen Abhandlungen zur Schriftform bei

Befragungen. Zu dem incidenter Erwähnten gehört: Auf methodische Gründe für die Befreiung von der Schriftform darf sich in der Regel die Forschung nicht berufen, wenn die Befreiung ihren Sinn verliert, weil wegen eines Teils der Befragung sowieso unterschrieben werden muss. Dieser Aspekt wurde übrigens schon im Jahre 1979 in den Gesprächen mit den Obersten Landesbehörden für den Datenschutz festgehalten. Im Protokoll zur Sitzung vom 14. Dezember 1979 heißt es:

„Man einigte sich schließlich auf folgende Differenzierung:
- Werden die vertraglichen Vereinbarungen zwischen dem MSI und dem Betroffenen *schriftlich* geschlossen, ist auch eine ausdrückliche *schriftliche* Einwilligung zu erteilen.
- Das gleiche gilt, wenn der Betroffene auf Fragebögen selbst seinen Namen einsetzt oder den Fragebogen unterschreibt. In diesen Fällen besteht keine Befürchtung, dass sich die Missbrauchsgefahr oder die Verweigerungsrate zusätzlich erhöhen." (Hervorhebungen bereits im Protokoll.)

Es ist nicht ausgeschlossen, dass Gerichte so entscheiden:

„Grundsätzlich müssen bei Markt- und Sozialforschungsstudien die Befragten in schriftlicher Form einwilligen:
Es verstößt generell gegen den Sinn und Zweck der gesetzlichen Bestimmungen über die Schriftform, Privilegien, die für einen Teil der Tätigkeit gelten, auf den anderen Teil zu übertragen. Im Gegenteil: Auch die Juristen haben ihren halo-effect. Wenn Tätigkeiten zusammengezogen werden, müssen für beide Tätigkeiten auch die für die andere Tätigkeit normierten Vorschriften eingehalten werden. Deshalb müssen die Betroffenen in die gesamte Befragung schriftlich einwilligen, wenn auch gefragt wird, ob der Betroffene damit einverstanden ist, dass Daten in personenbezogener Form übermittelt werden.
Überhaupt gilt grundsätzlich: Die Markt- und Sozialforscher übermitteln auch Befragungsergebnisse in personenbezogener Form. Es gibt jedenfalls Fälle, in denen diese Übermittlung nicht ausschließlich Teil einer wissenschaftlichen Tätigkeit sind. Die Forscher übermitteln diese Daten in personenbezogener Form, obwohl ihnen bewusst sein muss, dass der Befragte in solchen Fällen schriftlich einwilligen muss. Daraus muss geschlossen werden, dass methodische und ethische Gründe der Schriftform nicht zwingend entgegenstehen. Folglich lässt sich das bislang geltende Privileg nicht aufrecht erhalten."

Beispiele für diese negative Einstellung gibt es schon in unmittelbarer Nachbarschaft der Schriftformproblematik, nämlich im Bereich der telefonischen Marktforschung im Hinblick auf das Gesetz gegen unlauteren Wettbewerb (UWG). Auf diesen Bereich gehe ich gleich noch ein.

Die „Abfärberegelung" als Prinzip

Im Steuerrecht verankert sogar der Gesetzestext eine - so formulieren die Steuerrechtler - „Abfärberegelung". Vgl. § 15 Abs. 3 Nr. 1 des Einkommensteuergesetzes. Der Bundesfinanzhof hat in einem neuen Urteil (vom 30. August 2001) diese Abfärberegelung in einem für uns interessanten Umfeld angewandt:
Ein Augenarzt ergänzte seine Gemeinschaftspraxis mit einer Augenklinik. Nach der Abfärberegelung ist deshalb - so der BFH - „die freiberufliche Tätigkeit (des Arztes in der Arztpraxis) als gewerblich anzusehen". Der Arzt verliert die steuerrechtlichen Freiberufler-Privilegien des Augenarztes wegen der Tätigkeit im Gewerbebetrieb Augenklinik. „Das Ziel (der steuerrechtlichen Abfärberegelung) ist, die erheblichen Schwierigkeiten zu

vermeiden, mit denen die Ermittlung von Einkünften unterschiedlicher Einkommensarten verbunden wäre", so der BFH in diesem Urteil vom 30.8.2001 und schon früher in ständiger Rechtsprechung. Mit anderen Worten:

Es soll nicht differenziert werden. Wer ergänzend gewerblich arbeitet, muss es sich steuerlich gefallen lassen, dass diese Tätigkeit mit der anderen vermengt wird und beide Tätigkeiten nach den strengeren oder ungünstigeren Rechtsbestimmungen beurteilt werden. Es wird eben alles eingefärbt.

Der Jurist muss ergänzend auf den rechtsmethodischen Grundsatz der Gleichbewertung des Gleichsinnigen hinweisen. Nach ihm bildet die Rechtsordnung eine Einheit, und deshalb ist nach ihm eine gesetzliche Wertung auch auf andere Rechtsgebiete zu übertragen. Deshalb droht stets - als Prinzip - die Abfärbung, wenn mehrere Tätigkeiten neben- oder nacheinander betrieben werden. Die Markt- und Sozialforscher müssen deshalb bedenken: Bei einer zusätzlichen Übermittlung von Daten in personenbezogener Form können sich nicht nur die methodischen und die anderen Argumente kanibalisieren, die Privilegien können auch aus Prinzip entfallen. Umso mehr müsste für jeden Einzelfall nachweisbar sein:

Die Übermittlung der Daten in personenbezogener Form ist aus wissenschaftlichen Gründen erforderlich; nur wenn die Daten auch in personenbezogener Form übermittelt werden, kann die Markt- und Sozialforschung als wissenschaftlich beratende Dienstleistung ihrer Aufgabe gerecht werden. Es wird somit nicht etwa ein Paradigma gewechselt. Vielmehr wird nur die Wissenschaft aktualisiert.

Soweit mir bekannt, argumentieren diejenigen, die eine Übermittlung der Befragungsergebnisse zulassen möchten, nur, dass in diesem Sinne die Wissenschaft aktualisiert werden soll. Gleich zu Beginn meines Referates habe ich diese Prämisse erwähnt. Gelingt dieser Beweis und die Beschränkung auf diese Aktualisierung, dann besteht eine Chance, dass der Befragte nicht schriftlich einwilligen muss. Unter diesen Voraussetzungen greifen die „Abfärberegelung" und die anderen Gründe nicht zwingend.

Dieser Beweis lässt sich jedoch nicht mit allgemeinen Äußerungen führen. Es muss konkret beschrieben werden, wie mit den personenbezogenen Daten gearbeitet werden soll; und für diese Tätigkeiten muss dann belegt werden, dass es sich um wissenschaftliche Tätigkeiten handelt. Anschließend werden sich auch allgemein Grundsätze - Generalklauseln - formulieren lassen. Zu Beginn kann auf eine enumerative Aufzählung jedoch nicht verzichtet werden. Mit generellen Behauptungen allein wird man die Juristen in den hier interessierenden Fragen gegenwärtig nicht überzeugen können.

Damit ich mich nicht falsch ausdrücke, muss ich noch anfügen: ich halte es für verfassungswidrig, die Abfärberegelung als Prinzip im Bereich der Wissenschaft anzuwenden. Artikel 5 Abs. 3 des Grundgesetzes garantiert die Wissenschaftsfreiheit. Diese Garantie verbietet, meine ich, wissenschaftliche Tätigkeiten als nicht-wissenschaftlich zu behandeln. Aber bei dieser Frage gilt erst recht, dass Recht haben und Recht bekommen nicht unbedingt dasselbe sind. Jedenfalls müssen wir uns auf die Gefahr einstellen, dass die Rechtsprechung die Abfärberegelung allein schon als Prinzip gegen die Markt- und Sozialforschung einsetzen wird.

b) „Informierte Einwilligung" des Befragten?

Was für die Schriftform der Einwilligung des Befragten ausgeführt wurde, gilt entsprechend für die Frage, wie weitreichend der Befragte informiert werden muss, wenn mit den ermittelten Daten auch gezielt personenbezogen verkauft werden soll. Diese lapidare

Feststellung wirft schwerwiegende juristische und im Gefolge methodische und ethische Probleme auf. So wenn wegen einer Übermittlung von Daten in personenbezogener Form ohnehin informiert werden muss. Wie wirkt sich diese Information auf den methodischen Grundsatz aus, dass die Zieldimension unter Umständen nicht in allen Einzelheiten bekannt sein darf? Beeinflussen die Interviewer die Ergebnisse?

c) Andere Betroffene als der Befragte

Sie kennen das Problem, dass auch andere als der Befragte oder Beobachtete betroffen sein können. Beispielsweise Haushaltsmitglieder und andere Personen, über die sich der Befragte oder Beobachtete äußert. Soweit keine Erlaubnisnorm eingreift, muss grundsätzlich jeder Betroffene einwilligen (§ 4 Abs. 1 Bundesdatenschutzgesetz), und grundsätzlich sind personenbezogene Daten beim Betroffenen zu erheben (§ 4 Abs. 2 BDSG). Bislang haben wir zu diesen Grundsätzen mit Lösungen gefunden, indem wir auf wissenschaftliche Zwänge abstellen. Falls wir uns mit einer Übermittlung von Daten in personenbezogener Form nicht wissenschaftlich verhalten, wird es für uns schwieriger zu argumentieren. Wie immer oder meist: „Schwieriger" heißt nicht, dass die Forscher auf verlorenem Posten stünden.

d) Telefonische Marktforschung

Die telefonische Marktforschung, wird insgesamt stark in Frage gestellt (wenn Befragungsdaten auch in personenbezogener Form an Auftraggeber übermittelt werden). Wer an den Gesprächen mit der Zentrale zur Bekämpfung unlauteren Wettbewerbs zur Rechtmäßigkeit telefonischer Markt- und Sozialforschung teilgenommen hat, wird es nicht für übertrieben halten, wenn erklärt wird:

Mit der telefonischen Marktforschung bewegen wir uns wegen der negativen Rechtsprechung zu „werblichen Kaltanrufen" rechtlich „am Abgrund". Wir haben zwar, meine ich, zwingende Argumente für die Rechtmäßigkeit der telefonischen Markt- und Sozialforschung vortragen können. Vgl. zu diesen guten Argumenten Schäfer-Newiger in Heldrich (Hrsg.), Medien zwischen Spruch und Informationsinteresse, Seiten 425 ff. (434 ff.). Aber wenn wir von unseren Grundsätzen abweichen, laufen wir in der Praxis Gefahr, dass wir abstürzen:

So hat das Oberlandesgericht München am 6. April 1995, wie schon erwähnt, in einem unveröffentlichten Urteil entschieden: Wenn jemand zunächst an sich rechtmäßig anruft, dann jedoch Direktmarketing vorbereitet, verstößt der gesamte Anruf gegen § 1 UWG. Wer dieses Urteil vollständig liest (www.kanzlei-prof-schweizer.de/Bibliothek, Urteile, Wettbewerbsrecht), bekommt ein Gefühl dafür, wie schwierig es sein wird, bei Abweichungen die Gerichte für die Markt- und Sozialforschung zu gewinnen.

Stoppen konnten wir vorerst weitere Maßnahmen der Zentrale mit Hilfe von Rechtsprechung und Literatur dazu, dass in der Forschung nicht zu Wettbewerbs-, sondern zu wissenschaftlichen Zwecken befragt wird. Ich meine, wie bereits erwähnt, dieses Argument ist zwingend. Nur wenn zu Wettbewerbszwecken befragt wird, greift § 1 UWG. Bereitet nun der wissenschaftliche Teil jedoch eine Wettbewerbsfrage vor, dann wird eben von Beginn an auch zu Wettbewerbszwecken befragt; - jedenfalls müssen wir uns auf eine solche Gegenargumentation einstellen. Damit keine Missverständnisse entstehen können: Gestritten haben vor dem OLG München zwei Zeitungsverlage. Meine Kanzlei hat nicht mitgewirkt. Ich zitiere noch kurz die wichtigsten Sätze aus diesem Urteil:

> „Es kann dahingestellt bleiben, ob die Antragsgegnerin die Firma DMS mit ernstgemeinter Marktforschung beauftragt oder ob es sich insoweit, entsprechend dem Vortrag der Antragstellerin, lediglich um ein vorgeschobenes Motiv gehandelt hat. Die Antragsgegnerin räumt nämlich selbst ein, dass die Firma DMS am Ende des Telefongesprächs die Frage stellte, ob der Angerufene 'nochmals wegen einer kostenlosen Leseprobe angerufen werden dürfe' ...
>
> Damit hat die Antragsgegnerin, handelnd durch die Firma DMS, die Gelegenheit genutzt, im Rahmen eines zunächst wettbewerbsrechtlich nicht zu beanstandenden Telefongespräches einen erhofften Geschäftsabschluss werbend vorzubereiten. Bereits in dieser Anbahnung des erstrebten Geschäftsabschlusses liegt ein Verstoß gegen § 1 UWG. Es stellt nämlich einen unzulässigen Eingriff in die Individualsphäre des Anschlussinhabers dar, wenn der Anrufer ein zunächst nicht zu beanstandendes Gespräch dazu benutzt, ein 2. Gespräch vorzubereiten, um in diesem seine gewerbliche Leistung oder seine Ware anzubieten. Es liegt eine unzulässige Ausnutung des 1. Gespräches zu Werbezwecken vor. Demgegenüber tritt der Umstand, dass die eigentliche Werbetätigkeit erst im 2. Gespräch erfolgt, in den Hintergrund ...
>
> Mit Rücksicht auf das aufgezeigte Ergebnis kann dahingestellt bleiben, ob in Einzelfällen am Ende des 1. Gespräches ein 2. Gespräch, wie die Antragstellerin behauptet, zu Testzwecken, bezogen auf ein neues Zeitungsprodukt, angekündigt wurde. In jedem Fall diente bereits das 1. Gespräch der Vorbereitung unzulässiger Werbung und war damit selbst wettbewerbswidrig."

An dieser Stelle zeigt sich schließlich noch ein Aspekt, der auch zu anderen Kriterien Bedeutung gewinnen kann: Unter Umständen lassen sich die Methoden und Techniken ändern. Wenn es möglich ist, die Telefonbefragungen bei Personen durchzuführen, die sich mit Anrufen - vor dem Anruf - einverstanden erklären, sind Telefonbefragungen grundsätzlich rechtmäßig. Ob Sie methodengerecht sind, ist eine andere Frage.

e) Bezeichnungen „Interview" und „Interviewer"

Die für die Markt- und Sozialforschung günstige Rechtsprechung zur Verwendung der Bezeichnungen „Interviewer" und „Interview" kann unanwendbar werden. Das Präzedenzurteil stellt darauf ab, dass nach Ansicht des Gerichts erhebliche Teile des Verkehrs diese Begriffe, soweit es hier interessiert, der anonymisierenden Forschung zuordnet. Wörtlich - Urteil des OLG München vom 23.12.1982:

> „Der Senat hält es für ganz überwiegend wahrscheinlich - wenn auch nicht für sicher - dass die angesprochenen Verkehrskreise die Werbeanzeige der Beklagten, auch wenn diese ihre Firmen nennen, in dem Sinne verstehen, dass Interviewer im klassischen Sinne, also zum Zwecke allgemeiner Marktforschung, gesucht werden und nicht Personen, die in ein ausgeklügeltes konkretes Vertriebssystem eingegliedert sind. Der hiernach vorliegende Irrtum ist auch relevant i.S. von § 3 UWG. Denn es wird vom Verkehr positiv bewertet, wenn eine Tätigkeit, die mit Kontakten zum allgemeinen Publikum verbunden ist, nicht unmittelbar oder mittelbar mit dem Vertrieb von Waren oder Leistungen verbunden ist. Das kann der Senat, dessen Mitglieder als Studenten früher selbst zu den angesprochenen Verkehrskreisen gehörten und der zudem ständig mit einschlägigen Fragen befasst ist, aufgrund eigener Sachkunde beurteilen. Bei dieser Sachlage kommt es nicht mehr darauf an, ob die Werbeannonce auch gegen § 1 UWG verstieß."

f) Beiträge zur Berufsgenossenschaft

Die Einordnung in die Tarife der Berufsgenossenschaft, wie wir sie jetzt endgültig in vielen Jahren erstritten haben, wird sich wahrscheinlich nicht auf Dauer halten lassen.

Rechtliche und ethische Rahmenbedingungen der Umfrageforschung 131

g) **Wettbewerbsrechtliche Unzulässigkeit der Marktforschung wegen Ausspähens von Betriebsgeheimnissen?**

Hätte ich in der logischen Reihenfolge aufgelistet, hätte an erster Stelle stehen müssen: Es gibt nur wenige Gerichtsentscheidung, die darlegen, dass und warum Marktforschung zulässig ist. Veröffentlicht wurde nur ein Urteil. Dieses Urteil ist so abgefasst, dass eine Änderung der heute geltenden Grundsätze - greift man nur die eine oder andere Stelle des Urteils heraus - die Marktforschung schlechthin oder in weiten Bereichen in Frage stellen kann. Ich schätze die Gefahr dieses Urteils aber als nicht ganz so dramatisch ein. Sonst hätte ich diese Problematik an erster Stelle aufgeführt. Aber ungefährlich ist das Thema nicht.

Dieses erwähnte Urteil hat das Oberlandesgericht Stuttgart im Jahre 1981 gefällt. Gestritten wurde um eine Marktforschung zum Wartungs- und Kundendienst von Kopiergeräten. Geklagt hatte der Vertreiber eines Kopiergerätes gegen ein ADM-Institut mit der Begründung, das Institut spähe Betriebsgeheimnisse aus. Das ADM-Institut hat sich insbesondere auf die schon zitierte Erklärung für das Gebiet der Bundesrepublik Deutschland berufen. Damals hieß diese Erklärung kurz „Annahmeerklärung". Soweit es hier interessiert, entsprach die Annahmeerklärung dem schon zitierten Text mit dem Anonymisierungsgebot. Ich zitiere aus diesem Urteil (veröffentlicht in der Zeitschrift für gewerblichen Rechtsschutz und Urheberrecht 1982, Seiten 315 bis 318):

> „Inwieweit die Umfragen und Erhebungen der Markt- und Meinungsforschungsinstitute wettbewerbsrechtlich zulässig sind, wurde soweit ersichtlich, in der höchstrichterlichen Rechtsprechung noch nicht entschieden.
> Bei der Beklagten als einem Marktforschungsunternehmen ist davon auszugehen, dass sie die Untersuchung unter Anwendung der anerkannten empirisch-statistischen Methoden durchführt. Die Beklagte hat zudem auf die Richtlinien hingewiesen, zu denen sie sich als Mitglied eines Verbands (gemeint ist der ADM) entsprechender Unternehmen bekannt hat. Es ist davon auszugehen, dass die einzelnen, bei der Untersuchung verwendeten Service-Tagebücher anonym und nur generalisierend ausgewertet werden, und dass sie bei dem die Auswertung vornehmenden Marktforschungsunternehmen bleiben und nicht an den Mitbewerber der Klägerin ausgefolgt werden, der die Untersuchung in Auftrag gegeben hat."

Das Urteil stellt in dieser Passage also ausdrücklich darauf ab, dass im Sinne der „Annahmeerklärung" anonymisiert worden ist. Wird nun die Erklärung geändert, muss künftig begründet werden, dass das Urteil nicht so wörtlich genommen werden darf.

h) **Tendenzschutz**

Der Tendenzschutz im individuellen und kollektiven Arbeitsrecht wird oft nicht mehr greifen.

i) **Die Anwendung von Rechtsbegriffen wie „schutzwürdige Belange"**

Wann immer „berechtigte Interessen" und „schutzwürdige Belange" in Frage stehen, werden wir unter Umständen nicht mehr so gut argumentieren können wie bisher. Bisher ist der Markt- und Sozialforschung zugute gekommen, dass bei den Forschungsdaten unbekannt blieb, wer geantwortet hat. So wurde die Übermittlung der Namen und Anschriften von Kunden des Auftraggebers zu Zwecken der Marktforschung mit der Begründung gebilligt, dass schutzwürdige Belange des Kunden wegen der Anonymisierung nicht beeinträchtigt werden würden. So heißt es in der Drucksache 15/1539 des Hessischen (sic!)

Landtags vom 30. August 2000 unter der Überschrift „Markt- und Meinungsforschung bei Banken":

> „In Anbetracht dessen, dass bei der strafbaren Weitergabe von Kundendaten durch ein Marktforschungsinstitut dessen Existenz auf dem Spiel steht und der Auftraggeber das Verhalten der Marktforscher zusätzlich kontrolliert, sind die Daten in einem seriösen Marktforschungsunternehmen ebenso sicher wie in der Bank selbst.
> Der Ehrenkodex der Marktforschungsunternehmen verhindert in der Regel, dass die Befragungsergebnisse personenbezogen an den Auftraggeber übergeben werden.
> In anderem Zusammenhang wurde in der Vergangenheit von anderen Auftraggebern allerdings schon massiv versucht, die Befragungsdaten personenbezogen zu erlangen. Auf Befragen teilte die Aufsichtsbehörde den Marktforschungsunternehmen jeweils mit, dass eine anonyme Kundenbefragung aus Datenschutzgründen auch anonym bleiben muss. Im Regelfall sind die Marktforschungsunternehmen hier sehr auf ihren Ruf bedacht und betrachten die Arbeit der Aufsichtsbehörde in diesem Zusammenhang als Unterstützung.
> Es ist deshalb davon auszugehen, dass bei der Weitergabe von Kundenadressen bzw. Telefonnummern durch eine Bank für eigene Marktforschungszwecke keine schutzwürdigen Belange der betroffenen Kunden beeinträchtigt werden, sofern die genannten Voraussetzungen erfüllt sind."

j) Der richterliche Dezisionismus

Insgesamt müssen wir daran denken, dass sich der richterliche Dezisionismus stärker gegen die Markt- und Sozialforschung auswirken kann. Die Gerichte entscheiden erheblich stärker als man annehmen möchte nach ihrem eigenen Rechtsgefühl. Je nachdem, wie hoch das Ansehen der Markt- und Sozialforschung ist, wird dann für oder gegen die Markt- und Sozialforschung entschieden.
Vgl. www.kanzlei-prof-schweizer.de/Rechtsanwalt=Hellseher.

k) „Der gläserne Mensch"

Die Rechtsprechung des Bundesverfassungsgerichts gegen den gläsernen Menschen könnte sich gegen die Markt- und Sozialforschung durchsetzen. Das Bundesverfassungsgericht hat - wenn auch erst gegen den Staat gerichtet - entschieden:

> „Mit der Menschenwürde wäre es unvereinbar, wenn der Staat das Recht für sich in Anspruch nehmen könnte, den Menschen zwangsweise in seiner ganzen Persönlichkeit zu registrieren und zu katalogisieren, sei es auch in der Anonymität einer statistischen Erhebung, und ihn damit wie eine Sache zu behandeln, die einer Bestandsaufnahme in jeder Beziehung zugänglich ist."

Nach der Drittwirkung der Grundrechte kann ohne größere Schwierigkeiten begründet werden, dass sich der Grundgedanke dieser Rechtsprechung auch gegen die Markt- und Sozialforschung richtet.

Dazu, wie die zitierte Aussage des Bundesverfassungsgerichts im einzelnen zu verstehen ist, ist noch vieles offen. Aber die Tendenz und die Gefahren sind doch klar genug erkennbar; - wenn man nur beispielsweise an die mikrogeographischen Datenbanken oder an das Data-Mining denkt.

i) Weitere Rechtsgebiete

Diese Aufzählung ist bei weitem nicht vollständig. Die weitere Aufzählung müsste, um vollständig zu sein, beim Melderecht und dem in anderem Zusammenhang bereits erwähnten Freiberufler-Privileg im Steuerrecht fortgesetzt werden und sich letztlich über alle Rechtsgebiete erstrecken.

9 Entgegenstehende Vorteile und die Zwänge des Marktes

Auf der anderen Seite fragt sich selbstverständlich, welche Vorteile entstehen, wenn Daten ganz oder teilweise in personenbezogener Form übermittelt werden dürften. Weiter fragt sich, ob die Zwänge des Marktes so stark sind, dass sich ihnen die Markt- und Sozialforscher gar nicht verschließen können. Ein Aufbäumen gegen die Zwänge des Marktes wird durch die zu Beginn aufgeführte Rechtsprechung des Bundesgerichtshofes erheblich erschwert. Gegen diese Rechtsprechung lässt sich zwar unter Umständen argumentieren. Aber: Wie gefestigt sind die Markt- und Sozialforscher in ihrer Gesamtheit? Lässt sich gegen die Zwänge des Marktes unter den Markt- und Sozialforschern ein Konsens erzielen?

Noch zu den Vorteilen: Unternehmen wie Schober ermitteln zum Beispiel mit „Befragungen", welche Abonnenten von Zeitungen unter Umständen zu einer anderen Zeitung wechseln möchten. Die Antworten verkaufen diese Unternehmen in personenbezogener Form an die Verlage. Die Verlage können dann die eigenen Abonnenten ansprechen oder anschreiben, aber auch die Abonnenten der Konkurrenz. Als Vorteil könnten es der Vertrieb ansehen, wenn am Ende von Reichweitenbefragungen für die Verlage Vertriebsfragen dieser Art gestellt werden könnten. Erwähnen muss ich, dass ich auch dem Vorstand eines Medienkonzerns angehöre.

Unterstellt, in die M.A. oder in die AWA würden Vertriebsfragen aufgenommen, und es würden Antworten in personenbezogener Form übermittelt werden. Selbst wenn die Antworten nur an die betroffenen Verlage weitergegeben werden würden, nicht auch an die Konkurrenz, würden sich die M.A. und die AWA von heute auf morgen wirtschaftlich besser stellen. Von dem Problem der Interviewdauer kann ich an dieser Stelle absehen.

Insgesamt könnte schlechthin für jede Studie in allen Bereichen überprüft werden, wie sie sich mit Hilfe zusätzlicher Fragen wirtschaftlich verbessern lässt.

Vielleicht ließe sich selbst schon mit moderaten Änderungen geradezu erdrutschartig die Situation der Marktforschung, aber auch des Vertriebs der Auftraggeber verbessern.

Theoretisch denkbar ist auch, wie schon zu Beginn erwähnt, dass sich die Profession der Markt- und Sozialforscher teilweise unter dem Druck des Marktes in einen anderen Beruf verwandelt hat oder im Begriffe ist, sich zu einer anderen Profession zu entwickeln.

Unter solchen Zwängen ist auch eine Zweiteilung theoretisch denkbar. Diese Teilung könnte, wenn man das Begriffsverständnis des Bundesgerichtshofs zugrundelegt, zwischen der wissenschaftlichen Forschung einerseits und der Forschung andererseits verlaufen. In diesem Abschnitt spreche ich nur die Vorteile an. Ich habe deshalb hier nicht auf die aus ihnen eventuell folgenden Nachteile einzugehen.

10 Ruf nach dem Gesetzgeber?

Wenn die Selbstkontrolle versagt, weil sich kein Konsens erzielen lässt, muss auch daran gedacht werden, den Gesetzgeber zu rufen. Soweit ich die Verhältnisse kenne, besteht auch durchaus eine gute Chance, dass der Gesetzgeber eingreift. Die heutige Regierung würde Hinweise sehr wahrscheinlich aufgreifen, vor allem Bundesjustizministerin Däubler-Gmelin.

Können die Markt- und Sozialforscher einen solchen Eingriff aber befürworten wollen? Jeder weiß, was es bedeutet, wenn der Gesetzgeber gerufen wird. Die Forschungsfreiheit begibt sich dann eben in staatliche Zwänge.

11 Das Ergebnis

„Fünfzig Jahre nach Weinheim" stellt sich ein existentielles Problem für die Empirische Markt- und Sozialforschung. Wenn dieses Problem nicht kurzfristig minutiös untersucht und fundiert gelöst wird, trudelt die Empirische Markt- und Sozialforschung in eine ungewisse Zukunft.

Qualitätsmanagement des Forschungsprozesses

Erich Wiegand

Marktforschung - und mit kleinen Einschränkungen auch die empirische Sozialforschung - findet nicht in Gelehrtenstuben statt sondern in Forschungsinstituten, die mehrheitlich als mittelständische Unternehmen und zum Teil sogar als Global Player zu bezeichnen sind. Die Durchführung von wissenschaftlichen Umfragen - und das gilt auch für andere Erhebungsinstrumente wie z.B. Gruppendiskussionen - ist ein aus verschiedenen Schritten zusammengesetzter komplexer Forschungsprozess, an dem verschiedene Personen, Abteilungen oder sogar Institute in unterschiedlichen Funktionen beteiligt sind.

Folglich hängt die Qualität der Forschungsergebnisse einerseits davon ab, dass die einzelnen Räder des „Forschungsgetriebes" reibungslos ineinander greifen; und sie wird andererseits vom schwächsten Glied der „Forschungskette" limitiert. Die Einbeziehung qualitätssichernder Maßnahmen in die Planung und Organisation des Forschungsprozesses ist also für die Markt- und Sozialforschung unverzichtbar. Sie sollte deshalb in den akademischen Forschungseinrichtungen und den privatwirtschaftlichen Forschungsinstituten gleichermaßen selbstverständlich sein.

Sicherstellung von Qualität

Die Sicherstellung von Qualität ist keine neue Erfindung sondern hat eine lange Tradition; in Deutschland - „Made in Germany" - wie auch in anderen Ländern. Grundlegend gewandelt haben sich in den letzten fünfzig Jahren allerdings der Begriff 'Qualität' und die Maßnahmen zu ihrer Sicherstellung.

Der Begriff 'Qualität' stand früher für einwandfrei funktionierende Produkte. Dagegen umfasst er heute neben der Funktionsgarantie auch das Einhalten von Terminen und Vereinbarungen, einen umfassenden Service und die Einstellung auf spezifische Kundenwünsche. Zudem wurde der Begriff über die Produktion von Gütern hinaus auch auf das Erbringen von Dienstleistungen ausgedehnt.

Verbunden mit dem Bedeutungswandel des Begriffs 'Qualität' waren tiefgreifende Veränderungen der qualitätssichernden Maßnahmen. Zunächst stand die Qualitätskontrolle des Endprodukts mit dem Aussortieren fehlerhafter Produkte im Vordergrund. Dieses Konzept wurde abgelöst durch das der Qualitätssicherung, bei dem die Kontrollen in den Produktionsprozess verlagert wurden und alle Schritte des Prozesses erfassen, um bereits der Herstellung fehlerhafter Produkte vorzubeugen.

Heute wird Qualität als Teil der Unternehmensphilosophie im Rahmen eines umfassenden Qualitätsmanagements unter Leitung der Unternehmensführung und unter Einbeziehung aller Mitarbeiter geplant, gesteuert und überwacht. Das „Total Quality Management" als ständiges Bemühen um Verbesserung ist für komplexe wissenschaftliche Dienstleistungen wie die Markt- und Sozialforschung die adäquate Form der Sicherstellung von Qualität.

Aufbau eines Qualitätsmanagementsystems

Wie das Qualitätsmanagement eines Markt- und Sozialforschungsinstituts allerdings konkret zu gestalten ist, darüber sind kaum Aussagen möglich. Die einzelnen Prozesse und die Struktur dieses Systems werden von verschiedenen Faktoren beeinflusst. Dabei kommt der Größe und wirtschaftlichen Verflechtung des Instituts, seinen inhaltlichen Schwerpunkten und methodischen Spezialisierungen sowie den spezifischen Anforderungen seiner Auftraggeber maßgebliche Bedeutung zu.

Grundsätzlich sind zur Entwicklung eines Qualitätsmanagementsystems die folgenden Schritte notwendig:
1. Ermittlung der Anforderungen und Erwartungen der Kunden,
2. Festlegung der Qualitätspolitik und der Qualitätsziele,
3. Definition der erforderlichen Prozesse und Verantwortlichkeiten,
4. Bereitstellung der notwendigen Ressourcen,
5. Messung der Wirksamkeit und Effizienz der Prozesse sowie,
6. Maßnahmen zur Verhinderung von Fehlern und Beseitigung ihrer Ursachen.

Kostenaspekte des Qualitätsmanagements

Auch das „Total Quality Management" muss Kostenaspekte berücksichtigen. Ausgehend von einem minimalen Qualitätsniveau lassen sich Verbesserungen zunächst nur mit relativ hohen Mehrkosten erzielen, weil das dazu notwendige Qualitätsmanagementsystem erst eingerichtet werden muss. Mit zunehmendem Qualitätsniveau sind weitere Verbesserungen aber immer kostengünstiger möglich, weil dann nur noch die Effizienz des Systems gesteigert zu werden braucht. Schließlich wird ein Qualitätsniveau erreicht, ab dem die Mehrkosten weiterer Verbesserungen wieder steigen, weil dazu dann ein grundlegender Um- und Ausbau des Qualitätsmanagementsystems notwendig ist. Das sogenannte Ertragsgesetz gilt also auch für die wissenschaftliche Qualität der Markt- und Sozialforschung.

Wenn man unterstellt, dass die Mehrheit der Auftraggeber von Markt- und Sozialforschung mehr als ein minimales Qualitätsniveau erwarten und gleichzeitig weiß, dass das maximal mögliche Niveau zwar theoretisch erreichbar aber in der Forschungspraxis nicht bezahlbar ist, dann kommt es für die Forschungsinstitute darauf an, sich hinsichtlich der wissenschaftlichen Qualität ihrer Forschungsleistungen gemäß den spezifischen Erwartungen ihrer Auftraggeber im „kostenelastischen" Bereich der „Qualitätskurve" zu positionieren. Wenn man weiter unterstellt, dass es bedauerlicherweise immer noch Auftraggeber mit gering entwickeltem Qualitätsbewusstsein gibt, dann wird es verständlich, dass sich Institute dauerhaft und erfolgreich auch im unteren Bereich der „Qualitätskurve" positionieren können.

Die vorangegangenen Überlegungen zu den Kostenaspekten des Qualitätsmanagements sind zugegebenermaßen noch nicht sehr ausgearbeitet. Unzweifelhaft wird jedoch die Problematik der Kosten-Nutzen-Relation in der zukünftigen Diskussion um das Qualitätsmanagement des Forschungsprozesses eine wichtige Rolle spielen.

Die Markt- und Sozialforschung steht immer im Spannungsfeld zwischen den wissenschaftlich- methodischen Anforderungen, der zur Verfügung stehenden Zeit und dem dafür bereit gestellten Budget. Die Qualität von Forschungsergebnissen hängt deshalb auch von den Ansprüchen und Ressourcen der Auftraggeber ab. Häufig stehen Budgetrestriktionen oder der Wunsch nach rascher Verfügbarkeit der Ergebnisse hoher Qualität entgegen. Andererseits ist das notwendige Qualitätsniveau nicht unabhängig vom Erkenntnisinteresse bzw. vom jeweiligen Forschungsproblem.

Zertifizierung nach ISO 9000

Wenn man über das Qualitätsmanagement des Forschungsprozesses spricht, dann muss man natürlich auch etwas über ISO 9000 sagen. Es handelt sich hierbei um eine international anerkannte, branchenneutrale Normenreihe für die grundlegenden Anforderungen an ein umfassendes System des Qualitätsmanagements. Ziel der Zertifizierung eines Unternehmens nach ISO 9000 ist der Nachweis geeigneter Strukturen und Prozesse, um eine ganzheitliche Qualität seiner Produkte bzw. Dienstleistungen sicherstellen zu können.

Allerdings garantiert die Zertifizierung eines Forschungsinstituts allein noch nicht die Einhaltung besonders strenger Qualitätsmaßstäbe hinsichtlich der zu erzeugenden Produkte bzw. der zu erbringenden Dienstleistungen. Entsprechende Aussagen basieren entweder auf Missverständnissen bezüglich der Funktion von ISO 9000 oder haben - schlicht und einfach - einen werblichen Hintergrund. Ich darf dazu aus ISO 9000 in der aktuellen Fassung vom Dezember 2000 zitieren:

Anforderungen an Qualitätsmanagementsysteme sind allgemeiner Natur und gelten für Organisationen in jedem beliebigen Industrie- oder Wirtschaftssektor unabhängig von der angebotenen Produktkategorie. ISO 9001 selbst legt keine Anforderungen an Produkte fest.

Weiter heißt es dort: *Anforderungen an Produkte können entweder von den Kunden oder von der Organisation in Vorwegnahme der Kundenanforderungen oder durch behördliche Vorschriften festgelegt werden.* Für die Markt- und Sozialforschung möchte man diesem Zitat noch hinzufügen: „oder durch die verbandliche Selbstregulierung der Profession."

Gleichwohl mag die Zertifizierung sowohl dem Institut als auch seinen Auftraggebern Vorteile bieten: Auf der Seite des Instituts kann der Prozess der Zertifizierung dazu beitragen, mögliche Schwachstellen in den Arbeitsabläufen zu erkennen und die einzelnen Schritte des Forschungsprozesses bei gleichbleibender Qualität effizienter zu gestalten. Für den Auftraggeber wird durch die Zertifizierung der Forschungsprozess transparenter gemacht. Er kann sich leichter davon überzeugen, dass die einzelnen Forschungsschritte in einer seinen Ansprüchen genügenden und mit ihm vertraglich vereinbarten Qualität durchgeführt werden.

Die Zertifizierung nach ISO 9000 hat in der deutschen Marktforschung eine wesentlich geringere Rolle gespielt als in einigen anderen Ländern, insbesondere in Großbritannien. Das ist vor allem auf die spezifische Tradition der Marktforschung in Deutschland als wissenschaftliche Forschung und das daraus resultierende berufliche Selbstverständnis der Marktforscher als Wissenschaftler zurückzuführen. Es ist natürlich auch eine Folge des Verhaltens der Auftraggeber, für die bei der Ausschreibung von Forschungsleistungen und der Auftragsvergabe die Zertifizierung eines Instituts offensichtlich nicht entscheidend ist. Darüber hinaus dürften auch länderspezifische Unterschiede im Haftungsrecht eine Rolle spielen.

Im Gegensatz zu den Verbänden der Markt- und Sozialforschungsinstitute in verschiedenen anderen Ländern hat der ADM in Deutschland die Zertifizierung eines Instituts nach ISO 9000 nicht zur formalen Voraussetzung der Mitgliedschaft gemacht sondern in das Ermessen der einzelnen Institute gestellt. Wenn allerdings ein Institut plant, sich zertifizieren zu lassen, dann auf der Grundlage von inhaltlichen Kriterien, die mit allgemein anerkannten wissenschaftlichen Qualitätsstandards kompatibel sind.

Standards zur Qualitätssicherung in der Markt- und Sozialforschung

Letztere haben die Verbände der deutschen Markt- und Sozialforschung - der ADM Arbeitskreis Deutscher Markt- und Sozialforschungsinstitute e.V., die ASI Arbeitsgemeinschaft Sozialwissenschaftlicher Institute e.V. und der BVM Berufsverband Deutscher Markt- und Sozialforscher e.V. - gemeinsam entwickelt und im Jahr 1999 als „Standards zur Qualitätssicherung in der Markt- und Sozialforschung" publiziert. Sie sind für die Mitgliedsinstitute des ADM qua Satzung verbindlich und werden von den Auftraggebern zunehmend zur Vertragsgrundlage gemacht.

Die „Standards zur Qualitätssicherung" dokumentieren die qualitätsrelevanten Erfordernisse der einzelnen Schritte des Forschungsprozesses und sind damit ein den gesamten Forschungsprozess umfassender Orientierungsrahmen für Institute und Auftraggeber. Sie sind zu lesen als ein Katalog von verbindlichen Zielen, die es zu erreichen gilt, um die wissenschaftliche Qualität von Markt- und Sozialforschung sicher zu stellen. Allerdings bleibt die Art wie diese Ziele erreicht werden im Rahmen der anerkannten wissenschaftlichen Regeln freigestellt.

Die „Standards zur Qualitätssicherung" sind also nicht zu verstehen als eine Liste von Normen, die auf eine jeweils festgelegte Weise erfüllt werden müssen. Die Vorgabe von Normen, die den Forschungsprozess im Detail reglementieren, widerspräche dem pluralistischen Verständnis von Forschung als einer Voraussetzung für den Fortschritt wissenschaftlicher Erkenntnisse und Methoden. Und sie würde - nebenbei bemerkt - auch einen wettbewerbsrechtlich bedenklichen Eingriff in die Tätigkeit der privatwirtschaftlichen Markt- und Sozialforschungsinstitute darstellen.

Internationale Qualitätsstandards

Marktforschung erhält zunehmend eine internationale Dimension. Die Auftraggeber sind größtenteils Global Player geworden mit globalen Unternehmenszielen oder befinden sich auf dem Weg dorthin. Dem entsprechend werden Forschungsprojekte immer häufiger nicht mehr national geplant sondern zeitgleich in mehreren Ländern organisiert. Diese Entwicklung wird mit zeitlicher Verzögerung auch die empirische Sozialforschung erfassen; zumindest den Teil, der einen konkreten Anwendungsbezug aufweist.

Die zunehmende Internationalisierung der Forschung macht die Relevanz internationaler Qualitätsstandards unmittelbar einleuchtend. Länderübergreifende Forschungsprojekte müssen auf der Grundlage einer vergleichbaren Methodik durchgeführt werden, um die inhaltliche Vergleichbarkeit der Forschungsergebnisse über die beteiligten Länder hinweg sicherzustellen. Internationale Qualitätsstandards können dazu entscheidend beitragen.

Allerdings leisten internationale Qualitätsstandards keinen Beitrag zur wissenschaftlichen Qualität der Markt- und Sozialforschung, wenn sie als Minimalstandards formuliert sind, deren Einhaltung - zumindest in Ländern wie Deutschland - selbstverständlich ist. Sie leisten auch dann keinen Beitrag zur Qualität, wenn sie die unterschiedlichen Strukturen und Traditionen der Markt- und Sozialforschung in den einzelnen Ländern nicht angemessen berücksichtigen sondern zu stark auf die spezifische Situation eines Landes zugeschnitten sind.

Internationale bzw. europäische Qualitätsstandards für die Marktforschung gibt es seit 1998. Sie wurden von EFAMRO - der European Federation of Market Research Organisations - entwickelt. EFAMRO ist der europäische Dachverband nationaler Wirtschaftsverbände, dem der ADM als Interessenvertretung der Markt- und Sozialforschungsinstitute in Deutschland angehört.

Die eben genannten Vorbehalte gegen internationale Qualitätsstandards treffen teilweise auch auf die „EFAMRO Market Research Quality Standards" zu. Gleichwohl gibt es Bestrebungen einzelner Länder, diese Qualitätsstandards zu einer internationalen Norm für die Marktforschung zu machen; unabhängig von ISO 9000. Gegen eine solche „ISO Marktforschung" ist im Prinzip nichts einzuwenden, wenn diese Norm mehr als nur die minimalen Qualitätsstandards enthält und alle Länder gleichermaßen an ihrer Entwicklung beteiligt sind. Der ADM, die ASI und der BVM werden - wiederum gemeinsam - in Zusammenarbeit mit dem DIN Deutsches Institut für Normung e.V. dafür Sorge tragen, dass bei der Entwicklung einer internationalen Norm die Interessen der deutschen Markt- und Sozialforschung angemessen berücksichtigt werden.

Probleme und Entwicklungstrends der Umfrageforschung
Stichprobenverfahren in der Umfrageforschung

Christian von der Heyde

1 Stichproben vor 50 Jahren

Vor 50 Jahren hat Professor Kellerer über Stichprobenverfahren in der Sozialforschung gesprochen[1]. Damals differenzierte er zwischen Quotenauswahl und (Zufalls-)Stichproben und beschrieb bei den letzteren eine Reihe von Modellen:

Sieht man von drei der genannten Verfahren ab, die heute kaum noch eine Rolle spielen, dann entspricht die damalige Liste auch heute noch der Realität der Primärforschung: Es gibt praktisch keine neueren, damals noch nicht genannten Methoden der Stichprobenbildung außer – vielleicht - der Zeitintervallstichprobe, die aber letztlich ein Sonderfall der mehrstufigen Auswahl ist.

Intensiv diskutiert wurde damals, wie wir schon gehört haben, der Vergleich von Zufalls- mit Quotenauswahlverfahren. Es wurde heftig gestritten über deren Wert oder Unwert in der Markt- und Sozialforschung. Dieser Streit ist inzwischen beigelegt. Beide Ansätze zur Auswahl der Probanden haben ihre Position in der Markt- und Sozialforschung gefunden.

Trotzdem hat sich viel getan in den vergangenen 50 Jahren: Es wurden Standards entwickelt und etabliert, die die heutige Methodenlandschaft prägen. Hintergrund dieser Entwicklungen waren sowohl forschungsökonomische Aspekte als auch die Abbildungsqualität, was ein Diskussionsbeitrag von Heinrich Hartwig zum Referat von Hans Kellerer verdeutlicht: „Das einzige sachlogische Problem, das bei der Beurteilung einer realen Stichprobe überhaupt in Betracht kommt, ist die Frage, wie man den «bias» beherrschen, einschränken, ausmerzen kann."[2] Praktisch alles, was sich in der Entwicklung der Auswahl-Methodik – oder sagen wir besser der Auswahl-Technik - getan hat und noch tun wird, ist auf den Wunsch nach Reduzierung des Aufwands unter Beibehaltung der Erwartungstreue der Schätzwerte aus Primärerhebungen zurück zu führen. Und natürlich fußen die Verbesserungen – aber auch die Probleme – im wesentlichen auf der veränderten Technik-Landschaft, d.h. vor allem auf einer EDV-Technik, deren heutige Leistungsstärke damals niemand ahnen konnte, und deren Weiterentwicklung immer noch nicht absehbar ist, auf der rasanten Entwicklung der Kommunikationstechnik und auf einer ständig zunehmenden Befragungsunwilligkeit oder -unfähigkeit. Das soll anhand der wichtigsten Standards in der privat verfassten Markt- und Sozialforschung für Stichproben zur Abbildung der Bevölkerung gezeigt werden. Ich gehe also nicht auf die Entwicklungen in der amtlichen Statistik ein (darüber müsste aus berufenerem Mund berichtet werden), obwohl dort z.B. mit dem Mikrozensus ein Erhebungsstandard etabliert wurde, der u.a. wegen der gesetzlichen Verpflichtung zur Auskunft weit über die Standards bei den privaten Instituten hinausgeht.

2 F2F-Stichproben

Vor 50 Jahren waren die Einwohnerdateien der Kommunen auch für die privat verfasste Markt- und Meinungsforschung prinzipiell offen; man konnte eine geschichtete Auswahl von Gemeinden realisieren, sein Anliegen der Adressenziehung den (ausgewählten) Kommunen vortragen, und erhielt die für die Stichprobenbildung notwendigen Adressen (sog. Deming-Plan). Problematisch war lediglich die Realisierung einer Zufallsziehung, da derartige Auswahlverfahren den kommunalen Mitarbeitern weitgehend unbekannt waren, sie also massive Unterstützung benötigten. Der relativ freie Zugang zu diesen Adressen änderte sich sofort mit Einführung des „öffentlichen Interesses" als Grundbedingung für die Nutzung der Einwohnerdateien. Diese Zugriffsbeschränkung war u.a. maßgebend für die Gründung der Arbeitsgemeinschaft ADM-Stichproben (damals noch unter anderem Namen) und der Entwicklung des ADM-Stichproben-Systems für persönlich-mündliche Befragungen Anfang der 70er Jahre. Dieses System nutzt als Auswahlgrundlage die Unterteilung der Bundesrepublik in derzeit rund 80.000 sog. Wahlbezirke, die die bewohnte Fläche der BRD vollständig abdecken. Es ist eine mehrfach regional geschichtete dreistufige Zufallsauswahl (mit den Auswahleinheiten Wahlbezirk, Privathaushalt und Person), die aus zwei Gründen erhebliche Kostenvorteile hat.
– Zum einen wird das System von der Arbeitsgemeinschaft finanziert und aktualisiert, so dass seine sehr hohen Realisierungskosten von mittlerweile 14 Instituten getragen werden.
– Zum andern ist es eine sog. Klumpenstichprobe, d.h. die Wege der Interviewer zwischen den einzelnen zu bearbeitenden Adressen sind minimiert, was zu Kosteneinsparungen in der Feldarbeit – aber auch zu größeren Konfidenzintervallen führt.

Inzwischen hat dieses System seine sechste Erneuerung und Verbesserung erfahren, was sowohl für seine Praktikabilität als auch für seine Durchsetzung als anerkanntes Standardverfahren in der Feldarbeit für F2F-Befragungen spricht.

Zur Zeit sind wir dabei, dieses System gründlich zu revidieren, weil seine Erstellungskosten trotz der 14 „tragenden Schultern" kaum noch darstellbar sind. Seine letzte Erneuerung auf Basis der BTW 1994 hat rund 1,1 Mio. DM gekostet, bei weitgehend unentgeltlicher Überlassung der Wahlbezirksdaten durch die Kommunen. Inzwischen sind die Kommunen sicher auch wegen ihrer prekärer Kassenlage dazu übergegangen, sich jede Information teuer bezahlen zu lassen. Wir müssen daher davon ausgehen, dass eine Aktualisierung des Systems mit den Daten der BTW 2002 mindestens 1,5 Mio. DM kosten wird. Das ist ein Volumen, das vor dem Hintergrund sinkender Interviewzahlen im F2F-Bereich nicht mehr tragbar erscheint.

Die Arbeitsgemeinschaft ADM-Stichproben hat deshalb nach Möglichkeiten gesucht, das System ohne Qualitätseinbuße auf anderer Basis erstellen zu lassen. Mittlerweile gibt es mehrere Anbieter von mikrogeografischen Systemen, die die BRD kleinsträumig abbilden. Alle diese Systeme basieren auf einer digitalen „Verortung" von Adressen, die teilweise bis zur regionalen Zuordenbarkeit einzelner Hausnummern geht. Nach eingehender Prüfung dreier unterschiedlicher Angebote hat sich ergeben, dass diese Systeme auch dazu geeignet sind, die für eine Flächenstichprobe benötigten Abgrenzungen konsistent und in der notwendigen Differenzierung und Geschlossenheit erstellen zu lassen.

Aber natürlich sind die derzeit etablierten mikrogeografischen Systeme nicht primär daran orientiert, die Bildung von Flächenstichproben zu unterstützen. Um das zu leisten, bedarf es zusätzlicher kosten- und zeitaufwendiger Entwicklungen. Die bisherigen Tests, die die Arbeitsgemeinschaft hat durchführen lassen, haben aber die grundsätzliche Verwendbarkeit der Systeme für diese Zwecke ergeben. Trotz des zusätzlichen Entwicklungsaufwands dürfte die Nutzung mikrogeografischer Systeme tatsächlich wesentlich kostengünstiger sein als Bezug und Aufbereitung der Wahlbezirksunterlagen; die Arbeitsgemeinschaft ADM-Stichproben wird sich deshalb wohl dafür entscheiden, eins der angebotenen Systeme als Basis für die F2F-Stichproben zu verwenden.

3 Telefonstichproben

Bis in die 80er Jahre war die Telefondichte in der Bundesrepublik noch so niedrig, dass für die Gesamtbevölkerung repräsentative Stichproben nicht realisiert werden konnten. Erst bei einer Telefondichte von rund 80% hielt man es für weitgehend unbedenklich, Telefoneinträge als Auswahlgrundlage für Befragungen zu nutzen, auch deshalb, weil man auf praktisch vollständige Telefonverzeichnisse zugreifen konnte. Der Eintrag in die Verzeichnisse war vom Antragsteller nämlich nur mit umfangreicher und stichhaltiger Begründung zu verhindern. Ab diesem Zeitpunkt begann die Telefonstichprobe die F2F-Befragung abzulösen – natürlich damals beschränkt auf die alten Bundesländer.

Mit der Wiedervereinigung 1990 erhielt die durch Telefonbefragungen verursachte Euphorie einen Dämpfer, da die Telefondichte in den neuen Ländern damals bei ca. 25% lag und – wie man glaubte – weitgehend auf ehemalige Kader konzentriert war. Während bei dem System für F2F-Stichproben eine Erweiterung auf Basis der Wahlbezirke zur Bundestagswahl 1990 relativ einfach – wenn auch kostenträchtig – war, ließ sich die geringe Telefondichte nicht ausgleichen.

Schon bald nach der Wende musste die Telekom auf Drängen der Datenschützer jedem Anschlussinhaber die Möglichkeit offerieren, ohne Nennung eines Grundes der Veröffentlichung der Daten seines Telefonanschlusses widersprechen zu können. Das führte und führt zu einer erheblichen Einbuße an Abbildungstreue der Telefon-Verzeichnisse: Kaum jemand machte und macht von diesem Widerspruchsrecht bei bestehenden Anschlüssen Gebrauch, während bei Anschlussänderungen oder Neuanschlüssen in manchen Großstädten (laut Auskunft der Telekom) bis zu 60% der Telefonteilnehmer der Aufnahme ihrer neuen Anschlussdaten in ein Verzeichnis widersprechen. Das führt im wesentlichen zu zwei Problemen:
– die Neuanschlüsse konzentrierten sich in den 90ern hauptsächlich auf die neuen Länder, so dass es zu sehr ungleichgewichtiger Abbildungstreue der Verzeichnisse zwischen alten und neuen Ländern kam.
– Vor allem umziehende (mobile) Haushalte/Personen und solche, die einen Technikwechsel vollziehen (z.B. ISDN), müssen einen neuen/geänderten Anschluss anmelden und verzichten dann überproportional häufig auf den Eintrag.

Weitere erhebliche Probleme verursachten die Öffnung des Marktes für Telekommunikationsleistung für weitere Anbieter und die rasante Entwicklung des Mobilfunks.

Diese Entwicklungen machten die Bildung repräsentativer Bevölkerungsstichproben für die einzelnen Institute so aufwendig, dass sie 1998 in die Initiative zur Gründung der Arbeitsgemeinschaft ADM-Telefonstichproben mündete. Diese Institutsgruppe im ADM, die mittlerweile 20 Mitglieder zählt, hat es sich zur Aufgabe gemacht, ein den aktuellen Erfordernissen adäquates System für Telefonstichproben zu entwickeln und zu aktualisieren. Es basiert auf einer von Dr. Gabler und Dr. Häder, ZUMA, formulierten Methode[3], die es erlaubt, auch nicht in Verzeichnissen eingetragene Telefonanschlüsse in den ihnen zukommenden Proportionen repräsentativ abzubilden. Das System ist mittlerweile etabliert und wird derzeit in der zweite Aktualisierung von den beteiligten Instituten genutzt.

Allerdings sind auch bei diesem System Grenzen der Repräsentativität zu erkennen. Das bestehende Telefonstichprobensystem basiert auf den Einträgen in den Telefonverzeichnissen. Da höchstens 10% der Mobilfunkteilnehmer aber immer noch fast 80% der Festnetzanschlüsse in Verzeichnisse eingetragen sind, kann das derzeitige ADM-Telefonstichproben-System nur als adäquate Abbildung der Festnetzteilnehmer dienen. Das ist noch verhältnismäßig unproblematisch, da rund 98% der Privathaushalte telefonisch erreichbar sind und zur Zeit nur knapp 5% davon keinen Festnetzanschluss haben. Mithin werden rund 93% der Haushalte der BRD in einer Festnetzstichprobe repräsentiert.

Diese Quantitäten sagen aber nicht alles. Die Mobilfunkteilnehmer ohne Festnetzanschluss sind häufig jung, leben in kleinen Haushalten und haben unterdurchschnittliche Einkommen. Zusätzlich sind sie eher dem mobilen Teil der Bevölkerung zuzurechnen, zumindest erhält man diesen Eindruck, wenn man sieht, wer wann das Handy benutzt. Die mit einer Festnetzstichprobe nicht abbildbaren Haushalte entsprechen also in keinem Fall den normalen Bevölkerungsstrukturen; ihr Anteil ist aber, wie schon gesagt, derzeit noch recht klein. Das wird sich aber mit hoher Wahrscheinlichkeit ändern. Schon in absehbarer Zeit erwarten die Mobilfunk-Provider, dass der Anteil „reiner Mobilfunkhaushalte" auf mehr als 10% steigen wird. Spätestens dann sind die Telefonstichproben so zu erweitern, dass sie auch diese Bevölkerungsgruppe adäquat abbilden können. Wie das in einem standardisierten und kostengünstig einsetzbaren System erreichbar sein wird, ist derzeit noch nicht erkennbar.

Natürlich gibt es schon jetzt Techniken, auch diese Haushalte bzw. Personen abzubilden. Bei derzeit etwa 30 bis 50 Mio. genutzten Mobilfunktelefonen (deren Zahl lässt sich derzeit nicht genauer angeben, denn die Provider berichten von mehr als 50 Mio. eingerichteten Mobilfunknummern, während entsprechende Befragungen zu weniger als 40 Mio. genutzten Mobilfunknummern führen. Schon das zeigt die große Unsicherheit bei der Abbildung von Mobilfunkteilnehmern) und ca. 1,5 Mio. Haushalten, die nicht über das Festnetz erreichbar sind, kann sich jeder deren geringe Inzidenz ausrechnen und damit abschätzen, welch hoher Kontaktaufwand heute notwendig ist, um auch diese Haushalte in eine repräsentative Abbildung einzubeziehen. Hinzu kommt das Problem, dass Handys i.d.R. als persönliches Kommunikationsmittel genutzt werden. Mithin sind Mobilfunk-Stichproben i.d.R. keine Haushaltsstichproben – wie die Festnetzstichproben, sondern sie sind hybrid: Sehr häufig führt eine Mobilfunknummer zu einer Person. Das ist aber nicht ausschließlich so, denn es gibt auch Mehrpersonenhaushalte mit nur einem Handy, das dann wiederum als Ausgangspunkt für eine (Zufalls-)Auswahl der Zielperson im Haushalt dienen kann. Mit anderen Worten: Die Bestimmung der Auswahlwahrscheinlichkeiten bei Mobilfunkstichproben ist problematisch und sie macht noch mehr Probleme, wenn man Festnetz- und Mobilfunknummern mischt.

Hier sehen Sie also ein sehr aktuelles und schwieriges Feld der Weiterentwicklung eines bestehenden Standards. Die Arbeitsgemeinschaft muss und wird sich dieser Aufgabe stellen und sie hoffentlich bald lösen.

Das sind die beiden großen in der BRD verwendeten Standards für persönlich mündliche bzw. telefonische Befragungen. Sie werden ergänzt durch eine Reihe von weiteren Verfahrensentwicklungen, die lediglich wegen ihrer geringeren Bekanntheit nicht als Standards erkannt werden. Dazu gehören Spezialstichproben für die repräsentative Abbildung der Besucher von Veranstaltungen und Messen, Bevölkerungs- und Haushaltspanel, Reichweitenerhebungen der Medienforschung, die Wahlberichterstattung, Einwohnermeldeamtsstichproben und vieles mehr, auf das einzugehen die Zeit nicht reicht. Festzuhalten ist aber, dass die meisten der heute eingesetzten Stichprobenverfahren einen so hohen Entwicklungsstand haben, dass sie als Standards gelten müssen.

4 Internet-basierte Stichproben

Das kann man von der neuesten Entwicklung in der Umfrageforschung, den internet-basierten Stichproben, noch nicht sagen. Hier gibt es zwar erste Ansätze zumindest der Formulierung von Qualitätsstandards, die Auswahlmethoden selbst entziehen sich aber noch weitgehend einer Standardisierung. Das hat mehrere Gründe:

Einerseits ist die private Nutzung des Internet (geschäftliche Internet-Anschlüsse dürfen prinzipiell nicht für Befragungen genutzt werden, in denen Privatpersonen angesprochen werden) noch nicht so weit verbreitet, dass man sich trauen kann, die Gesamtbevölkerung mit Online-Befragungen zu repräsentieren. Internet-Stichproben befinden sich also z.Z. in einer Phase, die der der Telefonbefragungen bei nicht ausreichender Telefondichte gleicht; die Internet-Nutzung ist, wie damals der Telefonbesitz, immer noch ein Merkmal, das die Bevölkerung in zwei einander nicht gleichende Gruppen differenziert.

Andererseits setzen Befragungen via Internet die aktive Beteiligung der Probanden voraus; Anders als bei einem persönlichen oder telefonischen Kontakt hat man es hier eher mit einer neuen Form der schriftlichen Befragung zu tun, die ebenfalls voraussetzt, dass die Probanden sich aktiv mit der Befragung auseinander setzen. Das macht die neue Befragungstechnik natürlich schwierig, bildet aber andererseits ihren wesentlichen Charme, denn sie kommt ohne den kostenträchtigen Einsatz von Interviewern aus.

Schließlich gibt es in der BRD kein auch nur annähernd vollständiges Verzeichnis der Internet-Nutzer. Ihre Rekrutierung für Befragungen ist deshalb eine langwierige und kostenträchtige Sache, deren „Erfolg" – im Sinne einer repräsentativen Abbildung – zur Zeit immer noch mehr als fraglich ist. Wenn man sich die „Standards zur Qualitätssicherung bei Online-Befragungen" aufmerksam durchliest, erkannt man schnell, dass sich alle dieser Tatsache wohlbewusst sind.

Das heißt nicht, dass es nicht schon exzellente Lösungen für einzelne Verfahrensansätze gibt. Hier sei nur auf die Methoden zur Repräsentanz von Besuchern einzelner Internet-Seiten oder von Nutzern des Online-Banking hingewiesen. Weitere Ausführungen zu diesem Thema erspare ich mir, denn darüber werden Sie später noch einiges hören.

5 Access-Panels

Schon früh – Mitte der 50er Jahre - wurden in der Bundsrepublik sogenannte Produkttest-Panels aufgebaut, d.h. Panels, deren Mitglieder bereit sind, neu entwickelte Produkte vorab zu testen und zu beurteilen. Diese Entwicklung war insofern prinzipiell erfolgreich, als die Testpersonen/-haushalte in Zeiten noch nicht sehr guter Versorgung mit Konsumgütern sehr bereit waren, die Palette ihres Verbrauchs mit Testprodukten anzureichern. Diese Panels mutieren in neuerer Zeit immer mehr in Richtung von Access-Panels, d.h. von Personengruppen, die nicht nur Produkte testen, sondern bei denen Befragungen zu unterschiedlichen Themen und mit unterschiedlichen Techniken durchgeführt werden; mehr als 70% Ausschöpfung sind dabei die Regel, häufig auch mehr als 80%.

Es wäre „der Stein der Weisen" für die Primärforschung, wenn diese Ausschöpfungsraten der Realität entsprächen. Leider ist dem nicht so, denn vor der Befragung von Panelteilnehmern steht deren Rekrutierung für das Panel. Die bei der Rekrutierung erreichte Ausschöpfung ist aber um Dimensionen niedriger und liegt nicht selten sogar unter 10%. Hinzu kommt die „Panelsterblichkeit", d.h. die Rate der Aussteiger, die jährlich je nach Aufwand für die Panelpflege zwischen 10% und 30% liegt. Das alles führt dazu, dass zumindest der Ersatz ausfallender Panelhaushalte heute überwiegend mit dem Quotenverfahren angeworben wird, bestehende Access-Panels also i.d.R. auswahlmethodisch hybrid sind.

Aber natürlich haben die Access-Panels trotzdem gewichtige Vorteile. Man kennt nämlich eine Fülle von sozio-demografischen und sozio-ökonomischen Merkmalen dieser Haushalte/Personen und ist deshalb in der Lage, die Probanden für eine Befragung wesentlich differenzierter geschichtet auszuwählen als bei anderen Auswahlmethoden. Außerdem kann man ohne großen Zusatzaufwand Ausfallanalysen auf Basis dieser Merkmale durchführen, kann also die Ausfälle und ihre Relevanz für den Untersuchungsgegenstand wesentlich besser beurteilen – aber das alles nur im Rahmen der mit niedriger Ausschöpfung rekrutierten Panelmitglieder. Über die Ausfälle während der Anwerbung weiß man genauso viel oder wenig wie bei jeder anderen Ad-Hoc-Stichprobe.

Der Stein der Weisen sind die Access-Panels also nicht. Wir müssen uns aber klar darüber sein, dass die Bedingungen, unter denen man künftig noch Primärforschung betreiben können wird, die Nutzung von Access-Panels forcieren werden. Zu diesen Bedingungen gehören die Befragungsbereitschaft (zu der ich noch kommen werde), die finanziellen Ressourcen der Auftraggeber, die Entwicklungen im Datenschutz und der Informationellen Selbstbestimmung, die Forderung nach immer differenzierterer Information, Entwicklungen in der Kunden- und Mitarbeiter-bindungsforschung (Stichwort: One-to-One-Marketing) und vieles mehr. Ein Teil dieser Forderungen scheint mit Panel-Befragungen am ehesten lösbar zu sein, zumal der forschungsökonomische Aspekt diese Lösung nahe legt. Wir müssen uns aber klar sein darüber, dass eine solche Lösung steht und fällt mit der Entwicklung von Kriterien, die die Qualität von auf diese Weise gewonnenen Daten beurteilen lässt; darauf gehe ich gleich nochmals ein.

6   Entwicklung der Ausschöpfung

Ulrich Jetter berichtete 1951 von einer Untersuchung in den USA[4], die mit einer Ausschöpfung von 81% abgeschlossen wurde. Das war nach Meinung vieler Tagungsteilnehmer eine Ausfallquote, die nicht mehr akzeptabel erschien, ein Diskussionsbeitrag ging sogar so weit zu unterstellen, dass „die Untersuchung ... ganz schlecht organisiert worden sein" müsse. Und wo stehen wir heute? Das Statistische Bundesamt hat die Initiative zur Entwicklung eines Access Panels in der amtlichen Statistik unter anderem damit begründet, dass in der Primärforschung „... Antwortquoten von etwa 50% mittlerweile kaum mehr zu übertreffen sind"[5]; das Verfahrensmodell des ALLBUS 2000 bestätigt leider eindrucksvoll diese Aussage. (In anderen Verfahrensmodellen mögen andere Ausschöpfungssätze erreichbar sein, diese halten dann allerdings nach meiner Meinung den „harten" Kontrollbedingungen des ALLBUS 2000 nur unzureichend stand.)

Wir leben heute in einem Deutschland, in dem altruistische den egoistischen Motiven nachgeordnet sind und in dem Information auch von den Befragten als ein Wert, der seinen Preis hat, angesehen wird. Sollen wir jetzt die Probanden für das Interview bezahlen,

Probleme und Entwicklungstrends der Umfrageforschung

die repräsentative Information von ihnen kaufen? Ist diese Information dann noch repräsentativ, ist sie es jetzt? Das sind Fragen, die man viel zu häufig in der Diskussion ausspart, könnten sie doch den Wert der Information aus Primärerhebungen, die in Wissenschaft, Politik und Wirtschaft verwendet wird, mindern oder negieren.

Bei jedem Projekt, bei jeder Befragung versuchen wir, den bestmöglichen Ansatz für das zu lösende Informationsproblem zu finden und zu realisieren. Wir entwickeln Standards auf höchstem Niveau mit dem Ziel, „den «bias» zu beherrschen, einzuschränken oder auszumerzen"(um nochmals Hartwig zu zitieren). Und wir scheinen immer häufiger an den Probanden zu scheitern, die sich nicht befragen lassen (wollen). Aber scheitern wir wirklich? Führt eine Ausschöpfung, die nicht mehr bei 90 oder 80 oder 70 Prozent liegt, sondern bei der nur die Hälfte der Probanden an der Befragung teilnimmt, wirklich per se zu unbrauchbaren Ergebnissen? Ist die nur stichprobenmethodisch nachweisbare „Repräsentativität", die praktisch jeder Auftraggeber von uns fordert, wirklich nur mit höchster Ausschöpfungsrate erreichbar? Ist der Schluss von der Proportionalität kontrollierbarer Strukturen auf die Abbildungstreue aller erhobenen Merkmale wirklich unzulässig?

Ich glaube nicht. Ich glaube vielmehr, dass auch solche Ergebnisse brauchbar sind und natürlich auch gebraucht werden. Ich plädiere dafür, dass wir uns Gedanken um neue, weitere Qualitätsmaße machen, die es uns erlauben, auch und gerade den Wert von Befragungen mit niedrigen Ausschöpfungsraten zu messen und zu vergleichen. Das ist beileibe nicht neu. Schon vor fünfzig Jahren ist Ulrich Jetten auf diese Frage eingegangen und hat Entwicklung angemahnt. Leider hat sich hier – wenn man von den Arbeiten von Rainer Schnell absieht[6], die aber umfangreiche und im Normalfall unbezahlbare Ausfallanalysen erfordern - praktisch nichts getan. Für die Qualität von Stichprobenerhebungen wird weiterhin in der Provenienz nur ein Maß verwendet: Die Ausschöpfungsrate. Damit allein kommen wir aber nicht weiter, denn die Ausschöpfung sinkt seit 50 Jahren kontinuierlich und hat ein Niveau erreicht, das in den theoretischen Konstrukten, die mit dem Zufallsprozess verknüpft sind, nicht mehr vorgesehen ist.

Ich schließe deshalb meinen Vortrag mit einem eindrücklichen Appell an alle Teilnehmer und alle in der Primärforschung tätigen: Entwickeln Sie Verfahren zur Qualitätssicherung und zur Beurteilung der Qualität niedrig ausgeschöpfter Stichproben!

Literatur

1) Hans Kellerer: Wesen, Wert und Grenzen des Stichprobenverfahrens für die empirische Sozialforschung, in: Institut zur Förderung öffentlicher Angelegenheiten e.V. (Hrsg.): Wissenschaftliche Schriftenreihe Band 13, Empirische Sozialforschung, Frankfurt/Main 1952, S.103ff
2) Diskussionsbeitrag von Heinrich Hartwig in: Institut zur Förderung öffentlicher Angelegenheiten e.V. (Hrsg.): Wissenschaftliche Schriftenreihe Band 13, Empirische Sozialforschung, Frankfurt/Main 1952, S.132
3) Gabler, S./Häder, S.: Ein neues Stichprobendesign für telefonische Umfragen in Deutschland, in: Gabler/Häder/Hoffmeyer-Zlotnik (Hrsg.): Telefonstichproben in Deutschland, Opladen 1998, S.69ff
4) Ulrich Jetter: Einige zusätzliche Bemerkungen über Wert und Grenzen repräsentativer Auswahlmethoden. In: Institut zur Förderung öffentlicher Angelegenheiten e.V. (Hrsg.): Wissenschaftliche Schriftenreihe Band 13, Empirische Sozialforschung, Frankfurt/Main 1952, S.117ff

5) Bechtold, S./Chlumsky, J.: Amtliche Statistik und sozio-ökonomische Fragestellungen. In: Statistisches Bundesamt (Hrsg.): Wirtschaft und Statistik, Heft 2/2000, S. 83
6) Schnell, R.: Nonresponse in Bevölkerungsumfragen, Opladen 1997

Computerisierung der Datenerhebung
Ein problemorientierter Überblick und Rückblick über die verschiedenen Möglichkeiten der Technisierung und Computerisierung der Datenerhebung

Hartmut Scheffler

Die Datenerhebung ist das „A und O" im Gesamthandwerk der Umfrageforschung. Hier 50 Jahre zurück – und einige Jahre nach vorne - zu schauen, läßt zunächst die Vermutung zu, dass alles anders geworden ist, dass die Datenerhebung und speziell die Qualität der Datenerhebung vor 50 Jahren mit derjenigen heute nichts mehr gemein hat. Der genauere Blick wird zeigen: Dass ist richtig und doch völlig falsch. Es ist richtig, wenn der Blick auf die Technik selbst gelegt wird. Es ist völlig falsch, wenn es um die klassischen Anforderungen an die Umfrageforschung bzw. die Qualitätskriterien für gute Umfrageforschung geht.

Ein Blick auf 50 Jahre Vergangenheit und etwas Zukunft kann unter einer so weit gefassten Überschrift natürlich nicht annähernd komplett sein. Es geht vielmehr darum, sich durch einen Überblick des Umfangs der Veränderung einerseits bewusst zu werden und doch gleichzeitig weder in euphorische oder kritische Nostalgie zu verfallen, noch die immer noch ungelösten, die immer noch offenen Problem-Felder aus dem Auge zu verlieren.

Die Datenerhebung ist eingebettet in eine Vorbereitungsphase und eine Analysephase, im Rahmen derer ebenfalls nicht zu unterschätzende und hier kurz anzusprechende Entwicklungen stattgefunden haben. In der Vorbereitungsphase betrifft dies die Stichprobenziehung (die Praxis: nicht die Theorie!), das Adressmanagement, das Schreiben des Fragebogens (jetzt besser: Programmieren des Fragebogens) bis hin zur Technik des Fragebogendrucks. In der Auswertung/Analyse sind die Entwicklungen weitergehend:
a) Im Bereich der Datenerfassung: Vom Stricheln über das Lochen zur Just-in-time-Direkterfassung
b) Bei der Codierung offener Fragen: Von der Codierung „per Hand" über die Codierung am Bildschirm bis hin zu (halb-) automatischer Worterkennungs-Software
c) Bei der Gewichtung: Vom mechanischen Sorter zu komplexen Gewichtungsprogrammen (Tunnelgewicht etc.)
d) Bei der Datenanalyse: Von der Analyse per Hand und mit Rechenschieber, vom deskriptiven Auszählen über die (Dank des Computers) zunehmende Nutzung der schließenden Statistik bis hin zu den intelligenten Verfahren im Datamining (neuronale Netze etc.)
e) Oder ebenfalls im Bereich der Datenanalyse: Von den Kapazitätsengpässen der Großrechner zur PC-basierten Analyse
f) Und nicht zuletzt: Vom per Post zugesandten oder persönlich überreichten Ergebnisbericht zur Internet- oder Intranet-Plattform mit der Möglichkeit des direkten und interaktiven Kunden-/Nutzerzugriffs auf Daten und Analysen.

Nicht weniger einschneidend sind die Entwicklungen in der Datenerhebung selbst. Sie stellen die Umfrageforschung permanent vor wachsende Herausforderungen in Richtung der methodischen Bewertung der Möglichkeiten, in Richtung der ethisch-moralischen Bewertungen (Datenschutz/Persönlichkeitsschutz) und nicht zuletzt auch vor finanzielle Herausforderungen (Investitionen in Technik bei gleichzeitig immer kürzeren „Halbwertszeiten").

Abbildung 1 spannt für verschiedene Formen der Datenerhebung und mit Hilfe weniger herausgenommener Stichworte den 50-Jahre-Bogen.

Apparative Verfahren
- → Tachistoskopie
- → Hautwiderstandsmessung / Aktivierungsmessung
- → Augenkontaktmessung / Pupillometer

Verhaltensbeobachtung
- → Klassische Beobachtung, „mitgehen", notieren
- → Videokamera
- → Trittsensoren
- → Transponder (z. B. für Laufwegmessung)

Persönliche Datenerhebung face-to-face
- → paper & pencil
- → CAPI 1. Generation
- → CAPI multimedial (Laptop/Pentop etc.)

Telefonisch
- → Telefonisch mit paper & pencil
- → CATI „einfach"
- → CATI „advanced" mit Audioeinspielungen, Faxrecorder etc.
- → CATI mit Voice-Computer

Qualitative Forschung
- → Persönliche Gruppendiskussion, Tiefeninterviews
- → Chatforen
- → Online-Meinungsforen
- → Online-Gruppendiskussionen

Self-Completion
- → Vom Mail-Fragebogen zum E-Mail-Fragebogen
- → Vom Mail-Access-Panel zum E-Mail-Access-Panel
- → Weitere Onlinebefragungsformen inclusive SMS/WAP/UMTS/PDA
- → Befragungsterminals / POS-Terminals
- → Forschung über den Fernseher / Set-Top-Box

Computerisierung der Datenerhebung   151

(Halb-)automatische Datenerfassung
→ Früher: Tagebuch, Ausfüllen von Listen
→ Jetzt: Handels-/Haushaltscanner
→ Automatische Warenwirtschaftssysteme
→ Aktive TV-Meter
→ Passive TV-Meter
→ Radiowatch
→ Perception and learning analyzer
→ Netmeter (Software zur automatischen Erfassung der Online-Aktivitäten/ des Navigationsverhaltens: Log-Dateien etc.)
↓

Besonderheit: Die Verfahren arbeiten mit aktiver Einwilligung: Opt in

Automatische Datenerfassung
→ Billingdaten
→ „Bewegungsdaten": Telekommunikation, UMTS
→ Verhaltensdaten: Kundendatenbanken
→ Erzeugung von Zusammenhangsdaten, Kausalanalysen, Forecasting über Data-Mining („virtuelle" Daten)
↓

Besonderheit: Erzeugung dieser Daten auch ohne Einwilligung!

Abbildung 1

Seien es nonreaktive Verfahren, nonverbale Verfahren, apparative Verfahren, klassische Interviews oder (halb-) automatische Datenerfassungen: Aus der Hand wurde der Computer, aus großem Equipment kleines Equipment. Und wie geht es weiter? Wann gibt es die eine Medienuhr zur Erfassung des kompletten Medienverhaltens (Print, TV, Radio, Online)? Welche automatische „Spur" werden die Individuen über Satellit/ GPS etc. hinterlassen und was wird damit gemacht? Wann können Gefühle über „Brain watching" gemessen werden? Wer nur 10 oder 20 Jahre zurückdenkt, hätte die aktuelle Situation und die aktuellen Möglichkeiten der Datenerhebung nur zum Teil und in manchen Bereichen gar nicht vorhersehen können. Wie viel schwieriger ist dann der Blick in die Zukunft?

Angesichts der Datenerhebungs-Umwälzungen in den letzten Jahren stellt sich die Frage, ob diese Computerisierung und Technisierung denn zu einer vereinfachten oder doch wenigstens zu einer (noch) besseren Situation der Datenerhebung geführt hat. Dies kann nur differenziert beantwortet werden: Zum Teil stellen sich die alten Fragen weiterhin neu, zum Teil hat es erkennbare positive Veränderungen gegeben, zum Teil aber auch negative Veränderungen bzw. neue kritische Fragen.

Zunächst einmal stellt die Computerisierung die alten Fragen unverändert, ggf. im neuen Gewand. Diese „alten" Fragen sind:
a) Ist mit dem Verfahren der Intervieweinfluss zu vermeiden oder wenigstens zu reduzieren?
b) Gibt es einen Methoden-Bias, inclusive Panel-Bias?
c) Wie biotisch ist die Befragungssituation bzw. die Situation, in der geantwortet wird?

d) Inwieweit ist die Befragungssituation kontrollierbar (ein besonderes Problem aller Self Completion-Ansätze)
e) Welche Auswirkungen haben die Verfahren auf die Erreichbarkeit der Zielgruppe und damit die Ausschöpfung?
f) Führen die Verfahren zu einem Kompetenz-Bias: Anstelle einer Verzerrung durch unterschiedliche verbale Kompetenz/Sprachkompetenz ist jetzt eine Verzerrung aufgrund unterschiedlicher technischer Kompetenz und/oder Verfügbarkeit zu beachten.

Keine Frage: Viele der neuen Erhebungsmethoden, insbesondere die Non-verbalen, Non-reaktiven, „Automatischen" lösen z.B. das Problem des Interviewereinflusses: Dies aber oft zu Lasten der Repräsentanz der Stichprobe, der Ausschöpfung etc. Onlinebefragungen und viele andere Entwicklungen führen zu Self-Completion-Situationen: Wie sind diese kontrollierbar? Wie ist bei Individualbefragungen die Haushaltsmeinung zu verhindern? Jedes neue Datenerhebungsverfahren hat neue methodische Besonderheiten und führt zwingend zu den altbekannten, „alten" Fragen.

Also: Viel Technisierung und Computerisierung und doch keine Vorteile? Natürlich sind die Vorteile offensichtlich: Siehe Abbildung 2

→ Erweiterte Methodenflexibilität
→ Komplexere Fragebögen/Filterführungen möglich
→ Reduzierung des Interviewereinflusses
→ Optimierte Verhaltensmessung
→ Erweiterte Kontrollen
  (automatische Zeiterfassung der Interviewdauer, der Antwortdichte etc.)
→ Größere Datenmengen handhabbar
→ Zeitgewinn in der Erhebungsphase
→ Kostenreduzierung in der Erhebungsphase
→ Nutzwerterhöhung: Mehr value for money

Abb. 2: Beispiele für positive Konsequenzen der Computerisierung

Besonders hervorzuheben sind einerseits die erweiterten Spielräume durch eine erweiterte Methodenpalette, so dass für unterschiedliche Zielsetzungen und Fragestellungen die jeweils optimale Methode gefunden werden kann. Zu nennen sind weiterhin die „handwerklichen" Verbesserungen insbesondere auch in Richtung der Kontrollfunktionen und schließlich der ökonomische Aspekt (value for money).

Es schließt sich unmittelbar die Frage an, inwieweit dies auch zu Veränderungen bei den klassischen Qualitätskriterien der Umfrageforschung geführt hat. In der Literatur sind immer wieder drei Kriterien gelistet: Die Validität, die Reliabilität und die Objektivität. Zu ergänzen ist als viertes Kriterium die möglichst gute Abbildung der Grundgesamtheit durch die Zielgruppe, also der Aspekt der Repräsentativität einschließlich der Ausschöpfung bei der Stichprobenziehung.

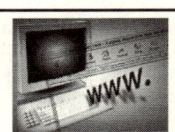

Neue Methoden, insbesondere non-verbale und non-reaktive Verhaltensmessungen (halbautomatisch oder automatisch) haben fraglos im Bereich der Verhaltenserfassung bzw. Verhaltensmessung zu Verbesserungen vor allem im Bereich der Validität und Reliabilität der Messung geführt. In allen anderen Fällen aber, insbesondere bei Datenerhebungen zu Motiven, Bedürfnissen, Wünschen sind diese Veränderungen marginal oder gar nicht existent. Die Anforderungen an Validität, Reliabilität und Objektivität der Forschung stellen sich unverändert. Im Bereich der Repräsentativität und Ausschöpfung sind die Konsequenzen unterschiedlich. Auf der einen Seite können mit neuen Verfahren bisher schwer erreichbare Zielgruppen besser erreicht werden: z. B. hoch mobile Jüngere über das Mobile oder Online. Auf der anderen Seite führen diese neuen Möglichkeiten bereits jetzt und verstärkt in Zukunft zu einer Zunahme von Befragungspanels. Bei allen unbestreitbaren Panelvorteilen ist hier als kritische Komponente immer die Bereitschaft zur Mitarbeit, damit die Ausschöpfungsquote und damit letztlich die Repräsentativität des Panels für die abzubildende Grundgesamtheit zu nennen. Hieran ändert sich auch nichts, wenn Panels quotiert zusammengestellt und Analysen ggf. (zusätzlich) gewichtet berechnet werden: Die große Unbekannte bleibt nämlich die Qualifizierung und Quantifizierung des Bias zwischen denjenigen, die zur Mitarbeit bereits sind bzw. nicht bereit sind (psychografischer Bias). Die durch Computerisierung und Technisierung feststellbare Revolution der Datenerhebungs-Methoden hat also allenfalls zu einer langsamen Evolution im Hinblick auf die Qualitätsparameter geführt.

Ein besonderes Augenmerk ist den – zum Teil erkannten, oft aber stark unterschätzten – Gefahren der Computerisierung (oder besser: Gefahren der mit der Computerisierung verbundenen neuen Datenerhebungsmethoden) zu schenken: Siehe Abbildung 3

- → Ausschöpfung und Repräsentativität (Stichworte: Online, Panels)
- → Der Trend zum „Profibefragten"?
- → Der Bias der Technik-Kompetenz
- → Die Verrohung der „handwerklichen Sitten": Technikfragen „schlagen" Methodenfragen
- → Informationsflut mehr denn qualitative Informationen
  (Mehr Breite als Tiefe?)
- → Wieder zurück zum „Rückspiegel"?
  (Forecasting über immer mehr Daten vergangenen Verhaltens oder:
  Die – ungewollte – Renaissance der Extrapolation?)
- → Datenschutz / der gläserne Mensch

Abb. 3   Nachteile und Gefahren der Computerisierung

Auf den Aspekt der Ausschöpfung und Repräsentativität ist bereits hingewiesen worden. Ein Sonderaspekt hierbei kann auch der Bias der Technik-Kompetenz sein: Je technisch anspruchsvoller ein Datenerhebungsverfahren ist, um so höher ist die Bereitschaft zur Mitarbeit bei technik-affinen Personen, um so niedriger bei Personen mit Technikängsten. Welche Verzerrungen resultieren/werden resultieren aus der unterschiedlichen Bereitschaft, als Voraussetzung für Forschung eine Set-Top-Box zu installieren? „Plug and play" ist nicht immer die Realität! Ein dritter Effekt beim Panel: Wird der Trend zum Profibefragten zunehmen, also zu der Person, die sich nicht nur traditionell in den Zentren großer Städte für Studiobefragungen „baggern" läßt, sondern nun an verschiedenen Panels teilnimmt (dies wird im Onlinebereich bereits stark und seriös diskutiert) und/oder durch intensive Teilnahme in einem Panel halb-professionelle Denk- und damit Antwortstrukturen entwickelt. Zu welchen Verzerrungen führt eine solche (Semi-) Professionalisierung?

Eine weitere Gefahr wird in Methodendiskussionen seit einigen Jahren bereits deutlich: Die notwendige Diskussion im Hinblick auf die essentiellen Qualitätskriterien der Umfrageforschung (s. o.) und die daraus abgeleitete methodische Entscheidung wird überlagert, wird manchmal sogar ersetzt durch eine Technikdiskussion. Das eine hat aber natürlich zunächst unmittelbar mit dem anderen nichts zu tun: Die Technik und damit die Technikdiskussion ersetzt in keiner Weise die unverändert notwendige Methodendiskussion der Datenerhebung. Dies zu leben wird in den nächsten Jahren besondere Aufmerksamkeit verlangen.

Die Datenerhebungsverfahren führen zu einer ständig zunehmenden Menge an Daten, führt zur Daten- und Informationsflut. Keine Gefahr im klassischen Sinne: Aber eine anspruchsvolle Aufgabe wird darin bestehen, in diesen durch die Computerisierung der Datenerhebung möglich gewordenen Daten weder einerseits zu ertrinken noch andererseits bei vereinfachenden deskriptiven Auswertungen und Datennutzungen stehenzubleiben, sondern der dank der Datenerhebung nun vorhandenen Datenbreite eine entsprechende Analysentiefe an die Seite zu stellen.

Ein automatischer Nebeneffekt von Technisierung, Computerisierung und zunehmender Datenmenge auf der einen Seite und deutlich erweiterten Analysemöglichkeiten auf der anderen Seite ist (und wird verstärkt sein) der Wunsch, bisher weitestgehend getrennte Datenwelten zusammenzubringen: Die traditionellen Ergebnisse der Umfrageforschung mit Kundendatenbanken und externen Datenbanken (Adress-Broker, mikro-geografische Daten etc.), mit mikro- und makroökonomischen Rahmendaten, mit weiteren unternehmensinternen Daten wie billings etc. Hier stehen im Vordergrund Fragen des Persönlichkeitsschutzes einerseits und der intelligenten Analyse (Tiefe statt Breite) andererseits. Aus den neuen Möglichkeiten der Datenerhebung und Datenerfassung werden erweiterte Anforderungen an die Forschung allgemein und die erkenntnisgeleitete Analyse im speziellen. Aus „Wie kommt man an Daten?" wurde „Wie organisiert und verdichtet man Datenmengen/Dateien" bis hin zu der zukünftigen Frage nach automatisch lernenden Systemen.

Zu dieser Analysetiefe gehört auch die Vermeidung eines z.Z. gerade im Zusammenhang mit anfallenden „Online-Bewegungsdaten" erkennbaren Phänomens. Vor vielen Jahren wurde die Umfrageforschung kritisiert, weil sie quasi in den Rückspiegel schaue und lediglich Werte vergangenen Verhaltens, vergangener Bedürfnisse etc. liefere. Gewünscht war der pro-aktive Blick nach vorn. Erstaunlicherweise ist nun festzustellen, dass die Datenflut insbesondere im Bereich dieser Bewegungsdaten/Verhaltensdaten zu genau dem gleichen Fehler verführt: Aus vergangenem Verhalten wird geschlossen, welche Interessen und Bedürfnisse ein Kunde/Nutzer wohl in Zukunft hat. Die vergangenen Informationen werden in die Zukunft extrapoliert. Aus Massenmarketing wird zwar One-to-One-Marketing/Permission-Marketing: Aber häufig ein reagierendes, nicht kreatives Marketing. Art und Menge der Daten (nicht die Datenerhebung selbst) verführen zu zu kurzen Schritten.

Bleibt als letztes der Aspekt des Persönlichkeitsschutzes, des Datenschutzes: Ein in diesem Zusammenhang nicht in ausreichender Tiefe behandelbares Thema. Die Diskussion, der gesetzliche Regelungsbedarf und schließlich wohl auch gesetzliche Regelungen werden zunehmen. Das Ergebnis könnte einerseits eine Begrenzung der technisch möglichen Formen der Datenerhebung sein, sicherlich eine Beschneidung der Analysemöglichkeiten über Zusammenführung von Daten auf persönlicher, nicht anonymisierter Ebene.

Was bleibt?

Unzweifelhaft machen die neuen Möglichkeiten der Datenerhebung die Verhaltensmessung einfacher und genauer (wer?; wann?, was?, wie oft?, etc.). Die andere Seite der Medaille, die Ermittlung der Motive, Einstellungen, Bedürfnisse und Wünsche (warum?)

bleibt dagegen weitestgehend unbeeinflusst. Die Anforderungen an Datenerhebung im speziellen und Umfrageforschung im allgemeinen sind fast die alten.

Ein Rückblick auf 50 Jahre Datenerhebung, auf Technisierung und Computerisierung in der Datenerhebung läßt folglich drei zusammenfassende Schlüsse zu:

a) Es hat eine eindeutig positive Tendenz der Art gegeben, dass die Datenerfassung nun einfacher, schneller, preiswerter geworden ist und mehr Daten auch mehr Analyse- und Erkenntnismöglichkeiten schaffen.

b) Es gilt unverändert, dass die methodischen Fragen und die Anforderungen an methodische Sorgfalt, also an das „Handwerk" bleiben: Es sind die alten Fragen mit neuen Inhalten.

c) Es sind neue Herausforderungen und Gefahren entstanden vor allem im Bereich des Datenschutzes und der intelligenten Handhabung der entstandenen und der weiter entstehenden Daten- und Informationsflut.

Computerisierung und Technisierung machen Umfrageforschung weder überflüssig noch weniger anspruchsvoll: „Nur" anders.

Probleme und Entwicklungstrends in der Umfrageforschung
Online-Forschung

Hella Glagow / Thomas Lanninger

1 Das Internet – eine Erfolgsgeschichte

Eines der Schlüsselereignisse in der beispiellosen Erfolgsgeschichte des Internet fällt in das Jahr 1994: Zwei junge Softwareentwickler präsentieren eine grafische Benutzeroberfläche für die Daten-Kommunikation von Rechner zu Rechner, den sie Browser (*von engl. to browse =stöbern*) nennen.

Diese grafische Benutzeroberfläche vereinfacht die Datenfernübertragung von Rechner zu Rechner enorm: Programmierkenntnisse sind ab jetzt nicht länger nötig, um Informationen von entfernten Rechnern abzurufen, oder um mit Kollegen, Bekannten und Freunden per PC zu kommunizieren. Visuell ansprechende, bildschirmfüllende Seiten mit Text und Bildern, Videoclips, oder Musik sind in der Folgezeit einfach per Mouseklick abzurufen. Auch das Publizieren im Internet ist bald schon mit Grundkenntnissen möglich.

Die Zuwachsraten der Internetnutzung übertreffen vergleichbare Entwicklungen wie seinerzeit bei der Einführung von Fernsehen oder Telefon bei Weitem. Die erstaunlichen technischen Möglichkeiten erschließen sich immer mehr Menschen, je einfacher, schneller, sicherer, verständlicher und stabiler die Anwendungen werden.

Im Zuge dieser Entwicklung wurden auch die kommerziellen Potentiale dieses Mediums schnell erkannt und mit geradezu euphorischen Prognosen bedacht.

„One-to-One-Marketing", die individualisierbare Massenkommunikation wird erstmalig Realität. Es entstehen eCommerce, eAdvertising und – natürlich folgerichtig auch „eResearch" bzw. Online-Forschung.

Doch auf die anfängliche Euphorie folgt aktuell die Ernüchterung, wie die folgende Abbildung zeigt: Die Reichweitenentwicklung des Mediums „Internet" ist offenbar unabhängig von der Wertentwicklung (sprich: den erwarteten Zukunftsaussichten) der Internetfirmen an den Wertpapiermärkten.

Gleichgültig, ob es sich um Anbieter von Software für den *eCommerce* (z.B. Intershop) handelt, oder um Vermarkter von *Online-Werbung* (Ad Pepper Media) oder um – *Content-Anbieter* (Tomorrow Internet); alle Dotcoms haben Bedeutung eingebüßt[1], während die Inzident der Internet-User in der Bevölkerung - davon völlig unbeeindruckt - kontinuierlich wächst.

---

1 INRA-Studie: eCommerce - Ein analytischer Ansatz zur Identifikation online-marktfähiger Produkte, Februar 2001

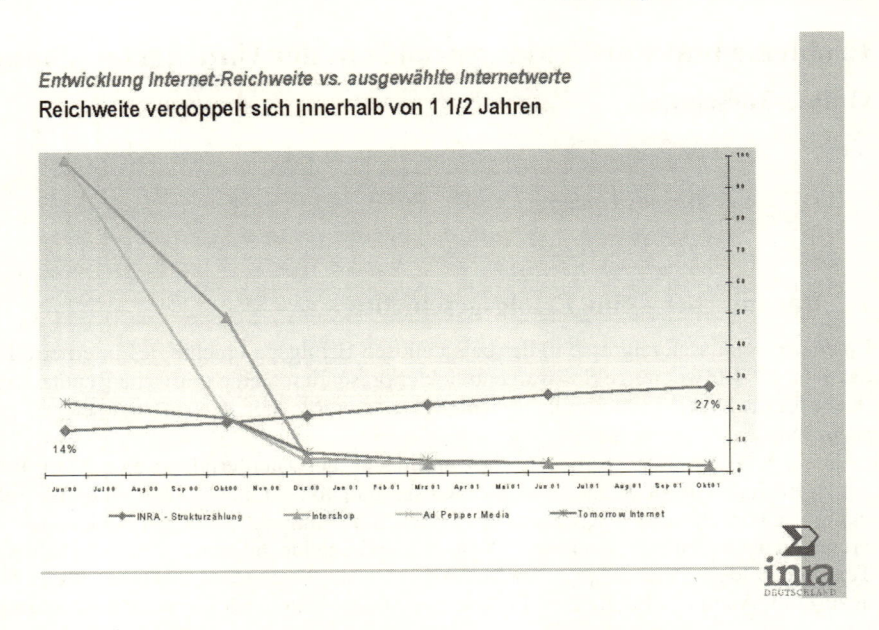

Entwicklung Internet-Reichweite vs. ausgewählte Internetwerte
Reichweite verdoppelt sich innerhalb von 1 1/2 Jahren

[Diagramm: INRA - Strukturzählung, Intershop, Ad Pepper Media, Tomorrow Internet; Jun 00 – Okt 01; Werte 14% und 27% hervorgehoben]

Aber auch die Online-Forschung erhielt einen deutlichen Dämpfer und wird nun völlig zurecht – rationaler und emotionsfreier angegangen.

2 Online-Forschung – Internet-Forschung - eResearch

Im Laufe der Zeit wurden verschiedene Begriffe geprägt, welche die marktforscherische Informationsgewinnung über das bzw. zum Thema Internet beschrieben. Im deutsch-sprachigen Raum hat sich der Begriff „Online-Forschung" weitgehend durchgesetzt.

2.1 Meilensteine der Online-Forschung

Zunächst jedoch ein kurzer Blick auf die historische Entwicklung der Online-Forschung:
Die Entwicklung der grafischen Benutzeroberfläche für DFÜ-Anwendungen (Browser) wirkte 1994 wie eine Initialzündung auf die Online-Forschung: Innerhalb von nur 7 Jahren entwickelten sich allein in Deutschland mehr als 100 verschiedene Online-Panel!

Im Detail können dabei folgende Meilensteine genannt werden:
1990 Tim Berners-Lee schreibt den Prototyp für das WWW, basierend auf seinen Entwicklungen HTML, URL und HTTP.
1994 Jim Clark und Marc Andreesen gründen Netscape Communications und bringen ein grafisches User-Interface (Browser) auf den Markt.
1995 AOL und CompuServe bieten ihren Kunden Internetzugang. Planung der ersten W3B-Online-Nutzerbefragung in Deutschland
1996 Gründung diverser Online-Forschungs-Start-Ups
German Internet Research List – GIR-L gegründet
(heute mehr als 1.000 Mitglieder)

Probleme und Entwicklungstrends in der Umfrageforschung 159

1997 Erste GOR (German Online Research) Tagung in Köln
1999 Erste Messpaneldaten zur Reichweitenermittlung in Europa
2000 fast 100 verschiedene „Online-Panel" mit bis zu 30.000 Probanden werden auf dem deutschen Markt angeboten. Von
 - Etablierten Marktforschungsinstituten
 - Start-Ups
 - IT-Unternehmen, Beratungsunternehmen, akademische Einrichtungen etc.
2001 Der ADM - in Verbindung mit BVM, ASI und DGOF - definiert und publiziert „Standards zur Qualitätssicherung für Online-Befragungen" um das komplizierte Angebotsspektrum für Kunden und Fachpresse transparenter zu machen

2.2 Verfahren der Online-Forschung – ein Überblick

Das, was heute unter Online-Forschung zu verstehen ist, läßt sich schematisch wie folgt darstellen:

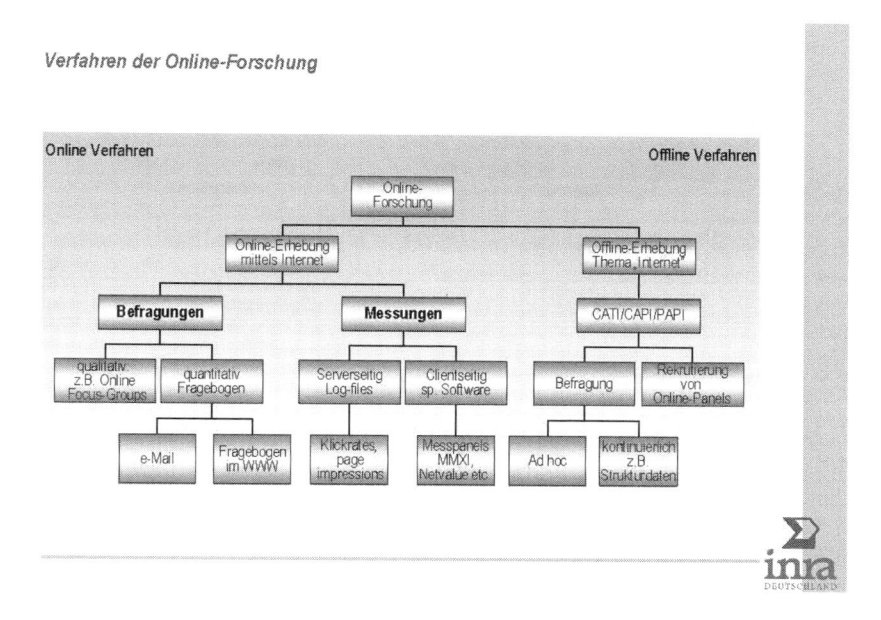

Verfahren der Online-Forschung

```
                         Online-
                        Forschung
                            |
          ┌─────────────────┴─────────────────┐
   Online-Erhebung                      Offline-Erhebung
   mittels Internet                     Thema „Internet"
          |                                   |
   ┌──────┴──────┐                      CATI/CAPI/PAPI
Befragungen   Messungen                       |
   |             |                      ┌─────┴─────┐
┌──┴──┐      ┌───┴───┐               Befragung  Rekrutierung
qualitativ quantitativ Serverseitig Clientseitig        von
z.B. Online Fragebogen Log-files   sp. Software    Online-Panels
Focus-Groups    |         |            |          |         |
   |       Fragebogen  Klickrates,  Messpanels   Ad hoc kontinuierlich
 e-Mail    im WWW      page         MMXI,               z.B.
                       impressions  Netvalue etc.       Strukturdaten
```

Online Verfahren — Offline Verfahren

Online-Forschung lässt sich danach unterscheiden, ob „Online" als *Methode* oder als *Thema* verstanden wird. Als Methode haben sich zwei Ansätze als Haupt-Forschungsrichtungen etabliert:
- Das Befragen (im weitesten Sinne) von Probanden und
- die (Nutzungs)-Messung auf Seiten des Probanden, wie auch die Messung der Reichweite von Internetangeboten.

Hier wird nochmals deutlich, dass Online-Forschung oft eine von technischen Erfordernissen geprägte Materie ist. Diese verlangt von erfahrenen Marktforschern zusätzliches, technisches Wissen. Als Konsequenz daraus tummeln sich heute viele gänzlich neue Player auf dem Markt. Jeder bringt unterschiedliche Kernkompetenzen ein, die jedoch nicht zwangsläufig marktforscherische Erfahrung und Kenntnisse beinhalten.

Die angebotenen Leistungen sind daher in ihrer Artenvielfalt, ihrer Qualität und ihren Preisen fast schon unüberschaubar geworden.

Die folgende Abbildung soll eine Übersicht über verschiedene Verfahren der Internet-Forschung geben und verdeutlichen, welche Verfahren den aktuellen Qualitäts-Standards[2] entsprechen *können*, sofern *alle* methodischen Nebenbedingungen erfüllt werden:

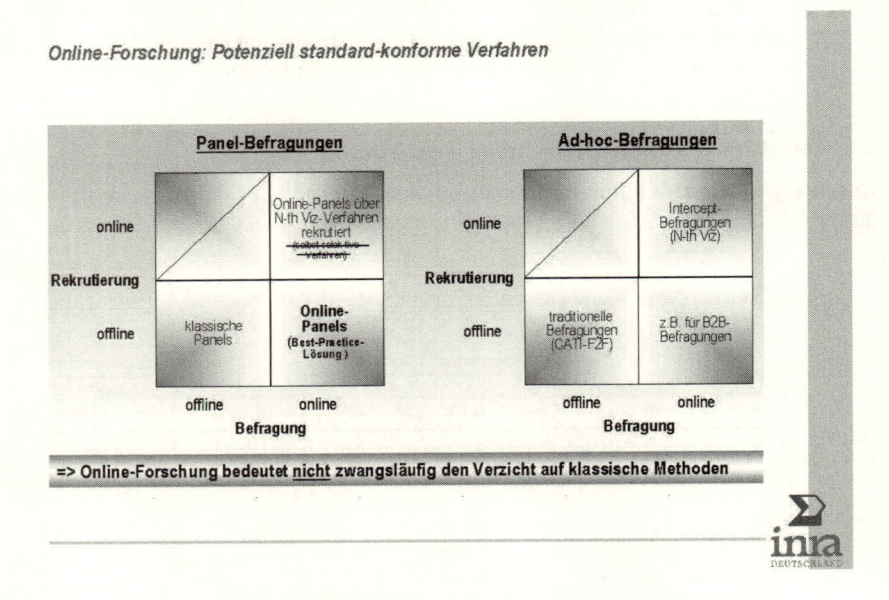

Online-Forschung: Potenziell standard-konforme Verfahren

Panel-Befragungen			Ad-hoc-Befragungen		
online		Online-Panels über N-th Viz-Verfahren rekrutiert	online		Intercept-Befragungen (N-th Viz)
Rekrutierung			Rekrutierung		
offline	klassische Panels (Best-Practice-Lösung)	Online-Panels (Best-Practice-Lösung)	offline	traditionelle Befragungen (CATI-F2F)	z.B. für B2B-Befragungen
	offline	online		offline	online
	Befragung			Befragung	

=> **Online-Forschung bedeutet nicht zwangsläufig den Verzicht auf klassische Methoden**

2.2.1 „Online-Forschung" - Technik die begeistert!

Technisch gesehen ist die Umsetzung von Online-Befragungen heute längst keine Herausforderung mehr: Die Internet-Beschreibungssprache HTML selbst erlaubt bereits eine Schaltung einfacher Online-Fragestellungen für Markt- und Sozialforscher. Spezielle Befragungssoftware erweitert diese Möglichkeiten sogar um eine identische Fragebogenlogik, wie sie bereits seit Jahren aus CATI-Befragungen bekannt ist.

Ebenfalls können, durch geschickte Integration z.B. von multimedialen Elementen, 3D-Darstellungen etc., Fragebögen mit beeindruckender Optik *und* komplexer Filterführung präsentiert werden. Diese garantieren in Verbindung mit den Möglichkeiten moderner Datenbanken u.a. eine wirkungsvolle und effiziente Feldsteuerung, und ein Matching von Ergebnissen.

Es scheint möglich zu sein, weitestgehend auf „(wo)manpower" verzichten zu können und die Kostenblöcke „Feld und Intervieweranwerbung" dramatisch zu reduzieren.

---

2 Siehe ADM-Standards zur Qualitätssicherung für Online-Befragungen, Ausgabe Mai 2001

2.2.2 „Online-Forschung" – Methodik die begeistert?

Allerdings: Aus marktforscherischer Sicht stellt heute nicht mehr die Computertechnik, sondern die Methodik den limitierenden Faktor für Online-Forschung dar!

Grundgesamtheit – oder, wann ist ein User eine User?

Denn schon bei der Abgrenzung der Grundgesamtheit „Internetuser" ergeben sich erste Probleme. Wann kann tatsächlich von einem *User* gesprochen werden? Wenn alle Dienste (www, E-Mail, FTP etc.) genutzt werden? Oder reicht E-Mail-Nutzung bereits aus, um als User zu gelten? Und ist eine Person, die in öffentlichen Einrichtungen die Möglichkeit der Nutzung hat, damit automatisch ein/e User/in?

Auch die Häufigkeit der Nutzung schwankt erheblich. Zwischen „täglich" und „einmal im Monat" kann die Intensität der Nutzung differieren. Daher wird von einigen Instituten die Grundgesamtheit zunächst sehr weit definiert, um eine möglichst hohe Reichweite auszuweisen. Zum sog. „weitesten Nutzerkreis" gehören dann aber auch Personen, die das Internet bzw. nur einmal im Monat nutzen. Oder Personen, die nur an öffentlichen Orten „Access" haben oder gar nur über einen hypothetischen Zugang per WAP-Handy verfügen, der aber nicht genutzt wird.

Wird dagegen jedoch die Grundgesamtheit auf die private Nutzerschaft eingeengt, dann *halbieren* sich bereits die Anteile der Nutzerschaft in der Bevölkerung auf aktuell 27%.[3]

Eine Vergleichbarkeit unterschiedlicher Studien wird somit allein durch die Definitionsproblematik erschwert oder gar unmöglich gemacht.

Inzidenz in der deutschen Bevölkerung

Mehr als die Technik, bedeutet die *Inzidenz* der Internetnutzung in der Bevölkerung noch das marktforscherische Problem für Online-Forschung: Solange die Verbreitung der Internetanschlüsse sich nicht der Telefonanschlussdichte angleicht und die Struktur der User nicht jener der Bevölkerung gleicht, haben Online-Stichproben nur für eine eingeschränkte Teilgesamtheit Aussagekraft.

Die Internetnutzer unterscheiden sich heute noch in einer Reihe von Eigenschaften – und das auch über die Demografie hinaus - von der deutschen Bevölkerung.

---

3 INRA Strukturdaten Stand: Oktober 2001

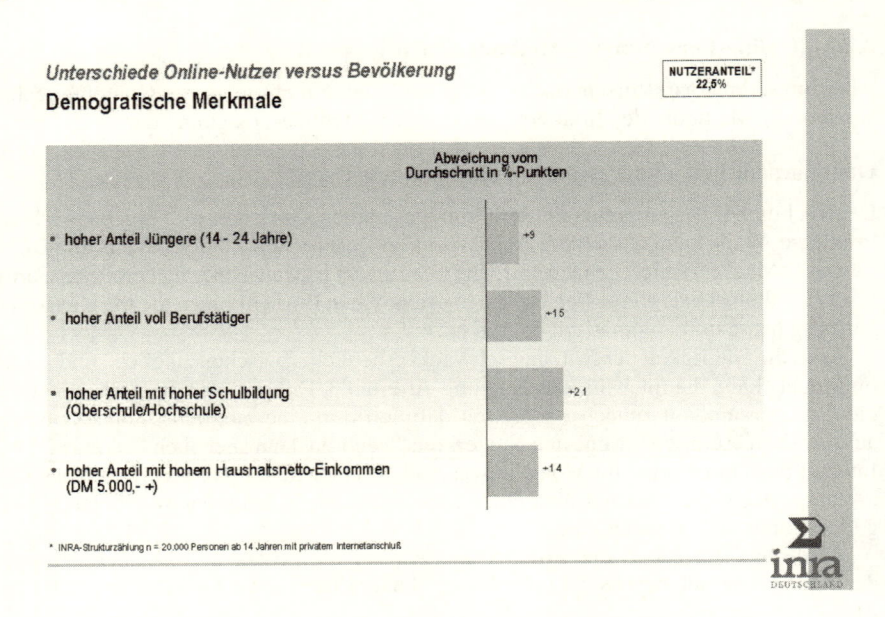

Unterschiede Online-Nutzer versus Bevölkerung
Demografische Merkmale

NUTZERANTEIL* 22,5%

Abweichung vom Durchschnitt in %-Punkten

- hoher Anteil Jüngere (14 - 24 Jahre) +9
- hoher Anteil voll Berufstätiger +15
- hoher Anteil mit hoher Schulbildung (Oberschule/Hochschule) +21
- hoher Anteil mit hohem Haushaltsnetto-Einkommen (DM 5.000,- +) +14

* INRA-Strukturzählung n = 20.000 Personen ab 14 Jahren mit privatem Internetanschluß

inra
DEUTSCHLAND

Internetnutzer „ticken anders" als die normale Bevölkerung; sie sind aktiver, erlebnishungriger und extrovertierter. Kurz: Internetuser sind im Schnitt also nicht nur u.a. jünger, formal höher gebildet etc., sondern auch in Ihrer Psychografie anders ausgerichtet als die Durchschnittsbürger.

Genau diese Tatsache wirkt sich auch auf Online-Quotenbefragungen aus, was leider fast immer übersehen wird. Aus diesem Grund können aus den in der Online-Forschung weit verbreiteten „Access-Pools", bei denen sich interessierte User gegen Honorar anmelden und an Befragungen teilnehmen, keine sauberen Quoten gezogen werden:

Solcherart generierte Quoten beziehen automatisch die (für den Untersuchungszweck evtl. nicht gewünschten) Merkmale „Internet-Usage" und „aktiver Teilnahmeantrieb zu Online-Befragungen - in Verbindung mit bestimmten Incentives – etc. .... " mit ein.

Ersteres engt alle Online-Quotenbefragungen aus Access-Pools auf Fragestellungen ein, die mit der Internet-Usage in Zusammenhang stehen, das zweite Merkmal schließt eine repräsentative Abbildung von – wie auch immer definierten - Grundgesamtheiten (z.B. *die* „Internetnutzer" auf Basis von Quoten-Befragungen) wegen Selbstrekrutierung aus.

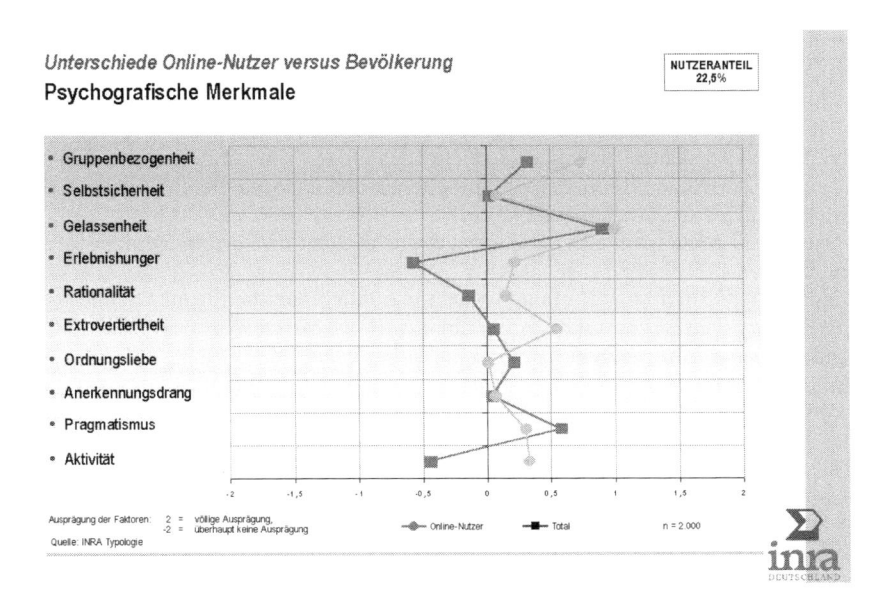

Probleme und Entwicklungstrends in der Umfrageforschung 163

Unterschiede Online-Nutzer versus Bevölkerung
Psychografische Merkmale

NUTZERANTEIL 22,5%

- Gruppenbezogenheit
- Selbstsicherheit
- Gelassenheit
- Erlebnishunger
- Rationalität
- Extrovertiertheit
- Ordnungsliebe
- Anerkennungsdrang
- Pragmatismus
- Aktivität

Ausprägung der Faktoren: 2 = völlige Ausprägung, -2 = überhaupt keine Ausprägung
Quelle: INRA Typologie
—◆— Online-Nutzer —■— Total   n = 2.000

inra
DEUTSCHLAND

Stichprobenziehung

Darüber hinaus kann bei der Stichprobenbildung auch heute noch nicht auf ein vollständiges Verzeichnis oder Register aller Internetnutzer zurückgegriffen werden. Adressverzeichnisse nach Art der Telefonbücher haben sich noch nicht etablieren können. Gesetzliche Pflichteinträge gibt es ebenfalls keine. Die Grundgesamtheit der „Internetuser" an sich, ist somit nicht exakt definierbar.

Dieses Problem wurde in der Gründerzeit der Online-Forschung allerdings gar nicht als solches betrachtet: Wer die Online-Fragen beantwortete, war zweitrangig. Es standen zunächst weniger die Stichproben, denn der Online-Befragungsablauf und die –effekte im Zentrum des Interesses der Forscher.

2.3 Chancen und Probleme webbasierter Befragungen

Web-basierte Befragungen scheinen nach Meinung vieler Online-Forscher, zumindest vordergründig, viele Vorteile aufzuweisen:
- (vermeintlich) schnelle Erhebungsform
- (sehr) kostengünstiges Verfahren (Wegfall Feldkosten)
- Einsatz multimedia- und hyperlinkfähiger Vorlagen möglich
- Befragungszeitpunkt für Befragte variabel wählbar
- keine unerwünschten Interviewereinflüsse

Zustande kommen diese Vorteile jedoch vielfach durch methodisch unsaubere Nutzung von technischen Möglichkeiten. So ist eine Erhebung „online" auch für große Stichproben technisch durchaus in 24 Stunden möglich. Fallzahlen von 1.000, 2.000 oder noch mehr Befragungen sind auch in so kurzer Zeit - technisch - möglich. Nicht möglich jedoch, ist dieses unter Beibehaltung einer ausreichend hohen Ausschöpfung der Brutto-Stichprobe.

Hier begnügt man sich dann zumeist mit 10-20% Rücklauf und nimmt damit eine zweifelsfrei schiefe Stichprobe und damit „In-Validität" der Ergebnisse in Kauf.

Eine hohe, „normale" Ausschöpfung von 50-60% ist jedoch auch bei Online-Befragungen erreichbar – allerdings muss man dann auf den vermeintlichen Vorteil der extremen Schnelligkeit verzichten[4] und eine ausreichende Feldzeit von mindestens einer Woche zulassen, um schriftliche Reminder zu ermöglichen und individuelle(s) Nutzungsverhalten, bzw. -häufigkeit zu berücksichtigen.

Daher sind heute noch gravierende Nachteile der Online-Forschung nicht weg zu diskutieren:
- Eine saubere Stichprobenziehung ist Online oft nicht möglich / eine Offline-Vorrekrutierung dagegen ist zeit- und kostenintensiv.
- Online ist nur für Internetnutzer einsetzbar (eingeschränkte Grundgesamtheit).
- Es drohen höhere Abbrecherquoten bei umfangreichen Interviews, da keine soziale Aufsicht durch einen Interviewer besteht.
- Es existieren keine einheitlichen technischen Standards auf Rechnern der Probanden. Der Programm-Code wird erst clientseitig (also auf dem Browser des Anwenders) interpretiert, Unterschiede in der Darstellung von Web-Seiten sind bei unterschiedlicher Software bislang unvermeidbar).
- Es gibt keine Kontrolle der Interviewsituation.
- Es wirken weitgehend unbekannte Methodeneffekte[5] - erste Versuche sind unternommen worden, so z.B. von unserem Haus. Es scheint sich jedoch abzuzeichnen, dass Online im Vergleich zu CATI keine wesentlichen Unterschiede im Antwortverhalten aufweist.
- Clientseitiges Caching (Zwischenspeicherung bei Anwendern) und der Einsatz von Proxy-Servern. Bei der Messung von Nutzungsverhalten/Reichweiten wurden sog. Klickrates und Page Impressions eingeführt; hier glaubte man zunächst eine saubere Währung für Reichweiten etablieren zu können; diese werden jedoch aus o.g. Gründen deutlich verzerrt) .

2.4 Qualitätsstandards tun not!

Im Herbst 2000 wurde der ADM aktiv. Zum Einen sollte Kunden und Anwendern durch Qualitätsstandards ein Beurteilungsmaßstab für die Qualität und Aussagekraft von Angeboten zur Online-Forschung geliefert werden; zum Anderen sollte eine positive Abgrenzung der Marktforschung von den „Datensammlern" und eine profilierte Positionierung der methodisch sauber arbeitenden Institute erreicht werden.

Diese Standards sind im Mai 2001 bereits von allen wichtigen Standesvertretungen (ADM, BVM, ASI und DGOF) gemeinsam verabschiedet und veröffentlicht worden.

Wie wichtig solche Standards sind, zeigt das folgende Beispiel: Oft finden Befragungswillige über methodisch unsinnige Wege Einzug in Access-Pools. Im Internet finden sich etliche Adressen, (z.B. www.allesohnekohle.de / www.kostgarnix.de / www.ohne-moos-nix-los.de) die einem bestimmten Typus von Befragungswilligen anziehen und den Weg zur freien Registrierung bei Access-Pools vermitteln.

---

4 vgl. INRA-Studie: Kommunikation – Positionierung von E-Mail im Wettbewerb mit anderen Kommunikationsmedien, Oktober 2000
5 INRA-Methodenvergleich: Stichprobe und Antwortverhalten CATI-ONLINE im Split-Half-Design.

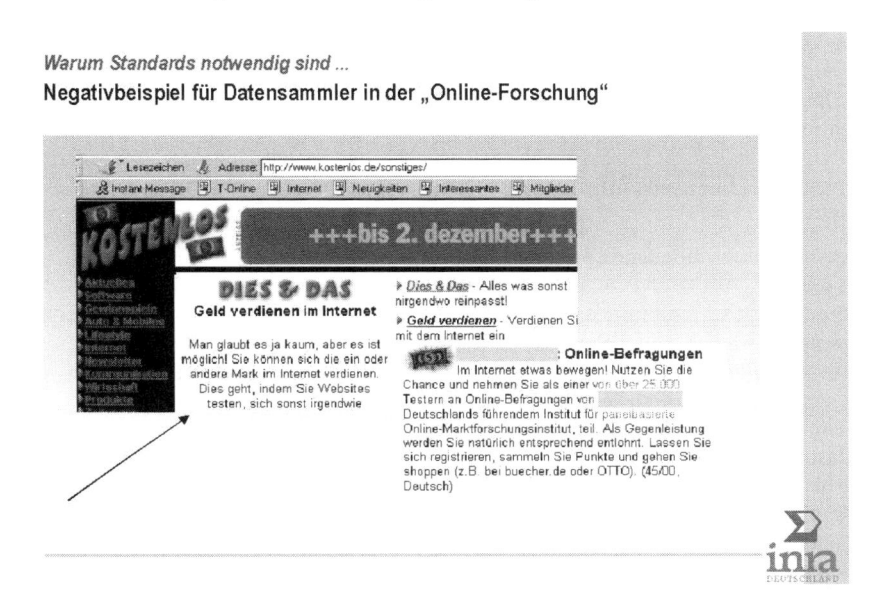

Warum Standards notwendig sind ...
Negativbeispiel für Datensammler in der „Online-Forschung"

Es hat Jahrzehnte gedauert, um der Marktforschung den Status wissenschaftlicher Forschung zu erarbeiten. Marktforschung kann deshalb nicht bedeuten, Befragungsstände in Fußgängerzonen (auch nicht in Virtuellen!) aufzubauen, um „irgendwie" Fragebögen ausfüllen zu lassen.

Damit hat die Stichprobendiskussion demnach, auch 50 Jahre nach Weinheim, neuen Zündstoff bekommen und ist hochaktuell.

3 Einsatzmöglichkeiten und Zukunftsperspektive Internet-Forschung

Kommen wir zu einem Fazit: „Online" ist eine marktforscherische *Option* - keine universell einsetzbare Methode - auch wenn die Nähe zum Befragungsthema dieses manchmal nahelegt.

Die Einsatzfelder der Online-Forschung sind bislang noch begrenzt. Online-Forschung ist zum heutigen Zeitpunkt dann besonders geeignet, wenn
– die Zielgruppe ein bestimmter, eingeschränkter Kreis von Internetnutzern ist (z.B. Besucher bestimmter Web-Sites), der mit konventionellen Instrumenten deutlich schlechter zu befragen wäre
– Vorlagen (hyperlinkfähig und/oder multimedial) präsentiert werden und CAPI unverhältnismäßig teuer wäre
– das Thema für Befragte stimulierend ist (ansonsten drohen Antwortverweigerungen bis hin zum Abbruch des Interviews)
– reflektiertere Antworten als per CATI angestrebt sind z.B. bei
  - Conjoint-Modulen
  - Konzepttests

Nun könnte der Eindruck entstehen, die Einschränkungen, die mit der Online-Forschung verbunden sind, überwiegen die Chancen.

Die gemachten Aussagen gelten jedoch nur für den aktuellen Stand. Es ist anzunehmen, dass die Entwicklung der Reichweite des Internets auch zukünftig weiter voranschreiten wird. Selbst bei einer sich verlangsamenden Entwicklung der Zuwächse, werden Internetanschlüsse zukünftig einmal so weit verbreitet sein, wie Festnetzanschlüsse beim Telefon.

Dazu einige abschließende Thesen:
- Viele der genannten Probleme der Online-Forschung werden sich bei wachsender Verbreitung des Mediums von allein lösen. Die – heute noch eingeschränkte - Grundgesamtheit wächst stetig. Spätestens, wenn Fernseher und PC zu einer Einheit
- verschmelzen, werden Netzzugang und E-Mail-Adressen in allen Bevölkerungsschichten selbstverständlich sein, unabhängig von sozialer Herkunft oder Alter.
- Einheitlichere technische Normen werden sich im Zeitablauf durchsetzen. Die Zeiten, dass unterschiedliche Browser-Typen und –Versionen ausgewählte, bereits verabschiedete Normen nicht korrekt darstellen, sollten bald ein Relikt der technischen Pionierzeit sein.
- Eine saubere Rekrutierung für mehrstufige Zufallsauswahlen per CATI/F2F für repräsentative Online-Panels wird mit zunehmender Inzidenz in der Bevölkerung deutlich wirtschaftlicher. Die Access-Pools aus der Pionierzeit werden an Bedeutung verlieren und sich auf Fragestellungen konzentrieren, in denen eine Abbildung der Grundgesamtheit nicht beabsichtigt ist.
- Die Grundgesamtheit „Internet-User" wird klarer definierbar. Es wird sich - analog zum Telefonverzeichnis - auch ein „offizielles" E-Mail-Verzeichnis entwickeln, aus dem sich Stichproben ziehen lassen und damit Panel auf das methodisch notwendige Maß reduzieren.

Bis dahin gilt es, sich nicht von technischen Finessen blenden zu lassen, und aus dem Blickwinkel der empirischen Forschung heraus das neue Befragungsmedium zu entwickeln.

*Dabei muss sich die Technik der Methodik unterordnen - und **nicht** die Methodik den technischen Möglichkeiten!*

Übersicht INRA-Studien zum Thema

- Methoden im Vergleich: Workshop 8
- Das Antwortverhalten CATI – ONLINE (Split-half-Design), Mai 2001
- eCommerce – Ein analytischer Ansatz zur Identifikation online-marktfähiger Produkte, April 2001
- Kommunikation – Positionierung von eMail im Wettbewerb mit anderen
- Kommunikationsmedien, Oktober 2000
- INRA Strukturzählungen CATI/F2F
  3/2001
  2/2001
  1/2001
  4/2000
  3/2000

Veröffentlichungen

Referenzdaten in der Online-Forschung, Planung und Analyse 5/2001

Das Berufsbild des Markt- und Sozialforschers
Status und Dynamik. Ergebnisse einer empirischen Untersuchung.

Walter Lulay

Grundlage: 300 Befragungen von Marktforschern in Instituten und Betrieben durchgeführt im Auftrag des Berufsverbands Deutscher Markt- und Sozialforscher, BVM von SMR Solid Marketing Research, Frankfurt

Hintergrund

Der BVM befindet sich im Prozess der Wandlung hin zu einer professionelleren Interessenvertretung der Beschäftigten in der Marktforschungsbranche.

Die Reform des BVM steht in engem Zusammenhang mit der Veränderung des Berufsbilds des Marktforschers.

Eine systematische Untersuchung der beruflichen Situation der Marktforscher in den unterschiedlichen Branchen sowie deren Veränderung innerhalb der letzten Jahrzehnte lag bisher nicht vor.

Die Interessen der Marktforscher können wir als Berufsverband aber nur vertreten, wenn wir die veränderten Aufgabenfelder und Qualifikationsanforderungen kennen, wenn wir verstehen, in welchen beruflichen Umfeldern der Marktforscher heute arbeitet und wie er seine eigene Profession einschätzt. Die folgenden Ergebnisse einer Untersuchung beantworten einige Fragen, werfen andererseits aber auch neue auf.

Die wichtigsten Ergebnisse im Überblick

Ausbildung, Studium

Eine beachtliche Minderheit der Marktforscher von 7% hat keinen Hochschulabschluss. Überdurchschnittlich hoch ist ihr Anteil in kleinen Instituten.

Exakt ¾ der Marktforscher haben ein Universitätsstudium abgeschlossen. Jeder Fünfte der Universitätsabgänger hat zusätzlich eine Lehre oder ein längeres Praktikum (häufig kaufmännisch) absolviert.

18% haben einen Fachhochschul- oder Berufsakademie-Abschluss und im Gegensatz zu Uni-Abgängern hat die Mehrheit dieser Abgänger zusätzlich eine Lehre bzw. ein Praktikum absolviert (siehe Abb. 1).

FH und BA-Abschlüsse sind in Betrieben offenbar eher akzeptiert als in Instituten. Denkbar ist, dass die Praxisorientierung, die Fachhochschulen nachgesagt wird, dafür ausschlaggebend ist. Möglich ist auch, dass in Betrieben Marktforscher häufiger aus anderen Abteilungen, in denen andere Qualifikationen üblich sind, in die Marktforschung wechseln. Eine denkbare Begründung für den höheren Anteil von Universitätsabgängern in Instituten kann schließlich auch die verkaufswirksamere Außenwirkung sein, die von einem Universitätsdiplom ausgeht.

Abbildung 1: Formale Bildung, Studium

Pie chart: Uni ohne Lehre 60%, Uni mit Lehre 15%, FH/BA mit Lehre 10%, FH/BA ohne Lehre 8%, kein Studium, mit Lehre 5%, kein Studium, ohne Lehre 2%. Basis: Marktforscher gesamt (n=300)

Tatsächlich sind ein gutes Drittel der Marktforscher Quereinsteiger, d.h. ihr Studienfach war weder Ökonomie noch Sozialwissenschaften, sondern Pädagogik, Philosophie, Lehrfächer für Schulen und viele andere Disziplinen. Seltener sind rein naturwissenschaftliche Studiengänge.

BWL oder Ökonomie haben knapp die Hälfte als Hauptfach abgeschlossen. Zählt man Nebenfächer mit, dann haben insgesamt 2/3 Wirtschaft studiert (siehe Abb.2).

1/4 der Marktforscher hat Soziologie mindestens als Nebenfach studiert, im Hauptfach 12%.

Soziologen und Psychologen finden sich eher in Instituten als in Betrieben. Sie absolvieren viel häufiger Zweit- oder Drittstudien als Wirtschaftsstudenten. Für letztere ist der Einstieg in die Marktforschung wahrscheinlich eher ausgemachtes Berufsziel oder erster Karriereschritt als für Psychologen und Soziologen, die sich offensichtlich erst allmählich orientieren und festlegen.

Marktforscher in Betrieben und Instituten

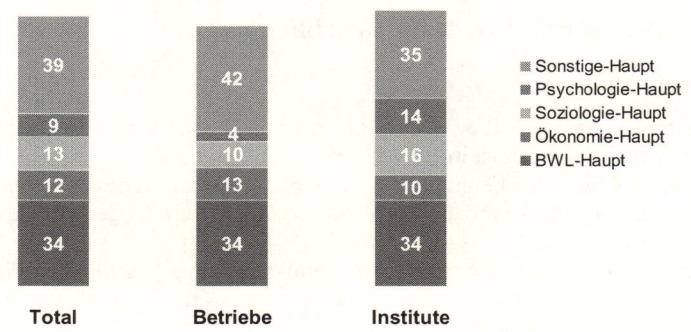

	Total	Betriebe	Institute
Sonstige-Haupt	39	42	35
Psychologie-Haupt	9	4	14
Soziologie-Haupt	13	10	16
Ökonomie-Haupt	12	13	10
BWL-Haupt	34	34	34

Basis: 1+ Studienfächer abgeschlossen (n=277) %, Mehrfachnennungen

Abbildung 2: Hauptstudienfächer abgeschlossen

Marktforscher mit Psychologie-Studium findet man vorwiegend in kleinen Instituten, die ja auch eher qualitativ-psychologisch orientiert sind. Jeder zweite Marktforscher in Instituten bis 5 Beschäftigte hat Psychologie als Haupt- oder Nebenfach studiert, immerhin noch jeder dritte hat Soziologie für mindestens 3 Semester studiert.

Die kleinen Institute ziehen offenbar besonders solche Marktforscher an, die eine ausgesprochen lange Studienkarriere hinter sich gebracht haben. Sie absolvierten im Durchschnitt 2,2 Haupt- und Nebenstudiengänge, während der Durchschnitt aller Marktforscher bei knapp 1,7 liegt.

Aufgaben der Marktforscher

Knapp 60% der Institutsmarktforscher beschäftigen sich sehr häufig mit konzeptionellen Aufgaben im Rahmen der Ad-hoc Marktforschung, also damit, Forschungsprobleme zu operationalisieren, Themen und Zielgruppen festzulegen, Fragebögen zu strukturieren und zu formulieren, sowie, nach Abschluss eines Projekts, Berichte zu schreiben oder Ergebnisse zu präsentieren (siehe Tab.1).

Tabelle 1: Ad-hoc Forschung (4-Punkt Skala: sehr häufig (1))

	Betrieb	Institut
statistische Analysen konzipieren und bewerten	27	25
Fragebogen bzw. Leitfäden strukturieren und formulieren	31	57
Forschungsdesign entwickeln (Methode, Grundgesamtheit..)	39	48
Forschungsproblem, Themen, Zielgruppen definieren	46	59
Berichte schreiben oder präsentieren	48	58
Interviewer briefen	4	21
Tabellen-Layout festlegen, kontrollieren, analysieren	19	24
Daten auswerten, tabellieren, gewichten	27	18
Präsentationen bzw. Grafiken erstellen	40	37

Forschungsdesigns zu entwickeln, also Grundgesamtheit, Stichprobe und Methode zu bestimmen, beschäftigt sie etwas weniger häufig, vielleicht weil es hier ein festes Portfolio von Standardinstrumenten gibt aus dem, ohne weitere grundsätzliche Überlegungen, ausgewählt werden kann.

Etwa einer von 10 betrieblichen Marktforschern beschäftigt sich überhaupt nicht mit Ad-hoc Forschung. Schon deshalb ist der Anteil der Marktforscher, die Primär-Untersuchungen („sehr häufig") konzeptionell vor- oder nachbereiten, bei ihnen mit 30-45% deutlich geringer als bei Institutsforschern.

Innerhalb der konzeptionellen Aufgaben gehört das Strukturieren von Fragebögen besonders selten zu den Beschäftigungen von Betriebsmarktforschern. Sie delegieren diese Aufgabe in der Regel an die Institute. Die eher handwerklichen und ausführenden Tätigkeiten im Zusammenhang mit Primäruntersuchungen beschäftigen Marktforscher insgesamt nicht so häufig wie die konzeptionellen, kreativen Aufgaben.

Der Arbeitsalltag betrieblicher Marktforscher wird allerdings stärker durch solche Aufgaben, wie etwa das Auswerten von Daten einschließlich statistischer Analysen und die Erstellung von Präsentationen geprägt, als der Alltag ihrer Institutskollegen. Die innerbetriebliche Weitervermittlung der Ergebnisse von Marktforschungsprojekten an unterschiedliche Zielgruppen und die Auswertung und Aufbereitung der Ergebnisse für unterschiedliche Zwecke ist offenbar eine wichtige Funktion der Betrieblichen.

Office-Anwendungen wie Powerpoint und Excel begleiten den Alltag vor allem des betrieblichen Marktforschers. Verglichen damit wird SPSS relativ selten verwendet und, überraschenderweise, keineswegs häufiger in Instituten als in Betrieben (siehe Tab. 2).

Tabelle 2: Software-Anwendungen (4-Punkt Skala: sehr häufig (1))

	Betrieb	Institut
mit SPSS oder vergleichbaren Statistik-Paketen arbeiten	19	19
mit Spezial-Software wie Infact, IMSView...	26	10
mit Excel bzw. Spreadsheetprogrammen arbeiten	64	42
mit Power Point bzw. Präsentations-Software arbeiten	66	50

SPSS-Analysen werden also eher von einer Minderheit spezialisierter Marktforscher regelmäßig durchgeführt, obwohl die Benutzerfreundlichkeit der Programme in den letzten Jahren Fortschritte gemacht hat. Der Bedarf an weiterführenden (multivariaten) Analysen oder auch das Verständnis für deren Ergebnisse, scheint nicht so groß zu sein, dass solche Analysen eine Mehrheit der Marktforscher regelmäßig beschäftigen würde.

Mit Software zur Auswertung von Handelspanels, Ärztepanels oder mit anderen institutseigenen Analyse-Tools beschäftigen sich ¼ der betrieblichen aber nur 10% der Institutsmarktforscher.

Die große Mehrheit der Institutsmarktforscher, nämlich knapp ¾, stehen im Kontakt mit ihren Kunden in Wirtschaftsunternehmen, d.h. sie diskutieren und vermitteln Forschungsergebnisse und beraten. Die externe Beratung durch Institutsmarktforscher, wie auch die interne Beratung durch ihrer betrieblichen Kollegen betrifft jedoch noch selten marketingpolitische oder unternehmensstrategische Fragen. Gut ¼ aller Institutsforscher hat dementsprechend keinen Kontakt zu Kunden in Wirtschaftsunternehmen. Sie haben somit gar keinen Bezug zu marketing- und unternehmenspolitischen Fragen.

Tabelle 3: Strategie, Informationsmanagement, Beratung (4-Punkt Skala: sehr häufig (1))

	Betrieb	Institut
strategische Situation des Unternehmens definieren	12	13
Marketingentscheidungen: strategische Implikationen	11	15
Marketing-Prioritäten erkennen	13	18
Informationsprioritäten definieren	25	3
Kosten vs. Nutzen Informationsbeschaffung	33	6
Preise planen	3	7
Unternehmensstrategie planen	8	3
Marketing- bzw. Budgetpläne	9	5
Produkt- oder Designberatung	13	8
Markt- und Wettbewerbsanalyse	37	12

Jeder Vierte bis jeder Dritte Betriebliche ist immerhin „sehr häufig" damit beschäftigt, die Prioritäten des Forschungsbedarfs des Unternehmens zu bestimmen und damit, die Kosten gegen den Nutzen von Projekten abzuwägen (siehe Tab.3).

Marketing-Prioritäten mitbestimmen, Marketing-Entscheidungen bewerten oder strategische Fragen erörtern ist aber nur für eine Minderheit von ca. 10-20% Teil ihres berufli-

Das Berufsbild des Markt- und Sozialforschers

chen Alltags. Interessanterweise zählen nicht weniger Institutsmarktforscher als betriebliche Marktforscher dies zu ihren Beratungsaufgaben.

Markt- und Wettbewerbsanalysen erstellen 37% aller betrieblichen Marktforscher sehr häufig, aber nur 9% sind eben so häufig direkt in die Erstellung von Marketing- bzw. Budgetplänen und noch weniger sind in die Preisplanung des Marketings eingebunden.

Auch mit Planungs- und Beratungsaufgaben für andere Unternehmensabteilungen, wie Werbung, Media, Vertrieb, PR etc. beschäftigen sich Betriebliche selten.

Etwas häufiger beraten Marktforscher in Designfragen und Fragen der Produktentwicklung. Dies mag ein Hinweis auf die große Bedeutung von Produkt- und Design-Tests im Rahmen der Ad-hoc Marktforschung sein.

Die Nützlichkeit des Studiums

Die unmittelbare Verwertbarkeit des Studiums für den Beruf wird sehr zurückhaltend beurteilt. In Schulnoten ausgedrückt, erhalten die Hochschulen nur eine schwache 3, dafür, wie sie auf den Beruf vorbereiten. FH/BA-Abgänger sind erstaunlicherweise, trotz höherem Praxis-Anspruch, enttäuschter als Uni-Abgänger (siehe Abb.3).

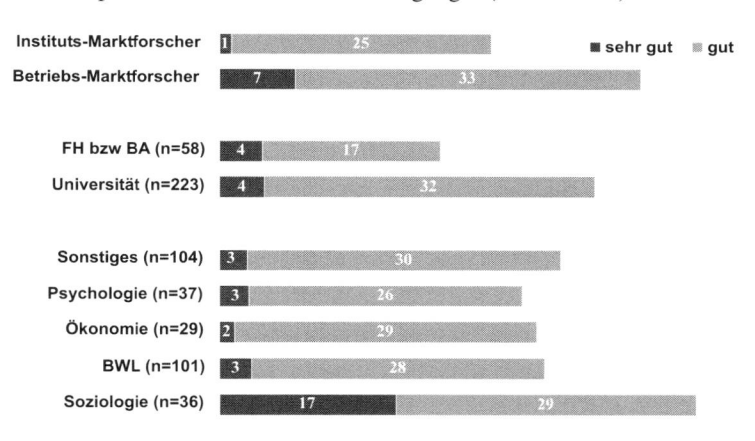

Abbildung 3: Nützlichkeit des Studiums für den Beruf
Schulnoten: sehr gut (1) bis ungenügend (6)

Soziologen zeigen die höchste Zufriedenheit mit ihrer Universitätsausbildung, alle Abgänger anderen Studienfächer sind weniger zufrieden und zeigen kaum Unterschiede. Erstaunlich daran ist, dass selbst die Quereinsteiger, also die Marktforscher, die nicht sozialwissenschaftlich oder wirtschaftswissenschaftlich ausgebildet wurden, keineswegs weniger zufrieden mit ihren Studienfächern, im Hinblick auf die Berufsvorbereitung, sind.

39% der Marktforscher schätzen die statistische Grundausbildung und die Ausbildung in Methoden als fachlichen Hauptnutzen ihres Studiums ein. Die Fähigkeit logisch, abstrakt, analytisch zu denken und wissenschaftlich zu arbeiten ist eine Art Meta-Qualifikation, die ebenso häufig als nützlich genannt wird (siehe Tab.4).

Soziologen nehmen relativ mehr aus dem Studium für die Praxis mit und dies liegt offenbar an der großen Bedeutung, die der Statistik innerhalb der Ausbildung zukommt.

Tabelle 4: Was war der Hauptnutzen des Studiums (nach Haupt-Studienabschluss)
1+ Hauptfächer abgeschlossen, n=277

	Total	BWL	Ökonomie	Soziologie	Psychologie
Statistik / Methoden	39	33	29	71	44
Logisches Denken	38	29	50	33	40
wissenschaftlich arbeiten, Probleme lösen	25	21	33	24	19
logisch, konzeptionell, analytisch denken	21	10	27	18	41
Allround-Wissen	23	32	20	11	14
Gut für Karriere	11	14	18	6	18

Die einhellige Forderung an die Verbesserung der Ausbildung lautet: Mehr Praxis, mehr Austausch mit Betrieben und mehr Praktika (siehe Tab.5). Über die Hälfte der Marktforscher würden solche Formen der Berufsvorbereitung begrüßen. Ein Marktforschungsstudium oder entsprechende Schwerpunktfächer fordert jeder vierte. Mehr Statistik wird, außer von den Soziologen, kaum gewünscht, obwohl die Statistische Grundausbildung ja andererseits als nützlich für den Beruf erachtet wird.

Tabelle 5: Wie kann die Hochschule besser vorbereiten (nach Haupt-Studienabschluss)
1+ Hauptfächer abgeschlossen, n=277

	Total	BWL	Ökonomie	Soziologie	Psychologie
Mehr Praxis	56	65	57	82	64
Praktika, Austausch mit Betrieben	33	32	39	56	38
Verzahnung Theorie, Praxis, Fallstudien	26	37	22	26	24
Logisches Denken	25	25	34	11	44
Schwerpunktfach Mafo	16	22	19	9	34
Mehr Statistik	2	3	3	9	4
Gar nicht: Studium nutzlos!	**23**	**17**	**11**	**6**	**10**

Betrachtet man den Beitrag der Hochschulen zur beruflichen Qualifikation vom Standpunkt der Aufgaben, die Marktforscher täglich wahrnehmen und bewältigen müssen („sehr häufig / häufig damit beschäftigt"), dann relativiert sich die unmittelbare berufliche Verwertbarkeit der Hochschulausbildung weiter.

Die Universität qualifiziert dafür, mit statistischen Analysen kompetent umzugehen (siehe Abb.4). Sie leistet noch einen beachtlichen Beitrag, Marktforscher in die Lage zu versetzen, geeignete Untersuchungsmethoden auszuwählen und ist hilfreich für die Entwicklung von Forschungsdesigns. Alle anderen beruflich bedeutsamen Fertigkeiten erwirbt man aber primär in der Praxis. Dies gilt in besonderem Maß für den Bereich Informationsmanagement: Wie betriebliche Marktforscher den Informationsbedarf ihres Unternehmens bestimmen sollen und welche Relation von Kosten und Nutzen für Maßnah-

Das Berufsbild des Markt- und Sozialforschers 175

men der Informationsbeschaffung ökonomisch sinnvoll ist, lernen betriebliche Marktforscher erst im Beruf.

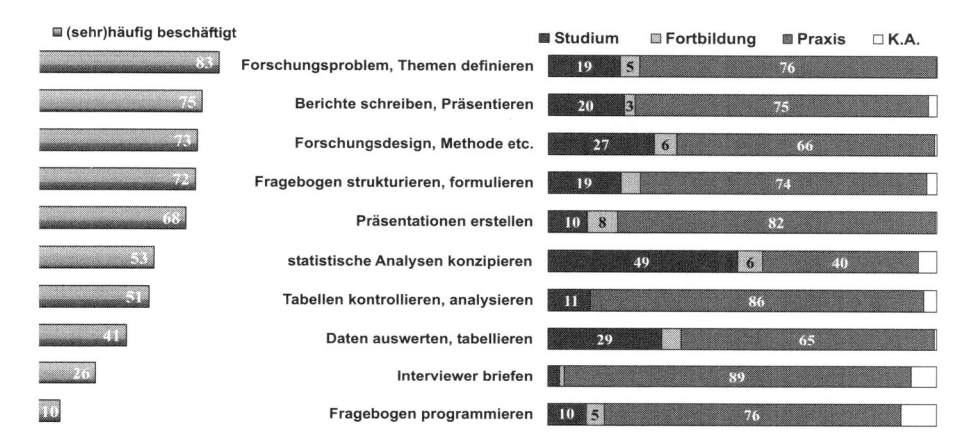

(sehr)häufig beschäftigt		Studium	Fortbildung	Praxis	K.A.
83	Forschungsproblem, Themen definieren	19	5	76	
75	Berichte schreiben, Präsentieren	20	3	75	
73	Forschungsdesign, Methode etc.	27	6	66	
72	Fragebogen strukturieren, formulieren	19		74	
68	Präsentationen erstellen	10	8	82	
53	statistische Analysen konzipieren	49	6	40	
51	Tabellen kontrollieren, analysieren	11		86	
41	Daten auswerten, tabellieren	29		65	
26	Interviewer briefen			89	
10	Fragebogen programmieren	10	5	76	

Basis: Alle Marktforscher, (sehr) häufig damit beschäftigt (%)

Abbildung 4: Aufgaben am Beispiel Ad hoc-Forschung
(Häufigkeit und wo Qualifikation dafür primär erworben)

Ebenso wenig hilfreich ist die Universitätsausbildung für die Minderheit der Marktforscher, die sich mit marketing- und unternehmensstrategischen Aufgaben befasst.

Fortbildungsmaßnahmen sind selten die wichtigste Quelle für die Aneignung beruflicher Qualifikationen. Es gibt allerdings eine wichtige Ausnahme: Jeder Dritte betriebliche Marktforscher hat Personalführungstechniken hauptsächlich in speziellen Seminaren, Kursen oder Workshops erlernt. Die Praxis reicht offenbar nicht aus, um die hierfür nötigen Kenntnisse und Verhaltensregeln zu erlernen.

Auf der Liste der Stoffe, die Hochschulen mehr vermitteln sollten, rangieren praktische Untersuchungen ganz oben (siehe Abb.5).

Erstaunlich weit oben auf der Prioritätenskala stehen auch die Vermittlung von Techniken der Präsentation und Moderation und das Erlernen von Grundlagen und Techniken der Personalführung: Ein weiterer Hinweis darauf, welchen Stellenwert Personalführungsfragen in der beruflichen Praxis haben. Auch wenn man bezweifeln mag, ob die Hochschule die Institution sein kann, solche Qualifikationen zu vermitteln, weist die hohe Priorität, die solchen „sozialen" Techniken zugeordnet wird, auf ein Defizit hin. Im Beruf spielen Fragen der Kooperation, des sich Zurechtfindens in Hierarchien, der Selbstdarstellung, des „Verkaufens" von Leistungen eine herausragende Rolle auf die aber keine Bildungsinstitution wirklich vorbereitet.

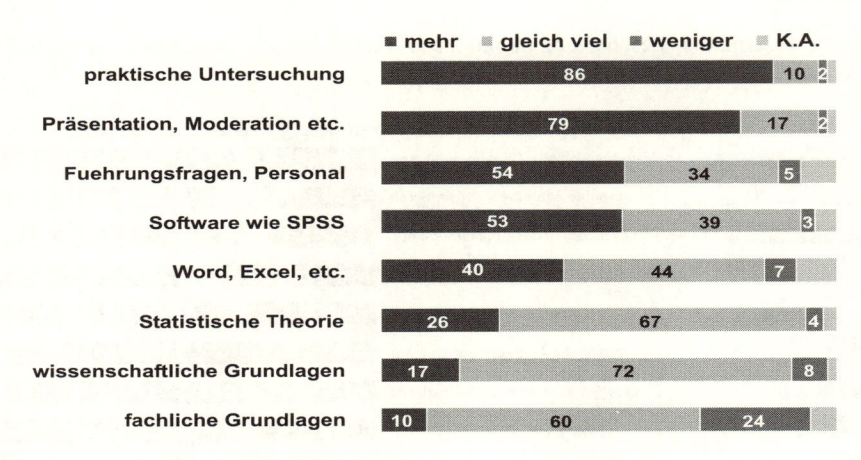

	mehr	gleich viel	weniger	K.A.
praktische Untersuchung	86		10	2
Präsentation, Moderation etc.	79		17	2
Fuehrungsfragen, Personal	54	34		5
Software wie SPSS	53	39		3
Word, Excel, etc.	40	44		7
Statistische Theorie	26	67		4
wissenschaftliche Grundlagen	17	72		8
fachliche Grundlagen	10	60	24	

Basis: Alle Marktforscher 1+ Studienfächer abgeschlossen (n=277), %

Abbildung 5: Stoff-Vermittlung während des Studiums - Wo sollte mehr, gleich viel, weniger vermittelt werden?

Die abstrakten, fachlichen Grundlagen rangieren ganz unten auf der Liste, welche Stoffe mehr vermittelt werden sollen, und in bezug auf Statistik wünscht man sich - ganz dem Tenor „Praxisbezug" folgend - deutlich mehr Statistik-Anwendungen (SPSS) als theoretische Grundlagen.

Dass die Hochschulen wenig unmittelbar umsetzbare Fertigkeiten vermitteln und dass Marktforscher viel mehr praktische Ausbildungsinhalte einfordern, muss natürlich nicht zwingend bedeuten, dass die für Marktforscher üblichen Studiengänge an der Praxis vorbei qualifizieren.

1. Marktforscher rekrutieren sich, wie gezeigt, aus vielen verschieden Studiengängen, die grundlegende Qualifikationen für eine Vielzahl von Berufen vermitteln müssen. Der Marktforschungsberuf repräsentiert, innerhalb dieser Gruppe von Berufen, sicher nur einen verschwindend kleinen Anteil und kann schon deshalb nicht im Vordergrund stehen, wenn es um die Entwicklung berufsbezogener Curricula geht.
2. Man muss darüber hinaus grundsätzlich fragen, wie weit die Hochschulen überhaupt auf den Beruf vorbereiten können und sollen. Ist es Aufgabe der Hochschulen eher wissenschaftliche Grundlagen und Meta-Qualifikationen zu lehren, oder müssen sie (auch) handwerklich-technische Fertigkeiten, bis hin zum Umgang mit Office-Produkten vermitteln?

Die vorliegende Untersuchung kann nur typische Aufgaben benennen, mit denen vermutlich nicht nur Marktforscher sondern auch viele Marketing- und Vertriebsberufe praktisch konfrontiert werden. Sie kann die grundsätzliche Frage, wo und wann die Qualifikationen für diese Aufgaben erworben werden sollen, nicht beantworten, wohl aber die Faktengrundlage schaffen, auf Basis derer solche Entscheidungen getroffen werden können.

Das Selbstbild der Marktforscher

Marktforscher empfinden ihre Leistung als wenig anerkannt und als schlecht bezahlt. Die Karrierechancen sind entsprechend sehr begrenzt. Führungsnaturen mit gewinnendem, extrovertiertem Auftreten zieht dieser Beruf deshalb überhaupt nicht an (siehe Abb.6).

Streng logisches Handeln ist in hohem Maße gefragt (55% Zustimmung bei beiden Marktforschergruppen) (siehe Abb.7). Als intellektuell herausfordernd empfinden noch 35% der Marktforscher in Instituten und 26% der Marktforscher in Betrieben ihren Beruf. Aber insgesamt sehr wenige haben die Erfahrung gemacht, dass Marktforschung wirklich wissenschaftliches Arbeiten ermöglicht; in der Institutsmarktforschung dabei noch eher (23%) als die betrieblichen (17%).

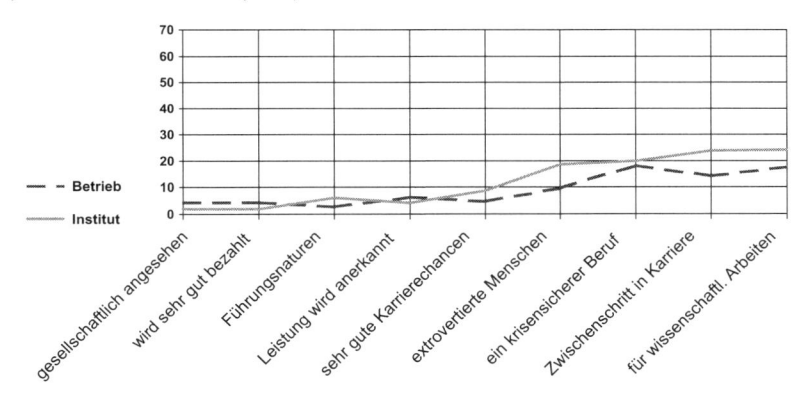

Abbildung 6: Das Marktforscherbild: Betrieb und Institut (I)
4er Skala: trifft voll und ganz zu (1)

Wer im Institut arbeitet, sieht seinen Beruf etwas häufiger als Zwischenschritt (22%) zur Erreichung eines letztlich anderen Berufsziels im Vergleich zu betrieblichen Marktforschern (14%).

Soweit ist das Selbstbild von Instituts- und Betriebsmarktforschern noch einigermaßen vergleichbar. In einigen wesentlichen Punkten geht die Wahrnehmung aber weit auseinander:

Institutsforscher empfinden ihren Beruf als interessanter, herausfordernder, mit mehr Gestaltungsspielraum ausgestattet, aber sie fühlen sich auch stärker gefordert und unter Druck stehend, der sehr viel stärker auch das Privatleben einschränkt. Von ihnen wird mehr Entscheidungsfreudigkeit erwartet und auf ihnen lastet mehr Verantwortung. Dies alles führt zu einer insgesamt deutlich geringeren Job-Satisfaction im Vergleich zu ihren betrieblichen Kollegen.

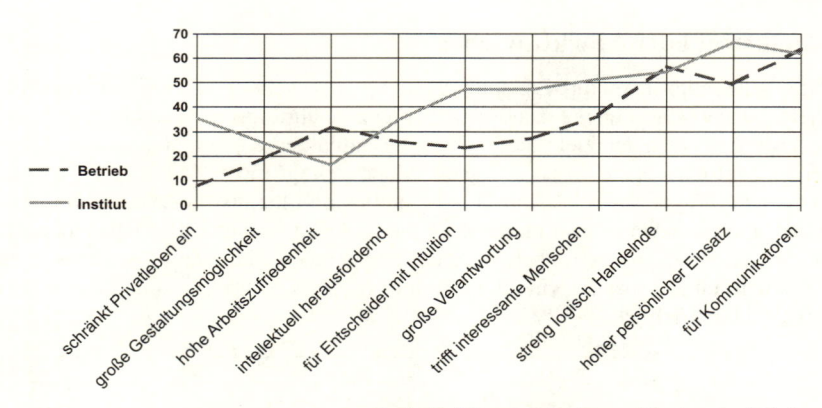

Abbildung 7: Das Marktforscherbild: Betrieb und Institut (II)
4er Skala: trifft voll und ganz zu (1)

Wenn Marktforscher Vermutungen darüber anstellen, wie ihre Arbeitszufriedenheit sich mit der anderer Berufe vergleicht, dann schneiden sie insgesamt doch besser ab als z.B. Unternehmensberater, Marketing-Manager etc. Die mangelnde Anerkennung ihrer Leistung, die beschränkten Karriere- und Verdienstchancen können also keine so große Bedeutung für Marktforscher haben, als dass es ihre Gesamt-Zufriedenheit all zu sehr beeinträchtigen würde.

Wenn man fragt, wie sich das Berufsbild des Marktforschers im Zeitverlauf verändert hat, ist der überwiegende Eindruck, dass sowohl die fachlichen als auch die persönlichen Anforderungen zugenommen haben: Die Notwendigkeit stetiger fachlicher Qualifizierung steht an erster Stelle, aber die Möglichkeiten, sich weiterzubilden sind glücklicherweise in annähernd gleichem Maß gestiegen (siehe Abb.8).

Dass auch Arbeitsintensität, Leistungsdruck und Stress zugenommen haben, ist wenig verwunderlich. Dies scheint eine allgemeine branchen- und berufsübergreifende Tendenz zu sein, die in unserer Gesellschaft angelegt ist und die spätestens jetzt auch den Beruf des Marktforschers ereilt hat.

Nicht im gleichen Maße haben Karrierechancen, berufliche Anerkennung und ihr geldlicher Ausdruck, die Bezahlung zugenommen. Hier handelt es sich offenbar wirklich um Punkte, die sowohl im aktuellen Vergleich zu anderen Berufen als auch in der Zeitachse für Marktforscher ebenso typisch wie problematisch sind.

Es mag mit der aktuellen Krise der Werbung und dem damit einher gehenden schwächeren Wachstum der Marktforschung zu tun haben, dass die Arbeitsplatzsicherheit heute als geringer eingeschätzt wird als früher. Vielleicht zeichnet sich hier das Ende einer langjährigen Sonderkonjunktur ab, die für die Marktforschungsbranche und einige verwandte Branchen über Jahre galt und vielleicht müssen wir uns zukünftig auf ein langsameres und labileres Wachstum, mit seinen negativen Implikationen auch für die Sicherheit der Arbeitsplätze, einstellen.

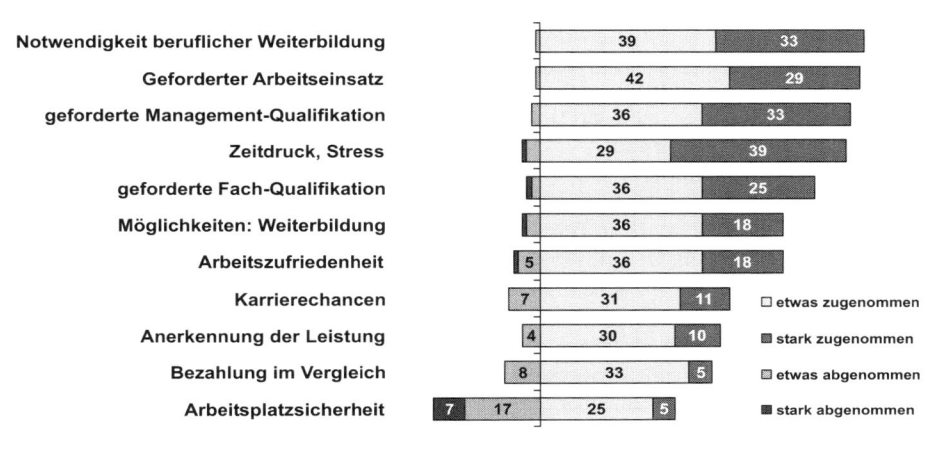

Notwendigkeit beruflicher Weiterbildung	39	33
Geforderter Arbeitseinsatz	42	29
geforderte Management-Qualifikation	36	33
Zeitdruck, Stress	29	39
geforderte Fach-Qualifikation	36	25
Möglichkeiten: Weiterbildung	36	18
Arbeitszufriedenheit	5 / 36	18
Karrierechancen	7 / 31	11
Anerkennung der Leistung	4 / 30	10
Bezahlung im Vergleich	8 / 33	5
Arbeitsplatzsicherheit	7 / 17 / 25	5

☐ etwas zugenommen
■ stark zugenommen
☐ etwas abgenommen
■ stark abgenommen

Basis: Alle Marktforscher, seit 1997 oder früher im Beruf (n=187) %

Abbildung 8: Marktforscher früher und heute - Was hat zu, was abgenommen?
(ohne „gleich geblieben)

Schlussbemerkung

Die Untersuchung wirft eine Reihe von Fragen auf, die sowohl in Richtung Aus- und Weiterbildung, als auch in Richtung Rollenverständnis im Beruf selbst gehen.

Das Rüstzeug, das Marktforscher an den Hochschulen erwerben, ist:
- Wissenschaftliches Arbeiten, Abstrahieren, Strukturieren, Problemlösungsstrategien entwickeln
- Statistik und sozialwissenschaftliche Methoden handhaben

Fast alle anderen beruflichen Qualifikationen erwerben sie zum ganz überwiegenden Teil erst in der beruflichen Praxis selbst.

Uns sind keine vergleichbaren Untersuchungen aus benachbarten Berufsfeldern, wie Marketing, Werbung, Beratung bekannt, für die BWL-, VWL-, Soziologie- und Psychologieausbildungen eine ähnlich große Bedeutung haben, aber: da Marktforscher, die sich mit marketing- und unternehmensstrategischen Fragen beschäftigen, in ganz besonderem Maße ein Qualifikationsdefizit durch die Hochschulen beklagen, kann man vermuten, dass Hochschulabgänger, die Marketing- oder Werbe-Berufe ergreifen, wo solche Qualifikationen ja noch viel mehr gefordert sind, mindestens eben so große Ausbildungsdefizite beklagen würden.

Die Qualifikationsdefizite sind allerdings sehr unterschiedlich. Es ist sicherlich zu fragen, ob Universitäten nicht damit überfordert wären, Übungen in Software-Anwendungen, wie Textverarbeitung und Powerpoint anzubieten oder Kenntnisse in Personalführung zu vermitteln.

Ernster nehmen müssen die Verantwortungsträger an Universitäten aber, dass Marktforscher (und sicherlich auch andere, verwandte Berufe) so wenig aus ihrem Studium mitnehmen, das sie dazu befähigt, marketingpolitische und unternehmensstrategische Aufgaben zu bewältigen.

Hier geht es um Schlüsselqualifikationen, die auch darüber entscheiden, welche Rolle ein Marktforscher bzw. die Marktforschung in einem Wirtschaftsunternehmen spielen kann. Nur wenn Marktforschungsaufgaben in einem klaren Bezug zu den Marketing-Prioritäten stehen, wenn Marktforscher akzeptierte Partner des Marketing-Managements sind, wenn sie ihre Ergebnisse nicht nur mitteilen, sondern auch an ihrer Umsetzung streitbar mitarbeiten, wenn sie konkrete Empfehlungen kompetent und mit Nachdruck vertreten und verteidigen können, weil sie die strategische Situation des Unternehmens im Wettbewerb einzuschätzen gelernt haben, werden sie im Unternehmen die Rolle eines Beraters und Informationsmanagers einnehmen.

Die Forderung nach mehr Praxisbezug des Studiums, die so einhellig reklamiert wird, ist eine Aufforderung an Professoren und Studenten, sich mit konkreten unternehmenspolitischen Entscheidungen aus marketingorientierten Betrieben auseinander zu setzen, bzw. Manager an die Universitäten zu holen, um Fallstudien zu erläutern und Lösungsstrategien zu diskutieren.

Das Rollenverständnis als Informationsmanager ist bei weitem noch nicht typisch für Marktforscher. Die Ergebnisse unserer Untersuchung zeigen vielmehr, dass Marktforscher sich als wenig respektiert und dass sie ihre Leistung unter Wert verkauft, erleben. Der Beruf scheint noch mehr die intellektuellen Eigenbrödler als die extrovertierten Management-Persönlichkeiten anzuziehen. Wenn aber Marktforscher weder die Fähigkeit noch den Willen zum strategischen Dialog mit Marketing und Unternehmensleitung entwickeln, werden sie auf die Rolle des Wasserträgers festgeschrieben bleiben, unter der sie wiederum leiden. Es wird nicht zuletzt die Aufgabe unseres Berufsverbandes sein, die Marktforscher dabei zu unterstützen, sich aus diesem Dilemma zu befreien.

Anhang

Methode

Die Untersuchung wurde als telefonische Befragung (CATI) durchgeführt. Ziel war es, die 2 häufigsten Berufssituationen abzubilden:
- **Institutsmarktforscher:** Marktforscher in Full-Service Marktforschungsinstituten (Marktforschungsanbieter) ohne Berater, Studios, Feldorganisationen.
- **Betriebliche Marktforscher:** Marktforscher in Produktions-, Dienstleistungs- oder sonstigen Betrieben, die selbst keine Marktforschung als Leistung auf dem Markt anbieten (Marktforschungsnachfrager).

Marktforscher in Werbeagenturen, im öffentlichen Dienst, in Verbänden, Vereinen und anderen Institutionen wurden bei der Befragung nicht berücksichtigt, um die Stichprobe nicht zu heterogen zusammenzusetzen.

Je Stichprobe wurden 150 Marktforscher befragt. Die durchschnittliche Befragungsdauer betrug 27 Minuten.

Die Feldarbeit wurde Ende August bis Mitte September 2001 durchgeführt.

Als Marktforscher wurde definiert, wer im Rahmen seiner Tätigkeit verantwortlich für die Konzeption, Durchführung oder Auswertung (betriebliche: Auch die Beauftragung) von Marktforschungsprojekten ist, wobei auch wissenschaftliche Methoden eingesetzt werden.

Institutsstichprobe

Basis für die Institutsstichprobe war das BVM-Handbuch der Marktforschungsinstitute. In diesem Verzeichnis sind nicht alle Marktforschungsinstitute Deutschlands enthalten, zumal es sicher einen „Graubereich" von Instituten gibt, deren Zugehörigkeit zur Marktforschungsbranche strittig ist. Da das Handbuch die (bekannten) großen Institute zu nahezu 100% abdeckt und nur wenige kleinere und mittlere Institute nicht abdeckt, kann man davon ausgehen, dass die Struktur der Grundgesamtheit aller Institute im Hinblick auf Größe, Spezialisierung und andere, die Berufssituation der Marktforscher beeinflussende Variable nicht wesentlich von der Struktur der verzeichneten Institute abweicht.

Um Aussagen auch für verschieden große Institute machen zu können, wurde eine disproportionale Stichprobe von 4 nach Größe gruppierten Instituten gewählt. Grundlage dafür war die Anzahl der beschäftigten akademischen Mitarbeiter, von der wir annahmen, dass sie weitgehend mit der Zahl der Marktforscher im engeren Sinn zusammenfällt.

Eine proportionale Stichprobe verbat sich auch deshalb, weil dies erfordert hätte, ca. 100 Interviews in weniger als 20 Instituten durchzuführen, was praktisch weder zumutbar noch durchführbar gewesen wäre.

Innerhalb der Institute war jeweils der Marktforscher auszuwählen, dessen Familienname mit einem zufällig gewählten Buchstaben (bzw. einer zufällig gewählten Buchstabenkombination) beginnt.

In der Zusammenfassung mussten die Ergebnisse der Quotengruppen so verrechnet werden, dass Befragte in Großinstituten entsprechend ihrem hohen Anteil an allen Marktforschern in Instituten hochgewichtet wurden und Marktforscher in kleinen Instituten entsprechend ihrem geringen Anteil an den beschäftigten Marktforschern herunter gewichtet wurden.

Betriebsstichprobe

Ein Verzeichnis der Marktforschungsabteilungen oder der Marktforscher in Betrieben, die Marktforschung betreiben, liegt nicht vor.

In einem ersten Schritt wurden deshalb 334 Betriebe mit 100 und mehr Beschäftigten zufällig ausgewählt (Schober).

In diesen Betrieben wurde mittels eines Screener-Interviews ermittelt, ob es einen oder mehrere Marktforscher gibt. Wenn Empfang oder weitervermittelte, marktforschungsnahe Abteilungen (Vertrieb, Marketing) dies bestätigten, wurde versucht, den Marktforscher bzw. einen zufällig aus allen beschäftigten Marktforschern auszuwählenden Marktforscher für ein Interview zu gewinnen.

Dieses Verfahren erwies sich als sehr unökonomisch: Obwohl das Screener Interview mehrfach optimiert wurde, um den während der Kontaktaufnahme gemachten Problemen besser gerecht zu werden, blieb es, insbesondere in der großen Mehrzahl der Betriebe ohne Marktforscher bzw. mit nur einem Marktforscher, sehr schwierig und zeitraubend, zu klären, ob es einen Marktforscher gibt und, wenn ja, wer diese Funktion wahrnimmt.

Nach wenigen Feldtagen wurde dieses Auswahlverfahren, das drohte, das zur Verfügung stehende Budget zu sprengen, zugunsten eines praktisch leichter handhabbaren Ansatzes eingestellt.

In einem zweiten Schritt wurden betriebliche Kontaktpersonen aus der BVM-Datenbank zufällig angewählt. In dieser Datenbank finden sich, neben den persönlichen BVM-Mitgliedern und den Betrieben, die Firmenmitglieder sind, eine um ein vielfaches größere Zahl von Personen, die entweder bei der Geschäftsstelle Informationen einholten oder an BVM-Veranstaltungen teilnahmen oder sonst mit dem BVM in Berührung kamen. Es ist häufig kein Marktforscher, der in die Datenbank aufgenommen wird, aber fast immer steht die Person in einem klaren Bezug zu der betrieblichen Marktforschungsfunktion, wenn es eine solche gibt. Der Kontakt zu dieser Person erleichterte die zufällige Auswahl des betrieblichen Marktforschers (analog zur Auswahl in Instituten) erheblich.

Da die Auswahl der Betriebe, aus der BVM-Datenbank den Hauptzweck verfolgte, die Wahrscheinlichkeit zu erhöhen, Betriebe mit Marktforscher zu identifizieren, nahmen wir damit bewusst in Kauf, dass deren Struktur nicht mit der Struktur aller Betriebe Deutschlands übereinstimmen würde.

Ein Vergleich der Betriebe, die im ersten Schritt erhoben wurden, mit denen der Betriebe aus der BVM-Datenbank zeigt in der Tat, dass letztere häufiger eine Marktforschungsabteilung und eher Mehrpersonenabteilungen als erstere haben. Im Rahmen der Umgewichtung Abteilungsgröße → Marktforscher wurde dieser Umstand berücksichtigt.

Empirische Markt- und Sozialforschung: Antworten und Fragen
Schlusswort

Gerhard Breunig

Am Ende der II. Weinheimer Tagung ein kurzes Resumée: Trotz aller Bemühungen bei der Tagungskonzeption war es wohl nicht die Absicht, bei dieser Tagung einen vergleichbaren Wirkhorizont und Stellenwert wie bei der 1951er Tagung zu erzielen.

Und in der Tat war der erste Teil der jetzigen Tagung von einer Retrospektive geprägt, wie das ja auch legitim ist, wenn man auf 50 Jahre zurückschauen kann. Besonders für die Jüngeren unter den Teilnehmern, die z.T. bei der letzten Weinheimer Tagung noch gar nicht geboren waren, musste es besonders beeindrucken, aus berufenem Munde den Aspekt aufgezeigt zu bekommen, dass *Demokratie* und *empirische Umfrageforschung*, ja sogar *Humanismus* und *empirische Forschung* als zusammengehörig angesehen wurden.

Der Beitrag empirischer Wirtschafts- und Sozialforschung für das Funktionieren demokratischer Institutionen ist uns heute so selbstverständlich, dass seine Betonung in der Retrospektive neu nachdenklich stimmt.

Und dies ist ein Aktivposten in der Bilanz, die nach Professor Sahners Einführung mit dieser Tagung zu ziehen ist. Es wurde in den letzten 50 Jahren in Deutschland eine funktionierende Infrastruktur zur Produktion empirischer Forschungsergebnisse aufgebaut; dies gilt für die universitäre, für die kommerzielle wie auch die amtliche Forschung und Statistik.

Doch es ging bei der jetzigen Tagung auch um aktuelle Probleme. Ob es ein positives Zeichen ist, dass die Verbände ADM, ASI und BVM auch heute noch über Standards für die empirische Forschung reden müssen, die vor 50 Jahren bereits gefordert wurden, wie Professor von Friedeburg gestern ausführte, sei dahingestellt. Über manche Standards muss wegen neuer technischer Entwicklungen, die den Einsatz neuer Instrumente und Medien ermöglichen, neu gesprochen werden; über die grundlegenden Standards ist in den letzten Jahren diskutiert und entschieden worden und endlich sind wir heute damit ein Stück weiter.

Nun, wohin zeigen die Entwicklungslinien in unserem Metier aus heutiger Sicht? Die Referate des zweiten Tages haben dazu Schlaglichter gesetzt. Statt einer Zusammenfassung seien einige Fragen aufgeworfen, die trotz des Wandels in den letzten 50 Jahren kontinuierlich fortbestehen, ja sich vielleicht noch schärfer konturieren:

1. Gibt es mehr **Datenkapazität** als **Deutungskapazität?**
   Mit anderen Worten: hat die gestiegene Kapazität in Erzeugung und Verarbeitung von Daten auch zu mehr Erklärungs- und Prognosefähigkeit geführt?
2. Gibt es eine striktere **Arbeitsteilung** zwischen **praxisorientierter Datentechnik und problemorientierter Erkenntnis?**
   D.h. stehen wir in einem Prozess der funktionalen Differenzierung zwischen ausfüh-

rendem Handling und erkennendem Denken, der sich auch in der personalen Zuständigkeit in ein- und derselben Organisation niederschlägt?
3. Müssen wir mehr junge Leute ausbilden, die mehr **„technical skills"** in den Beruf mitbringen und **weniger abstrakte Problemdurchdringung** leisten?
Es geht bei dieser Frage nicht nur um Optimierung der Verwertung von human resources sondern auch um Arbeitszufriedenheit.
4. Müssten dann, unter Bejahung von (3), nicht auch die deutliche Mehrzahl der Studenten in praxisnahen Studiengängen ausgebildet werden (Fachhochschulen und Berufsakademien), damit die Universitäten freier werden für ihre originäre Aufgabe, der qualitativ hochstehenden abstrakten, erkenntnisorientierten Arbeit?

Die Fragen kreisen um das Verhältnis von Theorie und Praxis und bewegen sich damit auf der Schnittstelle, auf der die Teilnehmer dieser Tagung sich begegneten. Sie weisen wissenschaftstheoretische, forschungsstrukturelle, arbeitsorganisatorische und letztlich bildungspolitische Bezüge auf.

Das Fazit enthält mehr Fragen als Antworten; aber das können Markt- und Sozialforscher ja: fragen.

Welche dieser Fragen für zukünftige Strukturen in der Markt-, Meinungs- und Sozialforschung bestimmend werden, wird man vielleicht in 50 Jahren hier in Weinheim beantworten.

Autorenverzeichnis

Theodor W. Adorno, Prof. Dr. (1903-1969)

Gerhard E. Breunig, Dr.
 Vorsitzender des Berufsverbandes Deutscher Markt- und Sozialforscher e.V. (BVM) und Vorsitzender des Bundesvorstands BVM
 Marktforschung und Marketingberatung, Lange Stücken 7, 14019 Berlin
 E-Mail: gbmafo@compuserve.com

Leo P. Crespi, Prof. Dr.
 Vertreter der *HICOG* (High Commission of the United States in Germany) auf der Weinheimer Tagung 1951

Ludwig von Friedeburg, Prof. Dr.
 Universität Frankfurt

Uta Gerhardt, Prof. Dr.
 Ruprecht-Karls-Universität, Institut für Soziologie II, Sandgasse 9,
 69117 Heidelberg
 E-Mail: ge8@ix.urz.uni-heidelberg.de

Hella Glagow
 INRA Deutschland GmbH, Papenkamp 2-6, 23879 Mölln
 E-Mail: mailbox@inra.de
 www.inra.de

Christian von der Heyde
 NFO Infratest, Landsberger Str. 338, 80687 München

Renate Köcher, Dr.
 Institut für Demoskopie Allensbach, Gesellschaft zum Studium der öffentlichen Meinung, Radolfzeller Str. 8, 78472 Allensbach
 E-Mail: info@ifd-allensbach.de
 www.ifd-allensbach.de

Thomas Lanninger
 INRA Deutschland GmbH, Papenkamp 2-6, 23879 Mölln
 E-Mail: mailbox@inra.de
 www.inra.de

Walter Lulay
 SMR Solid Marketing Research GmbH, Fischerfeldstr. 4, 60311 Frankfurt a.M.
 E-Mail: info@smr-solid.de
 www.smr-solid.de

Heiner Meulemann, Prof. Dr.
Institut für Angewandte Sozialforschung der Universität zu Köln (IfAS),
Greinstr. 2, 50939 Köln
E-Mail: meulemann@wiso-uni-koeln.de
www.uni-koeln.de/wiso-ak/ifas

Ekkehard Mochmann
Zentralarchiv für empirische Sozialforschung der Universität zu Köln,
Bachemer Str. 40, 50931 Köln
E-Mail: mochmann@za.uni-koeln.de
www.gesis.org/za

Heinz Sahner, Prof. Dr.
Vorsitzender der ASI e.V., Martin-Luther-Universität Halle-Wittenberg,
Institut für Soziologie, Emil-Abderhalden-Str. 7, 06099 Halle
E-Mail: sahner@soziologie.uni-halle.de
www.soziologie.uni-halle.de

Hartmut Scheffler
TNS EMNID, Geschäftsleitung, Stieghorster Str. 90, 35605 Bielefeld
E-Mail: info@emnid.tnsofres.com
www.emnid.tnsofres.com

Erwin K. Scheuch, Prof. Dr.
Kölner Gesellschaft für Sozialforschung e.V., Vorstandvorsitzender, Träger des
Zentralarchivs für Empirische Soziologie (ZA) an der Universität zu Köln,
Liliencronstr. 6, 50931 Köln
E-Mail: scheuch@za.uni-koeln.de

Robert Schweizer, Prof. Dr. jur.
Kanzlei Prof. Schweizer, Arabellastr. 21, 81925 München
E-Mail: mail@kanzlei-prof-schweizer.de
www.kanzlei-prof-schweizer.de

Rudolf Sommer, Dr.
Vorsitzender des Arbeitskreises Deutscher Markt- und Sozialforschungsinstitute e.V.
(ADM)
RSG Marketing Research, Dr. Rudolf Sommer GmbH, Lindemannstr. 82,
40237 Düsseldorf
E-Mail: info@rsg-ddf.de
www.rsg-ddf.de

Erich Wiegand
ADM Arbeitskreis Deutscher Markt- und Sozialforschung e.V., Geschäftsführer,
Langer Weg 18, 60489 Frankfurt a. M.
E-Mail: adm.ev@t-online.de
www.adm-ev.de

Klaus L. Wübbenhorst, Dr.
Vorstandsvorsitzender der GfK AG, Nordwestring 101, 90319 Nürnberg
E-Mail: public.affairs@gfk.de
www.gfk.de

Heinz Sahner (Hrsg.)

Soziologie als angewandte Aufklärung

**Weniger als erwartet, aber mehr als zu befürchten war.
Die Entwicklung der Nachkriegssoziologie aus der Sicht
der frühen Fachvertreter**

Vor etwa fünfzig Jahren etablierte sich die deutsche Nachkriegs-Soziologie. Die »Kölner Zeitschrift für Soziologie« nahm ihr Erscheinen 1948 wieder auf, im folgenden Jahr erschien das erste Heft der »Sozialen Welt«. Die Sozialforschungsstelle Dortmund wurde 1947 gegründet und die »Arbeitsgemeinschaft sozialwissenschaftlicher Institute (ASI)« im Jahr 1949. Heute bekannte Fachvertreter begannen ein universitäres Studium, nicht notwendig das der Soziologie.
Was war ihr Impetus? Von welchen Hoffnungen und Erwartungen wurde er getragen? Wie wurde die bisherige Entwicklung des Faches beurteilt und was erhoffte man sich von der Zukunft?
In diesem Band schildern die prominenten Soziologen M.R. Lepsius, L. v. Friedeburg, B. Lutz, H. Popitz, L. Rosenmayr und E.K. Scheuch ihren Zugang zum Fach und stellen sich der Diskussion. Dabei zeigt sich: Die Nachkriegsgeneration knüpfte weder eng an der Vorkriegssoziologie an, noch an dem, was von dieser unter dem Nationalsozialismus übrig geblieben war. Es war und ist eine Soziologengeneration sui generis.

2000, 87 S., brosch., 22,– €, 38,70 sFr, ISBN 3-7890-6722-9

**NOMOS Verlagsgesellschaft
76520 Baden-Baden**

mathematik-abc für das Lehramt

Ingmar Lehmann, Wolfgang Schulz

Mengen – Relationen – Funktionen

mathematik-abc für das Lehramt

Herausgegeben von
Prof. Dr. Stefan Deschauer, Dresden
Prof. Dr. Klaus Menzel, Schwäbisch Gmünd
Prof. Dr. Kurt Peter Müller, Karlsruhe

Die Mathematik-**ABC**-Reihe besteht aus thematisch in sich abgeschlossenen Einzelbänden zu den drei Schwerpunkten:
Algebra und Analysis
Bilder und Geometrie
Computer und Anwendungen.
In diesen drei Bereichen werden Standardthemen der mathematischen Grundbildung gut verständlich behandelt, wobei Zielsetzung, Methoden und Schulbezug des behandelten Themas im Vordergrund der Darstellung stehen.
Die einzelnen Bände sind nach einem „Zwei-Seiten-Konzept" aufgebaut:
Der fachliche Inhalt wird fortlaufend auf den linken Seiten dargestellt, auf den gegenüberliegenden rechten Seiten finden sich im Sinne des „learning by doing" jeweils zugehörige Beispiele, Aufgaben, stoffliche Ergänzungen und Ausblicke.
Die Beschränkung auf die wesentlichen fachlichen Inhalte und die Erläuterungen anhand von Beispielen und Aufgaben erleichtern es dem Leser, sich auch im Selbststudium neue Inhalte anzueignen oder sich zur Prüfungsvorbereitung konzentriert mit dem notwendigen Rüstzeug zu versehen. Aufgrund ihrer Schulrelevanz eignet sich die Reihe auch zur Lehrerweiterbildung.

Ingmar Lehmann, Wolfgang Schulz

Mengen – Relationen – Funktionen

Eine anschauliche Einführung

2., überarbeitete und erweiterte Auflage

B. G. Teubner Stuttgart · Leipzig · Wiesbaden

Bibliografische Information der Deutschen Bibliothek
Die Deutsche Bibliothek verzeichnet diese Publikation in der Deutschen Nationalbibliographie; detaillierte bibliografische Daten sind im Internet über <http://dnb.ddb.de> abrufbar.

PD Dr. Ingmar Lehmann
Geboren 1946 in Wernigerode. Promotion 1973, Habilitation 1988 an der Humboldt-Universität zu Berlin. Seit 1972 tätig in der Lehramtsausbildung Mathematik an der Humboldt-Universität zu Berlin.
Arbeitsgebiet: Didaktik der Mathematik.
ilehmann@mathematik.hu-berlin.de

Prof. Dr. Wolfgang Schulz
Geboren 1943 in Berlin. Promotion 1979, Habilitation 1986 an der Humboldt-Universität zu Berlin. Seit 1971 tätig in der Lehramtsausbildung Mathematik an der Humboldt-Universität zu Berlin.
Arbeitsgebiet: Didaktik der Mathematik.
wschulz@mathematik.hu-berlin.de

1. Auflage 1997
2., überarbeitete und erweiterte Auflage Dezember 2004

Alle Rechte vorbehalten
© B.G. Teubner GmbH Stuttgart / Leipzig / Wiesbaden, 2004

Lektorat: Jürgen Weiß

Der B. G. Teubner Verlag ist ein Unternehmen von Springer Science+Business Media.
www.teubner.de

Das Werk einschließlich aller seiner Teile ist urheberrechtlich geschützt. Jede Verwertung außerhalb der engen Grenzen des Urheberrechtsgesetzes ist ohne Zustimmung des Verlags unzulässig und strafbar. Das gilt insbesondere für Vervielfältigungen, Übersetzungen, Mikroverfilmungen und die Einspeicherung und Verarbeitung in elektronischen Systemen.

Die Wiedergabe von Gebrauchsnamen, Handelsnamen, Warenbezeichnungen usw. in diesem Werk berechtigt auch ohne besondere Kennzeichnung nicht zu der Annahme, dass solche Namen im Sinne der Warenzeichen- und Markenschutz-Gesetzgebung als frei zu betrachten wären und daher von jedermann benutzt werden dürften.

Umschlaggestaltung: Ulrike Weigel, www.CorporateDesignGroup.de
Druck und buchbinderische Verarbeitung: Lengericher Handelsdruckerei, Lengerich/Westfalen
Gedruckt auf säurefreiem und chlorfrei gebleichtem Papier.
Printed in Germany

ISBN 3-519-22152-7

Vorwort

Der vorliegende Band der Reihe „mathematik-abc für das Lehramt" ist eine elementar gehaltene Einführung wichtiger Grundbegriffe der Mathematik. Dabei haben wir im Interesse von Lesbarkeit und Schulnähe nicht immer Vollständigkeit der Darlegung angestrebt. Das Buch „Mengen – Relationen – Funktionen" wendet sich vorrangig sowohl an künftige als auch an bereits unterrichtende Lehrerinnen und Lehrer für Mathematik.

Mengen, Relationen und Funktionen sind als zentrale Begriffe der Mathematik auch fester Bestandteil des Mathematikunterrichts aller Schulformen. Viele mathematische Zusammenhänge lassen sich mit Hilfe des Mengenbegriffs anschaulich und einfach darstellen. Die wichtigsten hierfür erforderlichen Begriffe und Werkzeuge werden im Kapitel 1 „Mengen" bereitgestellt. Den Schwerpunkt im Kapitel 2 „Relationen" bilden Eigenschaften zweistelliger Relationen, wobei die Äquivalenz- und die Ordnungsrelationen, mit denen sich Mengen strukturieren lassen, besonders betont werden. Im Kapitel 3 „Funktionen" werden vorzugsweise solche grundlegenden Begriffe behandelt, die einerseits im Mathematikunterricht bereits im Vorfeld der Analysis eine Rolle spielen, andererseits der Vorbereitung auf die Differenzial- und Integralrechnung dienen. Darüber hinaus berücksichtigen wir, dass Funktionen (als Abbildungen) auch Wurzeln in der Algebra und der Geometrie haben.
Während Kapitel 1 grundlegend für die folgenden Kapitel 2 und 3 ist, können die Kapitel 2 und 3 auch unabhängig voneinander gelesen werden.

Somit stellt der Inhalt des Buches einerseits eine Vorbereitung auf weitere mathematische Studien speziell in der Algebra, Geometrie und in der Analysis dar, andererseits findet man hier einen Überblick über den mathematischen Hintergrund für große Teile des Mathematikunterrichts. Bei der Stoffauswahl haben wir uns auf jene Teile und Werkzeuge beschränkt, die nach unserer Meinung immer (wieder) benötigt werden und für viele Teilgebiete der Mathematik, vor allem aber für Mathematiklehrerinnen und -lehrer, ein ganz selbstverständliches Handwerkszeug sind.

Die von uns verwendeten Zeichen und Bezeichnungen sind in der mathematischen Literatur weitgehend üblich. Gegebenenfalls weisen wir an Ort und Stelle auf abweichende Bezeichnungen hin. Neben der verbalen Formulierung von Definitionen und Sätzen werden von uns auch bestimmte Abkürzungstechniken benutzt. Ihr Vorteil besteht darin, dass durch die verwendeten Zeichen die logische Struktur einer Definition oder eines Satzes deutlicher wird. Für die Schule hingegen ist eine solche stark formalisierende Schreibweise *kaum* zu empfehlen. Eine (korrekte) verbale Formulierung ist genauso exakt wie die mit Hilfe der logischen Zeichen. Sie ist darüber hinaus oft leichter verständlich und trägt so wesentlich zur sprachlich-logischen Schulung bei. Wir benutzen beide Schreibweisen, zum Teil parallel, oder auch nur eine von beiden.

Die wichtigsten logischen Begriffe und Methoden wurden bewusst nicht in einem eigenständigen Kapitel vorangestellt. Sie werden vielmehr an geeigneter Stelle eingeführt und benutzt. Das entspricht im Wesentlichen dem in Schule und Hochschule praktizierten Vorgehen.

Die gewählte Form der Darstellung unterscheidet sich von anderen zu diesem Thema vorliegenden Büchern durch das nahezu vollständig realisierte Zwei-Seiten-Konzept. Die Theorie wird fortlaufend auf den linken Seiten dargestellt. Auf den gegenüberliegenden rechten Seiten finden sich jeweils zugehörige Beispiele, Übungen und stoffliche Ergänzungen. Das Zwei-Seiten-Konzept hat den Vorteil, dass Bezüge zwischen Theorie und zugehörigen Beispielen unmittelbar deutlich werden.

Der Text ist in den Kapiteln auf folgende Weise strukturiert: Es gibt Definitionen, Sätze, Beispiele und Übungen, die – wie auch die Bilder – kapitelweise nummeriert sind. Wichtige Definitionen und Sätze sind darüber hinaus durch Rahmung optisch hervorgehoben. Begriffe werden zusätzlich durch Fett- oder Kursivdruck markiert. Weitere Hervorhebungen oder sonstige Ergänzungen sind durch • und bei Folgerungen durch ➢ gekennzeichnet. Das Ende eines Beweises wird mit ∎ angezeigt.

Die Übungen fordern zu eigener mathematischer Tätigkeit auf und bieten zugleich die Möglichkeit zu überprüfen, ob und wieweit die eingeführten Begriffe und Sätze verstanden worden sind. Am Ende des Buches werden Lösungen bzw. Lösungshinweise gegeben. Wir empfehlen, auch wenn man eine Aufgabe nicht gleich im ersten Versuch lösen kann, der Versuchung zu widerstehen, im Lösungsteil nachzuschlagen. Dieser sollte ausschließlich dazu dienen, die eigenen Ergebnisse mit denen des Buches zu vergleichen. Der Reiz, eine eigene Lösung zu finden und sich damit zu bestätigen, ist eine der entscheidenden Motivationen auf dem Gebiet der Mathematik.

Unser besonderer Dank gilt Herrn Prof. Dr. Stefan Deschauer, der das Manuskript durchgesehen hat. Seine Anregungen haben sowohl den Inhalt als auch die Lesbarkeit verbessert. Weiterhin danken wir Herrn Prof. Dr. Kurt Peter Müller für eine Reihe wertvoller Hinweise. Nicht zuletzt danken wir Herrn Jürgen Weiß vom Teubner-Verlag für die Unterstützung bei der Entstehung dieses Buches.

Für Hinweise und Anregungen sind wir unseren Lesern dankbar.

Berlin, Juli 1997　　　　　　　　　　Ingmar Lehmann　　　　Wolfgang Schulz

Vorwort zur 2., überarbeiteten und erweiterten Auflage

Bei der Überarbeitung haben wir auch einige Ergänzungen vorgenommen (Teilbarkeit und ≤-Relation in Kapitel 2.3.3, binäre Operationen in Kapitel 3.4, Kapriolen der Null in Kapitel 3.5, Potenz- und Winkelfunktionen in Kapitel 3.11 und 3.14). Außerdem wurden auch einige Druckfehler beseitigt.

Berlin, September 2004　　　　　　Ingmar Lehmann　　　　Wolfgang Schulz

Inhalt

1	**Mengen**	9
1.1	Der Begriff der Menge	9
1.2	Das Prinzip der Mengenbildung	10
1.3	Zum Stufenaufbau der Mengenlehre	12
1.4	Das Prinzip der Mengengleichheit	14
1.5	Endliche und unendliche Mengen	16
1.6	Logische und mengentheoretische Zeichen	18
1.7	Mengenalgebra	20
1.7.1	Inklusion (Teilmengenbeziehung)	20
1.7.2	Eigenschaften der Inklusion	24
1.7.3	Durchschnitt und Vereinigung	26
1.7.4	Symmetrische Differenz, Differenz und Komplement	28
1.7.5	Geordnetes Paar und kartesisches Produkt	30
1.7.6	Weitere Eigenschaften der Inklusion	34
1.7.7	Venn-Diagramme	36
1.7.8	Eigenschaften der Mengenoperationen	38
1.7.9	Duale Eigenschaften in der Mengenalgebra	44
1.7.10	Durchschnitt und Vereinigung von Mengensystemen	46
2	**Relationen**	48
2.1	**Der Begriff der n-stelligen Relation**	48
2.2	**Zweistellige Relationen in einer Menge**	50
2.2.1	Verknüpfungen zweistelliger Relationen	52
2.2.2	Relationsgraphen und Pfeildiagramme	54
2.2.3	Eigenschaften zweistelliger Relationen	56
2.2.4	Abhängigkeiten zwischen Eigenschaften zweistelliger Relationen	62
2.3	**Spezielle Relationen**	66
2.3.1	Äquivalenzrelationen	66
2.3.2	Ordnungsrelationen	76
2.3.3	Teilbarkeit und ≤-Relation	82
3	**Funktionen**	86
3.1	**Der Begriff der Funktion**	86
3.2	**Funktionen als spezielle Relationen**	90
3.3	**Ausblick auf Funktionen, die mehrstellig oder zweiwertig sind**	92
3.4	**Binäre Operationen**	94
3.5	**Kapriolen der Null**	96
3.5.1	0 durch 0	96
3.5.2	0 teilt 0	97

3.6	**Nullstellen von Funktionen**	98
3.6.1	Graphisches Lösen von Gleichungen	98
3.6.2	Regula falsi	98
3.7	**Monotone Funktionen**	100
3.8	**Eineindeutige Funktionen**	102
3.9	**Gerade und ungerade Funktionen**	104
3.10	**Periodische Funktionen**	104
3.11	**Potenzfunktionen**	106
3.12	**Ganzrationale Funktionen**	108
3.13	**Rationale Funktionen**	110
3.14	**Winkelfunktionen**	112
3.15	**Operationen mit Funktionen**	114
3.16	**Beschränkte Funktionen, Maximum und Minimum**	116
3.17	**Funktionale Charakterisierungen einiger Funktionen**	118
3.17.1	Eine funktionale Charakterisierung der direkten Proportionalitäten	118
3.17.2	Eine funktionale Charakterisierung der Exponentialfunktionen	119
3.17.3	Eine funktionale Charakterisierung der Logarithmusfunktionen	119
3.18	**Ausblick auf Funktionen als Abbildungen**	120
	Lösungen	122
	Literatur	142
	Namen- und Sachverzeichnis	143

1 Mengen

1.1 Der Begriff der Menge

Was ist eine Menge?

So einfach diese Frage zu stellen ist, so schwierig ist sie zu beantworten. Um es vorwegzunehmen, eine explizite Definition können wir für diesen Begriff selbst in der Mathematik nicht geben. In der axiomatischen Mengenlehre geht man – wie in anderen streng aufgebauten mathematischen Theorien – von Axiomen[1] aus; durch sie werden die jeweiligen Grundbegriffe dann implizit definiert. Wir folgen hier stattdessen dem sogenannten naiven Standpunkt, d.h., wir geben uns mit einer ungefähren Beschreibung des Begriffs *Menge* zufrieden. GEORG CANTOR (1845 – 1918), der Begründer der Mengenlehre, hat 1895 eine solche, besonders anschauliche Erklärung gegeben.

> **Cantorsche Mengendefinition:** Unter einer **Menge** verstehen wir jede Zusammenfassung von bestimmten wohlunterschiedenen Objekten unserer Anschauung oder unseres Denkens (welche die **Elemente** genannt werden) zu einem Ganzen[2].

Auch wenn es sich hierbei nicht um eine Definition im strengen Sinne handelt, ist diese Beschreibung für unsere Belange zunächst völlig ausreichend.

CANTOR benutzte mehrere Prinzipien, die später – wenn auch zum Teil in veränderter Form – in der axiomatischen Mengenlehre übernommen wurden. Darüber hinaus hat er den unendlichen Mengen dieselbe Existenzberechtigung zugesprochen wie den endlichen Mengen, d.h., er operierte mit ihnen wie mit etwas Fertigem, Abgeschlossenem. Damit setzte er sich über die Auffassung bedeutender Mathematiker seiner Zeit hinweg. Da zudem diese von CANTOR geschaffene Theorie der Mengenlehre sehr abstrakt war, stieß sie am Anfang bei vielen Zeitgenossen auf Widerstand und Ablehnung. Das ging zum Teil bis hin zu persönlichen Anfeindungen. Der zu seiner Zeit sehr einflussreiche und bedeutende Mathematiker LEOPOLD KRONECKER (1823 – 1891) hat ihn z.B. einen „Verderber der Jugend" genannt.

Es dauerte einige Jahrzehnte, ehe die Prinzipien der Mengenlehre allgemein anerkannt wurden. Heute ist die Mengenlehre, für die es inzwischen eine Reihe unterschiedlicher Axiomensysteme gibt, eines der Fundamente der Mathematik. Insbesondere hat die Mengenlehre auch einen wesentlichen Beitrag zur Präzisierung der mathematischen Denkweise insgesamt geleistet. Ihre Begriffe und Methoden finden Verwendung in praktisch allen Bereichen der modernen Mathematik; sie erlaubt einen einheitlichen Aufbau großer Teile der Mathematik. Darüber hinaus ist die Mengenlehre auch gut geeignet, um Probleme in den Naturwissenschaften, der Technik und der Wirtschaft zu formulieren, zu veranschaulichen und zu lösen.

Auf DAVID HILBERT (1862 – 1943) geht die Äußerung zurück: „Aus dem Paradies, das CANTOR uns geschaffen, soll uns niemand vertreiben können."

---

[1] axíoma (griech.) = Grundwahrheit (eigentlich Würdigung; Würde, Ansehen).
[2] CANTOR, G.: Gesammelte Abhandlungen. Herausgeber: E. Zermelo. Berlin: Springer 1932, S. 282.

1.2 Das Prinzip der Mengenbildung

Die Erklärung, die CANTOR für eine Menge gegeben hat, wollen wir in der folgenden Weise verstehen: Alle diejenigen Objekte, auf die irgendeine Aussage[1] oder Eigenschaft zutrifft, lassen sich zu einer Menge zusammenfassen. Diese Menge, das ist entscheidend, wird jetzt als ein einziges neues Objekt betrachtet.

Aus dem Zusammenhang lässt sich im allgemeinen auch immer erkennen, aus welchem **Grundbereich** (oder aus welcher **Grundmenge**) G die Objekte für die Mengenbildung genommen werden. Bei Mengen, die aus Zahlen bestehen, kann man z.B. die Menge **R** der reellen Zahlen oder die Menge **N** der natürlichen Zahlen als Grundmenge wählen. Bei Punktmengen wird oft die Menge aller Punkte einer Geraden, einer Ebene oder des Anschauungsraumes als Grundmenge zugrunde gelegt.

Um eine Menge M durch eine Eigenschaft zu beschreiben, ist wesentlich, dass für jedes Objekt des Grundbereiches G die Frage, ob dieses Objekt die betreffende Eigenschaft besitzt, eindeutig mit „ja" oder „nein" beantwortet werden kann. Allgemeiner gesagt: Wird in der *Aussageform* $H(x)$ die Variable[2] x durch ein konkretes Objekt aus G ersetzt oder durch einen Quantor[3] „gebunden", so entsteht in jedem Fall eine *Aussage*, also etwas, das entweder *wahr* oder *falsch* ist. Statt „ist wahr/ist falsch" sagt man auch „gilt/ gilt nicht". Genauer fordern wir das

> **Prinzip der Mengenbildung:** Für alle diejenigen Objekte x, auf die eine gegebene Aussageform $H(x)$ zutrifft, gibt es stets eine Menge M, die genau jene x als Elemente besitzt.

Man bezeichnet gewöhnlich Mengen mit großen lateinischen Buchstaben A, B, ..., M, N, ..., X, Y, ... und ihre Elemente mit kleinen lateinischen Buchstaben a, b, ..., x, y, ... Gegebenenfalls versehen wir sie mit einem Index (M_1, M_2, ..., a_1, a_2, ...).

Die grundlegende Relation[4] der Mengenlehre ist die **Elementbeziehung**. Sie bringt zum Ausdruck, dass ein Objekt x Element einer Menge M ist:

$x \in M$ (gelesen: „x (ist) Element von M" oder „x gehört zu M").

Dabei ist $\in$ der typisierte kleine Anfangsbuchstabe Epsilon des griechischen Wortes ἐστί (= ist); diese Schreibweise stammt von GIUSEPPE PEANO (1858 – 1932). Um auszudrücken, dass für ein Objekt x und eine Menge M die Elementbeziehung *nicht* zutrifft, schreiben wir:

$x \notin M$ (gelesen: „x (ist) nicht Element von M" oder „x gehört nicht zu M").

Statt des Zeichens $\notin$ benutzen manche Autoren auch das Zeichen $\overline{\in}$.

---

[1] Unter einer *Aussage* verstehen wir ein sprachliches oder formelmäßiges Gebilde, dem man entweder den Wahrheitswert *wahr* oder den Wahrheitswert *falsch* zuordnen kann. *Aussageformen* haben die Gestalt von Aussagen, enthalten aber freie Variablen. Werden die freien Variablen durch Elemente der Grundmenge G ersetzt, geht eine Aussageform in eine Aussage über.

[2] variare (lat.) = verändern; über variabilis (spätlat.) zu variable (altfranz.) = veränderlich.

[3] Zum Begriff *Quantor* s. Kap. 1.6.

[4] Zum Begriff *Relation* s. Kap. 2.

1.2 Das Prinzip der Mengenbildung

Beispiel 1.1: Durch die folgenden Mengen werden einige Schüler aus der Gesamtheit der Schüler einer Schule herausgehoben:
a) Die Menge der Schülerinnen und Schüler einer bestimmten Klasse, etwa der 7a.
b) Die Menge der Mädchen der Klasse 7a.
c) Die Menge der Jungen der Klasse 7a, die Mitglieder des Schulchores sind.

Beispiel 1.2: Wir bilden Mengen, indem wir Elemente x mit der Eigenschaft $H(x)$ zusammenfassen:
a) $H(x)$ bedeutet, x ist eine natürliche Zahl. Mit **N** bezeichnen wir dann die Menge aller natürlichen Zahlen[5].
b) $H(x)$ bedeutet, x ist eine Primzahl[6]. Mit **P** bezeichnen wir dann die Menge aller Primzahlen. Die Zahl 2 ist sowohl ein Element der Menge **N** als auch der Menge **P**. Dafür schreibt man also kurz: $2 \in $ **N** bzw. $2 \in $ **P**.
c) $H(x)$ bedeutet, x ist eine ungerade natürliche Zahl. Mit **U** bezeichnen wir dann die Menge aller ungeraden natürlichen Zahlen. Da die Zahl 2 eine gerade (und damit keine ungerade) Zahl ist, gilt $2 \notin $ **U**.
d) $H(P)$ bedeutet, P ist ein Punkt der Ebene, dessen Koordinaten x und y die Gleichung $x^2 + y^2 = 4$ erfüllen. Die Menge aller Punkte P mit dieser Eigenschaft bildet dann einen Kreis k um den Ursprung des Koordinatensystems mit dem Radius 2.

Die einzelnen Zahlbereiche bezeichnen wir wie folgt[7]:

N := Menge aller natürlichen Zahlen[5]
N* := Menge aller von Null verschiedenen natürlichen Zahlen
Z := Menge aller ganzen Zahlen
Z$_-$:= $\{x \mid x \in $ **Z** und $x \leq 0\}$ = Menge aller nichtpositiven ganzen Zahlen
Q := Menge aller rationalen Zahlen
Q$_+$:= $\{x \mid x \in $ **Q** und $x \geq 0\}$ = Menge aller gebrochenen Zahlen oder Bruchzahlen[8]
R := Menge aller reellen Zahlen
R$_+$:= $\{x \mid x \in $ **R** und $x \geq 0\}$ = Menge aller nichtnegativen reellen Zahlen
R$_-$:= $\{x \mid x \in $ **R** und $x \leq 0\}$ = Menge aller nichtpositiven reellen Zahlen
R* := $\{x \mid x \in $ **R** und $x \neq 0\}$ = Menge aller von Null verschiedenen reellen Zahlen
R$^*_+$:= $\{x \mid x \in $ **R** und $x > 0\}$ = Menge aller positiven reellen Zahlen
R$^*_-$:= $\{x \mid x \in $ **R** und $x < 0\}$ = Menge aller negativen reellen Zahlen
C := Menge aller komplexen Zahlen

---

[5] Unter Einschluss der Null.
[6] numerus primus (lat.) = Zahl erster Art (im Unterschied zu numerus compositus (lat.) = zusammengesetzte Zahl oder Zahl zweiter Art); primus (lat.) = erster, vorderster.
[7] Die Schreibweise der geschweiften Klammern samt Mengenoperator $\{x \mid ...\}$ wird in Kap. 1.4 erklärt.
[8] In der Schule wird **Q**$_+$ deshalb oft auch mit **B** bezeichnet.

1.3 Zum Stufenaufbau der Mengenlehre

Bei der Bildung einer Menge M werden bestimmte **Individuen** (Elemente) $x, y, \ldots$ aus einem gegebenen Grundbereich zu dieser **Menge** M (*Menge erster Stufe*) zusammengefasst. Mengen (erster Stufe) $M, N, \ldots$ können nun ihrerseits wieder als Objekte zu einer neuen Menge $\mathfrak{M}$ zusammengefasst werden. Eine solche Menge $\mathfrak{M}$ (*Menge zweiter Stufe*) nennt man ein **Mengensystem**. Dieser Prozess der Mengenbildung lässt sich fortsetzen. Die nächste Stufe, also eine Menge von Mengensystemen $\mathfrak{M}, \mathfrak{N}, \ldots$, nennt man dann eine **Mengenfamilie** μ (*Menge dritter Stufe*).

Die Elemente eines Mengensystems sind also selbst Mengen; die Elemente einer Mengenfamilie sind ihrerseits Mengensysteme. Die Elemente einer Menge erster Stufe nennt man in diesem Zusammenhang auch Mengen nullter Stufe. Das Mengenbildungsprinzip ist dann analog auf die jeweilige Stufe anzuwenden. Beachtet man, dass in einer Menge M stets nur Individuen (als Elemente), in einem Mengensystem $\mathfrak{M}$ stets nur Mengen (als Elemente) und in einer Mengenfamilie μ stets nur Mengensysteme (als Elemente) usw. vorkommen, also die Mengenbildung in dieser Weise eingeschränkt wird, kann es zu keinen Widersprüchen, den sogenannten **Antinomien**[1], kommen.

So betraf z.B. die Russellsche Antinomie, benannt nach BERTRAND RUSSELL (1872 – 1970), im wesentlichen das allgemeine Mengenbildungsprinzip, das es erlaubt, von einer beliebigen Bedingung zum Begriff der Menge aller Objekte, die diese Bedingung erfüllen, überzugehen. Betrachtet man nämlich insbesondere die Bedingung, nicht Element von sich selbst zu sein (also $x \notin x$), so ergibt sich ein Widerspruch in der Weise, dass die Menge aller Mengen, die dieser Bedingung genügen, sich sowohl selbst enthält als auch nicht selbst enthält.

Als Eigenschaft H nahm RUSSELL die folgende (auf Mengen x anwendbare) Aussage an:

$H(x)$ bedeutet: $x \notin x$, d.h., x ist kein Element von x.

Für die Menge M, die dann durch die Eigenschaft $H(x)$ definiert ist, gilt folglich: M ist die Menge aller Mengen x, die sich nicht selbst enthalten.

Da M eine Menge ist, stellte sich RUSSELL die Frage, ob nun M sich selbst als Element enthält.

1. Fall: Wir nehmen an, die Antwort sei *ja*, d.h., es gelte $M \in M$. Wenn also M ein Element von M ist, muss M die Eigenschaft $H(M)$ besitzen, also $M \notin M$ gelten.
2. Fall: Wir nehmen an, die Antwort sei *nein*, d.h., es gelte $M \notin M$. Wenn also M kein Element von M ist, bedeutet das, es besitzt nicht die Eigenschaft $H(M)$. Es muss also $M \in M$ gelten.
Fazit: Ist einerseits M in sich selbst enthalten, dann enthält es sich nicht.
Ist andererseits M nicht in sich selbst enthalten, dann enthält es sich.

Das ist eine Antinomie.

---

[1] antinomía (lat./griech.) = Widerspruch eines Gesetzes gegen das andere; Widerspruch eines Satzes in sich oder zweier Sätze, von denen jeder Gültigkeit beanspruchen kann.

1.3 Zum Stufenaufbau der Mengenlehre

Beispiel 1.3: Ein anschauliches Beispiel für den Stufenaufbau der Mengenlehre liefert uns der Alltag.
Als Individuen betrachten wir einzelne *Streichhölzer* (Individuen = Mengen 0. Stufe). Im allgemeinen werden 38 Streichhölzer in einer *Zündholzschachtel* (Menge = Menge 1. Stufe) gesammelt und zusammengefasst. Beim Wochenendeinkauf wird man eine *Zehnerpackung* (Mengensystem = Menge 2. Stufe) verlangen, die also 10 Zündholzschachteln enthält. Der Supermarkt wird seinerseits beim Großhandel *Versandkartons* (Mengenfamilie = Menge 3. Stufe) bestellen, die ihrerseits 50 Zehnerpackungen enthalten. Der Großhandel wiederum ordert beim Hersteller *Europaletten* (Mengen 4. Stufe) zu je 48 Versandkartons. Der LKW-Fahrer transportiert mit seiner *LKW-Ladung* (zumeist 72 Europaletten) dann schon eine Menge 5. Stufe!

Beispiel 1.4: Die Klassifikation im Tierreich besteht aus einer hierarchischen Stufenfolge einander einschließender Gruppen von Lebewesen.
So gehört der Hund *Lassie* (aus der gleichnamigen Fernsehserie) zur **Unterrasse** der *Langhaarcollies*, die zusammen mit den Kurzhaarcollies die **Rasse** der *Collies* bilden. Diese Rasse gehört (wie z.B. auch die der Bobtails) zur **Unterart** *Britische Hütehunde*; diese wiederum zur **Art** *Schäferhunde*. Die nächste Stufe ist dann die **Gattung** *Canis*, die zur **Unterfamilie** „Hunde im engeren Sinne" gehört. In aufsteigender Reihenfolge setzt sich das folgendermaßen fort: **Familie** *Hunde*, **Überfamilie** *Hundeähnliche*, **Unterordnung** *Landraubtiere*, **Ordnung** *Raubtiere*, **Überordnung** *Echte Säugetiere*, **Unterklasse** *Höhere Säugetiere*, **Klasse** *Säugetiere*, **Überklasse** *Vierfüßer*, **Unterkreis** *Kiefermäuler*, **Kreis** *Wirbeltiere*, **Unterstamm** *Chordatiere*, **Stamm** *Neumünder*, **Unterabteilung** *Bilateraltiere*, **Abteilung** oder **Unterreich** *Vielzeller*, **Reich** *Tierreich*. Auf diese Weise gelangen wir vom Individuum *Lassie* (= Menge 0. Stufe) bis hin zum *Tierreich* (Menge 21. Stufe)!

Beispiel 1.5: Beispiele für den Stufenaufbau der Mengenlehre in der Mathematik:
Als Grundbereich wählen wir die Gesamtheit aller Punkte einer Ebene. Geraden, Strecken, Dreiecke, Vierecke, Kreise usw. sind dann Mengen erster Stufe. Die Gesamtheit V aller Vierecke, das sogenannte „Haus der Vierecke" in der Schulmathematik, ist dann bereits eine Menge zweiter Stufe (Mengensystem).
Weitere Mengensysteme wären z.B. das System aller derjenigen Geraden, die Tangenten an einen gegebenen Kreis sind, oder das System aller derjenigen Kreise, die zu einem gegebenen Kreis konzentrisch sind.

Beispiel 1.6: Der logische Kern der Russellschen Antinomie lässt sich anschaulicher anhand der paradoxen Geschichte vom Dorfbarbier erzählen.
Der Dorfbarbier zeichne sich unter allen Männern eines Dorfes dadurch aus, dass er genau diejenigen Männer des Dorfes rasiert, die sich nicht selbst rasieren. Von ihm selbst gilt dann, dass er sich genau dann selbst rasiert, wenn er sich nicht selbst rasiert.

Wir beschränken uns im Folgenden darauf, Begriffe und Eigenschaften der mengentheoretischen Verknüpfungen für Mengen erster Stufe und deren Elemente zu formulieren. Auf jeder Stufe kann man die gleichen Überlegungen wie für diese erste Stufe anstellen.

1.4 Das Prinzip der Mengengleichheit

Neben dem Mengenbildungsprinzip setzen wir ein weiteres Prinzip oder Axiom voraus, das *Prinzip der Mengengleichheit*. Dieses Axiom gibt eine Antwort auf die Frage, wann zwei Mengen M und N aus Elementen eines gegebenen Grundbereichs als gleich bzw. als identisch angesehen werden sollen.

> **Prinzip der Mengengleichheit:** Mengen M und N sind genau dann gleich, wenn sie aus denselben Elementen bestehen.

Anders ausgedrückt:

- Mengen M und N sind genau dann gleich, wenn für jedes x gilt:
  x ist Element von M genau dann, wenn x Element von N ist.

Es wird also durch dieses Prinzip der Mengengleichheit festgelegt, dass zwei Mengen M und N genau dann gleich sind, wenn sie den gleichen *Umfang* (an Elementen) haben. Oder noch anders gesagt: Jede Menge soll eindeutig durch die in ihr enthaltenen Elemente bestimmt sein, unabhängig davon, durch welche Eigenschaft ihrer Elemente sie zunächst definiert worden ist.

Diese Festlegung der (Umfangs-)Gleichheit nennt man auch *Extensionalitätsprinzip*[1]. Am Rande sei erwähnt, dass umfangsgleiche Mengen auch eigenschaftsgleich sind. Solche Mengen sind deshalb in jedem Zusammenhang durcheinander ersetzbar.

Eine Menge kann also als gegeben angesehen werden, wenn die einzelnen Elemente der Menge bekannt sind oder wenn eine Vorschrift festlegt, welche Bedingungen die Elemente der Menge erfüllen müssen.

- Sind zwei Mengen M und N nicht gleich, so schreibt man $M \neq N$.

Sind die Elemente einer Menge bekannt, werden sie zwischen zwei geschweiften Klammern einzeln aufgelistet: $M = \{1, 3, 5\}$.

Die durch die Grundmenge G und durch die Eigenschaft H bestimmte Menge

- $M := \{x \mid x \in G \text{ und } H(x)\}$

heißt *Erfüllungsmenge* der Aussageform $H(x)$ über G. Wenn Klarheit über die in Frage kommende Grundmenge besteht, schreibt man kürzer

- $M := \{x \mid H(x)\}$.

M enthält also genau diejenigen Elemente von G, die $H(x)$ zu einer wahren Aussage machen. Die geschweiften Klammern, die man mitunter auch *Mengenklammern* nennt, werden mitsamt dem sogenannten *Mengenoperator* | gelesen[2]: „Die Menge aller x mit der Eigenschaft $H(x)$".

---

[1] extensio (lat.) = Umfang eines Begriffs; Gesamtheit der Gegenstände, die unter diesen Begriff fallen.
[2] Mitunter wird für den *Mengenoperator* anstelle des senkrechten Striches | auch ein Doppelpunkt : oder ein Semikolon ; benutzt.

1.4 Das Prinzip der Mengengleichheit

Beispiel 1.7: Die Mengen $A = \{2, 3, 4\}$ und $B = \{x \mid x \in \mathbf{N}$ und $|x - 3| < 2\}$ sind gleich. Nach dem Prinzip der Mengenbildung sind die Mengen A und B eindeutig festgelegt. Nach dem Prinzip der Mengengleichheit ist darüber hinaus: $A = B = \{2, 3, 4\}$.

Beispiel 1.8: Die Menge A aller geraden Primzahlen und die Menge B, die die kleinste gerade von Null verschiedene natürliche Zahl als einziges Element enthält, sind (umfangs-)gleich: $A = B = \{2\}$.

Beispiel 1.9: Die Menge M aller Trapeze mit zwei Paaren paralleler Seiten und die Menge N aller (konvexen) Vierecke, in denen die Diagonalen einander halbieren, sind gleich. In beiden Fällen wird die Menge aller Parallelogramme beschrieben ($M = N$).

Übung 1.1[3]**:** Prüfen Sie, welche der folgenden Mengen identisch sind:
a) M_1 = Menge aller gleichschenkligen Dreiecke,
b) M_2 = Menge aller gleichseitigen Dreiecke,
c) M_3 = Menge aller gleichwinkligen Dreiecke.

Übung 1.2: Prüfen Sie, welche der folgenden Mengen identisch sind:
a) N_1 = Menge aller Vierecke mit vier kongruenten Winkeln,
b) N_2 = Menge aller Vierecke mit gleich langen, einander halbierenden Diagonalen,
c) N_3 = Menge aller Vierecke mit zwei Paaren paralleler Gegenseiten und einem rechten Winkel.

Beispiel 1.10: M sei die Menge der einstelligen Primzahlen; N sei die Lösungsmenge der Gleichung $x^4 - 17x^3 + 101x^2 - 247x + 210 = 0$. Auch hier wird in beiden Fällen dieselbe Menge beschrieben.
Die Vorschrift zur Bildung der Menge N wird nämlich sofort überschaubar, wenn wir den Term $x^4 - 17x^3 + 101x^2 - 247x + 210$ faktorisieren. Es ist
$x^4 - 17x^3 + 101x^2 - 247x + 210 = (x-2)(x-3)(x-5)(x-7)$, also $M = N = \{2, 3, 5, 7\}$.

Übung 1.3: Es sei A die Menge der geraden natürlichen Zahlen, B die Menge der natürlichen Zahlen, deren Quadrate gerade sind. Vergleichen Sie die Mengen A und B!

Übung 1.4: Geben Sie eine andere Beschreibung der folgenden Mengen an und prüfen Sie, welche Mengen identisch sind:
a) $M_1 = \{x \mid x \in \mathbf{N}$ und $x + 2 = 0\}$,
b) $M_2 = \{x \mid x \in \mathbf{Z}$ und $x + 2 = 0\}$,
c) $M_3 = \{x \mid x \in \mathbf{Q}$ und $x^2 - 2 = 0\}$,
d) $M_4 = \{x \mid x \in \mathbf{R}$ und $x^2 - 2 = 0\}$,
e) $M_5 = \{x \mid x \in \mathbf{R}$ und $x^2 + 2 = 0\}$,
f) $M_6 = \{x \mid x \in \mathbf{C}$ und $x^2 + 2 = 0\}$,
g) $M_7 = \{x \mid x \in \mathbf{R}$ und $(x + 2)^2 = 0\}$,
h) $M_8 = \{x \mid x \in \mathbf{R}$ und $(x - 2)^2 = 0\}$.

Übung 1.5: Prüfen Sie, welche der Lösungsmengen der folgenden Gleichungen identisch sind ($x \in \mathbf{R}$)!
a) $10^x = 0{,}001 = 10^{-3}$, b) $x^2 - 9 = 0$, c) $x^2 + 6x + 9 = 0$.

---

[3] Die Lösungen bzw. Lösungshinweise zu den Übungen befinden sich am Ende des Buches.

1.5 Endliche und unendliche Mengen

Alle Mengen bestehen aus einer bestimmten Anzahl von Elementen. Eine Menge, die nur ein einziges Element enthält, nennen wir eine *Einermenge*; eine Menge, die genau zwei Elemente enthält, nennen wir eine *Zweiermenge*, usw., d.h., wir verabreden:

> **Definition 1.1:** M ist (definitionsgemäß) genau dann eine **Einermenge**, wenn es ein Objekt a (aus einem gegebenen Grundbereich G) gibt, das Element von M ist, und für alle x gilt: Wenn $x \in M$, so $x = a$.
>
> Man schreibt dann: $M = \{a\}$.

Bei Benutzung des zuvor eingeführten Mengenoperators verkürzt sich Definition 1.1 zu:

$$\{a\} := \{x \mid x = a\}.$$

Es gilt also $\{a\} = \{b\}$ genau dann, wenn $a = b$. Ebenso sagen wir:

> **Definition 1.2:** M ist (definitionsgemäß) genau dann eine **Zweiermenge**, wenn es zwei voneinander verschiedene Objekte a und b (aus einem gegebenen Grundbereich G) gibt, die Elemente von M sind, und für alle x gilt: Wenn $x \in M$, so $x = a$ oder $x = b$.
>
> Man schreibt dann: $M = \{a, b\}$.

Setzen wir $\{a, b\} := \{x \mid x = a \text{ oder } x = b\}$, so ist $\{a, b\}$ für $a \neq b$ eine Zweiermenge, für $a = b$ dagegen die Einermenge $\{a, b\} = \{a\} = \{b\}$. Analog wird für drei verschiedene Objekte a, b und c (aus einem gegebenen Grundbereich G) der Begriff **Dreiermenge** definiert und dafür $\{a, b, c\}$ geschrieben. Das lässt sich fortsetzen.

Eine Menge, die endlich viele Elemente enthält, heißt **endliche Menge**[1]; andernfalls heißt sie **unendliche Menge**.

Bei endlichen Mengen lassen sich die Elemente einzeln angeben. Dabei spielen im Übrigen die Reihenfolge, in der die Elemente aufgelistet werden, oder eine mehrfache Aufzählung eines Elementes keine Rolle. Ist M eine endliche Menge, so bezeichnet $|M|$ die **Anzahl der Elemente** von M. Im anschaulichen Sinne bedeutet dies, dass man ihre Elemente mit Hilfe der Zahlen $1, 2, \ldots, |M|$ durchnummerieren kann (vgl. aber Kap. 2, S. 74).

Doch schon bei größeren Anzahlen ist es nicht sinnvoll, alle Elemente auflisten zu wollen. Hier ist zur Beschreibung der Menge eine sie definierende Vorschrift (Eigenschaft) sinnvoll. Bei unendlichen Mengen gelingt das Auflisten prinzipiell nicht. Hier benötigen wir eine Vorschrift, die festlegt, welche Bedingungen die Elemente erfüllen müssen.

---

[1] Will man bei der Definition für die Endlichkeit bzw. Unendlichkeit einer Menge keinen Gebrauch von den natürlichen Zahlen machen, stützt man sich auf die Relation der *Gleichmächtigkeit* (vgl. Kap. 2.3.1). Die bekannteste Definition geht auf RICHARD DEDEKIND (1831 - 1916) und BERNARD BOLZANO (1781 - 1848) zurück:
Eine Menge heißt *unendlich* genau dann, wenn sie zu einer ihrer echten Teilmengen gleichmächtig ist, andernfalls heißt sie *endlich*.

1.5 Endliche und unendliche Mengen

Beispiel 1.11: Die Menge A aller geraden Primzahlen ist eine Einermenge: $A = \{2\}$; die Menge B aller Primzahlen zwischen 20 und 30 ist eine Zweiermenge: $B = \{23, 29\}$.

Beispiel 1.12: Die Reihenfolge oder eine mehrfache Aufzählung eines Elementes ändern nicht den Umfang einer Menge. Die Menge M der einstelligen Primzahlen lässt sich z.B. wie folgt schreiben: $M = \{2, 3, 5, 7\} = \{3, 2, 5, 7\} = \{2, 2, 7, 5, 5, 3\}$ usw.

Übung 1.6: Welche der folgenden Mengen sind endlich, welche unendlich?
a) $M_1 = \{x \mid x \in \mathbf{N} \text{ und } |x - 7| < 2\}$,
b) $M_2 = \{x \mid x \in \mathbf{N} \text{ und } |x - 7| > 2\}$,
c) $M_3 = \{x \mid x \in \mathbf{N} \text{ und } |x - 7| < 9\}$,
d) $M_4 = \{x \mid x \in \mathbf{N} \text{ und } |x - 7| > 9\}$,
e) $M_5 = \{x \mid x \in \mathbf{N} \text{ und } |x - 7| < -5\}$,
f) $M_6 = \{x \mid x \in \mathbf{N} \text{ und } |x - 7| > -5\}$.

Beispiel 1.13: Wird eine Menge, selbst wenn sie nur wenige Elemente enthält, durch eine Vorschrift definiert, ist die Anzahl ihrer Elemente oft nicht unmittelbar ablesbar.
a) Die Menge der natürlichen Zahlen, die Lösungen der Gleichung $2x^3 - x^2 - 25x - 12 = 0$ sind, ist wegen $2x^3 - x^2 - 25x - 12 = (x - 4)(x + 3)(2x + 1)$ die Einermenge $A = \{4\}$.
b) Die Menge der ganzen Zahlen, die Lösungen der Gleichung aus a) sind, ist die Zweiermenge $B = \{-3; 4\}$[2].
c) Die Menge der rationalen Zahlen, die Lösungen der Gleichung aus a) sind, ist die Dreiermenge $C = \{-3, -\frac{1}{2}, 4\}$.

Übung 1.7: Wie viele Elemente x (mit $x \in \mathbf{R}$) enthält die Lösungsmenge L der Gleichung $10^x + 1 = 1{,}001$? Geben Sie die Lösungsmenge an!

Übung 1.8: Welche der folgenden Mengen sind endlich, welche unendlich?
a) $M_1 = \{x \mid x \in \mathbf{N} \text{ und } x \text{ ist Primzahl}\}$,
b) $M_2 = \{x \mid x \in \mathbf{N} \text{ und } x \text{ ist gerade Primzahl}\}$,
c) $M_3 = \{x \mid x \in \mathbf{N} \text{ und } 100 \leq x \leq 110 \text{ und } x \text{ ist Primzahl}\}$,
d) $M_4 = \{x \mid x \in \mathbf{N} \text{ und } 200 \leq x \leq 210 \text{ und } x \text{ ist Primzahl}\}$.

Übung 1.9: Ist die Menge a) aller Eckpunkte eines Dreiecks, b) aller Punkte eines Kreises, c) aller Schnittpunkte der Diagonalen eines Vierecks endlich oder unendlich?

Beispiel 1.14: Schreibweisen wie $\{2, 3, 5, 7, 11, 13, 17, \ldots, 97\}$ sollten nur benutzt werden, wenn aus dem Zusammenhang heraus unmissverständlich klar ist, was gemeint ist, hier die Menge der Primzahlen zwischen 1 und 100. Das trifft erst recht auf unendliche Mengen zu. Dennoch benutzt man in solchen Fällen mitunter ebenfalls drei Punkte, um eine Fortsetzung der Auflistung (gemäß einer Bedingung) anzudeuten. So schreibt man für die Menge der natürlichen Zahlen dann z.B. $\mathbf{N} = \{0, 1, 2, 3, \ldots\}$.

Beispiel 1.15: Zwei Primzahlen, deren Differenz 2 beträgt, heißen *Primzahlzwillinge*. 11 und 13 sind also z.B. Primzahlzwillinge, ebenso 857 und 859. Ob die Menge aller Primzahlzwillinge endlich oder unendlich ist, ist ein bis heute ungelöstes Problem.

---
[2] Um eine Verwechslung mit der Dezimalzahl -3,4 zu vermeiden, wurde hier ein Semikolon gesetzt.

1.6 Logische und mengentheoretische Zeichen

Mathematische Aussagen lassen sich mit Hilfe der aussagenlogischen Verknüpfungen (*nicht*; *und*; *oder*; *wenn..., so...*; *genau dann, wenn* ...) zu neuen Aussagen zusammensetzen. Dabei erweist es sich mitunter als nützlich, für diese Verknüpfungen die entsprechenden logischen Zeichen, die sogenannten *Junktoren*[1]($\neg, \wedge, \vee, \Rightarrow, \Leftrightarrow$), zu benutzen. Wenn $H(x)$ eine Aussageform ist, in der die Variable x (frei) vorkommt, dann lässt sich durch einen prädikatenlogischen *Quantor*[2] (*Für alle ...*; *Es gibt ein ...*) diese Variable binden, sodass eine Aussage entsteht. Auch für diese Quantoren werden entsprechende Symbole benutzt ($\wedge$, $\vee$)[3].

In einer Definition benutzen wir eines der beiden Zeichen: entweder := (gelesen: *definitionsgemäß gleich*) oder :$\Leftrightarrow$ (gelesen: *definitionsgemäß genau dann, wenn*). Das Zeichen := wird als Definitionszeichen für Terme verwendet. Das Zeichen :$\Leftrightarrow$ wird im Unterschied hierzu als Definitionszeichen für Eigenschaften und Beziehungen benutzt. Das links vom Zeichen := bzw. :$\Leftrightarrow$ stehende Objekt (das sogenannte **Definiendum**) ist eine neu eingeführte Bezeichnung für das rechts vom Zeichen stehende Objekt (das sogenannte **Definiens**)[4]. Das Definiendum ist also das, was definiert wird, während das Definiens das Definierende ist.

Beispiel:
a) Definition eines Terms: Es sei $a \in \mathbf{R}, a \neq 0$. $a^0 := 1$.
b) Definition einer Relation: Es seien $a, b \in \mathbf{N}$. a ist ein Teiler von b
(in Zeichen: $a \mid b$) :$\Leftrightarrow$ Es gibt eine natürliche Zahl x mit $a \cdot x = b$.

Die beiden Zeichen := und :$\Leftrightarrow$ werden oft nicht voneinander unterschieden; in beiden Fällen wird stattdessen auch ein und dasselbe Zeichen $=_{\text{def}}$ oder $=_{\text{Df}}$ verwendet.
Auch das Wort „heißt" signalisiert, dass ein neuer Begriff definiert wird.

Die Aussagenverbindung „p oder q" ($p \vee q$) heißt *Alternative*[5]. Das „oder" wird im Sinne des lateinischen „vel", d.h. im *nichtausschließenden* Sinne, verwendet. $p \vee q$ wird mitunter auch als *Disjunktion*[6] bezeichnet. Das kann leicht zu Missverständnissen führen, da diese Bezeichnung auch für das *ausschließende* „oder", also das „entweder - oder", verwendet wird. Die Verwirrung kann komplett werden, da beide Begriffe (*Alternative* und *Disjunktion*) sowohl in dem einen Sinne als auch im entgegengesetzten Sinne benutzt werden.

---

[1] iunctor (lat.) = Verbinder; Anspänner.
[2] So genannt, weil sich in der „traditionellen" Logik die „Quantität" eines Urteils nach dem Auftreten dieser logischen Partikel richtet; quantus (lat.) = wie groß, wieviel; Quantor = Quantifikator.
[3] Anstelle von $\wedge$ und $\vee$ findet man in der Literatur auch die Zeichen $\forall$ (auf dem Kopf stehendes A - für Allquantor) bzw. $\exists$ (seitenverkehrtes E - für Existenzquantor). Die Zeichen $\wedge$ und $\vee$ heben jedoch schon äußerlich die Analogie zu den Junktoren $\wedge$ (und) und $\vee$ (oder) hervor.
[4] definiendum (lat.) = das zu Bestimmende; definiens (lat.) = das Bestimmende.
[5] alternus (lat.) = wahlweise, zwischen zwei Möglichkeiten die Wahl lassend.
[6] disiunctio (lat.) = Trennung, Sonderung.

1.6 Logische und mengentheoretische Zeichen

Überblick über die wichtigsten logischen Zeichen:

$$p \wedge q \quad :\Leftrightarrow \quad p \text{ und } q \qquad \textbf{(Konjunktion)}^7$$
$$p \vee q \quad :\Leftrightarrow \quad p \text{ oder } q \qquad \textbf{(Alternative)}$$
$$p \Rightarrow q \quad :\Leftrightarrow \quad \text{wenn } p, \text{ so } q \qquad \textbf{(Implikation)}^8$$
$$p \Leftrightarrow q \quad :\Leftrightarrow \quad p \text{ genau dann, wenn } q \qquad \textbf{(Äquivalenz)}^9$$
$$\neg p \quad :\Leftrightarrow \quad \text{nicht } p \qquad \textbf{(Negation)}^{10}$$
$$\bigwedge_x H(x) \quad :\Leftrightarrow \quad \text{für jedes } x \text{ gilt } H(x) \qquad \textbf{(Allquantor}, \textit{Generalisierung})$$
$$\bigwedge_{x \in M} H(x) \quad :\Leftrightarrow \quad (x \in M \Rightarrow H(x))$$
$$\bigvee_x H(x) \quad :\Leftrightarrow \quad \text{es gibt ein } x \text{ mit } H(x) \qquad \textbf{(Existenzquantor}, \textit{Partikularisierung})$$
$$\bigvee_{x \in M} H(x) \quad :\Leftrightarrow \quad (x \in M \wedge H(x))$$

Das ausschließende „oder" (lat.: aut-aut) definiert die sogenannte **Antivalenz**[11]

$$p \,\dot\vee\, q \quad :\Leftrightarrow \quad \text{entweder } p \text{ oder } q \,.$$

Die Implikation (oder *Subjunktion*[12]) $p \Rightarrow q$ ist falsch, wenn p wahr und q falsch ist, während sie in allen anderen Fällen wahr ist. D.h., sie ist genau dann wahr, wenn p falsch oder q wahr ist. Sie wird synonym mit der (wertverlaufsgleichen) Aussage $\neg p \vee q$ verwendet.

Wird der Junktor $\Rightarrow$ zwischen zwei Aussage*formen* $p(x)$ und $q(x)$ gesetzt, dann ist die Variable x (in Gedanken!) stets durch den Allquantor zu binden: $\bigwedge_{x \in G} p(x) \Rightarrow q(x)$.

Es hat sich eingebürgert, in dieser sogenannten *Folgebeziehung* diese Quantifizierung nicht ausdrücklich hinzuschreiben. $p(x) \Rightarrow q(x)$ ist dann aber dennoch in diesem Sinne zu verstehen, ist also eine Aussage, keine Aussageform.

Neben der Schreibweise $p \Rightarrow q$ benutzen wir gleichwertig die folgenden Formulierungen „Wenn p, so q", „p impliziert q", „Aus p folgt q", „p ist hinreichend für q" oder „q ist notwendig für p". Das *Vorderglied* p der Implikation heißt *Voraussetzung* oder *Prämisse*[13], das *Hinterglied* q heißt *Behauptung*[14], *Konklusion*[15] oder *(Schluss-) Folgerung*.

---

[7] coniunctio (lat.) = Verbindung; conjungere = verbinden, verknüpfen.
[8] implicatio (lat.) = Verflechtung; implicare = verknüpfen, verbinden.
[9] aequivalentia (mittellat.) = Gleichwertigkeit.
[10] negatio (lat.) = Verneinung; anstelle von $\neg p$ findet man auch die Schreibweisen $\sim p$ oder $\bar p$.
[11] antí (griech.) = entgegen; valentia (spätlat.) = Stärke, Kraft.
[12] subiunctio (lat.) = Anfügung.
[13] praemissa (lat.) = die vorausgeschickte Sache.
[14] Die Bezeichnung „Behauptung" ist insofern irreführend, als sie suggeriert, es ginge um die Wahrheit der Aussage q bzw. um die Allgemeingültigkeit der Aussageform $q(x)$. Das ist aber nicht der Fall. Genau genommen ist erst die ganze „Wenn-so"-Aussage die Behauptung.
[15] conclusio (lat.) = Schlussfolgerung.

1.7 Mengenalgebra

Wir erklären jetzt eine Reihe von Beziehungen und Verknüpfungen für Mengen. Sie alle werden von der Elementbeziehung abgeleitet. Darüber hinaus werden wir wichtige Eigenschaften dieser mengentheoretischen Relationen und Operationen[1] kennen lernen. Dieses Teilgebiet der Mengenlehre ist die sogenannte *Mengenalgebra*.
Es wird sich dabei ein enger Zusammenhang mit den logischen Relationen und Operationen herausstellen.

Es seien im gesamten Kapitel 1.7 A, B und C beliebige Mengen über demselben Grundbereich.

1.7.1 Inklusion (Teilmengenbeziehung)

Jedes Quadrat ist ein Viereck. Fassen wir alle Vierecke zur Menge V zusammen und alle Quadrate zur Menge Q, so ist jedes Element aus Q auch in V enthalten. Wir wählen also aus der Menge V gewisse Elemente aus und fassen sie zu einer neuen Menge Q zusammen. Man sagt, Q ist eine *Teilmenge* von V.

> **Definition 1.3:** A ist (definitionsgemäß) **Teilmenge** von B, in Zeichen: $A \subseteq B$, genau dann, wenn jedes Element von A auch Element von B ist.
>
> $$A \subseteq B \quad :\Leftrightarrow \quad \bigwedge_{x} (x \in A \Rightarrow x \in B).$$

Anstelle von „A ist Teilmenge von B" sagt man auch, „die Menge A *ist* in der Menge B *enthalten*" bzw. „B *umfasst* A"; daher der Name **Inklusion**[2] für die Relation $\subseteq$. Eine weitere Sprechweise ist: „A ist *Untermenge* von B" bzw. „B ist *Obermenge* von A".

Der Fall $A = B$ wird nicht ausgeschlossen. Das wird auch schon durch die Wahl des Zeichens $\subseteq$ zum Ausdruck gebracht.

- Während das Zeichen $\subseteq$ zwischen zwei Mengen steht, steht das Zeichen $\in$ zwischen einem Element einer Menge M und dieser Menge M selbst.

> **Definition 1.4:** A ist (definitionsgemäß) **echte Teilmenge** von B, in Zeichen: $A \subset B$, genau dann, wenn $A \subseteq B$ und $A \neq B$.

Dazu gleichwertig ist: $\quad A \subset B \quad :\Leftrightarrow \quad A \subseteq B \wedge \bigvee_{y \in B} y \notin A$.

Die Relation $\subset$ heißt im Unterschied zu $\subseteq$ **echte** (oder *strenge* oder *strikte*) **Inklusion**[3].

- Die Schreibweisen $B \supseteq A$ und $A \subseteq B$ einerseits sowie $B \supset A$ und $A \subset B$ andererseits sind jeweils gleichwertig.

---

[1] o ist eine *Operation* in einer Menge M :⇔ je zwei Elementen aus M wird eindeutig ein Element aus M zugeordnet; *Operation* und *Verknüpfung* sind synonyme Begriffe; operatio (lat.) = Arbeit, Verrichtung (vgl. Kapitel 3.4).

[2] inclusio (lat.) = Einschließung.

[3] Eine weitere Sprechweise ist: „A ist echte Untermenge von B" bzw. „B ist echte Obermenge von A".

1.7 Mengenalgebra

Beispiel 1.16: Die Menge $M = \{1, 2, 3\}$ besitzt Einermengen, Zweiermengen sowie eine Dreiermenge als Teilmengen: z.B. $\{2\} \subseteq M$, $\{1, 3\} \subseteq M$, $\{1, 2, 3\} \subseteq M$.

Beispiel 1.17: (s. Beispiel 1.2) Die Mengen **G** und **U** der geraden bzw. ungeraden natürlichen Zahlen sind Teilmengen der Menge der natürlichen Zahlen: $\mathbf{G} \subset \mathbf{N}$ und $\mathbf{U} \subseteq \mathbf{N}$.

Beispiel 1.18: a) $\mathbf{N}^* \subseteq \mathbf{N} \subseteq \mathbf{Z} \subseteq \mathbf{Q} \subseteq \mathbf{R} \subseteq \mathbf{C}$, b) $\mathbf{N} \subset \mathbf{Q}_+ \subseteq \mathbf{R}_+$.

Übung 1.10: Prüfen Sie, in welchen Fällen in den Beispielen 1.16 bis 1.18 echte Inklusionen vorliegen!

Beispiel 1.19: $\mathbf{T}(n)$ sei die Menge aller Teiler der natürlichen Zahl n, $\mathbf{V}(n)$ die Menge aller Vielfachen der natürlichen Zahl n ($n > 0$). Die Null lassen wir (auch als Vielfaches von n) außer Betracht (vgl. aber Kap. 3.5.2). Mit

- $a \mid b :\Leftrightarrow \bigvee_{x \in \mathbf{N}} a \cdot x = b$ (für alle natürlichen Zahlen a und b)

sind $\mathbf{T}(n) := \{x \mid x \in \mathbf{N} \text{ und } x \mid n\}$ und $\mathbf{V}(n) := \{x \mid x \in \mathbf{N}^* \text{ und } n \mid x\}$.
Es ist $\mathbf{T}(1) = \{1\}$, $\mathbf{T}(2) = \{1, 2\}$, $\mathbf{T}(3) = \{1, 3\}$, $\mathbf{T}(4) = \{1, 2, 4\}$, $\mathbf{T}(6) = \{1, 2, 3, 6\}$, $\mathbf{V}(3) = \{3, 6, 9, 12, ...\}$, $\mathbf{V}(6) = \{6, 12, 18, 24, ...\}$ usw.
Es gelten z.B. $\mathbf{T}(1) \subset \mathbf{T}(2) \subset \mathbf{T}(4) \subset \mathbf{T}(12)$ und $\mathbf{T}(1) \subset \mathbf{T}(3) \subset \mathbf{T}(6) \subset \mathbf{T}(12)$, $\mathbf{V}(6) \subset \mathbf{V}(3)$ und $\mathbf{V}(15) \subset \mathbf{V}(3)$.

Übung 1.11: In welcher (Enthaltenseins-)Beziehung stehen die Mengen zueinander?
a) $\mathbf{T}(5)$, $\mathbf{T}(10)$, $\mathbf{T}(15)$, $\mathbf{T}(60)$, b) $\mathbf{V}(5)$, $\mathbf{V}(10)$, $\mathbf{V}(15)$, $\mathbf{V}(60)$.
c) Geben Sie mit Hilfe der Teilbarkeitsbeziehung eine Bedingung für $\mathbf{T}(m) \subset \mathbf{T}(n)$ an, wenn m und n von Null verschiedene natürliche Zahlen sind!

Beispiel 1.20: In der Analysis verwendet man **Intervalle** reeller Zahlen. Das sind die folgenden Teilmengen von $\mathbf{R}$. Für alle $a, b \in \mathbf{R}$ mit $a < b$ bzw. $a \leq b$ setzen wir:
$[a, b] := \{x \mid x \in \mathbf{R} \text{ und } a \leq x \leq b\}$ (beidseitig abgeschlossen),
$[a, b) := \{x \mid x \in \mathbf{R} \text{ und } a \leq x < b\}$ (linksseitig abgeschlossen, rechtsseitig offen),
$(a, b] := \{x \mid x \in \mathbf{R} \text{ und } a < x \leq b\}$ (linksseitig offen, rechtsseitig abgeschlossen),
$(a, b) := \{x \mid x \in \mathbf{R} \text{ und } a < x < b\}$ (beidseitig offen).
Darüber hinaus kann ein Intervall auch (linksseitig oder rechtsseitig) unbeschränkt sein:
$[a, \infty) := \{x \mid x \in \mathbf{R} \text{ und } a \leq x < \infty\}$, $(-\infty, b] := \{x \mid x \in \mathbf{R} \text{ und } -\infty < x \leq b\}$,
$(a, \infty) := \{x \mid x \in \mathbf{R} \text{ und } a < x < \infty\}$, $(-\infty, b) := \{x \mid x \in \mathbf{R} \text{ und } -\infty < x < b\}$,
$(-\infty, \infty) := \{x \mid x \in \mathbf{R} \text{ und } -\infty < x < \infty\} = \mathbf{R}$.

Übung 1.12: Geben Sie die Zahlbereiche $\mathbf{R}_+$, $\mathbf{R}_+^*$, $\mathbf{R}_-$, $\mathbf{R}_-^*$ und $\mathbf{R}$ als Intervalle an!

Beispiel 1.21: Für die Mengen V (aller Vierecke), P (aller Parallelogramme), DV (aller Drachenvierecke), RE (aller Rechtecke), RA (aller Rauten), GT (aller gleichschenkligen Trapeze[4]) und Q (aller Quadrate) gelten die Beziehungen
$Q \subset RE \subset GT \subset V$, $RE \subset P \subset V$, $Q \subset RA \subset P \subset V$ und $RA \subset DV \subset V$.

---
[4] Ein Viereck heißt (genau dann) *gleichschenkliges Trapez*, wenn je zwei benachbarte Winkel kongruent sind.

Die leere Menge $\emptyset$ und die Potenzmenge $\mathfrak{P}(M)$ einer Menge M

Um später Eigenschaften der Inklusion und der noch zu definierenden Mengenoperationen ohne lästige Zusatzbedingungen aussprechen zu können, ist es nützlich, den Begriff der *leeren Menge* einzuführen. Nehmen wir im *Mengenbildungsprinzip* als $H(x)$ z.B. die Aussageform „$x \neq x$" oder auch „Das Quadrat einer reellen Zahl ist kleiner als Null", so müssen wir feststellen, dass diese Aussageform auf *kein* Objekt des Grundbereiches G zutrifft. D.h., wir erhalten eine Menge, die kein Objekt enthält.

Diese Menge heißt **leere Menge** und wird mit $\emptyset$ bezeichnet[1].

Die leere Menge rechnet man zu den endlichen Mengen; die Anzahl der Elemente der leeren Menge ist Null. In Analogie zum Begriff *Einermenge* wird sie deshalb auch *Nullmenge* genannt. Während es jedoch unendlich viele (voneinander verschiedene) Einermengen gibt, existiert nur eine einzige Nullmenge[2]. Nach dem *Extensionalitätsprinzip* kann es nur eine Menge ohne Elemente geben. Wir können also von d e r leeren Menge sprechen.

Da man oft von vornherein gar nicht weiß, ob eine irgendwie definierte Menge überhaupt ein Element enthält, ist die obige Definition nicht nur sinnvoll, sondern sogar notwendig. Wegen der für kein x erfüllbaren Bedingung $x \neq x$ besitzt die Menge $\{x \mid x \neq x\}$ kein Element, d.h., es ist $\emptyset = \{x \mid x \neq x\}$. Die Implikation „Wenn $x \in \emptyset$, so $x \in A$" hat somit eine unerfüllbare Prämisse; diese Implikation ist also stets wahr.

- Die leere Menge $\emptyset$ ist Teilmenge einer jeden Menge A: $\emptyset \subseteq A$.

Die Menge A und die leere Menge $\emptyset$ werden *uneigentliche Teilmengen* der Menge A genannt, alle übrigen Teilmengen von A heißen *eigentliche Teilmengen*.

Mit Hilfe der *Potenzmenge* einer Menge lassen sich weitere Mengen bilden.

Definition 1.5: Die **Potenzmenge** $\mathfrak{P}(A)$ (oder Pot(A)) einer Menge A ist (definitionsgemäß) die Menge aller Teilmengen M von A.

$\mathfrak{P}(A) := \{M \mid M \subseteq A\}$.

Die Potenzmenge $\mathfrak{P}(A)$ von A ist also ein Mengensystem, dessen Elemente gerade alle Teilmengen von A sind. Ist A eine Menge 1. Stufe, so ist $\mathfrak{P}(A)$ eine Menge 2. Stufe.

Wegen $\emptyset \subseteq A$ und $A \subseteq A$ (nach Definition 1.3) sind $\emptyset$ und A Elemente von $\mathfrak{P}(A)$:

- $\emptyset \in \mathfrak{P}(A)$ und $A \in \mathfrak{P}(A)$.

Wenn die Menge A selbst leer ist, dann ist die leere Menge ihre (einzige) Teilmenge. Folglich ist die Potenzmenge in diesem Falle keineswegs leer, sondern eine Einermenge:

- $\mathfrak{P}(\emptyset) = \{\emptyset\}$.

---

[1] Die *leere Menge* wird auch mit { }, [ ] oder mit Λ (Lambda) bezeichnet.
[2] Für die Schule ist der Begriff *Nullmenge* nicht zu empfehlen. Er verleitet die Schüler eventuell dazu, die Nullmenge mit derjenigen Menge zu verwechseln, deren einziges Element die Null ist.

1.7 Mengenalgebra

Beispiel 1.22: Für die Gleichung $x^2 - 4x + 12 = 0$ gibt es keine reellen Lösungen, d.h., die Lösungsmenge L ist (in Bezug auf die Grundmenge $\mathbf{R}$) leer: $L = \emptyset$. Dagegen besitzt die Gleichung $x^2 - 4x - 12 = 0$ zwei reelle Lösungen: $L = \{-2; 6\} \neq \emptyset$.

Beispiel 1.23: (vgl. Beispiel 1.16) Die Potenzmenge $\mathfrak{P}(M)$ der Menge $M = \{1, 2, 3\}$ enthält 8 Elemente. $\mathfrak{P}(M)$ besteht aus der leeren Menge $M_1 = \emptyset$, aus den Einermengen $M_2 = \{1\}$, $M_3 = \{2\}$, $M_4 = \{3\}$, aus den Zweiermengen $M_5 = \{1, 2\}$, $M_6 = \{1, 3\}$, $M_7 = \{2, 3\}$ und aus der Dreiermenge $M_8 = \{1, 2, 3\}$, d.h., es ist
$\mathfrak{P}(M) = \{\emptyset, \{1\}, \{2\}, \{3\}, \{1,2\}, \{1,3\}, \{2,3\}, \{1,2,3\}\}$.

Übung 1.13: (vgl. Beispiel 1.10) M sei die Menge der einstelligen Primzahlen. Geben Sie die Potenzmenge von M an!

Übung 1.14: Wenn n die Anzahl der Elemente der Menge A ist, so besitzt die Potenzmenge $\mathfrak{P}(A)$ genau 2^n Elemente[3]: $|A| = n \Rightarrow |\mathfrak{P}(A)| = 2^n$.

Inklusionen können wir mit Hilfe der sogenannten **Hasse-Diagramme** (oder *Ordnungsdiagramme*) veranschaulichen (nach HELMUT HASSE 1898 – 1979). Darin werden zwei Mengen M_1 und M_2 Punkte zugeordnet und durch eine Strecke verbunden, wenn die tiefer stehende Menge M_2 Teilmenge von M_1 ist ($M_2 \subseteq M_1$). Auf diese Weise ist eine Menge M in jeder Menge enthalten, die oberhalb von M steht und durch einen aufwärts gerichteten Streckenzug erreicht werden kann.

Beispiel 1.24: Hasse-Diagramme zu den Beispielen 1.18 (s. Bild 1.1), 1.21 (s. Bild 1.2) und 1.23 (s. Bild 1.3)

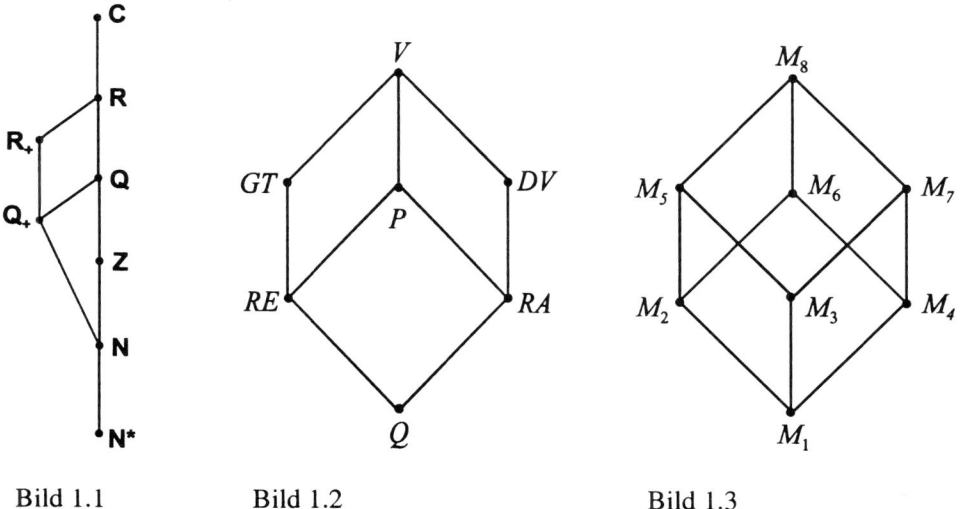

Bild 1.1   Bild 1.2   Bild 1.3

Übung 1.15: Stellen Sie ein Hasse-Diagramm für alle Teilmengen von $\mathbf{T}(70)$ auf (vgl. Beispiel 1.19)!

---

[3] Dieser Tatsache verdankt die Potenzmenge ihren Namen.

1.7.2 Eigenschaften der Inklusion

Es seien A, B beliebige Mengen über demselben Grundbereich.
Die folgenden Sätze gelten unmittelbar aufgrund der Definition 1.3 der Inklusion:

Satz 1.1:	$A \subseteq A$.	(Reflexivität[1])
Satz 1.2:	Wenn $A \subseteq B$ und $B \subseteq C$, so $A \subseteq C$.	(Transitivität[2])
Satz 1.3:	Wenn $A \subseteq B$ und $B \subseteq A$, so $A = B$.	(Antisymmetrie[3])

➢ Wenn $A \subseteq B$, $B \subseteq C$ und $C \subseteq A$, so $A = B, A = C$ und $B = C$.

Beweis (unter mehrfacher Anwendung der Transitivität (Satz 1.2)):
$A \subseteq B \wedge B \subseteq C \Rightarrow A \subseteq C$, ferner $B \subseteq C \wedge C \subseteq A \Rightarrow B \subseteq A$ und
$C \subseteq A \wedge A \subseteq B \Rightarrow C \subseteq B$, also $A = B, A = C$ und $B = C$. ∎

Die Antisymmetrie der Inklusion wird oft ausgenutzt, wenn es darum geht, die Gleichheit (Identität) zweier Mengen zu zeigen. Deshalb nennen manche Autoren eine antisymmetrische Relation auch *identitiv*[4].

Auch die ≤-Relation für reelle Zahlen ist reflexiv, transitiv und antisymmetrisch. Während aber für alle $a, b \in \mathbf{R}$ stets $a \leq b$ oder $b \leq a$ gilt, besitzt die Inklusion diese Eigenschaft nicht. Denn es gibt Mengen A und B, für die weder $A \subseteq B$ noch $B \subseteq A$ gilt.

Während die Inklusion reflexiv ist, gilt dies für die echte Inklusion nicht. Es gilt statt dessen sogar, dass *keine* Menge echte Teilmenge von sich selbst ist. Die Transitivität gilt dagegen auch für die echte Inklusion.

Satz 1.4:	$A \not\subset A$.	(Irreflexivität[5])
Satz 1.5:	Wenn $A \subset B$ und $B \subset C$, so $A \subset C$.	(Transitivität)

Das folgt unmittelbar aus der Definition 1.4 der echten Inklusion.

- Inklusion $\subseteq$ und echte Inklusion $\subset$ lassen sich in einfacher Weise durcheinander ersetzen:

    $A \subset B :\Leftrightarrow A \subseteq B \wedge A \neq B$ bzw.
    $A \subseteq B :\Leftrightarrow A \subset B \vee A = B$.

Die Inklusion wird auch ohne den „Unterstrich" ($\subset$) geschrieben. Wegen der augenfälligen Ähnlichkeit zwischen den Zeichen $\subseteq$ und ≤ einerseits und den Zeichen $\subset$ und < andererseits empfiehlt es sich jedoch (speziell in der Schule), die hier benutzte Schreibweise anzuwenden.

---

[1] reflectere (lat.) = zurückwenden.
[2] transire (lat.) = hinübergehen.
[3] sýmmetros (griech.) = von gleichem Maß; antí (griech.) = entgegen, gegenüber.
[4] identitas (spätlat.) = vollkommene Gleichheit oder Übereinstimmung.
[5] Nicht reflexiv; der Allquantor (*Für alle A:* ...) rechtfertigt die Vorsilbe „Ir-".

Beispiel 1.25: (vgl. Übung 1.3) Es sei A die Menge der geraden natürlichen Zahlen, B die Menge der natürlichen Zahlen, deren Quadrate gerade sind. Es ist $A = B$!
Beweis (der Gleichheit (Identität) unter Anwendung von Satz 1.3):
1. Teil: $A \subseteq B$: Es sei $x \in A$, also x eine gerade Zahl. Dann existiert eine natürliche Zahl y mit $x = 2y$. Quadrieren liefert $x^2 = (2y)^2 = 4y^2 = 2 \cdot 2y^2$. Das Quadrat x^2 ist also selbst eine gerade Zahl, d.h., $x^2 \in B$.
2. Teil: $B \subseteq A$: Es sei $x \in B$, also eine Zahl, deren Quadrat x^2 gerade ist. Mithin gibt es eine natürliche Zahl z mit $x^2 = 2z$. Dann muss x selbst auch gerade sein; andernfalls wäre x^2 nicht gerade. D.h., es ist $x \in A$.
Folglich gilt wegen der Antisymmetrie der Inklusion $A = B$. ∎

Übung 1.16: Prüfen Sie, ob die Mengen A, B und C identisch sind:
$A :=$ Menge der geraden natürlichen Zahlen, $B :=$ Menge der natürlichen Zahlen, deren Quadrate gerade sind, $C :=$ Menge der natürlichen Zahlen, die Summe zweier ungerader natürlicher Zahlen sind.

Übung 1.17: Prüfen Sie, welche der Mengen identisch sind: M sei die Menge aller konvexen Vierecke, bei denen die Summen der Gegenseiten jeweils übereinstimmen, SV die Menge aller Sehnenvierecke und TV die Menge aller Tangentenvierecke.

Beispiel 1.26: Es seien:
V – Menge aller (konvexen) Vierecke,
SV – Menge aller Sehnenvierecke,
T – Menge aller Trapeze,
TV – Menge aller Tangentenvierecke,
GT – Menge aller gleichschenkligen Trapeze[6],
P – Menge aller Parallelogramme,
DV – Menge aller Drachenvierecke,
RE – Menge aller Rechtecke,
RA – Menge aller Rauten (Rhomben),
Q – Menge aller Quadrate.
Das zugehörige Hasse-Diagramm hat dann nebenstehendes Aussehen (s. Bild 1.4).

Übung 1.18: Stellen Sie ein Hasse-Diagramm für die folgenden Intervalle reeller Zahlen auf: $[a, b]$, $[a, b)$, $(a, b]$ und (a, b) mit $a, b \in \mathbf{R}$!

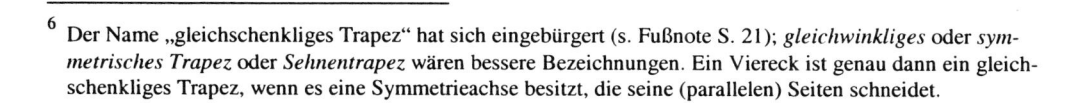

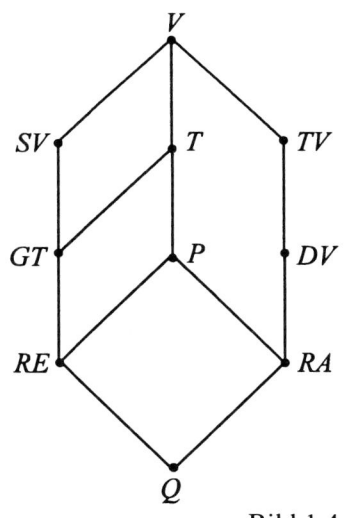

Bild 1.4

Übung 1.19: Beweisen Sie $A \subseteq B \Leftrightarrow \mathfrak{P}(A) \subseteq \mathfrak{P}(B)$!

Übung 1.20: Stellen Sie ein Hasse-Diagramm für alle Teilmengen der Zweiermenge $\{1, 2\}$ auf!

---

[6] Der Name „gleichschenkliges Trapez" hat sich eingebürgert (s. Fußnote S. 21); *gleichwinkliges* oder *symmetrisches Trapez* oder *Sehnentrapez* wären bessere Bezeichnungen. Ein Viereck ist genau dann ein gleichschenkliges Trapez, wenn es eine Symmetrieachse besitzt, die seine (parallelen) Seiten schneidet.

1.7.3 Durchschnitt und Vereinigung

Neben der *Inklusion* (als einer zweistelligen Relation zwischen Mengen; s. Kap. 1.7.1) sind *Durchschnitt* und *Vereinigung* die entscheidenden Operationen in der Mengenalgebra. Sie bieten uns die Möglichkeit, Mengen miteinander zu verknüpfen. In Würdigung der Arbeiten von GEORGE BOOLE (1815 – 1864) nennt man diese Mengenoperationen auch *Boolesche Operationen*.

Es seien A, B beliebige Mengen über demselben Grundbereich.

> **Definition 1.6:** Der **Durchschnitt** $A \cap B$ zweier Mengen A und B ist (definitionsgemäß) die Menge aller Elemente, die sowohl Element von A als auch von B sind.
>
> $A \cap B := \{x \mid x \in A \land x \in B\}$.
>
> Die **Vereinigung** $A \cup B$ zweier Mengen A und B ist (definitionsgemäß) die Menge aller Elemente, die in A oder in B liegen.
>
> $A \cup B := \{x \mid x \in A \lor x \in B\}$.

$A \cap B$ wird gelesen: „Der Durchschnitt von A mit B" oder einfach „A geschnitten mit B". $A \cup B$ wird gelesen: „Die Vereinigung von A mit B" oder „A vereinigt mit B".

So wie das Zeichen $\cap$ an $\land$ erinnert („**u**nd" / **u**nten offen), so erinnert analog das Zeichen $\cup$ an $\lor$ („**o**der" / **o**ben offen).

Es hat sich als sinnvoll erwiesen, den Begriff des Durchschnittes auch dann anzuwenden, wenn die Mengen A und B kein Element gemeinsam haben:

> **Definition 1.7:** A und B heißen (definitionsgemäß) **disjunkt**[1] (oder **elementfremd**) genau dann, wenn $A \cap B = \emptyset$ gilt.

Da das nichtausschließende „oder" den Fall „$x \in A$ *und* $x \in B$" einschließt, ist der Durchschnitt der Mengen A und B trivialerweise stets in der Vereinigung von A und B enthalten, d.h., es gilt (für alle Mengen A, B):

- $A \cap B \subseteq A \cup B$. Das lässt sich sofort ergänzen zu:

- $A \cap B \subseteq A \subseteq A \cup B$ und $A \cap B \subseteq B \subseteq A \cup B$.

Die Analogie zwischen den mengentheoretischen Operationen $\cap$ und $\cup$ einerseits und den Grundrechenarten $\cdot$ und $+$ andererseits ist augenfällig; neben vielen Gemeinsamkeiten (vgl. die späteren Ausführungen) gibt es allerdings auch eine Reihe von Unterschieden. Die Tatsache, dass zwei Mengen A und B disjunkt sind ($A \cap B = \emptyset$), lässt z.B. nicht darauf schließen, dass wenigstens eine der beiden Mengen selbst leer sein muss. Für das Produkt zweier reeller Zahlen a und b gilt dagegen:
Wenn $a \cdot b = 0$, so $a = 0$ oder $b = 0$.

---

[1] disiunctus (lat.) = getrennt, geschieden.

1.7 Mengenalgebra

Beispiel 1.27: Jedes Viereck, das sowohl ein Rechteck als auch eine Raute (Rhombus) ist, ist ein Quadrat. Mit den Bezeichnungen aus Beispiel 1.26 lässt sich das auch so ausdrücken: $RE \cap RA = Q$, d.h., die Mengen RE und RA sind nicht disjunkt.

Übung 1.21: (vgl. Beispiel 1.26) Beschreiben Sie die Mengen $V \cap P$, $V \cap RE$, $GT \cap DV$, $P \cap DV$, $P \cap GT$, $P \cap Q$, $RE \cap RA$, $RE \cap DV$.

Beispiel 1.28: A sei die Menge aller einstelligen Primzahlen, B die Menge aller einstelligen durch 3 teilbaren Zahlen, d.h., $A = \{2, 3, 5, 7\}$ und $B = \{0, 3, 6, 9\}$. Der Durchschnitt der beiden Mengen ist eine Einermenge, nämlich die Menge aller einstelligen Zahlen, die Primzahlen sind und durch 3 teilbar sind: $A \cap B = \{3\}$; die Vereinigung der beiden Mengen ist eine Siebenermenge, nämlich die Menge aller einstelligen Zahlen, die Primzahlen sind oder durch 3 teilbar sind: $A \cup B = \{0, 2, 3, 5, 6, 7, 9\}$.

Beispiel 1.29: Für einige Zahlbereiche bilden wir Durchschnitt und Vereinigung:
$\mathbb{Q}_+ \cap \mathbb{Z} = \mathbb{N}$, $\mathbb{Q} \cap \mathbb{Z} = \mathbb{Z}$, $\mathbb{Z}_+ \cap \mathbb{N} = \mathbb{N}$, $\mathbb{Z}_- \cap \mathbb{N} = \{0\}$, $\mathbb{Z}_- \cap \mathbb{N}^* = \emptyset$,
$\mathbb{R}^* \cap \mathbb{R}_+ = \mathbb{R}_+^* = \{x \mid x \in \mathbb{R} \wedge x > 0\}$, $\mathbb{R}^* \cap \mathbb{R}_- = \mathbb{R}_-^* = \{x \mid x \in \mathbb{R} \wedge x < 0\}$,
$\mathbb{N} \cup \mathbb{Z}_- = \mathbb{Z}$, $\mathbb{Z}_+ \cup \mathbb{Z}_- = \mathbb{Z}$, $\mathbb{Q}_+ \cup \mathbb{Q}_- = \mathbb{Q}$, $\mathbb{R}_+ \cup \mathbb{R}_- = \mathbb{R}$, $\mathbb{R}_+^* \cup \{0\} = \mathbb{R}_+$.

Beispiel 1.30: Zwei voneinander verschiedene Geraden g_1 und g_2 schneiden sich entweder in genau einem Punkt, ihrem Schnittpunkt S, oder gar nicht. Fasst man – wie es in der Schule üblich ist – eine Gerade als Menge von Punkten auf, kann man im ersten Fall schreiben: $g_1 \cap g_2 = \{S\}$, im zweiten Fall: $g_1 \cap g_2 = \emptyset$.

Übung 1.22: Bilden Sie den Durchschnitt zweier Kreise k_1 und k_2. Berücksichtigen Sie alle möglichen Fälle!

Beispiel 1.31: (vgl. Beispiel 1.19) Für Teilermengen gelten z.B. folgende Beziehungen: Das größte Element des Durchschnitts $T(12) \cap T(30) = T(6) = T(ggT(12, 30))$ ist gerade der *größte gemeinsame Teiler* von 12 und 30: $ggT(12, 30) = 6$; allgemein gilt:
- $\bigwedge_{a,b \in \mathbb{N}} T(a) \cap T(b) = T(ggT(a, b))$.

Das kleinste Element des Durchschnitts $V(12) \cap V(30) = V(60) = V(kgV(12, 30))$ ist gerade das *kleinste gemeinsame Vielfache* von 12 und 30: $kgV(12, 30) = 60$; allgemein:
- $\bigwedge_{a,b \in \mathbb{N}} V(a) \cap V(b) = V(kgV(a, b))$.

Übung 1.23: Bilden Sie $T(24) \cap T(60)$, $T(24) \cup T(60)$, $V(24) \cap V(60)$, $V(24) \cup V(60)$!

Übung 1.24: Inwiefern wird beim Lösen eines linearen Gleichungssystems, etwa
(I) $x + y = 12$ und (II) $25x + 15y = 210$, der Durchschnitt von Mengen gebildet?

Übung 1.25: Inwiefern wird beim Lösen einer quadratischen Gleichung die Vereinigung von Mengen gebildet? Wählen Sie z.B. die Gleichung $x^2 + x - 6 = 0$.

Übung 1.26: Prüfen Sie, ob die folgenden Beziehungen erfüllt sind:
a) $\mathfrak{P}(A \cap B) = \mathfrak{P}(A) \cap \mathfrak{P}(B)$, b) $\mathfrak{P}(A \cup B) = \mathfrak{P}(A) \cup \mathfrak{P}(B)$.

1.7.4 Symmetrische Differenz, Differenz und Komplement

Die *symmetrische Differenz*[1] ist eine Mengenoperation, die einerseits ergänzendes Gegenstück zur Vereinigung ist, andererseits aber auch Eigenschaften besitzt, die sonst keine der anderen Mengenverknüpfungen hat[2].

Es seien A, B beliebige Mengen über demselben Grundbereich.

> **Definition 1.8:** Die **symmetrische Differenz** $A \Delta B$ zweier Mengen A und B ist (definitionsgemäß) die Menge aller Elemente, die entweder in A oder in B liegen.
>
> $A \Delta B := \{x \mid x \in A \mathbin{\dot\vee} x \in B\}$.

$A \Delta B$ wird gelesen: „Die symmetrische Differenz von A mit B" oder „A Delta B". Der Name „symmetrische Differenz" wird erst später verständlich.

Hier tritt das ausschließende „oder" auf. Deshalb ist unmittelbar klar, daß $A \Delta B$ genau diejenigen Elemente enthält, die in genau einer der beiden Mengen A, B liegen. Das sind diejenigen Elemente, die zu $A \cup B$ gehören, aber nicht in $A \cap B$ enthalten sind.

> **Definition 1.9:** Die **Differenz(menge)** $A \setminus B$ von A und B (oder das *relative Komplement*[3] $A \setminus B$ von B bezüglich A) ist (definitionsgemäß) die Menge aller Elemente aus A, die nicht in B liegen.
>
> $A \setminus B := \{x \mid x \in A \wedge x \notin B\}$.

$A \setminus B$ wird gelesen: „Die Differenz von A mit (bzw. und) B" oder einfach „A minus B" bzw. „A ohne B". Statt *Differenzmenge* findet man auch die Bezeichnungen *Mengendifferenz* oder einfach kurz *Differenz*. Weitere Schreibweisen für $A \setminus B$ sind: $\complement_A B$ oder $A - B$. Letzteres meist für den Fall $B \subseteq A$.

$A \setminus B$ ist also eine Teilmenge von A, enthält aber dabei kein Element aus B. Es wird nicht vorausgesetzt, dass der Fall $B \subseteq A$ vorliegt.

Wird das Komplement bezüglich einer festen Grundmenge G betrachtet, d.h. die Differenz $G \setminus B$ gebildet, schreibt man statt $\complement_G B$ einfach nur $\complement B$ (oder $\overline{B}$ oder[4] B') und spricht vom **Komplement** (oder *Ergänzungsmenge* oder *Restmenge*) von B.

Beim Komplementbegriff kann man nicht ganz auf die Grundmenge G verzichten. Würde man z.B. $x \in \complement B$ einfach per $x \notin B$ definieren, käme man im Falle $B = \emptyset$ zu dem widersprüchlichen Begriff der „Allmenge".

---

[1] Auch *Boolesche Summe* (nach GEORGE BOOLE) oder *Entflechtung* genannt.

[2] Da Δ eine *abelsche Gruppenoperation* in der jeweiligen Potenzmenge ist, ist der Name „Boolesche *Summe*" berechtigt. Zum Begriff der abelschen Gruppe vgl. GÖTHNER, P.: Elemente der Algebra. mathematik-abc für das Lehramt. Leipzig: Teubner 1997, S. 14.

[3] complementum (lat.) = Vervollständigung, Ergänzung.

[4] DIN 5473 „Zeichen und Begriffe der Mengenlehre" (1976) erlaubt neben $\complement B$ nur noch die Schreibweise $-B$.

1.7 Mengenalgebra

Beispiel 1.32: (vgl. Beispiel 1.28) Mit $A = \{2, 3, 5, 7\}$ und $B = \{0, 3, 6, 9\}$ bilden wir die Mengen $A \cap B$, $B \cap A$, $A \cup B$, $B \cup A$, $A \triangle B$, $B \triangle A$, $A \setminus B = \complement_A B$, $B \setminus A = \complement_B A$:
$A \cap B = B \cap A = \{3\}$; $A \cup B = B \cup A = \{0, 2, 3, 5, 6, 7, 9\}$;
$A \triangle B = B \triangle A = \{0, 2, 5, 6, 7, 9\}$; $A \setminus B = \complement_A B = \{2, 5, 7\}$; $B \setminus A = \complement_B A = \{0, 6, 9\}$.

Beispiel 1.33: (vgl. Beispiele 1.19, 1.31) Mit den Teilermengen $T(12) = \{1, 2, 3, 4, 6, 12\}$, $T(30) = \{1, 2, 3, 5, 6, 10, 15, 30\}$ bilden wir die neuen Mengen
$T(12) \cap T(30) = T(30) \cap T(12) = \{1, 2, 3, 6\} = T(6)$;
$T(12) \cup T(30) = T(30) \cup T(12) = \{1, 2, 3, 4, 5, 6, 10, 12, 15, 30\}$;
$T(12) \triangle T(30) = T(30) \triangle T(12) = \{4, 5, 10, 12, 15, 30\}$;
$T(12) \setminus T(30) = \{4, 12\}$; $T(30) \setminus T(12) = \{5, 10, 15, 30\}$.

Übung 1.27: Bestimmen Sie a) $V(12) \triangle V(30)$, $V(12) \setminus V(30)$, $V(30) \setminus V(12)$,
b) $T(24) \triangle T(60)$, $T(24) \setminus T(60)$, $T(60) \setminus T(24)$,
c) $V(24) \triangle V(60)$, $V(24) \setminus V(60)$, $V(60) \setminus V(24)$!

Beispiel 1.34: Mit den Bezeichnungen aus den Beispielen 1.26, 1.27 ist $RE \cap RA = Q$, $RE \cup RA$ enthält alle Rechtecke oder Rauten, $RE \triangle RA$ enthält alle Rechtecke oder Rauten, aber ohne die Quadrate, $RE \setminus RA$ ist die Menge der Rechtecke, die keine Quadrate sind, und $RA \setminus RE$ ist die Menge der Rauten, die keine Quadrate sind.

Beispiel 1.35: (vgl. Beispiel 1.13) Mit $A = \{4\}$, $B = \{-3; 4\}$ und $C = \{-3; -0{,}5; 4\}$ gelten $A \subset B \subset C$; $A \cap B = B \cap A = A \cap C = C \cap A = \{4\}$; $B \cap C = C \cap B = B = \{-3; 4\}$;
$A \cup B = B \cup A = B = \{-3; 4\}$; $A \cup C = C \cup A = B \cup C = C \cup B = C = \{-3; -0{,}5; 4\}$;
$A \triangle B = B \triangle A = B \setminus A = \{-3\}$; $A \triangle C = C \triangle A = C \setminus A = \{-3; -0{,}5\}$;
$B \triangle C = C \triangle B = C \setminus B = \{-0{,}5\}$; $A \setminus B = A \setminus C = B \setminus C = \emptyset$.

Beispiel 1.36: $\mathbb{N}^* = \mathbb{N} \setminus \{0\}$, $\mathbb{Q}^* = \mathbb{Q} \setminus \{0\}$, $\mathbb{R}^* = \mathbb{R} \setminus \{0\}$.

Beispiel 1.37: I sei die Menge aller irrationalen Zahlen. Es ist $\mathbb{Q} \cap I = \emptyset$, $\mathbb{Q} \cup I = \mathbb{R}$, $\mathbb{Q} \triangle I = \mathbb{R}$, $\mathbb{Q} \setminus I = \mathbb{Q}$, $I \setminus \mathbb{Q} = I$, $\mathbb{Q} \cap \mathbb{R} = \mathbb{Q}$, $\mathbb{Q} \cup \mathbb{R} = \mathbb{R}$, $\mathbb{Q} \triangle \mathbb{R} = I$, $\mathbb{Q} \setminus \mathbb{R} = \emptyset$, $\mathbb{R} \setminus \mathbb{Q} = \complement_\mathbb{R} \mathbb{Q} = I$, $I \cap \mathbb{R} = I$, $I \cup \mathbb{R} = \mathbb{R}$, $I \triangle \mathbb{R} = \mathbb{Q}$, $I \setminus \mathbb{R} = \emptyset$, $\mathbb{R} \setminus I = \complement_\mathbb{R} I = \mathbb{Q}$.

Übung 1.28: (vgl. Beispiel 1.2) G und U sind die Mengen aller geraden bzw. ungeraden natürlichen Zahlen, P die Menge aller Primzahlen.
Bilden Sie (mit $\mathbb{N}$ als Grundmenge) a) $\mathbb{N} \triangle G$, $\mathbb{N} \triangle U$, $\mathbb{N} \triangle P$, b) $\mathbb{N} \setminus G$, $\mathbb{N} \setminus U$, $\mathbb{N} \setminus P$,
c) $\complement_\mathbb{N} G$, $\complement_\mathbb{N} U$, $\complement_\mathbb{N} P$.

Übung 1.29: Bestimmen Sie für die Mengen $A = \{x \mid x \in \mathbb{R} \wedge x^2 > 1\}$ und $B = \{x \mid x \in \mathbb{R} \wedge |x + 0{,}5| < 1\}$ die Mengen $A \cap B$, $A \cup B$, $A \triangle B$, $A \setminus B$ und $B \setminus A$!

Beispiel 1.38: Die durch $A \triangledown B := \{x \mid x \notin A \dot\vee x \in B\}$ definierte Mengenoperation heißt *Verflechtung* der Mengen A und B.
Zwischen *Entflechtung* (symmetrischer Differenz) $A \triangle B$ und *Verflechtung* $A \triangledown B$ der Mengen A und B besteht (bzgl. der Grundmenge G) folgender Zusammenhang:
- $A \triangledown B = \complement A \triangle B$ bzw. $A \triangle B = \complement A \triangledown B$.

Mit den Mengen aus Beispiel 1.32 und $G = A \cup B$ gilt z.B. $A \triangledown B = B \triangledown A = \{3\}$.

1.7.5 Geordnetes Paar und kartesisches Produkt

Während bei der Angabe der Elemente einer Menge deren Reihenfolge keine Rolle spielt, ist das für die Begriffe *geordnetes Paar* und *kartesisches*[1] *Produkt* wesentlich. Es gibt verschiedene Möglichkeiten, den Begriff des *geordneten Paares* (a, b) aus vorgegebenen Objekten a und b mengentheoretisch zu definieren.

> **Definition 1.10:** Es seien a und b zwei beliebige Elemente einer Menge M. Das durch
> $$(a, b) := \{\{a, b\}, \{a\}\}$$
> definierte Objekt heißt das **geordnete Paar** (a, b);[2]
> a heißt seine **erste Komponente** oder **erstes Glied** oder **erste Koordinate**,
> b seine **zweite Komponente** oder **zweites Glied** oder **zweite Koordinate**.

Dieser Ansatz, ein geordnetes Paar als Menge zweiter Stufe zu definieren, geht auf NORBERT WIENER (1894 – 1964) zurück. KAZIMIERZ KURATOWSKI (1896 – 1980) gab ihr die obige Form, die auf den ersten Blick vielleicht etwas ungewöhnlich erscheinen mag[3]. Entscheidend ist, dass aufgrund dieser Definition die geordneten Paare (a_1, b_1) und (a_2, b_2) genau dann gleich sind, wenn sie komponentenweise übereinstimmen, d.h., wenn sowohl $a_1 = a_2$ als auch $b_1 = b_2$ ist:

- $(a_1, b_1) = (a_2, b_2) \Leftrightarrow a_1 = a_2 \land b_1 = b_2$.

Für viele Sachverhalte reicht der Begriff des geordneten Paares nicht aus. Deshalb bilden wir in Analogie zu Definition 1.10 den Begriff des *geordneten Tripels*[4]. Mit Hilfe einer rekursiven[5] Definition gelangen wir allgemeiner zum Begriff des *geordneten n-Tupels*[6].

Es seien a, b, c bzw. $a_1, a_2, \ldots, a_n$ ($n \in \mathbf{N}, n \geq 2$) Elemente einer Menge M. Das durch

- $(a, b, c) := ((a, b), c)$

definierte Objekt heißt das **geordnete Tripel** (a, b, c); das durch

- $(a_1, a_2, \ldots, a_n) := ((a_1, a_2, \ldots, a_{n-1}), a_n)$

definierte Objekt heißt das **geordnete n-Tupel** $(a_1, a_2, \ldots, a_n)$,

wobei für $n = 1$ als 1-Tupel (a_1) einfach das Objekt a_1 selbst zu nehmen ist.

a_i heißt **i-te Komponente** (*i-tes Glied*, *i-te Koordinate*) des geordneten n-Tupels $(a_1, a_2, \ldots, a_n)$ mit $1 \leq i \leq n$.

Die Gleichheit zweier geordneter Tripel $(a_1, b_1, c_1) = (a_2, b_2, c_2)$ ist also genau dann gegeben, wenn sie komponentenweise übereinstimmen:

$(a_1, b_1, c_1) = (a_2, b_2, c_2) \Leftrightarrow ((a_1, b_1), c_1) = ((a_2, b_2), c_2) \Leftrightarrow$
$(a_1, b_1) = (a_2, b_2) \land c_1 = c_2 \Leftrightarrow a_1 = a_2 \land b_1 = b_2 \land c_1 = c_2$.

---

[1] Nach RENÉ DESCARTES (1596 - 1650), RENATUS CARTESIUS ist die latinisierte Namensform.
[2] Weitere Schreibweisen sind $(a \mid b)$, $[a, b]$ oder $<a, b>$.
[3] $(a, b) := \{\{a\}, \{a, b\}\}$ leistete natürlich dieselben Dienste.
[4] triple (franz.) = dreifach.
[5] Zurückgehend (bis zu bekannten Werten); von recurrere (lat.) = zurücklaufen.
[6] Kunstwort; neben *n-Tupel* findet man auch die Schreibweise *n-tupel*.

1.7 Mengenalgebra

Beispiel 1.39: Werden bei einer Rettungsaktion die geographischen Koordinaten eines Schiffes weitergegeben, das sich in Seenot befindet, so ist die korrekte Reihenfolge der beiden Zahlen evtl. lebensrettend. Zuerst wird stets die geographische Länge λ, dann die geographische Breite φ genannt. Im allgemeinen ist also $(\lambda, \varphi) \neq (\varphi, \lambda)$.
Ebenso wird die Lage eines Punktes P im ebenen (oder räumlichen) kartesischen Koordinatensystem eindeutig durch seine Koordinaten x und y von P (bzw. durch seine Koordinaten x, y und z von P) festgelegt. Die Punkte $P(2; 3)$[7] und $Q(3; 2)$ sind z.B. voneinander verschieden.

Beispiel 1.40: Während zwar $\{a, b\} = \{b, a\}$ gilt, sind die Paare (a, b) und (b, a) im Allgemeinen voneinander verschieden. Es ist $(a, b) \neq (b, a)$ genau dann, wenn $a \neq b$ ist. (a, a) und (b, b) sind natürlich ebenfalls geordnete Paare, während $\{a, a\}$ eine Einermenge ist: $\{a, a\} = \{a\}$. Demzufolge ist strikt zu unterscheiden zwischen dem geordneten Paar (a, b) und der Zweiermenge $\{a, b\}$.

Die Reihenfolge der beiden Elemente a und b wird für das geordnete Paar (a, b) in Definition 1.10 durch eine reine Mengenbildung erklärt, also ohne Bezugnahme auf den Ordnungsbegriff; b zeichnet sich gegenüber a aber dadurch aus, dass es nur in der Zweiermenge $\{a, b\}$ vorkommt, während a zusätzlich noch in der Einermenge $\{a\}$ erscheint.

Beispiel 1.41: Jeder *Bruch* $\dfrac{a}{b}$ ist ein geordnetes Paar natürlicher Zahlen a und b; die erste Komponente heißt der *Zähler*, die zweite Komponente der *Nenner* des Bruches. Für den Nenner wird die Null ausgeschlossen.

Übung 1.30: Zeigen Sie, dass die Mengen $M_1 = \{\{a_1, b_1\}, \{a_1\}\}$ und $M_2 = \{\{a_2, b_2\}, \{a_2\}\}$ genau dann gleich sind, wenn $a_1 = a_2$ und $b_1 = b_2$ ist.

Übung 1.31: Formulieren Sie eine Bedingung für die Gleichheit zweier geordneter n-Tupel $(a_1, a_2, \ldots, a_n)$ und $(b_1, b_2, \ldots, b_n)$ (n natürliche Zahl mit $n \geq 2$)!

- In Definition 1.10 wird vorausgesetzt, dass a und b Elemente ein und derselben Menge M sind. Mitunter erweist es sich aber als nützlich, dass die Komponenten a und b *verschiedenen* Mengen A und B (eventuell sogar über verschiedenen Grundbereichen) angehören dürfen. Wird Definition 1.10 in diesem Sinne erweitert, muss das durch die Objekte a ($a \in A$) und b ($b \in B$) definierte neue Objekt (a, b) die oben genannte Eigenschaft (zur Gleichheit zweier Paare) besitzen.

Demnach sind z.B. zwei *Gruppen*[8] $(G, +)$ und $(H, \times)$ dann und nur dann gleich, wenn die ersten Komponenten der beiden geordneten Paare, also die beiden *Trägermengen* G und H, übereinstimmen, aber auch ihre zweiten Komponenten gleich sind, also die beiden zweistelligen *Operationen* $+$ und $\times$.

---

[7] Als Trennzeichen zwischen den Komponenten fungiert das Komma. Besteht die Gefahr, das Komma als Dezimalkomma zu interpretieren, werden wir auch das Semikolon benutzen.
[8] Zum Begriff *Gruppe* vgl. GÖTHNER, P.: Elemente der Algebra. mathematik-abc für das Lehramt. Leipzig: Teubner 1997, S. 12.

Es seien A und B beliebige Mengen (über eventuell verschiedenen Grundbereichen).

> **Definition 1.11:** Das **kartesische Produkt** (oder *Kreuzprodukt*) $A \times B$ von A und B ist (definitionsgemäß) die Menge aller geordneten Paare (a, b), deren erste Komponente a ein Element aus A und deren zweite Komponente b ein Element aus B ist.
>
> $A \times B := \{(a, b) \mid a \in A \land b \in B\}.$

$A \times B$ wird gelesen: „A Kreuz B". Statt *kartesisches Produkt* oder *Kreuzprodukt* findet man in der Literatur auch noch die Bezeichnungen *direktes Produkt*, *Produktmenge*, *Kreuzmenge*, *Paarmenge* oder *Verbindungsmenge*.

Das kartesische Produkt $A \times B$ ist eine Menge geordneter Paare, enthält also Mengen zweiter Stufe als Elemente und ist deshalb selbst eine Menge dritter Stufe (immer vorausgesetzt, dass A und B Mengen erster Stufe sind).

Die Definition des kartesischen Produktes $A \times B$ lässt sich auf drei und mehr, allgemein auf n Mengen erweitern. Anstelle der geordneten Paare werden dann *geordnete Tripel* bzw. *geordnete n-Tupel* (n natürliche Zahl, $n \geq 2$) zugrunde gelegt.

- $A_1 \times A_2 \times \ldots \times A_n := \{(a_1, a_2, \ldots, a_n) \mid a_1 \in A_1 \land a_2 \in A_2 \land \ldots \land a_n \in A_n\}$

Im Falle von $A_1 = A_2 = \ldots = A_n = A$ schreibt man statt $A \times A \times \ldots \times A$ auch A^n, also speziell A^2 für $A \times A$.

Wenn A eine endliche Menge ist, die aus n Elementen besteht, dann besteht A^2 aus n^2 geordneten Paaren.
Ist also z.B. A eine Einermenge, d.h. $A = \{a\}$, dann ist auch $A \times A = A^2$ eine Einermenge: $A \times A = A^2 = \{(a, a)\}$.

- Wenn A, B endliche Mengen sind, dann gilt: $|A \times B| = |A| \cdot |B|$.

Wenn A unendlich ist, dann besteht A^2 aus unendlich vielen geordneten Paaren.

Die Elemente des kartesischen Produktes $A \times B$ lassen sich als Punktmenge darstellen, wenn A und B beschränkte Teilmengen von $\mathbf{R}$ sind. Dazu fassen wir die Komponenten a und b des geordneten Paares (a, b) als x- bzw. y-Koordinate des Punktes $P(a, b)$ im kartesischen Koordinatensystem auf, sodass sich auf diese Weise alle geordneten Paare von $A \times B$ als Punkte innerhalb eines Rechtecks darstellen lassen (s. Bild 1.5).

Sind A und B keine beschränkten (reellwertigen) Intervalle, sondern endliche Mengen aus m bzw. n Elementen, so erhalten wir ein Punktgitter, das aus $m \cdot n$ (diskreten) Punkten besteht.

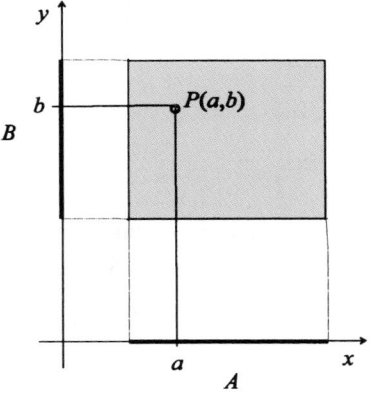

Bild 1.5

Beispiel 1.42: (vgl. Beispiel 1.19) Mit **T**(4) = {1, 2, 4} und **T**(6) = {1, 2, 3, 6} enthält **T**(4) × **T**(6) genau 12 Elemente; **T**(4) × **T**(6) = {(1, 1), (1, 2), (1, 3), (1, 6), (2, 1), (2, 2), (2, 3), (2, 6), (4, 1), (4, 2), (4, 3), (4, 6)}.

Übung 1.32: Bestimmen Sie a) **T**(12) × **T**(30), b) $\{a\} \times M$ mit $M = \{1, 2, 3\}$!

Beispiel 1.43: Mit $A = B = \mathbf{R}$ erhalten wir für $A \times B = \mathbf{R} \times \mathbf{R} = \mathbf{R}^2$ die Menge aller geordneten Paare reeller Zahlen. Wenn man in einer Ebene ε ein Koordinatensystem auszeichnet, lässt sich die Lage jedes Punktes P dieser Ebene eindeutig umkehrbar durch das geordnete Paar (x, y) seiner kartesischen Koordinaten festlegen. (Daher hat das kartesische Produkt seinen Namen „kartesisch".) Durch diese eineindeutige Zuordnung (vgl. Kap. 3.8) zwischen der Menge der Punkte der Ebene ε und der Menge $\mathbf{R}^2$ der geordneten Zahlenpaare lassen sich geometrische Probleme rechnerisch behandeln. Das ist Gegenstand der analytischen Geometrie. (Analog sichert ein räumliches kartesisches Koordinatensystem eine eindeutig umkehrbare Zuordnung zwischen der Menge $\mathbf{R}^3$ der geordneten Zahlentripel und der Menge der Punkte des Raumes.)

Beispiel 1.44: Es seien $A = \{a_1, a_2, a_3\}$ und $B = \{b_1, b_2\}$. Dann ist

$A \times B = \{(a_1, b_1), (a_1, b_2), (a_2, b_1), (a_2, b_2), (a_3, b_1), (a_3, b_2)\}$ (s. Bild 1.6).

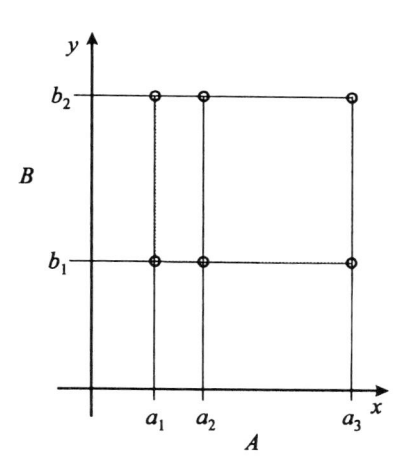

Beispiel 1.45: Kann das kartesische Produkt zweier Mengen A und B aus genau 7 geordneten Paaren (a, b) mit $a \in A$ und $b \in B$ bestehen?
Ja.
Wenn A, B endliche Mengen sind, die aus m bzw. n Elementen bestehen, dann besteht $A \times B$ aus $m \cdot n$ Elementen; d. h., die einzigen Fälle sind $m = 1$ und $n = 7$ bzw. $m = 7$ und $n = 1$.

Bild 1.6

Übung 1.33: Zeichnen Sie das kartesische Produkt $A \times B$ der Mengen A und B!
a) $A = \{x \mid x \in [1; 3] \lor x = 4\}$ und $B = \{y \mid y \in [1; 2] \lor y = 3\}$,
b) $A = \{1, 2, 3\}$ und $B = [1; 3) \cup \{4\}$,
c) $A = [1; 2] \cup (3; 4)$ und $B = [0; 1] \cup [3; 4)$.

Anmerkung: Die mengentheoretischen Operationen ∩, ∪, ∆ , \ und × nennen wir der Kürze halber auch einfach *Durchschnitt, Vereinigung, symmetrische Differenz, Differenz* bzw. *kartesisches Produkt* (oder *Kreuzprodukt*). Korrekter müssten wir eigentlich von der Durchschnitts*bildung* ∩, der Vereinigungs*bildung* ∪ usw. sprechen.

1.7.6 Weitere Eigenschaften der Inklusion

In der Mengenalgebra werden die Gesetzmäßigkeiten der Mengenrelation $\subseteq$ und der Mengenoperationen $\cap$, $\cup$, Δ, $\setminus$ und $\times$ untersucht. Die im Folgenden betrachteten Eigenschaften ergeben sich zumeist unmittelbar aus den Gesetzen der Aussagenlogik. Das verwundert auch nicht, werden die Inklusion und die Mengenoperationen doch mit Hilfe der Junktoren (*nicht*; *und*; *oder*; *wenn ..., so ...*; *genau dann, wenn ...*) definiert.

Aus der Definition 1.6 des Durchschnitts folgt unmittelbar, dass der Durchschnitt zweier Mengen A und B sowohl Teilmenge von A als auch von B ist:

- $A \cap B \subseteq A$ und $A \cap B \subseteq B$.

Analog folgt, dass die Vereinigung zweier Mengen A und B sowohl die Menge A als auch die Menge B umfasst:

- $A \subseteq A \cup B$ und $B \subseteq A \cup B$.

Es seien A, B, C beliebige Mengen über demselben Grundbereich.

Satz 1.6: Der Durchschnitt $A \cap B$ von A und B ist bezüglich der Inklusion die größte gemeinsame Teilmenge von A und B.

Beweis: Um dies zu zeigen, nehmen wir an, M sei eine beliebige gemeinsame Teilmenge von A und B. Dann müssen wir zeigen, dass M in $A \cap B$ enthalten ist, d.h., zu zeigen ist:

- $\bigwedge_{M} (M \subseteq A \land M \subseteq B \Rightarrow M \subseteq A \cap B)$.

Es sei also $M \subseteq A$ und $M \subseteq B$ sowie x ein beliebiges Element aus M. Wegen $M \subseteq A$ ist dann $x \in A$, wegen $M \subseteq B$ ist entsprechend $x \in B$. Also ist $x \in A \cap B$.   ∎

Satz 1.7: Die Vereinigung $A \cup B$ von A und B ist bezüglich der Inklusion die kleinste gemeinsame Obermenge von A und B.

In Analogie zu Satz 1.6 ist zu zeigen:

- $\bigwedge_{M} (A \subseteq M \land B \subseteq M \Rightarrow A \cup B \subseteq M)$.

Satz 1.8 (Monotonie[1] von Durchschnitt und Vereinigung bezüglich der Inklusion):
$A \subseteq B \Rightarrow A \cap C \subseteq B \cap C$ und $A \subseteq B \Rightarrow A \cup C \subseteq B \cup C$.

Beweis: Es sei $x \in A \cap C$, d.h., $x \in A$ und $x \in C$. Wegen $A \subseteq B$ ist mit $x \in A$ außerdem $x \in B$, also $x \in B \cap C$. Analog beweist man die zweite Eigenschaft.   ∎

Satz 1.9 (Rechtsseitige Monotonie der Differenz bezüglich der Inklusion):
$A \subseteq B \Rightarrow A \setminus C \subseteq B \setminus C$.

Beweis: Es sei $x \in A \setminus C$, d.h., $x \in A$ und $x \notin C$. Wegen $A \subseteq B$ ist auch $x \in B$, d.h., es gilt $x \in B$ und $x \notin C$, also $x \in B \setminus C$.   ∎

---

[1] monótonos (spätgriech.) = mit immer gleicher Spannung; gleichförmig.

1.7 Mengenalgebra

Übung 1.34: Zeigen Sie: a) $A \cap B = A \cup B \Leftrightarrow A = B$, b) $A \subseteq B \Leftrightarrow A \setminus B = \emptyset$.

Übung 1.35: Zeigen Sie, dass der Durchschnitt $A \cap B$ die einzige Menge ist, die die Bedingungen $A \cap B \subseteq A$, $A \cap B \subseteq B$ und $\bigwedge_{M} (M \subseteq A \wedge M \subseteq B \Rightarrow M \subseteq A \cap B)$ erfüllt.

Hinweis: Zum Beweis nehmen Sie an, es sei D eine beliebige Menge mit
(*) $D \subseteq A$, $D \subseteq B$ und (**) $\bigwedge_{M} (M \subseteq A \wedge M \subseteq B \Rightarrow M \subseteq D)$.

Übung 1.36: Zeigen Sie, dass die Vereinigung $A \cup B$ die einzige Menge ist, die die Bedingungen $A \subseteq A \cup B$, $B \subseteq A \cup B$ und $\bigwedge_{M} (A \subseteq M \wedge B \subseteq M \Rightarrow A \cup B \subseteq M)$ erfüllt.

Übung 1.37: Beweisen Sie das *Modulgesetz*: $A \subseteq B \Rightarrow A \cup (C \cap B) = (A \cup C) \cap B$. Gilt auch die Umkehrung?

Beispiel 1.46: Durchschnitt und Vereinigung sind bezüglich der echten Inklusion nicht monoton. Mit $A = \{a\}$, $B = \{a, b\}$, $C = \{a\}$ bzw. $A = \{a\}$, $B = \{a, b\}$, $C = \{a, b\}$ liegt jeweils ein Gegenbeispiel vor: $A \cap C \not\subset B \cap C$ bzw. $A \cup C \not\subset B \cup C$.

Die Differenz(bildung) \ ist bezüglich der Inklusion $\subseteq$ nicht linksseitig monoton.

Übung 1.38: Beweisen Sie, dass stattdessen gilt: $A \subseteq B \Rightarrow C \setminus B \subseteq C \setminus A$!

Übung 1.39: Welche der Beziehungen gelten für alle Mengen M_1, M_2, N_1 und N_2?
a) $M_1 \subseteq N_1 \wedge M_2 \subseteq N_2 \Rightarrow M_1 \cap M_2 \subseteq N_1 \cap N_2$,
b) $M_1 \subseteq N_1 \wedge M_2 \subseteq N_2 \Rightarrow M_1 \cup M_2 \subseteq N_1 \cup N_2$,
c) $M_1 \subseteq N_1 \wedge M_2 \subseteq N_2 \Rightarrow M_1 \times M_2 \subseteq N_1 \times N_2$,
d) $M_1 \subseteq N_1 \wedge M_2 \subseteq N_2 \Rightarrow M_1 \setminus M_2 \subseteq N_1 \setminus N_2$.

Beispiel 1.47: Für zwei beliebige reelle Zahlen a und b mit $a \leq b$ gilt für Intervalle $(a, b) \subseteq [a, b] \subseteq \mathbf{R} \Rightarrow (a, b) \times (a, b) \subseteq [a, b] \times [a, b] \subseteq \mathbf{R} \times \mathbf{R}$.

Die Inklusion lässt sich allein mit Hilfe von Durchschnitt oder Vereinigung ausdrücken.

Übung 1.40: Beweisen Sie: a) $A \subseteq B \Leftrightarrow A \cap B = A$, b) $A \subseteq B \Leftrightarrow A \cup B = B$.

Aber ebenso lässt sich die Inklusion mit Hilfe von Durchschnitt und Komplement bzw. mit Hilfe von Vereinigung und Komplement ausdrücken.

Übung 1.41: Beweisen Sie, dass für alle Mengen A, B, C (über der Grundmenge G) gilt:
a) $A \subseteq B \Leftrightarrow \complement B \subseteq \complement A$, b) $A = B \Leftrightarrow \complement A = \complement B$, c) $A = \emptyset \Leftrightarrow \complement A = G$,
d) $A = G \Leftrightarrow \complement A = \emptyset$, e) $A \subseteq B \Leftrightarrow A \cap \complement B = \emptyset$, f) $A \subseteq B \Leftrightarrow \complement A \cup B = G$,
g) $A \subseteq \complement B \Leftrightarrow A \cap B = \emptyset$, h) $\complement A \subseteq B \Leftrightarrow A \cup B = G$.

Übung 1.42: (Monotonie des kartesischen Produktes bezüglich der Inklusion)
Beweisen Sie: a) $A \subseteq B \Rightarrow A \times C \subseteq B \times C$ und b) $A \subseteq B \Rightarrow C \times A \subseteq C \times B$.

Übung 1.43: Unter welcher zusätzlichen Voraussetzung gilt die Umkehrung der Aussagen in Übung 1.42?

1.7.7 Venn-Diagramme

Zur Veranschaulichung der Teilmengenbeziehungen und der Mengenoperationen (und damit zur leichteren Erfassung der mengentheoretischen Zusammenhänge) können wir **Venn-Diagramme** (nach JOHN VENN, 1834 – 1923) oder **Eulersche Kreise** (nach LEONHARD EULER, 1707 – 1783) heranziehen[1]. Man nennt diese Illustrationen auch einfach nur *Mengendiagramme*. Die Gleichheit zweier Mengen drückt sich dabei durch die Identität von Flächenstücken aus. Es wird nichts darüber vereinbart, zu welchen Teilflächen die Randpunkte gehören. Das stieße nämlich bei der Differenz(bildung) auf Schwierigkeiten. Im Falle des kartesischen Produktes $A \times B$ versagt diese Methode.

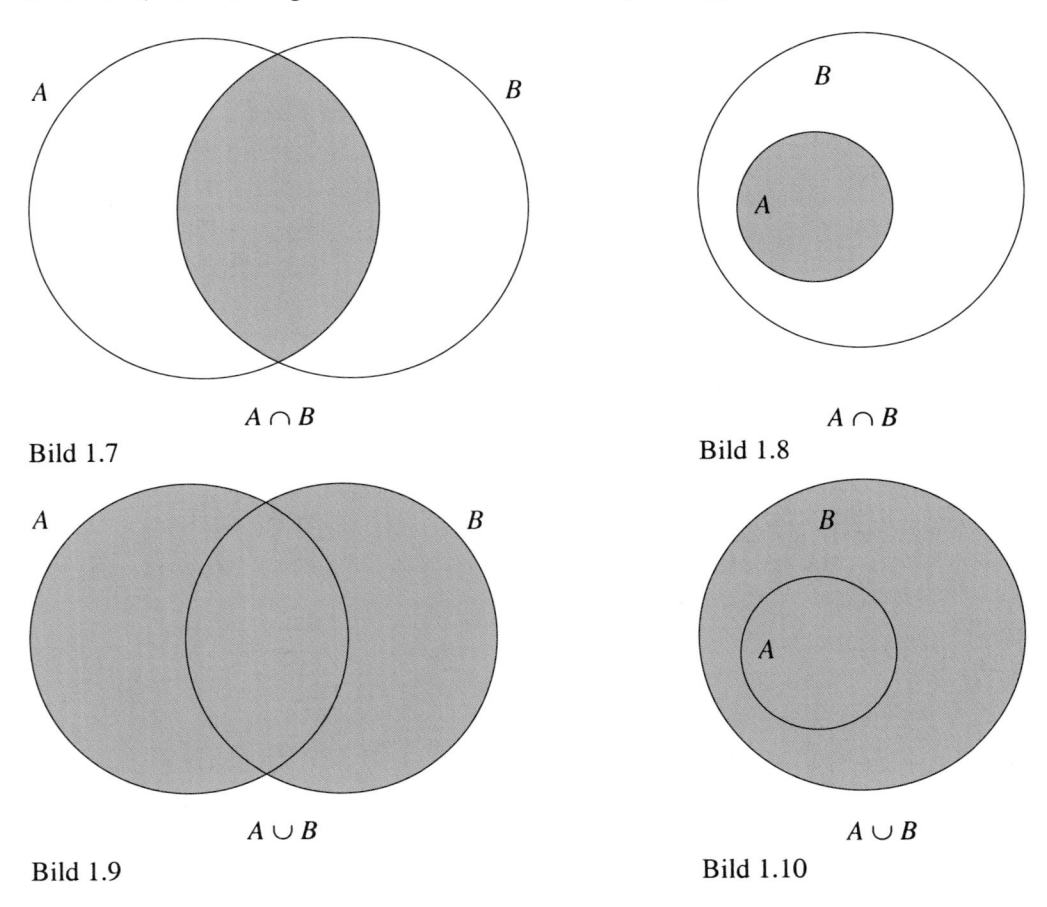

In den nachfolgenden Venn-Diagrammen sind die Mengen $A \cap B$, $A \cup B$, $A \triangle B$, $B \setminus A$, $A \setminus B$, $\complement A$ $(= G \setminus A)$ dargestellt und durch Schattierung hervorgehoben:

$A \cap B$
Bild 1.7

$A \cap B$
Bild 1.8

$A \cup B$
Bild 1.9

$A \cup B$
Bild 1.10

---

[1] Werden anstelle von Kreisen (oder krummlinig geschlossenen Linien) Rechtecke als Veranschaulichung der jeweiligen Menge herangezogen, spricht man von *Karnaugh-Diagrammen* (1952 eingeführt von E. W. VEITCH, 1953 modifiziert von MAURICE KARNAUGH, geb. 1924). Letztere sind allerdings für mehr als zwei Mengen schwer lesbar.

1.7 Mengenalgebra

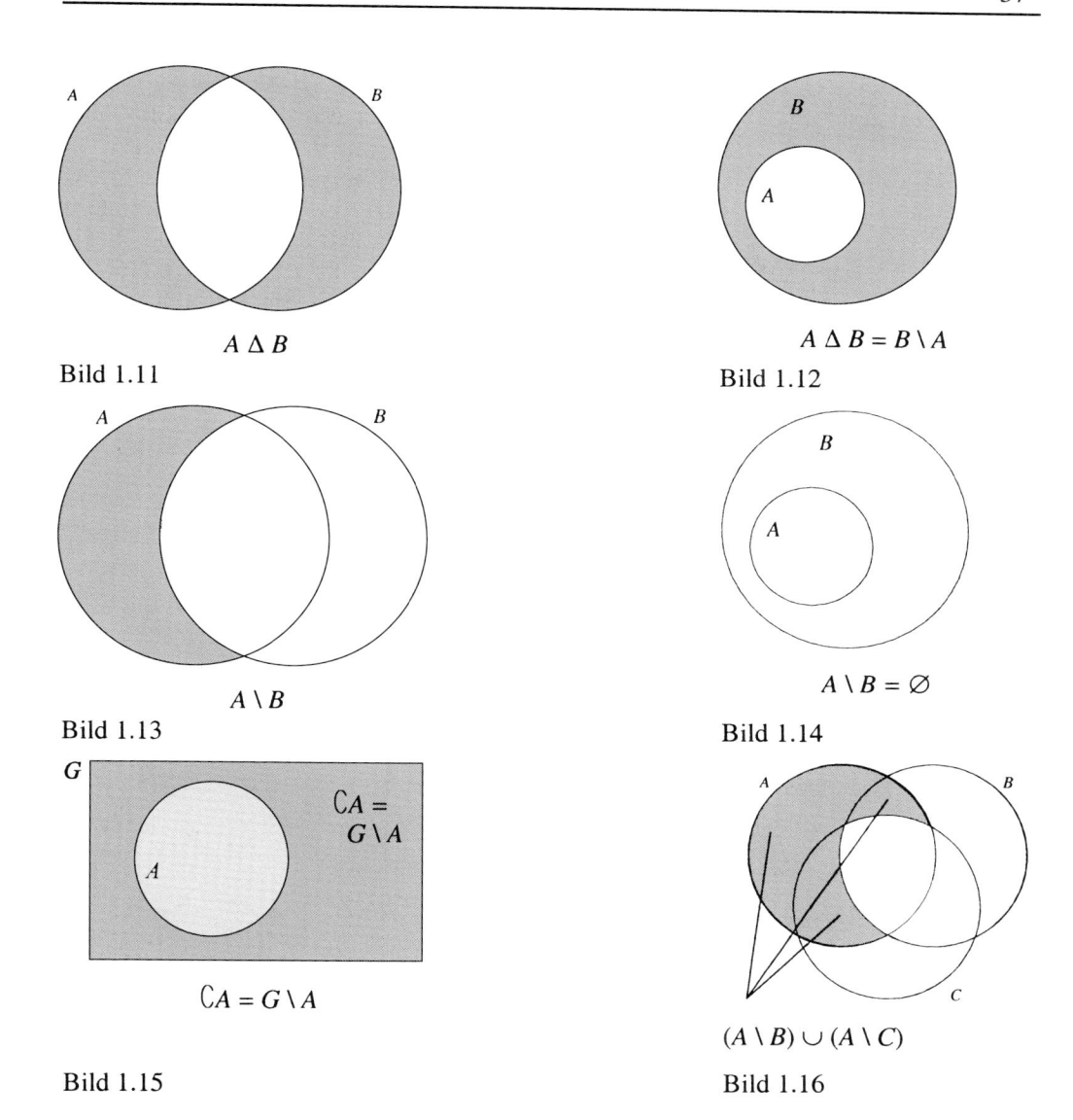

$A \triangle B$
Bild 1.11

$A \triangle B = B \setminus A$
Bild 1.12

$A \setminus B$
Bild 1.13

$A \setminus B = \emptyset$
Bild 1.14

$\complement A = G \setminus A$
Bild 1.15

$(A \setminus B) \cup (A \setminus C)$
Bild 1.16

Beispiel 1.48: (s. Bild 1.16) Für drei Mengen A, B und C, die sich paarweise *teilweise einander überdecken* (d.h., je zwei sind nicht disjunkt, und jede der Mengen besitzt mindestens ein weiteres Element, das nicht zu der anderen Menge gehört), veranschaulichen wir im Venn-Diagramm die Menge $(A \setminus B) \cup (A \setminus C)$.

Übung 1.44: Veranschaulichen Sie mittels Venn-Diagramm die Menge $A \setminus (B \cap C)$.

Übung 1.45: Für $A \neq \emptyset$ und $B \neq \emptyset$ tritt stets genau einer der folgenden fünf Fälle auf: $A = B$, $A \subset B$, $B \subset A$, $A \cap B = \emptyset$ oder $(A \cap B \neq \emptyset \wedge A \neq B \wedge A \not\subset B \wedge B \not\subset A)$. Zeichnen Sie Venn-Diagramme für die genannten 5 Fälle!

1.7.8 Eigenschaften der Mengenoperationen

Zum Beweis der im Folgenden betrachteten Gesetzmäßigkeiten erweisen sich die Wahrheitstafeln der aussagenlogischen Verknüpfungen als hilfreich. Da die Mengenoperationen $\cap$, $\cup$, Δ und $\setminus$ mit Hilfe der logischen Junktoren $\wedge$, $\vee$, $\dot\vee$ und $\neg$ definiert werden können, lassen sich die Mengen $A \cap B$, $A \cup B$, $A \Delta B$ und $A \setminus B$ vollständig mit Hilfe sogenannter *Zugehörigkeitstafeln*, die auf die Wahrheitstafeln der aussagenlogischen Verknüpfungen zurückgehen, charakterisieren. Lediglich im Falle der Produktmenge $A \times B$ müssen wir anders verfahren.

In einer Zugehörigkeitstafel ist jeweils nur zu entscheiden, ob ein gegebenes x (innerhalb eines gegebenen Grundbereiches G) ein Element einer Menge M ist (Wahrheitswert 1) oder aber dieses x nicht zur Menge M gehört (Wahrheitswert 0)[1]. Wenn alle möglichen Fälle der Zugehörigkeit bzw. Nichtzugehörigkeit eines Elementes zu den in Frage kommenden Mengen berücksichtigt werden, hat eine solche Tabelle Beweiskraft. Mengen, deren Spalten zeilenweise übereinstimmen, sind gleich.

Werden zwei Mengen A und B miteinander in Beziehung gesetzt, ergeben sich also 4 Möglichkeiten der Belegung; im Falle von drei Mengen sind es schon 8 Möglichkeiten:

A	B	$A \cap B$	$A \cup B$	$A \Delta B$	$A \setminus B$
1	1	1	1	0	0
1	0	0	1	1	1
0	1	0	1	1	0
0	0	0	0	0	0

A	1	1	1	1	0	0	0	0
B	1	1	0	0	1	1	0	0
C	1	0	1	0	1	0	1	0

Es seien A, B, C beliebige Mengen über demselben Grundbereich G.

Satz 1.10: $A \cap A = A$ und $A \cup A = A$, $A \Delta A = \emptyset$ und $A \setminus A = \emptyset$.

Beweis: Da mit A nur eine Menge „mitspielt" (in der Spalte der leeren Menge steht immer die 0), verkürzt sich die entsprechende Tabelle:

A	$\emptyset$	$A \cap A$	$A \cup A$	$A \Delta A$	$A \setminus A$
1	0	1	1	0	0
0	0	0	0	0	0

∎

Analog lassen sich auf die gleiche Weise weitere Eigenschaften gewinnen:

Satz 1.11: $A \cap \emptyset = \emptyset$, $A \cap G = A$, $A \cap \complement A = \emptyset$,
$A \cup \emptyset = A$, $A \cup G = G$, $A \cup \complement A = G$,
$A \Delta \emptyset = A$, $A \Delta G = G \setminus A$, $A \Delta \complement A = G$,
$A \setminus \emptyset = A$, $A \setminus G = \emptyset$, $A \setminus \complement A = A$.

---

[1] Anstelle von 1 und 0 schreibt man oft auch W (wahr) und F (falsch) bzw. $\in$ und $\notin$.

1.7 Mengenalgebra

Satz 1.10 und Teile von Satz 1.11 lassen sich auch wie folgt formulieren:

Durchschnitt und Vereinigung sind *idempotent*[2]; symmetrische Differenz und Differenz sind *unipotent*[3] (Satz 1.10). Die leere Menge $\emptyset$ ist *neutrales*[4] Element bezüglich der Mengenoperationen $\cup$ und Δ; bezüglich $\setminus$ ist sie nur rechtsseitig neutral, da $\emptyset \setminus A = A$ nur für $A = \emptyset$ gilt; die Grundmenge G ist neutrales Element bezüglich $\cap$. Auf der anderen Seite ist die leere Menge $\emptyset$ *absorbierendes*[5] Element bezüglich $\cap$, während die Grundmenge G absorbierendes Element bezüglich $\cup$ ist (Satz 1.11).
Die Beziehungen $A \cap \complement A = \emptyset$ und $A \cup \complement A = G$ heißen *Komplementarität*[6] von $\cap$ und $\cup$.

Übung 1.46: Beweisen Sie die Eigenschaften $\complement\complement A = A$, $\complement \emptyset = G$ und $\complement G = \emptyset$!
Die Eigenschaft $\complement\complement A = A$ nennt man auch *Involutionsgesetz*[7].

Übung 1.47: Beweisen Sie: $A \cup B = \emptyset \Leftrightarrow (A = \emptyset \wedge B = \emptyset)$.

Für den Durchschnitt fehlt eine entsprechende Eigenschaft. Hier gibt es stattdessen den Begriff der disjunkten Mengen.

Da im Falle des kartesischen Produktes nicht mit Hilfe der Zugehörigkeitstafeln argumentiert werden kann, beweisen wir eine Eigenschaft dieser Operation, die wir vom Produkt reeller Zahlen kennen.

Beispiel 1.49: $A \times B = \emptyset \Leftrightarrow (A = \emptyset \vee B = \emptyset)$.

Beweis: ($\Rightarrow$) Es sei $A \times B = \emptyset$, d.h., $A \times B$ enthält keine Elemente, d.h. keine Paare. Da im Falle $A \neq \emptyset$ und $B \neq \emptyset$ das kartesische Produkt $A \times B$ nicht leer ist, kommen nur drei Fälle in Frage: 1. $A \neq \emptyset$ und $B = \emptyset$,
2. $A = \emptyset$ und $B \neq \emptyset$,
3. $A = \emptyset$ und $B = \emptyset$, d.h., es gilt insgesamt $A = \emptyset \vee B = \emptyset$.
($\Leftarrow$) Es sei $A = \emptyset \vee B = \emptyset$. Dann ist per definitionem $A \times B = \emptyset$, da im Falle $A = \emptyset$ keine ersten Komponenten für die zu bildenden Paare zur Verfügung stehen, analog für $B = \emptyset$ keine zweiten Komponenten. ∎

Beispiel 1.50: $A \times C \subseteq B \times C \wedge C \neq \emptyset \Rightarrow A \subseteq B$ und $C \times A \subseteq C \times B \wedge C \neq \emptyset \Rightarrow A \subseteq B$.

Beweis: (vgl. Übung 1.42) Es sei $x \in A$. 1. Fall: $A = \emptyset$: Dann gilt trivialerweise $A \subseteq B$.
2. Fall: $B = \emptyset$: Dann gilt $B \times C = \emptyset$. Da nach Voraussetzung $A \times C \subseteq B \times C$ ist, muss auch $A \times C = \emptyset$ gelten. Mit $C \neq \emptyset$ muss also $A = \emptyset$ sein, d.h., $A \subseteq B$.
3. Fall: $A \neq \emptyset \wedge B \neq \emptyset$ ($\wedge C \neq \emptyset$): Es sei $(x, y) \in A \times C$; nach Voraussetzung gilt dann auch $(x, y) \in B \times C$, d.h., mit $x \in A$ (und $y \in C$) ist dann auch $x \in B$ (und $y \in C$), also $A \subseteq B$. Analog zeigt man die zweite Beziehung. ∎

---

[2] idempotent (lat.) = von derselben Mächtigkeit; idem (lat.) = derselbe, dasselbe.
[3] uni zu: unus (lat.) = einer, ein einziger.
[4] neutralis (mittellat.) = keiner Partei angehörend.
[5] absorbere (lat.) = verschlingen, aufsaugen, in sich aufnehmen.
[6] complere (lat.) = ausfüllen, vervollständigen, ergänzen.
[7] involutio (lat.) = Einwicklung, Einhüllung.

Vergleicht man die Eigenschaften der Mengenoperationen mit denen der Grundrechenarten, so fallen neben Gemeinsamkeiten auch Unterschiede auf. Zu den folgenden beiden Sätzen gibt es beim Rechnen mit Zahlen z.B. keine vergleichbaren Gesetzmäßigkeiten.

Satz 1.12 (Verschmelzungssätze oder Adjunktivität[1]):
$A \cap (A \cup B) = A$ und $A \cup (A \cap B) = A$.

Beweis:

A	B	$A \cap B$	$A \cup B$	$A \cap (A \cup B)$	$A \cup (A \cap B)$
1	1	1	1	1	1
1	0	0	1	1	1
0	1	0	1	0	0
0	0	0	0	0	0

∎

Satz 1.13 (de Morgansche Regeln – nach AUGUSTUS DE MORGAN (1806 – 1871)):
$A \setminus (B \cap C) = (A \setminus B) \cup (A \setminus C)$ bzw. $\complement(A \cap B) = \complement A \cup \complement B$ und
$A \setminus (B \cup C) = (A \setminus B) \cap (A \setminus C)$ bzw. $\complement(A \cup B) = \complement A \cap \complement B$.

Beweis:

A	B	C	$B \cap C$	$B \cup C$	$A \setminus B$	$A \setminus C$	$A \setminus (B \cap C)$	$(A \setminus B) \cup (A \setminus C)$	$A \setminus (B \cup C)$	$(A \setminus B) \cap (A \setminus C)$
1	1	1	1	1	0	0	0	0	0	0
1	1	0	0	1	0	1	1	1	0	0
1	0	1	0	1	1	0	1	1	0	0
1	0	0	0	0	1	1	1	1	1	1
0	1	1	1	1	0	0	0	0	0	0
0	1	0	0	1	0	0	0	0	0	0
0	0	1	0	1	0	0	0	0	0	0
0	0	0	0	0	0	0	0	0	0	0

∎

Zum Beweis dieser Gesetzmäßigkeiten kann man die Venn-Diagramme nicht ohne weiteres heranziehen. Aber sie können eine Vermutung plausibel erscheinen lassen bzw. wichtige Hinweise geben, wie ein solcher Beweis auch ohne die Zugehörigkeitstafel zu führen wäre[2].

Die de Morganschen Regeln drücken die *Dualität* zwischen den beiden mengentheoretischen Operationen $\cap$ und $\cup$ aus. Ersetzen wir nämlich die Operationszeichen $\cap$ und $\cup$ wechselseitig durcheinander, dann gehen auch die beiden Regeln ineinander über. Diese Dualität setzt sich weiter fort (vgl. Kap.1.7.9).

---

[1] adiunctus (lat.) = eng verbunden.
[2] Wenn gesichert ist, dass jeder mögliche Fall durch ein eigenes Gebiet vertreten ist, besitzen die Venn-Diagramme sogar Beweiskraft.

1.7 Mengenalgebra

Veranschaulichung der de Morganschen Regel $A \setminus (B \cap C) = (A \setminus B) \cup (A \setminus C)$:

$A \setminus (B \cap C)$ $(A \setminus B) \cup (A \setminus C)$

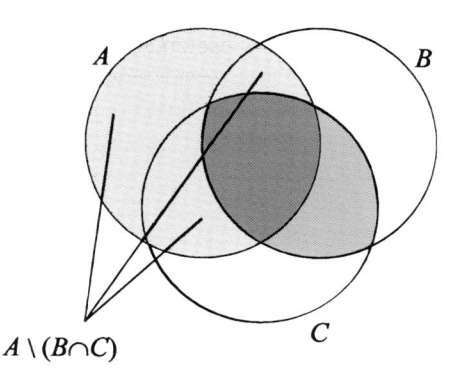

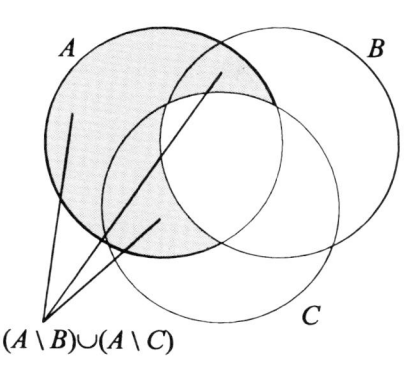

Bild 1.17

Übung 1.48: Zeigen Sie, dass die Eigenschaften $(A \setminus B) \cup A = A$, $(A \setminus B) \cap A = A \setminus B$, $A \setminus (A \cap B) = A \setminus B$, $A \setminus (A \cup B) = \emptyset$, $(A \setminus B) \cap A = A \setminus (A \cap B)$ unmittelbare Folgerungen aus den de Morganschen Regeln sind!

Beispiel 1.51: $A \setminus B = A \cap \complement B$.

Der Beweis für diese Eigenschaft lässt sich mit Hilfe der nebenstehenden Zugehörigkeitstafel führen.

Übung 1.49: Prüfen Sie, welche der Eigenschaften gelten:

a) $(A \setminus B) \cup B = A$,   b) $A \setminus B = A \cap (A \setminus B)$.

A	B	$A \setminus B$	$\complement B$	$A \cap \complement B$
1	1	0	0	0
1	0	1	1	1
0	1	0	0	0
0	0	0	1	0

Übung 1.50: Beweisen Sie die *Kürzungsregeln* für das kartesische Produkt:
a) $A \times C = B \times C \land C \neq \emptyset \Rightarrow A = B$,   b) $C \times A = C \times B \land C \neq \emptyset \Rightarrow A = B$.

Übung 1.51: Untersuchen Sie, welche Mengenoperation $\otimes \in \{\cap, \cup, \Delta, \setminus\}$ *kürzbar* ist! (D.h., für alle Mengen A, B und C gilt: Wenn $A \otimes C = B \otimes C$, so $A = B$.)

Beispiel 1.52: Wir untersuchen, ob die Gleichung $A \otimes X = B$ mit $\otimes \in \{\cap, \cup, \Delta, \setminus\}$ in der Potenzmenge $\mathfrak{P}(M)$ der Menge $M = \{1, 2\}$ eindeutig lösbar ist, wenn A und B beliebige Elemente von $\mathfrak{P}(M)$ sind: a) $A \cap X = B$, b) $A \cup X = B$, c) $A \Delta X = B$, d) $A \setminus X = B$.

a) Die Gleichung $A \cap X = B$ hat genau eine Lösung, nämlich $X = B$ für $B \subset A$ bzw. $X = M$ für $A = B = M$, mehrere Lösungen für $A = B \neq M$ oder keine Lösung (sonst).
b) Nur im Falle $A \subseteq B$ besitzt die Gleichung $A \cup X = B$ eine Lösung, die allerdings nur für $A = \emptyset$ eindeutig bestimmt ist.
c) Die Gleichung $A \Delta X = B$ hat die eindeutige Lösung $X = A \Delta B$. Im Falle $A \subseteq B$ ist $X = B \setminus A$ die Lösung, im Falle $B \subseteq A$ ist $X = A \setminus B$ die Lösung, und im Falle $A = B$ ist $X = \emptyset$ die Lösung der Gleichung (vgl. Beispiel 1.53).
d) Nur im Falle $B \subseteq A$ besitzt die Gleichung $A \setminus X = B$ eine Lösung. Sie ist eindeutig bestimmt für $B \subset A$ und $A = M$ bzw. für $B = A$ und $A \neq \emptyset$.

Die *Kommutativität*[1] erlaubt das Vertauschen der Reihenfolge der Mengen, die *Assoziativität*[2] gestattet, die Klammersetzung zu ändern bzw. ganz fallen zu lassen.

Satz 1.14 (Kommutativität von $\cap$, $\cup$ und Δ):
$$A \cap B = B \cap A, \qquad A \cup B = B \cup A, \qquad A \Delta B = B \Delta A.$$

Der Beweis ist unmittelbar klar, da die Konjunktion, die Alternative und die Antivalenz ihrerseits kommutativ sind. Analog gilt das auch im Falle der Assoziativität:

Satz 1.15 (Assoziativität von $\cap$, $\cup$ und Δ):
$$(A \cap B) \cap C = A \cap (B \cap C), \qquad (A \cup B) \cup C = A \cup (B \cup C),$$
$$(A \Delta B) \Delta C = A \Delta (B \Delta C).$$

Die Kommutativität und Assoziativität von $\cap$ und $\cup$ sowie deren Verschmelzungssätze bringen zum Ausdruck, dass jedes System von Mengen, das mit A und B auch $A \cap B$ und $A \cup B$ enthält, in Bezug auf diese beiden Mengenoperationen einen *Mengenverband* darstellt. Allgemein versteht man unter einem *Verband* jede Menge V, in der zwei mit $\sqcap$ und $\sqcup$ bezeichnete Operationen so erklärt sind, dass mit $x, y \in V$ stets auch $x \sqcap y \in V$ und $x \sqcup y \in V$ gilt, und dass ferner diese Operationen den Gesetzen der Kommutativität, der Assoziativität und der Verschmelzung genügen.

Ist eine Operation kommutativ, brauchen wir nicht zwischen *linksseitiger* und *rechtsseitiger Distributivität*[3] bezüglich einer anderen Verknüpfung zu unterscheiden.

Satz 1.16 (Distributivität):
$$A \cup (B \cap C) = (A \cup B) \cap (A \cup C) \quad \text{(Distributivität von } \cup \text{ bezüglich } \cap\text{),}$$
$$A \cap (B \cup C) = (A \cap B) \cup (A \cap C) \quad \text{(Distributivität von } \cap \text{ bezüglich } \cup\text{),}$$
$$A \cap (B \Delta C) = (A \cap B) \Delta (A \cap C) \quad \text{(Distributivität von } \cap \text{ bezüglich } \Delta\text{),}$$
$$A \cap (B \setminus C) = (A \cap B) \setminus (A \cap C) \quad \text{(Distributivität von } \cap \text{ bezüglich } \setminus\text{).}$$

Beweis: Wir lassen Zwischenschritte und die vierte Aussage in der Tabelle weg:

A	B	C	$A\cup(B\cap C)$	$(A\cup B)\cap(A\cup C)$	$A\cap(B\cup C)$	$(A\cap B)\cup(A\cap C)$	$A\cap(B\Delta C)$	$(A\cap B)\Delta(A\cap C)$
1	1	1	1	1	1	1	0	0
1	1	0	1	1	1	1	1	1
1	0	1	1	1	1	1	1	1
1	0	0	1	1	0	0	0	0
0	1	1	1	1	0	0	0	0
0	1	0	0	0	0	0	0	0
0	0	1	0	0	0	0	0	0
0	0	0	0	0	0	0	0	0 ∎

Weder die Differenz(bildung) noch das kartesische Produkt ist kommutativ oder assoziativ.

---

[1] commutare (lat.) = umbewegen, vertauschen.
[2] associare (lat.) = verbinden, verbünden.
[3] distribuere (lat.) = verteilen.

1.7 Mengenalgebra

Es gilt aber z.B. für beliebige Mengen A, B:

Übung 1.52: $A \setminus B = B \setminus A \Leftrightarrow A = B$ und $A \times B = B \times A \Leftrightarrow (A = B \vee A = \emptyset \vee B = \emptyset)$.

Beispiel 1.53: Sei M eine nichtleere Menge. Dann ist $(\mathfrak{P}(M), \Delta)$ eine *abelsche Gruppe*[4]! Die symmetrische Differenz Δ ist eine zweistellige Operation in $\mathfrak{P}(M)$. Δ ist assoziativ und kommutativ (vgl. Sätze 1.14, 1.15). Die leere Menge $\emptyset$ ist das neutrale Element, d.h., für alle Teilmengen A von M gilt $A \Delta \emptyset = \emptyset \Delta A = A$. Jedes Element der Potenzmenge ist zu sich selbst invers ($A = A^{-1}$): $A \Delta A^{-1} = A^{-1} \Delta A = A \Delta A = \emptyset$.

Beispiel 1.54: $(\mathbb{N}, \sqcap, \sqcup)$ mit $x \sqcap y := ggT(x, y)$ und $x \sqcup y := kgV(x, y)$ ist ein Verband.

Die Verschmelzungssätze sind eine unmittelbare Folgerung aus Satz 1.16. Während die Vereinigung $\cup$ weder bezüglich Δ noch bezüglich $\setminus$ distributiv ist, ist die Differenz ihrerseits rechtsseitig distributiv bezüglich $\cap$ und $\cup$.

Übung 1.53: Beweisen Sie die folgenden Gesetzmäßigkeiten:
a) $(A \cup B) \setminus A = B \setminus A$,
b) $(A \cup B) \setminus B = A \setminus B$,
c) $A \Delta B = (A \cup B) \setminus (A \cap B)$,
d)[5] $A \Delta B = (A \setminus B) \cup (B \setminus A)$,
e) $A \cap (A \Delta B) = A \Delta (A \cap B)$,
f) $A \setminus (B \setminus C) = (A \setminus B) \cup (A \cap C)$,
g) $\complement A \setminus \complement B = B \setminus A$,
h) $\complement A \Delta \complement A = A \Delta B$.

Beispiel 1.55: Das kartesische Produkt $\times$ ist bezüglich $\cap$ distributiv!
$A \times (B \cap C) = (A \times B) \cap (A \times C)$ und $(A \cap B) \times C = (A \times C) \cap (B \times C)$.
Wir beweisen die erste Beziehung. Mit Satz 1.3 genügt es zu zeigen, dass einerseits $A \times (B \cap C) \subseteq (A \times B) \cap (A \times C)$, andererseits $(A \times B) \cap (A \times C) \subseteq A \times (B \cap C)$ gilt.

a) Es sei $(x, y) \in A \times (B \cap C)$, also $x \in A$ und $y \in B \cap C$, d.h., $x \in A$ und ($y \in B$ und $y \in C$), also $(x, y) \in A \times B$ und $(x, y) \in A \times C$. Folglich ist $(x, y) \in (A \times B) \cap (A \times C)$ und somit $A \times (B \cap C) \subseteq (A \times B) \cap (A \times C)$.

b) Es sei $(x, y) \in (A \times B) \cap (A \times C)$, also $(x, y) \in A \times B$ und $(x, y) \in A \times C$, d.h., $x \in A$ und ($y \in B$ und $y \in C$), also $x \in A$ und $y \in B \cap C$, sodass $(x, y) \in A \times (B \cap C)$ ist. Also ist $(A \times B) \cap (A \times C) \subseteq A \times (B \cap C)$. Der zweite Beweis verläuft analog. ∎

Übung 1.54: Das kartesische Produkt $\times$ ist bezüglich $\cup$ und $\setminus$ distributiv!

Übung 1.55: Beweisen Sie die Beziehung $(A \cap B) \times (C \cap D) = (A \times C) \cap (B \times D)$!

Beispiel 1.56: Im nebenstehenden Bild 1.18 haben wir die Beziehung $(A \cap B) \times (C \cap D) = (A \times C) \cap (B \times D)$ veranschaulicht.

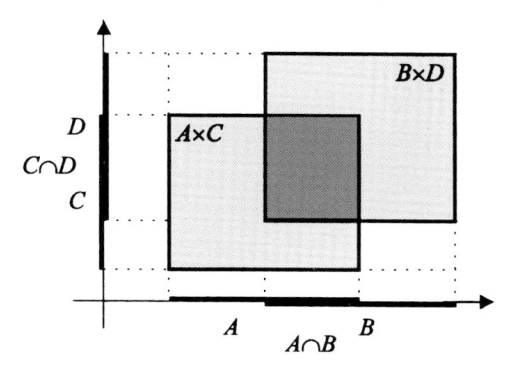

Bild 1.18

---

[4] Vgl. GÖTHNER, P.: Elemente der Algebra. mathematik-abc für das Lehramt. Leipzig: Teubner 1997, S. 14.
[5] Die Beziehung $A \Delta B = (A \setminus B) \cup (B \setminus A)$ ist der Grund, warum $A \Delta B$ *symmetrische Differenz* heißt.

1.7.9 Duale Eigenschaften in der Mengenalgebra

Die Mengenalgebra zeigt einen viel höheren Grad an Symmetrie als das Rechnen mit Zahlen. Wir haben bereits eine Reihe von Sätzen kennen gelernt, die paarweise vorkommen. Vertauschen wir in einer der Eigenschaften (Gesetzmäßigkeiten) jeweils

        1) die Relationen $\subseteq$ und $\supseteq$,
        2) die Operationen $\cap$ und $\cup$ sowie
        3) die (ausgezeichneten) Mengen $\varnothing$ und G,

dann geht diese Eigenschaft in die hierzu **duale Eigenschaft** über. Tritt jedoch darüber hinaus in einer Eigenschaft auch die Operation \ auf, gilt diese Dualität nur in gewissen Fällen. So hatten wir z.B. die de Morganschen Regeln bereits als zueinander duale Beziehungen ausgewiesen (Satz 1.13).

Duale Eigenschaften der Mengenalgebra

$\varnothing \subseteq A$	$G \supseteq A$	
$A \subseteq A$	$A \supseteq A$	Reflexivität
$(A \subseteq B \wedge B \subseteq C) \Rightarrow A \subseteq C$	$(A \supseteq B \wedge B \supseteq C) \Rightarrow A \supseteq C$	Transitivität
$(A \subseteq B \wedge B \subseteq A) \Rightarrow A = B$	$(A \supseteq B \wedge B \supseteq A) \Rightarrow A = B$	Antisymmetrie
$A \cap B \subseteq A \subseteq A \cup B$	$A \cup B \supseteq A \supseteq A \cap B$	
$\bigwedge_M (M \subseteq A \wedge M \subseteq B \Rightarrow M \subseteq A \cap B)$	$\bigwedge_M (M \supseteq A \wedge M \supseteq B \Rightarrow M \supseteq A \cup B)$	
$A \subseteq B \Rightarrow (A \cap C \subseteq B \cap C)$	$A \supseteq B \Rightarrow (A \cup C \supseteq B \cup C)$	Monotonie
$A \subseteq B \Rightarrow (A \setminus C \subseteq B \setminus C)$	$A \supseteq B \Rightarrow (A \setminus C \supseteq B \setminus C)$	Monotonie
$A \subseteq B \Leftrightarrow A \cap B = A$	$A \supseteq B \Leftrightarrow A \cup B = A$	
$A \subseteq B \Leftrightarrow \complement B \subseteq \complement A$	$A \supseteq B \Leftrightarrow \complement B \supseteq \complement A$	
$A = \varnothing \Leftrightarrow \complement A = G$	$A = G \Leftrightarrow \complement A = \varnothing$	
$A \subseteq B \Leftrightarrow A \cap \complement B = \varnothing$	$A \supseteq B \Leftrightarrow A \cup \complement B = G$	
$A \subseteq \complement B \Leftrightarrow A \cap B = \varnothing$	$A \supseteq \complement B \Leftrightarrow A \cup B = G$	
$A \cap A = A$	$A \cup A = A$	Idempotenz
$A \cap \varnothing = \varnothing$	$A \cup G = G$	absorb. Element
$A \cap G = A$	$A \cup \varnothing = A$	neutral. Element
$A \cap \complement A = \varnothing$	$A \cup \complement A = G$	Komplementarität
$\complement \varnothing = G$	$\complement G = \varnothing$	
$A \cap (A \cup B) = A$	$A \cup (A \cap B) = A$	Verschmelzung
$A \setminus (B \cap C) = (A \setminus B) \cup (A \setminus C)$	$A \setminus (B \cup C) = (A \setminus B) \cap (A \setminus C)$	Morgan-Regeln
$A \cap B = B \cap A$	$A \cup B = B \cup A$	Kommutativität
$(A \cap B) \cap C = A \cap (B \cap C)$	$(A \cup B) \cup C = A \cup (B \cup C)$	Assoziativität
$A \cap (B \cup C) = (A \cap B) \cup (A \cap C)$	$A \cup (B \cap C) = (A \cup B) \cap (A \cup C)$	L-Distributivität
$(A \cup B) \cap C = (A \cap C) \cup (B \cap C)$	$(A \cap B) \cup C = (A \cup C) \cap (B \cup C)$	R-Distributivität
$(A \cap B) \setminus C = (A \setminus C) \cap (B \setminus C)$	$(A \cup B) \setminus C = (A \setminus C) \cup (B \setminus C)$	R-Distributivität

Keine duale Entsprechung besitzen dagegen z.B. die folgenden Eigenschaften:

$(A \setminus B) \cup A = A$, denn es gilt $(A \setminus B) \cap A = A \setminus B \neq A$;
$A \setminus (A \cap B) = A \setminus B$, denn es gilt $A \setminus (A \cup B) = \emptyset \neq A \setminus B$;
$A \setminus (B \setminus C) = (A \setminus B) \cup (A \cap C)$, denn es gilt $(A \setminus B) \cap (A \cup C) = A \setminus B \neq A \setminus (B \setminus C)$.

Die Dualität ist ein wirkungsvolles Prinzip in der Mengenalgebra. Eine ähnliche Dualität kennen wir aus der Geometrie.

Interessanterweise lassen sich alle Sätze der Mengenalgebra z.B. allein aus den folgenden drei Eigenschaften ableiten:
(1) $A \cup B = B \cup A$,
(2) $(A \cup B) \cup C = A \cup (B \cup C)$ und
(3) $\complement(\complement A \cup \complement B) \cup \complement(\complement A \cup B) = A$.

Legt man diese drei Aussagen als Axiome zugrunde, und definiert man vermöge
(4) $A \cap B := \complement(\complement A \cup \complement B)$,
(5) $A \subseteq B :\Leftrightarrow A \cup B = B$,
(6) $G := A \cup \complement A$ und
(7) $\emptyset := A \cap \complement A$

den Durchschnitt $\cap$, die Inklusion $\subseteq$, die Grundmenge G sowie die leere Menge $\emptyset$, so lässt sich die Mengenalgebra als eine rein deduktive Theorie aufbauen.

Beispiel 1.57: Die Beziehung $(A \cap B) \times (C \cap D) = (A \times C) \cap (B \times D)$ haben wir in Beispiel 1.56 veranschaulicht. Eine analoge Beziehung zwischen Vereinigung und kartesischem Produkt gibt es nicht. Stattdessen gilt (s. Bild 1.19) für alle Mengen A, B, C, D

$(A \times C) \cup (B \times D) \subseteq (A \cup B) \times (C \cup D)$.

Wir betrachten zwei weitere Beziehungen, in denen das kartesische Produkt eine Rolle spielt:

$\complement_{G \times G} A \times B = \complement_G A \times \complement_G B$ und
$\complement_{G \times G} A \times B = (\complement_G A \times G) \cup (G \times \complement_G B)$.

Die erste Beziehung ist nicht allgemeingültig, was sich anhand eines Gegenbeispiels zeigen lässt. Die zweite Beziehung ist dagegen stets erfüllt:

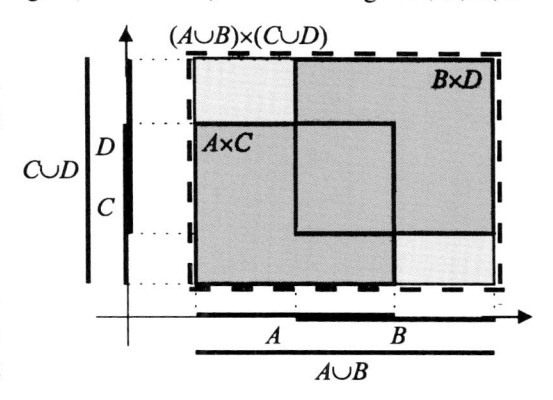

Beweis: Mit

Bild 1.19

$\complement_{G \times G} A \times B = (G \times G) \setminus (A \times B)$, $(\complement_G A \times G) \cup (G \times \complement_G B) = ((G \setminus A) \times G) \cup (G \times (G \setminus B))$
gilt $(x, y) \in (G \times G) \setminus (A \times B) \Leftrightarrow (x, y) \in G \times G \wedge (x, y) \notin A \times B \Leftrightarrow$
$(x, y) \in G \times G \wedge (x \notin A \vee y \notin B) \Leftrightarrow (x \in G \wedge y \in G \wedge x \notin A) \vee (x \in G \wedge y \in G \wedge y \notin B)$
$\Leftrightarrow (x, y) \in (G \setminus A) \times G \vee (x, y) \in G \times (G \setminus B) \Leftrightarrow (x, y) \in ((G \setminus A) \times G) \cup (G \times (G \setminus B))$. ∎

Übung 1.56: Beweisen Sie die Eigenschaft $A \setminus (A \setminus B) = A \cap B$!

1.7.10 Durchschnitt und Vereinigung von Mengensystemen

Wegen der Assoziativität der beiden Mengenoperationen $\cap$ und $\cup$ (Satz 1.15) können wir auf die Klammern in $(A \cap B) \cap C = A \cap (B \cap C)$ und $(A \cup B) \cup C = A \cup (B \cup C)$ verzichten. Die Definition von $\cap$ und $\cup$ kann deshalb ohne Mühe von zwei auf endlich viele Mengen ausgedehnt werden. Ist $\mathfrak{M}$ ein Mengensystem, so heißen

- $\bigcap \mathfrak{M} := \{x \mid \bigwedge_X (X \in \mathfrak{M} \Rightarrow x \in X)\}$ und $\bigcup \mathfrak{M} := \{x \mid \bigvee_X (X \in \mathfrak{M} \Rightarrow x \in X)\}$

der **Durchschnitt** bzw. die **Vereinigung des Mengensystems** $\mathfrak{M}$. Sind je zwei Mengen A und B eines Mengensystems $\mathfrak{M}$ disjunkt, so nennt man $\mathfrak{M}$ selbst **disjunkt** (oder *elementfremd*). Statt $\bigcap \mathfrak{M}$ schreibt man oft auch $\bigcap_{X \in \mathfrak{M}} X$; im Falle von $\mathfrak{M} = \{A_1, A_2, \ldots, A_n\}$ ist auch die Bezeichnungsweise $\bigcap_{i=1}^{n} A_i$ üblich. Analog schreibt man $\bigcup \mathfrak{M} = \bigcup_{X \in \mathfrak{M}} X = \bigcup_{i=1}^{n} A_i$.

Beide Begriffsbildungen lassen sich auf Mengensysteme ausdehnen, die aus unendlich vielen Mengen bestehen. Im Falle abzählbar unendlicher Mengen (s. Definition 2.20) schreiben wir auch $\bigcap \mathfrak{M} = \bigcap_{i=1}^{\infty} A_i$ bzw. $\bigcup \mathfrak{M} = \bigcup_{i=1}^{\infty} A_i$.

Sowohl der *Durchschnitt* als auch die *Vereinigung eines Mengensystems* $\mathfrak{M}$ sind ihrerseits, wie auch die Elemente von $\mathfrak{M}$, Mengen 1. Stufe. Mit Hilfe dieser beiden Begriffe lässt sich ein weiterer wichtiger Begriff einführen:

> **Definition 1.12:** Ein Mengensystem $\mathfrak{Z}$ von Teilmengen einer Menge M ist (definitionsgemäß) eine **Zerlegung** (oder **Klasseneinteilung**[1]) von M genau dann, wenn
> (1) keine der Mengen aus $\mathfrak{Z}$ leer ist,
> (2) der Durchschnitt je zweier verschiedener Mengen aus $\mathfrak{Z}$ leer ist und
> (3) die Vereinigung aller Mengen aus $\mathfrak{Z}$ die Menge M ist.

Die betrachteten Teilmengen von M, also die Elemente von $\mathfrak{Z}$, werden auch die **Klassen** (oder *Fasern*) der Menge M bzw. von $\mathfrak{Z}$ genannt. Mit $\mathfrak{Z} = \{M_1, M_2, \ldots, M_n\}$ ($n \in \mathbf{N}^*$) erhält man so im Falle endlich vieler Teilmengen von M

(1) $\bigwedge_i M_i \neq \emptyset$; $i \in \{1, 2, \ldots, n\}$,

(2) $\bigwedge_{i,j} M_i \cap M_j = \emptyset$; $i, j \in \{1, 2, \ldots, n\}$, $i \neq j$,

(3) $M = M_1 \cup M_2 \cup \ldots \cup M_n$ ($= \bigcup \mathfrak{Z} = \bigcup_{i=1}^{n} M_i$).

Für abzählbar unendlich viele Teilmengen von M erhält man mit $\mathfrak{Z} = \{M_1, M_2, \ldots\}$ dann

(1) $\bigwedge_{i \in \mathbf{N}^*} M_i \neq \emptyset$, (2) $\bigwedge_{i,j \in \mathbf{N}^*} M_i \cap M_j = \emptyset$; $i \neq j$, (3) $M = \bigcup \mathfrak{Z} = \bigcup_{i=1}^{\infty} M_i$.

---

[1] Oder *Partition* [partio (lat.) = Aufteilung] oder *Faserung*.

1.7 Mengenalgebra

Beispiel 1.58: Es sei P die Menge aller Parallelogramme, DV die Menge aller Drachenvierecke und GT die Menge aller gleichschenkligen Trapeze. Dann ist das Mengensystem $\mathfrak{M} = \{P, DV, GT\}$ nicht disjunkt. Es ist $\bigcap \mathfrak{M} = Q$, wobei Q die Menge aller Quadrate ist. $\bigcup \mathfrak{M}$ ist eine echte Teilmenge der Menge V aller Vierecke.

Beispiel 1.59: Es sei n eine natürliche Zahl, $A_n := \{x \mid x \in \mathbf{Q} \wedge |x| < \frac{1}{n}\}$ und $B_n := \{x \mid x \in \mathbf{Q}_+^* \wedge x < \frac{1}{n}\}$. Es ist $\bigcap_{n=1}^{\infty} A_n = \{0\}$, aber $\bigcap_{n=1}^{\infty} B_n = \emptyset$.

Beispiel 1.60: Es seien $M = \mathbf{N}^*$, $M_1 = \{1\}$, $M_2 = \mathbf{P}$ (= Menge der Primzahlen) und $M_3 =$ Menge der zusammengesetzten Zahlen, also $M_3 = \{x \mid \bigvee_{a \in \mathbf{P}} \bigvee_{b \in \mathbf{N}^* \setminus \{1\}} a \cdot b = x\}$. Dann ist $\mathfrak{Z} = \{M_1, M_2, M_3\}$ eine Zerlegung von M. Mit $M_1 = \{1\}$, $M_2 = \{2, 3, 5, 7, 11, 13, 17, ...\}$, $M_3 = \{4, 6, 8, 9, 10, 12, 14, ...\}$ sind die Eigenschaften (1), (2) und (3) erfüllt: $M_i \neq \emptyset$, $M_i \cap M_j = \emptyset$ ($i, j \in \{1, 2, 3\}$, $i \neq j$) und $M = M_1 \cup M_2 \cup M_3 = \mathbf{N}^*$.

Beispiel 1.61: Wir betrachten das Mengensystem $\mathfrak{M} = \{H_0, H_1, H_2, H_3, H_4, H_5\}$ mit den Elementen $H_i := 6\mathbf{Z} + i := \{x \mid \bigvee_{y \in \mathbf{Z}} x = 6y + i\}$. H_i ist also die Menge (1. Stufe) der ganzen Zahlen, die bei Division durch 6 den Rest i lassen ($i = 0, 1, 2, ..., 5$). $\mathfrak{M}$ ist eine Zerlegung der Menge $\mathbf{Z}$ der ganzen Zahlen. Denn für alle i, j ($i, j = 0, 1, 2, ..., 5$; $i \neq j$) ist $H_i \neq \emptyset$, $H_i \cap H_j = \emptyset$. Ferner ist $\bigcup \mathfrak{M} = H_0 \cup H_1 \cup H_2 \cup H_3 \cup H_4 \cup H_5$

$= \{..., -18, -12, -6, 0, 6, 12, 18, ...\} \cup \{..., -17, -11, -5, 1, 7, 13, 19, ...\} \cup$
$\{..., -16, -10, -4, 2, 8, 14, 20, ...\} \cup \{..., -15, -9, -3, 3, 9, 15, 21, ...\} \cup$
$\{..., -14, -8, -2, 4, 10, 16, 22, ...\} \cup \{..., -13, -7, -1, 5, 11, 17, 23, ...\} = \mathbf{Z}$.

Die Klassen H_0, H_1, H_2, H_3, H_4 und H_5 werden die *Restklassen modulo 6* genannt.

Beispiel 1.62: In $M = \mathbf{N} \times \mathbf{N}^*$ wird eine Klasse dadurch ausgezeichnet, dass sie jeweils alle diejenigen Brüche enthält, die durch Kürzen, Erweitern oder einer Kombination von beiden auseinander hervorgehen; man sagt auch: die Elemente ein und derselben Klasse sind „quotientengleich": $\frac{a}{b} =_Q \frac{c}{d} :\Leftrightarrow a \cdot d = b \cdot c$. Z.B. ist $M_1 = \{\frac{1}{2}, \frac{2}{4}, \frac{3}{6}, ...\}$ eine solche Klasse, nämlich die *gebrochene Zahl* (oder *Bruchzahl*) $\frac{1}{2}$. $M_2 = \{\frac{2}{3}, \frac{4}{6}, \frac{6}{9}, ...\}$ ist eine weitere solche Klasse, nämlich die *gebrochene Zahl* $\frac{2}{3}$. Alle diese (unendlich vielen) Klassen bilden eine Zerlegung $\mathfrak{Z} = \{M_1, M_2, ...\}$ der Menge $M = \mathbf{N} \times \mathbf{N}^*$.

> Für jede Zerlegung $\mathfrak{Z}$ einer Menge M gilt:
> Jedes Element aus M kommt in genau einer Klasse vor (wegen (2) und (3));
> $\mathfrak{Z}$ ist eine echte Teilmenge der Potenzmenge $\mathfrak{P}(M)$ von M: $\mathfrak{Z} \subset \mathfrak{P}(M)$.

Übung 1.57: Geben Sie eine Zerlegung der Menge der ganzen Zahlen in drei Klassen an!

2 Relationen

Was ist eine Relation[1]?

Beim Studium etwa der natürlichen Zahlen interessieren uns weniger die Zahlen als isolierte Objekte als vielmehr die Beziehungen zwischen ihnen. Das sind solche Beziehungen wie „ist ein Teiler von", „ist kleiner als", „ist Nachfolger von" usw. Diese sogenannten *Relationen* machen gerade das Wesentliche in unserer Kenntnis von den natürlichen Zahlen aus. Das gilt generell. Für Mengen haben wir bereits die Inklusion, die ja auch Enthaltensein*beziehung* oder Teilmengen*beziehung* genannt wird, als eine wichtige Relation kennen gelernt. In der Geometrie ist die einfachste Relation die Inzidenz[2], mit der ausgedrückt wird, dass ein geometrisches Objekt „in einem anderen liegt". Der Begriff der Relation ist also für die Mathematik von zentraler Bedeutung.

2.1 Der Begriff der *n*-stelligen Relation

Sind A und B beliebige Mengen (über eventuell verschiedenen Grundbereichen G_1 bzw. G_2), so ist das *kartesische Produkt* $A \times B := \{(a, b) \mid a \in A \land b \in B\}$ dieser Mengen A und B eine Menge dritter Stufe (vgl. Definition 1.11).

> **Definition 2.1:** R ist (definitionsgemäß) eine zweistellige **Relation zwischen A und B** genau dann, wenn R eine Teilmenge des kartesischen Produktes $A \times B$ ist.
>
> $R \subseteq A \times B.$

Andere Sprechweisen: „R ist eine *Relation aus A in (nach) B*" bzw. „*auf (über) $A \times B$*". Darüber hinaus definieren wir:

- $D(R) := \{x \mid \bigvee_y (x, y) \in R\}$ heißt der **Definitionsbereich** (oder *Vorbereich*[3]) und

- $W(R) := \{y \mid \bigvee_x (x, y) \in R\}$ der **Wertebereich** (oder *Nachbereich*[3]) von R.

Ist $R \subseteq A \times B$, also R eine Relation zwischen A und B, und setzt man $C := A \cup B$, so kann man R als Teilmenge von $C \times C$ auffassen.

Will man jede Menge von geordneten n-Tupeln (n natürliche Zahl) als Relation auffassen, so benötigt man den Begriff der *n-stelligen Relation*.

- R ist **n-stellige Relation auf** $A_1 \times A_2 \times ... \times A_n \; :\Leftrightarrow \; R \subseteq A_1 \times A_2 \times ... \times A_n$.

Gewöhnlich interessieren uns jedoch vor allem solche Mengen von geordneten n-Tupeln, deren Komponenten Elemente ein und derselben Menge M sind. Gilt also

$M := A_1 = A_2 = ... = A_n$,

so ist R eine n-stellige Relation auf M^n oder schlichter eine n-stellige Relation *in M*:

- R ist **n-stellige Relation in** $M \; :\Leftrightarrow \; R \subseteq M^n$.

---

[1] relation (franz.) = Beziehung, Verhältnis; aus: relatio (lat.) = Bericht(erstattung), das Zurücktragen.
[2] incidere (lat.) = begegnen, in/auf etwas fallen.
[3] Davon abweichend werden mitunter auch die Mengen A und B selbst so genannt.

2.1 Der Begriff der n-stelligen Relation

Für eine zweistellige Relation zwischen A und B gilt:
> $D(R) \subseteq A$ und $W(R) \subseteq B$.

Die Vereinigung beider Bereiche heißt das *Feld* $F(R)$ von R: $F(R) := D(R) \cup W(R)$.

Beispiel 2.1: Sind A und B die Mengen aller Punkte bzw. Geraden einer Ebene, so ist die *Inzidenz I* zwischen Punkten und Geraden eine zweistellige Relation auf $A \times B$. Ist $(P, g) \in I$, so schreibt man dafür auch $P\,I\,g$ und sagt „(der Punkt) P *inzidiert mit* (der Geraden) g" oder „P *liegt auf g*" oder „g *geht durch P*" oder auch „g *inzidiert mit P*". (Faßt man – wie in der Schule üblich – B als Menge von Punktmengen auf, so ist darüber hinaus auch die Schreibweise $P \in g$ erlaubt.)

Beispiel 2.2: In der euklidischen Geometrie versteht man unter einer *Fahne* ein geordnetes Tripel $(O, \bar{s}, \bar{\lambda})$, wobei $\bar{s}$ ein Strahl mit dem Anfangspunkt O und $\bar{\lambda}$ eine offene Halbebene sind; die Randgerade s der Halbebene $\bar{\lambda}$ ist dabei die Trägergerade des Strahls $\bar{s}$. Sind A_1, A_2 und A_3 die Mengen aller Punkte, Strahlen bzw. offenen Halbebenen des Raumes, so bilden alle Fahnen eine 3-stellige Relation auf $A_1 \times A_2 \times A_3$.

Beispiel 2.3: In der Menge aller Punkte des euklidischen Raumes ist die Zwischenbeziehung ZW eine dreistellige Relation. Ist $(P, Q, R) \in ZW$, so sagt man „(der Punkt) Q liegt auf der Geraden PR zwischen (den Punkten) P und R". Die Eigenschaften dieser Zwischenbeziehung ZW werden dann gegebenenfalls durch Anordnungsaxiome festgelegt.

Für eine n-stellige Relation R in einer Menge M verabreden wir:
Ist $(x_1, x_2, \ldots, x_n) \in R$, so sagt man, dass die Relation R auf das n-Tupel *zutrifft* bzw. dass *die Elemente* $x_1, x_2, \ldots, x_n$ (in dieser Reihenfolge genommen) *in der Relation R stehen*.

Beispiel 2.4: Drei natürliche Zahlen a, b und c bilden ein *pythagoreisches*[4] *Zahlentripel* genau dann, wenn $a^2 + b^2 = c^2$ gilt. Auf diese Weise wird in $\mathbf{N}$ eine dreistellige Relation PZT definiert: $PZT := \{(a, b, c) \mid a, b, c \in \mathbf{N} \land a^2 + b^2 = c^2\}$. Es ist $PZT \subseteq \mathbf{N}^3$ mit $(3, 4, 5) \in PZT$, $(5, 12, 13) \in PZT$, aber $(2, 3, 4) \notin PZT$. Will man – auch mit Blick auf die geometrische Interpretation – triviale Lösungen der Gleichung $a^2 + b^2 = c^2$ ausschließen, wie z.B. das Tripel $(0, 5, 5)$, wird die Relation nicht in $\mathbf{N}$, sondern in $\mathbf{N}^*$ definiert.

Beispiel 2.5: Verallgemeinert man die in Beispiel 2.4 betrachtete Relation PZT, indem die Gleichung $a^n + b^n = c^n$ mit $n > 2$ ($n \in \mathbf{N}$) zugrunde gelegt wird, so ist die Relation $FZT := \{(a, b, c) \mid a, b, c \in \mathbf{N}^* \land a^n + b^n = c^n \land n \in \mathbf{N} \land n > 2\}$, die alle derartigen Fermatschen[5] Zahlentripel umfasst, die leere Menge[6]. Dass die Fermatsche Vermutung aus dem Jahre 1637, die Gleichung $a^n + b^n = c^n$ sei für $n > 2$ unlösbar, zutrifft, wissen wir erst seit wenigen Jahren. 1993/94 lösten ANDREW J. WILES (geb. 1953) und RICHARD L. TAYLOR (geb. 1962) dieses berühmte Problem.

---

[4] Nach dem Satz des Pythagoras; PYTHAGORAS VON SAMOS (etwa 580(560) bis etwa 500(480) v.Chr.).
[5] Nach PIERRE DE FERMAT (1601 - 1665).
[6] Also die Relation, die nie gilt.

2.2 Zweistellige Relationen in einer Menge

So wie unter den Operationen die *zweistelligen* oder *binären*[1] *Operationen* in einer Menge M eine besondere Rolle spielen (wie z.B. die Grundrechenarten), so nehmen unter den Relationen die *zweistelligen* oder *binären Relationen* in einer Menge M eine ebensolche besondere Stellung ein. Mit $M := A = B$ in Definition 2.1 ergibt sich:

Definition 2.2: R ist (2-*stellige*) *Relation in* M :$\Leftrightarrow$ $R \subseteq M^2$.

Den Zusatz „2-*stellig*" lassen wir künftig fort. Sollte die *Stellenzahl* von Bedeutung sein, werden wir darauf hinweisen.

Eine Relation R in M ist also eine Menge geordneter Paare, deren beide Komponenten aus derselben Menge M sind. Ist $(x, y) \in R$, so schreibt man dafür auch $x\,R\,y$ und sagt „x steht in Relation zu y"[2]; dabei gehört x zum Definitionsbereich und y zum Wertebereich von R. Die auch vorkommende Schreibweise $R(x, y)$ schlägt eine Brücke zum Funktionsbegriff, der seinerseits auf den Begriff der *Zuordnung* zurückgeht. Danach ist eine Relation R in einer Menge M dasselbe wie eine *Zuordnung aus M in M* (s. Kap. 3.2).

Eine spezielle Relation in M ist die *identische Zuordnung* id_M, die jedes Element x von M auf sich selbst abbildet. In der Sprache der Relationen nennt man id_M die *identische Relation* (*Identitätsrelation* oder *Diagonale* Δ) in M; sie ist folgendermaßen definiert:

- $id_M := \{(x, x) \mid x \in M\}$.

Da jede Relation R in einer Menge selbst eine Menge ist, lässt sich ihr Komplement in Bezug auf eine Grundmenge bilden:
Ist R eine Relation in einer Menge M, so heißt das Komplement $\complement R$ von R (bezüglich der Menge $M \times M$) die **Komplementärrelation** der Relation R.

Neben der Komplementärbildung spielt eine weitere einstellige Operation eine wichtige Rolle. Das ist die *Inversenbildung*[3]. Ist R eine Relation in einer Menge M, so heißt die Menge aller geordneten Paare (y, x), für die $(x, y) \in R$ gilt:

- $R^{-1} := \{(y, x) \mid (x, y) \in R\}$ bzw. $R^{-1} := \{(y, x) \mid x\,R\,y\}$,

die zu R **inverse Relation** (oder *Umkehrrelation* von R). Folglich gilt:

- $D(R^{-1}) = W(R)$ und $W(R^{-1}) = D(R)$.

Offensichtlich ist mit R auch R^{-1} eine Teilmenge von M^2, folglich eine Relation in M:

- $R \subseteq M^2 \Rightarrow R^{-1} \subseteq M^2$.

---

[1] binarius (lat.) = zwei enthaltend.
[2] Man geht also von der mengentheoretischen Schreibweise $(x, y) \in R$ (Postfix-Notation) zur prädikativen Schreibweise $x\,R\,y$ (Infix-Notation) über; bei höherer Stelligkeit wird im allgemeinen die Präfix-Notation $R(x, y,...)$ bevorzugt.
[3] inversus (lat.) = umgekehrt; mitunter *konverse Relation* genannt; conversus (lat.) = umgekehrt, gegenteilig.

2.2 Zweistellige Relationen in einer Menge

Beispiel 2.6: Die Kleiner-Gleich-Relation $\leq$ ist in **N** wie folgt definiert:

- $\leq := \{(x, y) \mid x, y \in \mathbf{N} \land \bigvee_{n \in \mathbf{N}} y = x + n\}$,

d.h., es gilt $x \leq y$ genau dann, wenn eine natürliche Zahl n mit $y = x + n$ existiert.

Beispiel 2.7: Das multiplikative Analogon zur $\leq$-Relation in **N** ist die Teilbarkeit $|$:

- $| := \{(x, y) \mid x, y \in \mathbf{N} \land \bigvee_{n \in \mathbf{N}} y = x \cdot n\}$,

d.h., es gilt $x \mid y$ genau dann, wenn eine natürliche Zahl n mit $y = x \cdot n$ existiert.

Beispiel 2.8: Ist M eine zweielementige Menge, so sind 16 Relationen möglich, ist M eine Einermenge $\{a\}$, sind 2 Relationen möglich, die leere Relation und die (All-) Relation $R = M \times M = \{(a, a)\}$.

Übung 2.1: Wie viele Relationen gibt es in einer Menge M mit n Elementen ($n \in \mathbf{N}$)?

Beispiel 2.9: Die Komplementärrelation $\complement R$ zu einer gegebenen Relation R in einer Menge M mit $M \times M$ als Grundmenge hat folgende Gestalt:

- $\complement R = \complement_{M \times M} R = (M \times M) \setminus R$.

Übung 2.2: Geben Sie die Komplementärrelation
a) der Teilbarkeitsrelation $|$ in **N**, b) der $<$-Relation in **R** an!

Beispiel 2.10: Die Komplementärrelation $\complement R$ der Teilbarkeit $R := \{(x, y) \mid \bigvee_{z \in M} x \cdot z = y\}$ in $M = \{0, 1, 2, 3, 4, 5, 6\}$ ist $\complement R = \{(x, y) \mid \bigwedge_{z \in M} x \cdot z \neq y\} = \{(0, 1), (0, 2), (0, 3), (0, 4),$ $(0, 5), (0, 6), (2, 1), (2, 3), (2, 5), (3, 1), (3, 2), (3, 4), (3, 5), (4, 1), (4, 2), (4, 3), (4, 5),$ $(4, 6), (5, 1), (5, 2), (5, 3), (5, 4), (5, 6), (6, 1), (6, 2), (6, 3), (6, 4), (6, 5)\}$.

Beispiel 2.11: Die inverse Relation $|^{-1}$ der Teilbarkeitsrelation $|$ in **N** ist die Relation VF, die vermöge $x \, VF \, y :\Leftrightarrow x$ ist *Vielfaches* von y für alle $x, y \in \mathbf{N}$ definiert ist:

- $VF := \{(x, y) \mid x, y \in \mathbf{N} \land \bigvee_{n \in \mathbf{N}} x = y \cdot n\}$.

Übung 2.3: Geben Sie die inverse Relation
a) der $<$-Relation in **R**, b) der Relation R aus Beispiel 2.10 an!

Unmittelbar aus der Definition der inversen Relation folgt, dass die zu R^{-1} inverse Relation mit der ursprünglichen Relation R in einer Menge M zusammenfällt:

- $(R^{-1})^{-1} = R$.

Übung 2.4: Beweisen Sie! Sind R^{-1} und $\complement R$ die inverse bzw. die Komplementärrelation einer Relation R in einer Menge M, so gilt:

- $\complement(R^{-1}) = (\complement R)^{-1}$.

2.2.1 Verknüpfungen zweistelliger Relationen

Da Relationen Mengen sind, lassen sich mit Hilfe der ein- und zweistelligen Mengenoperationen weitere Einsichten über Relationen gewinnen. Es ist also sofort klar, wie etwa der Durchschnitt zweier Relationen R und S zu bilden ist: Ein Element x aus einer Menge M steht in der Relation $R \cap S$ zu einem Element y aus M genau dann, wenn $x\,R\,y$ und $x\,S\,y$ gelten. Neben der Inklusion, der Komplementärbildung, der Inversenbildung und den zweistelligen Verknüpfungen ($\cap$, $\cup$, Δ, $\setminus$, $\times$) lernen wir jetzt mit der *Nacheinanderausführung von Relationen* eine weitere zweistellige Operation kennen.

Es seien R und S Relationen in M. Unter der **Nacheinanderausführung** (oder der *Verkettung*[1]) $S \circ R$ (gelesen: S nach R) versteht man die Menge aller geordneten Paare (x, z) mit x und z aus M, für die es ein y (in M) gibt, sodass das Paar (x, y) zur Relation R und das Paar (y, z) zur Relation S gehört:

- $S \circ R := \{(x, z) \mid \bigvee_{y} (x\,R\,y \land y\,S\,z)\}$ [2].

Offensichtlich gilt: $S \circ R \subseteq M^2$, d.h., mit S und R ist auch $S \circ R$ eine Relation in M.

Es seien M eine nichtleere Menge, R, S und T (2-*stellige*) *Relationen in* M.

Satz 2.1: $(S \circ R)^{-1} = R^{-1} \circ S^{-1}$. (Inversionsgesetz)

Beweis: Mit $(x, z) \in (S \circ R)^{-1}$ ist $(z, x) \in S \circ R$ (nach Definition der inversen Relation). Also gibt es ein y mit $(z, y) \in R$ und $(y, x) \in S$. D.h., es ist $(x, y) \in S^{-1}$ und $(y, z) \in R^{-1}$, sodass nach Definition der Nacheinanderausführung $(x, z) \in R^{-1} \circ S^{-1}$ ist. Folglich ist $(S \circ R)^{-1} \subseteq R^{-1} \circ S^{-1}$. Analog zeigt man $R^{-1} \circ S^{-1} \subseteq (S \circ R)^{-1}$, sodass wegen der Antisymmetrie der Inklusion die Gleichheit der beiden Mengen gezeigt ist. ∎

Satz 2.2:
$(R \cap S)^{-1} = R^{-1} \cap S^{-1}$, $\quad (R \cup S)^{-1} = R^{-1} \cup S^{-1}$,
$(R \Delta S)^{-1} = R^{-1} \Delta S^{-1}$, $\quad (R \setminus S)^{-1} = R^{-1} \setminus S^{-1}$,
$R \circ (S \circ T) = (R \circ S) \circ T$,
$R \circ (S \cup T) = (R \circ S) \cup (R \circ T)$, $\quad (S \cup T) \circ R = (S \circ R) \cup (T \circ R)$,
$R \circ (S \cap T) \subseteq (R \circ S) \cap (R \circ T)$, $\quad (S \cap T) \circ R \subseteq (S \circ R) \cap (T \circ R)$,
$(R \circ S) \setminus (R \circ T) \subseteq R \circ (S \setminus T)$, $\quad (S \circ R) \setminus (T \circ R) \subseteq (S \setminus T) \circ R$.

Beweis: Stellvertretend beweisen wir die Eigenschaft $(R \cup S)^{-1} = R^{-1} \cup S^{-1}$:
Für beliebiges $(x, y) \in M \times M$ ist $(x, y) \in (R \cup S)^{-1} \Leftrightarrow (y, x) \in R \cup S \Leftrightarrow (y, x) \in R \lor (y, x) \in S \Leftrightarrow (x, y) \in R^{-1} \lor (x, y) \in S^{-1} \Leftrightarrow (x, y) \in R^{-1} \cup S^{-1}$. ∎

---

[1] Auch *Hintereinanderausführung* oder *-schaltung*.

[2] Vielfach wird in dieser Definition $S \circ R$ durch $R \circ S$ ersetzt. Mit Blick auf die Funktionen (s. Kap. 3) sollte man dann aber anstelle von $f(x)$ besser x^f schreiben, also anstatt der Präfix-Notation die Postfix-Notation verwenden. Sind f und g Funktionen, ist deren Nacheinanderausführung durch $(g \circ f)(x) := g(f(x))$ definiert. Im Falle der umgekehrten Reihenfolge ergäbe sich dann $(f \circ g)(x) := g(f(x))$, sodass anstelle von $(f \circ g)(x)$ besser $x^{f \circ g} = (x^f)^g$ geschrieben werden sollte.

2.2 Zweistellige Relationen in einer Menge

Übung 2.5: Beweisen Sie die restlichen Eigenschaften aus Satz 2.2!

Beispiel 2.12: Für eine Relation R in einer Menge M muss $R \circ R^{-1}$ (bzw. $R^{-1} \circ R$) nicht notwendig mit der identischen Relation id_M zusammenfallen: In $M = \{1, 2, 3\}$ sei $R = \{(1, 2), (2, 3), (3, 3)\}$. Mit $R^{-1} = \{(2, 1), (3, 2), (3, 3)\}$ ist
$R \circ R^{-1} = \{(2, 2), (3, 3)\} \neq id_M$ und $R^{-1} \circ R = \{(1, 1), (2, 2), (3, 3), (2, 3), (3, 2)\} \neq id_M$.

Beispiel 2.13: In $M = \{3, 7, 9\}$ sind zwei Relationen $R := \{(x, y) \mid x, y \in M \wedge x < y\}$ und $S := \{(x, y) \mid x, y \in M \wedge x \mid y\}$ gegeben, d.h., es ist $R = \{(3, 7), (3, 9), (7, 9)\}$ einerseits und $S = \{(3, 3), (3, 9), (7, 7), (9, 9)\}$ andererseits. Wir bilden die folgenden Relationen:
$M \times M$, id_M, R^{-1}, S^{-1}, $\complement R$, $\complement S$, $R \cap S$, $(R \cap S)^{-1}$, $R \cup S$, $(R \cup S)^{-1}$, $R \triangle S$, $(R \triangle S)^{-1}$, $R \setminus S$, $(R \setminus S)^{-1}$, $S \setminus R$, $(S \setminus R)^{-1}$, $S \circ R$, $(S \circ R)^{-1}$, $R \circ S$, $(R \circ S)^{-1}$, $R^{-1} \circ S^{-1}$, $S^{-1} \circ R^{-1}$, $R^{-1} \circ R$, $R \circ R^{-1}$, $S^{-1} \circ S$, $S \circ S^{-1}$, $(\complement R)^{-1}$, $\complement(R^{-1})$, $(\complement S)^{-1}$, $\complement(S^{-1})$.

$M \times M = \{(3, 3), (3, 7), (3, 9), (7, 3), (7, 7), (7, 9), (9, 3), (9, 7), (9, 9)\}$,
$id_M = \{(3, 3), (7, 7), (9, 9)\}$,
$R^{-1} = \{(7, 3), (9, 3), (9, 7)\}$, $S^{-1} = \{(3, 3), (7, 7), (9, 3), (9, 9)\}$,
$\complement R = \{(3, 3), (7, 3), (7, 7), (9, 3), (9, 7), (9, 9)\}$, $\complement S = \{(3, 7), (7, 3), (7, 9), (9, 3), (9, 7)\}$,
$R \cap S = S \cap R = \{(3, 9)\}$, $(R \cap S)^{-1} = R^{-1} \cap S^{-1} = \{(9, 3)\}$,
$R \cup S = S \cup R = \{(3, 3), (3, 7), (3, 9), (7, 7), (7, 9), (9, 9)\}$,
$(R \cup S)^{-1} = R^{-1} \cup S^{-1} = \{(3, 3), (7, 3), (7, 7), (9, 3), (9, 7), (9, 9)\}$,
$R \triangle S = S \triangle R = \{(3, 3), (3, 7), (7, 7), (7, 9), (9, 9)\}$,
$(R \triangle S)^{-1} = R^{-1} \triangle S^{-1} = \{(3, 3), (7, 3), (7, 7), (9, 7), (9, 9)\}$,
$R \setminus S = \{(3, 7), (7, 9)\}$, $(R \setminus S)^{-1} = R^{-1} \setminus S^{-1} = \{(7, 3), (9, 7)\}$,
$S \setminus R = (S \setminus R)^{-1} = S^{-1} \setminus R^{-1} = \{(3, 3), (7, 7), (9, 9)\}$,
$S \circ R = R \circ S = \{(3, 7), (3, 9), (7, 9)\}$,
$(S \circ R)^{-1} = (R \circ S)^{-1} = R^{-1} \circ S^{-1} = S^{-1} \circ R^{-1} = \{(7, 3), (9, 3), (9, 7)\}$,
$R^{-1} \circ R = \{(3, 3), (3, 7), (7, 3), (7, 7)\}$, $R \circ R^{-1} = \{(7, 7), (7, 9), (9, 7), (9, 9)\}$,
$S^{-1} \circ S = S \circ S^{-1} = \{(3, 3), (3, 9), (7, 7), (9, 3), (9, 9)\}$,
$(\complement R)^{-1} = \complement(R^{-1}) = \{(3, 3), (3, 7), (3, 9), (7, 7), (7, 9), (9, 9)\}$,
$(\complement S)^{-1} = \complement(S^{-1}) = \{(3, 7), (3, 9), (7, 3), (7, 9), (9, 7)\}$.

Übung 2.6: Ermitteln Sie für die Relationen R und S, die in der Menge $M = \{1, 2, 3, 4, 5, 6\}$ vermöge $x R y :\Leftrightarrow x \mid y$ und $x S y :\Leftrightarrow y \mid x$ gegeben sind, $R \cap S$, $R \cup S$, $S \circ R$, $R \circ S$, R^{-1}, S^{-1}, $\complement R$, $\complement S$!

Bemerkung: Neben den hier vorrangig betrachteten 2-stelligen Relationen in einer Menge M erhalten wir für $n = 1$ die 1-stelligen Relationen (Eigenschaften); das sind dann Teilmengen von M. Als 0-stellige Relationen fassen wir die Elemente von M selbst auf.

Jede 2-stellige Operation o in einer Menge M ist dagegen ihrerseits eine 3-stellige Relation in M:
- $\circ = \{(a, b, c) \mid a, b, c \in M \text{ und } a \circ b = c\} \subseteq M^3$.

2.2.2 Relationsgraphen und Pfeildiagramme

Ist R eine Relation in einer Teilmenge von **R** oder in einer endlichen Menge M, so lässt sich diese Relation in der Weise veranschaulichen, wie wir das schon im Falle kartesischer Produkte kennen gelernt haben (Beispiele 1.43, 1.44). Dazu fassen wir die Komponenten a und b des geordneten Paares (a, b), das zu R gehört, als x- bzw. y-Koordinate des Punktes $P(a, b)$ im kartesischen Koordinatensystem auf. Im Ergebnis erhalten wir den **Relationsgraphen**[1] (oder den **Graphen**) von R.

Beispiel 2.14: $M = \{0, 1, 2, 3, 4, 5, 6\}$ und $R := \{(x, y) \mid x, y \in M \wedge x \mid y\}$.

Dieser Relationsgraph (s. Bild 2.1) entspricht im wesentlichen der Darstellung mit Hilfe einer **(0,1)-Matrix**[2]. Gehört das Paar (x, y) zu R, wird in das entsprechende *Feld* eine Eins, anderenfalls eine Null gesetzt:

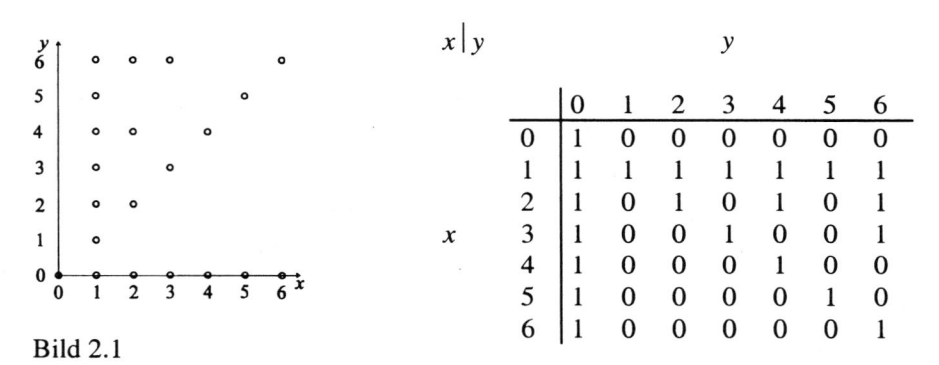

$x \mid y$

	0	1	2	3	4	5	6
0	1	0	0	0	0	0	0
1	1	1	1	1	1	1	1
2	1	0	1	0	1	0	1
3	1	0	0	1	0	0	1
4	1	0	0	0	1	0	0
5	1	0	0	0	0	1	0
6	1	0	0	0	0	0	1

Bild 2.1

Eine weitere Möglichkeit, speziell endliche Relationen auch zwischen verschiedenen Mengen A und B zu veranschaulichen, bieten die *Pfeildiagramme*[3]:

Die Elemente aus A und B werden als Punkte dargestellt. Steht ein Element x aus A in Relation zu einem Element y aus B, so werden die zugehörigen Punkte X und Y durch einen Pfeil, der von X nach Y zeigt, miteinander verbunden.

Ist $A = B$, so lassen wir im Falle einer *Schleife* (oder eines *Ringpfeils*), das ist ein Pfeil, dessen *Anfangspunkt* mit seinem *Endpunkt* zusammenfällt, die Pfeilspitze weg. Üblicherweise bezeichnet man die Punkte (statt mit $X, Y, \ldots$) gleich mit den Elementen $x, y, \ldots$ der Mengen A und B selbst.

Die Menge aller Pfeile (samt Punkten) ist das **Pfeildiagramm**, das die Relation R darstellt.

Jedes Pfeildiagramm enthält also genau so viele Pfeile, wie die zugehörige Relation R Elemente besitzt.

---

[1] gráphein (griech.) = (ein-)ritzen, zeichnen, schreiben.
[2] matrix (spätlat.) = öffentliches Verzeichnis, Stammrolle.
[3] Die bereits benutzten Hasse-Diagramme sind Pfeildiagramme, in denen man die Pfeilspitzen weglässt. Wegen der Transitivität der Inklusion kann man darüber hinaus eine Reihe von Pfeilen (die so genannten Überbrückungspfeile) einsparen. Des weiteren verzichtet man auf Schleifen (Pfeile, deren Anfangs- und Endpunkte zusammenfallen), da wegen der Reflexivität der Inklusion jeder Punkt eine Schleife besitzt.

2.2 Zweistellige Relationen in einer Menge

Ist R eine zweistellige Relation zwischen zwei endlichen Mengen
$A = \{a_1, a_2, a_3, a_4, a_5\}$ und
$B = \{b_1, b_2, b_3, b_4, b_5, b_6, b_7\}$ mit
$R = \{(a_1, b_1), (a_1, b_2), (a_2, b_3), (a_3, b_3), (a_5, b_6)\}$,
$D(R) = \{a_1, a_2, a_3, a_5\}$, $W(R) = \{b_1, b_2, b_3, b_6\}$,
so hat das zugehörige Pfeildiagramm nebenstehendes Aussehen (s. Bild 2.2).

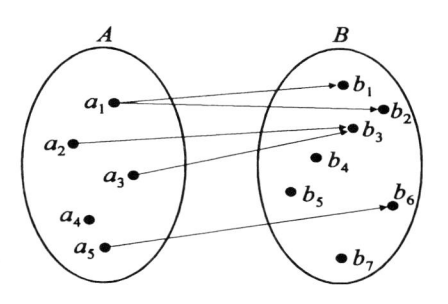

Bild 2.2

Beispiel 2.15: Wir kehren zu zweistelligen Relationen in einer Menge M ($= A = B$) zurück und geben das Pfeildiagramm der Relation $R := \{(x, y) \mid x, y \in M \land x \mid y\}$ in der Menge $M = \{0, 1, 2, 3, 4, 5, 6\}$ aus Beispiel 2.14 an (s. Bild 2.3).

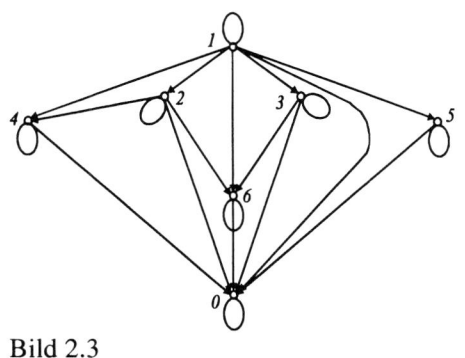

Übung 2.7: Wie gewinnt man das Pfeildiagramm a) der inversen Relation R^{-1}, b) der Komplementärrelation CR einer Relation R? (Vorausgesetzt das Pfeildiagramm von R liege bereits vor.)

Bild 2.3

Beispiel 2.16: Wir geben neben den Relationsgraphen der Relationen R und S, die in der Menge $M = \{1, 2, 3, 4, 5, 6\}$ vermöge $x R y :\Leftrightarrow x \mid y$ und $x S y :\Leftrightarrow y \mid x$ gegeben sind, auch die Relationsgraphen von $R \cap S$, $R \cup S$, $S \circ R$, $R \circ S$, R^{-1}, S^{-1}, CR und CS an:

$R = S^{-1}$ $S = R^{-1}$ $R \cap S = id_M$ $R \cup S$

$S \circ R$ $R \circ S = M \times M$ CR CS

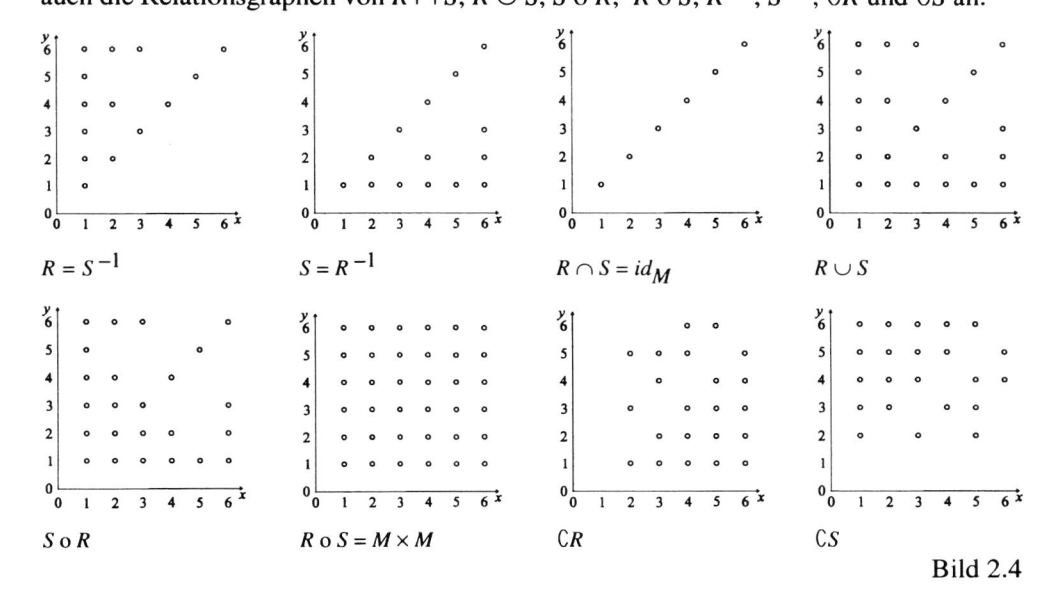

Bild 2.4

2.2.3 Eigenschaften zweistelliger Relationen

Jede Relation hat bestimmte Eigenschaften. So wissen wir bereits, dass die Inklusion reflexiv, antisymmetrisch und transitiv ist (Sätze 1.1 bis 1.3). Im Folgenden werden wir uns mit einer Reihe von Eigenschaften zweistelliger Relationen beschäftigen und Zusammenhänge zwischen ihnen aufdecken. Diese Zusammenhänge zwischen Eigenschaften stellen wir abschließend in einem „Abhängigkeits"-Graphen dar. Einige dieser Eigenschaften haben in der Literatur unterschiedliche Namen; und zu allem Überfluss gibt es auch noch wechselseitige Vertauschungen in den Bezeichnungen.

Es seien M eine nichtleere Menge und R eine (*2-stellige*) *Relation in M*.

Definition 2.3: R ist **reflexiv** (in M)[1] $:\Leftrightarrow \bigwedge_{x \in M} x\,R\,x$.

In einer reflexiven Relation R steht also jedes Element $x \in M$ zu sich selbst in der Relation R. Eine Relation R ist demnach *nicht* reflexiv, wenn es wenigstens ein Element $x \in M$ gibt, das *nicht* zu sich selbst in der Relation R steht. Um *irreflexiv*[2] zu sein, darf *kein* $x \in M$ zu sich selbst in der Relation R stehen:

Definition 2.4: R ist **irreflexiv** (oder *antireflexiv*) (in M) $:\Leftrightarrow \bigwedge_{x \in M} \neg\, x\,R\,x$.

Definition 2.5: R ist **symmetrisch** (in M) $:\Leftrightarrow \bigwedge_{x,\,y \in M} (x\,R\,y \Rightarrow y\,R\,x)$.

R ist *nicht* symmetrisch, wenn wenigstens ein Element $x \in M$ in Relation zu einem Element $y \in M$ steht, dieses y aber seinerseits nicht in Relation zu x steht. Gilt mit $x\,R\,y$ aber in keinem Falle $y\,R\,x$, so sprechen wir von einer *asymmetrischen*[3] Relation:

Definition 2.6: R ist **asymmetrisch** (in M) $:\Leftrightarrow \bigwedge_{x,\,y \in M} (x\,R\,y \Rightarrow \neg\, y\,R\,x)$.

Es kann also für kein geordnetes Paar $(x,\,y) \in M^2$ sowohl $x\,R\,y$ als auch $y\,R\,x$ gelten. Eine mit der Symmetrie verwandte Eigenschaft ist die *Antisymmetrie* (oder *Identitivität*):

Definition 2.7: R ist **antisymmetrisch** (in M) $:\Leftrightarrow \bigwedge_{x,\,y \in M} (x\,R\,y \wedge y\,R\,x \Rightarrow x = y)$.

Als weitere Eigenschaft der Inklusion haben wir die Transitivität kennen gelernt:

Definition 2.8: R ist **transitiv** (in M) $:\Leftrightarrow \bigwedge_{x,\,y,\,z \in M} (x\,R\,y \wedge y\,R\,z \Rightarrow x\,R\,z)$.

---

[1] Dieser Zusatz ist notwendig, weil die Eigenschaften einer Relation R nicht allein von der Paarmenge abhängen, sondern auch von der Menge M, in der R definiert ist (vgl. Beispiel 2.18).

[2] Nicht reflexiv; der Allquantor (*Für alle* ...) rechtfertigt die Vorsilbe „Ir-".

[3] asýmmetros (griech.) = ohne Ebenmaß.

2.2 Zweistellige Relationen in einer Menge

Beispiel 2.17: Zur Veranschaulichung zweistelliger Relationen haben wir Relationsgraphen und Pfeildiagramme kennen gelernt. Beide Werkzeuge bieten sich natürlich an, will man ausgewählte Eigenschaften dieser Relationen untersuchen. Deshalb gehen wir zunächst der Frage nach, wie sich diese Eigenschaften jeweils widerspiegeln. Dabei werden wir feststellen, dass sich die Vor- und Nachteile der beiden Varianten im Großen und Ganzen ausgleichen.

Eigenschaft von R in M	Relationsgraph	Pfeildiagramm
reflexiv	Die HD[4] ist voll besetzt.	Jeder Punkt besitzt eine Schleife.
irreflexiv	Kein Feld der HD ist besetzt.	Kein Punkt besitzt eine Schleife.
symmetrisch	Alle besetzten Felder sind in Bezug auf die HD symmetrisch angeordnet.	Jeder Pfeil besitzt einen „Gegenpfeil"; beide zusammen bilden einen „Doppelpfeil".
asymmetrisch	Es gibt keine symmetrisch zur HD besetzten Felder.	Zu keinem Pfeil gibt es einen „Gegenpfeil"; es gibt also auch keine Schleife.
antisymmetrisch	Wenn es symmetrisch zur HD liegende Felder gibt, so sind es Felder der HD.	Zu keinem Pfeil zwischen zwei verschiedenen Punkten tritt ein „Gegenpfeil" auf.
transitiv	*Rechteckregel*: (s. Bild 2.5) In jedem Rechteck (dessen Seiten parallel zu den Achsen liegen), von dem ein Eckpunkt auf der HD liegt und die dazu benachbarten Eckpunkte zu R gehören, gehört auch der 4. Eckpunkt zu R.	Zu jeder Pfeilkette aus zwei Pfeilen gibt es einen „Überbrückungspfeil".

Beispiel 2.18: Die Relationen R_1 und R_2 mit
$R_1 = \{(0, 0), (1, 1), (2, 2)\}$ und
$R_2 = \{(0, 0), (1, 1), (2, 2)\}$
sind als (Paar-)Mengen identisch.
Während in der Menge $M_1 = \{0, 1, 2\}$ die Relation R_1 reflexiv ist, ist die Relation R_2 in der Menge $M_2 = \{0, 1, 2, 3\}$ nicht reflexiv. Aus diesem Grunde wird eine Relation R in M oft als geordnetes Paar (M, R) angegeben.

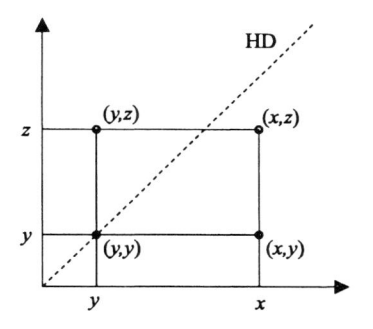

Bild 2.5

---

[4] HD = von links unten nach rechts oben verlaufende Hauptdiagonale.

Der Transitivität sehr ähnlich ist die *Komparativität*[1] oder *Dritten„gleichheit"* :

Definition 2.9: R ist **linkskomparativ** (in M) $:\Leftrightarrow \bigwedge_{x,\,y,\,z\in M} (x\,R\,y \,\wedge\, x\,R\,z \Rightarrow y\,R\,z)$.

Definition 2.10: R ist **rechtskomparativ** (in M) $:\Leftrightarrow \bigwedge_{x,\,y,\,z\in M} (x\,R\,z \,\wedge\, y\,R\,z \Rightarrow x\,R\,y)$.

Ist R links- und rechtskomparativ, so heißt R **komparativ** (in M). Im Zusammenhang mit *Ordnungsrelationen* sind insbesondere noch die folgenden Eigenschaften wichtig:

Definition 2.11: R ist **linear**[2] (in M) $:\Leftrightarrow \bigwedge_{x,\,y\in M} (x\,R\,y \,\vee\, y\,R\,x)$.

Mit anderen Worten, wenn x nicht in Relation zu y steht, so muss y seinerseits in Relation zu x stehen. Zwei beliebige Elemente x und y sind also stets durch R vergleichbar.

Definition 2.12: R ist **konnex**[3] (in M) $:\Leftrightarrow \bigwedge_{x,\,y\in M} (x\,R\,y \,\vee\, x = y \,\vee\, y\,R\,x)$.

Definition 2.13: R ist **trichotom**[4] (in M) $:\Leftrightarrow \bigwedge_{x,\,y\in M} (x\,R\,y \,\dot\vee\, x = y \,\dot\vee\, y\,R\,x)$.

Will man einen Zusammenhang zwischen Relationen und Funktionen (s. Kap. 3.2) herstellen, so sind vor allem noch folgende Eigenschaften von Interesse:

Definition 2.14: R ist **linkseindeutig**[5] (in M) $:\Leftrightarrow \bigwedge_{x,\,y,\,z\in M} (x\,R\,y \,\wedge\, z\,R\,y \Rightarrow x = z)$.

Definition 2.15: R ist **rechtseindeutig**[6] (in M) $:\Leftrightarrow \bigwedge_{x,\,y,\,z\in M} (x\,R\,y \,\wedge\, x\,R\,z \Rightarrow y = z)$.

Ist R links- und rechtseindeutig, so heißt R **eineindeutig**[7] (in M).

Definition 2.16: R ist **linkstotal**[8] (in M) $:\Leftrightarrow \bigwedge_{x\in M} \bigvee_{y\in M} x\,R\,y$.

Definition 2.17: R ist **rechtstotal** (in M) $:\Leftrightarrow \bigwedge_{y\in M} \bigvee_{x\in M} x\,R\,y$.

Ist R links- und rechtstotal, so heißt R **bitotal** (in M).

---

[1] comparare (lat.) = vergleichen.
[2] Oder *konnex*; conectere [auch connectere] (lat.) = verbinden.
[3] Oder *vollständig*; oder auch *semikonnex*; semi (lat.) = halb.
[4] trichotomia (spätgriech.) = Dreiteilung.
[5] Oder *voreindeutig*.
[6] Oder *nacheindeutig* oder *eindeutig*.
[7] Oder *eindeutig umkehrbar* oder *injektiv*; iniectivus (lat.) = das Hineinwerfen betreffend.
[8] totalis (mittellat.) = gänzlich.

2.2 Zweistellige Relationen in einer Menge 59

Beispiel 2.19: In Fortsetzung von Beispiel 2.17 geben wir an, wie sich die links angegebenen Eigenschaften in den Relationsgraphen und Pfeildiagrammen widerspiegeln. Die Komparativität lassen wir dabei wegen der großen Ähnlichkeit zur Transitivität aus.

Eigenschaft von R in M	**Relationsgraph**	**Pfeildiagramm**
linear	Von zur HD symmetrisch liegenden Feldern ist mindestens ein Feld besetzt; folglich ist die gesamte HD besetzt.	Zwischen zwei Punkten gibt es wenigstens einen Pfeil (auch wenn beide Punkte zusammenfallen).
konnex	Von zwei verschiedenen Feldern, die zur HD symmetrisch liegen, ist wenigstens eines besetzt. Die Besetzung der HD ist nicht gesichert.	Zwischen zwei verschiedenen Punkten gibt es wenigstens einen Pfeil; die Existenz von Schleifen ist nicht gesichert.
trichotom	Von zwei verschiedenen Feldern, die zur HD symmetrisch liegen, ist genau eines besetzt; die HD ist leer.	Zwischen zwei verschiedenen Punkten gibt es genau einen Pfeil; es gibt keine Schleifen.
linkseindeutig	In jeder (waagerechten) Zeile ist höchstens ein Feld besetzt.	In jedem Punkt darf höchstens ein Pfeil enden.
rechtseindeutig	In jeder (senkrechten) Spalte ist höchstens ein Feld besetzt.	Von jedem Punkt darf höchstens ein Pfeil ausgehen.
linkstotal	In jeder Spalte ist mindestens ein Feld besetzt.	Von jedem Punkt geht mindestens ein Pfeil aus.
rechtstotal	In jeder Zeile ist mindestens ein Feld besetzt.	In jedem Punkt endet mindestens ein Pfeil.

Übung 2.8: Wie spiegeln sich Links- und Rechtskomparativität einer Relation R (in M) im zugehörigen a) Relationsgraphen und b) im zugehörigen Pfeildiagramm wider?

Beispiel 2.20: Die Relation R mit $x R y :\Leftrightarrow x = y^2$ ist in **N** weder reflexiv noch irreflexiv, denn nur die Null und die Eins stehen zu sich selbst in dieser Relation, andere Zahlen nicht.

Übung 2.9: Eine Relation R in einer Menge M besitze für alle $x, y \in M$ die Eigenschaft: Wenn x und y voneinander verschieden sind, so steht x in Relation zu y oder y in Relation zu x. Wie spiegelt sich diese Eigenschaft im zugehörigen Relationsgraphen und im zugehörigen Pfeildiagramm wider?

Bemerkung: *Eineindeutig*, *eindeutig umkehrbar* oder *injektiv* sind synonyme Begriffe. Die mitunter anzutreffende Bezeichnung „umkehrbar eindeutig" ist sprachlich ungenau und sollte deshalb nicht benutzt werden.

Satz 2.3: Es sei R eine zweistellige Relation in einer Menge M. Dann sind die folgenden Beziehungen erfüllt ($id_M := \{(x,x) \mid x \in M\}$):

R ist reflexiv (in M)[1]	$\Leftrightarrow$	$id_M \subseteq R$,
R ist irreflexiv	$\Leftrightarrow$	$R \cap id_M = \varnothing$,
R ist symmetrisch	$\Leftrightarrow$	$R \subseteq R^{-1} \Leftrightarrow R = R^{-1}$,
R ist asymmetrisch	$\Leftrightarrow$	$R \cap R^{-1} = \varnothing$,
R ist antisymmetrisch	$\Leftrightarrow$	$R \cap R^{-1} \subseteq id_M$,
R ist transitiv	$\Leftrightarrow$	$R \circ R \subseteq R$,
R ist linkskomparativ	$\Leftrightarrow$	$R \circ R^{-1} \subseteq R$,
R ist rechtskomparativ	$\Leftrightarrow$	$R^{-1} \circ R \subseteq R$,
R ist komparativ	$\Leftrightarrow$	$R \circ R^{-1} \subseteq R \wedge R^{-1} \circ R \subseteq R$,
R ist linear	$\Leftrightarrow$	$R \cup R^{-1} = M \times M$,
R ist konnex	$\Leftrightarrow$	$R \cup R^{-1} \cup id_M = M \times M$,
R ist linkseindeutig	$\Leftrightarrow$	$R^{-1} \circ R \subseteq id_M$,
R ist rechtseindeutig	$\Leftrightarrow$	$R \circ R^{-1} \subseteq id_M$,
R ist eineindeutig	$\Leftrightarrow$	$R^{-1} \circ R \subseteq id_M \wedge R \circ R^{-1} \subseteq id_M$,
R ist linkstotal	$\Leftrightarrow$	$D(R) = M$,
R ist rechtstotal	$\Leftrightarrow$	$W(R) = M$,
R ist bitotal	$\Leftrightarrow$	$D(R) = W(R) = M$.

Beweis: Stellvertretend beweisen wir die folgenden Eigenschaften von R:

– R ist irreflexiv in $M \Leftrightarrow R \cap id_M = \varnothing$:
($\Rightarrow$) Da R nach Voraussetzung kein Paar (x, x) mit $x \in M$ enthält, sind R und id_M disjunkt; ($\Leftarrow$) wegen $R \cap id_M = \varnothing$ steht kein Element x zu sich selbst in Relation. ∎

– R ist symmetrisch in $M \Leftrightarrow R \subseteq R^{-1} \Leftrightarrow R = R^{-1}$:
Für alle $x, y \in M$ gilt: $(x R y \Leftrightarrow y R x) \Leftrightarrow (x R y \Leftrightarrow x R^{-1} y) \Leftrightarrow R = R^{-1}$. ∎

– R ist antisymmetrisch in $M \Leftrightarrow R \cap R^{-1} \subseteq id_M$:
Für alle $x, y \in M$ gilt: $(x R y \wedge y R x \Rightarrow x = y) \Leftrightarrow (x R y \wedge x R^{-1} y \Rightarrow x = y) \Leftrightarrow$
$(x R \cap R^{-1} y \Rightarrow x = y) \Leftrightarrow R \cap R^{-1} \subseteq id_M$. ∎

– R ist linkseindeutig in $M \Leftrightarrow R^{-1} \circ R \subseteq id_M$:
($\Rightarrow$) Es sei $x R^{-1} \circ R\ z$, d.h., es existiert ein $y \in M$ mit $x R y$ und $y R^{-1} z$. Folglich ist auch $z R y$. Nach Voraussetzung ist $x = z$, also $(x, z) = (x, x) \subseteq id_M$, d.h., $R^{-1} \circ R \subseteq id_M$.
($\Leftarrow$) Umgekehrt gelte $R^{-1} \circ R \subseteq id_M$, und es seien $x R y$ und $y R^{-1} z$ mit $x, y, z \in M$. Dann liefert die Nacheinanderausführung $x R^{-1} \circ R\ z$. Wegen $R^{-1} \circ R \subseteq id_M$ muss dann $x = z$ sein. ∎

---

[1] Siehe erste Fußnote auf Seite 56.

2.2 Zweistellige Relationen in einer Menge

Beispiel 2.21: Wir stellen einige wichtige zweistellige Relationen samt Eigenschaften in der folgenden Übersicht zusammen.

$x R_1 y :\Leftrightarrow x < y$ in **N**; $x R_2 y :\Leftrightarrow x \leq y$ in **Z**; $x R_3 y :\Leftrightarrow x \mid y$ in **N**;

$x R_4 y :\Leftrightarrow x\ TF\ y$ in $\mathbf{N}^*$, d.h., x ist *teilerfremd* mit y bzw. $ggT(x, y) = 1$;

$x R_5 y :\Leftrightarrow x\ NF\ y$ in **N**, d.h., x ist *unmittelbarer Nachfolger* von y;

$x R_6 y :\Leftrightarrow QS(x) = QS(y)$ in **N**, d.h., x hat dieselbe *Quersumme* wie y;

$x R_7 y :\Leftrightarrow x \equiv_m y$ in **Z**, d.h., x hat denselben *Rest* wie y bei Division durch m; $m \in \mathbf{N}^*$;

$x R_8 y :\Leftrightarrow x =_Q y$ in $\mathbf{N} \times \mathbf{N}^*$, d.h., $x = (a, b) =_Q (c, d) = y :\Leftrightarrow a \cdot d = b \cdot c$, d.h., x ist *quotientengleich* zu y;

$X R_9 Y :\Leftrightarrow X \subseteq Y$ in $\mathfrak{P}(M)$; $X R_{10} Y :\Leftrightarrow X = C_{\mathfrak{P}(M)} Y$ in $\mathfrak{P}(M)$;

$x R_{11} y :\Leftrightarrow x \parallel y$, d.h., x ist *parallel* zu y in der Menge G aller Geraden einer Ebene;

$x R_{12} y :\Leftrightarrow x \perp y$ in G, d.h., x ist *senkrecht* zu y in der Menge G;

$x R_{13} y :\Leftrightarrow x \cong y$, d.h., x ist *kongruent* zu y in der Menge F aller geometrischen Figuren.

Menge M	**N**	**Z**	**N**	$\mathbf{N}^*$	**N**	**N**	**Z**	$\mathbf{N} \times \mathbf{N}^*$	$\mathfrak{P}(M)$	$\mathfrak{P}(M)$	G	G	F
Relation R	R_1	R_2	R_3	R_4	R_5	R_6	R_7	R_8	R_9	R_{10}	R_{11}	R_{12}	R_{13}
Zeichen für R	<	≤	|	TF	NF	QS	$\equiv_m$	$=_Q$	⊆	C	∥	⊥	≅
reflexiv	0	1	1	0	0	1	1	1	1	0	1	0	1
irreflexiv	1	0	0	0	1	0	0	0	0	1	0	1	0
symmetrisch	0	0	0	1	0	1	1	1	0	1	1	1	1
asymmetrisch	1	0	0	0	1	0	0	0	0	0	0	0	0
antisymmetrisch	1	1	1	0	1	0	0	0	1	0	0	0	0
transitiv	1	1	1	0	0	1	1	1	1	0	1	0	1
linkskomparativ	0	0	0	0	0	1	1	1	0	0	1	0	1
rechtskomparativ	0	0	0	0	0	1	1	1	0	0	1	0	1
linear	0	1	0	0	0	0	0	0	0	0	0	0	0
konnex	1	1	0	0	0	0	0	0	0	0	0	0	0
trichotom	1	0	0	0	0	0	0	0	0	0	0	0	0
linkseindeutig	0	0	0	0	1	0	0	0	0	1	0	0	0
rechtseindeutig	0	0	0	0	1	0	0	0	0	1	0	0	0
linkstotal	1	1	1	1	0	1	1	1	1	1	1	1	1
rechtstotal	0	1	1	1	1	1	1	1	1	1	1	1	1

2.2.4 Abhängigkeiten zwischen Eigenschaften zweistelliger Relationen

Relationen können gleichzeitig mehrere der zuvor definierten Eigenschaften besitzen. Allerdings können wir von einer Relation R nicht willkürlich verlangen, dass sie diese oder jene Eigenschaft besitze. In einigen Fällen zieht eine Eigenschaft E_1 eine weitere Eigenschaft E_2 nach sich, in anderen Fällen lassen sich zwei Eigenschaften E_1 und E_2 nicht miteinander vereinbaren. Die im Folgenden skizzierten Abhängigkeiten zwischen einzelnen Eigenschaften einer Relation werfen damit in natürlicher Weise die Frage der gegenseitigen Ableitbarkeit bzw. Nichtableitbarkeit dieser Eigenschaften auf. Will man z.B. die Behauptung widerlegen, Reflexivität und Transitivität zögen die Antisymmetrie nach sich, so liefert die Parallelität von Geraden ein Gegenbeispiel. Damit ist die Behauptung vom Tisch! D.h., Nichtableitbarkeitsbeweise werden mit Hilfe des Modellbegriffes geführt. Neben der Frage nach den Abhängigkeiten, die zwischen den Eigenschaften e i n e r Relation R bestehen, interessiert uns, ob und inwieweit diese Eigenschaften der Relation R auf ihre inverse Relation R^{-1} übertragen werden. Darüber hinaus stellt sich die Frage, ob die Nacheinanderausführung zweier Relationen bestimmte Eigenschaften der gegebenen Relationen konserviert.

Satz 2.4: Wenn R eine Relation in M ist, die reflexiv, irreflexiv, symmetrisch, asymmetrisch, antisymmetrisch, transitiv, komparativ, linear, konnex, trichotom, eineindeutig oder bitotal ist, so besitzt auch R^{-1} diese Eigenschaft.

Beweis: Die Beweise ergeben sich unmittelbar anhand der Definition der jeweiligen Eigenschaft und der Definition der inversen Relation R^{-1} von R. So gilt im Falle der *Transitivität* für alle x, y, z: Wenn $x R y$ und $y R z$, so $x R z$, d.h., wenn $y R^{-1} x$ und $z R^{-1} y$, so $z R^{-1} x$. Nach Vertauschen erhalten wir dann: wenn $z R^{-1} y$ und $y R^{-1} x$, so $z R^{-1} x$. ∎

Bemerkung: Wenn R linkskomparativ (rechtskomparativ, linkseindeutig, rechtseindeutig, linkstotal, rechtstotal) ist, so ist R^{-1} rechtskomparativ (linkskomparativ, rechtseindeutig, linkseindeutig, rechtstotal, linkstotal).

Es seien M eine nichtleere Menge und R, S, T (*2-stellige*) *Relationen in* M.

Satz 2.5: Wenn R und S reflexiv sind, so ist auch $S \circ R$ reflexiv.

Beweis: Mit $x R x \land x S x$ gilt auch $x S \circ R x$ für alle $\in M$. ∎

Satz 2.6: Wenn R und S linkseindeutig (rechtseindeutig) sind, so ist auch $S \circ R$ linkseindeutig (rechtseindeutig).

Beweis: Es sei $x S \circ R z \land y S \circ R z \Rightarrow \bigvee_{u \in M} (x R u \land u S z) \land \bigvee_{v \in M} (y R v \land v S z) \Rightarrow$

$\bigvee_{u \in M} \bigvee_{v \in M} (x R u \land y R v \land u S z \land v S z) \Rightarrow \bigvee_{u \in M} \bigvee_{v \in M} (x R u \land y R v \land u = v) \Rightarrow$

$\bigvee_{u \in M} (x R u \land y R u) \Rightarrow x = y$. Analog beweist man die Rechtseindeutigkeit. ∎

2.2 Zweistellige Relationen in einer Menge

Übung 2.10: Ermitteln Sie Eigenschaften der Relationen, die wie folgt definiert sind!

$x R_{14} y :\Leftrightarrow x > y$ in $\mathbf{Q}$; $x R_{15} y :\Leftrightarrow x \geq y$ in $\mathbf{R}$; $x R_{16} y :\Leftrightarrow x \neq y$ in $\mathbf{R}$;

$X R_{17} Y :\Leftrightarrow X \subset Y$ in $\mathfrak{P}(M)$; $x R_{18} y :\Leftrightarrow x\ VF\ y$ in $\mathbf{N}$, d.h., x ist ein *Vielfaches* von y;

$x R_{19} y :\Leftrightarrow x\ VG\ y$ in $\mathbf{N}$, d.h., x ist *unmittelbarer Vorgänger* von y;

$x R_{20} y :\Leftrightarrow |x| = |y|$ in $\mathbf{Q}$; $x R_{21} y :\Leftrightarrow x = y \vee x \cdot y = 1$ in $\mathbf{R}^*$;

$x R_{22} y :\Leftrightarrow x \approx y$ in $\mathbf{R}$, d.h., x ist *näherungsweise gleich* y;

$x R_{23} y :\Leftrightarrow x =_D y$ in $\mathbf{N} \times \mathbf{N}$, d.h., x ist *differenzengleich* zu y:

$$x = (a, b) =_D (c, d) = y :\Leftrightarrow a + d = b + c;$$

$x R_{24} y :\Leftrightarrow x \sim y$, d.h., x ist *ähnlich* zu y in der Menge F aller geometrischen Figuren;

$x R_{25} y :\Leftrightarrow x\ KW\ y$, d.h., x ist *Komplementwinkel* zu y in der Menge W aller Winkel (einer Ebene);

$x R_{26} y :\Leftrightarrow x\ Sp_g\ y$, d.h., x ist *Spiegelpunkt* eines Punktes y an einer festen Geraden g in der Menge P aller Punkte (einer Ebene).

Beispiel 2.22: In der Menge $\mathbf{N}$ der natürlichen Zahlen ist die Teilbarkeitsrelation antisymmetrisch; in der Menge $\mathbf{Z}$ der ganzen Zahlen dagegen nicht: $3 | (-3)$ und $(-3) | 3$, aber $3 \neq -3$.

Statt dessen gilt in der Menge $\mathbf{Z}$ der ganzen Zahlen:

- $\bigwedge_{x,y \in \mathbf{Z}} (x | y \wedge y | x \Rightarrow |x| = |y|)$.

Übung 2.11: Zeigen Sie, dass die Teilbarkeit $|$ in $\mathbf{N}$ antisymmetrisch ist!

Ist eine Relation R symmetrisch und transitiv, so muss sie deshalb keineswegs auch reflexiv sein. Die Begründung: „Ist (a, b) ein Paar der Relation, so wegen der Symmetrie auch (b, a), also wegen der Transitivität auch (a, a)" lässt sich durch ein Gegenbeispiel sofort widerlegen. In der Menge $M = \{1, 2\}$ ist die Relation $R = \{(1, 1)\}$ symmetrisch und transitiv, aber nicht reflexiv. Zwar steht 1 in Relation zu sich selbst, nicht aber 2.

Der Trugschluss entsteht dadurch, dass angenommen wird, es gäbe für das (beliebig gewählte) Element a mindestens ein Element b mit $a\ R\ b$. Das muss jedoch gar nicht der Fall sein. D.h., $\bigwedge_{x, y \in M} (x\ R\ y \Rightarrow y\ R\ x)$ wird verstanden als $\bigwedge_{x \in M} \bigvee_{y \in M} (x\ R\ y \wedge y\ R\ x)$.

Anders gesagt: Die obige Argumentation beweist nur, dass $(a, a) \in R$ für alle a gilt, zu denen ein b existiert mit $(a, b) \in R$. Reflexivität erfordert aber $(a, a) \in R$ für alle $a \in M$.

Außer der leeren Relation existiert keine Relation, die zugleich symmetrisch, transitiv und irreflexiv ist, denn aus $x\ R\ y$ und $y\ R\ x$ würde $x\ R\ x$ folgen.

Satz 2.7: R ist asymmetrisch genau dann, wenn R irreflexiv und antisymmetrisch ist.

Beweis: ($\Rightarrow$) Die Irreflexivität folgt mit $y = x$ aus der Asymmetrie: $x\,R\,x \Rightarrow \neg\,x\,R\,x$. Da die Prämisse $x\,R\,y \land y\,R\,x$ der Antisymmetrie stets unerfüllbar bleibt, ist die Implikation wahr, also ist R antisymmetrisch.
($\Leftarrow$) Wenn $x\,R\,y$ ist, muss wegen der Irreflexivität $x \neq y$ sein. Die Antisymmetrie bedeutet, dass $\neg\,x\,R\,y \lor \neg\,y\,R\,x \lor x = y$ erfüllt ist, d.h., es muss $\neg\,y\,R\,x$ gelten. ∎

Satz 2.8: Wenn R symmetrisch und antisymmetrisch ist, so ist R auch transitiv.

Beweis: Es sei $x\,R\,y \land y\,R\,z$. Wegen der Symmetrie gilt mit $x\,R\,y$ auch $y\,R\,x$. Wegen der Antisymmetrie gilt aber mit $x\,R\,y \land y\,R\,x$ auch $x = y$, also geht $y\,R\,z$ in $x\,R\,z$ über. ∎

Satz 2.9: Wenn R reflexiv ist, so ist R auch bitotal.

Satz 2.10: Wenn R bitotal und komparativ ist, so ist R auch reflexiv.

Beweis: $y = x$ (oder $x = y$) bzw. $y = z$ (oder $x = y$) liefert das Gewünschte. ∎

Satz 2.11: Wenn R transitiv und irreflexiv ist, so ist R auch asymmetrisch.

Beweis: Nehmen wir an, es gäbe $x, y \in M$ mit $x\,R\,y$ und $y\,R\,x$. Dann müsste wegen der Transitivität auch $x\,R\,x$ gelten – im Widerspruch zur Irreflexivität. Es kann also für kein Paar (x, y) sowohl $x\,R\,y$ als auch $y\,R\,x$ gelten. Folglich ist R asymmetrisch. ∎

➢ Wenn R transitiv und irreflexiv ist, so ist R auch antisymmetrisch.

Satz 2.12: R ist linear genau dann, wenn R reflexiv und konnex ist.

Beweis: Ist R linear, so liefert $y = x$ die Reflexivität; die Konnexität gilt trivialerweise. Ist umgekehrt R reflexiv und konnex, gilt wegen $(x\,R\,y \lor x = y \lor y\,R\,x) \land x\,R\,x$ gerade $x\,R\,y \lor y\,R\,x$. ∎

Satz 2.13: Wenn R asymmetrisch und konnex ist, so ist R auch trichotom.

Beweis: Die Asymmetrie bedeutet, dass $\neg(x\,R\,y \land y\,R\,x)$ erfüllt sein muss, sodass zusammen mit der Konnexität genau einer der drei Fälle der Trichotomie gilt. ∎

➢ Wenn R irreflexiv, transitiv und konnex ist, so ist R auch trichotom.

Satz 2.14: Wenn R trichotom ist, so ist R auch irreflexiv, antisymmetrisch und konnex.

Beweis: Die Konnexität folgt unmittelbar; die Antisymmetrie ist leichter zu erkennen, wenn man sie in einer anderen (äquivalenten) Fassung betrachtet: Anstelle von $(x\,R\,y \land y\,R\,x) \Rightarrow x = y$ können wir auch schreiben: $\neg(x\,R\,y \land y\,R\,x) \lor x = y$ bzw. $(\neg\,x\,R\,y \lor \neg\,y\,R\,x) \lor x = y$ bzw. $(\neg\,x\,R\,y \lor x = y) \lor \neg\,y\,R\,x$ bzw. $\neg(x\,R\,y \land x \neq y) \lor \neg\,y\,R\,x$ bzw. $(x\,R\,y \land x \neq y) \Rightarrow \neg\,y\,R\,x$. Aus $x\,R\,y$ folgt wegen der Trichotomie $\neg\,y\,R\,x$, und wegen $x = x$ folgt, dass niemals $x\,R\,x$ gelten kann, also ist R auch irreflexiv und antisymmetrisch. ∎

2.2 Zweistellige Relationen in einer Menge

Es sei R eine Relation in einer nichtleeren Menge M. Beweisen Sie die folgenden Beziehungen zwischen den Eigenschaften von R!

Übung 2.12: Wenn R komparativ und reflexiv ist, so ist R symmetrisch und transitiv.

Übung 2.13: Wenn R symmetrisch und komparativ ist, so ist R auch transitiv.

Übung 2.14: Wenn R symmetrisch und transitiv ist, so ist R auch komparativ.

Übung 2.15: Ist eine Relation R, die nur aus einem einzigen Paar (a, b) mit $a \neq b$ besteht, transitiv?

Überblick über die Zusammenhänge ausgewählter Eigenschaften zweistelliger Relationen:

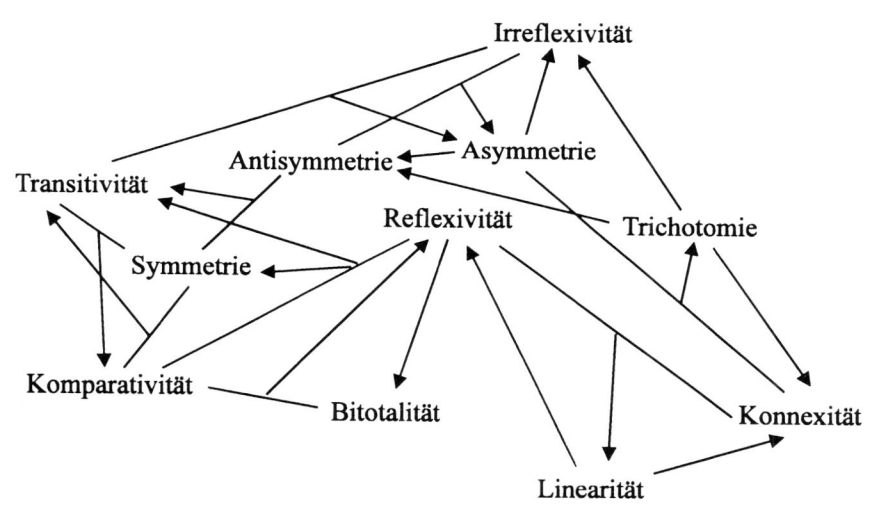

Bild 2.6

Übung 2.16: Welche Eigenschaften besitzen die Relationen, die wie folgt in einer Menge M definiert sind?

a) $R_{27} := id_M$ (*identische Relation* in M);

b) $R_{28} := M \times M$ (auch *Allrelation* in M genannt).

Übung 2.17: Wie viele Relationen gibt es in einer n-elementigen Menge M ($n \in \mathbb{N}$), wenn die Relation

a) reflexiv,   b) antisymmetrisch,   c) reflexiv und symmetrisch,
d) irreflexiv,   e) linear,   f) reflexiv und antisymmetrisch,
g) symmetrisch, h) rechtseindeutig,   i) symmetrisch und antisymmetrisch,
j) linkstotal,   k) asymmetrisch

sein soll?

2.3 Spezielle Relationen

Anhand der Beispiele zweistelliger Relationen (Beispiel 2.21) wird deutlich, dass bestimmte Kombinationen von Eigenschaften besonders häufig vorkommen. Zwei dieser Gruppen nehmen dabei eine ausgezeichnete Stellung ein. Sie definieren zum einen die *Äquivalenzrelationen* und zum anderen die *Ordnungsrelationen*. Letztere spielen z.B. beim Aufbau der Zahlbereiche oder bei der Lehre von den Ungleichungen eine wichtige Rolle. Den Ordnungsrelationen stehen gleichgewichtig die Äquivalenzrelationen zur Seite, da Abstraktionsprozesse in der Regel auf Äquivalenzrelationen beruhen.

2.3.1 Äquivalenzrelationen

In vielen Fällen liegt einer Definition eine Äquivalenzrelation zugrunde. Dabei werden alle Elemente einer Menge in bestimmten Klassen, den sogenannten *Äquivalenzklassen*, zusammengefasst. Jede solche Klasse lässt sich dann durch ein beliebiges ihrer Elemente repräsentieren. Die so gewonnenen neuen Objekte haben einen höheren Abstraktionsgrad als die Elemente der Ausgangsmenge. Die Unterschiede zwischen den Elementen innerhalb einer Klasse werden ignoriert; das den Elementen einer Klasse Gemeinsame wird herausgestellt. Abstrakt sind hier die Eigenschaften, die die Äquivalenzklassen charakterisieren. Deshalb können die Äquivalenzrelationen auch als eine „vergröberte" Gleichheit aufgefasst werden.

Es sei M eine nichtleere Menge, R eine (*zweistellige*) *Relation in M*.

> **Definition 2.18:** R ist **Äquivalenzrelation** (in M) :⇔ R ist reflexiv, symmetrisch und transitiv.

Anstelle von $x \, R \, y$ schreibt man auch $x \sim y$ oder $x \sim_R y$ und sagt: „x ist *äquivalent zu y (modulo R)*" oder „*x ist R-äquivalent zu y*". Kann es in Bezug auf die Äquivalenzrelation R zu keinen Verwechslungen führen, lässt man den jeweiligen Hinweis auf R auch weg.

Mit Hilfe der Äquivalenzrelation R lässt sich für jedes Element $a \in M$ die Menge

- $a \, / \, R := \{ x \mid x \in M \text{ und } x \sim_R a \}$

bilden. $a \, / \, R$ heißt die **Äquivalenzklasse**[1] **von a nach R** (oder **modulo R**). Wegen der Reflexivität ist $a \in a \, / \, R$; a selbst wird *Repräsentant* der Äquivalenzklasse genannt. Eine Äquivalenzklasse ist also eine Teilmenge von M, während die Äquivalenzrelation R eine Teilmenge von $M \times M$ ist.

Kann man den Hinweis auf R entbehren, schreibt man anstelle von $a \, / \, R$ nur $[a]$ oder $\bar{a}$.

Das System aller dieser Äquivalenzklassen heißt die **Quotientenmenge**[2] **von M nach R** (oder **modulo R**) und wird mit $M \, / \, R$ bezeichnet:

- $M \, / \, R := \{ \, a \, / \, R \mid a \in M \, \}$.

---

[1] Daneben findet man auch oft noch die Bezeichnung *Restklasse*.
[2] Weitere Bezeichnungen sind *Faktormenge* oder *Restsystem von M nach R*.

2.3 Spezielle Relationen

Beispiel 2.23: Wir betrachten die *Zahlenkongruenz* $\equiv_6$ (*modulo* 6) in $\mathbf{Z}$ (vgl. Beispiel 2.21, R_7, $m = 6$), d.h., eine ganze Zahl x steht genau dann in Relation zu einer ganzen Zahl y, wenn beide bei Division durch 6 denselben Rest lassen: $x \equiv_6 y :\Leftrightarrow 6 \mid (x - y)$.

1. Die Zahlenkongruenz $\equiv_6$ ist eine *Äquivalenzrelation* in $\mathbf{Z}$: Für alle $x, y, z \in \mathbf{Z}$ gilt:

Reflexivität: $\quad x \equiv_6 x$, denn $6 \mid (x - x)$,

Symmetrie: $\quad x \equiv_6 y \Rightarrow y \equiv_6 x$, denn wenn $6 \mid (x - y)$, so gilt auch $6 \mid (y - x)$,

Transitivität: $\quad x \equiv_6 y \wedge y \equiv_6 z \Rightarrow x \equiv_6 z$, denn wenn $6 \mid (x - y)$ und $6 \mid (y - z)$, so gilt auch $6 \mid [(x - y) + (y - z)]$, also $6 \mid (x - z)$.

2. Die Äquivalenzklassen sind gerade die *Restklassen modulo* 6. Im Falle der Zahlenkongruenzen schreibt man anstelle von $a / \equiv_6$ traditionellerweise $[a]_6$; als eine weitere Schreibweise hat sich eingebürgert: $\quad 6\mathbf{Z} + a$ mit $a = 0, 1, 2, ..., 5$.

$$[a]_6 := \{x \mid x \in \mathbf{Z} \wedge x \equiv_6 a\} = \{x \mid x \in \mathbf{Z} \wedge 6 \mid (x - a)\}.$$

Es gibt genau 6 solcher Restklassen (vgl. Beispiel 1.61); wir wählen als Repräsentanten die kleinsten nichtnegativen ganzen Zahlen (vgl. Satz 2.15):

$[0]_6 = \{..., -18, -12, -6, 0, 6, 12, 18, ...\} = 6\mathbf{Z}$
$[1]_6 = \{..., -17, -11, -5, 1, 7, 13, 19, ...\} = 6\mathbf{Z} + 1$
$[2]_6 = \{..., -16, -10, -4, 2, 8, 14, 20, ...\} = 6\mathbf{Z} + 2$
$[3]_6 = \{..., -15, -9, -3, 3, 9, 15, 21, ...\} = 6\mathbf{Z} + 3$
$[4]_6 = \{..., -14, -8, -2, 4, 10, 16, 22, ...\} = 6\mathbf{Z} + 4$
$[5]_6 = \{..., -13, -7, -1, 5, 11, 17, 23, ...\} = 6\mathbf{Z} + 5$

Mit den Bezeichnungen aus Beispiel 1.61 gilt: $H_i = [i]_6 = 6\mathbf{Z} + i$, $i \in \{0, 1, 2, 3, 4, 5\}$.

3. Die Quotientenmenge (oder Restmenge) von $\mathbf{Z}$ nach $\equiv_6$ ist:

$$\mathbf{Z} / \equiv_6 \; := \{[0]_6, [1]_6, [2]_6, [3]_6, [4]_6, [5]_6\}.$$

Übung 2.18: Prüfen Sie, welche der Relationen in Beispiel 2.21 sowie in den Übungen 2.10 und 2.16 Äquivalenzrelationen sind!

Übung 2.19: Zeigen Sie, dass die Relationen R_6 und R_{11} in Beispiel 2.21 Äquivalenzrelationen sind ($x\, R_6\, y :\Leftrightarrow QS(x) = QS(y)$ in $\mathbf{N}$; $x\, R_{11}\, y :\Leftrightarrow x \parallel y$ in G)!

Beispiel 2.24: Die Relation R_{21} mit $x\, R_{21}\, y :\Leftrightarrow x = y \vee x \cdot y = 1$ in $\mathbf{R}^*$ (Übung 2.10) ist offensichtlich reflexiv und symmetrisch. Die Transitivität lässt sich mittels Fallunterscheidung ebenfalls leicht nachvollziehen ($x = y \wedge y = z$, $x = y \wedge yz = 1$, $xy = 1 \wedge y = z$, $xy = 1 \wedge yz = 1$). Die Quotientenmenge von $\mathbf{R}^*$ nach dieser Äquivalenzrelation R_{21} besteht aus unendlich vielen Äquivalenzklassen mit je zwei Elementen: $a/R_{21} = \{a, \frac{1}{a}\}$, wobei $a \in \mathbf{R}^*$ ist. Zwei der Klassen sind allerdings Einermengen (für $a = 1$ und $a = -1$).

> **Satz 2.15:** Wenn R eine Äquivalenzrelation in einer Menge M ist, dann sind zwei Äquivalenzklassen genau dann gleich, wenn deren Repräsentanten zueinander äquivalent sind:
>
> $$\bigwedge_{a,b \in M} (a\,/\,R = b\,/\,R \Leftrightarrow a \sim_R b).$$

Beweis: ($\Rightarrow$) Wegen der Reflexivität von R gehört a zu $a\,/\,R$ und wegen $a\,/\,R = b\,/\,R$ (Voraussetzung) damit auch zu $b\,/\,R$. Mit $a \in b\,/\,R$ gilt damit aber $a \sim_R b$.
($\Leftarrow$) Es sei $a \sim_R b$ und $c \in b\,/\,R$, also $c \sim_R b$ und wegen der Symmetrie auch $b \sim_R c$. Die Transitivität liefert damit auch $a \sim_R c$, also $c \in a\,/\,R$. Damit ist $b\,/\,R \subseteq a\,/\,R$. Mittels der Symmetrie von R folgt analog auch $a\,/\,R \subseteq b\,/\,R$; also fallen beide Mengen zusammen. ∎

Dass sich jede Äquivalenzklasse durch ein beliebiges ihrer Elemente repräsentieren lässt, ist dann eine unmittelbare Folgerung.

> **Satz 2.16:** Ist R eine Äquivalenzrelation in einer Menge M, so ist die Quotientenmenge $M\,/\,R$ eine Zerlegung von M.

Beweis: Da die Äquivalenzklassen (modulo R) Teilmengen von M sind, haben wir zu zeigen (vgl. Definition 1.12):
(1) keine der Äquivalenzklassen aus $M\,/\,R$ ist leer,
(2) der Durchschnitt je zweier verschiedener Äquivalenzklassen aus $M\,/\,R$ ist leer, und
(3) die Vereinigung aller Äquivalenzklassen aus $M\,/\,R$ ist die Menge M.
Wegen der Reflexivität von R sind (1) und (3) erfüllt. Denn für jedes $x \in M$ gehört x zur Äquivalenzklasse $x\,/\,R$, sodass sowohl $x\,/\,R \neq \emptyset$ als auch $x \in \bigcup (M\,/\,R)$ gelten.
(2) beweisen wir indirekt. Wir nehmen an, dass die beiden voneinander verschiedenen Äquivalenzklassen $a\,/\,R$ und $b\,/\,R$ ein Element c gemeinsam haben. Mit $c \in a\,/\,R$ und $c \in b\,/\,R$ gelten $c \sim_R a$ sowie $c \sim_R b$. Symmetrie und Transitivität liefern damit $a \sim_R b$. Nach Satz 2.15 sind folglich beide Äquivalenzklassen identisch, im Widerspruch zur Annahme. Folglich ist die Annahme falsch, d.h., voneinander verschiedene Äquivalenzklassen sind disjunkt. Damit ist $M\,/\,R$ disjunkt. ∎

- Die „feinste" Äquivalenzrelation in einer Menge M ist die *identische Relation* id_M.

Die zugehörigen Äquivalenzklassen enthalten je genau ein Element und bilden so die feinste Zerlegung von M. D.h., die nach id_M gebildete Quotientenmenge $M\,/\,id_M$ besteht aus allen Einermengen $\{a\}$ mit $a \in M$. Die Abstraktion nach dieser Äquivalenzrelation bringt also keine neuen Erkenntnisse.

- Die „gröbste" Äquivalenzrelation in einer Menge M ist die *Allrelation* $R = M \times M$.

Sie umfasst alle geordneten Paare des kartesischen Produktes. Die Menge M selbst ist die einzige Äquivalenzklasse. D.h., die nach R gebildete Quotientenmenge $M\,/\,M \times M$ ist die Einermenge $\{M\}$. Die Abstraktion nach dieser Äquivalenzrelation sieht von allen Unterschieden der Elemente von M ab.

2.3 Spezielle Relationen

Beispiel 2.25: Da die *Zahlenkongruenz* $\equiv_6$ eine Äquivalenzrelation in $\mathbf{Z}$ ist (vgl. Beispiel 2.23), ist nach Satz 2.16 die Quotientenmenge $\mathbf{Z} / \equiv_6$ eine Zerlegung $\mathfrak{Z}$ von $\mathbf{Z}$:
Für $\mathfrak{Z} = \mathbf{Z} / \equiv_6 = \{[0]_6, [1]_6, [2]_6, [3]_6, [4]_6, [5]_6\}$ sind die Bedingungen für eine Zerlegung erfüllt:

(1) $\bigwedge_i [i]_6 \neq \emptyset;\ i \in \{0, 1, 2, 3, 4, 5\}$,

(2) $\bigwedge_{i,j} [i]_6 \cap [j]_6 = \emptyset;\ i,j \in \{0, 1, 2, 3, 4, 5\};\ i \neq j$,

(3) $\mathbf{Z} = [0]_6 \cup [1]_6 \cup [2]_6 \cup [3]_6 \cup [4]_6 \cup [5]_6\ (= \bigcup \mathfrak{Z} = \bigcup_{i=0}^{5} [i]_6)$.

Übung 2.20: Betrachten Sie die Zahlenkongruenz $\equiv_4$ (modulo 4) in $\mathbf{Z}$. Zeigen Sie:
a) $\equiv_4$ ist eine Äquivalenzrelation in $\mathbf{Z}$, b) $\mathbf{Z} / \equiv_4$ ist eine Zerlegung von $\mathbf{Z}$!

Beispiel 2.26: In der Fünfermenge $M = \{-2, -1, 0, 1, 2\}$ definieren wir eine Relation R wie folgt: $x\,R\,y :\Leftrightarrow |x| = |y|$ für alle $x, y \in M$ (vgl. mit R_{20} in $\mathbf{Q}$; Übung 2.10). Es ist
$R = \{(-2, -2), (-2, 2), (-1, -1), (-1, 1), (0, 0), (1, -1), (1, 1), (2, -2), (2, 2)\}$.
1. R ist eine *Äquivalenzrelation* in M, denn für alle $x, y, z \in M$ gilt:
Reflexivität: $x\,R\,x$, denn $|x| = |x|$,
Symmetrie: $x\,R\,y \Rightarrow y\,R\,x$, denn wenn $|x| = |y|$, so auch $|y| = |x|$,
Transitivität: $x\,R\,y \wedge y\,R\,z \Rightarrow x\,R\,z$, denn wenn $|x| = |y|$ und $|y| = |z|$, so auch $|x| = |z|$.
2. Die 3 *Äquivalenzklassen* a / R sind $0 / R := \{0\}$, $1 / R := \{-1, 1\}$ und
$\qquad\qquad\qquad\qquad\qquad 2 / R := \{-2, 2\}$.
3. Die *Quotientenmenge* von M nach R ist $M / R := \{\{0\}, \{-1, 1\}, \{-2, 2\}\}$.
4. $M / R := \{\{0\}, \{-1, 1\}, \{-2, 2\}\}$ ist eine *Zerlegung* von M:
   (1) $\{0\} \neq \emptyset$, $\{-1, 1\} \neq \emptyset$, $\{-2, 2\} \neq \emptyset$;
   (2) $\{0\} \cap \{-1, 1\} = \emptyset$, $\{0\} \cap \{-2, 2\} = \emptyset$, $\{-1, 1\} \cap \{-2, 2\} = \emptyset$;
   (3) $M = \{0\} \cup \{-1, 1\} \cup \{-2, 2\}\ (= \bigcup M / R = \bigcup_{a=0}^{2} a / R)$.
5. *Relationsgraph* (s. Bild 2.7) und *Pfeildiagramm* (s. Bild 2.8) sehen dann wie folgt aus:

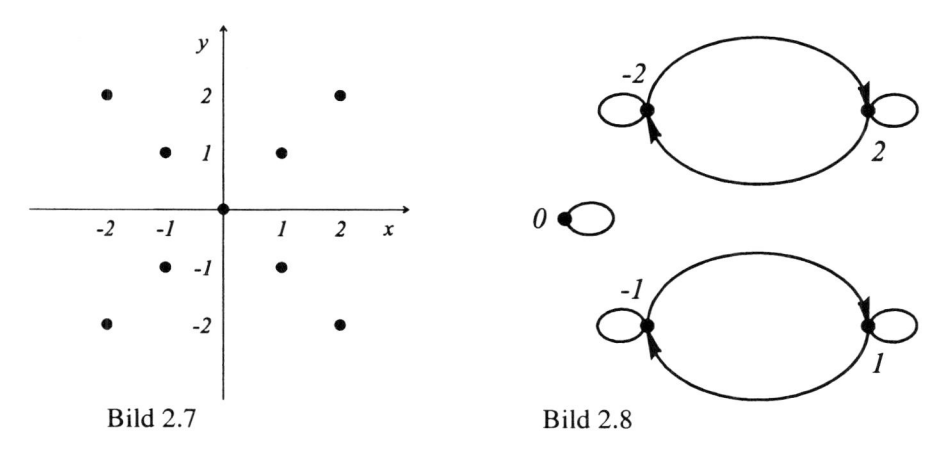

Bild 2.7   Bild 2.8

Es gilt auch die Umkehrung von Satz 2.16:

> **Satz 2.17:** Wenn $\mathfrak{Z} = \{M_1, M_2, ...\}$[1] eine Zerlegung der Menge M ist, so erzeugt diese Zerlegung gemäß der Festsetzung, dass für alle $a, b \in M$ genau dann $a \sim_R b$ gelten soll, wenn a und b in derselben Klasse liegen, eine (eindeutig bestimmte) Äquivalenzrelation R in M.

Beweis: Die Zerlegung $\mathfrak{Z} = \{M_1, M_2, ...\}$ hat die Eigenschaften

(1) $\bigwedge_{i \in \mathbb{N}^*} M_i \neq \emptyset$,

(2) $\bigwedge_{i,j \in \mathbb{N}^*} M_i \cap M_j = \emptyset$; $i \neq j$, und

(3) $M = \bigcup \mathfrak{Z} = \bigcup_{i=1}^{\infty} M_i$.

Wegen (1) und (3) ist R reflexiv. (3) sichert, dass jedes x aus M in einem M_i aus $\mathfrak{Z}$ vorkommt; (1) garantiert, dass dieses x mit sich selbst in einer Klasse liegt. Symmetrie und Transitivität sind ebenfalls mühelos zu erkennen: Es sei M_i die das Element a enthaltende Klasse, analog enthalte M_j das Element b, M_k das Element c ($i, j, k \in \mathbb{N}^*$; im Falle endlich vieler Klassen gelte zudem $i, j, k < n$). Wenn $M_i = M_j$ ist (also $a \sim_R b$), so ist auch $M_j = M_i$ (also $b \sim_R a$). Analog folgt die Transitivität von R aus der Transitivität der Gleichheit(srelation): Wenn $M_i = M_j$ und $M_j = M_k$, so $M_i = M_k$. ∎

➤ Die Quotientenmenge M / R der durch eine Zerlegung $\mathfrak{Z}$ von M so induzierten Äquivalenzrelation R ist mit dieser Zerlegung $\mathfrak{Z}$ identisch: $\mathfrak{Z} = M / R$.

Damit haben wir den sogenannten *Hauptsatz über Äquivalenzrelationen* gewonnen:

> **Satz 2.18:** Jede Äquivalenzrelation R in einer nichtleeren Menge M bewirkt eine eindeutig bestimmte Zerlegung M / R von M in Äquivalenzklassen, wobei $a, b \in M$ genau dann derselben Äquivalenzklasse angehören, wenn sie zueinander in der Relation R stehen.
>
> Umgekehrt existiert zu jeder Zerlegung $\mathfrak{Z}$ der Menge M eine eindeutig bestimmte Äquivalenzrelation R, sodass $\mathfrak{Z}$ gerade die Quotientenmenge M / R dieser Äquivalenzrelation ist.

Es sei $\ddot{A}(M)$ die Menge aller Äquivalenzrelationen in M, $Z(M)$ die Menge aller Zerlegungen von M. Dann kann der Hauptsatz über Äquivalenzrelationen auch in der Sprache der Zuordnungen bzw. Abbildungen (vgl. Kap. 3.1) wie folgt formuliert werden:

- $f : \ddot{A}(M) \to Z(M)$ mit $R \mapsto M / R$ (bzw. $f(R) = M / R$)

ist eine eineindeutige Abbildung von der Menge $\ddot{A}(M)$ auf die Menge $Z(M)$.

---

[1] $\{M_1, M_2, ..., M_n\}$ im Falle nur endlich vieler Klassen.

2.3 Spezielle Relationen

Beispiel 2.27: Aus Beispiel 2.21 wissen wir, dass die *Quotientengleichheit* $=_Q$ ($= R_8$) eine Äquivalenzrelation in der Menge $\mathbf{N} \times \mathbf{N}^*$ ist.
Zwei geordnete Paare (a, b), $(c, d) \in \mathbf{N} \times \mathbf{N}^*$, sind genau dann *quotientengleich*, wenn $a \cdot d = b \cdot c$ ist. In diesem speziellen Fall schreibt man anstelle eines Paares (a, b) aber $\frac{a}{b}$ und nennt dies einen *Bruch*. Die Quotientengleichheit hat damit das folgende Aussehen: $\frac{a}{b} =_Q \frac{c}{d} :\Leftrightarrow a \cdot d = b \cdot c$, was im Nachhinein den Namen der Relation erklärt. Der Bruch $\frac{1}{2}$ ist also (da er das geordnete Paar (1, 2) ist) sehr wohl von dem Bruch $\frac{2}{4}$ zu unterscheiden. Die Äquivalenzklasse

- $\frac{1}{2} /=_Q := \{ \frac{x}{y} \mid \frac{x}{y} \in \mathbf{N} \times \mathbf{N}^* \land \frac{x}{y} =_Q \frac{1}{2} \}$

besteht damit gerade aus allen Brüchen $\frac{x}{y}$, die aus dem Bruch $\frac{1}{2}$ durch Kürzen, Erweitern oder eine Kombination beider hervorgehen, und heißt die *gebrochene Zahl* $\frac{1}{2}$ (oder *Bruchzahl* $\frac{1}{2}$).

Von der Schreibweise her werden also *Äquivalenzklasse* (gebrochene Zahl) und *Repräsentanten einer solchen Klasse* (Brüche) n i c h t unterschieden. Die Quotientengleichheit zerlegt (als Äquivalenzrelation) die Menge $\mathbf{N} \times \mathbf{N}^*$ aller Brüche folglich in Klassen quotientengleicher Brüche, was wir bereits aus Beispiel 1.62 wissen.

Das System $\mathbf{N} \times \mathbf{N}^* /=_Q$ aller Äquivalenzklassen, die Quotientenmenge von $\mathbf{N} \times \mathbf{N}^*$ nach $=_Q$, ist dann die *Menge* $\mathbf{Q}_+$ *der gebrochenen Zahlen*.

Übung 2.21: Zeigen Sie, dass die Äquivalenzrelation der *Differenzengleichheit* $=_D$ (vgl. R_{23} in Übung 2.10) in der Menge $\mathbf{N} \times \mathbf{N}$ eine für den Aufbau der Zahlenbereiche wichtige Klasseneinteilung bewirkt!

Übung 2.22: Wie spiegelt sich die durch eine Äquivalenzrelation induzierte Zerlegung im Gitterdiagramm (Relationsgraphen) bzw. im Pfeildiagramm wider? (Vorausgesetzt, M ist endlich.)

Übung 2.23: Geben Sie zu der Äquivalenzrelation R, die durch

- $x \, R \, y :\Leftrightarrow QS(x) = QS(y)$ in $M = \{0, 1, 2, 3, ..., 98, 99\}$

definiert wird, wobei $QS(x)$ die *Quersumme* der Zahl x aus M ist, die durch sie induzierte Zerlegung von M an! Ermitteln Sie die Anzahl der Elemente der einzelnen Äquivalenzklassen! Vergleichen Sie die Relation R mit der in Beispiel 2.21 definierten Relation R_6 in $\mathbf{N}$!

Übung 2.24: Zeichnen Sie zur *Zahlenkongruenz* $\equiv_4$ in $M = \{1, 2, ..., 10\}$ (vgl. Übung 2.20) das zugehörige Pfeildiagramm! Geben Sie darüber hinaus die einzelnen Äquivalenzklassen dieser Äquivalenzrelation an!

Will man Mengen hinsichtlich ihrer „Größe" vergleichen, erweist sich der Begriff der *Gleichmächtigkeit* als besonders tragfähig.

> **Definition 2.19:** Zwei Mengen A und B sind **gleichmächtig**[1] (in Zeichen: $A \sim B$) : $\Leftrightarrow$ Es gibt eine eineindeutige Abbildung (oder Zuordnung[2]) von A auf B.

D.h., jedem Element von A wird ein und nur ein Element von B und zugleich jedem Element von B ein und nur ein Element von A zugeordnet.

> **Satz 2.19:** Die Gleichmächtigkeit von Mengen ist eine Äquivalenzrelation in jeder Menge von Mengen[3].

Beweis: Es seien A, B und C drei beliebige Mengen. Die identische Abbildung id_A liefert als eineindeutige Abbildung von A auf sich die Reflexivität: $A \sim A$. Ist $f : A \to B$ eine eineindeutige Abbildung von A auf B, so ist die inverse Abbildung (oder Umkehrabbildung) $f^{-1}: B \to A$ eine eineindeutige Abbildung von B auf A [4], sodass die Gleichmächtigkeit symmetrisch ist: $A \sim B \Rightarrow B \sim A$. Erst diese Symmetrie erlaubt es eigentlich, in der Definition 2.19 von „A und B *sind* gleichmächtig" zu sprechen. Sind $f : A \to B$ und $g : B \to C$ eineindeutige Abbildungen von A auf B bzw. von B auf C, so ist die Nacheinanderausführung $g \circ f : A \to C$ eine eineindeutige Abbildung von A auf C [4], d.h., die Gleichmächtigkeit ist transitiv und damit eine Äquivalenzrelation. ∎

Alle (zu A) gleichmächtigen Mengen fasst man zu einer *Klasse* zusammen und sagt, sie haben die gleiche **Mächtigkeit** oder **Kardinalzahl** [5]; dafür übliche Bezeichnungen sind $card(A)$, $|A|$, $\tilde{A}$ oder auch $\overline{\overline{A}}$.

Für endliche Mengen wird durch die Definition der Kardinalzahl gerade der aus der Anschauung bekannte Begriff der *Anzahl der Elemente* erfasst. Dieser Begriff wird auf unendliche Mengen ausgedehnt; die Kardinalzahlen unendlicher Mengen heißen **transfinit** [6].

Die Kardinalzahl der Menge **N** der natürlichen Zahlen wird mit $\aleph_0$ (gesprochen: Aleph[7]-Null) oder $\mathfrak{a}$ bezeichnet, die Kardinalzahl der – vielfach *Kontinuum* [8] genannten – Menge **R** der reellen Zahlen mit $\aleph$ oder mit $\mathfrak{c}$. Ein Repräsentant von $\aleph$ ist neben **R** auch das reelle Intervall $(0, 1)$.

---

[1] Oder *äquivalent*.

[2] Zu den Begriffen *Abbildung* und *Zuordnung* s. Kap. 3.16 (Ausblick).

[3] Die „Menge aller Mengen" wird dabei ausgeschlossen. Dieser Begriff führte zu einer der Antinomien der Mengenlehre.

[4] S. Kap. 3.8.

[5] numerus cardinalis (spätlat.) = Grundzahl, ganze Zahl; cardinalis (spätlat.) = im Angelpunkt stehend; wichtig.

[6] Unendlich, im Unendlichen liegend; trans (lat.) = jenseits, über - hinaus; finitus (lat.) = begrenzt, bestimmt.

[7] Aleph ($\aleph$) ist der Anfangsbuchstabe im hebräischen Alphabet.

[8] continuus (lat.) = zusammenhängend.

2.3 Spezielle Relationen

Endliche Mengen sind gleichmächtig, wenn sie die gleiche Anzahl von Elementen haben. Die leere Menge ist nur zu sich selbst gleichmächtig; es ist card($\emptyset$) = 0. Im Falle unendlicher Mengen kann die Entscheidung darüber, ob zwei vorgegebene Mengen gleichmächtig sind, sehr kompliziert sein. Wir erwähnen hier noch den Satz:

- Für keine Menge A gilt $A \sim \mathfrak{P}(A)$.

Für unendliche Mengen stoßen wir im Zusammenhang mit der Gleichmächtigkeit auf ganz eigentümliche Aussagen (vgl. z.B. die Fußnote 1 auf Seite 16) und Beispiele:

Beispiel 2.28: Die Menge der natürlichen Zahlen und eine ihrer echten Teilmengen sind gleichmächtig: $\mathbf{N} \sim \mathbf{N}^*$. Die Zuordnung $f: n \mapsto n + 1$ ist eine eineindeutige Abbildung von $\mathbf{N}$ auf $\mathbf{N}^*$.

Beispiel 2.29: Die Menge der reellen Zahlen und eine ihrer echten Teilmengen sind gleichmächtig: $\mathbf{R} \sim (-\frac{\pi}{2}; \frac{\pi}{2})$. Die Zuordnung $f: x \mapsto \arctan x$ ist eine eineindeutige Abbildung von $\mathbf{R}$ auf $(-\frac{\pi}{2}; \frac{\pi}{2})$.

Übung 2.25: Zeigen Sie, dass die Menge $\mathbf{R}$ der reellen Zahlen und das offene Intervall $(0; 1)$ gleichmächtig sind!

Übung 2.26: Wie viele Äquivalenzrelationen gibt es in einer Menge M mit a) $M = \{1\}$, b) $M = \{1, 2\}$, c) $M = \{1, 2, 3\}$, d) $M = \{1, 2, 3, 4, 5\}$, e) M sei n-elementig ($n \in \mathbf{N}$)?

Beispiel 2.30: Wir geben alle möglichen Äquivalenzrelationen bzw. Zerlegungen an, die es in einer Menge $M = \{1, 2, 3, 4\}$ gibt! Die Äquivalenzrelationen lassen sich auch unmittelbar anhand der Gitterdiagramme (s. Bild 2.9) oder der Pfeildiagramme ablesen.

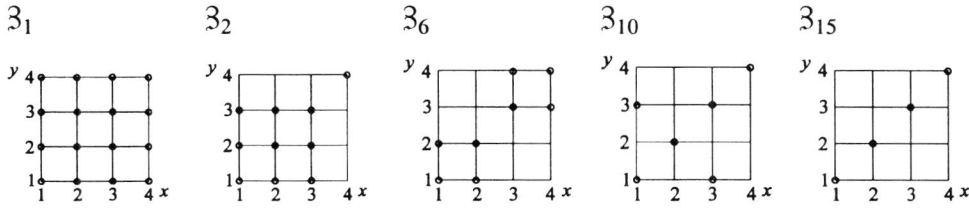

$\mathfrak{Z}_1: M = \{1, 2, 3, 4\}$; $\mathfrak{Z}_2: M = \{1, 2, 3\} \cup \{4\}$; $\mathfrak{Z}_3: M = \{1, 2, 4\} \cup \{3\}$;
$\mathfrak{Z}_4: M = \{1, 3, 4\} \cup \{2\}$; $\mathfrak{Z}_5: M = \{2, 3, 4\} \cup \{1\}$; $\mathfrak{Z}_6: M = \{1, 2\} \cup \{3, 4\}$;
$\mathfrak{Z}_7: M = \{1, 3\} \cup \{2, 4\}$; $\mathfrak{Z}_8: M = \{1, 4\} \cup \{2, 3\}$; $\mathfrak{Z}_9: M = \{1, 2\} \cup \{3\} \cup \{4\}$;
$\mathfrak{Z}_{10}: M = \{1, 3\} \cup \{2\} \cup \{4\}$; $\mathfrak{Z}_{11}: M = \{1, 4\} \cup \{2\} \cup \{3\}$;
$\mathfrak{Z}_{12}: M = \{2, 3\} \cup \{1\} \cup \{4\}$; $\mathfrak{Z}_{13}: M = \{2, 4\} \cup \{1\} \cup \{3\}$;
$\mathfrak{Z}_{14}: M = \{3, 4\} \cup \{1\} \cup \{2\}$; $\mathfrak{Z}_{15}: M = \{1\} \cup \{2\} \cup \{3\} \cup \{4\}$.

Bild 2.9

Übung 2.27: Es seien R und S Äquivalenzrelationen in einer Menge M. Prüfen Sie, ob dann auch a) $R \cap S$, b) $R \cup S$ und c) $S \circ R$ Äquivalenzrelationen in M sind!

> **Definition 2.20:** Eine unendliche Menge M ist **abzählbar (unendlich)** $:\Leftrightarrow M$ ist zur Menge **N** der natürlichen Zahlen gleichmächtig; andernfalls heißt M **überabzählbar (unendlich)**.

Die Bezeichnung „abzählbar" bringt zum Ausdruck, dass man die Elemente der Menge M mit aufeinanderfolgenden Nummern aus **N** versehen kann.

Trivialerweise ist **N** selbst abzählbar (unendlich), da die Gleichmächtigkeit als Äquivalenzrelation reflexiv ist (**N** ~ **N**); die identische Abbildung $id_\mathbf{N}$ leistet das Verlangte.

> **Satz 2.20:** Die Menge **Z** der ganzen Zahlen ist abzählbar (unendlich).

Beweis: Die Zuordnung $f : g \mapsto -2g$ für $g \leq 0$ und $f : g \mapsto 2g - 1$ für $g > 0$ mit $g \in \mathbf{Z}$ ist eine eineindeutige Abbildung von **Z** auf **N**. ∎

Obwohl die gebrochenen Zahlen überall *dicht* liegen, d.h. zwischen irgend zwei verschiedenen gebrochenen Zahlen a und b stets eine weitere gebrochene Zahl liegt (z.B. ihr arithmetisches Mittel $\frac{a+b}{2}$), lassen auch sie sich „durchnummerieren":

> **Satz 2.21:** Die Menge $\mathbf{Q}_+$ der gebrochenen Zahlen ist abzählbar (unendlich).

Beweis: Der Beweis lässt sich mit Hilfe des *ersten Cantorschen Diagonalverfahrens* führen. Die Pfeile im folgenden Schema, in dem jede gebrochene Zahl mindestens einmal vorkommt, deuten an, wie die Nummerierung erfolgen soll. Schon erfasste Zahlen werden übersprungen.

$$
\begin{array}{cccccc}
0 \to & 1 & 2 \to & 3 & 4 \to & 5 & \cdots \\
\downarrow & \nearrow & \swarrow & \nearrow & \swarrow & \nearrow & \\
\frac{1}{2} & \frac{2}{2} & \frac{3}{2} & \frac{4}{2} & \frac{5}{2} & & \cdots \\
& \swarrow & \nearrow & \swarrow & \nearrow & \swarrow & \\
\frac{1}{3} & \frac{2}{3} & \frac{3}{3} & \frac{4}{3} & \frac{5}{3} & & \cdots \\
\downarrow & \nearrow & \swarrow & \nearrow & \swarrow & \nearrow & \\
\frac{1}{4} & \frac{2}{4} & \frac{3}{4} & \frac{4}{4} & \frac{5}{4} & & \cdots \\
& \swarrow & \nearrow & \swarrow & \nearrow & \swarrow & \\
\frac{1}{5} & \frac{2}{5} & \frac{3}{5} & \frac{4}{5} & \frac{5}{5} & & \cdots \\
\downarrow & \nearrow & \swarrow & \nearrow & \swarrow & \nearrow & \\
\cdots & & & & & & \\
\end{array}
$$

∎

2.3 Spezielle Relationen

Satz 2.22: Die Menge **Q** der rationalen Zahlen ist abzählbar (unendlich).

Beweis: Es sei $f : \mathbf{N} \to \mathbf{Q}_+$ die mit Hilfe des ersten Cantorschen Diagonalverfahrens konstruierte eineindeutige Abbildung von **N** auf $\mathbf{Q}_+$. Mittels f wird eine eineindeutige Abbildung $g: \mathbf{Z} \to \mathbf{Q}$ von **Z** auf **Q** definiert: $g(x) := \begin{cases} f(x), & \text{falls } x \in \mathbf{N} \\ -f(-x), & \text{falls } x \in \mathbf{Z}_- \end{cases}$, folglich gilt $\mathbf{Z} \sim \mathbf{Q}$. Da die Gleichmächtigkeit eine Äquivalenzrelation ist, folgt mit $\mathbf{Z} \sim \mathbf{Q}$ und $\mathbf{Z} \sim \mathbf{N}$ (Satz 2.20) die Behauptung: $\mathbf{Q} \sim \mathbf{N}$. ∎

Dass es aber auch Mengen gibt, die überabzählbar sind, gehört zu den spannendsten Geschichten der Mathematik. So hat CANTOR mit dem nach ihm benannten *zweiten Cantorschen Diagonalverfahren* beweisen können, dass die Menge **R** der reellen Zahlen überabzählbar (unendlich) ist. In seinem Brief vom 29. November 1873 an DEDEKIND stellte CANTOR die Frage nach der Gleichmächtigkeit von $\mathbf{N}^*$ und $\mathbf{R}^*_+$. Schon 8 Tage später, am 7. Dezember, konnte er DEDEKIND einen Beweis dafür mitteilen, dass das reelle Intervall (0; 1) sich nicht eineindeutig auf die Menge der natürlichen Zahlen abbilden lässt. Viele bezeichnen dieses Datum heute als die eigentliche *Geburtsstunde der Mengenlehre*.

Satz 2.23: Die Menge **R** der reellen Zahlen ist überabzählbar (unendlich).

Beweis: Wir beweisen, dass bereits eine echte Teilmenge von **R**, nämlich die Menge der reellen Zahlen x mit $0 < x < 1$, überabzählbar (unendlich) ist.
Jede reelle Zahl x aus dem Intervall (0; 1) lässt sich auf genau eine Art als unendlicher Dezimalbruch ohne Neunerperiode schreiben. Wir nehmen an, diese Menge sei abzählbar (unendlich). Dann können wir sie als Folge (a_n) schreiben:

$a_1 = 0, \mathbf{a_{11}}\, a_{12}\, a_{13}\, a_{14}\, a_{15} \ldots$
$a_2 = 0, a_{21}\, \mathbf{a_{22}}\, a_{23}\, a_{24}\, a_{25} \ldots$
$a_3 = 0, a_{31}\, a_{32}\, \mathbf{a_{33}}\, a_{34}\, a_{35} \ldots$
$a_4 = 0, a_{41}\, a_{42}\, a_{43}\, \mathbf{a_{44}}\, a_{45} \ldots$
$a_5 = 0, a_{51}\, a_{52}\, a_{53}\, a_{54}\, \mathbf{a_{55}} \ldots$
....

Für jeden unendlichen Dezimalbruch
$d = 0, b_1\, b_2\, b_3\, b_4\, b_5 \ldots,$
der mit dem Dezimalbruch
$a = 0, a_{11}\, a_{22}\, a_{33}\, a_{44}\, a_{55} \ldots$
in keiner Stelle hinter dem Komma übereinstimmt und bei dem hinter dem Komma die Ziffern 0 und 9 nicht vorkommen, gilt $0 < d < 1$. Dann müsste d mit einem der Dezimalbrüche der Folge (a_n) in allen Ziffern übereinstimmen. Das ist ein Widerspruch, da d für jedes $n \in \mathbf{N}^*$ von dem n-ten Dezimalbruch in der n-ten Ziffer abweicht. ∎

Auf amüsante Weise schildert der polnische Autor STANISŁAW LEM in „Die Sterntagebücher des Weltraumfahrers John Tichy" die Verhältnisse in einem ungewöhnlichen kosmischen Hotel. Obwohl alle Zimmer belegt sind, erhalten eintreffende Gäste ihr Zimmer, selbst als eine Delegation mit unendlich vielen Philatelisten eintrifft. Gelingt es John Tichy schließlich noch, Gäste aus unendlich vielen (zu sanierenden) Hotels mit jeweils unendlich vielen belegten Zimmern im Hotel unterzubringen?

2.3.2 Ordnungsrelationen

Neben den Äquivalenzrelationen sind die *Ordnungsrelationen* eine besonders wichtige Gruppe zweistelliger Relationen. Dabei differenziert man im Allgemeinen noch weiter, indem zwischen *teilweisen Ordnungen* (oder *partiellen Ordnungen* oder *Halbordnungen*) und *totalen Ordnungen* (oder *vollständigen Ordnungen* oder *Totalordnungen*) einerseits und *reflexiven Ordnungen* (oder *Quasiordnungen*) bzw. *irreflexiven Ordnungen* (oder *strikten Ordnungen*) andererseits unterschieden wird. Die Liste synonymer Begriffe ist speziell zu diesem Thema ein leidiges Kapitel (*Ordnungen 1. und 2. Art, Teilordnungen, antireflexive Ordnungen, strikte Ordnungen* usw.).

Untersucht man den Prozess des Abzählens einer (endlichen) Menge genauer, so zeigt sich, dass durch das Abzählen neben der ermittelten Anzahl der Elemente auch eine gewisse (An-)Ordnung in dieser Menge sichtbar wird, nämlich die Reihenfolge der abgezählten Elemente. Dies lässt sich verallgemeinern.

Die Inklusion (oder Teilmengenbeziehung) ist ein Beispiel einer derartigen Relation; sie besitzt, wie wir gesehen haben (vgl. Kap. 1), die Eigenschaften der *Reflexivität*, der *Antisymmetrie* und der *Transitivität*. Die echte Inklusion haben wir als unter anderem *irreflexive* und *transitive Relation* kennen gelernt.

Es sei M eine nichtleere Menge, R eine (*zweistellige*) *Relation in M*.

> **Definition 2.21:** R ist **reflexive (teilweise) Ordnung** (in M) : $\Leftrightarrow$ R ist reflexiv, antisymmetrisch und transitiv.
>
> **Definition 2.22:** R ist **irreflexive (teilweise) Ordnung** (in M) : $\Leftrightarrow$ R ist irreflexiv und transitiv.

Ist R eine reflexive teilweise Ordnung in M, so schreibt man (in Anlehnung an die Kleiner-Gleich-Relation) anstelle von $x \, R \, y$ auch $x \preceq y$ oder $x \preceq_R y$ und sagt: „x (*steht/kommt*) *vor* y". Ist R eine irreflexive teilweise Ordnung in M, so schreibt man (in Anlehnung an die Kleiner-Relation) auch $x \prec y$ oder $x \prec_R y$. In beiden Fällen nennt man M auch eine *geordnete Menge*[1].

Mitunter wird in beiden Definitionen 2.21 und 2.22 der Zusatz „teilweise" weggelassen. Deshalb haben wir hier Klammern gesetzt. „Teilweise" steht dafür, dass es Elemente x und y in M mit $x \neq y$ geben kann, die *unvergleichbar* sind, d.h., es steht dann weder x in Relation zu y, noch steht y in Relation zu x. Während im Falle der Kleiner-Gleich-Relation $\leq$ und auch der Kleiner-Relation $<$ (etwa in **N**) stets gesichert ist, dass für $x \neq y$ entweder $x \, R \, y$ oder $y \, R \, x$ gilt, ist diese Art der Vergleichbarkeit weder für die Inklusion noch für die echte Inklusion gewährleistet. Auch die Teilbarkeit $|$ in **N** besitzt unvergleichbare Elemente: weder gilt $2 \, | \, 3$ noch $3 \, | \, 2$.

---

[1] Man fasst M mit R auch zu dem geordneten Paar (M, R) zusammen und nennt dieses Paar eine (*teilweise*) *geordnete Menge* (oder eine *Ordnung*); M heißt dabei *Trägermenge* dieser (teilweisen) Ordnung. Im Rahmen einer allgemeinen Strukturtheorie nennt man das Paar (M, R) auch ein *Relationengebilde*.

2.3 Spezielle Relationen

Beispiel 2.31: Unter den in Beispiel 2.21 sowie in den Übungen 2.10 und 2.16 zusammengestellten Relationen finden wir Beispiele für

a) reflexive (teilweise) Ordnungen

$x R_2 y$	$:\Leftrightarrow$	$x \leq y$ in $\mathbf{Z}$	(Kleiner-Gleich-Relation),
$x R_3 y$	$:\Leftrightarrow$	$x \mid y$ in $\mathbf{N}$	(Teilbarkeit),
$X R_9 Y$	$:\Leftrightarrow$	$X \subseteq Y$ in $\mathfrak{P}(M)$	(Inklusion),
$x R_{15} y$	$:\Leftrightarrow$	$x \geq y$ in $\mathbf{R}$	(Größer-Gleich-Relation),
$x R_{18} y$	$:\Leftrightarrow$	x VF y in $\mathbf{N}$	(Vielfaches sein),
$x R_{27} y$	$:\Leftrightarrow$	$x = y$ in M	(identische Relation $R_{27} = id_M$)[2],

b) irreflexive (teilweise) Ordnungen

$x R_1 y$	$:\Leftrightarrow$	$x < y$ in $\mathbf{N}$	(Kleiner-Relation),
$x R_{14} y$	$:\Leftrightarrow$	$x > y$ in $\mathbf{Q}$	(Größer-Relation),
$X R_{17} Y$	$:\Leftrightarrow$	$X \subset Y$ in $\mathfrak{P}(M)$	(echte Inklusion).

Wegen Satz 2.4 ist unmittelbar klar, dass sich die definierenden Eigenschaften einer Ordnungsrelation R auf die zugehörige *inverse Relation* R^{-1} übertragen:

➤ Wenn R eine reflexive (teilweise) Ordnung in M ist, so gilt dies auch für R^{-1}.

➤ Wenn R eine irreflexive (teilweise) Ordnung in M ist, so gilt dies auch für R^{-1}.

Übung 2.28: Übertragen sich die definierenden Eigenschaften einer Ordnungsrelation R auf die zugehörige Komplementärrelation $\complement R$?

Beispiel 2.32: Die Kleiner-Gleich-Relation $\leq$ ist in $\mathbf{R}$ eine reflexive (teilweise) Ordnung. Die zu ihr inverse Relation ist die Größer-Gleich-Relation $\geq$. Diese ist ebenfalls eine reflexive (teilweise) Ordnung.

Übung 2.29: Geben Sie die inverse Relation R^{-1} zur Relation R an, wenn R eine der Relationen aus Beispiel 2.31 ist!

Als unmittelbare Folgerung aus den Sätzen 2.9 bzw. 2.11 und 2.7 ergibt sich:

➤ Wenn R eine reflexive (teilweise) Ordnung in M ist, so ist R bitotal.

➤ Wenn R eine irreflexive (teilweise) Ordnung in M ist, so ist R asymmetrisch und antisymmetrisch.

Übung 2.30: Verzichtet man in Definition 2.21 auf die Forderung der Antisymmetrie, erhält man folgende Abschwächung: R heißt *Quasiordnung* (in M) $:\Leftrightarrow R$ ist reflexiv und transitiv. Beweisen Sie, dass die Relation S mit $x S y :\Leftrightarrow x R y \land y R x$ eine Äquivalenzrelation in M definiert!

---

[2] id_M heißt auch *totale Unordnung*, da hier je zwei verschiedene Elemente aus M unvergleichbar sind.

Zwischen den beiden definierten Ordnungen besteht ein einfacher – man sagt: *kanonischer*[1] – Zusammenhang. Es lässt sich nämlich aus jeder reflexiven Ordnung R eine irreflexive Ordnung R_i und umgekehrt auch aus jeder irreflexiven Ordnung S eine reflexive Ordnung S_r in derselben Menge M gewinnen.

Für die als Vorbild dienende reflexive Ordnung $\leq$ wird (in **R**) in der Tat durch
- $x < y :\Leftrightarrow x \leq y \land x \neq y$

eine irreflexive Ordnung gewonnen. Umgekehrt liefert die Kleiner-Relation (in **R**) mit
- $x \leq y :\Leftrightarrow x < y \lor x = y$

eine reflexive Ordnung.

Satz 2.24: Wenn R eine reflexive (teilweise) Ordnung in M ist, so ist R_i mit

$x\,R_i\,y :\Leftrightarrow x\,R\,y \land x \neq y$ (für alle $x, y \in M$)

eine **ir**reflexive (teilweise) Ordnung in M.

Beweis: Die Irreflexivität ist aus der Definition von R_i ablesbar. Um die Transitivität zu zeigen, sei $x\,R_i\,y \land y\,R_i\,z$, sodass einerseits $x\,R\,y \land x \neq y$ und andererseits $y\,R\,z \land y \neq z$ ist. Mit der Transitivität von R ist folglich auch $x\,R\,z$. Bleibt zum Nachweis von $x\,R_i\,z$ zu zeigen, dass $x \neq z$ gilt. Annahme, $x = z$. Dann würde $x\,R\,y$ und (wegen $y\,R\,z$) $y\,R\,x$ gelten, und wegen der Antisymmetrie von R wäre $x = y$. Das ist ein Widerspruch. ∎

Umgekehrt gilt der

Satz 2.25: Wenn S eine irreflexive (teilweise) Ordnung in M ist, so ist S_r mit

$x\,S_r\,y :\Leftrightarrow x\,S\,y \lor x = y$ (für alle $x, y \in M$)

eine **r**eflexive (teilweise) Ordnung in M.

Beweis: Die *Reflexivität* ist aus der Definition von S_r ablesbar. Um die *Transitivität* zu zeigen, sei $x\,S_r\,y \land y\,S_r\,z$, sodass einerseits $x\,S\,y \lor x = y$ und andererseits $y\,S\,z \lor y = z$ ist. Damit ist einer der folgenden vier Fälle erfüllt:

1) $x\,S\,y \land y\,S\,z$, 2) $x\,S\,y \land y = z$, 3) $x = y \land y\,S\,z$, 4) $x = y \land y = z$.

zu 1) Mit der Transitivität von S ist folglich auch $x\,S\,z$; also ist $x\,S_r\,z$ erfüllt;
zu 2) $y = z$ in $x\,S\,y$ eingesetzt, liefert $x\,S\,z$; also ist ebenfalls $x\,S_r\,z$ erfüllt;
zu 3) $x = y$ in $y\,S\,z$ eingesetzt, liefert $x\,S\,z$; also ist ebenfalls $x\,S_r\,z$ erfüllt;
zu 4) wegen $x = z$ ist $x\,S_r\,z$ erfüllt.

Bleibt die *Antisymmetrie* von S_r zu zeigen: $x\,S_r\,y \land y\,S_r\,x \Rightarrow x = y$ (für alle $x, y \in M$). Deshalb sei $x\,S_r\,y \land y\,S_r\,x$, sodass einerseits $x\,S\,y \lor x = y$ und andererseits $y\,S\,x \lor y = x$ ist. Damit ist einer der folgenden vier Fälle erfüllt:

1) $x\,S\,y \land y\,S\,x$, 2) $x\,S\,y \land y = x$, 3) $x = y \land y\,S\,x$, 4) $x = y \land y = x$ (Beweis: Übung 2.32). ∎

---

[1] kanonikós (griech.) = regelhaft, regelmäßig; als Vorbild dienend.

Als unmittelbare Folgerungen aus den Sätzen 2.24 und 2.25 ergeben sich die Beziehungen

> $R_i = R \setminus id_M$ bzw. $S_r = S \cup id_M$,

die natürlich ebenso als Definitionen für die Relation R_i bzw. S_r gewählt werden können.

Übung 2.31: Zeigen Sie, dass man anstelle von $R_i := R \setminus id_M$ auch $R_i := R \cap \complement\, id_M$ setzen kann!

Die enge Wechselbeziehung zwischen reflexiver und irreflexiver Ordnung wird noch deutlicher, wenn man die den Sätzen 2.24 und 2.25 zugrunde liegenden Konstruktionen fortsetzt. Mit den Bezeichnungen in diesen beiden Sätzen gilt nämlich:

> Wenn R eine reflexive (teilweise) Ordnung in M ist, so ist $(R_i)_r = R$.

> Wenn S eine irreflexive (teilweise) Ordnung in M ist, so ist $(S_r)_i = S$.

Beweis: Wir nutzen die Mengenbeziehungen aus den Übungen 1.49a) und 1.53b) und beachten, dass R bzw. S die vorausgesetzten Eigenschaften besitzen. Dann gilt
$(R_i)_r = (R \setminus id_M)_r = (R \setminus id_M) \cup id_M = R$ (wegen $id_M \subseteq R$) und
$(S_r)_i = (S \cup id_M)_i = (S \cup id_M) \setminus id_M = S$ (wegen $S \cap id_M = \emptyset$). ∎

Übung 2.32: Beweisen Sie die Antisymmetrie der in Satz 2.25 definierten Relation S_r!

Beispiel 2.33: Wegen der wechselseitigen Entsprechung zwischen reflexiver und irreflexiver Ordnung ist es gleichgültig, ob man eine Ordnungstheorie auf dem Ordnungsbegriff der ersten oder der zweiten Art aufbaut:

Menge	R	R_i
$\mathbb{Z}$	$\leq$	$<$
$\mathbb{R}$	$\geq$	$>$
$\mathfrak{P}(M)$	$\subseteq$	$\subset$
$\mathbb{N}$	$\mid$	$eT\,*$
$\mathbb{N}$	VF	$eVF\,**$
M	id_M	$\emptyset$

Menge	S	S_r
$\mathbb{Z}$	$<$	$\leq$
$\mathbb{R}$	$>$	$\geq$
$\mathfrak{P}(M)$	$\subset$	$\subseteq$
$\mathbb{N}$	$eT\,*$	$\mid$
$\mathbb{N}$	$eVF\,**$	VF
M	$\emptyset$	id_M

* eT - echter Teiler von;   ** eVF - echtes Vielfaches von

Besitzen die Relationen R und S zusätzliche Eigenschaften, ergeben sich weitere wechselseitige Beziehungen:

Übung 2.33: Beweisen Sie!
a) Wenn R eine lineare Relation in M ist, so ist die Relation $R_i := R \setminus id_M$ konnex (in M).
b) Wenn S eine konnexe Relation in M ist, so ist die Relation $S_r := S \cup id_M$ linear (in M).

Fordern wir, dass eine reflexive (teilweise) Ordnung R in einer Menge M zusätzlich noch linear bzw. eine irreflexive (teilweise) Ordnung R in einer Menge M zusätzlich noch konnex ist, so haben wir es mit einer *reflexiven totalen Ordnung* bzw. *irreflexiven totalen Ordnung* in M zu tun. Das sichert die Vergleichbarkeit aller Elemente aus M.

Es sei M eine nichtleere Menge, R eine (*zweistellige*) *Relation in M*.

Definition 2.23: R ist **reflexive totale Ordnung** (in M) :⇔ R ist eine reflexive (teilweise) Ordnung (in M), und R ist linear.

Definition 2.24: R ist **irreflexive totale Ordnung** (in M) :⇔ R ist eine irreflexive (teilweise) Ordnung (in M), und R ist konnex.

Als unmittelbare Folgerung aus den Sätzen 2.11 und 2.13 ergibt sich:

➢ Wenn R eine irreflexive totale Ordnung in M ist, so ist R trichotom.

Hasse-Diagramme

Im Falle der (endlichen) Ordnungsrelationen lassen sich die zugehörigen *Pfeildiagramme* erheblich vereinfachen. Da jede Ordnung entweder reflexiv oder irreflexiv ist, also jeder Punkt bzw. kein Punkt eine Schleife besitzt, lässt man zur Vereinfachung die Schleifen (im Falle der reflexiven Ordnungen) weg. Darüber hinaus verzichtet man auf alle „Überbrückungspfeile", die sich für beide Ordnungen aus der Transitivität ergeben. Schließlich werden (vor dem Hintergrund der Antisymmetrie) die Punkte so angeordnet, dass alle Pfeile nach oben zeigen. Auf diese Weise kann man auf die Pfeilspitzen verzichten.

Solche Pfeildiagramme heißen **Hasse-Diagramme** (oder *Ordnungsdiagramme*).

In Kap.1 haben wir für die Inklusion solche Diagramme bereits kennen gelernt.

Beispiel 2.34: In Beispiel 2.15 (Bild 2.3) ist für $M = \{0, 1, 2, 3, 4, 5, 6\}$ und $R := \{(x, y) \mid \bigvee_{z \in M} x \cdot z = y\}$, d.h.,

$x\, R\, y :\Leftrightarrow x \mid y$,

das vollständige Pfeildiagramm angegeben worden. Das auf das zugehörige Hasse-Diagramm reduzierte Pfeildiagramm hat dann (nachdem wir es um 180° gedreht haben) folgendes Aussehen (s. Bild 2.10):

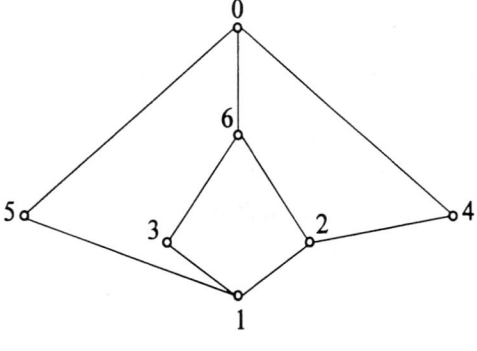

Bild 2.10

Beispiel 2.35: Die Teilbarkeit ist in $T(16)$ eine reflexive totale Ordnung (s. Bild 2.11), in $T(12)$ dagegen nur eine reflexive (teilweise) Ordnung (s. Bild 2.12). In $T(12)$ ist die Teilbarkeit nicht linear; z.B. sind 3 und 4 nicht vergleichbar. Das wird anhand der zugehörigen Hasse-Diagramme deutlich.

2.3 Spezielle Relationen

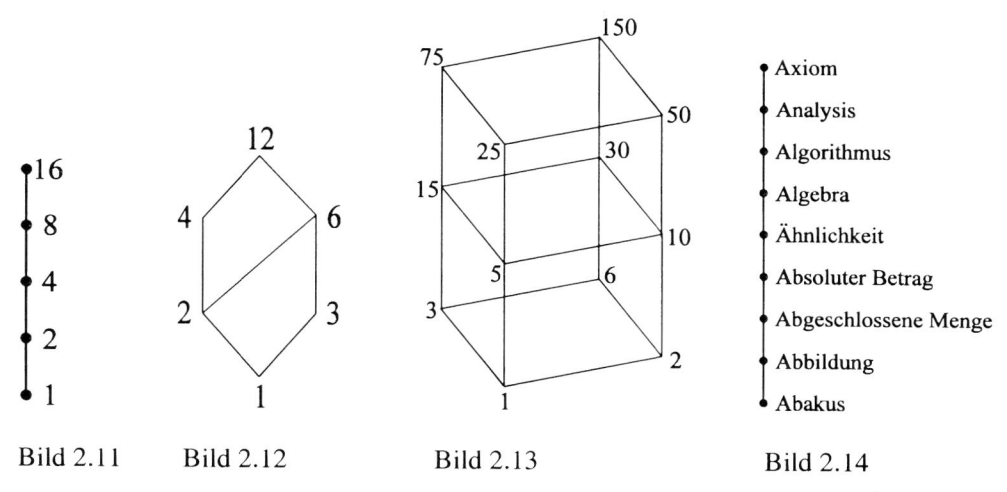

Bild 2.11   Bild 2.12   Bild 2.13   Bild 2.14

Beispiel 2.36: Wir stellen das Hasse-Diagramm für die Teilbarkeitsrelation | in der Menge **T**(150) auf! | ist eine reflexive (teilweise) Ordnung, sie ist nicht linear (s. Bild 2.13).

Übung 2.34: Stellen Sie das Hasse-Diagramm für die Teilbarkeitsrelation | in der Menge
a) $M = \{1, 2, 3, 4, 6, 8, 9, 12, 18, 27\}$, b) $M = \{1, 2, 4, 5, 8, 10, 20, 25, 50, 125\}$ auf! Handelt es sich hierbei um eine reflexive totale Ordnung?

Beispiel 2.37: Das Hasse-Diagramm einer *lexikographischen Ordnung* in einer Menge von Wörtern, die den Anfangsbuchstaben „A" haben, ist eine *Kette*, d.h., alle Elemente sind längs einer Halbgeraden oder Geraden angeordnet; es gibt keine Verzweigungen (s. Bild 2.14).

Beispiel 2.38: Die (reelle) Zahlengerade ist ein (üblicherweise horizontal liegendes) Hasse-Diagramm der ≤-Relation in **R**.

Übung 2.35: Zeichnen Sie die Hasse-Diagramme zur Inklusionsrelation $\subseteq$ in $\mathfrak{P}(M)$, wenn M wie folgt definiert ist: M sei die Menge aller
a) geraden Primzahlen,
b) zweistelligen Primzahlzwillinge zwischen 15 und 20 (die Primzahlen p_1 und p_2 heißen genau dann *Primzahlzwillinge*, wenn $p_1 + 2 = p_2$),
c) Primzahldrillinge (die Primzahlen p_1, p_2 und p_3 heißen genau dann „*Primzahldrillinge*", wenn $p_1 + 2 = p_2$ und $p_2 + 2 = p_3$),
d) einstelligen Primzahlen!

Ausblick:
Ist R eine reflexive (teilweise) Ordnung in M, und besitzt jede nichtleere Teilmenge von M bezüglich R ein *kleinstes* oder *minimales Element* (d.h., in jeder Teilmenge $X \neq \emptyset$ von M existiert ein Element x, sodass für alle $y \in X$ gilt $x R y$), dann ist R eine *Wohlordnung* in M. Der mit Hilfe des Auswahlaxioms beweisbare *Wohlordnungssatz* von ERNST ZERMELO (1871 – 1953), einem Schüler CANTORS, besagt, dass *jede Menge wohlgeordnet werden kann*.

2.3.3 Teilbarkeit und ≤-Relation

Im Folgenden werden zwei Relationen, die eine totale bzw. teilweise Ordnung in **N** realisieren, einander gegenübergestellt und miteinander verglichen: die ≤-Relation und die Teilbarkeitsrelation $|$.

Wenn wir die Definitionen der ≤-Relation und der Teilbarkeitsrelation $|$ in **N** miteinander vergleichen, stellen wir fest, dass die ≤-Relation das *additive Analogon* zur Teilbarkeitsrelation bzw. umgekehrt diese das *multiplikative Analogon* zur ≤-Relation ist. In manchen Schullehrbüchern wird der Teilbarkeit allerdings im Allgemeinen nicht die ≤-Relation, sondern die <-Relation gegenübergestellt.

	≤-Relation (Beispiele 2.6, 2.21)	Teilbarkeitsrelation $|$ (Beispiele 2.7, 2.21)
Definition (a, b und c seien im Folgenden stets beliebige natürliche Zahlen.)	$a \leq b$ gilt *per definitionem* genau dann, wenn es eine natürliche Zahl x gibt mit $a + x = b$.	$a \mid b$ gilt *per definitionem* genau dann, wenn es eine natürliche Zahl x gibt mit $a \cdot x = b$.

Eigenschaften:

Reflexivität[1]	$a \leq a$ (Beispiel 2.32).	$a \mid a$	(1)
Transitivität	Wenn $a \leq b$ und $b \leq c$, so $a \leq c$ (Beispiel 2.32).	Wenn $a \mid b$ und $b \mid c$, so $a \mid c$.	(2)
Antisymmetrie	Wenn $a \leq b$ und $b \leq a$, so $a = b$ (Beispiel 2.32).	Wenn $a \mid b$ und $b \mid a$, so $a = b$ (Übung 2.11).	(3)
Linearität	$a \leq b$ oder $b \leq a$ (Beispiel 2.21).	–	(4)

Wegen (1), (2) und (3) ist die Teilbarkeitsrelation $|$ eine *reflexive teilweise Ordnung* in **N**. Die ≤-Relation ist eine *reflexive totale Ordnung* in **N**, weil neben (1), (2) und (3) auch noch (4) erfüllt ist.

Die Linearität der ≤-Relation erlaubt es, die natürlichen Zahlen in der uns vertrauten Weise auf dem Zahlenstrahl anzuordnen.
Diese lineare Anordnung (s. Bild 2.15) steht für

$$0 \leq 1 \leq 2 \leq 3 \leq 4 \leq 5 \leq \ldots \qquad (5)$$

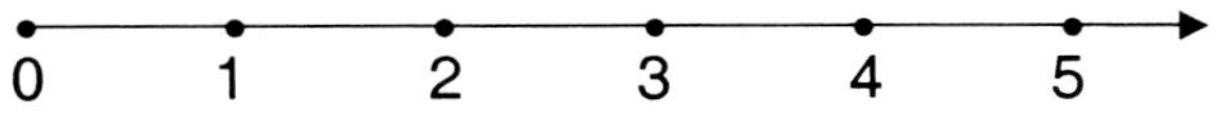

Bild 2.15

---

[1] Die Null braucht hierbei nicht ausgeschlossen zu werden; denn es gilt sowohl $0 \leq 0$ als auch $0 \mid 0$ (s. Beispiel 2.21).

2.3 Spezielle Relationen

Oft schreibt man stattdessen sogar nur
$$0, 1, 2, 3, 4, 5, \ldots$$
– und es versteht sich dann von selbst, dass die natürlichen Zahlen hier in ihrer natürlichen Ordnung hintereinander gesetzt worden sind.

Die Teilbarkeitsrelation $|$ ist nicht linear, da es unvergleichbare natürliche Zahlen gibt. Zum Beispiel gilt weder $3\,|\,4$ noch $4\,|\,3$. Eine zu (5) analoge lineare Anordnung aller natürlichen Zahlen
$$n_0\,|\,n_1\,|\,n_2\,|\,n_3\,|\,n_4\,|\,n_5\,|\,\ldots$$
lässt sich also mit Hilfe der nur teilweisen Ordnung $|$ nicht realisieren. Derartige lineare Anordnungen (Ketten) gibt es nur noch für bestimmte Teilmengen von **N**, etwa folgende:
$$1\,|\,2\,|\,4\,|\,8\,|\,16\,|\,32\,|\,\ldots \text{ oder}$$
$$1\,|\,3\,|\,6\,|\,24\,|\,48\,|\,144\,\ldots$$
Setzen wir nun den Vergleich der $\leq$-Relation und der Teilbarkeitsrelation $|$ fort, fällt z. B. auf, dass beide Relationen jeweils eine natürliche Zahl auszeichnen, die vor allen anderen steht.
Es gilt nämlich für jede natürliche Zahl a:
$$0 \leq a \qquad \text{bzw.} \qquad 1\,|\,a \tag{6}$$
Das heißt, die Null ist bezüglich der $\leq$-Relation und die Eins bezüglich der Teilbarkeitsrelation $|$ die *kleinste natürliche Zahl*.

Darüber hinaus besitzt die Teilbarkeitsrelation $|$ eine ganz bemerkenswerte Eigenschaft, die der $\leq$-Relation fehlt. Bezüglich $|$ gibt es nämlich auch eine *größte natürliche Zahl*, die Null. Bekanntlich gilt für jede natürliche Zahl a
$$a\,|\,0, \tag{7}$$
d. h., die Null steht *nach* jeder anderen natürlichen Zahl.

Im Folgenden werden die *ausgezeichneten Elemente* bezüglich beider Relationen noch einmal zusammengestellt. Die Tabelle gibt außerdem Auskunft, welche der *Monotoniegesetze* gültig sind.

Existenz einer kleinsten Zahl in **N**	$0 \leq a$ 0 ist bezüglich $\leq$ die kleinste natürliche Zahl.	$1\,\|\,a$ 1 ist bezüglich $\|$ die kleinste natürliche Zahl.	(6)
Existenz einer größten Zahl in **N**	Wegen $a \leq a+1$ gibt es bezüglich $\leq$ keine größte natürliche Zahl.	$a\,\|\,0$ 0 ist bezüglich $\|$ die größte natürliche Zahl.	(7)
Monotonie der Addition	Wenn $a \leq b$, so $a+c \leq b+c$.	Die Addition ist bezüglich $\|$ nicht monoton; z.B. gilt zwar $3\,\|\,6$, nicht aber $(3+2)\,\|\,(6+2)$.	(8)
Monotonie der Multiplikation	Wenn $a \leq b$, so $a \cdot c \leq b \cdot c$.	Wenn $a\,\|\,b$, so $a \cdot c\,\|\,b \cdot c$.	(9)

Über die in beiden Tabellen ausgewiesenen Gemeinsamkeiten hinaus besteht zwischen beiden Relationen eine interessante Beziehung. Um diesen Zusammenhang besonders deutlich zu machen, stellen wir beide Relationen zunächst mit Hilfe ihrer *Relationsgraphen* (bzw. ihrer *Gitterdiagramme*) dar (s. Bild 2.16).

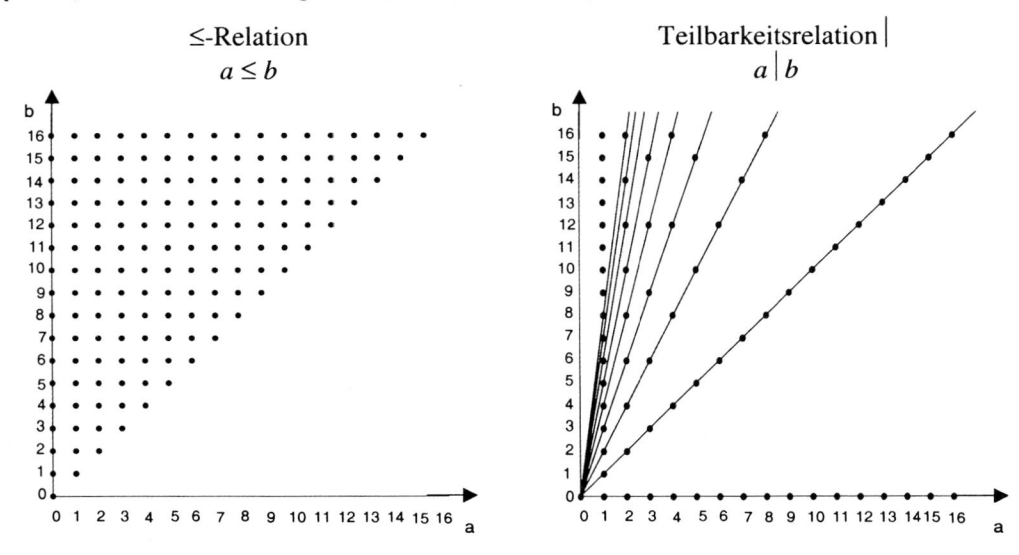

Bild 2.16

Die *Reflexivität* beider Relationen spiegelt sich unmittelbar in Bild 2.16 wider; jeder Punkt (a, a) mit $a \in \mathbf{N}$ auf der Winkelhalbierenden (Diagonalen) des ersten Quadranten gehört zum Gitterdiagramm.

Die Eingänge verhalten sich in beiden Gitterdiagrammen genau entgegengesetzt. Während bei der ≤-Relation die *Abszissenachse* [mit Ausnahme des Punktes (0, 0)] leer bleibt und die *Ordinatenachse* vollständig[1] besetzt ist, gehört im Falle der Teilbarkeit die *Abszissenachse* ganz[2] zur Relation, von der *Ordinatenachse* wird dagegen nur der Ursprung berücksichtigt (vgl. auch Beispiel 2.14).

Im Gitterdiagramm der ≤-Relation gibt es keine Zeile, die vollständig besetzt ist[2], andernfalls gäbe es je eine größte natürliche Zahl [s. (7)].

Bezüglich der Teilbarkeit ist die Null gemäß (7) die *größte natürliche Zahl*. Deshalb wird im zugehörigen Gitterdiagramm die Abszissenachse lückenlos erfasst.

Vollständig besetzte Spalten gibt es dagegen in beiden Gitterdiagrammen. Das ist wegen (6) im Falle der ≤-Relation die 0-Spalte und im Falle der Teilbarkeitsrelation | die 1-Spalte. Am Rande sei vermerkt, dass die Zeilen mit genau zwei Punkten bei der Darstellung der Teilbarkeitsrelation gerade die Primzahlen kennzeichnen.

Klammern wir die Abszissenachse aus[3], dann ist das verbleibende Diagramm der Teilbarkeitsrelation | im verbleibenden Gitterdiagramm der ≤-Relation enthalten.

---

[1] Man beachte, dass uns hier natürlich nur Punkte (a, b) mit $a \in \mathbf{N}$ und $b \in \mathbf{N}$ interessieren.
[2] Der Punkt (16; 15) gehört z. B. schon nicht mehr zum Gitterdiagramm (s. Bild 2.16).
[3] Der Ursprung brauchte eigentlich nicht ausgeschlossen zu werden.

2.3 Spezielle Relationen

Das heißt mit anderen Worten, wenn wir die Null als Vielfaches jeder Zahl ausschließen, liefert die Gegenüberstellung beider Relationen folgendes Ergebnis:

Satz 2.26: Für alle natürlichen Zahlen a und b (mit $b \neq 0$) gilt:

Wenn $a \mid b$, so $a \leq b$. (10)

Beweis: Sei $a \mid b$. Dann gibt es nach Definition der Teilbarkeit eine natürliche Zahl x mit $a \cdot x = b$. Da nach Voraussetzung $b \neq 0$ ist, kann x nicht Null sein, d. h., es gilt $x \geq 1$. Wegen der Monotonie der Multiplikation bezüglich der $\leq$-Relation [s. (9)] ist damit mit $1 \leq x$ auch $1 \cdot a \leq x \cdot a$, also $a \leq b$. ∎

Der Fall $a = 0$, $b \neq 0$ (Ordinatenachse ohne Ursprung) braucht in (10) nicht ausgeschlossen zu werden, da bei falscher Prämisse die Implikation immer wahr ist. Die Umkehrung von (10) gilt natürlich nicht. Schreiben wir (10) in kontraponierter Form, erhalten wir:

➢ *Für alle natürlichen Zahlen a und b (mit $b \neq 0$) gilt:*

Wenn $a > b$, so $a \nmid b$. (10')

Auch in dieser zu (10) äquivalenten Fassung muss $b = 0$ ausgeschlossen werden, andernfalls folgte nämlich z. B. aus $3 > 0$ sofort $3 \nmid 0$ – im Widerspruch zu (7).

Aus der Differenzierbarkeit einer Funktion folgt ihre Stetigkeit. Dieser Satz wird gern zitiert, wenn Abhängigkeiten zwischen Eigenschaften – in diesem Falle der Funktionen – genannt werden sollen. Dass aber die Relation $\leq$ aus der Teilbarkeit folgt (solange man die Null in der angegebenen Weise ausklammert), wird in dieser Form wohl nur selten ausgesprochen.

Graphische Darstellung mit Hilfe eines Computer-Algebra-Systems (CAS):

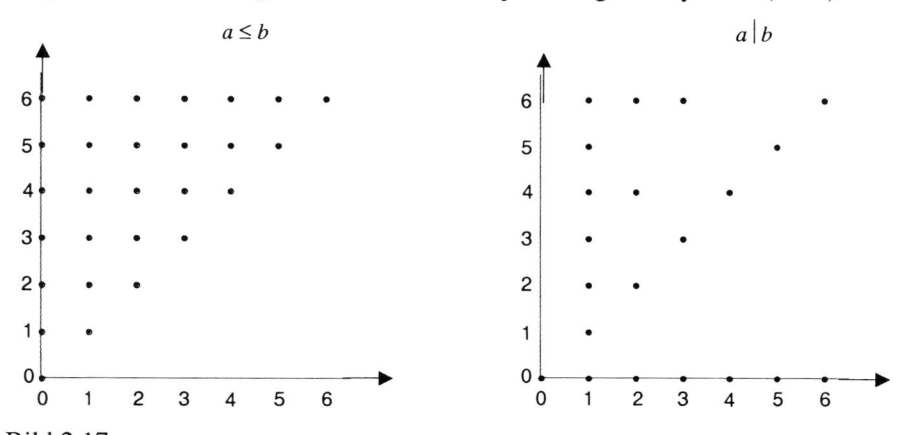

Bild 2.17

DERIVE zeichnet per VECTOR(VECTOR(IF(a = 0, [b, 0], IF(INTEGER?(b/a) = true, [a, b])), a, 0, 6), b, 0, 6) das gewünschte Gitterdiagramm für die Teilbarkeit; das für die Kleiner-Gleich-Relation per VECTOR(VECTOR(IF(a $\leq$ b ∧ INTEGER?(a) = true ∧ INTEGER?(b) = true, [a, b]), a, 0, 6), b, 0, 6).

3 Funktionen

Was ist eine Funktion[1]?

Funktionen sind mathematische Werkzeuge zur Beschreibung von Sachverhalten oder Situationen aus der Natur, der Technik, der Mathematik und aus anderen Wissenschaften, bei denen Abhängigkeiten zwischen den beteiligten Größen bestehen.

Der heutige Funktionsbegriff ist das Ergebnis einer langen Entwicklung. Bereits die Babylonier benutzten vor 4000 Jahren Rechentafeln, die als Vorläufer von Funktionen in Tabellenform angesehen werden können. Eine entscheidende Entwicklung des Funktionsbegriffs setzte im 16. Jahrhundert ein, als die Variablen durch FRANÇOIS VIÈTE (1540 – 1603), PIERRE DE FERMAT und RENÉ DESCARTES Eingang in die Mathematik fanden. Die heutige, durch die Mengenlehre geprägte Fassung, entstand Ende des 19. Jahrhunderts. Sie ist mit den Namen RICHARD DEDEKIND, GEORG CANTOR, GIUSEPPE PEANO und FELIX HAUSDORFF (1868 – 1942) verknüpft.

3.1 Der Begriff der Funktion

Funktionen sind eindeutige Zuordnungen. Das bedeutet, dass jedem Element x aus einer Menge X höchstens ein Element y aus einer Menge Y zugeordnet wird. Damit ist eine Funktion eine Menge von geordneten Paaren (x, y) mit $x \in X$ und $y \in Y$.

Funktionen werden häufig mit Hilfe von kleinen Buchstaben, wie f, g oder h, bezeichnet. Die Menge aller x mit $x \in X$, für die ein $y \in Y$ mit $(x, y) \in f$ existiert, bildet den **Definitionsbereich** $D(f)$ der Funktion f. Die Elemente des Definitionsbereichs einer Funktion heißen **Argumente**. Die Menge der y mit $y \in Y$, für die ein $x \in X$ mit $(x, y) \in f$ existiert, ist der **Wertebereich** $W(f)$ der Funktion f. Die Elemente des Wertebereichs einer Funktion heißen **Funktionswerte**.

Durch eine Funktion f ist jedem Argument x eindeutig ein Funktionswert y zugeordnet. Man sagt: „y ist der Funktionswert der Funktion f an der Stelle x" und schreibt: $y = f(x)$.

Um die **Eindeutigkeit**[2] einer Zuordnung zu sichern, ist es notwendig und hinreichend, dass für alle $x \in X$ und $y \in Y$ gilt: Wenn $(x, y_1) \in f$ und $(x, y_2) \in f$, so $y_1 = y_2$. Mit anderen Worten: Aus der Gleichheit von zwei Argumenten folgt die Gleichheit ihrer Funktionswerte. Bei einer Funktion können also keine zwei Paare mit gleicher erster Komponente und verschiedenen zweiten Komponenten auftreten.

Mit Hilfe der Mengenschreibweise kann der Funktionsbegriff wie folgt definiert werden:

> **Definition 3.1:** Es seien X, Y zwei Mengen und f eine Teilmenge des kartesischen Produktes $X \times Y$.
> f heißt **Funktion** genau dann, wenn aus $(x, y_1) \in f$ und $(x, y_2) \in f$ immer $y_1 = y_2$ folgt.

---

[1] functio (lat.) = Verrichtung. Diese Bezeichnung wurde 1692 durch GOTTFRIED WILHELM LEIBNIZ (1646 - 1716) eingeführt.

[2] Oder *Nacheindeutigkeit* (vgl. JUNEK, H.: Analysis. Funktionen – Folgen – Reihen. mathematik-abc für das Lehramt, Leipzig: Teubner, 1998, S. 20.

3.1 Der Begriff der Funktion

Beispiel 3.1: Ordnet man jeder natürlichen Zahl ihr Dreifaches zu, so ist diese Zuordnung eindeutig, also eine Funktion.
Zu jeder natürlichen Zahl x gibt es genau ein Dreifaches dieser Zahl, nämlich $3 \cdot x$.
Somit handelt es sich um die Funktion f mit $f(x) = 3x$ ($x \in \mathbf{N}$).

Der Definitionsbereich von f besteht aus allen natürlichen Zahlen, $D(f) = \mathbf{N}$. Der Wertebereich von f ist die Menge aller durch 3 teilbaren natürlichen Zahlen, also eine echte Teilmenge der Menge der natürlichen Zahlen, $W(f) \subset \mathbf{N}$.

In der folgenden **Wertetabelle** ist für einige Argumente der Funktion (in der ersten Zeile) der jeweils zugehörige Funktionswert (in der zweiten Zeile) darunter angegeben. In einer Wertetabelle können immer nur endlich viele Paare einer Funktion angegeben werden. In der obigen Wertetabelle sind das die Paare (0, 0), (1, 3), (2, 6) und (3, 9). Im Bild 3.1 ist ausschnittsweise der **Graph** der Funktion $y = 3x$ ($x \in \mathbf{N}$) dargestellt. Dabei wurden auf den beiden Achsen unterschiedliche Skalierungen gewählt. Die Paare aus der obigen Wertetabelle liefern die Koordinaten von vier Punkten. Die Punkte liegen alle auf einer Geraden, die durch den Koordinatenursprung verläuft. Durch zwei dieser Punkte ist diese Gerade eindeutig festgelegt. In einem solchen Diagramm kann die Funktion prinzipiell nicht vollständig dargestellt werden.

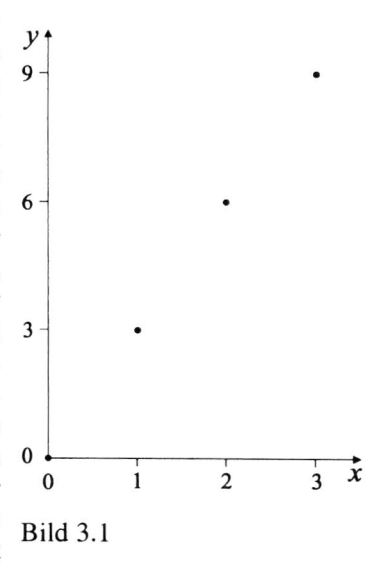

x	0	1	2	3
y	0	3	6	9

Bild 3.1

Beispiel 3.2: Durch die folgende Wertetabelle ist eine Zuordnung gegeben. Jeder Zahl x in der ersten Zeile ist darunter stehend eine Zahl y in der zweiten Zeile zugeordnet. Die Zahl y ist jeweils ein Teiler von x.

x	10	6	10	6	2	3	6
y	2	2	5	3	2	1	6

Die Zuordnung ist nicht eindeutig, denn z.B. gehören die Paare (10, 2) und (10, 5) zu der Zuordnung, d.h., die ersten Komponenten stimmen überein, während die zweiten Komponenten voneinander verschieden sind.

Stellt man diese Zuordnung in einem kartesischen Koordinatensystem graphisch dar, so ergeben sich auch Punkte, wie z.B. $P(10, 2)$ und $Q(10, 5)$, die auf ein und derselben Parallelen zur y-Achse liegen. Auch daran kann man erkennen, dass eine (also auch diese) Zuordnung nicht eindeutig ist.

Übung 3.1: Geben Sie den Definitions- und den Wertebereich der Zuordnung aus Beispiel 3.2 an!

Übung 3.2: Begründen Sie, dass die Bezeichnung "Funktionstasten" für einige Tasten auf einem Taschenrechner berechtigt ist!

Für Funktionen sind verschiedene Schreib- und Sprechweisen üblich:

$f \subseteq X \times Y$ – gesprochen: „f ist eine Menge von Paaren x, y mit x aus X und y aus Y".

$f: X \to Y$ – gesprochen: „f ist eine Funktion *von* X in (oder nach) Y".

Für jede Funktion f ist $D(f) \subseteq X$; man sagt, f bildet **aus** der Menge X ab. Bei $D(f) = X$ sagt man, dass f **von** der Menge X abbildet (dieser Fall liegt bei $f: X \to Y$ vor).

Für jede Funktion f ist $W(f) \subseteq Y$; man sagt, dass f **in** die Menge Y abbildet (dieser Fall liegt bei $f: X \to Y$ vor). Bei $W(f) = Y$ sagt man, dass f **auf** die Menge Y abbildet. Gilt für eine Funktion $W(f) = Y$, so sagt man, dass die Funktion **surjektiv**[1] ist.

Anstelle der korrekten Schreibweise „Die Funktion f mit $y = f(x)$" (gesprochen: „y ist gleich f von x") wird häufig nur kurz geschrieben „Die Funktion $y = f(x)$" oder sogar „Die Funktion $f(x)$". Diese verkürzende Schreibweise birgt die Gefahr der Verwechslung von f (einer Funktion) und $f(x)$ (dem Funktionswert von f an der Stelle x) in sich.

In der Geometrie benutzt man oft anstelle des Wortes „Funktion" das Wort „Abbildung". In manchen Zusammenhängen sind auch weitere Bezeichnungen wie „Operator" oder „Transformation" für eine Funktion gebräuchlich.

Sind bei einer Funktion sowohl die Menge X als auch die Menge Y Zahlenmengen, so spricht man von einer **Zahl-Zahl-Funktion**.

Ist bei einer Funktion die Menge der zugelassenen Argumente nicht angegeben, so ist immer vom größtmöglichen Definitionsbereich auszugehen.

Mit Hilfe der Definition 3.1 kann entschieden werden, wann zwei Funktionen gleich sind. Funktionen sind Teilmengen eines kartesischen Produktes zweier Mengen, also selbst Mengen. Zwei Mengen sind genau dann gleich, wenn sie in ihren Elementen übereinstimmen. Damit sind zwei Funktionen genau dann gleich, wenn sie im Definitionsbereich übereinstimmen und für gleiche Argumente auch gleiche Funktionswerte haben. Man sagt dann auch, sie sind *wertverlaufsgleich*.

Es sei f eine Funktion mit $D(f) = X$ und $A \subseteq X$. Dann wird die Funktion g mit $D(g) = A$ und $g(x) = f(x)$ für alle $x \in A$ als die **Einschränkung** von f auf A bezeichnet. Die Funktion g ist nicht notwendig für alle Argumente von f definiert. Umgekehrt heißt f eine **Fortsetzung** von g, denn f ist mindestens für die Argumente von g definiert.

Funktionen können verschieden dargestellt werden. Besonders häufig werden Funktionen durch eine **Funktionsgleichung**, eine **Wertetabelle**, einen **Graphen** oder **verbal** dargestellt. Manchmal werden auch Funktionen durch **Funktionalgleichungen**[2] definiert.

Als **Graph der Funktion** f wird die Menge der Punkte $P(x, f(x))$ mit $x \in D(f)$ bezeichnet. Der Graph einer Funktion ist damit ein geometrisches Gebilde. In der Literatur findet man auch andere Festlegungen.

---

[1] surjectif (franz.) - gebildet aus sur (franz.) = auf und iacere (lat.) = werfen.
[2] Die Gleichungen (1) in den Sätzen 3.4, 3.5 und 3.6 sind Beispiele für Funktionalgleichungen.

3.1 Der Begriff der Funktion

Beispiel 3.3: Verschiedene Schreibweisen für die Funktion f mit $f(x) = 3x$ ($x \in \mathbf{N}$):
$f = \{(x, 3x) \mid x \in \mathbf{N}\}$; $\quad y = 3x$ ($x \in \mathbf{N}$);
$f: \mathbf{N} \to \mathbf{N}$ mit $f(x) = 3x$; $\quad f: \mathbf{N} \to \mathbf{N}$ mit $x \mapsto 3x$;
die Funktion $f(x) = 3x$ ($x \in \mathbf{N}$); $\quad$ die Funktion $y = 3x$ ($x \in \mathbf{N}$).
Es handelt sich um eine Zahl-Zahl-Funktion, bei der die Menge der natürlichen Zahlen in die Menge der natürlichen Zahlen abgebildet wird. Die Funktion ist nicht surjektiv. f ist die Einschränkung der Funktion $g = \{(x, 3x) \mid x \in \mathbf{R}\}$ auf $\mathbf{N}$.

Übung 3.3: Erläutern Sie, von welchem Definitionsbereich und welchem Wertebereich man jeweils bei den folgenden Angaben ausgehen kann!
a) $\quad f$ ist eine Funktion aus X in Y, $\quad$ b) $\quad f$ ist eine Funktion aus X auf Y,
c) $\quad f$ ist eine Funktion von X in Y, $\quad$ d) $\quad f$ ist eine Funktion von X auf Y.

Übung 3.4: Begründen Sie, dass Zahlenfolgen Funktionen sind, deren Definitionsbereich die Menge der natürlichen Zahlen (oder eine Teilmenge dieser Menge) ist!

Übung 3.5: Geben Sie für die Funktion $f: \mathbf{R} \to \mathbf{R}$ mit $f(x) = x^2$ verschiedene Schreibweisen und Darstellungsformen an! Entscheiden Sie, ob f surjektiv ist!

Beispiel 3.4: Die beiden Funktionen
f mit $f(x) = x^2 - 1$, ($x \in \mathbf{R}$) und $g: \mathbf{R} \to \mathbf{R}$ mit $g(t) = (t-1)(t+1)$
sind gleich oder, wie man mitunter auch sagt, identisch.
Beide Funktionen haben den gleichen Definitionsbereich $\mathbf{R}$. Wegen $(t-1)(t+1) = t^2 - 1$ stimmen auch die Mengen der Paare von f und g überein. Die unterschiedliche Bezeichnung der Argumente mit x bzw. t hat keinen Einfluss auf die Entscheidung.

Beispiel 3.5: Die Funktionen f mit $f(x) = \dfrac{x^2 - 1}{x + 1}$ und g mit $g(x) = x - 1$ sind voneinander verschieden.
Die Beziehung $\dfrac{x^2 - 1}{x + 1} = \dfrac{(x-1)(x+1)}{x+1} = x - 1$ besteht nur für alle von -1 verschiedenen reellen Zahlen. Für alle diese Zahlen stimmen die Funktionswerte der Funktionen f und g überein. Offensichtlich ist $D(f) = \mathbf{R} \setminus \{-1\}$ und $D(g) = \mathbf{R}$. Das Paar $(-1, -2)$ gehört zur Funktion g, aber nicht zur Funktion f. Daher sind die beiden Funktionen nicht gleich. Die Funktion g ist eine Fortsetzung der Funktion f, während die Funktion f eine Einschränkung der Funktion g ist.

Übung 3.6: Entscheiden Sie, welche der Funktionen f und g gleich sind! Ist eine der Funktionen Einschränkung bzw. Fortsetzung der anderen Funktion?

a) $\quad f(x) = \dfrac{x}{x^2}$ ($x \neq 0$), $g(x) = \dfrac{1}{x}$, $\quad$ b) $\quad f(s) = \dfrac{s^3 - 1}{s - 1}$, $g(s) = s^2 + s + 1$.

Übung 3.7: Stellen Sie die *konstante* Funktion f mit $f(x) = 3$ und die *Betragsfunktion* g mit $g(x) = |x|$ auf verschiedene Weisen dar! Woran kann man in den einzelnen Darstellungsformen die Eindeutigkeit der Zuordnung erkennen?

3.2 Funktionen als spezielle Relationen

Funktionen sind eindeutige Zuordnungen, d.h. nach Definition 3.1 spezielle Teilmengen des kartesischen Produktes zweier Mengen X und Y.

- Zuordnungen sind somit nichts anderes als Teilmengen eines kartesischen Produktes, also zweistellige Relationen zwischen X und Y. Für eine große Klasse von Zahl-Zahl-Funktionen gilt $X = Y = \mathbf{R}$. Damit sind solche Funktionen auch zweistellige Relationen in $\mathbf{R}$ (s. Kap. 2.2).

- Es sei $f : \mathbf{R} \to \mathbf{R}$ eine Funktion. Dann ist $f \subseteq \mathbf{R} \times \mathbf{R} = \mathbf{R}^2$. Damit ist f eine Relation in $\mathbf{R}$. Da jede Funktion eindeutig ist, ist f eine rechtseindeutige Relation in $\mathbf{R}$.

Für zweistellige Relationen übliche Schreibweisen wie z.B. $x\, R\, y$ werden in der Regel nicht auf Funktionen angewendet. Für Funktionen hat sich eine eigene Symbolik wie z.B. $y = f(x)$ durchgesetzt.

- Es sei $f : \mathbf{R} \to \mathbf{R}$ eine Funktion. Wegen $D(f) = \mathbf{R}$ ist f eine linkstotale Relation in $\mathbf{R}$. Ist darüber hinaus $W(f) = \mathbf{R}$, so ist f auch eine rechtstotale Relation in $\mathbf{R}$, also insgesamt eine bitotale Relation in $\mathbf{R}$.

Viele Begriffe, die in diesem Kapitel 3 für Funktionen definiert werden, wie z.B. *Definitionsbereich* (s. Kap. 3.1), *Wertebereich* (s. Kap. 3.1), *injektiv* (s. Kap. 3.8) und *Verkettung* (s. Kap. 3.15), wurden schon für Relationen, also für beliebige Teilmengen des kartesischen Produktes zweier Mengen, in Kapitel 2 definiert. Andere Begriffe, wie z.B. *Einschränkung* (s. Kap. 3.1), *Fortsetzung* (s. Kap. 3.1), *surjektiv* (s. Kap. 3.1) und *bijektiv* (s. Übung 3.10), könnten ebenfalls schon für Relationen definiert werden. Wir haben darauf verzichtet, da wir hierbei den Schwerpunkt auf den Umgang mit Funktionen legen. Hinzu kommt, dass sich auch unterschiedliche Bezeichnungen für gleiche Sachverhalte herausgebildet haben. Das wird beispielhaft für den Begriff „bijektiv" in Übung 3.10 verdeutlicht.

Der folgende Satz steht als ein Beispiel dafür, wie Funktionen als spezielle Relationen charakterisiert werden können (vgl. Kap. 2.2; mit $M = N$).

Satz 3.1: Eine Relation f aus M in N ist eine Funktion genau dann, wenn $f \circ f^{-1} \subseteq id_N$.

Beweis: ($\Rightarrow$) Zunächst sei f eine Funktion aus M in N.
Dann ist zu zeigen, dass $f \circ f^{-1} \subseteq id_N$ ist.
Es sei $(x, z) \in f \circ f^{-1}$ mit $x, z \in N$, d.h., es existiert ein $y \in M$ mit $(x, y) \in f^{-1}$ und $(y, z) \in f$. Wenn $(x, y) \in f^{-1}$, dann ist $(y, x) \in f$. Wegen der Rechtseindeutigkeit von f ist $x = z$, also $(x, z) = (x, x)$ und damit $(x, x) \in id_N$.

($\Leftarrow$) Nun sei $f \circ f^{-1} \subseteq id_N$. Dann ist zu zeigen, dass f rechtseindeutig ist, d.h., aus $(y, z) \in f$ und $(y, x) \in f$ folgt, dass $z = x$ ist.
Es seien $(y, x) \in f$ und $(y, z) \in f$. Dann ist $(x, y) \in f^{-1}$ und $(x, z) \in f \circ f^{-1}$.
Wegen $f \circ f^{-1} \subseteq id_N$ ist $z = x$. ∎

3.2 Funktionen als spezielle Relationen

Übung 3.8: Es seien M, N zwei Mengen. Welche Eigenschaft hat eine Funktion f aus M in N, die gleichzeitig eine linkseindeutige Relation ist?

Übung 3.9: Geben Sie jeweils ein Beispiel für eine Funktion an, die
a) eine linkstotale Relation in **R** ist,
b) eine rechtstotale Relation in **R** ist,
c) weder eine linkstotale noch eine rechtstotale Relation in **R** ist!

Übung 3.10: Begründen Sie, dass durch die beiden folgenden Formulierungen der gleiche Begriff festgelegt ist: „Eine Funktion heißt **bijektiv** genau dann, wenn sie injektiv und surjektiv ist." „Eine Relation heißt **bijektiv** genau dann, wenn sie linkseindeutig, rechtseindeutig und rechtstotal ist."

Übung 3.11: Es seien M eine Menge und $f: M \to M$ die identische Funktion id_M, also $id_M(x) = f(x) = x$ für alle $x \in M$.
Zeigen Sie a) $f = id_M$ ist bijektiv, b) f ist eine bitotale Relation in M!

Übung 3.12: Es seien f eine Relation aus M in N und g eine Relation aus N in P.
Definieren Sie a) die Umkehrrelation f^{-1}, b) die Verkettung $g \circ f$!

Beispiel 3.6: Im Bild 3.2 ist die Funktion $f: \mathbf{Z} \to \mathbf{Z}$ mit $f(x) = x^2$ ausschnittsweise in einem *Pfeildiagramm* dargestellt.
Da es im Wertebereich von f Elemente gibt, bei denen mehr als ein Pfeil endet, ist die Funktion keine linkseindeutige Relation und damit nicht eineindeutig (vgl. Kap. 2.2; Beispiel 2.19). Die Funktion ist wegen $D(f) = \mathbf{Z}$ eine linkstotale Relation. Da es auch ganze Zahlen gibt, bei denen kein Pfeil endet, ist $W(f) \subset \mathbf{Z}$. Damit ist f keine rechtstotale Relation. Daher ist f auch nicht surjektiv. Die

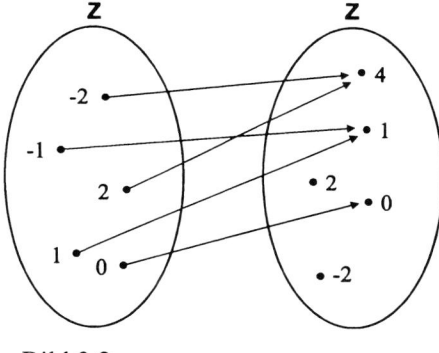

Bild 3.2

Funktion $g: \mathbf{R} \to \mathbf{R}$ mit $g(x) = x^2$ ist eine Fortsetzung der Funktion f, die ebenfalls nicht surjektiv ist. Dagegen ist die Funktion $h: \mathbf{R} \to \mathbf{R}_+$ mit $h(x) = x^2$ surjektiv.

Eine Funktion kann nur bei einem endlichen Definitionsbereich (mit einer geringen Anzahl von Argumenten) vollständig als Pfeildiagramm dargestellt werden.

Übung 3.13: Es seien M, N Mengen und R eine Relation (Zuordnung) aus M in N. Ist $x \in M$ und $y \in N$ mit $x R y$, so wird y ein **Bild** von x und x ein **Urbild** von y bezüglich (oder bei) R genannt. Die Menge aller Bilder eines Elementes $x \in M$ heißt das **volle Bild** bezüglich (oder bei) R. Entsprechend heißt die Menge aller Urbilder eines gegebenen Bildes $y \in N$ das **volle Urbild** bezüglich (oder bei) R.
a) Nun sei R eine Funktion. Welche Aussagen können über Bild, Urbild, volles Bild und volles Urbild getroffen werden?
b) Welche Bezeichnungen für Bild und Urbild sind üblich, wenn R eine Funktion ist?

3.3 Ausblick auf Funktionen, die mehrstellig oder zweiwertig sind

Bei den bisher betrachteten Zahl-Zahl-Funktionen f wurde jeder Zahl x aus $D(f)$ genau eine Zahl y ($= f(x)$) aus $W(f)$ zugeordnet. Man sagt in solchen Fällen auch: „f ist eine Funktion der Veränderlichen x" bzw. „f ist eine Funktion mit *einer* Veränderlichen" oder kürzer „f ist eine *einstellige* Funktion". Der Begriff der einstelligen Funktion kann verallgemeinert werden.

> **Definition 3.2:** Es seien X, Y und Z drei Zahlenmengen und $f: X \times Y \to Z$ eine Funktion, die jedem geordneten Paar $(x, y) \in X \times Y$ genau[1] ein $z \in Z$ zuordnet.
> f heißt dann **zweistellige Funktion** der Veränderlichen x und y.

Auch eine zweistellige Funktion f ist eine Menge geordneter Paare, nämlich eine Menge von Paaren $((x, y), z)$ mit $x \in X$, $y \in Y$ und $z \in Z$. Dabei bestehen die ersten Komponenten allerdings ebenfalls schon aus geordneten Paaren.

Der Definitionsbereich einer zweistelligen Funktion f ist also eine Menge von geordneten Paaren. Es ist $D(f) = \{(x, y) \mid x \in X \wedge y \in Y \wedge \bigvee_{z \in Z} f(x, y) = z\}$.

Obwohl die Bildung des kartesischen Produktes von drei Mengen nicht assoziativ ist (Kap. 1.7, S. 42), sagt man gelegentlich, dass zweistellige Funktionen auch dreistellige Relationen sind. Dann ist das Tripel (x, y, z) im Sinne von $((x, y), z)$ definiert, es kann also nicht als geordnetes Paar $(x, (y, z))$ verstanden werden.

Der Graph einer einstelligen reellen Zahl-Zahl-Funktion ist eine Punktmenge in der x-y-Ebene. Oft (aber nicht immer) liegen die Punkte des Graphen einer solchen Funktion auf einer Kurve. Gemäß Definition 3.2 sind die an einer zweistelligen Funktion beteiligten Mengen X, Y und Z Zahlenmengen. Daher sind Graphen von zweistelligen (reellen; reellwertigen) Funktionen Punktmengen im dreidimensionalen x-y-z-Raum, die oft aus Punkten einer (zusammenhängenden) Fläche im Raum bestehen. In einfachen Fällen können Funktionen daher zutreffend graphisch dargestellt werden.

Schon einfache Kurven, wie z.B. Kreise oder Ellipsen, werden durch die bisher betrachteten Funktionen nicht erfasst, denn hier ist die Eindeutigkeitsbedingung verletzt. Solche geschlossenen Kurven können also keine Graphen von bisher betrachteten Funktionen sein. Mit Hilfe von Funktionen, deren Wertebereich aus Paaren besteht, können jedoch solche Graphen erzeugt werden.

> **Definition 3.3:** Es seien X, Y und Z drei Zahlenmengen und $f: X \to Y \times Z$ eine Funktion, die jedem $x \in X$ genau ein geordnetes Paar $(y, z) \in Y \times Z$ zuordnet.
> f heißt dann **zweiwertige**[2] **Funktion** der Veränderlichen x.

Auch solche Funktionen f sind Mengen geordneter Paare. Dabei bestehen die zweiten Komponenten jeweils aus einem geordneten Paar.

---

[1] Die Pfeilschreibweise $f: X \times Y \to Z$ zieht $D(f) = X \times Y$ nach sich. Im Falle von $D(f) \subset X \times Y$ muss es anstelle von „genau" hier „höchstens" heißen.

[2] Selbstverständlich ist f als Funktion eindeutig, denn zu jedem Argument gibt es genau einen Funktionswert, der ein geordnetes Paar ist, also nicht etwa zwei Funktionswerte.

3.3 Ausblick auf Funktionen, die mehrstellig oder zweiwertig sind 93

Beispiel 3.7: Durch die zweistellige Funktion f mit $f(x, y) = x^2 - y^2$ in $\mathbf{R}^2$ wird jedem Paar (x, y) reeller Zahlen genau eine reelle Zahl z zugeordnet.
Der Definitionsbereich der Funktion f ist die Menge $\mathbf{R}^2$. Der Wertebereich von f ist $\mathbf{R}$. Wie Bild 3.3 ausschnittsweise zeigt, ist der Graph eine gekrümmte Fläche – ein *hyperbolisches Paraboloid* (Sattelfläche) – im $\mathbf{R}^3$.

Übung 3.14: Begründen Sie, dass durch die Taste $\boxed{x^y}$ auf einem Taschenrechner eine zweistellige Funktion realisiert wird! Geben Sie einen möglichen Definitionsbereich und den zugehörigen Wertebereich der Funktion an! (Vernachlässigen Sie dabei die Tatsache, dass die Taschenrechnerzahlen eine endliche Teilmenge von $\mathbf{R}$ sind.)

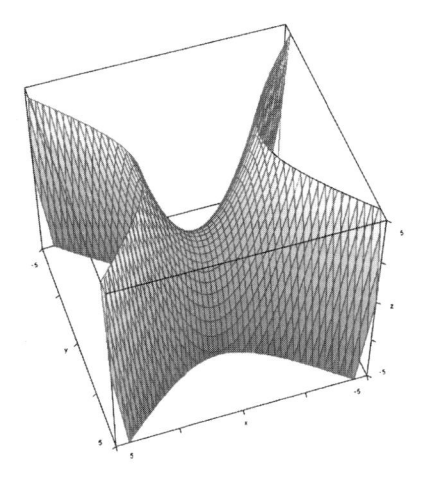

Bild 3.3

Übung 3.15: Definieren Sie den Begriff „f ist n-stellige Funktion ($n \in \mathbf{N}$)"! Sie können dafür Definition 3.2 nutzen.

Beispiel 3.8: Der Graph der Funktion
$f: [0, 2\pi] \to [-1, 1] \times [-1, 1]$ mit $f(t) = (\cos t, \sin t)$
ist der Einheitskreis in Mittelpunktslage.
Durchläuft nun t das Intervall von 0 bis 2π, so durchläuft $\cos t$ die Werte von 1 über 0 bis -1 und über 0 zurück bis 1. Gleichzeitig durchläuft $\sin t$ die Werte von 0 über 1 zurück bis 0, weiter über -1 zurück bis 0. Es sei nun $t \in [0, 2\pi]$. Dann ist das Paar $f(t) = (\cos t, \sin t)$ der zugehörige Funktionswert. Das ergibt einen Punkt $P(x, y)$ im Koordinatensystem. Die Punkte $O(0, 0)$, $X(x, 0)$ und $P(x, y)$ ergeben nun ein rechtwinkliges Dreieck (s. Bild 3.4). Wegen des Satzes des Pythagoras gilt: $x^2 + y^2 = \cos^2 t + \sin^2 t = 1$. Das ist die Gleichung des Einheitskreises in Mittelpunktslage.

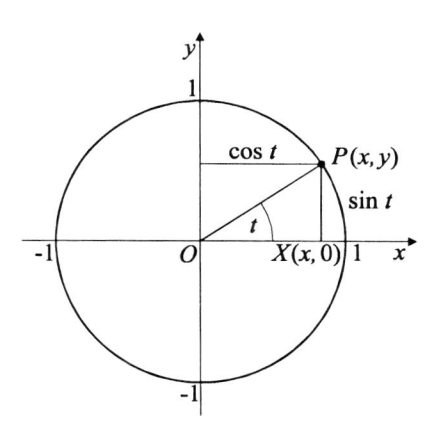

Bild 3.4

Bemerkungen: Der Einheitskreis aus Beispiel 3.8 kann auch mit Hilfe der zwei einstelligen Funktionen $f: [-1, 1] \to \mathbf{R}$ und $g: [-1, 1] \to \mathbf{R}$ mit $f(x) = \sqrt{1-x^2}$ und $g(x) = -f(x)$ beschrieben werden.
Durch das Beispiel 3.8 ist wirklich eine Funktion gegeben, denn zu jedem Argument t aus dem Intervall $[0, 2\pi]$ gehört als Funktionswert eindeutig das Paar $(\cos t, \sin t)$. Zu zwei Kreispunkten mit gleicher erster Koordinate gehören somit verschiedene Argumente. Z.B. ist $(0, 1)$ der Funktionswert für $\dfrac{\pi}{2}$ und $(0, -1)$ der Funktionswert für $-\dfrac{\pi}{2}$.

3.4 Binäre Operationen

Neben den Grundrechenarten (*Addition, Subtraktion, Multiplikation* und *Division*) gibt es eine Vielzahl weiterer binärer Operationen[1]. In Kapitel 1.7.3 haben wir unter anderem die *Mengenoperationen* $\cap$ (*Durchschnitt*) und $\cup$ (*Vereinigung*) kennen gelernt.

> **Definition 3.4:** $\circ$ heißt **binäre (oder zweistellige) Operation in** G :$\Leftrightarrow$ $\circ$ ist eine Funktion von $G \times G$ in G, d.h., jedem geordneten Paar $(x, y) \in G \times G$ wird genau ein Element $z \in G$ zugeordnet.

Mit anderen Worten: Eine binäre Operation $\circ$ in G ist eine zweistellige Funktion f mit $f: X \times Y \to Z$ sowie $f = \circ$ und $X = Y = Z = G$ (*Trägermenge*). Anstelle von $\circ(x, y) = z$ wird in Anlehnung an die Grundrechenoperationen $x \circ y = z$ geschrieben.

Die *Grundrechenarten* sind binäre Operationen in (eventuell eingeschränkten) Zahlbereichen wie z. B. **N**, **N***, **Z**, **Q**$_+$, **Q**, **Q***, **R**$_+$, **R**; die *Mengenoperationen* $\cap$ und $\cup$ sind binäre Operationen in der Potenzmenge $\mathfrak{P}(M)$ einer Menge M. Weitere Beispiele sind die *Nacheinanderausführung* zweier Bewegungen einer Ebene, die *Summe* zweier Folgen, die *Verkettung* zweier Funktionen oder die *Linearkombination* zweier Vektoren.

Jede Operation hat bestimmte Eigenschaften. Wir kennen bereits *Kommutativität* [$\bigwedge_{x,y \in G} x \circ y = y \circ x$ (K)] und *Assoziativität* [$\bigwedge_{x,y,z \in G} (x \circ y) \circ z = x \circ (y \circ z)$ (A)].

Weitere Eigenschaften sind *Idempotenz* [$\bigwedge_{x \in G} x \circ x = x$ (I)], *Unipotenz* [$\bigwedge_{x,y \in G} x \circ x = y \circ y$ (U)] und *Bisymmetrie* [$\bigwedge_{x,y,u,v \in G} (x \circ y) \circ (u \circ v) = (x \circ u) \circ (y \circ v)$ (BS)].

Es seien G eine nichtleere Menge und $\circ$ eine *binäre Operation in G*.

> **Definition 3.5:** $\circ$ ist **umkehrbar** (in G) :$\Leftrightarrow \bigwedge_{a,b \in G} [\bigvee_{x \in G} a \circ x = b \wedge \bigvee_{y \in G} y \circ a = b]$ (UKB)
>
> **Definition 3.6:** $\circ$ ist **kürzbar** (in G) :$\Leftrightarrow \bigwedge_{a,b,x \in G} [(a \circ x = a \circ y \vee x \circ a = y \circ a) \Rightarrow x = y]$ (KB)

Existenz eines neutralen Elementes ($n \in G$): $\bigvee_{n \in G} \bigwedge_{x \in G} n \circ x = x \circ n = x,$ (NE)

Existenz inverser Elemente ($x' \in G$): $\bigwedge_{x \in G} \bigvee_{x' \in G} x \circ x' = x' \circ x = n,$ (IE)

Existenz eines absorbierenden Elementes ($a \in G$): $\bigvee_{a \in G} \bigwedge_{x \in G} a \circ x = x \circ a = a.$ (AE)

---

[1] binarius (lat.) = zwei enthaltend; operatio (lat.) = Arbeit, Verrichtung.

3.4 Binäre Operationen

Beispiel 3.9: Die Bildung des größten gemeinsamen Teilers (ggT) und des kleinsten gemeinsamen Vielfachen (kgV) sind binäre Operationen in **N**. Weitere binäre Operationen in geeignet gewählten Zahlbereichen G sind in der Tabelle aufgeführt.

Bildungsvorschrift	$x \circ y :=$	G	Eigenschaften									
			UKB	KB	NE	IE	AE	A	K	I	U	BS
ggT	$x \sqcap y$	**N**	–	–	×	–	×	×	×	×	–	×
kgV	$x \sqcup y$	**N**										
Maximum	$\max(x, y)$	**N**										
Minimum	$\min(x, y)$	**N**										
arithmetisches Mittel	$\dfrac{x+y}{2}$	**Q**	×	×	–	–	–	–	×	×	–	×
geometrisches Mittel	$\sqrt{x \cdot y}$	$\mathbf{R}_+$										
harmonisches Mittel	$\dfrac{2xy}{x+y}$	$\mathbf{Q}_+^*$										

Übung 3.16: Ergänzen Sie die Tabelle in Beispiel 3.9.

Übung 3.17: Welche der in Beispiel 3.9 genannten Eigenschaften haben die Grundrechenarten (*Addition* und *Subtraktion* in **R**, *Multiplikation* und *Division* in $\mathbf{R}^*$)?

Beispiel 3.10: *Relativistisches Additionsgesetz*[2]: Es sei vorausgesetzt, dass die zu addierenden Geschwindigkeiten x und y die gleiche Richtung haben. ε sei das ruhende Bezugssystem, ε' sei das sich mit der Geschwindigkeit y gegenüber ε geradlinig gleichförmig bewegende Bezugssystem; x sei die Geschwindigkeit, mit der sich ein Körper geradlinig gleichförmig im System ε' bewegt. Die Geschwindigkeit v des Körpers in ε lässt sich dann so ermitteln: in der klassischen Mechanik mit $v = x \circ_1 y = x + y$ und in der relativistischen Mechanik mit $v = x \circ_2 y = \dfrac{x+y}{1+\dfrac{xy}{c^2}}$, wobei c der Zahlenwert der Lichtgeschwindigkeit im Vakuum ist. Als Trägermengen werden **R** bzw. das nach beiden Seiten offene Intervall $I = (-c; +c)$ gewählt. Wie $\circ_1$ (in **R**) ist auch $\circ_2$ (in I) eine *assoziative* und *kommutative Operation*, die *umkehrbar* und *kürzbar* ist. In beiden Fällen ist die Null das *neutrale Element* und $x' = -x$ das zu x *inverse Element*.

Übung 3.18: Welche der in Beispiel 3.9 genannten Eigenschaften haben die binären Operationen $\circ_1$, $\circ_2$, $\circ_3$ und $\circ_4$ mit $x \circ_1 y := x^y$ in $\mathbf{R}_+ \setminus \{1\}$, $x \circ_2 y := x^{\ln y}$ in $\mathbf{R}_+ \setminus \{1\}$, $x \circ_3 y := \sqrt{x^2 + y^2}$ in $\mathbf{R}_+$ bzw. $X \circ_4 Y := X \triangle Y = (X \cup Y) \setminus (X \cap Y)$ in $\mathfrak{P}(M)^3$?

Übung 3.19: Das *Potenzieren* ($x \circ_1 y := x^y$) ist weder in $\mathbf{N}^*$ noch in $\mathbf{R}_+ \setminus \{1\}$ kommutativ. Für welche x, y (in $\mathbf{N}^*$ bzw. in $\mathbf{R}_+ \setminus \{1\}$) gilt dennoch $x^y = y^x$?

---

[2] Auch *Einsteinsches Additionstheorem* genannt – nach ALBERT EINSTEIN (1879 - 1955).
[3] *Symmetrische Differenz* – vgl. Definition 1.8 und Beispiel 1.53.

3.5 Kapriolen der Null

3.5.1 0 durch 0 (Division)

Durch 0 dürfen wir nicht dividieren. Stehen wir jedoch unverhofft vor der Aufgabe 0 : 0, und argumentieren wir in Analogie zu

$$12 : 4 = 3, \text{ denn } 3 \cdot 4 = 12,$$

ließe sich eine Division durch Null ja doch rechtfertigen:

$$0 : 0 = 0, \text{ denn } 0 \cdot 0 = 0.$$

Damit stellt sich die Frage, ob diese so praktizierte Begründung überhaupt korrekt ist. Oder: Warum lässt uns diese Begründung im Falle der Null im Stich ?
Wir haben die Erfahrung gemacht, dass bei einer Divisionsaufgabe entweder genau eine Lösung (z.B. 12 : 4 = 3) oder aber keine Lösung (z.B. 12 : 5 in **N**) existiert. Die Möglichkeit, dass $a : b = x$, also $b \cdot x = a$, auch mehrere Lösungen $x_1, x_2, \ldots$ haben könnte, ziehen wir an dieser Stelle gar nicht erst in Betracht. Und letztlich ist es ja gerade die *Kürzbarkeit* (s. Definition 3.6) der Multiplikation, die im Falle der Existenz einer Lösung der Gleichung $b \cdot x = a$ auch deren Eindeutigkeit sichert.

Für alle $a, b \in$ **N** mit $b \neq 0$ hat die Gleichung $b \cdot x = a$ tatsächlich stets höchstens[1] eine Lösung (auch für $a = 0$, nämlich $x = 0$).
Für $b = 0$ ist diese Eindeutigkeit aber nicht mehr gesichert. So hat die Gleichung $0 \cdot x = a$ im Falle $a \neq 0$ überhaupt keine Lösung und im Falle $a = 0$ unendlich viele Lösungen. Ersteres verhindert die Definition von z. B. 12 : 0; letzteres die Definition von 0 : 0.
Beschränkt man sich etwa auf den Bereich der natürlichen oder der ganzen Zahlen, so ist der Term 12 : 0 also aus demselben Grund nicht definiert wie 12 : 5; denn weder die Gleichung $0 \cdot x = 12$ noch die Gleichung $5 \cdot x = 12$ hat in **N** bzw. in **Z** eine Lösung.

Sagt man nun, 0 : 0 ist sinnlos, weil die Gleichung $0 \cdot x = 0$ unendlich viele Lösungen hat, sollen wir doch akzeptieren, dass beim Dividieren zweier Zahlen grundsätzlich nicht mehr als ein Ergebnis auftreten darf. Weil man also die Eindeutigkeit der Division nicht aufgeben will, muss 0 : 0 undefiniert bleiben. Die Operation *Division* ist folglich eine eindeutige Abbildung, d. h. eine (zweistellige) Funktion.
Der Eindeutigkeit der Division entspricht aber gerade die Kürzbarkeit der Multiplikation.

Die eingangs zitierte Argumentation für 12 : 4 = 3, die sich ja auf die Tatsache stützt, dass die Division *Umkehroperation* der Multiplikation ist, wäre also erst vollständig, wenn uns neben der Begründung „denn $3 \cdot 4 = 12$" auch bewusst wäre, dass wir hierbei außerdem die Kürzbarkeit der Multiplikation benutzen. Wird die Null jedoch einbezogen, ist die Multiplikation nicht mehr kürzbar.

---

[1] Legen wir die gebrochenen Zahlen $\mathbf{Q}_+$ zugrunde, hat die Gleichung $b \cdot x = a$ (mit $b \neq 0$) darüber hinaus auch stets wenigstens eine Lösung. Sind aber *Eindeutigkeit* (höchstens eine Lösung) und *Existenz* (wenigstens eine Lösung) gewährleistet, sagt man ja, die Gleichung ist *eindeutig lösbar* bzw. sie besitzt *genau eine Lösung*.

3.5.2 0 teilt 0   (Teilbarkeit)

Während es bei der Division mathematische Gründe sind, die die Definition von 12 : 0 und 0 : 0 verbieten, ist das z. B. bei $0 \mid 0$ nicht der Fall. Während die *Teilbarkeit* eine **zwei**stellige Relation ist, ist die (partielle) zweistellige Operation *Division* eine **drei**stellige Relation. Ist also bei der Teilbarkeit eine *Ja-Nein-Entscheidung* für zwei gegebene Zahlen zu fällen, sucht man bei der Division zu zwei gegebenen Zahlen eine dritte Zahl. Die folgende Veranschaulichung mittels *Automaten* macht diesen Unterschied besonders deutlich (s. Bilder 3.5 a, b):

Teilbarkeit   Eingänge
1. Komponente   2. Komponente
       a b

$a \mid b$

Ja-Lampe   Nein-Lampe

Bild 3.5 a

Division   Eingänge
1. Komponente   2. Komponente
(Dividend)   (Divisor)
       a b

$a : b$

c

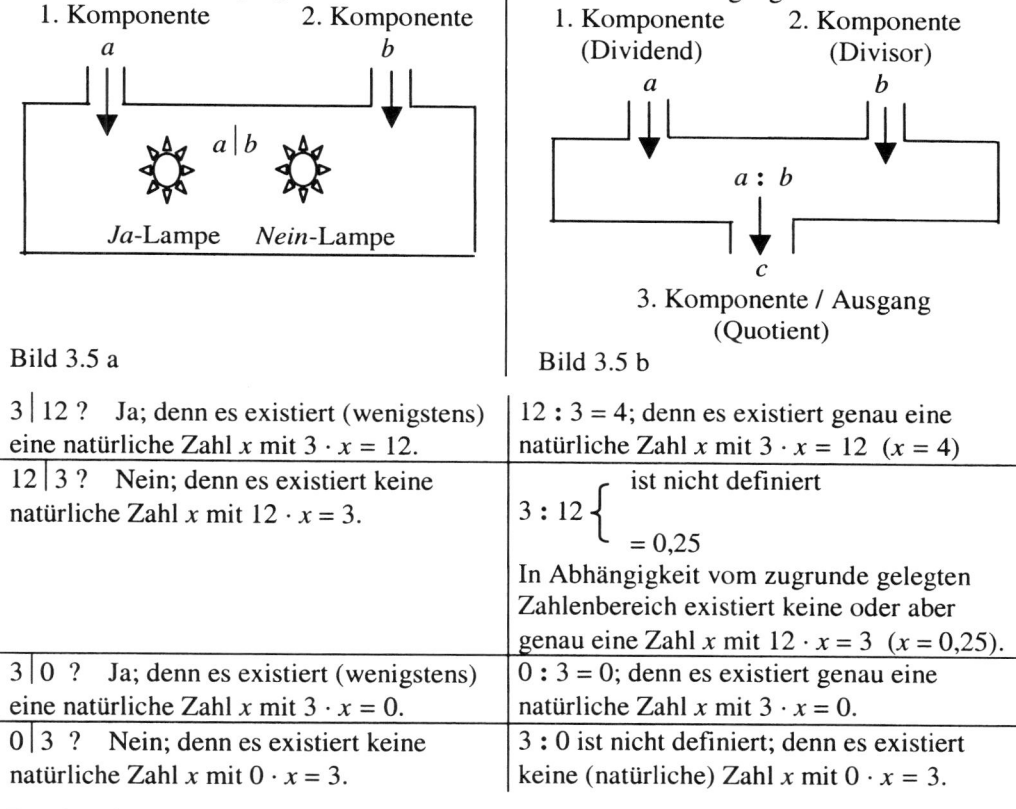

3. Komponente / Ausgang
(Quotient)

Bild 3.5 b

$3 \mid 12$? Ja; denn es existiert (wenigstens) eine natürliche Zahl x mit $3 \cdot x = 12$.	$12 : 3 = 4$; denn es existiert genau eine natürliche Zahl x mit $3 \cdot x = 12$ ($x = 4$)
$12 \mid 3$? Nein; denn es existiert keine natürliche Zahl x mit $12 \cdot x = 3$.	$3 : 12$ $\begin{cases} \text{ist nicht definiert} \\ = 0{,}25 \end{cases}$ In Abhängigkeit vom zugrunde gelegten Zahlenbereich existiert keine oder aber genau eine Zahl x mit $12 \cdot x = 3$ ($x = 0{,}25$).
$3 \mid 0$? Ja; denn es existiert (wenigstens) eine natürliche Zahl x mit $3 \cdot x = 0$.	$0 : 3 = 0$; denn es existiert genau eine natürliche Zahl x mit $3 \cdot x = 0$.
$0 \mid 3$? Nein; denn es existiert keine natürliche Zahl x mit $0 \cdot x = 3$.	$3 : 0$ ist nicht definiert; denn es existiert keine (natürliche) Zahl x mit $0 \cdot x = 3$.

Beschränkt man sich nur auf die Untersuchung der Ausführbarkeit der Division $b : a$ in **N**, ist das immer noch nicht mit der Frage $a \mid b$ identisch. Im Falle $a \mid b$ ist nämlich nur eine Aussage über die **Existenz** einer (natürlichen) Zahl x mit $a \cdot x = b$ erforderlich, während im Falle $b : a$ darüber hinaus noch die **Eindeutigkeit** einer solchen Zahl x gesichert sein muss. Tatsächlich folgt aber in beiden Fällen aus der Existenz einer Zahl x schon ihre Eindeutigkeit, *solange man die Null nicht ins Spiel bringt*.

$0 \mid 0$? Ja; denn es existiert eine natürliche Zahl x (sogar unendlich viele) mit $0 \cdot x = 0$.	$0 : 0$ ist nicht definiert; denn es existiert nicht nur eine natürliche Zahl x mit $0 \cdot x = 0$ (z.B. $x_1 = 5$, $x_2 = 7$).

3.6 Nullstellen von Funktionen

Nullstellen sind ausgezeichnete Argumente einer Funktion, die bei der Untersuchung von Funktionen besonders interessieren.

> **Definition 3.7**: Es sei f eine Funktion mit $D(f) \subseteq \mathbf{R}$.
> Jede Zahl $x \in D(f)$, die Lösung der Gleichung $f(x) = 0$ ist, heißt **Nullstelle** der Funktion f.

Die Nullstellen einer Funktion sind also die Argumente x, deren Funktionswerte 0 sind, bzw. die x-Koordinaten derjenigen Punkte, in denen der Graph der Funktion die x-Achse berührt oder schneidet. Eine Nullstelle ist also eine *Zahl*, obwohl die Bezeichnung eher einen *Punkt* vermuten lässt.

➢ Die Nullstellen einer Funktion f werden berechnet, indem die Gleichung $f(x) = 0$ gelöst wird.

Zum Lösen von Gleichungen $f(x) = 0$ können oft Regeln für das äquivalente Umformen von Gleichungen verwendet werden. Manchmal werden auch Lösungsformeln (wie z.B. für Gleichungen 1., 2., 3. oder 4. Grades) eingesetzt. Wenn eine solche geschlossene Lösung nicht gelingt (oder nicht möglich ist, was im Allgemeinen schon bei Gleichungen höheren als vierten Grades eintritt), greift man auch auf numerische Näherungsverfahren (z.B. Regula falsi[1]) zurück. Manchmal kann man eine Gleichung auch graphisch lösen.

3.6.1 Graphisches Lösen von Gleichungen

Nullstellen einer Funktion können, wenn auch meist nur näherungsweise, bestimmt werden, indem man den Graphen der Funktion zeichnet und eventuelle Nullstellen abliest.

Auch die folgende Vorgehensweise führt in vielen Situationen zum Ziel: Die zu lösende Gleichung $f(x) = 0$ wird äquivalent zu einer Gleichung umgeformt, bei der auf beiden Seiten Terme stehen, die zwei Funktionen f und g definieren. Es ergibt sich eine Gleichung $g(x) = h(x)$. Nun werden die Graphen der Funktionen g und h gezeichnet. Die x-Koordinaten der Schnittpunkte beider Graphen sind dann die Nullstellen der Funktion f. Problematisch ist diese Vorgehensweise, wenn sich die Graphen der beiden Funktionen unter einem so kleinen Winkel schneiden, dass sie einen „schleifenden Schnitt" bilden.

3.6.2 Regula falsi

Es sei f eine Funktion, die im Intervall $[a, b]$ eine Nullstelle x_0 hat. Haben weiterhin die Funktionswerte $f(a)$ und $f(b)$ voneinander verschiedene Vorzeichen, so schneidet die Gerade durch die Punkte $A(a, f(a))$ und $B(b, f(b))$ die x-Achse in einem Punkt $S(x_S, 0)$. Die Zahl x_S ist dann ein Näherungswert für x_0, also eine Näherungslösung der Gleichung $f(x) = 0$. Es gilt $x_S = a - \dfrac{f(a)(b-a)}{f(b) - f(a)}$. Ist dieser Näherungswert nicht gut genug, so gilt

für eines der Intervalle $[a, x_S]$ oder $[x_S, b]$ wieder die Ausgangssituation. Es kann also wieder eine Gerade gefunden werden, die die x-Achse schneidet, usw.

---

[1] regula falsi (lat.) = Regel des Falschen, Vermeintlichen; falscher Ansatz.

3.6 Nullstellen von Funktionen

Beispiel 3.11: Die Funktion f mit $f(x) = x^2 - 2x - 3$ ($x \in \mathbb{R}$) hat die beiden Nullstellen $x_1 = 3$ und $x_2 = -1$. Die Gleichung $x^2 - 2x - 3 = 0$ hat nach der Lösungsformel für quadratische Gleichungen die Lösungen $x_{1/2} = 1 \pm \sqrt{1-(-3)}$. Da der Definitionsbereich von f nicht eingeschränkt wurde, sind beide Lösungen auch Nullstellen der Funktion.

Übung 3.20: Berechnen Sie die Nullstellen der Funktionen f mit $f(x) = x^2 + 4$ ($x \in \mathbb{R}$) und g mit $g(x) = x^2 - 2x + 1$ ($x \in \mathbb{R}$)!

Beispiel 3.12: Die drei Nullstellen der Funktion f mit $f(x) = 0{,}5x^3 - 1{,}5x + 0{,}5$ werden graphisch ermittelt.
In Bild 3.6 sind die beiden Funktionen g mit $g(x) = 0{,}5x^3$ und h mit $h(x) = 1{,}5x - 0{,}5$ dargestellt. Beide Graphen haben drei Schnittpunkte miteinander. Die x-Koordinaten dieser Punkte lauten: $x_1 \approx -1{,}9$, $x_2 \approx 0{,}3$ und $x_3 \approx 1{,}5$. Wegen $f(x_1) = 0{,}0795$, $f(x_2) = 0{,}0635$ und $f(x_3) = -0{,}0625$ sind alle abgelesenen Zahlen Näherungswerte für die Nullstellen. Es entsteht kein „schleifender Schnitt".

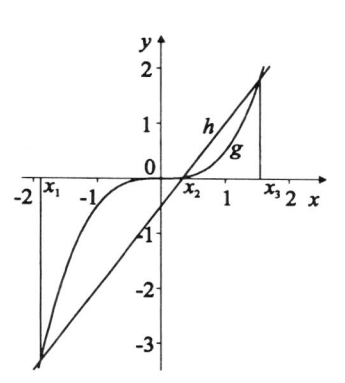

Übung 3.21: a) Begründen Sie, dass das in Beispiel 3.12 benutzte Verfahren zum Ziel führt!
b) Ermitteln Sie graphisch die Nullstellen der Funktion f mit $f(x) = x^3 - 2x + 1$!

Bild 3.6

Beispiel 3.13: Die Nullstelle x_0 der Funktion f mit $f(x) = x^3 - 3x^2 + 1$ im Intervall $[0, 1]$ (s. Bild 3.7) wird mit Hilfe der Regula falsi berechnet.
Mit der Regula falsi ergibt sich für $A(0, 1)$ und $B(1, -1)$:
$x_S = 0 - \dfrac{f(0)(1-0)}{f(1)-f(0)}$, also $x_S = -\dfrac{1(1-0)}{-1-1} = 0{,}5$. Wegen $f(0{,}5) = 0{,}375$ ist das noch kein guter Näherungswert für x_0. Die Rechnung wird für das Intervall $[0{,}5; 1]$ fortgesetzt, denn dort liegt ein Vorzeichenwechsel für die Funktionswerte an den Intervallenden vor.
Es ergibt sich $x_S = 0{,}5 - \dfrac{f(0{,}5)(1-0{,}5)}{f(1)-f(0{,}5)} \approx 0{,}64$.
Wegen $f(0{,}64) \approx 0{,}033$ wird die Rechnung mit dem Ergebnis $x_0 \approx 0{,}64$ beendet.

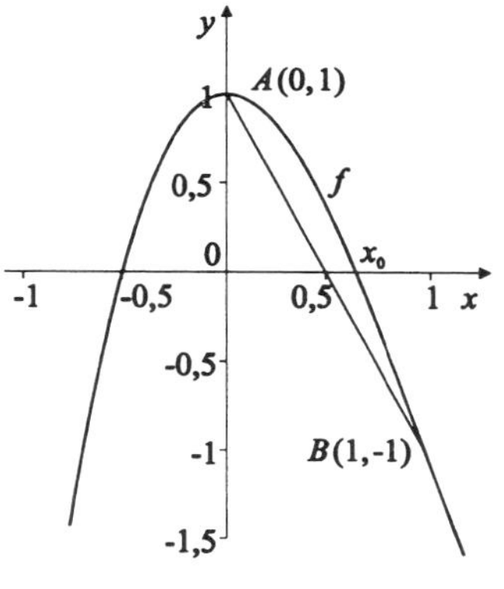

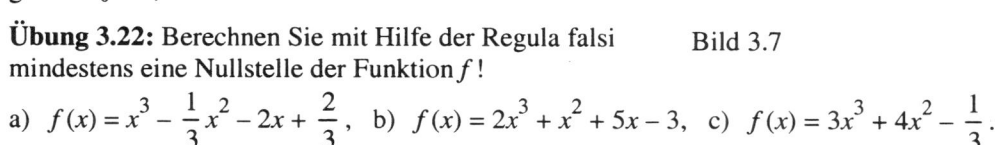

Übung 3.22: Berechnen Sie mit Hilfe der Regula falsi mindestens eine Nullstelle der Funktion f!

Bild 3.7

a) $f(x) = x^3 - \dfrac{1}{3}x^2 - 2x + \dfrac{2}{3}$, b) $f(x) = 2x^3 + x^2 + 5x - 3$, c) $f(x) = 3x^3 + 4x^2 - \dfrac{1}{3}$.

Übung 3.23: Leiten Sie die auf Seite 98 im Zusammenhang mit der Regula falsi genannte Formel für die Berechnung einer Näherungswertes x_S für eine Nullstelle x_0 her!

3.7 Monotone Funktionen

Unter den Eigenschaften von Zahl-Zahl-Funktionen spielt die *Monotonie* eine besondere Rolle. Für monotone Funktionen können weitreichende Folgerungen gezogen werden (s. Kap 3.8 und Kap. 3.17).

Da viele Funktionen in verschiedenen Teilen ihres Definitionsbereiches ein unterschiedliches Monotonieverhalten aufweisen, wird die Monotonie einer Funktion für Teilmengen des Definitionsbereiches erklärt.

Definition 3.8: Es seien f eine Funktion aus **R** in **R** und $M \subseteq D(f)$.

Die Funktion f heißt auf M **monoton wachsend** genau dann,
wenn für alle $x_1, x_2 \in M$ gilt: Wenn $x_1 < x_2$, so $f(x_1) \leq f(x_2)$.

Die Funktion f heißt auf M **streng monoton wachsend** genau dann,
wenn für alle $x_1, x_2 \in M$ gilt: Wenn $x_1 < x_2$, so $f(x_1) < f(x_2)$.

Die Funktion f heißt auf M **monoton fallend** genau dann,
wenn für alle $x_1, x_2 \in M$ gilt: Wenn $x_1 < x_2$, so $f(x_1) \geq f(x_2)$.

Die Funktion f heißt auf M **streng monoton fallend** genau dann,
wenn für alle $x_1, x_2 \in M$ gilt: Wenn $x_1 < x_2$, so $f(x_1) > f(x_2)$.

Eine Funktion, die entweder streng monoton wachsend oder streng monoton fallend ist, wird manchmal verkürzend nur **streng monoton** genannt.

f ist monoton wachsend $\quad$ f ist streng monoton wachsend $\quad$ f ist monoton fallend $\quad$ f ist streng monoton fallend

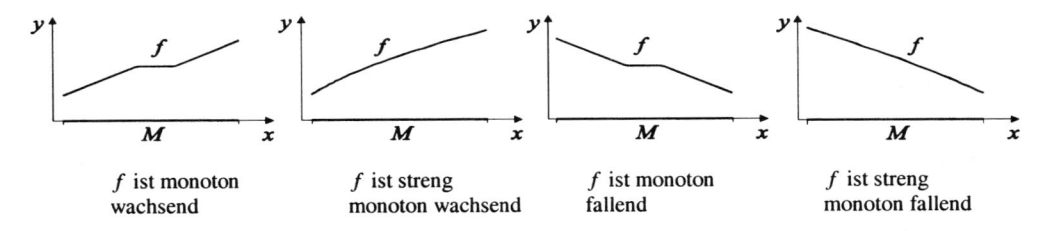

Bild 3.8

➤ Für die Untersuchung der Monotonie einer Funktion f auf einer Menge M ist es manchmal zweckmäßig, die Differenzen $f(x_2) - f(x_1)$ für alle $x_1, x_2 \in M$ mit $x_1 < x_2$ zu betrachten.
Wenn $f(x_2) - f(x_1)$ immer positiv ist, so ist f streng monoton wachsend.
Wenn $f(x_2) - f(x_1)$ immer eine negative Zahl ist, so ist f streng monoton fallend.
Wenn $f(x_2) - f(x_1)$ immer eine nichtnegative Zahl ist, so ist f monoton wachsend.
Wenn $f(x_2) - f(x_1)$ immer eine nichtpositive Zahl ist, so ist f monoton fallend.

Für Funktionen f, die differenzierbar sind, kann das Monotonieverhalten mit Hilfe der Ableitung f' untersucht werden.

So wie es einerseits Funktionen gibt, die ihr Monotonieverhalten nicht ändern (s. Übung 3.25 a)), gibt es andererseits auch Funktionen, die auf keinem Teilintervall ihres Definitionsbereiches monoton sind (s. Übung 3.25 b)).

3.7 Monotone Funktionen

Beispiel 3.14: Die Funktion f mit $f(x) = x^2 - 2x - 3$ ($x \in \mathbf{R}$) ist weder monoton wachsend noch monoton fallend.
Für die drei Zahlen $x_1 = -2$, $x_2 = 0$ und $x_3 = 3$ gilt $x_1 < x_2 < x_3$ und $f(x_1) = f(-2) = 5 > f(x_2) = f(0) = -3 < f(x_3) = f(3) = 0$.

Beispiel 3.15: Die Funktion $f : [0, 2] \to \{1, 2\}$ mit $f(x) = \begin{cases} 1, \text{ wenn } 0 \leq x < 1 \\ 2, \text{ wenn } 1 \leq x \leq 2 \end{cases}$ ist monoton wachsend.
Es seien $x_1, x_2 \in [0, 1)$ und $x_1 < x_2$. Dann ist $f(x_1) = 1 = f(x_2)$, also $f(x_1) \leq f(x_2)$.
Es seien $x_1 \in [0, 1)$ und $x_2 \in [1, 2]$. Dann ist $f(x_1) = 1 < 2 = f(x_2)$, also $f(x_1) < f(x_2)$.
Es seien $x_1, x_2 \in [1, 2]$ und $x_1 < x_2$. Dann ist $f(x_1) = 2 = f(x_2)$, also $f(x_1) \leq f(x_2)$.
Insgesamt ergibt sich somit für alle $x_1, x_2 \in [0, 2]$ mit $x_1 < x_2$, dass $f(x_1) \leq f(x_2)$ ist.

Beispiel 3.16: Die Funktion f mit $f(x) = x^2 - 2x - 3$ ($x \in \mathbf{R}$) ist für $x \geq 1$ streng monoton wachsend.
Erste Begründung: Mit der quadratischen Ergänzung ergibt sich $f(x) = (x - 1)^2 - 4$. Sei $1 \leq x_1 < x_2$. Dann ist (*) $0 \leq x_1 - 1 < x_2 - 1$. Multiplikation von (*) mit der nichtnegativen Zahl $(x_1 - 1)$ ergibt $(x_1 - 1)^2 \leq (x_1 - 1)(x_2 - 1)$. Multiplikation von (*) mit der positiven Zahl $(x_2 - 1)$ ergibt $(x_1 - 1)(x_2 - 1) < (x_2 - 1)^2$. Daher ist $(x_1 - 1)^2 < (x_2 - 1)^2$. Dann ist auch $(x_1 - 1)^2 - 4 < (x_2 - 1)^2 - 4$. Damit ist aber $f(x_1) < f(x_2)$ für alle $x \geq 1$.

Zweite Begründung: Es sei $1 \leq x_1 < x_2$. Es gilt $f(x_2) - f(x_1) = (x_2^2 - 2x_2 - 3) - (x_1^2 - 2x_1 - 3)$
$= (x_2^2 - x_1^2) - (2x_2 - 2x_1) = (x_2 - x_1)(x_2 + x_1) - 2(x_2 - x_1) = (x_2 - x_1)(x_2 + x_1 - 2)$. Der erste Faktor dieses Produkts ist wegen $x_1 < x_2$ positiv. Der zweite Faktor ist wegen $1 \leq x_1 < x_2$ positiv. Damit ist das Produkt positiv. Also ist die Funktion f streng monoton wachsend.

Übung 3.24: Zeigen Sie, dass die Funktion f aus Beispiel 3.16 für $x \leq 1$ streng monoton fallend ist!

Übung 3.25: a) Zeigen Sie, dass die Funktion $f: \mathbf{R} \to \mathbf{R}$ mit $f(x) = ax + b$ mit $a, b \in \mathbf{R}$; $a \neq 0$ für $a > 0$ streng monoton wachsend und für $a < 0$ streng monoton fallend ist!
b) Zeigen Sie, dass die Funktion[1] f mit $f(x) = \begin{cases} 1, \text{ wenn } x \in \mathbf{Q} \\ 0, \text{ wenn } x \in \mathbf{R} \setminus \mathbf{Q} \end{cases}$ über keinem Intervall $[a, b]$ mit $a, b \in \mathbf{R}$ und $a < b$ monoton wachsend oder monoton fallend ist!

Übung 3.26: Es sei f eine Funktion, die auf dem Intervall $[a; b]$ mit $a, b \in \mathbf{R}$ und $a < b$ nur positive Funktionswerte besitzt. Welches Monotonieverhalten hat f, wenn für alle $x_1, x_2 \in [a; b]$ mit $x_1 < x_2$ gilt:
a) $\dfrac{f(x_1)}{f(x_2)} < 1$, b) $\dfrac{f(x_1)}{f(x_2)} > 1$, c) $\dfrac{f(x_1)}{f(x_2)} \leq 1$, d) $\dfrac{f(x_1)}{f(x_2)} \geq 1$.

---

[1] Diese Funktion wird oft auch als *Dirichlet-Funktion* bezeichnet – nach PETER GUSTAV LEJEUNE DIRICHLET (1805 – 1859).

3.8 Eineindeutige Funktionen

Bei einer Funktion ist jedem Argument eindeutig ein Funktionswert zugeordnet. Gilt nun zusätzlich auch, dass zu jedem Funktionswert genau ein Argument gehört, so ist die Funktion *eineindeutig*.

> **Definition 3.9:** Es sei f eine Funktion.
> f heißt **eineindeutig** genau dann, wenn immer gilt:
> Wenn $f(x_1) = f(x_2)$, so ist $x_1 = x_2$.

> ➢ Bei eineindeutigen Funktionen gehören also zu verschiedenen Argumenten immer auch verschiedene Funktionswerte.

Bei Funktionen, also eindeutigen Zuordnungen, folgt aus der Gleichheit der Argumente immer die Gleichheit der Funktionswerte. Bei eineindeutigen Funktionen folgt außerdem aus der Gleichheit der Funktionswerte auch die Gleichheit der Argumente.

Eineindeutige Funktionen werden auch **injektive** Funktionen genannt. Da man bei eineindeutigen Funktionen von einem Funktionswert auf das Argument schließen kann, heißen diese Funktionen auch **eindeutig umkehrbare** Funktionen.

Für die streng monotonen Funktionen lässt sich die Eineindeutigkeit leicht nachweisen.

> **Satz 3.2:** Es sei f eine streng monotone Funktion. Dann ist f eineindeutig.

Beweis: Es seien $x_1, x_2 \in D(f)$ mit $x_1 \neq x_2$, etwa $x_1 < x_2$. Da f streng monoton ist, folgt aus $x_1 < x_2$ immer entweder $f(x_1) < f(x_2)$ oder $f(x_1) > f(x_2)$, also stets $f(x_1) \neq f(x_2)$. So gehören zu verschiedenen Argumenten auch immer verschiedene Funktionswerte. ∎

Vertauscht man bei einer eineindeutigen Funktion f die Komponenten der geordneten Paare $(x, y) \in f$ miteinander, so entsteht wieder eine Funktion, die *Umkehrfunktion* von f.

> **Definition 3.10:** Es seien X, Y zwei Mengen und f eine eineindeutige Funktion.
> Die Menge $f^{-1} := \{(y, x) \mid (x, y) \in f\}$ heißt die **Umkehrfunktion** von f.

Offensichtlich gilt sowohl $W(f^{-1}) = D(f)$ als auch $D(f^{-1}) = W(f)$ (vgl. auch Kap. 2.2, inverse Relation, S. 50).

Vertauscht man nun in f^{-1} die Komponenten der Paare miteinander, so entsteht wieder f. Damit ist auch f Umkehrfunktion von f^{-1}. Es gilt $(f^{-1})^{-1} = f$. Man sagt daher auch, dass f und f^{-1} zueinander *inverse* Funktionen sind.

Stellt man eine Funktion f und ihre Umkehrfunktion f^{-1} in einem gemeinsamen Koordinatensystem dar, so entstehen Spiegelbilder bezüglich der Winkelhalbierenden des 1. und 3. Quadranten.

Ist eine eineindeutige Funktion f durch eine Gleichung $y = f(x)$ gegeben, so kann man für die Umkehrfunktion f^{-1} eine Gleichung auf folgende Weise erhalten:
    1. Umstellung der Gleichung $y = f(x)$ nach x.
    2. Vertauschen von x und y.

3.8 Eineindeutige Funktionen

Beispiel 3.17: Die lineare Funktion f mit $f(x) = -2x + 5$ ist eineindeutig.
Erste Begründung: Es sei $-2x_1 + 5 = -2x_2 + 5$ für irgend zwei Zahlen $x_1, x_2 \in \mathbf{R}$. Dann ist $-2x_1 = -2x_2$, also $x_1 = x_2$. Zu gleichen Funktionswerten gehören also gleiche Argumente.
Zweite Begründung: Die Gleichung $y = -2x + 5$ hat für jedes gegebene y genau eine Lösung. Umstellen dieser Gleichung nach x ergibt $x = -\frac{y}{2} + \frac{5}{2}$.
Dritte Begründung: f ist streng monoton fallend. Es kann Satz 3.2 angewendet werden.

Beispiel 3.18: Die Funktion f mit $f(x) = x^2 - 2x - 3$ ($x \in \mathbf{R}$) ist nicht eineindeutig. Zum Beispiel ist die Zahl 0 sowohl Funktionswert des Arguments 3 als auch des Arguments -1. Damit erfüllt f nicht die Bedingungen von Definition 3.9.

Beispiel 3.19: Die quadratische Funktion f mit $f(x) = x^2 - 2x - 3$ ($x \in \mathbf{R}; x \geq 1$) ist eineindeutig.
Erste Begründung: f ist für $x \geq 1$, d.h., im Definitionsbereich streng monoton wachsend (s. Beispiel 3.16 bzw. Bild 3.9). Damit ist f wegen Satz 3.2 eineindeutig.
Zweite Begründung: Die Funktionsgleichung $y = x^2 - 2x - 3$, also $y = (x-1)^2 - 4$, hat für jedes gegebene y mit $y \geq -4$ genau eine Lösung, denn es ergibt sich: $y + 4 = (x-1)^2$. Ziehen der Quadratwurzel hat $\sqrt{y+4} = |x-1|$ zur Folge. Wegen $x \geq 1$ ist

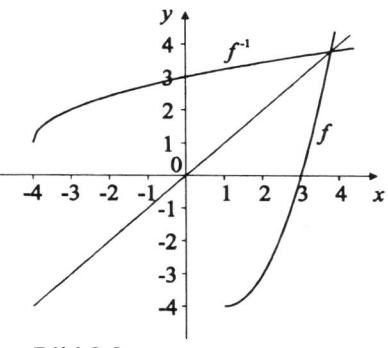

Bild 3.9

dann $x = \sqrt{y+4} + 1$. Da sich für jedes $y \geq -4$ genau eine Lösung ergibt, ist f eineindeutig.

Übung 3.27: Welche einstelligen Funktionen auf Ihrem Taschenrechner sind injektiv? Beachten Sie, dass Injektivität manchmal auch durch Einschränkung erzwungen werden kann (s. auch das Beispiel 3.16 und die Übung 3.24).

Beispiel 3.20: Für die Umkehrfunktion f^{-1} der Funktion f mit $f(x) = -2x + 5$ ($x \in \mathbf{R}$) gilt $f^{-1}(x) = -\frac{x}{2} + \frac{5}{2}$ ($x \in \mathbf{R}$).
Die Funktion f ist eineindeutig (s. Beispiel 3.17) und besteht aus den Paaren $(a, -2a + 5)$ ($a \in \mathbf{R}$). Vertauscht man die Komponenten der Paare miteinander, so entstehen die Paare $(-2a + 5, a)$ ($a \in \mathbf{R}$) der Umkehrfunktion f^{-1}. Geht man zu den üblichen Bezeichnungen x bzw. y für Argumente bzw. Funktionswerte über, so entsteht die Gleichung $x = -2y + 5$. Daraus ergibt sich durch Umstellen nach y die Funktionsgleichung für f^{-1}.

Übung 3.28: Gegeben ist die Funktion f mit $f(x) = x^2 + 5x - 1$.
a) Geben Sie ein möglichst großes Intervall I an, auf dem f eineindeutig ist!
b) Welche Gleichung hat die Umkehrfunktion f^{-1}?
c) Stellen Sie f und f^{-1} für das Intervall I in einem Koordinatensystem dar!

Übung 3.29: Zeigen Sie, dass die Umkehrfunktion f^{-1} einer streng monoton wachsenden Funktion f auch streng monoton wachsend ist.

3.9 Gerade und ungerade Funktionen

Besitzt eine Funktion eine der beiden folgenden Eigenschaften, so kann man sich bei der weiteren Untersuchung der Funktion auf die positiven Argumente, die zum Definitionsbereich der Funktion gehören, beschränken. Gefundene Eigenschaften lassen sich dann sofort auf die entsprechenden negativen Argumente übertragen.

> **Definition 3.11:** Es sei f eine Funktion.
> f heißt **gerade** genau dann, wenn für alle $x \in D(f)$ gilt:
> $-x \in D(f)$ und $f(-x) = f(x)$.

➢ Der Graph einer geraden Funktion ist **axialsymmetrisch** zur y-Achse.

> **Definition 3.12:** Es sei f eine Funktion.
> f heißt **ungerade** genau dann, wenn für alle $x \in D(f)$ gilt:
> $-x \in D(f)$ und $f(-x) = -f(x)$.

➢ Der Graph einer ungeraden Funktion ist **zentral-** oder **punktsymmetrisch** zum Koordinatenursprung.

Durch die Definitionen 3.11 und 3.12 werden zwei Spezialfälle einer allgemeineren Situation hervorgehoben. Es gibt Funktionen, deren Graphen symmetrisch zu einer Parallelen zur y-Achse bzw. zentralsymmetrisch zu einem vom Koordinatenursprung $O(0, 0)$ verschiedenen Punkt liegen.

3.10 Periodische Funktionen

Besitzt eine Funktion die folgende Eigenschaft, so kann man sich bei der Untersuchung der Funktion auf ein Intervall endlicher Länge beschränken. Gefundene Eigenschaften lassen sich dann sofort auf weitere Argumente des Definitionsbereiches übertragen.

> **Definition 3.13:** Es seien f eine Funktion und $p \neq 0$ eine reelle Zahl.
> f heißt **periodisch** mit der **Periode** p genau dann, wenn für alle $x \in D(f)$ gilt:
> $x + p \in D(f)$ und $f(x + p) = f(x)$.

Die Zahl $p = 0$ ist als Periode nicht zugelassen, da sonst jede Funktion periodisch wäre. Ist p eine positive Zahl und f eine Funktion mit der Periode p, so reicht es zum Kennenlernen der Funktion aus, wenn man sie auf einem Intervall der Länge p untersucht (s. Bild 3.10). Offensichtlich ist bei einer periodischen Funktion mit der

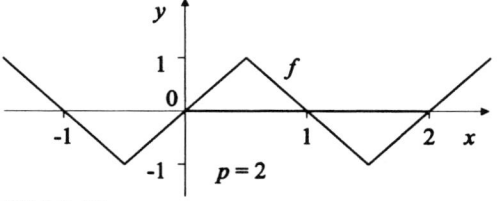

Bild 3.10

Periode p auch jedes Vielfache $k \cdot p$ (mit $k \in \mathbf{Z}^*$) von p eine Periode. Eine periodische Funktion hat also unendlich viele Perioden. Wird von einer *kleinsten Periode* gesprochen, so ist immer die *kleinste positive Periode* gemeint. Es gibt periodische Funktionen, die keine kleinste Periode besitzen (s. Übung 3.31).

Beispiel 3.21: Die Funktion f mit $f(x) = x^4 - 1$ ist gerade. Ihr Graph liegt (axial-)symmetrisch zur y-Achse. Also ist die y-Achse Symmetrieachse (s. Bild 3.11). Da für den Definitionsbereich von f keine Festlegung getroffen wurde, kann vom größtmöglichen Definitionsbereich ausgegangen werden. Das ist $D = \mathbf{R}$. Damit ist mit $x \in D$ auch $-x \in D$. Wegen $f(x) = x^4 - 1 = (-x)^4 - 1 = f(-x)$ für beliebiges $x \in \mathbf{R}$ ist also immer $f(x) = f(-x)$.

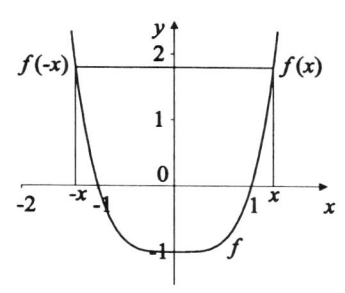

Bemerkung: Jede *Potenzfunktion* $f: \mathbf{R} \to \mathbf{R}$ mit $f(x) = x^{2n}$ ($n \in \mathbf{N}$) ist gerade. Damit sind die Graphen dieser Funktionen (axial-)symmetrisch zur y-Achse.

Bild 3.11

Beispiel 3.22: Die Funktion f mit $f(x) = x^3 - x$ ist ungerade. Ihr Graph liegt zentralsymmetrisch zum Koordinatenursprung (s. Bild 3.12).
Offensichtlich ist $D(f) = \mathbf{R}$. Damit ist mit $x \in D$ auch $-x \in D$. Als Funktionswert für ein beliebig gewähltes Argument $-x$ ergibt sich: $f(-x) = (-x)^3 - (-x) = -x^3 + x = -(x^3 - x) = -f(x)$.

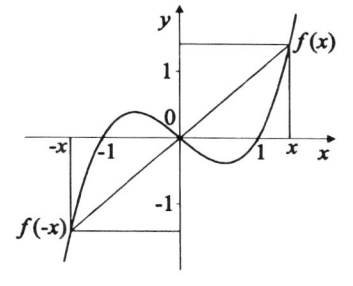

Bemerkung: Jede *Potenzfunktion* $f: \mathbf{R} \to \mathbf{R}$ mit $f(x) = x^{2n+1}$ ($n \in \mathbf{N}$) ist ungerade. Damit sind die Graphen dieser Funktionen zentral- oder punktsymmetrisch zum Koordinatenursprung $O(0, 0)$.

Bild 3.12

Beispiel 3.23: Die Funktion f mit $f(x) = x^2 - 2x + 1$ ist weder gerade noch ungerade. Als Funktionswert für ein beliebiges Argument $-x$ ($x \neq 0$) ergibt sich: $f(-x) = (-x)^2 - 2(-x) + 1 = x^2 + 2x + 1$. Diese Zahl stimmt weder mit $f(x) = x^2 - 2x + 1$ noch mit $-f(x) = -x^2 + 2x - 1$ überein.

Übung 3.30: Entscheiden Sie bei den Funktionen über Geradheit bzw. Ungeradheit!
a) $f(x) = x^3$, b) $f(x) = \cos x$, c) $f(x) = |x - 1|$, d) $f(x) = \tan x$.

Beispiel 3.24: Die *Dirichlet-Funktion* f (s. Kap. 3.7) ist gerade.
Es sei x eine rationale Zahl. Dann ist $-x$ auch rational. Daher gilt $f(x) = 1 = f(-x)$. Es sei nun x eine irrationale Zahl. Dann ist auch $-x$ irrational. Daher gilt $f(x) = 0 = f(-x)$. Damit ist die Geradheit von f erwiesen.

Übung 3.31: Überzeugen Sie sich davon, dass die *Dirichlet-Funktion* (s. Beispiel 3.24) periodisch ist und keine kleinste Periode besitzt! Warum ist es nicht möglich, diese Funktion graphisch darzustellen?

Übung 3.32: Zeigen Sie, dass die folgenden Funktionen periodisch sind! Geben Sie, falls möglich, eine kleinste Periode an!
a) $f(x) = \sin 2x$, b) $f(x) = a$ ($a \in \mathbf{R}$), c) $f(x) = |\sin x|$, d) $f(x) = \cos 0{,}5x$.

3.11 Potenzfunktionen

b^n ist eine kurze Schreibweise für das Produkt aus n Faktoren b ($b \in \mathbf{R}$, $n \in \mathbf{N}$, $n > 1$). Daraus kann schrittweise ein allgemeinerer Begriff für die Potenz entwickelt werden:

$b^1 := b$ ($b \in \mathbf{R}$), $b^0 := 1$ ($b \in \mathbf{R}^*$), $b^{-n} := \dfrac{1}{b^n}$ ($b \in \mathbf{R}^*$, $n \in \mathbf{N}$), $b^{\frac{1}{n}} := \sqrt[n]{b}$ ($b \in \mathbf{R}_+$, $n \in \mathbf{N}$,

$n \geq 2$), $b^{\frac{m}{n}} := \sqrt[n]{b^m}$ ($b \in \mathbf{R}_+^*$, $m \in \mathbf{Z}$, $n \in \mathbf{N}^*$). Damit ist b^r für jede positive, reelle Basis b und jeden rationalen Exponenten r erklärt[1]. Die Erweiterung des Zahlenbereichs für den Exponenten hat eine Einschränkung des Zahlenbereichs für die Basis zur Folge.

Auf dieser Grundlage können nun die *Potenzfunktionen* definiert werden.

> **Definition 3.14:** Es sei f eine Funktion, $a \in \mathbf{Q}$. f mit $f(x) = x^a$ heißt **Potenzfunktion**. Der größtmögliche Definitionsbereich $D(f)$ hängt von a ab: Es ist
> $D(f) = \mathbf{R}$ für $a \in \mathbf{N}^*$, $D(f) = \mathbf{R}^*$ für $a \in \mathbf{Z}\setminus\mathbf{N}^*$, $D(f) = \mathbf{R}_+$ für $a \in \mathbf{Q}_+^*\setminus\mathbf{N}^*$
> und $D(f) = \mathbf{R}_+^*$ für $a \in \mathbf{Q}_-^*\setminus\mathbf{Z}_-^*$.

Manchmal heißen auch Funktionen f mit $f(x) = c \cdot x^a$ ($c \in \mathbf{R}^*$) Potenzfunktionen.

Potenzfunktionen haben für positive Argumente folgende Eigenschaften:

> **Satz 3.3:** Die Potenzfunktion f mit $f(x) = x^a$ ($x \in \mathbf{R}_+^*$)
> a) hat für $a \in \mathbf{Q}^*$ den Wertebereich $W(f) = \mathbf{R}_+^*$ und für $a = 0$ den Wertebereich $W(f) = \{1\}$,
> b) ist für $a \in \mathbf{Q}_+^*$ streng monoton wachsend, für $a \in \mathbf{Q}_-^*$ streng monoton fallend und für $a = 0$ sowohl monoton wachsend als auch monoton fallend, also konstant,
> c) hat keine Nullstellen.

Auf einen Beweis für Satz 3.3 wird hier verzichtet.

Für $a \in \mathbf{N}^*$ kann f mit $f(x) = x^a$ auf $\mathbf{R}$ definiert werden. Dort hat f die Nullstelle 0. Für gerades a ist f in $\mathbf{R}$ eine gerade Funktion mit $W(f) = \mathbf{R}_+$. Für ungerades a ist f in $\mathbf{R}$ eine ungerade Funktion mit $W(f) = \mathbf{R}$ (s. Bemerkung nach den Beispielen 3.21 und 3.22).

Für $a \in \mathbf{Z}\setminus\mathbf{N}^*$ kann f mit $f(x) = x^a$ auf $\mathbf{R}^*$ definiert werden. Für ungerades a ist f in $\mathbf{R}^*$ eine ungerade Funktion mit $W(f) = \mathbf{R}^*$. Für gerades a ($a \neq 0$) ist f in $\mathbf{R}^*$ eine gerade Funktion mit $W(f) = \mathbf{R}_+^*$. Für $a = 0$ ist f ist eine gerade Funktion mit $W(f) = \{1\}$.

Für $a \in \mathbf{Q}_+^*\setminus\mathbf{N}^*$ kann f mit $f(x) = x^a$ auf $\mathbf{R}_+$ definiert werden. Dort hat f die Nullstelle 0.

Für $a \in \mathbf{Q}_-^*\setminus\mathbf{Z}_-^*$ hat f mit $f(x) = x^a$ den größtmögliche Definitionsbereich $D(f) = \mathbf{R}_+^*$.

---

[1] Mithilfe von Begriffsbildungen aus der Analysis können auch Potenzen mit reellen Zahlen als Exponenten definiert werden. Darauf wird hier verzichtet.

3.11 Potenzfunktionen

Beispiel 3.25: Die Funktion f mit $f(x) = x^5$ ist eine Potenzfunktion ($a = 5$) mit dem maximalen Definitionsbereich $D(f) = \mathbf{R}$ und dem Wertebereich $W(f) = \mathbf{R}$. f ist eine ungerade, streng monoton wachsende Funktion und die Zahl 0 ist die einzige Nullstelle (s. Bild 3.13).

Beispiel 3.26: Die Funktion g mit $g(x) = x^4$ ist eine Potenzfunktion ($a = 4$) mit dem maximalen Definitionsbereich $D(f) = \mathbf{R}$ und dem Wertebereich $W(f) = \mathbf{R}_+$. g ist eine gerade Funktion, die für $x < 0$ streng monoton fallend und für $x > 0$ streng monoton wachsend ist. Die Zahl 0 ist die einzige Nullstelle (s. Bild 3.13).

Beispiel 3.27: Die Funktion f mit $f(x) = x^{-2}$ ist eine Potenzfunktion ($a = -2$) mit dem maximalen Definitionsbereich $D(f) = \mathbf{R}^*$ und dem Wertebereich $W(f) = \mathbf{R}_+^*$. f ist eine gerade Funktion, die für $x < 0$ streng monoton wachsend und für $x > 0$ streng monoton fallend ist (s. Bild 3.14).

Beispiel 3.28: Die Funktion g mit $g(x) = x^{-3}$ ist eine Potenzfunktion ($a = -3$) mit dem maximalen Definitionsbereich $D(f) = \mathbf{R}^*$ und dem Wertebereich $W(f) = \mathbf{R}^*$. g ist eine ungerade Funktion, die für $x < 0$ und für $x > 0$ streng monoton fallend ist (s. Bild 3.14).

Beispiel 3.29: Die Funktion f mit $f(x) = \sqrt[3]{x^4}$ ist eine Potenzfunktion ($a = \frac{4}{3}$) mit dem maximalen Definitionsbereich $D(f) = \mathbf{R}_+$ und dem Wertebereich $W(f) = \mathbf{R}_+$. Sie ist streng monoton wachsend und die Zahl 0 ist die einzige Nullstelle (s. Bild 3.15).

Beispiel 3.30: Die Funktion g mit $g(x) = \sqrt[5]{x^{-2}}$ ist eine Potenzfunktion ($a = -\frac{2}{5}$) mit dem maximalen Definitionsbereich $D(f) = \mathbf{R}_+^*$ und dem Wertebereich $W(f) = \mathbf{R}_+^*$. Sie ist streng monoton fallend (s. Bild 3.15).

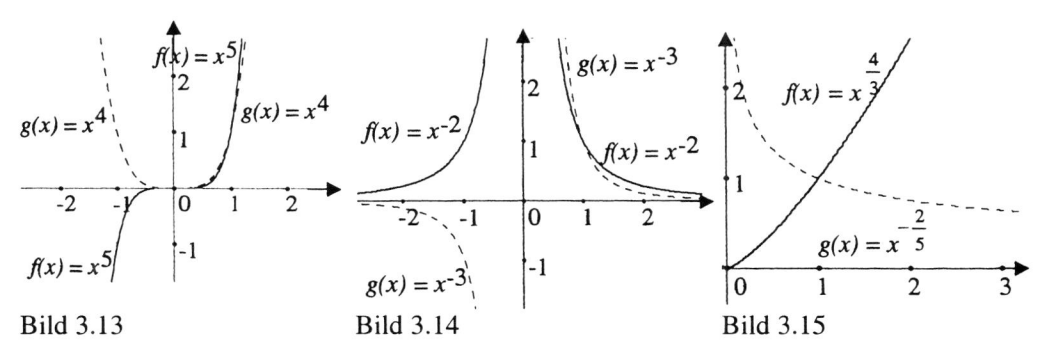

Bild 3.13   Bild 3.14   Bild 3.15

Übung 3.33: Geben Sie für die Funktionen f Eigenschaften gemäß Satz 3.3 an! Beweisen Sie die Aussagen zur Monotonie!
a) $f(x) = x^0$,   b) $f(x) = x^{0,5}$,   c) $f(x) = x^{-7}$,   d) $f(x) = x^8$,   e) $f(x) = x^{-1,2}$.

Übung 3.34: Begründen Sie, warum die Funktion g aus Beispiel 3.28 zwar für $x < 0$ und für $x > 0$ streng monoton fallend ist, aber nicht in $\mathbf{R}^*$.

3.12 Ganzrationale Funktionen

Durch Verallgemeinerung kann man aus den linearen und den quadratischen Funktionen die *ganzrationalen Funktionen* gewinnen.

> **Definition 3.15:** Es sei f eine Funktion, $n \in \mathbf{N}$, $a_0, a_1, a_2, \ldots, a_n \in \mathbf{R}$, $a_n \neq 0$.
> f heißt **ganzrationale** Funktion mit dem (oder vom) **Grad** n genau dann, wenn
> für alle $x \in D(f)$ gilt: $f(x) = a_n x^n + a_{n-1} x^{n-1} + \ldots + a_2 x^2 + a_1 x + a_0 = \sum_{i=0}^{n} a_i x^i$.

Die Zahlen $a_0, a_1, a_2, \ldots, a_n$ heißen **Koeffizienten**[1] der ganzrationalen Funktion f. Eine ganzrationale Funktion n-ten Grades wird auch als **Polynom**[2] n-ten Grades bezeichnet.

Die in der Schule behandelten *Potenzfunktionen* f mit $f(x) = x^n$ ($n \in \mathbf{N}$) sind offensichtlich eine Teilmenge der ganzrationalen Funktionen, während die *Potenzfunktionen* f mit $f(x) = x^n$ ($n \in \mathbf{Z} \setminus \mathbf{N}$ bzw. $n \in \mathbf{Q} \setminus \mathbf{N}$) keine ganzrationalen Funktionen sind.

Zur Berechnung der Nullstellen einer Funktion f ist die Gleichung $f(x) = 0$ zu lösen. Für ganzrationale Funktionen mit dem Grad 0 oder 1, also den konstanten und den linearen Funktionen, ist dies sehr einfach. Für ganzrationale Funktionen mit dem Grad 2, 3 oder 4 existieren Lösungsformeln, die allerdings nur für die quadratischen Funktionen leicht zu handhaben sind. Daher ist es nützlich, viele Informationen zur Verfügung zu haben, um Nullstellen einer solchen Funktion zu finden.

Es sei f eine ganzrationale Funktion vom Grade n. Dann gilt:
- f hat in $\mathbf{R}$ höchstens n Nullstellen.
- Wenn f die Nullstelle x_0 hat, so gibt es eine ganzrationale Funktion g mit dem Grad $n-1$ derart, dass für alle $x \in \mathbf{R}$ gilt: $f(x) = (x - x_0) \cdot g(x)$. Der Term $(x - x_0)$ wird **Linearfaktor** genannt. Man erhält einen Term für die Funktion g, indem man die **Polynomdivision** $f(x) : (x - x_0)$ ausführt.
- Hat f genau n Nullstellen, so ist f als Produkt von n Linearfaktoren darstellbar.
- Sind alle Koeffizienten von f ganzzahlig und ist $a_n = 1$, so sind alle rationalen Nullstellen ganzzahlig und Teiler von a_0. (Ist $a_n \neq 1$, so hat die ganzrationale Funktion g mit $a_n \cdot g(x) = f(x)$ manchmal auch nur ganzzahlige Koeffizienten.)

Die hier zusammengestellten Eigenschaften können genutzt werden, um Nullstellen zu suchen. Mit Hilfe von gefundenen Nullstellen kann der Grad der zu untersuchenden Funktion durch Polynomdivision verringert werden.

Bei den ganzrationalen Funktionen ist es manchmal sinnvoll, auch von *mehrfachen* Nullstellen zu sprechen. So hat z.B. die Funktion f mit $f(x) = x^3 - 3x^2 + 3x - 1 = (x - 1)^3$ zwar nur die Zahl 1 als Nullstelle, aber wegen $f(x) = (x - 1)(x - 1)(x - 1)$ (der Linearfaktorzerlegung für f) kann die Nullstelle dreifach gezählt werden.

---

[1] coefficiens (lat.) = bewirkend.
[2] Aus polýs (griech.) = viel und nómos (griech.) = Gesetz.

3.12 Ganzrationale Funktionen

Beispiel 3.31: Jede *konstante* Funktion f mit $f(x) = a$ ($a \in \mathbf{R}^*$) ist eine ganzrationale Funktion 0-ten Grades, die keine Nullstelle hat. Für die Funktion g mit $g(x) = 0$, die Definition 3.15 nicht erfüllt, ist offensichtlich jedes Element von $D(g)$ eine Nullstelle. Die Funktion f erfüllt die Definition 3.15. Dabei ist die Zahl a der einzige auftretende Koeffizient. a entspricht also dem a_0 und dem a_n in der Definition. Zur Berechnung der Nullstellen ist die Gleichung $f(x) = 0$ zu lösen. Die Gleichung $a = 0$ hat keine Lösung für $a \neq 0$. Also hat f keine Nullstelle.

Beispiel 3.32: Die *linearen* Funktionen f mit $f(x) = ax + b$ ($a, b \in \mathbf{R}$, $a \neq 0$) sind die ganzrationalen Funktionen 1-ten Grades. Sie haben für $D(f) = \mathbf{R}$ *genau* eine Nullstelle. Die Funktionen erfüllen die Definition 3.15. Für die Koeffizienten gilt $a = a_1$, $b = a_0$. Wegen $a_1 \neq 0$ haben die Funktionen den Grad 1. Die *lineare Gleichung* $ax + b = 0$ hat genau eine Lösung, nämlich $x = -\dfrac{b}{a}$.

Beispiel 3.33: Die *quadratischen* Funktionen f mit $f(x) = ax^2 + bx + c$ ($a, b, c \in \mathbf{R}$, $a \neq 0$) sind die ganzrationalen Funktionen 2-ten Grades. Sie haben für $D(f) = \mathbf{R}$ höchstens zwei reelle Nullstellen.
Die Funktionen erfüllen die Definition 3.15. Für die Koeffizienten gilt $a = a_2$, $b = a_1$, $c = a_0$. Die Lösungsformel der allgemeinen *quadratischen Gleichung* lautet:

$$x_{1/2} = \frac{-b}{2a} \pm \frac{\sqrt{b^2 - 4ac}}{2|a|}.$$ Ihr entnimmt man,

- dass *keine* reelle Lösung genau dann existiert, wenn $b^2 - 4ac < 0$ ist,
- dass *genau eine* reelle Lösung genau dann existiert, wenn $b^2 - 4ac = 0$ ist, und
- dass *genau zwei* reelle Lösungen genau dann existieren, wenn $b^2 - 4ac > 0$ ist.

Beispiel 3.34: Die reellen Nullstellen des Polynoms f mit $f(x) = x^4 + x^3 - 5x^2 + x - 6$ werden ermittelt.
f ist eine Funktion 4.Grades, hat also höchstens vier reelle Nullstellen. Die Koeffizienten von f sind alle ganzzahlig und es ist $a_4 = 1$. Daher sind die Teiler von $a_0 = -6$, also die Zahlen 1, -1, 2, -2, 3, -3, 6 und -6, mögliche Nullstellen. Durch Einsetzen dieser Zahlen in die Funktionsgleichung ergibt sich, dass $x_1 = 2$ und $x_2 = -3$ Nullstellen sind. Damit gilt für alle $x \in \mathbf{R}$: $f(x) = (x - 2)(x + 3) \cdot g(x)$. Die Polynomdivision von $f(x)$ durch $x^2 + x - 6 = (x - 2)(x + 3)$ ergibt einen Term für $g(x)$. Man erhält

$$\begin{array}{l}(x^4 + x^3 - 5x^2 + x - 6) : (x^2 + x - 6) = x^2 + 1 \\ \underline{-(x^4 + x^3 - 6x^2)} \\ x^2 + x - 6 \\ \underline{-(x^2 + x - 6)} \\ 0 \end{array}$$

Die Funktion g mit $g(x) = x^2 + 1$ hat keine reelle Nullstelle. In $\mathbf{C}$ hat diese Funktion die beiden Nullstellen $x_1 = i$ und $x_2 = -i$.

Damit hat f genau die zwei reellen Nullstellen 2 und -3.

Übung 3.35: Ermitteln Sie die reellen Nullstellen der Funktion f!
a) $f(x) = x^4 - 9$, b) $f(x) = x^3 - 2x^2 - 5x + 6$, c) $f(x) = x^3 - 2x^2 + x$.

3.13 Rationale Funktionen

Mit Hilfe der ganzrationalen Funktionen kann eine weitere Menge von Funktionen mit interessanten Eigenschaften gebildet werden.

> **Definition 3.16:** Es seien f eine Funktion und u, v ganzrationale Funktionen.
> f heißt **rationale** Funktion genau dann, wenn für alle $x \in D(f)$ gilt: $f(x) = \dfrac{u(x)}{v(x)}$.

Der größtmögliche Definitionsbereich einer rationalen Funktion f ist die Menge $\{x \mid x \in \mathbf{R} \wedge v(x) \neq 0\}$. Die Nullstellen des Nennerpolynoms v einer rationalen Funktion f gehören also nicht zum Definitionsbereich von f. Eine rationale Funktion liegt in *Normalform* vor, wenn die Funktionen u und v keine gemeinsamen Nullstellen haben.

> **Definition 3.17:** Es seien f eine rationale Funktion in Normalform mit $f(x) = \dfrac{u(x)}{v(x)}$
> für alle $x \in D(f)$ und x_p eine reelle Zahl.
> x_p heißt **Polstelle** von f genau dann, wenn $u(x_p) \neq 0$ und $v(x_p) = 0$ ist.

Wenn x_p Polstelle einer rationalen Funktion f ist und a, b reelle Zahlen mit $a < x_p < b$ sind, dann ist die Menge der Funktionswerte von f auf den Intervallen (a, x_p) und (x_p, b) nicht *beschränkt* (s. Beispiel 3.36).

➢ Aus der Definition 3.7 ergibt sich, dass eine Zahl x_0 Nullstelle einer rationalen Funktion f mit $f(x) = \dfrac{u(x)}{v(x)}$ genau dann ist, wenn $u(x_0) = 0$ und $v(x_0) \neq 0$ ist.

Ist der Grad des Zählerpolynoms u einer rationalen Funktion f kleiner als der Grad des Nennerpolynoms v, so wird f **echt gebrochenrationale Funktion** genannt. Ist der Grad von u größer oder gleich dem Grad von v, so wird von einer **unecht gebrochenrationalen** Funktion gesprochen. Unecht gebrochenrationale Funktionen sind entweder ganzrationale Funktionen, oder sie lassen sich mit Hilfe der Polynomdivision in eine Summe aus einer ganzrationalen Funktion p und einer echt gebrochenrationalen Funktion q zerlegen. Ist p eine lineare Funktion, so heißt der Graph von p **Asymptote**[1] des Graphen von f, denn der Graph von f schmiegt sich an den Graphen von p an, ohne ihn dabei zu schneiden bzw. zu berühren.

➢ Hat eine rationale Funktion f die Polstelle x_p, so ist die Gerade, die parallel zur Ordinatenachse durch x_p verläuft, eine **senkrechte Asymptote** des Graphen von f. Für jede echt gebrochenrationale Funktion f ist die x-Achse eine **waagerechte Asymptote** des Graphen von f.

Haben Zählerpolynom und Nennerpolynom einer rationalen Funktion eine gemeinsame Nullstelle, so kann dort eine Polstelle vorliegen (s. Beispiel 3.36), es kann sich aber auch um eine *Lücke* handeln (s. Beispiel 3.37).

---

[1] Aus sympíptein (griech.) = zusammenfallen und der Verneinung "a".

3.13 Rationale Funktionen

Beispiel 3.35: Die unecht gebrochenrationale Funktion f mit $f(x) = \dfrac{2x^2 + x}{x+1}$ $(x \neq -1)$ wird als Summe einer ganzrationalen Funktion g und einer echt gebrochenrationalen Funktion h dargestellt.

Mit Hilfe der Polynomdivision ergibt sich:

$(2x^2 + x) : (x+1) = 2x - 1 + \dfrac{1}{x+1}$.

$\underline{-\ (2x^2\ +\ 2x)}$
$-x$
$\underline{-\ (-x\ -\ 1)}$
1

$g: x \mapsto 2x - 1$

$h: x \mapsto \dfrac{1}{x+1}$

Der Graph der linearen Funktion g mit $g(x) = 2x - 1$ ist eine **schiefe** Asymptote des Graphen der Funktion f (s. Bild 3.16).

Beispiel 3.36: Die Funktion f mit $f(x) = \dfrac{x}{x^2}$ hat für $x = 0$ eine Polstelle.

Die Funktion f ist auf $\mathbf{R}^*$ definiert. Das Zähler- und das Nennerpolynom haben beide die Nullstelle 0. f liegt also nicht in Normalform vor. Für $x \neq 0$ kann gekürzt werden, und es gilt $f(x) = \dfrac{1}{x}$. Ist $x > 0$ und sehr nahe bei Null, so ist $\dfrac{1}{x}$ sehr groß. Die Zahl x kann so klein gewählt werden, dass jede noch so große positive Zahl übertroffen wird. Für $x = 0{,}0001$ ist z.B. schon $f(x) = 10000$. Ist $x < 0$ und sehr nahe bei Null, so ist $\dfrac{1}{x}$ negativ und sehr klein. Es kann jede noch so kleine negative Zahl unterboten werden. Die Menge der Funktionswerte von f ist damit nicht beschränkt (s. Kap. 3.16).

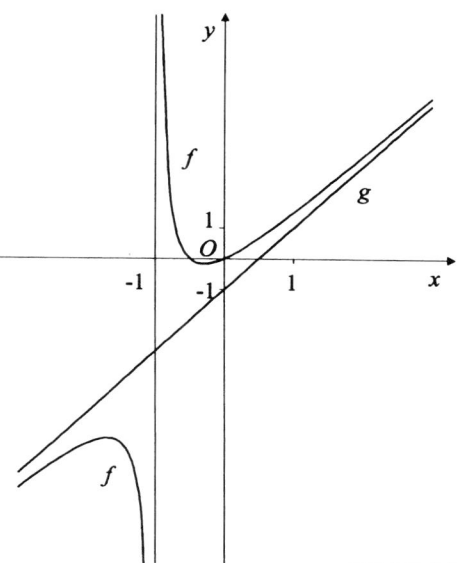

Bild 3.16

Beispiel 3.37: Die Funktion f mit $f(x) = \dfrac{x^2}{x}$ hat für $x = 0$ eine Lücke.

Die Funktion f ist auf $\mathbf{R}^*$ definiert. Das Zähler- und das Nennerpolynom haben beide die Nullstelle 0. f liegt also nicht in Normalform vor. Für $x \neq 0$ kann gekürzt werden, und es gilt $f(x) = x$. Der Graph von f ist eine *punktierte* Gerade, d.h. ein Punkt der Geraden, nämlich $P(0, 0)$, gehört nicht zum Graphen, denn für $x = 0$ existiert kein Funktionswert.

Bemerkung: Die Funktionen f mit $f(x) = \dfrac{x^2}{x}$ $(x \in \mathbf{R}^*)$ und g mit $g(x) = x$ $(x \in \mathbf{R})$ sind also nicht gleich, da sie nicht den gleichen Definitionsbereich haben.

Übung 3.36: Untersuchen Sie die Funktionen f auf Nullstellen, Polstellen und Lücken!

a) $f(x) = \dfrac{x^3 + 2x^2 - 2x - 4}{x^2 + 2}$,   b) $f(x) = \dfrac{x^2 - x - 2}{x^2 - 4}$,   c) $f(x) = \dfrac{x^3 + 1}{x^3 - 2x^2 + x - 2}$.

3.14 Winkelfunktionen

Im rechtwinkligen Dreieck *ABC* können Winkelgrößen auf ganz bestimmte Weise Seitenverhältnisse zugeordnet werden. Für den Winkel α mit 0° < α < 90° wird festgelegt (s. Bild 3.17):

$\sin \alpha := \frac{a}{c}$, $\cos \alpha := \frac{b}{c}$, $\tan \alpha := \frac{a}{b}$, $\cot \alpha := \frac{b}{a}$.

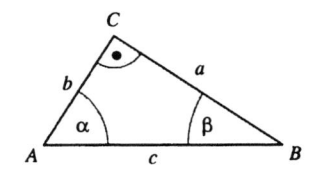

Bild 3.17

Diese Beziehungen können durch Übertragung auf einen Einheitskreis zur Definition von *Winkelfunktionen* genutzt werden.

Dafür betrachten wir den Einheitskreis ($r = 1$ LE), dessen Mittelpunkt im Koordinatenursprung *O* eines Koordinatensystems liegt (s. Bild 3.18). Ein Strahl mit dem Anfangspunkt *O* bildet mit dem nichtnegativen Teil der Abszissenachse einen Winkel der Größe *x*. Der Strahl schneidet den Kreis im Punkt *P*(*u*, *v*). Der Fußpunkt des Lotes von *P* auf die Abszissenachse wird mit *Q* bezeichnet. Das Dreieck *OQP* ist rechtwinklig, die Hypotenuse $\overline{OP}$ hat die Länge 1.

Bei Drehung des Strahls um *O* entstehen unterschiedliche Winkel *x* und der Punkt *P* wandert auf dem Einheitskreis.

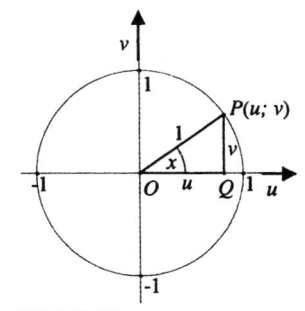

Bild 3.18

Es wird vereinbart, dass bei Drehung gegen den Uhrzeigersinn (also mathematisch im positiven Sinn) positiv orientierte Winkel und bei Drehung im Uhrzeigersinn (also mathematisch im negativen Sinn) negativ orientierte Winkel entstehen (s. auch Beispiel 3.8). Damit wird festgelegt:

Definition 3.18:

$\sin x := v$, $\cos x := u$, $\tan x := \frac{\sin x}{\cos x}$ ($\cos x \neq 0$), $\cot x := \frac{\cos x}{\sin x}$ ($\sin x \neq 0$).

Die Funktion *f* mit $f(x) = \sin x$ ($x \in \mathbb{R}$) heißt **Sinusfunktion**.
Die Funktion *f* mit $f(x) = \cos x$ ($x \in \mathbb{R}$) heißt **Kosinusfunktion**.
Die Funktion *f* mit $f(x) = \tan x$ ($x \in \mathbb{R}$, $x \neq (2k+1)\frac{\pi}{2}$, $k \in \mathbb{Z}$) heißt **Tangensfunktion**.
Die Funktion *f* mit $f(x) = \cot x$ ($x \in \mathbb{R}$, $x \neq k\pi$, $k \in \mathbb{Z}$) heißt **Kotangensfunktion**.

Bemerkung: Durch die Definition 3.18 werden für spitze Winkel die gleichen Funktionswerte wie oben im rechtwinkligen Dreieck erzeugt und die Beschränkung der Winkelgrößen ist aufgehoben. Es ist üblich, die Argumente der Winkelfunktionen in Bogenmaß anzugeben. Die Umrechnung einer Winkelgröße α in Gradmaß in eine Winkelgröße in Bogenmaß arc α kann mit Hilfe der Formel $\text{arc } \alpha = \frac{\pi}{180°} \cdot \alpha$ erfolgen.

Im Einheitskreis ist arc α die zu dem Zentriwinkel α gehörende Bogenlänge.

3.14 Winkelfunktionen

Übung 3.37: Nutzen Sie Bild 3.17 um
a) sin β, cos β, tan β und cot β festzulegen, b) zu zeigen, dass $\sin^2 \alpha + \cos^2 \alpha = 1$ ist.

Beispiel 3.38: Die Sinusfunktion f mit $f(x) = \sin x$ ($x \in \mathbf{R}$) hat das Intervall $[-1, 1]$ als Wertebereich, denn die Ordinaten der Punkte auf dem Einheitskreis durchlaufen dieses Intervall. f ist ungerade, denn die Ordinaten, die zu entgegengesetzten Argumenten gehören, haben unterschiedliche Vorzeichen und den gleichen Betrag. Die Nullstellen von f sind die Zahlen $k\pi$, $k \in \mathbf{Z}$. f ist periodisch mit der kleinsten Periode 2π, denn nach einem vollen Umlauf des Strahls, also einer Drehung um 2π, treten wiederum die gleichen Ordinaten des Punktes P auf. Deshalb können wir uns auf das Intervall $[0, 2\pi]$ beschränken. Dort ist die Sinusfunktion für $0 \leq x \leq \frac{\pi}{2}$ und für $\frac{3\pi}{2} \leq x \leq 2\pi$ streng monoton wachsend; für $\frac{\pi}{2} \leq x \leq \frac{3\pi}{2}$ ist sie streng monoton fallend, was man den Änderungen der Ordinaten in Abhängigkeit vom Drehwinkel entnehmen kann. (s. Bild 3.19).

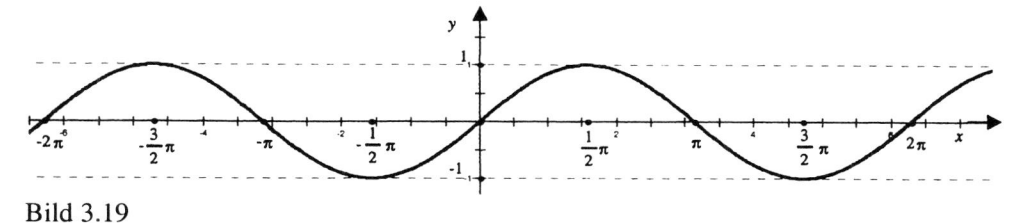

Bild 3.19

Übung 3.38: Geben Sie analog zu Beispiel 3.38 Eigenschaften der Kosinusfunktion an.

Beispiel 3.39: Die Tangensfunktion f mit $f(x) = \tan x$ ($x \in \mathbf{R}, x \neq (2k+1)\frac{\pi}{2}, k \in \mathbf{Z}$) hat den Wertebereich $\mathbf{R}$. f ist ungerade. Die Nullstellen der Tangensfunktion sind die Zahlen $k\pi$, $k \in \mathbf{Z}$. Die Tangensfunktion ist periodisch; ihre kleinste Periode ist π. Deshalb können wir uns auf das Intervall $(-\frac{\pi}{2}, \frac{\pi}{2})$ beschränken. Dort ist die Tangensfunktion streng monoton wachsend (s. Bild 3.20).

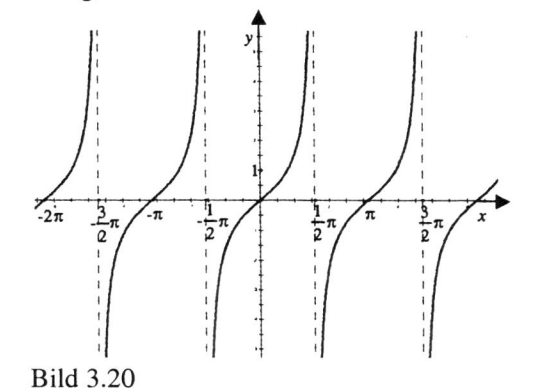

Bild 3.20

Übung 3.39: Geben Sie analog zu Beispiel 3.39 Eigenschaften der Kotangensfunktion an.

Übung 3.40: Zeichnen Sie einen Graphen der Funktion g mit $g(x) = 3 \sin(2x + \frac{\pi}{2})$. Geben Sie Eigenschaften dieser Funktion an. Wie beeinflussen die reellen Parameter a, b und c in $f(x) = a \sin(bx + c)$ die Eigenschaften der Funktion f?

3.15 Operationen mit Funktionen

Komplizierte Funktionen werden manchmal untersucht, indem man sie in einfachere Funktionen zerlegt und zunächst diese analysiert. Andererseits kann man aus einfachen Funktionen durch verschiedene Operationen kompliziertere Funktionen bilden. Eine Grundlage für solche Überlegungen liefern die folgenden Definitionen für *Addition*, *Subtraktion*, *Multiplikation* und *Division* von Funktionen:

> **Definition 3.19:** Es seien f und g zwei Funktionen mit dem identischen Definitionsbereich D.
> Die Funktion s mit $s(x) := f(x) + g(x)$ für alle $x \in D$ heißt **Summe** der Funktionen f und g (Kurzschreibweise: $s = f + g$).
> Die Funktion d mit $d(x) := f(x) - g(x)$ für alle $x \in D$ heißt **Differenz** der Funktionen f und g (Kurzschreibweise: $d = f - g$).
> Die Funktion p mit $p(x) := f(x) \cdot g(x)$ für alle $x \in D$ heißt **Produkt** der Funktionen f und g (Kurzschreibweise: $p = f \cdot g$).
> Die Funktion q mit $q(x) := \dfrac{f(x)}{g(x)}$ für alle $x \in D$ mit $g(x) \neq 0$ heißt **Quotient** der Funktionen f und g (Kurzschreibweise: $q = \dfrac{f}{g}$).

Haben zwei Funktionen f und g nicht den gleichen Definitionsbereich, so können Summe, Differenz, Produkt und Quotient dieser Funktionen für die Menge $D(f) \cap D(g)$ gebildet werden. Bei der Funktion $\dfrac{f}{g}$ ist zusätzlich die Bedingung $g(x) \neq 0$ zu beachten.

Eine weitere Operation für Funktionen ist die *Nacheinanderausführung* von zwei Funktionen, die auch *Verkettung* genannt wird (vgl. auch Kap. 2.2.1).

> **Definition 3.20:** Es seien f und g zwei Funktionen, wobei $W(f) \cap D(g) \neq \emptyset$ ist.
> Die Funktion v mit $v(x) := g(f(x))$ für alle $f(x) \in D(g)$ heißt **Nacheinanderausführung** der Funktionen f und g (Kurzschreibweise: $v = g \circ f$).

Die Funktion g in Definition 3.20 heißt **äußere Funktion**, und die Funktion f heißt **innere Funktion** der Nacheinanderausführung $v = g \circ f$ (gelesen: g nach f).

Der Definitionsbereich der Funktion v besteht gerade aus den Elementen von $D(f)$, die ihrerseits durch f auf Elemente in $D(g)$ abgebildet werden (s. Bild 3.20).

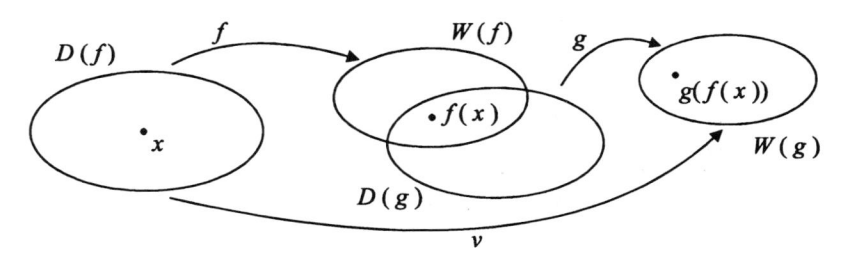

Bild 3.20

3.15 Operationen mit Funktionen

Beispiel 3.40: Es seien f eine Funktion, die auf $\mathbf{R}$ definiert ist, und $a \in \mathbf{R}_+$. In Abhängigkeit von a unterscheidet sich der Graph der Funktion $a \cdot f$ vom Graphen der Funktion f. Für $a > 1$ ist der Graph von $a \cdot f$ gegenüber dem Graphen von f um den Faktor a *gestreckt*. Für $a = 1$ sind beide Graphen identisch. Für $0 < a < 1$ ist der Graph von $a \cdot f$ gegenüber dem Graphen von f um den Faktor a *gestaucht*. Für $a = 0$ fällt der Graph von $a \cdot f$ mit der x-Achse zusammen. Für $a < 0$ kommt zu den Streckungen bzw. Stauchungen noch eine Spiegelung an der x-Achse hinzu.

Beispiel 3.41: Das Polynom p mit $p(x) = x^2 + 2x - 1$ kann aus der Funktion $f = id_{\mathbf{R}}$ mit $f(x) = x$ und den konstanten Funktionen g und h mit $g(x) = 2$ bzw. $h(x) = -1$ mit Hilfe der Addition und der Multiplikation von Funktionen zusammengesetzt werden.
Es gilt nämlich $p = id_{\mathbf{R}} \cdot id_{\mathbf{R}} + g \cdot id_{\mathbf{R}} + h$.

Bemerkung: Jede rationale Funktion kann unter ausschließlicher Verwendung der Funktion $id_{\mathbf{R}}$ und der konstanten Funktionen mit Hilfe von Summe, Produkt und Quotient gemäß Definition 3.19 zusammengesetzt werden.

Übung 3.41: Setzen Sie die Funktion f mit $f(x) = \dfrac{2x+1}{x^3 - 2x + 1}$ mit Hilfe von Summe, Produkt und Quotient unter ausschließlicher Verwendung der Funktion $id_{\mathbf{R}}$ und konstanten Funktionen zusammen! Welchen Definitionsbereich hat die Funktion?

Beispiel 3.42: Die „komplizierte" Funktion v mit $v(x) = \sqrt{1-x^2}$ wird als Verkettung zweier „einfacherer" Funktionen f und g dargestellt.
Es seien f und g die zwei Funktionen mit $f(x) = 1 - x^2$ ($x \in \mathbf{R}$) und $g(y) = \sqrt{y}$ ($y \in \mathbf{R}_+$). Dann ist $v = g \circ f$ bzw. $v(x) = g(f(x))$. Der Wertebereich von f besteht aus allen Zahlen, die kleiner oder gleich 1 sind. Der Definitionsbereich von g besteht aus allen nichtnegativen Zahlen. Damit ist $W(f) \cap D(g) = [0, 1]$ der maximale Definitionsbereich der Funktion v. Der Wertebereich von v ist dann eine echte Teilmenge des Wertebereichs von f, denn es gilt $W(v) = [0, 1] \subset W(f) = \{y \mid y \in \mathbf{R} \wedge y \leq 1\}$.

Beispiel 3.43: Die Verkettung von zwei Funktionen ist i. Allg. nicht kommutativ.
Wir bilden mit den Funktionen f und g aus Beispiel 3.42 die Verkettung $f \circ g$. Es ergibt sich die Funktion u mit $u(y) = f(g(y)) = 1 - (\sqrt{y})^2 = 1 - y$ mit $D(u) = D(g) = \mathbf{R}_+$. Offensichtlich ist die Funktion u verschieden von der Funktion v aus Beispiel 3.42.

Übung 3.42: Bilden Sie die Verkettungen $v = f \circ g$ und $u = g \circ f$ der Funktionen f und g! Geben Sie die maximalen Definitions- und Wertebereiche der beteiligten Funktionen an!
a) $f(y) = y + 1; g(x) = x^2$,   b) $f(y) = y^3; g(x) = \dfrac{1}{x-1}$.

Übung 3.43: Stellen Sie die Funktion p mit $p(x) = (2x - 1)^3$ sowohl als additive und multiplikative Zusammensetzung der Funktion $id_{\mathbf{R}}$ mit konstanten Funktionen als auch als Verkettung von zwei Funktionen dar!

3.16 Beschränkte Funktionen, Maximum und Minimum

Es gibt Funktionen einer reellen Veränderlichen mit reellen Funktionswerten, deren Wertebereich in einem Intervall mit endlicher Länge enthalten ist. Solche Funktionen werden als *beschränkt* bezeichnet.

Definition 3.21: Es sei f eine Funktion mit $D(f) \subseteq \mathbf{R}$ und $W(f) \subseteq \mathbf{R}$.
f heißt nach **oben beschränkt** genau dann, wenn es eine reelle Zahl S derart gibt, dass für alle $x \in D(f)$ gilt: $f(x) \leq S$.
f heißt nach **unten beschränkt** genau dann, wenn es eine reelle Zahl s derart gibt, dass für alle $x \in D(f)$ gilt: $f(x) \geq s$.
f heißt **beschränkt** genau dann, wenn f nach oben und nach unten beschränkt ist.

Ist eine Funktion f nach oben durch eine Zahl S beschränkt, so heißt die Zahl S eine **obere Schranke** von f. Ist eine Funktion f nach unten durch eine Zahl s beschränkt, so heißt die Zahl s eine **untere Schranke** von f. Eine Funktion, die nicht nach oben beschränkt ist, heißt nach **oben unbeschränkt**. Entsprechend heißt eine Funktion, die nicht nach unten beschränkt ist, nach **unten unbeschränkt**.

- Ist eine Funktion f durch eine Zahl s nach unten beschränkt und durch eine Zahl S nach oben beschränkt, so gilt $s \leq f(x) \leq S$ für alle Funktionswerte der Funktion. Damit gilt $W(f) \subseteq [s, S]$.

Wenn eine Zahl s untere Schranke einer Funktion f ist, dann ist jede Zahl s' mit $s' < s$ ebenfalls eine untere Schranke von f. Ist S eine obere Schranke einer Funktion f, so ist entsprechend jede Zahl S' mit $S' > S$ eine obere Schranke von f.

Es gibt nach oben beschränkte Funktionen $f : \mathbf{R} \to \mathbf{R}$ mit der Eigenschaft, dass sich schon unter den Funktionswerten von f selbst eine obere Schranke S von f befindet. Damit existiert mindestens ein $x \in D(f)$ mit $f(x) = S$. In diesem Falle ist S nicht nur eine obere Schranke von f, sondern sogar der größte Funktionswert der Funktion f. Man sagt dann: S ist das **(globale) Maximum**[1] der Funktion f.

Befindet sich bei einer nach unten beschränkten Funktion $f : \mathbf{R} \to \mathbf{R}$ unter den Funktionswerten auch eine untere Schranke s von f, so ist diese Zahl s das **(globale) Minimum**[2] der Funktion f.

Es ist nicht selbstverständlich, dass eine Funktion (globale) *Extremwerte* annimmt, also ein (globales) Maximum oder ein (globales) Minimum hat (s. Beispiel 3.46). Die Analysis liefert Kriterien und Methoden, mit denen für eine große Menge von Funktionen die Existenz von Extremwerten gesichert und ihre Größe berechnet werden kann. Beispielsweise hat jede auf einem Intervall $[a, b]$ ($a, b \in \mathbf{R}$, $a < b$) stetige Funktion f ein globales Maximum und ein globales Minimum.

---

[1] maximum (lat.) = das Größte.
[2] minimum (lat.) = das Kleinste.

3.16 Beschränkte Funktionen, Maximum und Minimum

Beispiel 3.44: Die Funktion f mit $f(x) = x^2 - 3x + 4$ ist nach unten beschränkt, aber nach oben nicht beschränkt.
Es sei x irgendeine reelle Zahl. Dann gilt $f(x) = (x - 1,5)^2 + 1,75 \geq 1,75$, denn $(x - 1,5)^2$ ist auf keinen Fall negativ. Damit ist 1,75 eine untere Schranke von f. Jede Zahl, die kleiner ist als 1,75, ist natürlich erst recht eine untere Schranke von f. Die untere Schranke 1,75 ist sogar der Funktionswert $f(1,5)$. 1,75 ist also globales Minimum.
Wir nehmen an, dass es eine Zahl $S \geq 1$ derart gibt, dass $f(x) \leq S$ für alle $x \in \mathbf{R}$ ist. Bildet man nun für $S + 1,5$ den Funktionswert, so ergibt sich $f(S + 1,5) = (S + 1,5 - 1,5)^2 + 1,75 = S^2 + 1,75 > S^2 \geq S$. Das ist ein Widerspruch zu der Annnahme, dass S eine obere Schranke von f ist, denn es hat sich ein Funktionswert ergeben, der größer als S ist.

Übung 3.44: Welche der Funktionen sind beschränkt bzw. nicht beschränkt? Begründen Sie Ihre Entscheidung!
a) $f: [0; 1) \to \mathbf{R}$ mit $f(x) = x^3$, b) $f: \mathbf{R} \to \mathbf{R}$ mit $f(x) = x^3$, c) $f: \mathbf{R}_+ \to \mathbf{R}$ mit $f(x) = x^3$.

Übung 3.45: Beweisen Sie die Aussage: „Eine Funktion $f: \mathbf{R} \to \mathbf{R}$ ist beschränkt genau dann, wenn für alle $x \in \mathbf{R}$ eine reelle Zahl a derart existiert, dass $|f(x)| \leq a$ gilt."

Beispiel 3.45: Die Funktion $f: \mathbf{R} \to \mathbf{R}$ mit $f(x) = \dfrac{1}{1+x^2}$ ist beschränkt.
Offensichtlich sind alle Funktionswerte positiv. Damit ist $s = 0$ eine untere Schranke von f. Die Zahlen $1 + x^2$ sind immer größer oder gleich 1. Damit sind alle Funktionswerte von f kleiner oder gleich 1. $S = 1$ ist somit eine obere Schranke von f. Damit gilt für jedes $x \in \mathbf{R}$: $0 \leq f(x) \leq 1$. Offenbar ist jede negative Zahl eine untere Schranke der Funktion und jede Zahl, die größer als 1 ist, eine obere Schranke der Funktion.

Beispiel 3.46: Die Funktion $f: \mathbf{R} \to \mathbf{R}$ mit $f(x) = \dfrac{1}{1+x^2}$ hat zwar ein (globales) Maximum, aber kein (globales) Minimum.
Die Zahl $S = 1$ ist eine obere Schranke von f (s. Beispiel 3.45). Wegen $f(0) = 1$ ist 1 das (globale) Maximum der Funktion. Es wird nur an der Stelle 0 angenommen.
Die Zahl $s = 0$ ist eine untere Schranke von f (s. Beispiel 3.45). Diese Zahl kann nicht das (globale) Minimum sein, weil alle Funktionswerte von f positive Zahlen sind. Wenn f ein (globales) Minimum hätte, dann müsste es also eine positive Zahl sein. Je größer nun x gewählt wird, desto kleiner wird der Funktionswert $f(x)$. Da $1 + x^2$ nach oben nicht beschränkt ist, gibt es sogar Funktionswerte, die der Zahl 0 beliebig nahe kommen. Zu jeder positiven Zahl ε gibt es also einen Funktionswert der Funktion, der kleiner ist als ε. Damit kann f kein (globales) Minimum haben.

Bemerkung: Wie die Beispiele 3.44 und 3.46 zeigen, können manchmal auch Entscheidungen über Extremwerte getroffen werden, ohne die Differenzialrechnung zu bemühen.

Übung 3.46: Geben Sie eine Funktion $f: \mathbf{R} \to \mathbf{R}$ mit folgenden Eigenschaften an!
a) f hat Maximum und Minimum, b) f hat weder Maximum noch Minimum, c) f hat kein Maximum, aber ein Minimum.

3.17 Funktionale Charakterisierungen einiger Funktionen

Die Eigenschaften einer Funktion sind nicht alle gleich wichtig. Es gibt manchmal Eigenschaften, die so stark sind, dass man an ihnen eine spezielle Funktion erkennen kann. Dann kann sich eine *funktionale Charakterisierung* einer Funktion ergeben.

3.17.1 Eine funktionale Charakterisierung der direkten Proportionalitäten

Satz 3.4: Die für alle reellen Zahlen definierte Funktion f mit $f(x) = ax$ ($a \in \mathbf{R}, a > 0$) ist die einzige Funktion mit den Eigenschaften
(1) $f(x + y) = f(x) + f(y)$ für alle $x, y \in \mathbf{R}$,
(2) f ist streng monoton wachsend,
(3) $f(1) = a$.

Beweis: Die Funktion f mit $f(x) = ax$ ($a \in \mathbf{R}, a > 0$) hat die Eigenschaft (1), denn es gilt wegen des Distributivgesetzes immer $a(x + y) = ax + ay$. Für $a > 0$ folgt aus $x < y$ sofort $ax < ay$, also Eigenschaft (2). Eigenschaft (3) ist offensichtlich erfüllt. Damit ist die Existenz einer Funktion mit den genannten Eigenschaften gesichert.

Nun sei f irgendeine Funktion mit den Eigenschaften (1), (2) und (3). Dann gilt:
a) $f(0) = 0$. (Man setze in (1) $x = y = 0$.)
b) Für jede reelle Zahl x gilt $f(-x) = -f(x)$. (Man ersetze y durch $-x$ in (1) und nutze a).)
c) Für jede reelle Zahl x und jede natürliche Zahl k gilt $f(kx) = k f(x)$.
(Beweis kann mit vollständiger Induktion bei Verwendung von (1) mit $x = y$ erfolgen.) Aus (3) ergibt sich daraus mit $x = 1$ dann $f(k) = ak$.
d) Für jede gebrochene Zahl q gilt $f(q) = aq$.
Es sei $q = \frac{m}{n}$ ($m, n \in \mathbf{N}, n > 0$) eine gebrochene Zahl. Dann ist $nq = m$. Hieraus ergibt sich $f(nq) = f(m)$, woraus mit c) die Gleichung $n f(q) = am$ folgt, also $f(q) = aq$.
e) Für jede rationale Zahl r gilt $f(r) = ar$.
Für $r = 0$ gilt die Behauptung wegen a). Für $r > 0$ gilt die Behauptung wegen d). Es sei nun $r < 0$. Dann ist $-r > 0$, und es gilt wegen d) $f(-r) = a \cdot (-r)$. Andererseits ist wegen b) $f(-r) = -f(r)$. Aus den beiden letzten Gleichungen ergibt sich die Behauptung.
f) Für jede reelle Zahl x gilt $f(x) = ax$.
Für rationale Zahlen gilt die Behauptung bereits wegen e). Es sei x_0 eine irrationale Zahl. Wir nehmen an, dass $f(x_0) \neq ax_0$ ist. Gelte etwa $f(x_0) < ax_0$. Dann existiert eine rationale Zahl r mit $f(x_0) < ar < ax_0$, was $f(x_0) < f(r) < ax_0$ zur Folge hat. Das steht wegen $r < x_0$ im Widerspruch zu (2). ∎

Bemerkung: Die Eigenschaften (1) und (2) gemeinsam sind typisch für alle direkte Proportionalitäten. Durch Eigenschaft (3) wird eine der direkten Proportionalitäten hervorgehoben. Eigenschaft (1) hat die Form einer *Funktionalgleichung*. Auf Eigenschaft (2) kann nicht verzichtet werden, denn es gibt nichtmonotone Funktionen mit der Eigenschaft (1), die keine direkten Proportionalitäten sind.

3.17.2 Eine funktionale Charakterisierung der Exponentialfunktionen

Für die Definition der Exponentialfunktionen ist die (in diesem Band nicht thematisierte) *Vollständigkeitseigenschaft* der reellen Zahlen wesentlich. Wir definieren daher diese Funktionen hier nicht und formulieren nur den folgenden Satz:

Satz 3.5: Die für alle reellen Zahlen definierte *Exponentialfunktion* f mit $f(x) = a^x$ ($a \in \mathbf{R}$, $a > 1$) ist die einzige Funktion mit den Eigenschaften
(1) $f(x + y) = f(x) \cdot f(y)$ für alle $x, y \in \mathbf{R}$,
(2) f ist streng monoton wachsend,
(3) $f(1) = a$.

Zum Beweis von Satz 3.5 (und für eine Definition der Exponentialfunktionen) und Informationen über Funktionen mit ähnlicher Problematik verweisen wir auf die Literatur[1].

3.17.3 Eine funktionale Charakterisierung der Logarithmusfunktionen

Da die Exponentialfunktionen f mit $f(x) = a^x$ mit der Basis a ($a > 1$) streng monoton wachsend sind, sind sie wegen Satz 3.2 eineindeutig. Daher besitzt jede dieser Funktionen eine Umkehrfunktion f^{-1}. Die zu f mit $f(x) = a^x$ ($a > 1$) gehörige Umkehrfunktion f^{-1} wird mit $f^{-1}(x) = \log_a x$ bezeichnet und *Logarithmusfunktion* mit der Basis a genannt.

Welche Eigenschaften der Logarithmusfunktionen ergeben sich aus Satz 3.5?
Wendet man auf die Eigenschaft (1) in Satz 3.5 die Umkehrfunktion f^{-1} an, so ergibt sich $f^{-1}(f(x_1 + x_2)) = f^{-1}(f(x_1) \cdot f(x_2))$, was zu der Gleichung (*) $x_1 + x_2 = f^{-1}(f(x_1) \cdot f(x_2))$ führt. Wenn $y_1 = f(x_1)$ ist, so ist $x_1 = f^{-1}(y_1)$. Damit ergibt sich aus der Gleichung (*) die Gleichung $f^{-1}(y_1) + f^{-1}(y_2) = f^{-1}(y_1 \cdot y_2)$. Diese Gleichung gilt für alle $y_1, y_2 \in \mathbf{R}_+^*$, denn der Wertebereich von f ist $\mathbf{R}_+^*$. Da f streng monoton wachsend ist, ist auch f^{-1} streng monoton wachsend (s. Übung 3.29). Schließlich gilt wegen $f(1) = a$ noch $f^{-1}(a) = 1$.

Diese Überlegungen legen nahe, dass für Logarithmusfunktionen der folgende Satz gilt:

Satz 3.6: Die für alle positiven reellen Zahlen definierte *Logarithmusfunktion* f mit $f(x) = \log_a x$ ($a \in \mathbf{R}$, $a > 1$) ist die einzige Funktion mit den Eigenschaften
(1) $f(x \cdot y) = f(x) + f(y)$ für alle $x, y \in \mathbf{R}_+^*$,
(2) f ist streng monoton wachsend,
(3) $f(a) = 1$.

Übung 3.47: In Satz 3.3 wurde $a > 0$ gefordert. Welche Konsequenzen ergeben sich für die Bedingung $a < 0$? Formulieren Sie einen entsprechenden Satz und beweisen Sie ihn!

Übung 3.48: In den Sätzen 3.5 und 3.6 wurde $a > 1$ gefordert. Welche Konsequenzen ergeben sich für die Bedingung $0 < a < 1$? Formulieren Sie entsprechende Sätze!

---

[1] Siehe z.B. JUNEK, H.: Analysis. Funktionen – Folgen – Reihen. mathematik-abc für das Lehramt. Leipzig: Teubner 1998, S. 22 - 24; ILSE, D.; LEHMANN, I.; SCHULZ, W.: Gruppoide und Funktionalgleichungen. Mathematik für Lehrer, Band 20. Berlin: Deutscher Verlag der Wissenschaften 1984, S. 165 - 178.

3.18 Ausblick auf Funktionen als Abbildungen

In den bisherigen Ausführungen wurden Funktionen vorwiegend in der Weise verwendet, wie es in der Analysis und auch im nichtgeometrischen Teil des Mathematikunterrichts weitgehend üblich ist. Nun soll ein Sichtwechsel vorgenommen werden. Dabei wird auch angedeutet, in welcher Vielfalt mit Funktionen unter anderen Bezeichnungen und in anderen Zusammenhängen in der Mathematik umgegangen wird.

Während in der Analysis das Wort „Funktion" als Synonym für eine eindeutige Zuordnung steht, wird in der Algebra und in der Geometrie dem Wort „Abbildung" der Vorzug gegeben (s. Kap. 3.1, S. 88). Dabei werden in der Algebra Abbildungen mitunter nicht notwendigerweise als eindeutig vorausgesetzt. In der Geometrie sind jedoch Abbildungen traditionell eindeutig. Verschiedene Spezialisierungen und unterschiedliche historische Entwicklungen einzelner mathematischer Disziplinen haben so zu einer ganzen Palette von (z. T. synonymen) Begriffen geführt.

So hat sich z.B. durch den Bourbakismus[1] das „Dreigestirn" *injektiv – surjektiv – bijektiv* etabliert. Eine Abbildung (oder Zuordnung) heißt **injektiv** genau dann, wenn sie *eineindeutig* ist (s. Kap. 3.8). Eine Abbildung (oder Zuordnung) heißt **surjektiv** genau dann, wenn sie eine Abbildung *auf* eine Menge ist (s. Kap. 3.1). Eine Abbildung (oder Zuordnung) heißt **bijektiv** genau dann, wenn sie injektiv und surjektiv ist (s. Kap. 3.2). Mit Hilfe dieser Begriffe werden im Folgenden weitere Funktionen beschrieben.

Für Mengen, die durch Relationen oder Operationen zusätzlich strukturiert sind, hat sich das Begriffssystem der **Morphismen**[2] herausgebildet. Im einfachsten Fall bedeutet das für zwei Mengen M_1 und M_2 mit den Relationen R_1 bzw. R_2, dass eine (eindeutige) Abbildung $\varphi: M_1 \to M_2$ die Beziehungen zwischen den Elementen invariant lässt, d.h., stehen Elemente x und y aus M_1 in der Relation R_1, so stehen deren Bilder $\varphi(x)$ und $\varphi(y)$ in M_2 in der Relation R_2:

Für alle $x, y \in M_1$ gilt also $x\, R_1\, y \Leftrightarrow \varphi(x)\, R_2\, \varphi(y)$. Man sagt dann, die Abbildung ist *relationstreu*.

Fordert man nun *Relations- bzw. Operationstreue*[3] einer Abbildung zwischen solchen Mengen, so benutzt man im allgemeinen folgende Bezeichnungen:

Eine Abbildung heißt **homomorph**[2] (bzw. ein **Homomorphismus**) genau dann, wenn die Abbildung eindeutig und relationstreu ist.

Eine Abbildung heißt **monomorph**[2] (bzw. ein **Monomorphismus**) genau dann, wenn die Abbildung injektiv und relationstreu ist.

---

[1] Unter dem Pseudonym NICOLAS BOURBAKI hat eine Gruppe vorwiegend französischer Mathematiker im 20. Jahrhundert versucht, eine begrifflich präzise Grundlegung der gesamten Mathematik vorzunehmen.

[2] morphé (griech.) = Gestalt, Form; homós (griech.) = gleich, entsprechend; mónos (griech.) = allein, einzig; epí (griech.) = darauf; ísos (griech.) = gleich; éndon (griech.) = innerhalb; autós (griech.) = selbst.

[3] Da Operationen spezielle Relationen sind, wird im Falle der *Operationstreue*, d.h., für alle $x, y \in M_1$ gilt $\varphi(x \circ_1 y) = \varphi(x) \circ_2 \varphi(y)$, oft auch hier von *Relationstreue* gesprochen.

3.18 Ausblick auf Funktionen als Abbildungen

Eine Abbildung heißt **epimorph**[2] (bzw. ein **Epimorphismus**) genau dann, wenn die Abbildung eindeutig, surjektiv und relationstreu ist.

Eine Abbildung heißt **isomorph**[2] (bzw. ein **Isomorphismus**) genau dann, wenn die Abbildung bijektiv und relationstreu ist.

Eine Abbildung heißt ein **Endomorphismus**[2] genau dann, wenn die Abbildung ein Homomorphismus in sich ist.

Eine Abbildung heißt ein **Automorphismus**[2] genau dann, wenn die Abbildung ein Isomorphismus auf sich ist.

Aus der Vielzahl der Möglichkeiten der Beispiele für Morphismen greifen wir einen Isomorphismus zwischen zwei *Gruppen*[4] (G_1, o_1) und (G_2, o_2) heraus. Es seien zwei Mengen G_1 und G_2 gegeben, in denen jeweils eine Gruppenoperation o_1 bzw. o_2 definiert ist. Die Multiplikation reeller Zahlen liefert z.B. in der Menge $\mathbf{R}_+^*$ die Gruppe $(\mathbf{R}_+^*, \cdot)$, die Addition reeller Zahlen hingegen die Gruppe $(\mathbf{R}, +)$. Jede Logarithmusfunktion $\log_a$ mit der Basis a ($a \in \mathbf{R}_+^*$; $a \neq 1$) ist dann ein Isomorphismus zwischen der *multiplikativen Gruppe* $(\mathbf{R}_+^*, \cdot)$ und der *additiven Gruppe* $(\mathbf{R}, +)$, denn es gilt für alle $x, y \in \mathbf{R}_+^*$

- $\log_a(x \cdot y) = \log_a(x) + \log_a(y)$ (s. Kap 3.17, Satz 3.6 und Übung 3.48).

Auf diesem Isomorphismus beruht das logarithmische Rechnen.

Hat man Mengen im Blick, in denen Relationen oder Operationen (zunächst) keine Rolle spielen, so unterscheidet man z.B. noch zwischen *Permutationen* und *Transformationen*[5]. Eine Abbildung (oder Zuordnung) heißt **Permutation** (vom Grade n) genau dann, wenn sie eine bijektive Abbildung einer endlichen Menge M (mit n Elementen) auf sich ist. Eine Abbildung (oder Zuordnung) heißt **Transformation** genau dann, wenn sie eine bijektive Abbildung einer beliebigen Menge M auf sich ist.

Als Beispiel betrachten wir eine Menge mit 3 Elementen: $M = \{1, 2, 3\}$. Die Abbildung $\varphi = \begin{pmatrix} 1 & 2 & 3 \\ 2 & 3 & 1 \end{pmatrix}$, die der 1 die 2, der 2 die 3 und der 3 die 1 zuordnet, ist eine *Permutation* der Menge M vom Grade 3. Die Menge aller Permutationen vom Grade n bildet im übrigen bezüglich der Nacheinanderausführung ihrerseits eine Gruppe, die sogenannte *volle Permutationsgruppe* oder auch *symmetrische Gruppe* $\mathfrak{S}_n$ vom Grade n.

Die Spiegelung der Menge aller Punkte einer Ebene an einer Geraden dieser Ebene ist eine spezielle Bewegung der Ebene auf sich und damit eine *Transformation*. Auch die Menge aller Transformationen einer beliebigen Menge M bildet bezüglich der Nacheinanderausführung eine Gruppe, die sogenannte *Transformationsgruppe* $\mathfrak{T}(M)$.

---

[4] Zum Gruppenbegriff siehe z.B. GÖTHNER, P.: Elemente der Algebra. mathematik-abc für das Lehramt, Leipzig: Teubner, 1997, S. 12.
[5] permutatio (lat.) = Veränderung; transformatio (spätlat.) = Umwandlung, Umformung.

Lösungen

Ü 1.1: $M_2 = M_3 \, (\neq M_1)$

Ü 1.2: $N_1 = N_2 = N_3$ (= Menge aller Rechtecke)

Ü 1.3: $A = B$ (vgl. Beispiel 1.25)

Ü 1.4: a) $M_1 = \emptyset$ (Begriff der leeren Menge: Kap. 1.7.1), b) $M_2 = \{-2\}$, c) $M_3 = \emptyset$,
d) $M_4 = \{\sqrt{2}, -\sqrt{2}\}$, e) $M_5 = \emptyset$, f) $M_6 = \{i\sqrt{2}, -i\sqrt{2}\}$, g) $M_7 = \{-2\}$, h) $M_8 = \{2\}$;
$M_1 = M_3 = M_5$ und $M_2 = M_7$

Ü 1.5: a) $L_1 = \{-3\}$, b) $L_2 = \{-3; 3\}$, c) $L_3 = \{-3\}$, also $L_1 = L_3 \neq L_2$

Ü 1.6: a) $M_1 = \{6, 7, 8\}$ – endlich, b) $M_2 = \{0, 1, 2, 3, 4, 10, 11, 12, ...\}$ – unendlich,
c) $M_3 = \{0, 1, 2, ..., 15\}$ – endlich, d) $M_4 = \{17, 18, 19, ...\}$ – unendlich,
e) $M_5 = \emptyset$ – endlich, f) $M_6 = \mathbf{N}$ – unendlich

Ü 1.7: $10^x = 0{,}001 = 10^{-3}$, also ist die Lösungsmenge die Einermenge $L = \{-3\}$.

Ü 1.8: a) $M_1 = \mathbf{P}$ – unendlich, b) $M_2 = \{2\}$ – endlich, c) $M_3 = \{101, 103, 107, 109\}$ – endlich, d) $M_4 = \emptyset$ – endlich

Ü 1.9: a) endlich, b) unendlich, c) endlich

Ü 1.10: Beispiel 1.16: $\{2\} \subset M$, $\{1, 3\} \subset M$, Beispiel 1.17: $\mathbf{G} \subset \mathbf{N}$ und $\mathbf{U} \subset \mathbf{N}$,
Beispiel 1.18: $\mathbf{N}^* \subset \mathbf{N} \subset \mathbf{Z} \subset \mathbf{Q} \subset \mathbf{R} \subset \mathbf{C}$, $\mathbf{N} \subset \mathbf{Q}_+ \subset \mathbf{R}_+$

Ü 1.11: a) $\mathbf{T}(5) \subset \mathbf{T}(10) \subset \mathbf{T}(60)$, $\mathbf{T}(5) \subset \mathbf{T}(15) \subset \mathbf{T}(60)$,
b) $\mathbf{V}(60) \subset \mathbf{V}(15) \subset \mathbf{V}(5)$, $\mathbf{V}(60) \subset \mathbf{V}(10) \subset \mathbf{V}(5)$,
c) Wenn $m \mid n$ und $m < n$, so $\mathbf{T}(m) \subset \mathbf{T}(n)$.

Ü 1.12: $\mathbf{R}_+ = [0; \infty)$, $\mathbf{R}_+^* = (0; \infty)$, $\mathbf{R}_- = (-\infty; 0]$, $\mathbf{R}_-^* = (-\infty; 0)$, $\mathbf{R} = (-\infty; \infty)$

Ü 1.13: $M = \{2, 3, 5, 7\}$, $\mathfrak{P}(M) = \{\emptyset, \{2\}, \{3\}, \{5\}, \{7\}, \{2,3\}, \{2,5\}, \{2,7\}, \{3,5\}, \{3,7\}, \{5,7\}, \{2,3,5\}, \{2,3,7\}, \{2,5,7\}, \{3,5,7\}, \{2,3,5,7\}\}$.

Ü 1.14: Bei Hinzunahme eines weiteren Elementes zu A verdoppelt sich die Zahl der Teilmengen von A:

A	0	1	2	3	4	5	6
$\mathfrak{P}(A)$	1	2	4	8	16	32	64

Der Beweis wird mit Hilfe der vollständigen Induktion geführt:
$n = 0$ (wahre Aussage); Schluss von $n = k$ auf $n = k + 1$:
Die Potenzmenge $\mathfrak{P}(A)$ einer Menge A mit k Elementen besitze 2^k Elemente; wächst A um ein Element a_{k+1}, so verdoppelt sich die Elementezahl von $\mathfrak{P}(A)$. Denn zu jeder Teilmenge von A tritt auch noch die entsprechende, durch Hinzunahme von a_{k+1} daraus entstehende Teilmenge. Damit erhält man auch alle Teilmengen; denn entweder enthält eine solche a_{k+1} nicht, dann ist sie auch Teilmenge der „ursprünglichen" Menge, oder sie enthält das Element a_{k+1}, dann geht sie aus einer Teilmenge der „ursprünglichen" Menge durch Hinzunahme von a_{k+1} hervor. Folglich hat die Potenzmenge einer Menge von $(k+1)$ Elementen $2 \cdot 2^k = 2^{k+1}$ Elemente. ∎

Ü 1.15: (Bild L 1)

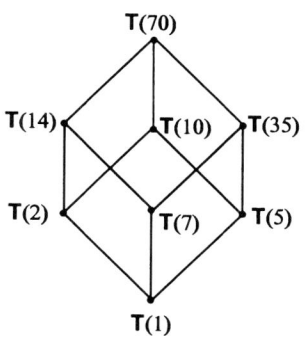

Ü 1.16: Wegen Beispiel 1.25 ist $A = B$. Darüber hinaus gilt
$C \subset A$: Es sei $x \in C$, dann existieren $p, q \in \mathbf{N}$ mit
$x = (2p +1) + (2q +1) = 2(p + q + 1)$, also $x \in A$;
eine weitere Variante wäre:
$C \subset B$: Es sei $x \in C$, dann gibt es $p, q \in \mathbf{N}$ mit
$x = (2p + 1) + (2q + 1) = 2(p + q + 1)$.
Dann ist $x^2 = 4(p + q + 1)^2 = 2[2(p + q + 1)^2]$. Damit ist x^2
gerade, also $x \in B$.
Nimmt man zu C die Null hinzu, wäre sogar $A = B = C$.

Ü 1.17: $M = TV$

Ü 1.18: Bild L 2

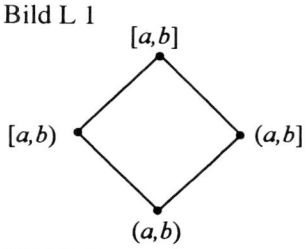

Ü 1.19: ($\Rightarrow$) Es sei $A \subseteq B$. Mit $X \in \mathfrak{P}(A)$ gilt dann $X \subseteq A$, also
nach Voraussetzung auch $X \subseteq B$ und folglich $X \in \mathfrak{P}(B)$.
($\Leftarrow$) Es sei $\mathfrak{P}(A) \subseteq \mathfrak{P}(B)$, d.h. für alle X gilt: wenn $X \in \mathfrak{P}(A)$,
so $X \in \mathfrak{P}(B)$, d.h., wenn $X \subseteq A$, so $X \subseteq B$, also $A \subseteq B$.

Ü 1.20: Teilmengen: $\emptyset$, $\{1\}$, $\{2\}$, $\{1; 2\}$ – Bild L 3

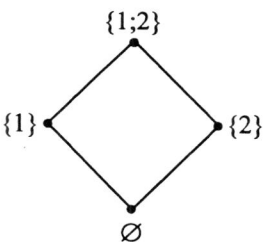

Ü 1.21: $V \cap P = P$, $V \cap RE = RE$, $GT \cap DV = Q$,
$P \cap DV = RA$, $P \cap GT = RE$, $P \cap Q = Q$,
$RE \cap RA = Q$, $RE \cap DV = Q$.

Ü 1.22: (Kreis im Sinne von Kreislinie:)
$k_1 \cap k_2 = \{S\}$ – beide Kreise berühren sich in genau
einem Punkt;
$k_1 \cap k_2 = \{S_1, S_2\}$ – beide Kreise schneiden sich in
genau zwei Punkten;
$k_1 \cap k_2 = \emptyset$ – beide Kreise haben keinen Punkt gemeinsam;
$k_1 \cap k_2 = k_1 = k_2$ – beide Kreise fallen zusammen.

Ü 1.23: $\mathbf{T}(24) \cap \mathbf{T}(60) = \mathbf{T}(12) = \{1, 2, 3, 4, 6, 12\}$,
$\mathbf{T}(24) \cup \mathbf{T}(60) = \{1, 2, 3, 4, 5, 6, 8, 10, 12, 15, 20, 24, 30, 60\}$, $\mathbf{V}(24) \cap \mathbf{V}(60) = \mathbf{V}(120)$
$= \{120, 240, 360, ...\}$, $\mathbf{V}(24) \cup \mathbf{V}(60) = \{24, 48, 60, 72, 96, 120, ...\}$.

Ü 1.24: Die Lösungsmenge L des linearen Gleichungssystems ist der Durchschnitt der
Lösungsmengen $L_{(I)}$ und $L_{(II)}$ der einzelnen Gleichungen: Mit

$L_{(I)} = \{(x, y) \mid x, y \in \mathbf{R} \wedge y = -x + 12\}$ und $L_{(II)} = \{(x, y) \mid x, y \in \mathbf{R} \wedge y = -\frac{5}{3}x + 14\}$

ist dann $L = L_{(I)} \cap L_{(II)} = \{(3, 9)\}$.

In der geometrischen Veranschaulichung ist $S(3, 9)$ der Schnittpunkt der durch die linearen Gleichungen gegebenen Geraden.

Ü 1.25: Aufgrund des Satzes, dass ein Produkt genau dann Null ist, wenn mindestens ein Faktor Null ist, und der Umformung $x^2 + x - 6 = (x + 3)(x - 2) = 0$ werden alle Zahlen x gesucht, die mindestens eine der beiden Gleichungen $x + 3 = 0$ bzw. $x - 2 = 0$ erfüllen.
$L = L_1 \cup L_2 = \{-3\} \cup \{2\} = \{-3, 2\}$.

Ü 1.26: a) ja, denn: $X \in \mathfrak{P}(A \cap B) \Leftrightarrow X \subseteq A \cap B \Leftrightarrow X \subseteq A \wedge X \subseteq B \Leftrightarrow$
$X \in \mathfrak{P}(A) \wedge X \in \mathfrak{P}(B) \Leftrightarrow X \in \mathfrak{P}(A) \cap \mathfrak{P}(B)$
b) nein: Gegenbeispiel: $A = \{a\}, B = \{b\}, A \cup B = \{a, b\}, \mathfrak{P}(A) = \{\varnothing, \{a\}\}$,
$\mathfrak{P}(B) = \{\varnothing, \{b\}\}, \mathfrak{P}(A \cup B) = \{\varnothing, \{a\}, \{b\}, \{a, b\}\}, \mathfrak{P}(A) \cup \mathfrak{P}(B) = \{\varnothing, \{a\}, \{b\}\}$.
Allerdings gilt stets $\mathfrak{P}(A \cup B) \subseteq \mathfrak{P}(A) \cup \mathfrak{P}(B)$.

Ü 1.27: a) $V(12) \Delta V(30) = \{12, 24, 30, 36, 48, 72, 84, 90, 96, 108, 132, ...\}$,
$V(12) \setminus V(30) = \{12, 24, 36, 48, 72, 84, 96, 108, 132, ...\}$,
$V(30) \setminus V(12) = \{30, 90, 150, 210, ...\}$,
b) $T(24) \Delta T(60) == \{5, 8, 10, 15, 20, 24, 30, 60\}, T(24) \setminus T(60) = \{8, 24\}$,
$T(60) \setminus T(24) = \{5, 10, 15, 20, 30, 60\}$,
c) $V(24) \Delta V(60) = \{24, 48, 60, 72, 96, 144, 168, ...\}$,
$V(24) \setminus V(60) = \{24, 48, 72, 96, 144, 168, ...\}, V(60) \setminus V(24) = \{60, 180, 300, 420, ...\}$

Ü 1.28: a) $\mathbf{N} \Delta \mathbf{G} = \mathbf{N} \setminus \mathbf{G} = C_\mathbf{N}\mathbf{G} = \mathbf{U}, \mathbf{N} \Delta \mathbf{U} = \mathbf{N} \setminus \mathbf{U} = C_\mathbf{N}\mathbf{U} = \mathbf{G}, \mathbf{N} \Delta \mathbf{P} = \mathbf{N} \setminus \mathbf{P} = C_\mathbf{N}\mathbf{P}$
(Menge aller natürlichen Zahlen, die *keine* Primzahlen sind). Damit sind auch b), c) gelöst.

Ü 1.29: $A \cap B = (-1,5; -1), A \cup B = (-\infty; 0,5) \cup (1; \infty) = \mathbf{R} \setminus [0,5; 1]$,
$A \Delta B = (-\infty; -1,5] \cup [-1; 0,5) \cup (1; \infty), A \setminus B = (-\infty; -1,5] \cup (1; \infty), B \setminus A = [-1; 0,5)$

Ü 1.30: Beweis: Für $a_i = b_i (i = 1, 2)$ gilt: $M_1 = M_2 \Leftrightarrow \{a_1\} = \{a_2\}$ und $\{a_1, b_1\} = \{a_2, b_2\} \Leftrightarrow a_1 = a_2$ und $(a_1 = a_2$ und $b_1 = b_2) \Leftrightarrow a_1 = a_2$ und $b_1 = b_2$ ∎

Ü 1.31: $(a_1, a_2, ..., a_n) = (b_1, b_2, ..., b_n) \Leftrightarrow a_i = b_i$ für alle $i = 1, 2, ..., n$

Ü 1.32: a) Mit $T(12) = \{1, 2, 3, 4, 6, 12\}, T(30) = \{1, 2, 3, 5, 6, 10, 15, 30\}$ ist
$T(12) \times T(30) = \{(1, 1), (1, 2), (1, 3), (1, 5), (1, 6), (1, 10), (1, 15), (1, 30)$,
$(2, 1), (2, 2), (2, 3), (2, 5), (2, 6), (2, 10), (2, 15), (2, 30)$,
$(3, 1), (3, 2), (3, 3), (3, 5), (3, 6), (3, 10), (3, 15), (3, 30)$,
$(4, 1), (4, 2), (4, 3), (4, 5), (4, 6), (4, 10), (4, 15), (4, 30)$,
$(6, 1), (6, 2), (6, 3), (6, 5), (6, 6), (6, 10), (6, 15), (6, 30)$,
$(12, 1), (12, 2), (12, 3), (12, 5), (12, 6), (12, 10), (12, 15), (12, 30)\}$;
b) $\{a\} \times M = \{(a, 1), (a, 2), (a, 3)\}$

Ü 1.33: a) Bild L 4,   b) Bild L 5,   c) Bild L 6

Ü 1.34: a) Beweis: ($\Leftarrow$) $A = B \Rightarrow A \cap B = A$ und $A \cup B = A$, also $A \cap B = A \cup B$.
($\Rightarrow$) $A \cap B = A \cup B$: Da sowohl $A \cap B \subseteq A \subseteq A \cup B$ als auch $A \cap B \subseteq B \subseteq A \cup B$ gilt, muss mit $A \cap B = A \cup B$ auch $A = B$ sein. ∎
b) Folgt aus der Definition.

Ü 1.35: Zum Beweis nehmen wir an, es sei D eine beliebige Menge mit diesen Eigenschaften, d.h., es gelte

(*) $D \subseteq A$, $D \subseteq B$ und

(**) $\bigwedge_M (M \subseteq A \land M \subseteq B \Rightarrow M \subseteq D)$.

(*) besagt dann gerade, dass D eine Menge M ist, die die Voraussetzungen von (•) (S. 34; Beweis zu Satz 1.6) erfüllt, sodass wegen (•) $D \subseteq A \cap B$ gilt. Andererseits besagt $A \cap B \subseteq A$ und $A \cap B \subseteq B$, dass $A \cap B$ eine Menge M ist, die die Voraussetzungen von (**) erfüllt, sodass wegen (**) $A \cap B \subseteq D$ gilt. Aus $D \subseteq A \cap B$ und $A \cap B \subseteq D$ folgt aber $D = A \cap B$. Also ist $A \cap B$ die einzige Menge D, für die (*) und (**) gelten. ∎

Ü 1.36: Der Beweis verläuft analog zum Beweis in Übung 1.35.

Ü 1.37: a) Die Eigenschaft $A \cup (C \cap B) = (A \cup C) \cap B$ ist nur dann *nicht* erfüllt, wenn ein Element x in A, nicht aber in B liegt. Dieser Fall scheidet aber wegen der Voraussetzung $A \subseteq B$ aus. Das lässt sich mit Hilfe der Zugehörigkeitstafel (s. Kap. 1.7.7) zeigen:

A	B	C	$C \cap B$	$A \cup (C \cap B)$	$A \cup C$	$(A \cup C) \cap B$
1	1	1	1	1	1	1
1	1	0	0	1	1	1
1	0	1	0	**1**	1	**0**
1	0	0	0	**1**	1	**0**
0	1	1	1	1	1	1
0	1	0	0	0	0	0
0	0	1	0	0	1	0
0	0	0	0	0	0	0

b) ja: $A \cup (C \cap B) = (A \cup C) \cap B$
$\Rightarrow A \subseteq B$

Gemäß obiger Zugehörigkeitstafel gilt *im Falle der Übereinstimmung* der beiden Spalten von $A \cup (C \cap B)$ und $(A \cup C) \cap B$ nebenstehende „Rest"-Tafel: Daraus ist unmittelbar ablesbar, dass in allen diesen Fällen $A \subseteq B$ gilt. ∎

A	B	$A \cup (C \cap B)$	$(A \cup C) \cap B$
1	1	1	1
1	1	1	1
0	1	1	1
0	1	0	0
0	0	0	0
0	0	0	0

Ü 1.38: Beweis: Es sei $x \in C \setminus B$, d.h., $x \in C$ und $x \notin B$. Wegen $A \subseteq B$ ist auch $x \notin A$, d.h., es gilt $x \in C$ und $x \notin A$, also $x \in C \setminus A$. ∎

Ü 1.39: a) $M_1 \subseteq N_1 \land M_2 \subseteq N_2 \Rightarrow M_1 \cap M_2 \subseteq N_1 \cap N_2$

Es sei $x \in M_1 \cap M_2$, zu zeigen: $x \in N_1 \cap N_2$. Es sei $x \in M_1 \cap M_2$, d.h., $x \in M_1$ und $x \in M_2$, nach Voraussetzung gilt dann auch $x \in N_1$ und $x \in N_2$, d.h., $x \in N_1 \cap N_2$.

b) $M_1 \subseteq N_1 \land M_2 \subseteq N_2 \Rightarrow M_1 \cup M_2 \subseteq N_1 \cup N_2$

Es sei $x \in M_1 \cup M_2$, zu zeigen: $x \in N_1 \cup N_2$. Es sei $x \in M_1 \cup M_2$, d.h., $x \in M_1$ oder $x \in M_2$; nach Voraussetzung gilt dann auch $x \in N_1$ oder $x \in N_2$, d.h., $x \in N_1 \cup N_2$.

c) $M_1 \subseteq N_1 \wedge M_2 \subseteq N_2 \Rightarrow M_1 \times M_2 \subseteq N_1 \times N_2$
Sei $(x, y) \in M_1 \times M_2$, zu zeigen: $(x, y) \in N_1 \times N_2$. Sei $(x, y) \in M_1 \times M_2$, d.h., $x \in M_1$ und $y \in M_2$; nach Voraussetzung gilt dann auch $x \in N_1$ und $y \in N_2$, d.h., $(x, y) \in N_1 \times N_2$.
d) $M_1 \subseteq N_1 \wedge M_2 \subseteq N_2 \Rightarrow M_1 \setminus M_2 \subseteq N_1 \setminus N_2$
Gegenbeispiel: $M_1 = \{1, 2\}$, $N_1 = \{1, 2, 3\}$, $M_2 = \{4\}$, $N_2 = \{2, 4\}$,
$M_1 \setminus M_2 = \{1, 2\}$, $N_1 \setminus N_2 = \{1, 3\}$, also gilt *nicht* $M_1 \setminus M_2 \subseteq N_1 \setminus N_2$. ∎

Ü 1.40: Beweis: Mit Hilfe der Beziehungen $A \cap B = B \cap A$ (Satz 1.14), $A \cap A = A$ (Satz 1.10), $A \subseteq B \Rightarrow A \cap C \subseteq B \cap C$ (Satz 1.8) und $A \cap B \subseteq A$ (folgt aus Definition 1.6) lässt sich ein Beweis wie folgt führen:
1. Teil: Es sei $A \subseteq B$. Dann ist wegen der Monotonie $A \cap C \subseteq B \cap C$, also mit der Kommutativität auch $C \cap A \subseteq C \cap B$. Mit $C = A$ ergibt sich $A \cap A \subseteq A \cap B$. Wegen der Idempotenz gilt folglich $A \subseteq A \cap B$, also auch $A = A \cap B$.
2. Teil: Sei umgekehrt $A \cap B = A$. Dann ist wegen $A \cap B \subseteq B$ auch $A \subseteq B$.
[Will man *nicht* auf die erst im Nachhinein bewiesenen Eigenschaften der Kommutativität und Idempotenz zurückgreifen, ließe sich der Beweis z.B. wie folgt führen:]
$A \subseteq B \Leftrightarrow \bigwedge_x (x \in A \Rightarrow x \in B) \Leftrightarrow \bigwedge_x (x \in A \Rightarrow x \in A \wedge x \in B) \Leftrightarrow$
$\bigwedge_x (x \in A \Leftrightarrow x \in A \wedge x \in B) \Leftrightarrow \bigwedge_x (x \in A \Leftrightarrow x \in A \cap B) \Leftrightarrow A = A \cap B$.
Der Beweis der zweiten Beziehung erfolgt analog:
1. Teil: Es sei $A \subseteq B$. Dann ist wegen der Monotonie $A \cup C \subseteq B \cup C$. Mit $C = B$ ergibt sich dann $A \cup B \subseteq B \cup B$. Wegen der Idempotenz gilt folglich $A \cup B \subseteq B$.
2. Teil: Sei umgekehrt $A \cup B = B$. Dann ist wegen $A \subseteq A \cup B$ auch $A \subseteq B$. ∎

Ü 1.41: Beweis: (a) Es sei $A \subseteq B$. Mit $C = G$ in Übung 1.38 erhalten wir $G \setminus B \subseteq G \setminus A$, also $\complement B \subseteq \complement A$. Sei umgekehrt $\complement B \subseteq \complement A$. Dann folgt mit dem soeben Bewiesenen $\complement\complement A \subseteq \complement\complement B$, also $A \subseteq B$.
(b) Das folgt unmittelbar aus (a) mit $A \subseteq B$ und $B \subseteq A$.
(c) Mit $B = \emptyset$ in (b) und $\complement\emptyset = G$ folgt unmittelbar die Behauptung.
(d) Das folgt analog mit $B = G$ in (b) und $\complement G = \emptyset$.
(e) $A \subseteq B \Leftrightarrow \complement B \subseteq \complement A \Leftrightarrow A \cap \complement B \subseteq A \cap \complement B = \emptyset$
(f) $A \subseteq B \Leftrightarrow \complement B \subseteq \complement A \Leftrightarrow G = \complement B \cup B \subseteq \complement A \cup B$
(g) $A \subseteq \complement B \Leftrightarrow A \cap \complement\complement B = \emptyset$, also $A \cap B = \emptyset$
(h) $\complement A \subseteq B \Leftrightarrow \complement\complement A \cup B = G$, also $A \cup B = G$ ∎

Ü 1.42: Beweis: Es sei $(x, y) \in A \times C$, d.h., $x \in A$ und $y \in C$. Wegen $A \subseteq B$ ist auch $x \in B$, d.h., es gilt $x \in B$ und $y \in C$, also $(x, y) \in B \times C$. Analog zeigt man die zweite Beziehung. ∎

Ü 1.43: Es muss zusätzlich $C \neq \emptyset$ gefordert werden. Dass die Umkehrung dann gilt, zeigt Beispiel 1.50.

Lösungen

Ü 1.44: Bild L 7:

$A \setminus (B \cap C)$

Ü 1.45: Bild L 8

$A = B$

Ü 1.45: Bild L 9

$A \subset B$

Ü 1.45: Bild L 10

$B \subset A$

Ü 1.45: Bild L 11

$A \cap B = \emptyset$

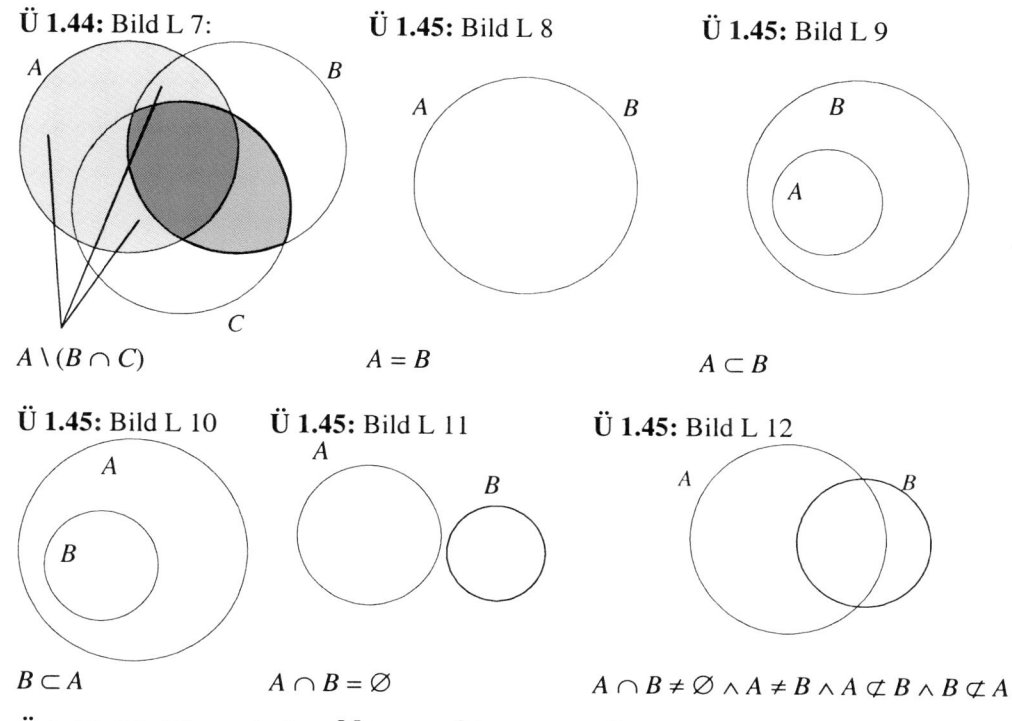

Ü 1.45: Bild L 12

$A \cap B \neq \emptyset \wedge A \neq B \wedge A \not\subset B \wedge B \not\subset A$

Ü 1.46: Die Eigenschaften $\complement\complement A = A$, $\complement\emptyset = G$ und $\complement G = \emptyset$ folgen unmittelbar aus der Definition der Komplementmenge.

Ü 1.47: Der Beweis folgt unmittelbar aus der Definition der Vereinigung.

Ü 1.48: Wir setzen in Satz 1.13 $C = \emptyset$; $C = A$; Gleichsetzen ($= A \setminus B$)

Ü 1.49: a) nur für $B \subseteq A$, b) s. Übung 1.48 : $(A \setminus B) \cap A = A \setminus B$ ($C = \emptyset$ in Satz 1.13)

Ü 1.50: Zweimaliges Anwenden von Beispiel 1.50.
(Es sei $A \times C = B \times C$ mit $C \neq \emptyset$. Die beiden Paarmengen sind nach Voraussetzung identisch, stimmen darüber hinaus in den zweiten Komponenten überein, folglich müssen sie auch in den ersten Komponenten übereinstimmen.)

Ü 1.51: Lediglich die symmetrische Differenz ist kürzbar.
$A \vartriangle C = B \vartriangle C \Rightarrow (A \vartriangle C) \vartriangle C = (B \vartriangle C) \vartriangle C \Rightarrow A \vartriangle (C \vartriangle C) = B \vartriangle (C \vartriangle C) \Rightarrow A \vartriangle \emptyset = B \vartriangle \emptyset \Rightarrow A = B$. Für $A \cap C = B \cap C, A \cup C = B \cup C$ oder $A \setminus C = B \setminus C$ ist z.B. jeweils der Fall $A \subset B$ möglich.

Ü 1.52: a) ($\Rightarrow$) $A = (A \setminus B) \cup (A \cap B) = (B \setminus A) \cup (A \cap B) = B$; ($\Leftarrow$) trivial
b) ($\Leftarrow$) trivial; ($\Rightarrow$) Es sei $(a, b) \in A \times B$, d.h., $a \in A$ und $b \in B$, also nach Voraussetzung $(a, b) \in B \times A$, d.h., $a \in B$ und $b \in A$, d.h., $A \subseteq B$ und $B \subseteq A$, also $A = B$.
Für $A \times B = \emptyset$ gilt $A = \emptyset$ oder $B = \emptyset$. ∎

Ü 1.53: a), b) $C = A$ bzw. $C = B$ in Rechts-Distributivität von \ bezüglich $\cup$; c) folgt unmittelbar aus der Definition für die 3 Operationen; d) Zugehörigkeitstafel: 0 1 1 0;
e) $B = A$ bzw. $C = A$ in Distributivität von $\cap$ bezüglich $\vartriangle$; $A \vartriangle (A \cap B) = A \setminus B$;
f) Tabelle: 1 0 1 1 0 0 0 0 ; g) Tabelle: 0 0 1 0 ; h) Tabelle: 0 1 1 0 ∎

Ü 1.54: $A \times (B \cup C) = (A \times B) \cup (A \times C)$: Mit Satz 1.3 genügt es zu zeigen, dass $A \times (B \cup C) \subseteq (A \times B) \cup (A \times C)$ und $(A \times B) \cup (A \times C) \subseteq A \times (B \cup C)$ gelten.
a) Es sei $(x, y) \in A \times (B \cup C)$, also $x \in A$ und $y \in B \cup C$, d.h., $x \in A$ und ($y \in B$ oder $y \in C$), also $(x, y) \in A \times B$ oder $(x, y) \in A \times C$. Folglich ist $(x, y) \in (A \times B) \cup (A \times C)$ und somit $A \times (B \cup C) \subseteq (A \times B) \cup (A \times C)$.
b) Es sei $(x, y) \in (A \times B) \cup (A \times C)$, also $(x, y) \in A \times B$ oder $(x, y) \in A \times C$, d.h., $x \in A$ und ($y \in B$ oder $y \in C$), also $x \in A$ und $y \in B \cup C$, sodass $(x, y) \in A \times (B \cup C)$ ist. Folglich ist $(A \times B) \cup (A \times C) \subseteq A \times (B \cup C)$. Mit Satz 1.3 ist die Gleichheit beider Mengen damit gezeigt. ∎
$A \times (B \setminus C) = (A \times B) \setminus (A \times C)$: Es gelten die folgenden Äquivalenzen:
$(x, y) \in A \times (B \setminus C) \Leftrightarrow x \in A \wedge y \in B \setminus C \Leftrightarrow x \in A \wedge (y \in B \wedge y \notin C) \Leftrightarrow (x \in A \wedge y \in B) \wedge (x \in A \wedge y \notin C) \Leftrightarrow (x, y) \in A \times B \wedge (x, y) \notin A \times C \Leftrightarrow (x, y) \in (A \times B) \setminus (A \times C)$. Die restlichen Regeln ergeben sich analog. ∎

Ü 1.55: Mit $A \times (B \cap C) = (A \times B) \cap (A \times C)$ und $(A \cap B) \times C = (A \times C) \cap (B \times C)$ aus Beispiel 1.55 gilt $(A \cap B) \times (C \cap D) = [(A \cap B) \times C] \cap [(A \cap B) \times D]$
$= [(A \times C) \cap (B \times C)] \cap [(A \times D) \cap (B \times D)] = (A \times C) \cap (A \times D) \cap (B \times C) \cap (B \times D)$.
Das lässt sich wegen $(x, y) \in (A \times C) \cap (B \times D) \Leftrightarrow (x, y) \in A \times C \wedge (x, y) \in B \times D$
$\Leftrightarrow x \in A \wedge y \in C \wedge x \in B \wedge y \in D \Leftrightarrow (x, y) \in A \times D \wedge (x, y) \in B \times C$
$\Leftrightarrow (x, y) \in (A \times D) \cap (B \times C)$ weiter umformen zu
$(A \times C) \cap [(A \times D) \cap (B \times C)] \cap (B \times D) = (A \times C) \cap [(A \times C) \cap (B \times D)] \cap (B \times D) =$
$(A \times C) \cap (B \times D)$, also gilt $(A \cap B) \times (C \cap D) = (A \times C) \cap (B \times D)$. ∎

Ü 1.56: Wir setzen $B = A$, $C = B$ in f) von Übung 1.53: $A \setminus (A \setminus B) = A \cap B$ ∎

Ü 1.57: $\mathfrak{Z} = \{M_0, M_1, M_2\}$ mit $M_0 := 3\mathbf{Z} := \{x \mid \bigvee_{y \in \mathbf{Z}} 3y = x\} = \{\ldots, -6, -3, 0, 3, 6, \ldots\}$,

$M_1 := 3\mathbf{Z} + 1 := \{x \mid \bigvee_{y \in \mathbf{Z}} 3y + 1 = x\} = \{\ldots, -5, -2, 1, 4, 7, \ldots\}$,

$M_2 := 3\mathbf{Z} + 2 := \{x \mid \bigvee_{y \in \mathbf{Z}} 3y + 2 = x\} = \{\ldots, -4, -1, 2, 5, 8, \ldots\}$.

Ü 2.1: $2^{(n^2)}$

Ü 2.2: a) $x \mathsf{C} \mid y :\Leftrightarrow x$ ist *kein* Teiler von y in $\mathbf{N}$, b) $x \mathsf{C} < y :\Leftrightarrow x \geq y$ in $\mathbf{R}$,

Ü 2.3: a) $<^{-1} = >$ (in $\mathbf{R}$), b) $R^{-1} = \{(y, x) \mid \bigvee_{z \in M} x \cdot z = y\} = \{(x, y) \mid \bigvee_{z \in M} y \cdot z = x\}$,
d.h., die erste Komponente ist jeweils ein Vielfaches der zweiten Komponente.
$R^{-1} = \{(0, 0), (0, 1), (0, 2), (0, 3), (0, 4), (0, 5), (0, 6), (1, 1), (2, 1), (2, 2), (3, 1), (3, 3), (4, 1), (4, 2), (4, 4), (5, 1), (5, 5), (6, 1), (6, 2), (6, 3), (6, 6)\}$

Ü 2.4: $\mathsf{C}(R^{-1}) = (M \times M) \setminus R^{-1} = (M \times M) \setminus \{(x, y) \mid x, y \in M \wedge (y, x) \in R\}$
$= \{(x, y) \mid x, y \in M \wedge (y, x) \notin R\} = \{(y, x) \mid x, y \in M \wedge (y, x) \notin R\}^{-1} = (\mathsf{C}R)^{-1}$ ∎

Ü 2.5: Die Beweise verlaufen völlig analog! Als Beispiel für eine der Teilmengenbeziehungen beweisen wir $R \circ (S \cap T) \subseteq (R \circ S) \cap (R \circ T)$:
$(x, y) \in R \circ (S \cap T) \Rightarrow \bigvee_{z \in M} (x, z) \in S \cap T \wedge (z, y) \in R$

Lösungen

$\Rightarrow \bigvee\limits_{z \in M} ((x, z) \in S \wedge (z, y) \in R) \wedge (x, z) \in T \wedge (z, y) \in R)$

$\Rightarrow (x, y) \in R \circ S \wedge (x, y) \in R \circ T \Rightarrow (x, y) \in (R \circ S) \cap (R \circ T)$. ∎

Ü 2.6: a) $R \cap S = \{(1, 1), (2, 2), (3, 3), (4, 4), (5, 5), (6, 6)\} = id_M$;

b) $R \cup S = \{(1, 1), (1, 2), (1, 3), (1, 4), (1, 5), (1, 6), (2, 1), (2, 2), (2, 4), (2, 6), (3, 1),$
$(3, 3), (3, 6), (4, 1), (4, 2), (4, 4), (5, 1), (5, 5), (6, 1), (6, 2), (6, 3), (6, 6)\}$;

c) $S \circ R = \{(1, 1), (1, 2), (1, 3), (1, 4), (1, 5), (1, 6), (2, 1), (2, 2), (2, 3), (2, 4), (2, 6),$
$(3, 1), (3, 2), (3, 3), (3, 6), (4, 1), (4, 2), (4, 4), (5, 1), (5, 5), (6, 1), (6, 2), (6, 3), (6, 6)\}$;

d) $R \circ S = \{(1, 1), (1, 2), (1, 3), (1, 4), (1, 5), (1, 6), (2, 1), (2, 2), (2, 3), (2, 4), (2, 5),$
$(2, 6), (3, 1), (3, 2), (3, 3), (3, 4), (3, 5), (3, 6), (4, 1), (4, 2), (4, 3), (4, 4), (4, 5), (4, 6),$
$(5, 1), (5, 2), (5, 3), (5, 4), (5, 5), (5, 6), (6, 1), (6, 2), (6, 3), (6, 4), (6, 5), (6, 6)\}$
$= M \times M$;

e) $R^{-1} = \{(1, 1), (2, 1), (2, 2), (3, 1), (3, 3), (4, 1), (4, 2), (4, 4), (5, 1), (5, 5), (6, 1),$
$(6, 2), (6, 3), (6, 6)\} = S$;

f) $S^{-1} = \{(1, 1), (1, 2), (1, 3), (1, 4), (1, 5), (1, 6), (2, 2), (2, 4), (2, 6), (3, 3), (3, 6),$
$(4, 4), (5, 5), (6, 6)\} = R$;

g) $\complement R = \{(2, 1), (2, 3), (2, 5), (3, 1), (3, 2), (3, 4), (3, 5), (4, 1), (4, 2), (4, 3), (4, 5),$
$(4, 6), (5, 1), (5, 2), (5, 3), (5, 4), (5, 6), (6, 1), (6, 2), (6, 3), (6, 4), (6, 5)\}$;

h) $\complement S = \{(1, 2), (1, 3), (1, 4), (1, 5), (1, 6), (2, 3), (2, 4), (2, 5), (2, 6), (3, 2), (3, 4), (3, 5),$
$(3, 6), (4, 3), (4, 5), (4, 6), (5, 2), (5, 3), (5, 4), (5, 6), (6, 4), (6, 5)\}$.

Ü 2.7: a) Man muss einfach nur alle Pfeile im Pfeildiagramm von R umdrehen.

b) Man muss gerade alle die Punkte durch Pfeile miteinander verbinden, die im Pfeildiagramm von R *nicht* miteinander verbunden waren.

Ü 2.8: a) Relationsgraph:

R ist linkskomparativ in M:

Rechteckregel: In jedem Rechteck (dessen Seiten parallel zu den Achsen liegen), von dem ein Eckpunkt E auf der HD liegt, muss Folgendes gelten: Wenn (neben E) der E gegenüberliegende Eckpunkt und der mit E auf einer Parallelen zur Abszissenachse liegende Eckpunkt zur Relation R gehören, dann gehört auch der 4. Eckpunkt zu R.

R ist rechtskomparativ in M:

Rechteckregel: In jedem Rechteck (dessen Seiten parallel zu den Achsen liegen), von dem ein Eckpunkt E auf der HD liegt, muss Folgendes gelten: Wenn (neben E) der E gegenüberliegende Eckpunkt und der mit E auf einer Parallelen zur Ordinatenachse liegende Eckpunkt zur Relation R gehören, dann gehört auch der 4. Eckpunkt zu R.

R ist komparativ in M:

Rechteckregel: In jedem Rechteck (dessen Seiten parallel zu den Achsen liegen), von dem ein Eckpunkt E auf der HD liegt, muss Folgendes gelten: Wenn (neben E) der E gegenüberliegende Eckpunkt und der mit E auf einer Parallelen zu einer Achse liegende Eckpunkt zur Relation R gehören, dann gehört auch der 4. Eckpunkt zu R.

b) Pfeildiagramm:

R ist linkskomparativ in M:

Gehen von einem Punkt zwei Pfeile aus, so sind die beiden Endpunkte durch einen (Doppel-)Pfeil miteinander verbunden.

R ist rechtskomparativ in M:
Enden in einem Punkt zwei Pfeile, so sind die beiden Anfangspunkte durch einen (Doppel-)Pfeil miteinander verbunden.
R ist komparativ in M:
Pfeile mit gemeinsamen Anfangs- oder Endpunkten ziehen (Doppel-)Pfeile zwischen ihren End- bzw. Anfangspunkten nach sich.
Ü 2.9: R ist konnex.
Ü 2.10:

Menge M	Q	R	R	$\mathfrak{P}(M)$	N	N	Q	R*	R	N×N	F	W	P
Relation R	R_{14}	R_{15}	R_{16}	R_{17}	R_{18}	R_{19}	R_{20}	R_{21}	R_{22}	R_{23}	R_{24}	R_{25}	R_{26}
Zeichen für R	>	≥	≠	⊂	VF	VG		≈	$=_D$	~		KW	Sp_g
reflexiv	0	1	0	0	1	0	1	1	1	1	1	0	0
irreflexiv	1	0	1	1	0	1	0	0	0	0	0	0*	0
symmetrisch	0	0	1	0	0	0	1	1	1	1	1	1	1
asymmetrisch	1	0	0	1	0	1	0	0	0	0	0	0	0
antisymmetrisch	1	1	0	1	1	1	0	0	0	0	0	0	0
transitiv	1	1	0	1	1	0	1	1	0	1	1	0	0
linkskomparativ	0	0	0	0	0	0	1	1	1	1	1	0	0
rechtskomparativ	0	0	0	0	0	0	1	1	1	1	1	0	0
linear	0	1	0	0	0	0	0	0	0	0	0	0	0
konnex	1	1	1	0	0	0	0	0	0	0	0	0	0
trichotom	1	0	0	0	0	0	0	0	0	0	0	0	0
linkseindeutig	0	0	0	0	1	0	1	0	0	0	1^1	1	
rechtseindeutig	0	0	0	0	1	0	1	0	0	0	1^1	1	
linkstotal	1	1	1	0	1	1	1	1	1	1	0	1	
rechtstotal	1	1	1	0	1	0	1	1	1	1	1	0	1

Ü 2.11: | ist in **N** antisymmetrisch: zu zeigen: $a \mid b \wedge b \mid a \Rightarrow a = b$ für alle $a, b \in \mathbf{N}$.
Mit $a \mid b \wedge b \mid a$ gibt es natürliche Zahlen x und y, sodass $ax = b$ und $yb = a$ gelten. Ineinander eingesetzt, liefert das $(yb)x = (yx)b = b$, woraus $xy = 1$ folgt, also $a = b = 1$ und damit $a = b$. Ist o.B.d.A. $a = 0$, heißt das für $a \mid 0 \wedge 0 \mid a$, dass es natürliche Zahlen x und y gibt, sodass $ax = 0$ und $y0 = a$, also $a = 0$ gilt. ∎

Ü 2.12: Symmetrie: Mit $z = y$ erhalten wir wegen der Linkskomparativität
$x R y \wedge x R x \Rightarrow y R x$, was wegen der Reflexivität die Symmetrie liefert.
Transitivität: Wegen der zuvor bewiesenen Symmetrie ist mit $x R y$ auch stets $y R x$ erfüllt. Mit $x R y \wedge y R z$ gilt also auch $x R y \wedge z R y$, sodass auch $x R z$ erfüllt ist. ∎

---

[1] Winkelgröße; nicht Winkel / 45° ist KW zu sich selbst; eineindeutig nur bezogen auf Winkelgröße

Lösungen 131

Ü 2.13: Es sei $x R y \wedge y R z$. Wegen der Symmetrie ist dann auch $z R y$, sodass für $x R y \wedge z R y$ die Rechtskomparativität greift, also $x R z$ gilt. Damit ist R transitiv. ∎

Ü 2.14: Es sei $x R y \wedge x R z$. Wegen der Symmetrie ist dann auch $y R x$, sodass für $y R x \wedge x R z$ die Transitivität greift, also $y R z$ gilt. Damit ist R linkskomparativ. Analog zeigt man, dass R auch rechtskomparativ ist. ∎

Ü 2.15: ja, denn: Die Prämisse $x R y \wedge y R z$ der Implikation (Transitivität) ist unter dieser Voraussetzung stets falsch. Also ist die Implikation wahr.

Ü 2.16:

Menge M	M	M	Menge M	M	M
Relation R	R_{27}	R_{28}	Relation R	R_{27}	R_{28}
Zeichen für R	id_M	$M \times M$	Zeichen für R	id_M	$M \times M$
reflexiv	1	1	linear	0	1
irreflexiv	0	0	konnex	0	1
symmetrisch	1	1	trichotom	0	0
asymmetrisch	0	0	linkseindeutig	1	0
antisymmetrisch	1	0	rechtseindeutig	1	0
transitiv	1	1	linkstotal	1	1
linkskomparativ	1	1	rechtstotal	1	1
rechtskomparativ	1	1			

Ü 2.17: a) $2^{n(n-1)}$, b) $2^n \cdot 3^{\frac{n(n-1)}{2}} = 2^n \cdot 3^{\binom{n}{2}}$, c) $2^{\frac{n(n-1)}{2}} = 2^{\binom{n}{2}}$, d) $2^{n(n-1)}$, e) $3^{\frac{n(n-1)}{2}} = 3^{\binom{n}{2}}$, f) $3^{\frac{n(n-1)}{2}} = 3^{\binom{n}{2}}$, g) $2^{\frac{n(n+1)}{2}} = 2^{\binom{n+1}{2}} = 2^n \cdot 2^{\binom{n}{2}}$, h) $(n+1)^n$, i) 2^n, j) $(2^n - 1)^n$, k) $3^{\binom{n}{2}}$

Ü 2.18: Äquivalenzrelationen sind die R_i mit

$x R_6 y :\Leftrightarrow QS(x) = QS(y)$ in $\mathbf{N}$; $x R_7 y :\Leftrightarrow x \equiv_m y$ in $\mathbf{Z}$;

$x R_8 y :\Leftrightarrow x =_Q y$ in $\mathbf{N} \times \mathbf{N}^*$; $x R_{11} y :\Leftrightarrow x \parallel y$ in G;

$x R_{13} y :\Leftrightarrow x \cong y$ in F; $x R_{20} y :\Leftrightarrow |x| = |y|$ in $\mathbf{Q}$;

$x R_{21} y :\Leftrightarrow x = y \vee x \cdot y = 1$ in $\mathbf{R}^*$; $x R_{23} y :\Leftrightarrow x =_D y$ in $\mathbf{N} \times \mathbf{N}$;

$x R_{24} y :\Leftrightarrow x \sim y$ in F; $x R_{27} y :\Leftrightarrow x = y$ in M ($R_{27} = id_M$);

$R_{28} := M \times M$.

Ü 2.19: $x R_6 y :\Leftrightarrow QS(x) = QS(y)$ in $\mathbf{N}$: Reflexivität, Symmetrie und Transitivität sind offensichtlich; die Quotientenmenge $\mathbf{N}/R_6$ besteht aus unendlich vielen Äquivalenzklassen. Mit Ausnahme der Klasse $0/R_6$, die nur die Zahl 0 enthält, enthalten alle anderen Äquivalenzklassen unendlich viele natürliche Zahlen. Zur Äquivalenzklasse $2/R_6$ gehören z.B. die Zahlen 2, 20, 200, ..., aber auch 11, 110, 1100, ..., 101, 1010 usw.

$x R_{11} y :\Leftrightarrow x \parallel y$ in G: Reflexivität, Symmetrie und Transitivität sind offensichtlich; die Quotientenmenge G/R_{11} besteht aus unendlich vielen Äquivalenzklassen. Jede Äquivalenzklasse lässt sich als *Richtung* interpretieren, d.h., alle zu einer vorgegebenen Geraden parallelen Geraden bilden eine solche Richtung.

Ü 2.20: Der Beweis erfolgt analog zu den Beispielen 2.23, 2.25; anstelle der 6 sind es 4 Restklassen. Die durch $\equiv_4$ bewirkte Zerlegung ist $\mathbf{Z} / \equiv_4 = \{[0]_4, [1]_4, [2]_4, [3]_4\}$.

Ü 2.21: Stellt man, nachdem die Klasseneinteilung durchgeführt worden ist, die definierende Eigenschaft von $=_D$ zu $(a, b) =_D (c, d) \Leftrightarrow a - c = b - d$ um, so erklärt sich der Name dieser Äquivalenzrelation. Die Quotientenmenge $\mathbf{N} \times \mathbf{N} / =_D$ ist die Menge $\mathbf{Z}$ der ganzen Zahlen.

Ü 2.22: Die Eigenschaften der Reflexivität, Symmetrie und Transitivität sind ablesbar (vgl. Beispiel 2.17). Die einzelnen Äquivalenzklassen gruppieren sich als „Quadrate" symmetrisch zur HD bzw. sie sind untereinander nicht durch Pfeile verbunden.

Ü 2.23: Die Zerlegung der 100-elementigen Menge M besteht aus 19 Äquivalenzklassen, da die Quersumme einer höchstens zweistelligen Zahl zwischen 0 und 18 (einschließlich) liegt. Die Zerlegung samt Anzahl der Elemente der einzelnen Äquivalenzklassen geht aus dem folgenden Schema hervor:

$QS(x)$	x/R	x									
0	$0/R$	0								$\|0/R\|$	= 1
1	$1/R$	1	10							$\|1/R\|$	= 2
2	$2/R$	2	11	20						$\|2/R\|$	= 3
3	$3/R$	3	12	21	30					$\|3/R\|$	= 4
4	$4/R$	4	13	22	31	40				$\|4/R\|$	= 5
5	$5/R$	5	14	23	32	41	50			$\|5/R\|$	= 6
6	$6/R$	6	15	24	33	42	51	60		$\|6/R\|$	= 7
7	$7/R$	7	16	25	34	43	52	61	70	$\|7/R\|$	= 8
8	$8/R$	8	17	26	35	44	53	62	71	80	$\|8/R\|$ = 9
9	$9/R$	9	18	27	36	45	54	63	72	81	90 $\|9/R\|$ = 10
10	$10/R$		19	28	37	46	55	64	73	82	91 $\|10/R\|$ = 9
11	$11/R$			29	38	47	56	65	74	83	92 $\|11/R\|$ = 8
12	$12/R$				39	48	57	66	75	84	93 $\|12/R\|$ = 7
13	$13/R$					49	58	67	76	85	94 $\|13/R\|$ = 6
14	$14/R$						59	68	77	86	95 $\|14/R\|$ = 5
15	$15/R$							69	78	87	96 $\|15/R\|$ = 4
16	$16/R$								79	88	97 $\|16/R\|$ = 3
17	$17/R$									89	98 $\|17/R\|$ = 2
18	$18/R$										99 $\|18/R\|$ = 1

(Im Vergleich zu dieser Relation besitzt die Äquivalenzrelation R_6 in $\mathbf{N}$ unendlich viele Äquivalenzklassen.)

Lösungen

Ü 2.24: $[0]_4 = [4]_4 = \{4, 8\}$, $[1]_4 = \{1, 5, 9\}$, $[2]_4 = \{2, 6, 10\}$, $[3]_4 = \{3, 7\}$

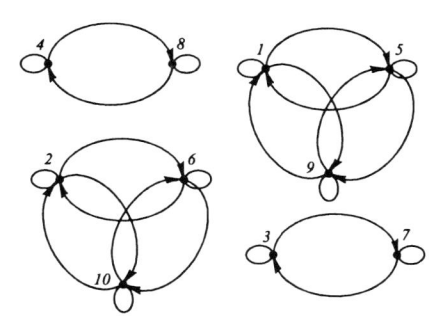

Bild L 13

Ü 2.25: $f: x \mapsto \dfrac{1}{2}(1 + (\operatorname{sgn} x) \cdot \dfrac{x^2}{1+x^2})$ mit $\operatorname{sgn} x = \begin{cases} 1 & \text{für } x > 0 \\ 0 & \text{für } x = 0 \\ -1 & \text{für } x < 0 \end{cases}$ leistet das Verlangte.

Ü 2.26: a) 1, b) 2, c) 5, d) 52, e) M mit $|M| = n$: R besitzt $f(n+1)$ Elemente, wobei f rekursiv definiert wird: $f(0) = 1$ und $f(n+1) = \sum_{r=0}^{n}\binom{n}{r} \cdot f(n-r)$.

Ü 2.27: a) ja: *Reflexivität*: $x R x \wedge x S x \Rightarrow x R \cap S x$,
Symmetrie: $x R \cap S y \Rightarrow x R y \wedge x S y \Rightarrow y R x \wedge y S x \Rightarrow y R \cap S x$,
Transitivität: $x R \cap S y \wedge y R \cap S z \Rightarrow (x R y \wedge x S y) \wedge (y R z \wedge y S z) \Rightarrow$
$(x R y \wedge y R z) \wedge (x S y \wedge y S z) \Rightarrow (x R z \wedge x S z) \Rightarrow x R \cap S z$.
b) im Allgemeinen nicht; Gegenbeispiel: In **Z** ist die Zahlenkongruenz $\equiv_m$ modulo m eine Äquivalenzrelation. Für $R = \equiv_6$ und $S = \equiv_9$ ist dann allerdings $R \cup S$ mit $R \cup S = \{(x, y) \mid x, y \in \mathbf{Z} \wedge x \equiv_6 y \vee x \equiv_9 y\}$ nicht transitiv: $1 \equiv_6 7$, $7 \equiv_9 16$, aber es gilt weder $1 \equiv_6 16$ noch $1 \equiv_9 16$.
c) genau dann, wenn $S \circ R = R \circ S$ gilt

Ü 2.28: nein; Gegenbeispiel in Beispiel 2.16

Ü 2.29:
$x R_2 y$	:⇔	$x \leq y$ in **Z**	$x R_2^{-1} y \Leftrightarrow x \geq y$,
$x R_3 y$	:⇔	$x \mid y$ in **N**	$x R_3^{-1} y \Leftrightarrow x \mathit{VF} y$,
$X R_9 Y$	:⇔	$X \subseteq Y$ in $\mathfrak{P}(M)$	$X R_9^{-1} Y \Leftrightarrow X \supseteq Y$,
$x R_{15} y$	:⇔	$x \geq y$ in **R**	$x R_{15}^{-1} y \Leftrightarrow x \leq y$,
$x R_{18} y$	:⇔	$x \mathit{VF} y$ in **N**	$x R_{18}^{-1} y \Leftrightarrow x \mid y$,
$x R_{27} y$	:⇔	$x = y$ in M	$x R_{27}^{-1} y \Leftrightarrow x R_{27} y$,
$x R_1 y$	:⇔	$x < y$ in **N**	$x R_1^{-1} y \Leftrightarrow x > y$,
$x R_{14} y$	:⇔	$x > y$ in **Q**	$x R_{14}^{-1} y \Leftrightarrow x < y$,
$X R_{17} Y$	:⇔	$X \subset Y$ in $\mathfrak{P}(M)$	$X R_{17}^{-1} Y \Leftrightarrow X \supset Y$

Ü 2.30: trivial

Ü 2.31: Es ist $R \cap \complement \, id_M = R \cap ((M \times M) \setminus id_M)$. Unter Ausnutzung der Distributivität von $\cap$ bezüglich $\setminus$ und der Eigenschaft $A \setminus (A \cap B) = A \setminus B$ folgt die Behauptung: $R \cap ((M \times M) \setminus id_M) = (R \cap (M \times M)) \setminus (R \cap id_M) = R \setminus (R \cap id_M) = R \setminus id_M$.

Ü 2.32: Es bleiben die 4 Fälle 1) $x \, S \, y \wedge y \, S \, x$, 2) $x \, S \, y \wedge y = x$, 3) $x = y \wedge y \, S \, x$, 4) $x = y \wedge y = x$ zu betrachten:

zu 1) Mit der Transitivität von S ist folglich auch $x \, S \, x$ – im Widerspruch zur Irreflexivität von S, also kann niemals $x \, S \, y$ und zugleich auch $y \, S \, x$ sein, d.h., die Prämisse ist stets falsch, folglich ist $x = y$;

zu 2) und 3) $y = x$ in $x \, S \, y$ bzw. $x = y$ in $y \, S \, x$ eingesetzt, liefert $x \, S \, x$ – im Widerspruch zur Irreflexivität von S. In beiden Fällen ist also die Prämisse falsch, damit die Implikation erfüllt ($x = y$);

zu 4) es ist $x = y$. ∎

Ü 2.33: a) Da alle Paare (x, x) aus R herausgenommen werden, sind dann je zwei verschiedene Elemente vergleichbar, also ist R_i konnex.

b) Da alle Paare (x, x) zu S hinzukommen, tritt dann wenigstens einer der Fälle $x \, S_r \, y$ oder $y \, S_r \, x$ ein. ∎

Ü 2.34: Die Teilbarkeitsrelation $|$ ist in M nur eine reflexive (teilweise) Ordnung.

a) Bild L 14

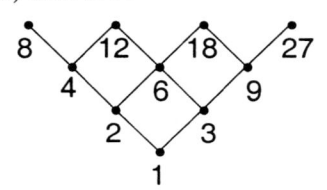

b) Bild L 15

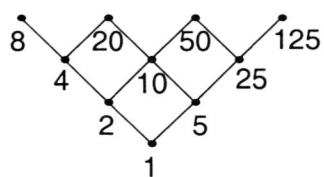

Ü 2.35: a) $M_1 = \{2\}$, b) $M_2 = \{17, 19\}$, c) $M_3 = \{3, 5, 7\}$, d) $M_4 = \{2, 3, 5, 7\}$:

a) Bild L 16   b) Bild L 17   c) Bild L 18

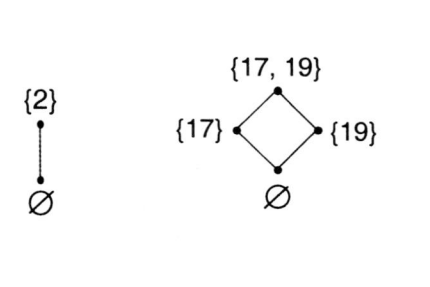

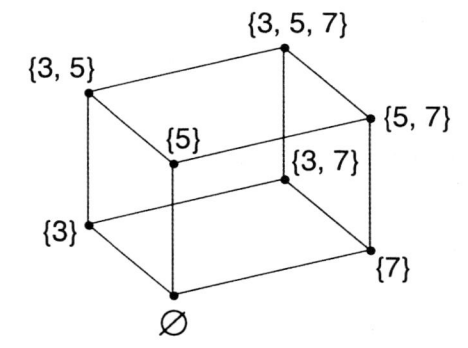

d) Bild L 19:

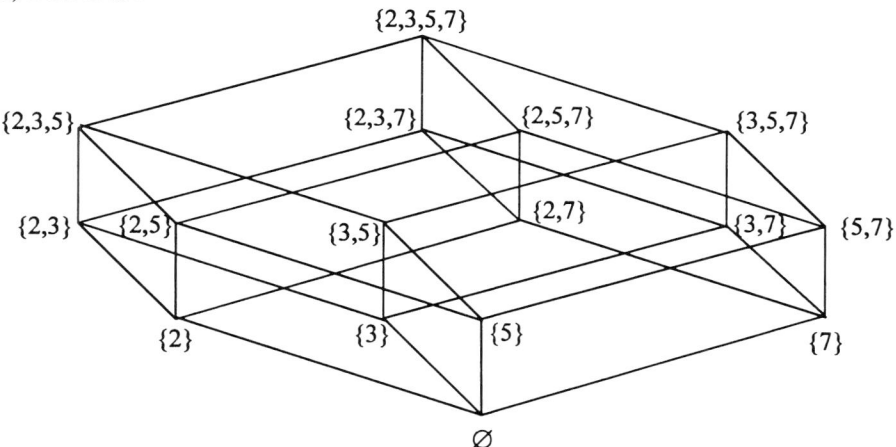

{2,3,5,7}

{2,3,5} {2,3,7} {2,5,7} {3,5,7}

{2,3} {2,5} {3,5} {2,7} {3,7} {5,7}

{2} {3} {5} {7}

∅

Ü 3.1: $D = \{2, 3, 6, 10\}$, $W = \{1, 2, 3, 5, 6\}$

Ü 3.2: Auf einem Taschenrechner sind sowohl einstellige Funktionen, wie z.B. sin, cos, tan, e^x, 10^x, ln, lg, x^2, $\sqrt{}$, $\frac{1}{x}$, als auch zweistellige Funktionen, wie z.B. Addition, Subtraktion, Multiplikation und Division (nach Eingabe entsprechender Argumente), per Tastendruck verfügbar.

Ü 3.3: a) $D(f) \subseteq X$, $W(f) \subseteq Y$, b) $D(f) \subseteq X$, $W(f) = Y$, c) $D(f) = X$, $W(f) \subseteq Y$, d) $D(f) = X$, $W(f) = Y$

Ü 3.4: Zahlenfolgen sind Mengen von Paaren (n, a_n) mit $n \in \mathbf{N}$ und a_n irgendwelche Zahlen. Dabei ist die Zuordnung $n \mapsto a_n$ eindeutig und $D \subseteq \mathbf{N}$.

Ü 3.5: Funktion f mit $f(x) = x^2$ $(x \in \mathbf{R})$; $f = \{(x, x^2) \mid x \in \mathbf{R}\}$; $y = x^2$ $(x \in \mathbf{R})$, $f: \mathbf{R} \to \mathbf{R}$ mit $x \mapsto x^2$; die Funktion $y = x^2$ $(x \in \mathbf{R})$; die Funktion, die jeder reellen Zahl ihr Quadrat zuordnet; die Funktion kann auch (aussschnittsweise) als Wertetabelle; Graph (Normalparabel) oder als Pfeildiagramm dargestellt werden; die Funktion ist nicht surjektiv, z.B. ist $-1 \notin W(f)$.

Ü 3.6: a) $f = g$; beide Funktionen sind voneinander Einschränkung und Fortsetzung zugleich, b) $f \neq g$; g ist *eine* Fortsetzung von f auf $\mathbf{R}$, f ist *die* Einschränkung von g auf $\mathbf{R}\setminus\{1\}$

Ü 3.7: Die verschiedenen Darstellungen der Funktionen sind hier nicht angegeben. *Graph*: Man erkennt die Eindeutigkeit daran, dass jede Parallele zur y-Achse höchstens einmal vom Graphen geschnitten wird. *Wertetabelle*: Bei gleichen Argumenten stimmen auch die zugehörigen Werte überein. *Funktionsgleichung* und verbale *Beschreibung*: Für jedes Argument lässt sich nur ein Funktionswert angeben.

Ü 3.8: f ist eineindeutig

Ü 3.9: a) z.B. f mit $f(x) = x^2$, b) z.B. f mit $f(x) = 3x$, c) z.B. f mit $f(x) = \frac{1}{x}$

Ü 3.10: Es sei f eine Zuordnung (Relation) aus X in Y. f ist bijektiv genau dann, wenn f eineindeutig und surjektiv (d.h. eine Abbildung auf Y ist), also genau dann, wenn f linkseindeutig, rechtseindeutig und rechtstotal ist.

Ü 3.11: a) Es ist zu zeigen: f ist injektiv und f ist surjektiv. Beides ist der Fall, da die Funktionswerte mit den Argumenten übereinstimmen. b) f ist links- und rechtstotal, da jedes Element von M mit sich selbst in Relation steht.

Ü 3.12: a) Es sei f eine Relation aus M in N, also $f \subseteq M \times N$. Damit ist f eine Menge geordneter Paare (x, y) mit $x \in M$ und $y \in N$. Für die Umkehrrelation f^{-1} ist $f^{-1} \subseteq N \times M$. Damit ist f^{-1} die Menge der Paare (y, x) mit $y \in N$ und $x \in M$, für die $(x, y) \in f$ gilt.
b) Es seien f eine Relation aus M in N und g eine Relation aus N in P. Dann ist
$$g \circ f := \{(x, z) \mid x \in M \wedge z \in P \wedge \bigvee_{y \in N} (x, y) \in f \wedge (y, z) \in g\}.$$

Ü 3.13: a) Da R eine Funktion (aus M in N) ist, besitzt jedes $x \in M$ höchstens ein Bild. Ist y (das) Bild von x, so ist y gerade der Funktionswert von R an der Stelle x. Jedes Argument x ist ein Urbild; zu einem vorgegebenen $y \in N$ kann es mehrere Urbilder geben. Das volle Bild von $x \in M$ fällt mit dem Bild von x zusammen, ist also eine einelementige Menge, nämlich der Funktionswert $R(x)$. Das volle Urbild von $y \in N$ ist die Menge aller Urbilder von y, also die Menge aller Argumente $x \in M$, für die $R(x) = y$ ist. b) Bild (von x) wird als Funktionswert ($R(x)$) bezeichnet, Urbild (von $y = R(x)$) wird als Argument (x) bezeichnet.

Ü 3.14: Zu jedem Paar (x, y) ($x \in \mathbf{R}_+^*$, $y \in \mathbf{R}$) wird genau eine reelle Zahl, nämlich x^y, als Funktionswert berechnet. Der Wertebereich ist dann $\mathbf{R}_+^*$.

Ü 3.15: Es seien $n \in \mathbf{N}$ und $X_1, X_2, \ldots, X_n$ Zahlenmengen und $f: X_1 \times X_2 \times \ldots \times X_n \to Z$ eine Funktion, die jedem n-Tupel $(x_1, x_2, \ldots, x_n) \in X_1 \times X_2 \times \ldots \times X_n$ genau ein $z \in Z$ zuordnet. f heißt dann n-stellige Funktion der Veränderlichen $x_1, x_2, \ldots, x_n$.

Ü 3.16:

Bildungsvorschrift	$x \circ y :=$	G	UKB	KB	NE	IE	AE	A	K	I	U	BS
größter gemeinsamer Teiler	$x \sqcap y$	**N**	–	–	×	–	×	×	×	×	–	×
kleinstes gemeinsames Vielfaches	$x \sqcup y$	**N**	–	–	×	–	×	×	×	×	–	×
Maximum	$\max(x, y)$	**N**	–	–	×	–	–	×	×	×	–	×
Minimum	$\min(x, y)$	**N**	–	–	–	–	×	×	×	×	–	×
arithmetisches Mittel	$\dfrac{x + y}{2}$	**Q**	×	×	–	–	–	–	×	×	–	×
geometrisches Mittel	$\sqrt{x \cdot y}$	$\mathbf{R}_+$	×	×	–	–	–	–	×	×	–	×
harmonisches Mittel	$\dfrac{2xy}{x + y}$	$\mathbf{Q}_+^*$	–	×	–	–	–	–	×	×	–	×

Ü 3.17:

Bildungsvorschrift	$x \circ y :=$	G	UKB	KB	NE	IE	AE	A	K	I	U	BS
Addition	$x + y$	**R**	×	×	×	×	–	×	×	–	–	×
Subtraktion	$x - y$	**R**	×	×	–	–	–	×	×	–	×	×
Multiplikation	$x \cdot y$	$\mathbf{R}^*$	×	×	×	×	–	×	×	–	–	×
Division	$x : y$	$\mathbf{R}^*$	×	×	–	–	–	×	×	–	×	×

Ü 3.18:

Bildungs-vorschrift	$x \circ y :=$	G	UKB	KB	NE	IE	AE	A	K	I	U	BS
$x \circ_1 y :=$	x^y	$\mathbf{R}_+ \backslash \{1\}$	–	×	–	–	–	–	–	–	–	–
$x \circ_2 y :=$	$x^{\ln y}$	$\mathbf{R}_+ \backslash \{1\}$	×	×	×	×	–	×	×	–	–	×
$x \circ_3 y :=$	$\sqrt{x^2 + y^2}$	$\mathbf{R}_+$	–	×	–	–	–	×	×	–	–	×
$X \circ_4 Y :=$ $X \Delta Y$	$(X \cup Y) \backslash (X \cap Y)$ (symmetrische Differenz)	$\mathfrak{P}(M)$	×	×	×	×	–	×	×	–	×	×

Ü 3.19: a) $x^y = y^x$ in $\mathbf{N}^*$: Neben der trivialen Lösung $x = y$ gibt es nur die beiden Paare (2; 4) und (4; 2). b) $x^y = y^x$ in $\mathbf{R}_+ \backslash \{1\}$): Neben der trivialen Lösung $x = y$ gibt es noch weitere Lösungen, nämlich alle Paare (x, y) mit $x = a^{\frac{1}{a-1}}$ und $y = a^{\frac{a}{a-1}}$, wobei a als Parameter fungiert ($a \in \mathbf{R}_+^*, a \neq 1$). Das sind unendlich viele Lösungen.

Ü 3.20: f hat keine reellen Nullstellen. Im Komplexen hat f die Nullstellen $x_1 = 2i$ und $x_2 = -2i$; Nullstelle von g: $x_1 = 1$

Ü 3.21: a) Eine ganzrationale Funktion 3. Grades hat höchstens drei Nullstellen (s. Kap. 3.12). Es wurden drei Zahlen gefunden, deren Funktionswerte höchstens geringfügig von Null abweichen. b) $x_1 = 1$, $x_2 \approx -1{,}6$, $x_3 \approx 0{,}6$ kann aus dem Graphen abgelesen werden.

Ü 3.22: a) Die Nullstellen befinden sich in den Intervallen $[-2, -1]$, $[0, 1]$ und $[1, 2]$. Im ersten Schritt ergeben sich die Nullstellen $x_1 = -1{,}22$, $x_2 = 0{,}5$ und $x_3 = 1{,}17$. Wegen $f(-2) < 0$ und $f(x_1) > 0$, $f(0) > 0$ und $f(x_2) < 0$, $f(x_3) < 0$ und $f(2) > 0$ befinden sich die Nullstellen in den Intervallen $[-2; -1{,}22]$, $[0; 0{,}5]$ und $[1{,}17; 2]$. Es ergeben sich als Nullstellen $x_1 = -1{,}33$, $x_2 = 0{,}35$ und $x_3 = 1{,}28$. Die genauen Lösungen sind $x_1 = -\sqrt{2}$, $x_2 = \frac{1}{3}$ und $x_3 = \sqrt{2}$. b) Die einzige Nullstelle befindet sich im Intervall $[0, 1]$. Im ersten Schritt ergibt sich $x_1 = 0{,}375$, im zweiten Schritt $x_1 = 0{,}53$. Die genaue Lösung ist $x_1 = 0{,}5$. c) Die Nullstellen befinden sich in den Intervallen $[-2, -1]$, $[-1, 0]$ und $[0, 1]$. Im ersten Schritt ergeben sich die Nullstellen $x_1 = -1{,}07$, $x_2 = -0{,}33$ und $x_3 = 0{,}05$. Wegen $f(-2) < 0$ und $f(x_1) > 0$, $f(-1) > 0$ und $f(x_2) < 0$, $f(x_3) < 0$ und $f(1) > 0$ befinden sich die Nullstellen in den Intervallen $[-2; -1{,}07]$, $[-1; -0{,}33]$ und $[0{,}05; 1]$. Es ergeben sich als Nullstellen $x_1 = -1{,}13$, $x_2 = 0{,}33$ und $x_3 = 0{,}09$. Die genauen Lösungen sind $x_1 = -0{,}5 - \frac{\sqrt{7}}{2\sqrt{3}}$, $x_2 = -\frac{1}{3}$ und $x_3 = -0{,}5 + \frac{\sqrt{7}}{2\sqrt{3}}$.

Ü 3.23: Für eine Gerade, die durch die Punkte $A(a, f(a))$ und $B(b, f(b))$ verläuft, ergibt sich aus der Zweipunktegleichung $(x - a)(f(b) - f(a)) = (y - f(a))(b - a)$ die Gleichung $y = f(a) + \frac{f(b) - f(a)}{b - a}(x - a)$ einer linearen Funktion. Setzt man $y = 0$, so ergibt sich die Nullstelle x_0 dieser Funktion. Die Gleichung $0 = f(a) + \frac{f(b) - f(a)}{b - a}(x_0 - a)$

führt zu $-\dfrac{f(a)(b-a)}{f(b)-f(a)} = x_0 - a$. Daraus ergibt sich unmittelbar die Formel für die Regula falsi.

Ü 3.24: Erste Begründung: Mit Hilfe der quadratischen Ergänzung ergibt sich $f(x) = (x-1)^2 - 4$. Es sei $x_1 < x_2 \leq 1$ Dann ist (*) $x_1 - 1 < x_2 - 1 \leq 0$. Multiplikation von (*) mit der negativen Zahl $(x_1 - 1)$ ergibt $(x_1 - 1)^2 > (x_1 - 1)(x_2 - 1)$. Multiplikation von (*) mit der nichtpositiven Zahl $(x_2 - 1)$ ergibt $(x_1 - 1)(x_2 - 1) \geq (x_2 - 1)^2$. Daher ist insgesamt $(x_1 - 1)^2 > (x_2 - 1)^2$. Dann ist auch $(x_1 - 1)^2 - 4 > (x_2 - 1)^2 - 4$. Damit ist aber $f(x_1) > f(x_2)$ für $x \leq 1$.

Zweite Begründung: Sei $x_1 < x_2 \leq 1$. Es ist $f(x_2) - f(x_1) = (x_2^2 - 2x_2 - 3) - (x_1^2 - 2x_1 - 3) = (x_2^2 - x_1^2) - (2x_2 - 2x_1) = (x_2 - x_1)(x_2 + x_1) - 2(x_2 - x_1) = (x_2 - x_1)(x_2 + x_1 - 2)$. Der erste Faktor dieses Produkts ist wegen $x_1 < x_2$ positiv. Der zweite Faktor ist wegen $x_1 < x_2 \leq 1$ negativ. Damit ist das Produkt negativ. Also ist die Funktion f streng monoton fallend.

Ü 3.25: a) Es seien a, b, x_1, x_2 beliebige reelle Zahlen mit $x_1 < x_2$ und $a \neq 0$. Es sei $a > 0$. Dann gilt $ax_1 < ax_2$. Addition von b führt zu $ax_1 + b < ax_2 + b$, also $f(x_1) < f(x_2)$. Ist $a < 0$, so ergibt sich $ax_1 > ax_2$ mit der Konsequenz $f(x_1) > f(x_2)$. b) Es seien $a, b \in \mathbf{R}$ mit $a < b$. Im Intervall $[a, b]$ wählen wir zwei rationale Zahlen r, l und eine irrationale Zahl i mit $r < i$ und $i < l$. Es ist dann $f(r) = 1$, $f(i) = 0$ und $f(l) = 1$. Wegen $f(r) > f(i)$ ist f nicht monoton wachsend, und wegen $f(i) < f(l)$ ist f nicht monoton fallend.

Ü 3.26: a) f ist streng monoton wachsend, b) f ist streng monoton fallend, c) f ist monoton wachsend, d) f ist monoton fallend.

Ü 3.27: In Abhängigkeit vom Rechner können das Exponential- und Logarithmusfunktionen, Wurzelfunktionen, aber auch Winkelfunktionen wie sin, cos, oder tan sein. Bei den Winkelfunktionen ist der Definitionsbereich so eingeschränkt worden, dass Injektivität vorliegt. Diese Einschränkung ist allerdings nicht einheitlich für alle Taschenrechner.

Ü 3.28: a) f ist auf den Intervallen $I_1 = (-\infty; -2{,}5]$ und $I_2 = [-2{,}5; \infty)$ eineindeutig. b) $f^{-1}(x) = -\sqrt{x + 7{,}25} - 2{,}5$, falls f auf I_1 definiert ist. $f^{-1}(x) = \sqrt{x + 7{,}25} - 2{,}5$, falls f auf I_2 definiert ist. c) Für $I_2 = [-2{,}5; \infty)$ ergeben sich Graphen der Art wie in Bild 3.9.

Ü 3.29: Seien $x_1, x_2 \in D(f)$ und $x_1 < x_2$. Dann ist $y_1 = f(x_1) < f(x_2) = y_2$. Annahme: f^{-1} ist nicht streng monoton wachsend, d. h., es gibt $y_1, y_2 \in D(f^{-1})$ mit $f^{-1}(y_1) \geq f^{-1}(y_2)$. Wegen $f^{-1}(y_1) = x_1$ und $f^{-1}(y_2) = x_2$ ergibt sich mit $x_1 \geq x_2$ ein Widerspruch.

Ü 3.30: a) f ist ungerade, b) f ist gerade, c) f ist weder gerade noch ungerade, d) f ist ungerade.

Ü 3.31: Jede rationale Zahl $p \neq 0$ ist Periode der Dirichlet-Funktion. Beweis: Es sei p eine von Null verschiedene rationale Zahl. Wenn x eine irrationale Zahl ist, dann ist auch $x + p$ irrational. Somit gilt $f(x + p) = f(x) = 0$. Wenn x eine rationale Zahl ist, dann ist auch $x + p$ rational. Somit gilt $f(x + p) = f(x) = 1$. Da es keine kleinste positive rationale Zahl gibt, hat f keine kleinste Periode. ∎

Die Funktion kann nicht graphisch dargestellt werden, weil die Punkte auf zwei zueinander parallelen Geraden liegen und es keine (noch so kleinen) Intervalle gibt, für die die Funktionswerte gleich sind.

Ü 3.32: Die Periodizität der Funktionen in a), c) und d) kann mit Hilfe der entsprechenden Additionstheoreme nachgewiesen werden. Kleinste Perioden sind a) π, c) π, d) 4π. Für die Funktion in b) ist jede von Null verschiedene Zahl p eine Periode, denn $f(x+p) = f(x) (= a)$ für alle $x \in \mathbf{R}$. Daher hat die Funktion auch keine kleinste Periode.

Ü 3.33: a) f hat den maximalen Definitionsbereich $D(f) = \mathbf{R}^*$ und den Wertebereich $W(f) = \{1\}$. f ist monoton wachsend und monoton fallend. Für alle $x_1, x_2 \in \mathbf{R}^*$ mit $x_1 < x_2$ gilt sowohl $f(x_1) \leq f(x_2)$ als auch $f(x_1) \geq f(x_2)$, denn alle Funktionswerte sind gleich. f ist eine gerade Funktion, die keine Nullstellen hat. b) f hat den maximalen Definitionsbereich $D(f) = \mathbf{R}_+$ und den Wertebereich $W(f) = \mathbf{R}_+$. f hat die Zahl 0 als einzige Nullstelle und ist streng monoton wachsend. Sei $0 < x_1 < x_2$. Dann gilt

$$f(x_2) - f(x_1) = \sqrt{x_2} - \sqrt{x_1} = \frac{(\sqrt{x_2} - \sqrt{x_1})(\sqrt{x_2} + \sqrt{x_1})}{(\sqrt{x_2} + \sqrt{x_1})} = \frac{x_2 - x_1}{(\sqrt{x_2} + \sqrt{x_1})} > 0.$$

c) f hat den maximalen Definitionsbereich $D(f) = \mathbf{R}^*$ und den Wertebereich $W(f) = \mathbf{R}^*$. f hat keine Nullstellen und ist eine ungerade Funktion, die für $x < 0$ und für $x > 0$ streng monoton fallend ist. Seien $x_1, x_2 \in \mathbf{R}^*$ und $x_1 \neq x_2$. Dann gilt $f(x_2) - f(x_1) = x_2^{-7} - x_1^{-7} =$

$$\frac{1}{x_2^7} - \frac{1}{x_1^7} = \frac{x_1^7 - x_2^7}{x_2^7 x_1^7} = \frac{(x_1 - x_2)(x_1^6 + x_1^5 x_2 + x_1^4 x_2^2 + x_1^3 x_2^3 + x_1^2 x_2^4 + x_1 x_2^5 + x_2^6)}{x_2^7 x_1^7}.$$

Der erste Faktor im Zähler ist für $x_1 < x_2 < 0$ und für $0 < x_1 < x_2$ eine negative Zahl, während der zweite Faktor und der Nenner positive Zahlen sind. Damit ist der Quotient kleiner als 0. d) f hat den maximalen Definitionsbereich $D(f) = \mathbf{R}$ und den Wertebereich $W(f) = \mathbf{R}_+$. Die Zahl 0 ist die einzige Nullstelle von f. f ist eine gerade Funktion, die für $x \leq 0$ streng monoton fallend und für $x \leq 0$ streng monoton wachsend ist. Seien $x_1, x_2 \in \mathbf{R}$ und $x_1 \neq x_2$. Dann gilt $f(x_2) - f(x_1) = x_2^8 - x_1^8 = (x_2 - x_1)(x_2 + x_1)(x_2^2 + x_1^2)(x_2^4 + x_1^4)$. Für $x_1 < x_2 \leq 0$ ist der zweite Faktor eine negative Zahl und die anderen Faktoren sind positive Zahlen. Damit ist das Produkt kleiner als 0. Für $0 \leq x_1 < x_2$ sind alle Faktoren positive Zahlen. Damit ist das Produkt größer als 0. e) f hat den maximalen Definitionsbereich $D(f) = \mathbf{R}_+^*$ und den Wertebereich $W(f) = \mathbf{R}_+^*$. f hat die Zahl 0 als einzige Nullstelle und ist streng monoton fallend. Sei $0 < x_1 < x_2$. Da die Potenzfunktion g mit $g(x) = x^6$ für $x > 0$ streng monoton wachsend ist, gilt $0 < x_1^6 < x_2^6$. Da die Potenzfunktion h mit $h(x) = \sqrt[5]{x}$ die Umkehrfunktion der Potenzfunktion i mit $i(x) = x^5$ ist und h mit i auch streng monoton wachsend ist (s. Übung 3.29), gilt $0 < \sqrt[5]{x_1^6} < \sqrt[5]{x_2^6}$. Dann gilt auch $\frac{1}{\sqrt[5]{x_2^6}} > \frac{1}{\sqrt[5]{x_1^6}} > 0$.

Ü 3.34: Für $x_1 < 0 < x_2$ ist $g(x_1) < 0$ und $g(x_2) > 0$, also $g(x_1) < g(x_2)$.

Ü 3.35: a) $x_1 = -\sqrt{3}$, $x_2 = \sqrt{3}$, b) $x_1 = -2$, $x_2 = 1$, $x_3 = 3$, c) $x_1 = 0$, $x_2 = 1$

Ü 3.36: a) f hat die Nullstellen $x_1 = -2$, $x_2 = -\sqrt{2}$, $x_3 = \sqrt{2}$, f hat keine Polstellen und keine Lücken, b) f hat die Nullstelle $x_1 = -1$ und die Polstelle $x_2 = -2$ und für $x = 2$ eine Lücke, c) f hat die Nullstelle $x_1 = -1$ und die Polstelle $x_2 = 2$ und keine Lücken.

Ü 3.37: a) $\sin \beta := \dfrac{b}{c}$, $\cos \beta := \dfrac{a}{c}$, $\tan \beta := \dfrac{b}{a}$, $\cot \beta := \dfrac{a}{b}$, b) $\sin^2 \alpha + \cos^2 \alpha = \left(\dfrac{a}{c}\right)^2 + \left(\dfrac{b}{c}\right)^2 = \dfrac{a^2 + b^2}{c^2} = \dfrac{c^2}{c^2}$.

Ü 3.38: Die Kosinusfunktion f mit $f(x) = \cos x$ ($x \in \mathbf{R}$) hat das Intervall $[-1; 1]$ als Wertebereich, denn die Abszissen der Punkte auf dem Einheitskreis durchlaufen dieses Intervall. Die Kosinusfunktion ist periodisch mit der kleinsten Periode 2π, denn nach einer Umdrehung des Strahls, also einer Drehung um 2π treten wiederum die gleichen Abszissen des Punktes P auf. f ist gerade, denn zu entgegengesetzten Argumenten gehört die gleiche Abszisse. Für $0 \leq x \leq \dfrac{\pi}{2}$ und für $\dfrac{3\pi}{2} \leq x \leq 2\pi$ ist die Kosinusfunktion streng monoton fallend und für $\dfrac{\pi}{2} \leq x \leq \dfrac{3\pi}{2}$ ist sie streng monoton wachsend. Die Zahlen $(2k + 1)\dfrac{\pi}{2}$, $k \in \mathbf{Z}$, sind die Nullstellen der Kosinusfunktion. (Der Graph der Kosinusfunktion ergibt sich aus Bild 3.19, indem man den Graphen der Sinusfunktion um $\dfrac{\pi}{2}$ nach links verschiebt.)

Ü 3.39: Die Kotangensfunktion f mit $f(x) = \cot x$ ($x \in \mathbf{R}$, $x \neq k\pi$, $k \in \mathbf{Z}$) hat den Wertebereich $\mathbf{R}$. Die Kotangensfunktion ist periodisch mit der kleinsten Periode π. f ist ungerade. Für $0 < x < \pi$ ist die Kotangensfunktion streng monoton fallend. Die Zahlen $(2k + 1)\dfrac{\pi}{2}$, $k \in \mathbf{Z}$, sind die Nullstellen der Kotangensfunktion. Auf eine graphische Darstellung der Kotangensfunktion verzichten wir hier.

Ü 3.40: g ist in $\mathbf{R}$ definiert und hat das Intervall $[-3, 3]$ als Wertebereich. Sie ist periodisch mit der kleinsten Periode π. Für $0 \leq x \leq \dfrac{\pi}{2}$ ist g streng monoton fallend und für $\dfrac{\pi}{2} \leq x \leq \pi$ ist g streng monoton wachsend. Die Zahlen $\dfrac{\pi}{4}(2k-1)$, $k \in \mathbf{Z}$, sind die Nullstellen von g. Der Parameter a beeinflusst den Wertebereich: $W(g) = [-|a|, |a|]$. Der Parameter b, $b \neq 0$, beeinflusst die Periode von g. Die kleinste Periode ist $\dfrac{2\pi}{|b|}$. Der Parameter c bewirkt eine Verschiebung des Graphen um $-|c|$ in Richtung der Abszissenachse.

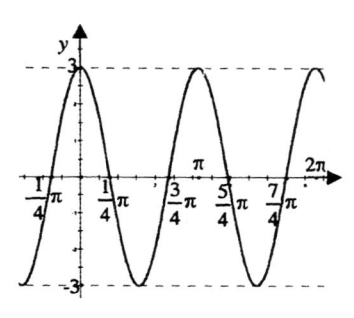

Bild L 20

Lösungen   141

Ü 3.41: Es seien g und h die konstanten Funktionen mit $g(x) = 2$ und $h(x) = 1$. Dann gilt
$f = \dfrac{g \cdot id_\mathbf{R} + h}{id_\mathbf{R} \cdot id_\mathbf{R} \cdot id_\mathbf{R} - g \cdot id_\mathbf{R} + h}$. $D(f) = \{x \mid x \in \mathbf{R} \land x \neq 1 \land x \neq \dfrac{-1 + \sqrt{5}}{2} \land x \neq \dfrac{-1 - \sqrt{5}}{2}\}$

Ü 3.42: a) u mit $u(y) = g(f(y)) = (y + 1)^2$, $D(f) = D(g) = D(u) = \mathbf{R}$, $W(f) = \mathbf{R}$, $W(g) = W(u) = \mathbf{R}_+$; v mit $v(x) = f(g(x)) = x^2 + 1$, $D(f) = D(g) = D(v) = \mathbf{R}$, $W(f) = \mathbf{R}$, $W(g) = \mathbf{R}_+$, $W(v) = \{x \mid x \in \mathbf{R} \land x \geq 1\}$, b) u mit $u(y) = g(f(y)) = \dfrac{1}{y^3 - 1}$, $D(f) = \mathbf{R}$, $D(g) = D(u) = \mathbf{R} \setminus \{1\}$, $W(f) = \mathbf{R}$, $W(g) = W(u) = \mathbf{R}^*$; v mit $v(x) = f(g(x)) = \dfrac{1}{(x-1)^3}$, $D(f) = \mathbf{R}$, $D(g) = D(v) = \mathbf{R} \setminus \{1\}$, $W(f) = \mathbf{R}$, $W(g) = W(v) = \mathbf{R}^*$.

Ü 3.43: Es seien g und h die konstanten Funktionen mit $g(x) = 2$ und $h(x) = -1$. Dann ist $p = (g \cdot id_\mathbf{R} + h) \cdot (g \cdot id_\mathbf{R} + h) \cdot (g \cdot id_\mathbf{R} + h)$. Es seien f und g die Funktionen mit $f(x) = 2x - 1$ ($x \in \mathbf{R}$) und $g(y) = y^3$ ($y \in \mathbf{R}$). Dann ist $p = g \circ f$.

Ü 3.44: a) f ist beschränkt. 0 ist eine untere Schranke und 1 ist eine obere Schranke. b) f ist nicht nach oben beschränkt. 0 ist eine untere Schranke. c) f ist nach unten beschränkt. 0 ist eine untere Schranke. f ist nicht nach oben beschränkt.

Ü 3.45: ($\Rightarrow$) Es sei $f: \mathbf{R} \to \mathbf{R}$ eine beschränkte Funktion. Dann existieren Zahlen s und S mit $s \leq f(x) \leq S$ für alle $x \in \mathbf{R}$. Sei a das Maximum der Zahlen $|s|$ und $|S|$. Dann gilt $-a \leq -|s| \leq s \leq f(x) \leq S \leq |S| \leq a$. ($\Leftarrow$) Es seien $f: \mathbf{R} \to \mathbf{R}$ eine Funktion und a eine reelle Zahl mit $|f(x)| \leq a$ für alle $x \in \mathbf{R}$. Dann ist $-a \leq f(x) \leq a$. Damit ist $s = -a$ eine untere Schranke von f und $S = a$ eine obere Schranke von f. ∎

Ü 3.46: a) z.B. f mit $f(x) = \sin x$ hat 1 als Maximum für $x = \dfrac{\pi}{2}(4k + 1)$ ($k \in \mathbf{Z}$) und -1 als Minimum für $x = \dfrac{\pi}{2}(4k + 3)$ ($k \in \mathbf{Z}$), b) z.B. hat jede Potenzfunktion f mit $f(x) = x^{2n+1}$ ($n \in \mathbf{N}$) weder ein Maximum noch eine Minimum (auf $\mathbf{R}$). c) z.B. f mit $f(x) = x^2$ hat das Minimum 0 für $x = 0$ und ist nach oben unbeschränkt.

Ü 3.47: Die Bedingung $a < 0$ hat zur Folge, dass die Funktion f mit $f(x) = ax$ streng monoton fallend ist. Satz: Die für alle reellen Zahlen definierte Funktion f mit $f(x) = ax$ ($a \in \mathbf{R}$, $a < 0$) ist die einzige Funktion mit den Eigenschaften (1) $f(x + y) = f(x) + f(y)$ für alle $x, y \in \mathbf{R}$, (2) f ist streng monoton fallend, (3) $f(1) = a$. Der Beweis dieses Satzes unterscheidet sich vom Beweis von Satz 3.4 nur in f). Dort ergibt das andere Monotonieverhalten eine andere Ungleichung, aus der sich dann ein Widerspruch ergibt.

Ü 3.48: Die Bedingung $0 < a < 1$ hat zur Folge, dass die Funktionen streng monoton fallend sind. Satz: Die für alle reellen Zahlen definierte *Exponentialfunktion* f mit $f(x) = a^x$ ($a \in \mathbf{R}$, $0 < a < 1$) ist die einzige Funktion mit den Eigenschaften (1) $f(x + y) = f(x) \cdot f(y)$ für alle $x, y \in \mathbf{R}$, (2) f ist streng monoton fallend, (3) $f(1) = a$. Satz: Die für alle positiven reellen Zahlen definierte *Logarithmusfunktion* f mit $f(x) = \log_a x$ ($a \in \mathbf{R}$, $0 < a < 1$) ist die einzige Funktion mit den Eigenschaften (1) $f(x \cdot y) = f(x) + f(y)$ für alle $x, y \in \mathbf{R}_+^*$, (2) f ist streng monoton fallend, (3) $f(a) = 1$.

Literatur

ASSER, G.: Grundbegriffe der Mathematik, I. Mengen. Abbildungen. Natürliche Zahlen. Mathematik für Lehrer, Band 1. 5. Aufl. Berlin: Deutscher Verlag der Wissenschaften 1988.

BEHNKE, H.; REMMERT, R.; STEINER, H.-G.; TIETZ, H. (Hrsg.): Das Fischer Lexikon, Mathematik 1, 2. 12. bzw. 8. Aufl. Frankfurt am Main: Fischer Bücherei 1976.

GÖRKE, L.: Mengen, Relationen, Funktionen. Berlin: Volk und Wissen 1973.

GÖTHNER, P.: Elemente der Algebra. mathematik-abc für das Lehramt. Leipzig: Teubner 1997.

HALMOS, P. R.: Naive Mengenlehre. 5. Aufl. Göttingen: Vandenhoeck & Ruprecht 1994.

ILSE, D.; LEHMANN, I.; SCHULZ, W.: Gruppoide und Funktionalgleichungen. Mathematik für Lehrer, Band 20. Berlin: Deutscher Verlag der Wissenschaften 1984.

JUNEK, H.: Analysis. Funktionen – Folgen – Reihen. mathematik-abc für das Lehramt. Leipzig: Teubner 1998.

KIRSCH, A.: Mathematik wirklich verstehen. Eine Einführung in ihre Grundbegriffe und Denkweisen. Köln: Aulis-Verlag Deubner 1987.

SCHÄFER, W.; GEORGI, K.; TRIPPLER, G.: Mathematik-Vorkurs. Übungs- und Arbeitsbuch für Studienanfänger. 5. Aufl. Stuttgart: Teubner 2002.

SCHIROTZEK, W.; SCHOLZ, S.: Starthilfe Mathematik. Für Studienanfänger der Ingenieur-, Natur- und Wirtschaftswissenschaften. 4. Aufl. Stuttgart: Teubner 2001.

ZEIDLER, E. (Hrsg.): TEUBNER-TASCHENBUCH der Mathematik. Begründet von BRONSTEIN, I. N.; SEMENDJAJEW, K. A. 2. Aufl. Stuttgart: Teubner 2003.

Namen- und Sachverzeichnis

Abbildung 70, 88, 120f.
-, bijektive 120
-, eineindeutige 70, 72, 74ff.
-, identische 74
-, injektive 120
-, inverse 72
-, surjektive 120
Abbildung auf 88
Abbildung aus 88
Abbildung in 88
Abbildung von 88
Abstraktionsprozess 66
Abzählbarkeit 74f.
Addition 94f.
Additionsgesetz, relativistisches 95
Additionstheorem, Einsteinsches 95
Adjunktivität 40
ähnlich 63
äquivalent 66, 72
Äquivalenz 19
Äquivalenzklasse 66ff.
Äquivalenzrelation 66ff., 72f., 77
Allmenge 28
Allquantor 18f., 24, 56
Allrelation 65, 68
Alternative 18f., 42
Antinomie 12, 72
Antireflexivität 56
Antisymmetrie 24f., 44, 56f., 60ff., 76f., 82
Antivalenz 19, 42
Anzahl der Elemente 16, 71f.
Argument 86
Assoziativität 42ff., 94ff.
Asymmetrie 56f., 60ff., 77
Asymptote 110
-, senkrechte 110
-, schiefe 111
-, waagerechte 110
Aussage 10, 14, 18f.
Aussageform 10, 14, 19, 22
Aussagenlogik 34

Automat 97
Automorphismus 121
axialsymmetrisch 104
Axiom 9, 14, 45

Behauptung 19
beschränkt 116
-, nach oben 116
-, nach unten 116
Betragsfunktion 89
Bewegung 94
bijektiv 90f., 120
Bild 91
-, volles 91
Bisymmetrie 94ff.
Bitotalität 58, 60ff., 77, 90
Bogenlänge 112
Bogenmaß 112
BOLZANO, B. 16
BOOLE, G. 26, 28
BOURBAKI, N. 120
Bruch 31, 47, 71
Bruchzahl 11, 47, 71

CANTOR, G. 9f., 75, 81f.
Cantorsches Diagonalverfahren 74f.
-, erstes 74f.
-, zweites 75
CARTESIUS, R. 30
Charakterisierung, funktionale 118f.
Computer-Algebra-System (CAS) 85

DEDEKIND, R. 16, 75, 86
Definiendum 18
Definiens 18
Definition 18, 66
-, rekursive 30
Definitionsbereich 48, 86, 90
-, größtmöglicher 88
Definitionszeichen 18
DESCARTES, R. 30, 86
Dezimalbruch 75
Diagonale 50

Dichtheit 74
Differenz 28, 33, 39
-, symmetrische 28, 33, 39, 43, 95
Differenzengleichheit 63, 71
Differenzmenge 28
DIRICHLET, P. G. L. 101
- Funktion 101, 105
disjunkt 26, 46
Disjunktion 18
Distributivität 42f.
-, linksseitige 42, 44
-, rechtsseitige 42, 44
Dividend 97
Division 94f., 96f.
Divisor 97
Doppelpfeil 57
Drachenviereck 21, 25, 47
Dreieck 13, 15, 17
Dreiermenge 16, 21
Drittengleichheit 58
Dualität 40, 44f.
Durchschnitt 26f., 33ff., 39, 45f., 94

Ebene 13
Eigenschaft 10, 24, 38, 44, 56ff., 65
-, duale 44
eindeutig 86
eindeutig lösbar 96
eindeutig umkehrbar 33, 58f.
Eindeutigkeit 58, 86, 96
Eineindeutigkeit 58f., 62
Einermenge 16, 21f.
Einheitskreis 93, 112f.
Einschränkung 88, 90
EINSTEIN, A. 95
Element 9, 12ff., 26ff.
-, absorbierendes 39, 44, 94ff.
-, ausgezeichnetes 83
-, inverses 43, 94ff.
-, neutrales 39, 44, 94ff.
Elementbeziehung 10, 20
Elemente, Anzahl der 16, 71, 72
elementfremd 26, 46
Ellipse 92
Endomorphismus 121

Entflechtung 28f.
enthalten in 20
Enthaltenseinsbeziehung 21, 48
entweder - oder 18
Epimorphismus 121
Erfüllungsmenge 14
Ergänzungsmenge 28
Erweitern 47, 71
EULER, L. 36
Existenzquantor 18f.
Exponentialfunktion 119
Extensionalitätsprinzip 14, 22
Extremwert 116

Fahne 49
Faktormenge 66
Faser 46
Faserung 46
Feld 49, 54, 57, 59
FERMAT, P. DE 49, 86
Folge 94
Folgebeziehung 19
Folgerung 19
folgt aus 19
Fortsetzung 88, 90
Funktion 52, 86ff.
-, äußere 114
-, beschränkte 116
-, bijektive 90f.
-, echt gebrochenrationale 110
-, eindeutig umkehrbare 102
-, eineindeutige 102
-, einstellige 92
-, ganzrationale 108
-, identische 91
-, injektive 90, 102
-, innere 114
-, inverse 102
-, gerade 104, 106
-, konstante 89, 109, 109
-, lineare 109
-, monoton fallende 100f.
-, monoton wachsende 100f.
-, monotone 100f.
-, nach oben beschränkte 116

Namen- und Sachverzeichnis 145

-, nach oben unbeschränkte 116
-, nach unten beschränkte 116
-, nach unten unbeschränkte 116
-, n-stellige 93
-, periodische 104
-, quadratische 1099
-, rationale 110
-, streng monoton fallende 100f., 106f.
-, streng monoton wachsende 100f., 106f.
-, streng monotone 100f.
-, surjektive 88, 90
-, unecht gebrochenrationale 110
-, ungerade 104, 106
-, zweistellige 92, 94
-, zweiwertige 92
Funktionalgleichung 86, 88, 118
Funktion mit einer Veränderlichen 92
Funktionen, Addition von 114
-, Differenz von 114
-, Division von 114
-, Multiplikation von 114
-, Nacheinanderausführung von 114
-, Produkt von 114
-, Quotient von 114
-, Subtraktion von 114
-, Summe von 114
-, Verkettung von 114
-, wertverlaufsgleiche 88
Funktionsgleichung 88
Funktionswert 86

Gegenpfeil 57
Generalisierung 19
Gerade 13, 27
-, punktierte 111
geschnitten mit 26
Gitterdiagramm 71, 73, 84
Gleichmächtigkeit 16, 72ff.
Gleichung 15, 17, 23, 27, 41, 49
-, lineare 109
-, quadratische 109
Gleichungssystem, lineares 27
Glied 30
Grad einer Funktion 108

Gradmaß 112
Graph einer Funktion 87f.
-, gestauchter 115
-, gestreckter 115
Graph einer Relation 54
Größer-Gleich-Relation 77
Größer-Relation 77
Grundbereich 10, 12, 16, 20, 26
Grundmenge 10, 14, 23, 29, 45, 50
Grundrechenarten 26, 50, 94
Gruppe 31, 121
-, abelsche 28, 43
-, additive 121
-, multiplikative 121
-, symmetrische 121
Gruppenoperation 28

HASSE, H. 23
Hasse-Diagramm 23, 25, 54, 80f.
Hauptdiagonale 57, 59
HAUSDORFF, F. 86
HILBERT, D. 9
hinreichend 19
Hintereinanderausführung 52
Homomorphismus 121
Hypotenuse 112

Idempotenz 39, 44, 94ff.
Identitätsrelation 50
Identitivität 24, 56
Implikation 19, 22
-, Hinterglied der 19
-, Vorderglied der 19
impliziert 19
Individuen 12f.
Infix-Notation 50
injektiv 58f., 90f., 102, 120
Inklusion 20, 24, 34f., 45ff., 76f., 80
-, echte 20, 24, 76f.
-, strenge 20
-, strikte 20
Intervall 21, 25, 32, 73, 75
-, abgeschlossenes 21
-, beschränktes 32
-, offenes 21

-, unbeschränktes 21
Inversenbildung 50
Inversionsgesetz 52
Involutionsgesetz 39
Inzidenz 48f.
Irreflexivität 24, 56ff., 76ff.
Isomorphismus 121

Junktor 18, 34, 38

Kardinalzahl 72
-, transfinite 72
KARNAUGH, M. 36
Karnaugh-Diagramm 36
Kette 81
Klasse 46f., 66, 70, 72
Klasseneinteilung 46
Kleiner-Gleich-Relation 51, 76f.
Kleiner-Relation 76f., 82ff.
Koeffizient 108
kommt vor 76
Kommutativität 42ff., 94ff.
Komparativität 58ff.
Komplement 28, 50
-, relatives 28
Komplementärrelation 50f., 55
Komplementarität 39, 44
Komplementwinkel 63
Komponente 30, 50
kongruent 61
Konjunktion 19, 42
Konklusion 19
Konnexität 58f., 62, 64, 79f.
Kontinuum 72
Koordinate 11, 30ff.
Koordinatensystem 11, 31ff.
Kosinusfunktion 112f.
Kotangensfunktion 112f.
Kreis 11, 13, 27, 92f.
Kreise, Eulersche 36
Kreuzmenge 32
Kreuzprodukt 32f.
KRONECKER, L. 9
kürzbar 41, 94ff.
Kürzen 47, 71

Kürzungsregeln 41
KURATOWSKI, K. 30

LEIBNIZ, G. W. 86
LEM, S. 75
Linearfaktor 108
Linearfaktorzerlegung 108
Linearität 58f., 62, 64f., 79f., 82
Linearkombination 94
Linkseindeutigkeit 58f., 62
Linkskomparativität 58f., 62
Linkstotalität 58f., 65, 90
Logarithmusfunktion 109, 121
Lösung 41
Lösungsmenge 15, 17, 23
Lücke 110

Mächtigkeit 72
Matrix, (0,1)- 54
Maximum 95, 116
Menge 9, 12, 14, 16ff.
-, abzählbar unendliche 74f.
-, endliche 9, 16, 22, 32, 54, 72ff.
- erster Stufe 12f., 22
-, geordnete 76
-, gleichmächtige 72f.
-, leere 22f., 45
-, überabzählbar unendliche 74f.
-, unendliche 9, 16, 32, 72ff.
Mengenalgebra 20, 26, 34, 44f.
Mengenbildung 10, 12, 15, 22
Mengendiagramm 36
Mengendifferenz 28
Mengenfamilie 12f.
Mengengleichheit 14f.
Mengenklammern 14
Mengenoperation 22ff., 38ff., 46, 52, 94
Mengenoperator 14
Mengenrelation 34
Mengensystem 12f., 22, 46f.
Mengenverband 42
Mengenverknüpfung 28
Minimum 116, 95
Mittel 95
-, arithmetisches 95

Namen- und Sachverzeichnis

-, geometrisches 95
-, harmonisches 95
Modellbegriff 62
Modulgesetz 35
Monomorphismus 121
Monotonie 34f., 44, 83, 100
Monotonieverhalten 100ff.
Monotonie einer Funktion 100ff.
MORGAN, A. DE 40
de Morgansche Regeln 40, 44
Morphismus 120
Multiplikation 94f.

Nachbereich 48
Nacheinanderausführung 52, 60, 114, 94
Nacheindeutigkeit 58, 86
Nachfolger, unmittelbarer 61
näherungsweise gleich 63
Negation 19
Nenner 31
Normalform einer rat. Funktion 110f.
notwendig 19
n-Tupel, geordnetes 30, 32
Null 85, 96f.
Nullmenge 22
Nullstelle 98f.
-, mehrfache 108

Obermenge 20, 34
-, echte 20
Oder 18
-, ausschließendes 18
-, nichtausschließendes 18
Operation 20, 26, 31, 44, 94ff.
-, binäre 50, 94ff.
-, Boolesche 26
-, einstellige 50
-, mengentheoretische 20, 26, 33, 40f.
-, zweistellige 50, 53, 94ff.
Operationstreue 120
Operator 88
Ordnung 76
-, antireflexiv 76
-, lexikographische 81
-, reflexive (teilweise) 76ff., 82

-, reflexive totale 80, 82
-, irreflexive (teilweise) 76ff.
-, irreflexive totale 80
-, strikte 76
-, teilweise 76, 82
-, totale 76, 82
Ordnungsdiagramm 23, 80
Ordnungsrelation 58, 66, 76ff.

Paar, geordnetes 30, 52, 76
Paarmenge 32
Paraboloid, hyperbolisches 93
parallel 61
Parallelogramm 21, 25, 47
Partikularisierung 19
Partition 46
PEANO, G. 10, 86
Periode 104, 113
-, kleinste 104
-, kleinste positive 104
Permutation 121
Permutationsgruppe 121
Pfeil 54
Pfeildiagramm 54ff., 69, 71, 73, 80, 91
Polstelle 110
Polynom 108
Polynomdivision 108
Postfix-Notation 50
Potenz 106
Potenzfunktion 105ff.
Potenzmenge 22f., 41, 43, 47, 94
Potenzieren 95
Präfix-Notation 50
Prämisse 19, 22
Primzahl 11, 15, 17, 23, 27, 29, 47
Primzahldrillinge 81
Primzahlzwillinge 17, 81
Prinzip der Mengenbildung 10, 12, 22
Prinzip der Mengengleichheit 14
Produkt, direktes 32
-, kartesisches 30ff., 39ff., 45, 86ff.
Produktmenge 32
Proportionalität, direkte 118
Punkt 11, 13, 23, 27, 31ff., 49
Punktgitter 32

Punktmenge 10
punktsymmetrisch 104
PYTHAGORAS VON SAMOS 49

Quadrat 21, 25, 27, 29, 47
Quadratzahl 15, 22, 25
Quantifikator 18
Quantifizierung 19
Quantor 10, 18
-, prädikatenlogischer 18
Quasiordnung 77
Quersumme 61, 71
Quotient 97
Quotientengleichheit 47, 61, 71
Quotientenmenge 66ff.

Raute 21, 25, 27, 29
Rechteck 25, 29
Rechteckregel 57
Rechtseindeutigkeit 58f., 62, 65, 90
Rechtsskomparativität 58f., 62
Rechtstotalität 58f., 62, 90
Reflexivität 24, 44, 54ff., 65ff., 76ff., 82
Regula falsi 98f.
Relation 10, 18, 44, 48ff.
-, antisymmetrische 56ff., 76ff.
-, asymmetrische 56ff.
-, binäre 50
-, bitotale 58ff., 90
-, dreistellige 49, 53, 92
-, eineindeutige 58ff.
-, identische 50, 53, 65, 68, 77
-, inverse 50ff., 55, 62, 77
-, irreflexive 76ff.
-, konnexe 58ff.
-, konverse 50
-, lineare 58ff.
-, linkseindeutige 58f., 91
-, linkskomparative 58ff.
-, linkstotale 58ff., 90
-, nacheindeutig 58
-, rechtseindeutige 58ff.
-, rechtskomparative 58ff.
-, rechtstotale 58ff., 90

-, reflexive 56ff., 66ff., 76ff.
-, mengentheoretische 20
-, n-stellige 48f.
-, rechtseindeutige 58ff., 90
-, symmetrische 56ff., 66ff.
-, transitive 56ff., 66ff., 76ff.
-, trichotome 58ff.
-, voreindeutig 58
-, zweistellige 26, 48ff., 66ff., 90
Relationen 52, 90
-, Nacheinanderausführung von 52
-, Verkettung von 52, 90
Relationengebilde 76
Relationsgraph 54f., 57, 59, 69, 84
Relationstreue 120
Repräsentant 66, 71
Rest 47, 61
Restklasse 47, 66f.
Restmenge 28
Restsystem 66
Rhombus 25, 27
Ringpfeil 54
RUSSELL, B. 12
Russellsche Antinomie 12f.

Schleife 54, 80
Schlussfolgerung 19
Schnitt, schleifender 98f.
Schranke, obere 116
-, untere 116
Sehnenviereck 25
senkrecht 61
Sinusfunktion 112f.
Spiegelpunkt 63
steht vor 76
Stellenzahl 50
Streckenzug 23
Stufenaufbau 12f.
Subjunktion 19
Subtraktion 94f.
Summe 94
Boolesche 28
surjektiv 88, 90, 120
Symmetrie 56f., 60ff., 66f.

Tangensfunktion 112f.
Tangentenviereck 25
TAYLOR, R. L. 49
Teilbarkeit 21, 51, 63, 76ff., 82ff., 97
Teiler 21
-, echter 79
-, größter gemeinsamer 27, 95
teilerfremd 61
Teilermenge 27, 29, 46
Teilmenge 16, 20, 22f., 34, 66
-, beschränkte 32
-, echte 16, 20
-, eigentliche 22
-, uneigentliche 22
Teilmengenbeziehung 20, 48, 76
Term 18
Trägermenge 31, 76, 94
Transformation 88, 121
Transformationsgruppe 121
Transitivität 24, 44, 54ff., 66f., 76ff., 82
Trapez 21, 25, 47
-, gleichschenkliges 21, 25
Trichotomie 58f., 62, 64, 80
Tripel, geordnetes 30, 32

Überabzählbarkeit 74f.
Überbrückungspfeil 54, 80
Umfangsgleichheit 14
Umkehrabbildung 72
umkehrbar 94ff.
Umkehrfunktion 102, 119
Umkehroperation 96
Umkehrrelation 50
unbeschränkt 116
-, nach oben 116
-, nach unten 116
Unipotenz 39, 94ff.
Unordnung, totale 77
Untermenge 20
-, echte 20
Unvergleichbarkeit 76
Urbild 91
-, volles 91
Ursprung 11

Variable 10, 19
-, freie 10
-, gebundene 19
Vektor 94
VEITCH, E.W. 36
VENN, J. 36
Venn-Diagramm 36f., 40
Verband 42
Verbindungsmenge 32
vereinigt mit 26
Vereinigung 26ff., 33ff., 39, 45f., 94
Verflechtung 29
Vergleichbarkeit 58, 80
Verkettung 52, 90, 94, 114
Verknüpfung 20, 52
-, aussagenlogische 18, 38
Verschmelzungssätze 40, 42ff.
Vielfaches 21, 51, 63, 77
-, echtes 79
-, kleinstes gemeinsames 27, 95
Viereck 13, 15, 17, 21, 25, 27, 47
VIÈTE, F. 86
Vollständigkeitseigenschaft 119
Voraussetzung 19
Vorbereich 48
Voreindeutigkeit 58
Vorgänger, unmittelbarer 63

Wahrheitstafel 38
Wahrheitswert 10, 38
Wertebereich 48, 86, 90
Wertetabelle 87f.
wertverlaufsgleich 88
WIENER, N. 30
WILES, A. J. 49
Winkel 112
-, negativ orientierter 112
-, positiv orientierter 112
Winkelfunktion 112f.
Winkelgröße 112
Wohlordnung 81

Zähler 31
Zahl 10ff.

-, ganze 11, 17, 47, 63, 67, 74
-, gebrochene 11, 47, 71, 74
-, gerade natürliche 11, 15, 21, 25, 29
-, irrationale 29
-, komplexe 11
-, natürliche 10f., 17ff., 47ff., 63, 72ff. 82ff.
-, rationale 11, 17, 75
-, reelle 10f., 25, 33, 35, 72ff.
-, ungerade natürliche 11, 21, 29
Zahlbereich 27
Zahlengerade 81
Zahlenkongruenz 67, 69, 71
Zahlentripel 33
-, Fermatsches 49
-, pythagoreisches 49

Zahlenstrahl 82
Zahl-Zahl-Funktion 88
Zeichen 18
-, logisches 18f.
-, mengentheoretisches 18
zentralsymmetrisch 104
Zerlegung 46f., 68ff.
ZERMELO, E. 81
Zugehörigkeitstafel 38f.
Zuordnung 50, 70, 86f., 90, 120
-, eindeutige 33, 86f.
-, eindeutig umkehrbare 33
-, eineindeutige 33, 72
-, identische 50
Zweiermenge 16, 21
Zwischenbeziehung 49

Teubner Lehrbücher: einfach clever

Eberhard Zeidler (Hrsg.)
Teubner-Taschenbuch der Mathematik

2., durchges. Aufl. 2003. XXVI, 1298 S. Geb.
€ 34,90   ISBN 3-519-20012-0

Formeln und Tabellen - Elementarmathematik - Mathematik auf dem Computer - Differential- und Integralrechnung - Vektoranalysis - Gewöhnliche Differentialgleichungen - Partielle Differentialgleichungen - Integraltransformationen - Komplexe Funktionentheorie - Algebra und Zahlentheorie - Analytische und algebraische Geometrie - Differentialgeometrie - Mathematische Logik und Mengentheorie - Variationsrechnung und Optimierung - Wahrscheinlichkeitsrechnung und Statistik - Numerik und Wissenschaftliches Rechnen - Geschichte der Mathematik

Grosche/Ziegler/Zeidler/Ziegler (Hrsg.)
Teubner-Taschenbuch der Mathematik. Teil II

8., durchges. Aufl. 2003. XVI, 830 S. Geb.
€ 44,90   ISBN 3-519-21008-8

Mathematik und Informatik - Operations Research - Höhere Analysis - Lineare Funktionalanalysis und ihre Anwendungen - Nichtlineare Funktionalanalysis und ihre Anwendungen - Dynamische Systeme, Mathematik der Zeit - Nichtlineare partielle Differentialgleichungen in den Naturwissenschaften - Mannigfaltigkeiten - Riemannsche Geometrie und allgemeine Relativitätstheorie - Liegruppen, Liealgebren und Elementarteilchen, Mathematik der Symmetrie - Topologie - Krümmung, Topologie und Analysis

Stand Juli 2004.
Änderungen vorbehalten.
Erhältlich im Buchhandel
oder beim Verlag.

B. G. Teubner Verlag
Abraham-Lincoln-Straße 46
65189 Wiesbaden
Fax 0611.7878-400
Teubner www.teubner.de

Teubner Lehrbücher: einfach clever

Goll/Weiß/Müller

JAVA als erste Programmiersprache
Vom Einsteiger zum Profi

3., durchges. u. erw. Aufl. 2001. XII, 880 S. Geb.
€ 36,00   ISBN 3-519-22642-1

Grundbegriffe der Programmierung - Einführung in die Programmiersprache Java - Lexikalische Konventionen - Einfache Beispielprogramme - Datentypen und Variablen - Ausdrücke und Operatoren - Kontrollstrukturen - Blöcke und Methoden - Klassen und Objekte - Vererbung und Polymorphie - Pakete - Ausnahmebehandlung/Exception Handling - Schnittstellen - Geschachtelte Klassen - Ein-/Ausgabe und Streams - Collections - Threads - Die Architektur der virtuellen Maschine - Das Java Native Interface - Applets - Oberflächenprogrammierung mit Swing - Sicherheit in Java - Beans - Servlets - Netzwerkprogrammierung mit Sockets - Remote Method Invocation - JDBC

Goll/Bröckl/Dausmann

C als erste Programmiersprache
Vom Einsteiger zum Profi

4., überarb. und erw. Aufl. 2003. XII, 554 S. mit CD-ROM. Geb. € 24,90   ISBN 3-519-32999-9

Grundbegriffe der Programmierung - Einführung in die Programmiersprache C - Lexikalische Konventionen - Erste Beispielprogramme - Datentypen und Variablen - Einführung in Pointer und Arrays - Anweisungen, Ausdrücke und Operatoren - Kontrollstrukturen - Blöcke und Funktionen - Fortgeschrittene Pointertechnik - Strukturen, Unionen und Bitfelder - Komplizierte Datentypen, eigene Typnamen und Eindeutigkeit von Namen - Speicherung von Daten in Dateisystemen - Ein- und Ausgabe - Speicherklassen - Übergabeparameter und Rückgabewert eines Programms - Dynamische Speicherzuweisung, Listen und Bäume - Interne Suchverfahren - Präprozessor

Stand Juli 2004.
Änderungen vorbehalten.
Erhältlich im Buchhandel oder beim Verlag.

B. G. Teubner Verlag
Abraham-Lincoln-Straße 46
65189 Wiesbaden
Fax 0611.7878-400
www.teubner.de